法学核心课程系列辅助教材

国际法学
核心知识点精解

主　编　杨泽伟

副主编　陈思静

撰稿人（以撰写章节先后为序）

吕　江　申钟秀　孙传香　黄文博　陈思静

董世杰　陈慧青　王　阳　杨泽伟　曾　皓

杨珍华　何海榕　陈淑芬　张　颖

中国人民大学出版社
· 北京 ·

◈ 主编简介

杨泽伟：1968 年 9 月生，湖南新宁人。教育部长江学者奖励计划特聘教授、法学博士、武汉大学珞珈杰出学者、二级教授、国家高端智库武汉大学国际法研究所副所长，博士研究生导师，国家社会科学基金重大招标项目、国家社会科学基金重大研究专项以及教育部哲学社会科学研究重大课题攻关项目首席专家、湖北省有突出贡献的中青年专家、德国马克斯·普朗克比较公法与国际法研究所访问学者、英国邓迪大学访问教授，曾入选教育部"新世纪优秀人才"支持计划，获霍英东教育基金会高等院校青年教师基金资助。总主编"新能源法律与政策研究丛书"（十三卷）和"海上共同开发国际法理论与实践研究丛书"（九卷），独著有《国际法析论》（第五版）、《国际法史论》（第二版）、《主权论》、《国际法》（第四版）、《中国能源安全法律保障研究》等，在《法学研究》、《中国法学》、《世界历史》、《人民日报》（理论版）、*Journal of East Asia & International Law*（SSCI）、*HongKong Law Journal*（SSCI）、*Journal of the History of International Law* 等发表中英文学术论文数十篇。

陈思静：男，汉族，1993 年生，山西运城人。中共山西省委党校（山西行政学院）政治与法律教研部讲师。2020 年 12 月毕业于武汉大学法学院，获法学博士学位，主要从事国际法学研究。目前在 EI、CSSCI 等各类刊物上发表论文 "Informetric Analysis of Researches on Application of Artificial intelligence in COVID-19 Prevention and Control"、《人类命运共同体与海洋法的拓展》等共 7 篇；参与编写《海上共同开发国际法理论与实践研究》等 5 部著作，独著《"一带一路"倡议与中国国际法治话语权问题研究》（待出版）；参与撰写 3 项决策报告，被中央海权办海洋权益局、中国海洋石油总公司等单位采纳；主持 2021 年度山西省全面依法治省重点课题一项，参与 2018 年度国家社会科学基金重大研究专项"'一带一路'倡议与国际法规则体系研究"等多项科研项目。

前　言

近年来，我国涉外法治人才培养问题日益受到重视。2022 年 2 月，习近平总书记发表在《求是》杂志的重要文章《坚持走中国特色社会主义法治道路，更好推进中国特色社会主义法治体系建设》专门强调"要加强涉外法治人才建设""提升我国法治体系和法治理论的国际影响力和话语权"。国际法的教学是我国涉外法治人才培养的重要一环，为了帮助教师和学生更好地教授和学习国际法，了解相关的国际案例与中国的涉外法治实践，提升考生应对国家统一法律职业资格考试与研究生入学考试的能力，我们编写了本书。本书在编写体例上广泛参考国内现行成熟的国际法学教材，重点参考了"马工程"教材。本书包含绪论及十九章，除个别章节外，每一章又分为本章知识点速览、本章核心知识点解析、本章实务案例研习与本章同步练习四个部分。

本书由国内从事国际法教学且获得国际法博士学位的学者共同编写完成，具体分工如下（以撰写章节先后为序）：

吕　江（法学博士，西北政法大学丝绸之路研究院副院长，教授）：绪论；

申钟秀（法学博士，浙江师范大学法政学院讲师）：第一章；

孙传香（法学博士，湖南人文科技学院法学院副教授）：第二章；

黄文博（法学博士，中共湖北省委党校政治与法律教研部讲师）：第三章；

陈思静（法学博士，中共山西省委党校政治与法律教研部讲师）：第四章、第五章，并参与本书的统稿工作；

董世杰（法学博士，厦门大学南海研究院助理教授）：第六章、第十一章；

陈慧青（法学博士，广东金融学院法学院讲师）：第七章、第八章；

王　阳（法学博士，西北政法大学国际法学院讲师）：第九章、第十九章；

杨泽伟（法学博士，教育部长江学者奖励计划特聘教授，国家高端智库武汉大学国际法研究所副所长）：第十章，并负责本书的策划和统稿工作；

曾　皓（法学博士，湖南师范大学法学院副教授）：第十二章；

杨珍华（法学博士，赣南师范大学马克思主义学院副教授）：第十三章、第十五章；

何海榕（法学博士，海南大学法学院副教授）：第十三章、第十四章；

陈淑芬（法学博士，长沙理工大学法学院副教授）：第十六章；

张　颖（法学博士，陕西警官职业学院副教授）：第十七章、第十八章。

以马克思主义唯物辩证法来学习和研究国际法，非一蹴而就，且国际公法学内容丰富，因此本书难免会存在一些错讹之处，恳请读者批评指正。

杨泽伟

2022 年 3 月 24 日

于武汉大学国际法研究所

目 录

绪　论

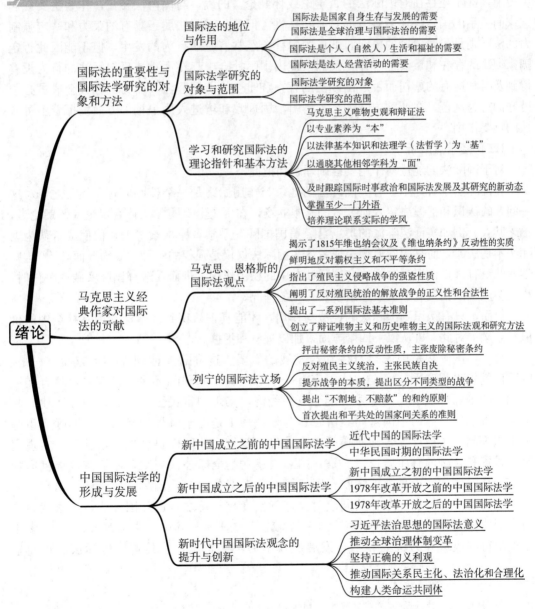

绪论
- 国际法的重要性与国际法学研究的对象和方法
  - 国际法的地位与作用
    - 国际法是国家自身生存与发展的需要
    - 国际法是全球治理与国际法治的需要
    - 国际法是个人（自然人）生活和福祉的需要
    - 国际法是法人经营活动的需要
  - 国际法学研究的对象与范围
    - 国际法学研究的对象
    - 国际法学研究的范围
  - 学习和研究国际法的理论指针和基本方法
    - 马克思主义唯物史观和辩证法
    - 以专业素养为"本"
    - 以法律基本知识和法理学（法哲学）为"基"
    - 以通晓其他相邻学科为"面"
    - 及时跟踪国际时事政治和国际法发展及其研究的新动态
    - 掌握至少一门外语
    - 培养理论联系实际的学风
- 马克思主义经典作家对国际法的贡献
  - 马克思、恩格斯的国际法观点
    - 揭示了1815年维也纳会议及《维也纳条约》反动性的实质
    - 鲜明地反对霸权主义和不平等条约
    - 指出了殖民主义侵略战争的强盗性质
    - 阐明了反对殖民统治的解放战争的正义性和合法性
    - 提出了一系列国际法基本准则
    - 创立了辩证唯物主义和历史唯物主义的国际法观和研究方法
  - 列宁的国际法立场
    - 抨击秘密条约的反动性质，主张废除秘密条约
    - 反对殖民主义统治，主张民族自决
    - 提示战争的本质，提出区分不同类型的战争
    - 提出"不割地、不赔款"的和约原则
    - 首次提出和平共处的国家间关系的准则
- 中国国际法学的形成与发展
  - 新中国成立之前的中国国际法学
    - 近代中国的国际法学
    - 中华民国时期的国际法学
  - 新中国成立之后的中国国际法学
    - 新中国成立之初的中国国际法学
    - 1978年改革开放之前的中国国际法学
    - 1978年改革开放之后的中国国际法学
  - 新时代中国国际法观念的提升与创新
    - 习近平法治思想的国际法意义
    - 推动全球治理体制变革
    - 坚持正确的义利观
    - 推动国际关系民主化、法治化和合理化
    - 构建人类命运共同体

▶▶ 本章核心知识点解析

第一节　国际法的重要性与国际法学研究的对象和方法

一、深入把握国际法的地位与作用

（一）基本概念

长期以来，国际法，即国际公法，在国家和社会生活中的地位与作用往往被忽视。历史上，甚至还存在对国际法的否定论或怀疑论。的确，与国内法相比，作为主要规制国家间关系的国际法在诸多方面具有特殊性。但是，国际法属于具有约束力和一定强制力的法，则是毋庸置疑的事实。就像国内社会经常有犯罪行为的发生，但不能因此否定国家刑法的存在和重要性一样，我们不能因国际社会中存在严重违反国际法的行为没有得到及时和应有的惩罚而否定国际法的存在和重要性。国际法，作为国际社会成员必须遵守的行为规范，在调整国际关系、指引治国理政和增进人民福祉等方面发挥着不可或缺的重要作用。

（二）疑难点解析

对于国际法的地位与作用要准确理解和把握。

在国际法学研究中，有关国际法的地位与作用始终是一个核心问题。换言之，对这一问题的认识和把握决定着研究者的基本立场。在历史上对国际法持否定论或怀疑论者，不乏其人。例如实证法学派的奥斯汀、美国国际关系学者摩根索等人，他们或者认为国际法不是法律，而是国际道德；或者认为国际法仅仅是强权的一种"装饰"而已。[①] 这些学者并没有真正认识到国际法在国际社会中的积极作用，进而在解释国际实践或事件时，难免会产生以偏概全，甚至遮蔽事实真相的情况。

故而，只有认识到国际法的地位与作用，才能真正认识到国际法在国际社会中的价值和意义。对此，可从以下四个方面来加以理解和把握。

首先，国际法是国家自身生存与发展的需要。这种需要体现在三个方面，一是，国际法维护世界和平与安全，使国家有一个稳定和平的国际环境。换言之，只有在一个和平的国际环境下，国家才可能会发展经济，实现国富民强。二是，国际法建立起全球经济规则，有助于国家间经济合作与发展。正是由于世界贸易组织、国际货币基金组织等制定了被世界各国所遵循的全球经济规则，才能促进各国经济往来，实现贸易、投资和金融的有序增长。三是，国际法建立起全球公共规则，才能有效提供国际公共产品。例如，正是由于《联合国气候变化框架公约》等国际气候条约的出台，才能将世界各国凝聚在一起，共同应对全球气候变化。总之，遵守国际法，国家就会受益，而背离国际法，则会使国家处于一个较被动的不利局面中。中国改革开放40多年来所取得的成就和为世界和平与发展所作出的巨大贡献，就是遵守国际法的正面事

---

① 有关奥斯汀、摩根索的观点，可参见杨泽伟. 国际法史论. 北京：高等教育出版社，2011：119，286。

例。① 而 1990 年伊拉克入侵科威特给两国人民及国际社会带来灾难，则是背离国际法的惨痛教训。

其次，国际法是全球治理和国际法治的需要。一方面，全球治理和国际法治的基础是国际法。全球化问题的出现是全球治理出现的起因，像恐怖主义、气候变化、传染病等现代世界所面临的问题或网络、移民、金融等新兴事物都难以再在一国境内得到有效解决和发展，而且这些问题也不能通过相互依存的传统国际管理模式加以解决，故而全球治理就被提上了日程。何为全球治理？国内外不同学者曾给出不同的定义和理解。② 一般认为，所谓全球治理，就是指通过具有约束力的国际规制解决全球性的冲突，以维持正常的国际政治经济秩序。③ 而国际法治则是指国际社会各行为体共同崇尚和遵从人本主义、和谐共存、持续发展的法律制度，并以此为基点和准绳，在跨越国家的层面上约束各自的行为、确立彼此的关系、界定各自的权利和义务、处理相关事务的模式与结构。④ 从这两个定义可以看出，无论是"具有约束力的国际规制"，还是"跨越国家层面上的约束"，它们都在一定程度上将理论基点指向了具备这种形式特征的法律，即国际法。另一方面，当今和未来的中国法治建设以及中国治理体系和治理能力的现代化必须融入全球治理和国际法的进程之中。这表明，中国的法治建设、治理体系和治理能力现代化与全球治理和国际法密切相关，没有一个全球治理上的法治建设和治理体系建设是一个不完全的法治和治理⑤；同样，没有一个中国语境下的全球治理和国际法治，全球治理和国际法治亦是不全面的。⑥

再次，国际法是个人（自然人）生活和福祉的需要。一般人认为国际法与我们个人之间的关系相去甚远，但这是一种偏见。实际上，我们每个人每天的工作生活都与国际法息息相关。正是由于世界贸易组织协定的存在，我们能吃到其他国家物美价廉的食物，能使用到各种优质的海外产品；正是由于国际民航组织公约的存在，我们能飞往世界各地去工作、旅游和学习，接受不同文化的熏陶；也正是由于国家间缔结的外交和领事条约的存在，当在海外，我们身陷囹圄时，外交和领事保护往往提供必不可少的帮助。因此，个人的方方面面都随时可能与国际法产生交集，特别是在一个全球化的时代，这种概率变得越来越大，以至于国际法几乎深入到每个人的日常生活中。

最后，国际法是法人经营活动的需要。一方面，相比个人而言，法人在全球化背景下，有着更为广泛的国际活动。而全球经济一体化的现实也促使法人成为国际经济中最为活跃的主体之一。特别是从事跨国贸易、跨国投资、跨国运输等活动的法人，都需要依赖国际法规则，建立相互之间的关系。另一方面，由于文化上的不同、各国法律上的差异以及地域等影响，法人在跨国活动中难免产生各种各样的法律争端，而国际法为解

---

① 杨泽伟. 改革开放四十年来的中国国际公法学：特点、问题与趋势. 武大国际法评论，2018（6）：33 - 50.
② 杨雪冬，王浩. 全球治理. 北京：中央编译出版社，2015：导论 1 - 5.
③ 俞可平. 全球化：全球治理. 北京：社会科学文献出版社，2003：13.
④ 何志鹏. 国际法治：一个概念的界定. 政法论坛，2009（4）：80.
⑤ 2019 年，党的十九届四中全会作出的《关于坚持和完善中国特色社会主义制度 推进国家治理体系和治理能力现代化若干重大问题的决定》中指出，要"加强国际法研究和运用"，"积极参与全球治理体系改革和建设"。习近平. 关于《中共中央关于坚持和完善中国特色社会主义制度，推进国家治理体系和治理能力现代化若干重大问题的决定》的说明. 人民日报，2019 - 11 - 06（4）.
⑥ 何志鹏. 国际法治的中国表达. 中国社会科学，2015（9）：159 - 168.

决此类冲突提供了规则保障。国际法庭、国际仲裁以及国际调解等不同的国际司法机构或其他国际实体，使从事跨国经营的法人权益得到保护。

二、了解国际法学研究的对象与范围

（一）基本概念

国际法学研究的对象主要是规制国际法主体行为的各种法律原则、规则、规章、制度和机制，而国际法学研究的范围主要是依照这些对象确定的。

（二）疑难点解析

（1）国际法学研究对象中的法律原则、规则和规章、制度，在很多权威国际法教材中被提及。例如周鲠生先生著的《国际法》给出的国际法定义中指出，国际法是在国际交往过程中形成出来的，各国公认的，表现这些国家统治阶级的意志，在国际关系上对国家具有法律的约束力的行为规范，包括原则、规则和制度的总体。[①] 王铁崖先生主编的《国际法》中指出，它是主要调整国家之间的关系的有拘束力的原则、规则和规章和制度的总体。[②] 梁西先生主编的《国际法》一书中指出，国际法是在国际交往中形成的，用以调整国际关系（主要是国家间关系）的，有法律约束力的各种原则、规则和制度的总称。[③]

这些著述都强调了国际法的研究对象包括了法律原则、规则和制度，而对于规章和机制较少提及。实际上，规章和机制被纳入国际法的研究对象中，是随着国际社会规则理论和实践演变所形成的。例如规章，很大程度上与国际行政法及国际组织在二战后的勃兴有关。而机制的出现，则更多地来自国际关系领域。例如，国际关系学者克拉斯纳（Stephen D. Krasner）指出，国际机制就是在国际关系领域中，明确或暗含的一套原则、规范、规则和决策程序。[④] 无疑，国际机制理论，甚至包括制度主义理论在国际关系中的出现，在国际关系与国际法研究之间架起了一座桥梁，使二者走向一定程度的理解和融合。故而，国际法研究对象中机制的出现也是一件晚近发生的事情。当然，国际法对机制的研究仍与国际关系不同，国际法更关注机制的规范性效果，而国际关系则倾向于研究机制与行为体之间的关系。

（2）国际法的研究对象是确定的，但国际法的研究范围却是开放性的、包容性的领域，随着国际关系的演变、国际社会的发展而不断拓展。因此，国际法学教材在体系安排上也出现了不同的形式和内容。例如，梁西先生主编的《国际法》是按照总论和分论编排体系的。总论部分包括国际法的性质和基础、国际法的渊源和编纂、国际法的基本原则、国际法的主体、国际法上的国家以及国际法律责任，分论部分则包括领土法、海洋法、空间法、国际环境法、国际法上的个人、国际人权法、国际组织法、外交和领事关系法、条约法、国际经济法、国际争端解决法以及战争法。王铁崖先生主编的"九五"规划教材《国际法》，尽管没有区分总论和分论，但在体系安排上，与梁西先生主编的基

---

① 周鲠生. 国际法：上. 武汉：武汉大学出版社，2007：3.
② 王铁崖. 国际法. 北京：法律出版社，1981：1.
③ 梁西. 国际法. 武汉：武汉大学出版社，2011：3.
④ 克拉斯纳. 国际机制. 北京：北京大学出版社，2005：1.

本一致，前五章涉及国际法的性质、国际法基本原则、国际法主体、国家的基本权利与义务、国家责任，从第六章开始则是国际法上的居民等国际法部门法的内容。①

进入 21 世纪后，随着国际社会和国际法的不断发展演变，国际法教材在内容和范围，特别是编排体系上出现了一些新的变化。例如，曾令良教授主编的 21 世纪法学创新系列教材《国际法学》，尽管也在前面几章涉及国际法的特征和性质、国际法的基本原则等，这与上述其他中国国际法学者主编的教材体系一致，但曾令良教授将国际法上的国际组织这一章从国际法分论部分前移到第五章；同时在章节安排上，该教材没有再将国际环境法、国际经济法的内容安排在内。② 而邵津教授主编的面向 21 世纪课程教材《国际法》则将原本在前面的国家责任一章后移到了第十四章。③ 同样，由杨泽伟教授撰写的中国法学教科书·原理与研究系列教材中的《国际法》，尽管仍沿袭了梁西先生的总论、分论的编排体系，但也将国际法律责任放入了分论部分。④

无疑，国际法教材编排体系上的变化充分反映了当代国际关系和国际法领域的一系列变化，是 21 世纪国际法学演变和发展的重要体现。其具体体现在：第一，随着国际组织在国际社会中的作用越来越凸显，国际组织法在国际法中的地位得到大幅提升。一方面，联合国、世界贸易组织、国际货币基金组织等传统政府间国际组织的作用在加强；另一方面，一些新兴的区域性国际组织开始发挥地区性作用，像亚太经合组织、上海合作组织等受到越来越多的关注。此外，一些重要国际条约也出现了类似国际组织的机制建设，例如每年召开的《联合国气候变化框架公约》缔约方会议等。第二，国际经济法和国际环境法的学科地位进一步加强，单列编写教材更为明显。传统上，国际经济法和国际环境法均是国际法教材的组成部分。但随着全球经济一体化进程的加快以及国际环境保护重要性的增强，近年来，单列编写国际经济法和国际环境法教材的趋势愈发明显。特别是改革开放以来，国际经济法研究的经济属性彰显较为强烈，而国际环境法技术性比较强，因此，国际法教材难以将这些问题在一个章节内讨论清楚，故而单列编写教材更为可行。第三，国际法律责任后移更符合法律文本的逻辑顺序。从法律文本来看，法律责任均被安排在文本的最后章节，因此，将国际法律责任章节向后移动更符合法律研究的逻辑顺序。

从"马工程"教材《国际公法学》之内容和范围的设计上来看，其基本上吸收了之前国际法教材的优点并有了一定的创新。这体现在：首先，它继承了中国国际法学界教材编写体系的传统模式，前面五个章节没有大的变化；其次，它沿用了将国际组织法靠前（第七章）和国际责任法靠后（第十六章）的布局；再次，从狭义角度讲，该教材的名称为《国际公法学》，没有将国际经济法和国际私法纳入其中，更符合当前学界观点；最后，此教材进行了较大创新。一是在绪论部分加入了一个章节"马克思主义经典作家对国际法的贡献"。尽管以往教材也涉及马克思主义经典作家在国际法方面的论述和贡献，但都没有体现在章节标题上。而"马工程"教材《国际公法学》将这方面的内容单

---

① 王铁崖. 国际法. 北京：法律出版社，1995：目录.
② 曾令良. 国际法学. 北京：人民法院出版社，2003：目录.
③ 邵津. 国际法. 2 版. 北京：北京大学出版社，2005：目录.
④ 杨泽伟. 国际法. 3 版. 北京：高等教育出版社，2017：目录.

列章节予以呈现，是一个较大的创举。二是增加了国际刑法（第十八章）这一章节，充分体现了中国国际法学界对当代国际法新分支学科的肯定和支持。

三、掌握学习和研究国际法的理论指针和基本方法

（一）基本概念

马克思主义的世界观和方法论是最为科学的世界观和方法论，其中最根本的就是辩证唯物主义和历史唯物主义的统一。因此，我们在学习和研究国际法时，首先必须以马克思主义唯物史观和辩证法为理论指针和基本方法。根据马克思主义的唯物史观，包括国际法在内的世界一切事物都是物质的，国际法是国际社会的一种客观存在，而国际法学是国际法主体的一种意识，是国际法长期发展的产物，它依赖于国际法并反作用于国际法，进而影响着国际法的发展。根据马克思主义的辩证法，对立统一规律是任何事物发展的根本规律，国际法的建立和发展自始至终是各国利益要求和国际法主张的矛盾（对立）的运动。

（二）疑难点解析

正确理解学习和研究国际法的基本要求如下。

一方面，学习和研究国际法要以马克思主义唯物史观和辩证法作为理论指针和基本方法。首先，此处涉及的学习和研究国际法的理论指针和基本方法，要与国际法方法论区分开来。前者是指我们在学习和研究国际法时所持有的基本价值立场和要求，而后者是指在研究国际法时，不同理论对国际法现象的阐释和理解，如自然法学派、实在法学派、女权主义学派等。马克思主义唯物史观和辩证法不只是涉及国际法的方法论部分，而是贯穿于整个国际法的学习和研究中。其次，要将马克思主义唯物史观和辩证法看作是一个动态发展的世界观，而不是静态不动的。在马克思主义唯物史观和辩证法的建立过程中，马克思、恩格斯、列宁等人作出了重要的理论贡献。而随着国际社会的不断发展变化，马克思主义唯物史观和辩证法也是在不断完善中的。特别是在当代中国，新时代中国特色社会主义思想的基本理论就是对马克思主义唯物史观和辩证法的继承与发展。最后，坚持和把握马克思主义唯物史观和辩证法会让我们在学习和研究国际法时，保持清醒头脑，避免陷入具有迷惑性的、不正确的错误价值观思想中。

另一方面，从国际法的基本要求来看，学习和研究国际法应练好以下七个基本功。第一，要以专业素养为"本"。这就要求初学者应系统学习国际法课程、认真研读国际法教材，并以辅助材料提升对国际法理论的认知，因为只有深入到国际法的系统知识体系中，才能真正理解国际法。否则会如同英国著名国际法学者布赖尔利（J. L. Brierly）所言，"有太多的人，在没有任何认真思考国际法的性质和历史下，便想当然地认为，国际法是且从来就是绣花枕头式的摆设。当然，也有些人似乎认为它本身就具有内在力量，只要我们足够明智，让法学家们动手为各国制定一份详尽的法典，我们就能和平共处，世界就能相安无事。显然，尽管愤世嫉俗者和一知半解者各执一词，但他们都犯了同样的错误。他们都想当然地认为，国际法是一个任何人仅凭直觉就可形成自己观点的学科，而不必像处理其他学科那样，麻烦地去探究相关事实"[1]。

---

[1]　J. L. Brierly, The Outlook for International Law, Oxford: The Clarendon Press, 1944: 1-2.

第二，以法律基本知识和法理学（法哲学）为基。功利主义代表人边沁在最早使用"国际法"一词时，一个重要目标是将国际法指向为国际法理学（international jurisprudence）。[①] 因此，从这层意义上来说，国际法与法理学的联系更为紧密。但我们要注意的是，运用法理学（法哲学）的理论时，不能简单地将其生硬地套在国际法上，而是要从国际和国内两个视角进行分析。换言之，如果仅从"国内"法理学（法哲学）的视角来审视国际法，则有可能得出错误的结论。[②]

第三，要以通晓其他相邻学科为"面"。受近代西方启蒙思想运动的影响，自 18 世纪以来以学科方式展开学习与研究已是一种定式。[③] 当然，这也产生了"两种文化"的割裂，而受到诸多学者的批判。[④] 但不容忽视的事实是，随着全球化的深入，跨学科研究成为一种重要的创新力量，这对于国际法亦不例外。具言之，国际法研究不仅要精深于法的规范性特征，同时又要对国际关系理论保持密切关注。而学习那些延伸到自然科学领域的国际法律时，例如国际环境法、国际能源法、国际航空法等，则要熟悉相关科学领域的最新进展，才能制定出适宜的法律规则。因此，在一定程度上通晓其他相邻学科的知识，是学习和研究国际法的重要一环。

第四，及时跟踪国际时事政治和国际法发展研究的新动向。一方面，国际法学科本身的应用性决定了对国际时事政治及时跟踪的重要意义。通过运用国际法分析国际时事政治，可以加深对国际法理论知识的认识，同时有助于找到问题，展开研究。另一方面，应密切关注国际法学研究的新动向。教科书提供给大家的仅是国际法学的一般理论。而国际法学本身是一个不断发展的学科，只有关注最新的研究动向，才能丰富自身的国际法知识，为未来找到学习和研究兴趣点提供帮助。

第五，掌握至少一门外文。国际法是一门带有国际性质的学科，它的研究或者直接联系到国际规则，或者需要通过比较的方式分析问题。因此，掌握一门外文是国际法学习和研究必不可少的工具。在外文中，鉴于英语的普及性，可通过阅读英文的国际法文献来增强自己学习和研究国际法的能力。如果学有余力，应多学几门语言，因为多学一门语言，就多打开了世界的一扇大门。就实践而言，许多国际法学者往往掌握多门外文，这为其今后研究，甚至积极从事政府间国际组织工作都打下了良好的语言基础。

第六，培养理论联系实际的学风。国际法是一门应用型学科，它强调对现实中发生的实际案例进行研究，特别是对有关国际法院、国际法庭等国际司法机构的相关案例进行学习和研究。开展理论联系实际的学习和研究有助于将书本中的知识融合到现实生活中，更易于加深对国际法知识的理解和把握。

第七，养成逻辑思维的习惯。作为一门法学课程，养成良好的逻辑思维习惯是必备的。当然，这种逻辑思维除一般意义上的形式逻辑以外，辩证逻辑也同样重要。形式逻

① See Jeremy Bentham, An Introduction to the Principles of Morals and Legislation, Oxford: The Clarendon Press, 1823: 326.

② 王铁崖. 国际法引论. 北京: 北京大学出版社, 1998: 6 - 13.

③ 华勒斯坦, 等. 开放社会科学: 重建社会科学报告书. 刘锋, 译. 上海: 三联书店, 1997: 1 - 34.

④ 所谓"两种文化"，按斯诺的观点，一种文化是指从事哲学社会科学所具有的文化智识，另一种则是从事自然科学所具备的文化智识，而在当代，这两种文化智识之间却存在"互不理解的鸿沟"，即两种文化的割裂。参见 C. P. 斯诺. 两种文化. 纪树立, 译. 上海: 三联书店, 1994: 1 - 50.

辑解决语言上的逻辑说理问题，但并不能完全解决国际法研究中的现实问题，因此，辩证逻辑，特别是对国际法研究对象的语境分析应是国际法学习和研究中一个不可或缺的工具。

第二节 马克思主义经典作家对国际法的贡献

一、理解马克思、恩格斯的国际法观点

（一）基本概念

马克思、恩格斯的国际法观点：第一，揭示了 1815 年维也纳会议及《维也纳条约》反动性实质；第二，鲜明地反对霸权主义和不平等条约；第三，指出了殖民主义侵略战争的强盗性质；第四，阐明了反对殖民统治的解放战争的正义性和合法性；第五，提出了一系列国际法基本准则；第六，创立了辩证唯物主义和历史唯物主义的国际法观和研究方法。

（二）疑难点解析

正确把握马克思、恩格斯的国际法观点。

第一，揭示了 1815 年维也纳会议及《维也纳条约》反动性实质。要理解这一点，需首先了解 1815 年维也纳会议的起因与结果。1789 年，法国爆发大革命，推翻了封建的波旁王朝，建立了资产阶级共和国。这一革命迅速波及其他欧洲国家。为防范本国发生革命，英国、奥地利、俄罗斯、普鲁士结成了反法同盟，企图扼杀法国大革命。在法国与反法同盟的战斗中，拿破仑的军事才能得以凸显，法国不断对外扩张。然而，1813 年拿破仑领导的法国最终战败。1814 年 9 月 18 日至 1815 年 6 月 9 日，欧洲列强召开了维也纳会议。除奥斯曼帝国以外，几乎所有欧洲国家都参加了此次会议。维也纳会议缔结的《维也纳条约》建立了自威斯特伐利亚和会以来，欧洲第二个重要的国际关系体系，即维也纳体系。[①] 它确立了一些国际法上的基本制度，例如外交代表等级制度等；亦创设了具有国际组织萌芽性质的“欧洲协调”会议制度。[②] 当然，其所确立起来的所谓“正统主义”法律秩序，正如马克思所言，是人类有史以来最突出的国际法假象之一。

第二，鲜明地反对霸权主义和不平等条约。例如，马克思在《中国和英国的条约》中指出，英国虽然不断声明它同中国处于和平状态，同时却强迫中国必须偿付这次战争的费用。文章中的这句话明显能看出马克思揭示英国在与中国缔结条约时的虚伪性，指出英国通过战争等强迫手段迫使中国接受不平等条约。除了以上的表述，在其他文章中，马克思、恩格斯都深刻揭露了西方列强的霸权主义和强加到东方国家的不平等条约。

第三，指出了殖民主义侵略战争的强盗性质。1853 年马克思写了《中国革命和欧洲革命》，揭露了英国殖民者的侵略行径。19 世纪 60 年代正值太平天国运动爆发，马克思写道，“推动了这次大爆发的毫无疑问是英国的大炮，英国用大炮强迫中国输入名叫鸦片的麻醉剂”。在揭露英国暴行的同时，马克思也赞扬了中国人民反抗压迫的不屈精神。他

---

① 刘德斌. 国际关系史. 北京：高等教育出版社，2018：138 - 152.
② 梁西. 梁著国际组织法. 杨泽伟修订. 武汉：武汉大学出版社，2011：20 - 21.

写道，"这将是一个奇观：当西方列强用英法美等国的军舰把'秩序'送到上海、南京和运河口的时候，中国却把动乱送往西方世界"。

第四，阐明了反对殖民统治的解放战争的正义性和合法性。马克思在《波斯与中国》一文中写道，对于起来反抗的民族在人民战争中所采取的手段，不应当根据公认的正规作战规则或者任何别的抽象标准来衡量，而应当根据这个反抗的民族所刚刚到达的文明程度来衡量。对这句话的理解要结合马克思的上文，即英国也没有遵守作战规则。他写道：这些向毫无防御的城市开火、杀人之外又强奸妇女的文明贩子们，自然会把中国人的这种抵抗方法叫作怯懦的、野蛮的、残酷的方法。同时，马克思支持中国所采取的抵抗行为，因为他写道，"最好承认这是为了保卫社稷和家园的战争，这是为了保存中华民族的人民战争"。

第五，提出了一系列国际法基本准则。这些原则包括正义原则、和平原则、殖民地人民和民族独立与自决原则以及和平解决国际争端原则。这些原则均散见在马克思、恩格斯的相关文章和著述中。尽管这些文章和著述没有明确指向国际法，但相关事件的评论反映出了马克思、恩格斯在国际法上的基本立场和观点，而且随着时间的推移，这些立场和观点均成为当前国际社会遵守的基本准则，这反映了马克思、恩格斯的远见和洞识。

第六，创立了辩证唯物主义和历史唯物主义的国际法观和研究方法。此处所言的辩证唯物主义和历史唯物主义有两层意义。一层是指导我们开展国际法学习和研究的基本立场，即站在辩证唯物主义和历史唯物主义的世界观和方法论的立场上看待国际法的学习和研究，批判那些在学习和研究国际法时的错误观点和立场。另一层则是从狭义角度来看的，指的是我们在研究国际法时运用的一种方法论。具体而言，在对国际法现象作出解释时，是通过辩证唯物观和历史唯物观相结合的方法，揭示国际法的本质和规律。这一研究方法始终具有强大生命力，当代著名国际法学者科斯肯涅米就曾在《国际法学者应该向卡尔·马克思学什么？》一文中，熟练地运用马克思创立的辩证唯物法来分析美国发动伊拉克战争的非法性。[①] 因此，我们在了解马克思、恩格斯的国际法观时，更应拿起他们留给我们的思想武器，并加以娴熟运用，提高自己的国际法学习研究水平。

二、理解列宁的国际法立场

（一）基本概念

列宁丰富了马克思主义的国际法观点。他的国际法立场集中体现于俄国十月革命前后他对俄国的对外关系和国际关系中许多重大政治问题的评论。其观点包括：第一，抨击秘密条约的反动性质；第二，反对殖民主义统治，主张民族自决；第三，揭示战争的本质，提出区分不同类型的战争；第四，提出"不割地、不赔款"的和约原则；第五，首次提出和平共处的国家间关系的准则。

（二）疑难点解析

正确把握列宁的国际法立场。

---

① 马蒂·科斯肯涅米. 国际法学者应该向卡尔·马克思学什么？//马克思. 左翼国际法：反思马克思主义者的遗产. 潘俊武，译. 北京：法律出版社，2013：35-61.

第一，抨击秘密条约的反动性质。列宁在题为《巴尔干和波斯的事变》的文章中指出，"毫无疑问，俄、奥、德、意、法、英六国的九月反动密谋，包括了俄国有反对波斯革命的'行动自由'。至于这一点是不是写在什么秘密文件上，经过许多年以后将收入历史资料汇编出版；或者只是伊兹沃尔斯基向他的最亲密的会谈者谈过这一点；或者是这些会谈者自己'暗示过'：我们从'占领'转为'兼并'，而你们也许可以从利亚霍夫的干涉转为'占领'；或者是采用了其他某种方式；所有这些都是无关紧要的。重要的是，不管大国之间的九月反革命密谋的形式多么不完备，这个密谋却是事实，它的作用一天比一天明显。这是反对无产阶级和反对民主派的密谋。"①

第二，反对殖民主义统治，主张民族自决。列宁在《关于自决问题的争论总结》一文中指出，兼并是违反民族自决，是违背居民意志来确定国界。反对兼并意味着赞成自决权。② 列宁是第一个在现代意义上详细论述民族自决权思想的人，他的民族自决权思想对当今世界各民族产生的影响最为深远。③

第三，揭示战争的本质，提出区分不同类型的战争。"假如明天摩洛哥向法国宣战，印度向英国宣战……这些战争就都是'正义的'、'防御性的'战争"。列宁在《社会主义与战争（俄国社会民主工党对战争的态度）》一文中写道。④

第四，提出"不割地、不赔款"的和约原则。列宁在《对开往波兰战线的红军战士的讲话》中提到，我们同波兰的农民和工人并没有什么争执，我们过去承认现在还继续承认波兰的独立，承认波兰人民共和国。我们曾向波兰提议在保证它的边界不受侵犯的条件下缔结条约。⑤ 此外，列宁还在《就印发〈关于里加沦陷的传单〉所写的一封信》中指出，只有工人政府才能立即提出公正的媾和条件，这些条件就是缔结没有兼并的和约，即不掠夺别国土地的和约。⑥

第五，首次提出和平共处的国家间关系的准则。列宁创造性地提出和平共处思想，他提出，俄罗斯社会主义联邦苏维埃共和国希望同各国人民和平相处，把自己的全部力量用来进行国内建设，以便在苏维埃制度的基础上搞好生产、运输和社会管理工作。⑦ 这一思想的历史背景是苏维埃俄国致力于加强国内建设，与其他国家建立平等互利的国际关系。⑧ 在列宁领导下，1917 年 11 月 8 日全俄工兵代表苏维埃第二次代表大会通过的《和平法令》、1917 年 12 月 3 日人民委员会批准的《告俄罗斯和东方全体穆斯林劳动人民书》和 1918 年 1 月全俄苏维埃第三次代表大会批准的《劳动人民和被剥削民族权利宣言》等都阐述了和平共处的基本思想。⑨

① 《列宁全集》第 17 卷. 2 版. 北京：人民出版社，1988：206.
② 《列宁全集》第 28 卷. 2 版. 北京：人民出版社，1990：24.
③ 有关列宁民族自决权思想的形成、发展和演变，可参见陈娥英. 列宁民族自决权思想研究. 北京：中国社会科学出版社，2016.
④ 《列宁全集》第 26 卷. 2 版. 北京：人民出版社，1988：324.
⑤ 《列宁全集》第 39 卷. 2 版. 北京：人民出版社，1986：102.
⑥ 《列宁全集》第 32 卷. 2 版. 北京：人民出版社，1985：84.
⑦ 《列宁全集》第 37 卷. 北京：人民出版社，1986：354.
⑧ 有关列宁和平共处思想的缘起、发展和演变，可参见刘从德，杨光. 列宁和平共处思想及其当代价值研究. 北京：中国社会科学出版社，2018.
⑨ 王超. 列宁国际战略思想与实践. 北京：社会科学文献出版社，2019：110.

第三节　中国国际法学的形成与发展

一、新中国成立之前的中国国际法学

（一）基本概念

（1）国际法学发轫于欧洲，是西方近代文明的产物。19世纪末20世纪初，西方列强通过武力打开封建中国的大门时，国际法随之传入中国，近代国际法学得以诞生，并开始走上从移植西方国际法学到逐步本土化的发展道路。

（2）近代中国国际法学形成与发展有以下特点：第一，国际法的译著和编著占较大比重；第二，从事国际法学教学和研究者几乎都是法学留学归国人员，特别是留学欧美的留学生；第三，中国近代的国际法著述与译著涉及战时国际法数量较多；第四，中国近代国际法著述中聚焦较多的国际法问题是不平等条约和领事裁判权。

（3）中华民国时期最有影响的国际法著作是周鲠生著的《国际法大纲》和崔书琴的《国际法》。这两本著作构建起了中国国际法学的体系，是当时中国著名大学国际法教学的教科书。周鲠生先生还发表了大量国际法论文，对中国国际法学术发展作出卓越贡献，推动了国际法在中国的发展。

（4）中国国际法学者参与了远东国际军事法庭对日本甲级战犯的审判。中国籍法官梅汝璈、检察官向哲浚、检察官顾问倪征燠都曾留学欧美，他们凭借自己扎实的国际法知识和高度的正义感与责任感，成功取得对东条英机等28名日本甲级战犯审判的胜利，为中国的国际法实践作出了重大贡献。

（二）疑难点解析

（1）对中国国际法学的正确把握。首先要掌握中国国际法学与中国国际法实践之间的联系。二者是一对联系紧密，但又有所区别的概念。就联系而言，中国国际法学与中国国际法实践都涉及中国对国际法的运用和实践，二者都将国际法作为研究对象。就区别而言，中国国际法学强调的是中国知识界对国际法作为一门学科知识的介绍、研究和学科发展。它包括教与学两个方面的实践活动，同时包括国际法学人和国际法著作的演进过程。而中国国际法实践，则不仅仅强调中国在国际法上的教与学，更多地是强调中国对国际法运用的实践过程，这包括中国古代的国际法萌芽、近代国际法的输入以及中国对国际法的贡献等方面。此部分内容可参见"马工程"教材《国际公法学》第一章"国际法性质与发展"的第三节"中国与国际法"。当然，完全割裂二者是不现实的，也是不可取的。因此，在学习这一部分内容时，对两个部分进行对照式的阅读，会更深入地理解中国国际法及中国国际法学的发展脉络。

（2）新中国成立之前的国际法学分为两个部分，一个是中华民国之前，另一个是中华民国时期。对于中华民国之前的中国国际法学发展，应追溯到西方列强通过武力打开清朝的大门时起。就新中国成立之前的国际法学而言，其第一个显著特征就是晚清以来对国外国际法著作的翻译和编著。[①] 例如，林则徐委托美国医生伯驾和译员袁德辉将瑞士

---

① 有传闻，明末清初，1648年左右，耶稣会士马丁·马提尼甫曾将国际法先驱、西班牙人苏阿瑞兹（Suarez，现多译为苏亚利兹）的《法律与作为立法者的上帝》译成中文，但没有相关中文材料予以佐证。程鹏. 西方国际法首次传入中国问题的探讨. 北京大学学报（哲社版），1989（5）：105-113. 有关西班牙国际法学家苏亚利兹的介绍，可参见杨泽伟. 国际法史论. 北京：高等教育出版社，2011：47-48。

国际法学者滑达尔（Emmerich de Vattel，现译瓦特尔）《万国法》中有关战争部分进行了翻译，其之后被编入魏源的《海国图志》中。① 1864 年美国传教士丁韪良（W. A. P. Martin）将美国国际法学者惠顿（H. Wheaton）的《国际法原理》译成中文的《万国公法》。② 这本著作不仅是中国第一本较为完整的国际法译著③，而且其对初创的近代中国法学及法学教育影响颇大④，甚至远播海外。⑤ 此外，据学者统计，从 1839 年到 1903 年，晚清汉译西方国际法学著作达十八部之多，而且包括西方国际私法著作。⑥ 当然，即便此时中国国际法学的主要目标是吸收西方国际法学的理论知识，但不乏对中国国际法的研究，例如美国传教士丁韪良就曾撰写了《古代中国国际法遗迹》一文，从学术研究角度最早探讨中国的国际法问题。⑦ 此后，民国时期，陈顾远完成了《中国国际法溯源》、徐传保编著了《先秦国际法之遗迹》，都从学术角度对古代中国国际法的历史发展脉络进行了研究。

第二，在国际法学教育方面，作为《万国公法》的译者，丁韪良在 1867 年被同文馆聘为教员讲授万国公法。对此，有学者评价道："丁韪良在同文馆所讲授的'万国公法'，应该列入近代法学教育的组成部分，是近代法学教育的胚胎"⑧。从 1876 年同文馆的课表来看，其主要包括数学、地理、物理、化学等各门课程，分为 8 年制和 5 年制两个类别。其中，在 8 年制的课表中，万国公法是第七年学习的，在 5 年制的课表中，是第五年学习的。⑨ 由此可知，晚清对国际法的教育，最初不是放在法学专门学科的分支下进行，而是将其放在通识课下进行⑩；至于将国际法纳入法学专门学科下进行学习，则是到了 1902 年《奏定大学堂章程》之后的事了。或言之，中国对西方法学的研习，最早是开始于通识教育中的国际法学教育，也有学者称其"是中国最早将国际法作为一个专门科目正式确定下来"⑪。同时，此时的国际法学教育紧扣国家开展对外关系的紧迫需要，反映了极强的实用性和针对性。例如，1878 年同文馆岁试题的公法学考试题如下："1. 遣使之权自主之国皆有之，何以辩之？ 2. 此国遣使彼国，有拒而不接者，其故何也？ 3. 使臣有四等，试言其序。4. 遇更易国主，驻京使臣位次何以定之，其定法不一，而各有成

① 王维俭. 林则徐翻译西方国际法著作考略. 中山大学学报（社科版），1985（1）：58 - 67. 鲁纳. 万民法在中国：国际法的最初汉译，兼及《海国图志》的编纂. 王笑红，译. 中外法学，2000（3）：300 - 310.

② 王维俭. 普丹大沽口船舶事件和西方国际法传入中国. 学术研究，1985（5）：84 - 90. Immanuel C. Y. Hsu, China's Entrance into the Family of Nations：The Diplomatic Phase 1858—1880, Cambridge, MA：Harvard University Press, 1960：125 - 131.

③ 何勤华. 法律翻译在中国近代的第一次完整实践——以 1864 年《万国公法》的翻译为中心. 比较法研究，2014（2）：190 - 200.

④ 何勤华.《万国公法》与清末国际法. 法学研究，2001（5）：137 - 148.

⑤ 陈秀武.《万国公法》在明治初期的日本. 东北师大学报（哲社版），2009（2）：18 - 23. 简井若水. 日本的国际法教学与研究. 中外法学，1993（5）：72.

⑥ 鲁纳. 改变中国的国际定位观：晚清时期国际法引进的意义. 南京大学学报（哲社版），2009（4）：82. 王健. 沟通两个世界的法律意义：晚清西方法的输入与法律新词初探. 北京：中国政法大学出版社，2001：148 - 151.

⑦ 丁韪良. 汉学菁华：中国人的精神世界及其影响力. 北京：世界图书出版社公司，2009：291 - 306.

⑧ 李贵连. 近代中国法制与法学. 北京：北京大学出版社，2002：210.

⑨ 朱国仁. 西学东渐与中国高等教育近代化. 厦门：厦门大学出版社，1996：136 - 137.

⑩ 中国近代法学教育基本呈现的发展模式都是通识法学教育和专门法学教育并进的方式. 管晓立. 清末民国时期中国法学教育的近代化研究. 北京：中国政法大学出版社，2018：106 - 177.

⑪ 王健. 中国近代的法律教育. 北京：中国政法大学出版社，2001：148.

案，试言之。5. 头等公使得邀破格优待之礼，试言其概。6. 公使权利之尤要者，试言之。7. 公使职守，其尤重者在何事？8. 各国议立条约，所论何事居多？9. 公使偶不安分，有遣之出疆者，系因何事？并引以成案。10. 公使停职其故有七，试题之"①。

作为近代中国法学教育的一部分②，除同文馆开展国际法学教学以外，作为维新思潮的产物，1897 年开办的湖南时务学堂亦开设了国际法课程，其名称为"各国交涉公法论"③。1895 年设立的北洋大学堂，第一次采取了分科式的高等教育模式，设有法律学门，亦有万国公法（约）。④ 作为清末的三所国立大学之一的山西大学堂，其法律学中也开设有交涉公法。⑤ 此外，还有上海广方言馆、广东水陆师学堂等都开设过国际法课程。⑥

自 1904 年《奏定大学堂章程》出台，清政府设立了八大学科门类，政法科赫然在列，政法科又分为政治门和法律门。而法律门中所学主课包括国际法学。到民国时期，根据 1912 年的《大学令》和 1913 年的《大学规程》，设有法科，法科内又分法律学、政治学和经济学三门，其中法律学门设置的科目包括国际法学且是必修，而政治学和经济学可选修国际法学这门课。此后，尽管民国政府在法学科目上又有多次调整，但国际法学始终是必修之课程。⑦

第三，在国际法学人才培养方面。清末民国时期的国际法学教育是一个从无到有的过程，但其发展迅速，涌现出众多国际法律人才，其中就包括 1900 年毕业于北洋大学堂，成为民国时代著名法学家的王宠惠。1905 年，王宠惠先生获美国耶鲁大学民法学博士，后游学欧洲，翻译《德国民法典》，成为英语世界第一部《德国民法典》翻译本。1923 年，王宠惠赴海牙就任国联常设国际法院候补法官。1925 年，当选国联"国际法逐渐编纂委员会"（Committee for the Progressive Codification of International Law）委员。1930 年被选为常设国际法院正式法官，任期为 9 年，其间主审过"北欧各国海事争议事件"及"温布勒顿轮船案"等著名案件。直至 1936 年辞去常设国际法院法官一职，回国任国民政府外交部部长。⑧

---

① 《同文馆题名录》1879 年（光绪五年）刊，转引自李贵连. 近代中国法制与法学. 北京：北京大学出版社，2002：210 - 211。

② 我们姑且把同文馆的国际法学教育纳入高等法学教育，而暂不论有关中国近代高等教育或法学教育的开端争议。目前，有关中国近代高等教育开端有三种认识。一是有学者认为像同文馆的设立还不能在严格意义上称为高等教育的开端，因其成立之时，仅是一个翻译机构或者说培养翻译人员的机构。二是有学者认为真正的高等教育应开启于盛怀宣在 1985 年创办的天津中西大学堂，因为其是分科大学的产生。三是高等教育的起点应是 1898 年的京师大学堂，因为是维新变法的举措之一。朱国仁. 西学东渐与中国高等教育近代化. 厦门：厦门大学出版社，1996：24 - 33. 有关中国法学教育的开端，有学者支持从 1902 年京师大学堂开始，亦有学者认为是 1906 年京师法律学堂. 姜朋. 中国近代法学教育的源起. 中国法律评论，2014（4）：117 - 118.

③ 李贵连. 近代中国法制与法学. 北京：北京大学出版社，2002：211 - 212.

④ 据北洋大学-天津大学校史编辑室编辑的《北洋大学-天津大学校史（第 1 卷）：1895 年 10 月—1949 年 1 月》中记载，在学校创办初期头等学堂开设的功课中第四年有"万国公约"。我们认为此处记载的"万国公约"应是指万国公法，即国际法. 北洋大学-天津校史编辑室. 北洋大学-天津大学校史（第 1 卷）：1895 年 10 月—1949 年 1 月. 天津：天津大学出版社，1990：29 - 32.

⑤ 王杰，祝士明. 学府典章：中国近代高等教育初创之研究. 天津：天津大学出版社，2010：171.

⑥ 李贵连，等. 百年法学——北京大学法学院院史. 北京：北京大学出版社，2004：5.

⑦ 王健. 中国近代的法律教育. 北京：中国政法大学出版社，2001：259 - 291.

⑧ 有关王宠惠先生的国际法著述，可参见《王宠惠法学文集》编委会. 王宠惠法学文集. 北京：法律出版社，2008。

在王宠惠之后，郑天锡先生成为另一名常设国际法院的中国籍法官。他于1936年赴任，直至常设国际法院被联合国国际法院所取代。郑天锡早年毕业于上海圣约翰学院，1916年获英国伦敦大学法学博士学位，是第一批在英国伦敦大学获得法学博士学位的中国人。二战前夕，他意识到德国法西斯可能侵占海牙，而将常设国际法院的重要文件档案转移到中立国瑞士的日内瓦，使这些文件在二战期间得到妥善保存，为保存重要国际文档作出了重要贡献。郑天锡先生在法律和文学方面均有建树，为东西方文化作出重要贡献。①

此外，早年毕业于清华学堂的梅汝璈，于1928年获美国芝加哥大学法学博士学位。1946年，梅汝璈作为中国籍法官参与了远东国际军事法庭的审判。② 毕业于北洋大学法律系的徐谟，于1946年当选联合国国际法院法官，直到1956年在任上去世。③ 毕业于上海圣约翰学院的顾维钧，于1912年获哥伦比亚大学法学博士学位，1957年当选国民政府在联合国国际法院的最后一任中国籍法官，直至1967年法官任上退休。④

有关晚清及民国国际法学的发展演变及特征贡献，可进一步参看杨泽伟教授所著的《国际法史论》的清代国际法学和中华民国时期国际法学部分。该书详尽援引了民国时期的国际法学著作，全面梳理民国国际法先贤的重要著述，是重要的国际法史论著。⑤

二、新中国成立之后的中国国际法学

(一) 基本概念

在毛泽东提出的"一边倒"的原则指引下（在国际事务中与苏联保持一致），中国国际法学界将重心从过去移植西方的国际法著述转向注重引进苏联的国际法学。但在新中国成立初期，也引进、翻译了一些西方国际法著作，例如《奥本海国际法》（第七版）和凯尔森的《国际法原理》。"文化大革命"期间，中国国际法学几乎陷于停滞状态。尽管如此，1976年出版的周鲠生先生的《国际法》（上下）是改革开放前出版的第一部具有中国特色的国际法教材。

改革开放后，国际法学教学在中国迅速恢复和蓬勃发展。1980年，由王铁崖先生主编的我国首部统编教材《国际法》出版发行。国际法研究在中国日趋全面和深入，1980年武汉大学和北京大学率先建立国际法研究所，同年，中国国际法学会成立，成为国家一级学术团体，服务于国家的外交外事工作和法治建设，促进了国际法在中国的研究、实践、传播和发展以及国内外学界的交流。1982年，中国国际法学会主办的《中国国际

---

① 2017年5月，郑天锡先生的长子、著名国际法、航空法学者，原英国伦敦大学法学院院长郑斌（Bin Cheng，1921—2019）先生将其父和他本人收藏的经典国际法和外空法著作、著名国际法院判例、重要国际条约谈判资料和知名国际法学术刊物等近3 000册相关国际法资料捐赠西北政法大学，成为国内研究国际法发展演变的重要文献材料。

② 有关梅汝璈的国际法著述，可参见梅小璈，范忠信. 梅汝璈法学文集. 北京：中国政法大学出版社，2007。

③ 有关徐谟的生平及国际法贡献，可参见祁怀高，徐谟：联合国国际法院的首位中国大法官. 世界知识，2010 (8)：54 - 55.

④ 有关顾维钧生平，可参见顾维钧. 顾维钧回忆录. 中国社会科学院近代史研究所，译. 北京：中华书局，2018. 有关其国际法贡献，See Pasha L. Hsieh, Wellington Koo, International Law and Modern China, Indian Journal of International Law, Vol. 56, 2017, pp. 307 - 323.

⑤ 杨泽伟. 国际法史论. 北京：高等教育出版社，2011：360 - 367.

法年刊》正式创刊和出版发行。一些重要的中国国际法刊物还包括英文版《中国国际法论刊》《国际法研究》《环球法律评论》《武大国际法评论》。

中国特色的国际法理论具有以下特征。第一，鲜明地提出国家主权是第一位的，是实现人权的前提和保障。第二，鲜明地提出和平共处五项原则是现代国际法基本原则。第三，根据现代国际法的新特点，先后提出了国际合作和尊重基本人权构成现代国际法的基本原则，丰富了国际法基本原则。第四，以"三个世界划分理论"为指导，强调发展中国家对现代国际法发展的影响。第五，明确地提出现代国际法不仅与国内法相比具有不同的特性，而且与传统国际法相比呈现出一系列新的特点。第六，辩证地看待国际法上的强行法规则。第七，在国家主权豁免问题上，不盲从所谓的限制主义，而是站在发展中国家的立场上，主张在坚持国家主权豁免原则的基础上根据不同情况采取不同的处理方式。第八，根据第二次世界大战以来，特别是"冷战"结束之后，国际法的新情况，提出了现代国际法人本化的发展趋势。第九，创建中国特色的国际组织法学。第十，创造性地提出"一国两制"和"搁置争议，共同开发"，发展了和平解决国际争端原则。

倪征燠、史久镛、薛捍勤相继当选联合国国际法院法官；李浩培、王铁崖、刘大群先后当选前南斯拉夫问题国际刑事法庭法官；赵理海、许光建、高之国相继当选国际海洋法法庭法官；王铁崖、邵天任、端木正、李浩培当选国际常设仲裁院仲裁员；张月姣当选世界贸易组织上诉机构首位中国籍成员，另有多名中国籍专家当选世界贸易组织争端解决机构专家指示名单成员。倪征燠、黄嘉华、史久镛、贺其治、薛捍勤、黄惠康先后当选联合国国际法委员会委员；王铁崖、李浩培、倪征燠、陈体强当选国际法研究院院士。

（二）疑难点解析

（1）在此处所说的 1955 年出版的《奥本海国际法》（第七版）之后，王铁崖先生等国内学者又出版了第八版和第九版《奥本海国际法》。《奥本海国际法》为西方国际法学界的传统经典国际法教材，在体例安排上与中国国际法教材有所不同，对其研习有助于加深对中国国际法学特色的理解。

（2）有关此处所说的凯尔森《国际法原理》于 1989 年由华夏出版社出版。凯尔森是美籍奥地利学者，世界著名法学家。他撰写的《法与国家的一般理论》是法学界的经典著作。他不仅在法理学方面成就突出，而且在国际法学方面建树颇丰，其中《国际法原理》这本书就是凯尔森在国际法上的重要著作。[①]

（3）有关新中国成立后，中国国际法学界的重心转向苏联国际法学。其主要体现在，一方面，中国人民大学聘请苏联专家讲授国际法。另一方面，我国学者翻译出版了一批苏联国际法方面的论著，例如《苏维埃国家与国际法》、《联合国史料》（第 1 卷）和《国际法中的领水问题》等。"文化大革命"开始后，"左"倾思潮与法律虚无主义泛滥，造成中国国际法学将近 20 年的萎缩、萧条。但值得一提的是，周鲠生先生的《国际法》教

---

① 有关凯尔森本人在国际法上的观点和贡献，可见"马工程"教材《国际公法学》的第一章"国际法性质和发展"的第一节"国际法的概念与特征"的第四个部分"国际法效力的根据与范围"的"规范法学派"部分。对其更为详细的了解，可参见杨泽伟. 国际法史论. 北京：高等教育出版社，2011：180 - 181. Jochen von Bernstorff & Thomas Dunlap, The Public International Law Theory of Hans Kelsen: Believing in Universal Law, Cambridge: Cambridge University Press, 2010.

材影响很大，是"世界国际法学中自成一派的法学著作。它填补了中国国际法学研究空白，为后来中国国际法学的发展奠定了基础"①。

（4）中国特色的国际法理论逐步形成。改革开放后，中国国际法学建设大致可以分为恢复阶段（1978—2000 年）、发展阶段（2001—2011 年）和积极有为阶段（2012 年至今）这三个阶段。② 前两个阶段是中国特色国际法理论的形成期，后一个阶段是新时代中国国际法观念的提升和创新期。

（5）有关中国特色国际法理论的主要内容中，第一是鲜明强调国家主权首要位置。而有关主权的论述，可参见杨泽伟教授在此方面的著述。③ 第二是提出和平共处五项原则是现代国际法基本原则。可参见"马工程"教材《国际公法学》的第四章第一节第三部分的论述，亦可参看苏长和教授的文章。④ 此外，关于创造性地提出的"一国两制"和"搁置争议，共同开发"，发展了和平解决国际争端原则，其中有关"搁置争议，共同开发"的国际法问题，可参见杨泽伟教授在此方面的著述。⑤

三、新时代中国国际法观念的提升与创新

（一）基本概念

2012 年，党的十八大以来，中国国际法学有了进一步发展。新时代中国国际法相关理念被确立起来。这表现在：

第一，习近平外交思想的国际法意义被体现出来，表达了中国及广大发展中国家的国际法治主张，促进了国际法向公正有效的方向积极发展。

第二，推动全球治理体制变革。习近平总书记指出，要推动全球治理体制向着更加公正合理方向发展。全球治理重在国际规则的制定和国际制度的确立，要为推动全球治理体制更加公正合理贡献中国力量。

第三，坚持正确的义利观。一是坚持履行做负责任大国的承诺，从世界和平与发展的大义出发，以更加积极的姿态参与国际事务；二是构建发展中国家命运共同体，进一步增加对发展中国家特别是对最不发达国家的援助，帮助它们实现自主发展和可持续发展；三是坚持与邻为善、以邻为伴，同周边国家和睦相处、守望相助，聚焦发展合作。

第四，推动国际关系民主化、法治化和合理化。具体而言，要遵循习近平总书记提出的三项基本原则：一是各国应共同推动国际关系民主化。二是各国应共同推动国际关系法治化。三是各国应共同推动国际关系合理化。

第五，构建人类命运共同体。推动构建人类命运共同体是习近平新时代中国特色社会主义思想的重要组成部分。人类命运共同体的理念是：各国人民同心协力，构建人类命运共同体，建设持久和平、普遍安全、共同繁荣、开放包容、清洁美丽的世界。要相

---

① 杨泽伟. 新中国国际法学 70 年：历程、贡献与发展方向. 中国法学，2019（5）：181.
② 杨泽伟. 改革开放四十年来的中国国际公法学：特点、问题与趋势. 武大国际法评论，2018（6）：33-50.
③ 杨泽伟. 主权论：国际法上的主权问题及其发展趋势研究. 北京：北京大学出版社，2006.
④ 苏长和. 和平共处五项原则与中国国际法理论体系的思索. 世界经济与政治，2014（6）：4-22.
⑤ 杨泽伟. 海上共同开发国际法问题研究. 北京：社会科学文献出版社，2016. 杨泽伟. 海上共同开发国际法理论与实践研究. 武汉：武汉大学出版社，2018.

互尊重、平等协商，坚决摒弃冷战思维和强权政治，走对话而不对抗、结伴而不结盟的国与国交往新路。要坚持以对话解决争端、以协商化解分歧，统筹应对传统和非传统安全威胁，反对一切形式的恐怖主义。要同舟共济，促进贸易和投资自由化便利化，推动经济全球化朝着更加开放、包容、普惠、平衡、共赢的方向发展。要尊重世界文明多样性，以文明交流超越文明隔阂、文明互鉴超越文明冲突、文明共存超越文明优越。要坚持环境友好，合作应对气候变化，保护好人类赖以生存的地球家园。①

2018 年，人类命运共同体被写入宪法。推动构建人类命运共同体是中国为全球治理和国际法治建设贡献的重要国际公共产品，有助于各国建立国际机制，共同谋求世界和平与发展。

（二）疑难点解析

（1）要以习近平法治思想为行动指南，坚持统筹国内法治与涉外法治建设。加快涉外法治工作战略布局，协调推进国内治理和国际治理，更好维护国家主权、安全、发展利益。要加快形成系统完备的涉外法律法规体系，提升涉外执法司法效能。要引导企业、公民在走出去过程中更加自觉地遵守当地法律法规和风俗习惯，运用法治和规则维护自身合法权益。要注重培育一批国际一流的仲裁机构、律师事务所，把涉外法治保障和服务工作做得更有成效。对不公正不合理、不符合国际格局演变大势的国际规则、国际机制，要提出改革方案，推动全球治理变革，推动构建人类命运共同体。因此，在统筹国内法治和涉外法治研究方面，一方面，要构建起体现中国特色的涉外法治话语体系，提升我国在国际法律事务和国际治理方面的话语权和影响力；另一方面，要重视对国际法制定、解释和适用的研究，推动国际法的发展和运行能更好地反映中国法治主张，维护发展中国家利益和国际公平正义。②

（2）要树立坚持共商共建共享的原则。高度重视"一带一路"倡议与国际法之间的紧密关系。用好国际法，服务于"一带一路"建设。③ 深度理解"一带一路"倡议与现代国际法发展之间的必然联系。④ 要对共商共建共享原则进行国际法解读，深挖其所具有的国际法内涵，指导"一带一路"倡议的国际法实践。⑤

（3）要坚持人类命运共同体理念，运用国际法，推动全球治理。人类命运共同体理念关注人类整体和个体，突出国际社会的终极问题，强调国际社会差异性和依存性的统一，其将中华优秀传统文化引入全球治理，反映了中国对国际法社会基础的重新认识，发展了马克思主义关于共同体的学说。⑥ 因此，人类命运共同体理念必将是中国运用国际法，坚持国际法治，推动全球治理的重要指导思想和行动指南。

---

① 习近平. 决胜全面建成小康社会，夺取新时代中国特色社会主义伟大胜利——在中国共产党第十九次全国代表大学上的报告. 人民日报，2017-10-28（1）.
② 杨泽伟. 为涉外法治工作提供学理支撑. 人民日报，2021-10-20（9）.
③ 杨泽伟. "一带一路"倡议文件汇编. 北京：法律出版社，2020.
④ 杨泽伟. "一带一路"倡议与现代国际法的发展. 武大国际法评论，2019（6）：1-17.
⑤ 有关共商共建共享原则的国际法意义，可参见杨泽伟. 共商共建共享原则：国际法基本原则的新发展. 阅江学刊，2020（1）：86-93.
⑥ 张辉. 人类命运共同体：国际法社会基础理论的当代发展. 中国社会科学，2018（5）：43-68.

本章同步练习

论述题

1. 试述国际法的地位和作用。（考研）
2. 试述中国国际法学发展及其在中国特色国际法理论方面的制度创新。（考研）
3. 试述新时代中国国际法观。（考研）

参考答案

1. 只有认识到国际法的地位与作用，才能真正认识到国际法在国际社会中的价值和意义。对此可从以下四个方面来加以理解和把握。

首先，国际法是国家自身生存与发展的需要。这种需要体现在三个方面：一是国际法维护世界和平与安全，使国家有一个稳定和平的国际环境。二是国际法建立起全球经济规则，有助于国家间经济合作与发展。三是国际法建立起全球公共规则，才能有效提供国际公共产品。

其次，国际法是全球治理和国际法治的需要。对此的理解，可从两个方面加以认识，一方面，全球治理和国际法治的基础是国际法。另一方面，当今和未来的法治中国建设以及中国治理体系和治理能力的现代化必须融入全球治理和国际法的进程之中。

再次，国际法是个人（自然人）生活和福祉的需要。个人的方方面面都随时可能与国际法产生交集，特别是在一个全球化的时代，这种概率变得越来越大，以至于国际法几乎深入到每个人的日常生活中。

最后，国际法是法人经营活动的需要。一方面，相比个人而言，法人在全球化背景下，有着更为广泛的国际活动。它们都需要依赖国际法规则，建立相互之间的关系。另一方面，由于文化上的不同、各国法律上的差异以及地域等影响，法人在跨国活动中难免产生各种各样的法律争端，而国际法在一定程度上承担了解决这种法律纠纷的义务，通过国际法庭、国际仲裁以及国际调解等不同的国际司法机构或其他国际实体，使从事跨国经营的法人权益得到保护。

答案解析：以上四个方面是根据"马工程"教材进行的总结。但在答题时，也可结合教材中有关中国与国际法的部分进行扩展。也可借鉴杨泽伟《国际法》（第三版）（高等教育出版社 2011 年版）第 8~14 页的第一章"国际法的基础"的第二节"国际法的作用"，从约束、促进、调整和缓和四个方面对国际法的作用进行拓展性解答。

2. 中国国际法学的发展和中国国际法理论的制度创新包括以下方面：

（1）新中国成立之前的中国国际法学。

国际法学发轫于欧洲，是西方近代文明的产物。19 世纪末 20 世纪初，西方列强通过武力打开封建中国的大门时，国际法随之传入中国，近代国际法学诞生，并开始走上从移植西方国际法学到逐步本土化的发展道路。

近代中国国际法学的形成与发展有以下特点：第一，国际法的译著和编著占较大比重。第二，从事国际法学教学和研究者几乎都是法学留学归国人员，特别是留学欧美的留学生。第三，中国近代的国际法著述与译著涉及战时国际法数量较多。第四，中国近代国际法著述中聚焦较多的国际法问题是不平等条约和领事裁判权。

中华民国时期最有影响的国际法著作是周鲠生著的《国际法大纲》和崔书琴的《国际法》。这两本著作构建起了中国国际法学的体系，是当时中国著名大学国际法教学的教科书。周鲠生先生还发表了大量国际法论文，对中国国际法学术发展作出卓越贡献，推动了国际法在中国的发展。

中国国际法学者参与了远东国际军事法庭对日本甲级战犯的审判。中国籍法官梅汝璈、检察官向哲浚、检察官顾问倪征燠都曾留学欧美，他们凭借自己扎实的国际法知识和高度正义感与责任感，成功取得对东条英机等 28 名日本甲级战犯审判的胜利，为国际法的实践作出了重大贡献。

（2）新中国成立后的中国国际法学。

在毛泽东提出的"一边倒"的原则指引下（在国际事务中与苏联保持一致），中国国际法学界将重心从过去移植西方的国际法著述转向注重引进苏联的国际法学。但也出版了一些西方国际法译著，例如《奥本海国际法》（第七版）和凯尔森的《国际法原理》。"文化大革命"期间，中国国际法学几乎陷于停滞状态。尽管如此，1976 年出版的周鲠生先生的《国际法》（上下）是改革开放前出版的第一部具有中国特色的国际法教材。

改革开放后，国际法学教学在中国迅速恢复和蓬勃发展，1980 年，由王铁崖先生主编的我国首部统编教材《国际法》出版发行。国际法研究在中国日趋全面和深入，1980 年武汉大学和北京大学率先建立国际法研究所，同年，中国国际法学会成立，成为国家一级学术团体，促进了国际法在中国的研究、实践、传播和发展以及国内外学界的交流，服务于国家的外交外事工作和法治建设。1982 年，中国国际法学会主办的《中国国际法年刊》正式创刊和出版发行。一些重要的中国国际法刊物还包括英文版《中国国际法论刊》《国际法研究》《环球法律评论》《武大国际法评论》。

此外，有中国特色的国际法理论形成。第一，鲜明地提出国家主权是第一位的，是实现人权的前提和保障。第二，鲜明地提出和平共处五项原则是现代国际法基本原则。第三，根据现代国际法的新特点，先后提出了国际合作和尊重基本人权构成现代国际法的基本原则，丰富了国际法基本原则。第四，以"三个世界划分理论"为指导，强调发展中国家对现代国际法发展的影响。第五，明确地提出现代国际法不仅与国内法相比具有不同的特性，而且与传统国际法相比呈现出一系列新的特点。第六，辩证地看待国际法上的强行法规则。第七，在国家主权豁免问题上，不盲从所谓的限制主义，而是站在发展中国家的立场上，主张在坚持国家主权豁免原则的基础上根据不同情况采取不同的处理方式。第八，根据第二次世界大战以来特别是"冷战"结束之后国际法的新情况，提出了现代国际法人本化的发展趋势。第九，创建中国特色的国际组织法学。第十，创造性地提出"一国两制"和"搁置争议，共同开发"，发展了和平解决国际争端原则。

（3）新时代中国国际法观念的提升与创新。

2012 年，党的十八大以来，中国国际法学有了进一步发展。新时代中国国际法相关理念被确立起来。这表现在：第一，习近平新时代外交思想的国际法意义被体现出来，表达了中国及广大发展中国家的国际法治主张，促进了国际法向公正有效的方向积极发展。

第二，推动全球治理体制变革。习近平总书记指出，要推动全球治理体制向着更加公正合理方向发展；全球治理重在国际规则的制定和国际制度的确立，要为推动全球治理体制更加公正合理贡献中国力量。

第三，坚持正确的义利观。一是坚持履行做负责任大国的承诺，从世界和平与发展的大义出发，以更加积极的姿态参与国际事务；二是构建发展中国家命运共同体，进一步增加对发展中国家特别是对最不发达国家的援助，帮助它们实现自主发展和可持续发展；三是坚持与邻为善、以邻为伴，同周边国家和睦相处、守望相助，聚焦发展合作。

第四，推动国际关系民主化、法治化和合理化。具体而言，要遵循习近平总书记提出的三项基本原则：一是各国应共同推动国际关系民主化。二是各国应共同推动国际关系法治化。三是各国应共同推动国际关系合理化。

第五，构建人类命运共同体。推动构建人类命运共同体是习近平新时代中国特色社会主义思想的重要组成部分。人类命运共同体的理念是：各国人民同心协力，构建人类命运共同体，建设持久和平、普遍安全、共同繁荣、开放包容、清洁美丽的世界。要相互尊重、平等协商，坚决摒弃冷战思维和强权政治，走对话而不对抗、结伴而不结盟的国与国交往新路。要坚持以对话解决争端、以协商化解分歧，统筹应对传统和非传统安全威胁，反对一切形式的恐怖主义。要同舟共济，促进贸易和投资自由化便利化，推动经济全球化朝着更加开放、包容、普惠、平衡、共赢的方向发展。要尊重世界文明多样性，以文明交流超越文明隔阂、文明互鉴超越文明冲突、文明共存超越文明优越。要坚持环境友好，合作应对气候变化，保护人类赖以生存的地球家园。

2018年，人类命运共同体被写入宪法。推动构建人类命运共同体是中国为全球治理和国际法治建设贡献的重要国际公共产品，有助于各国建立国际机制，共同谋求世界和平与发展。

答案解析：注意三个方面：第一，此题在表述上可以用不同的提问方式，只要涉及中国对国际法学的贡献时即可按此回答。第二，此题属于发挥性试题，一方面，可分解为不同的小型论述题，例如，论述新中国成立后国际法学的发展、论述新中国成立之前的中国国际法学发展等。另一方面，答题的全面性在于是否能有机地结合当前国际法发展的最新情况，进行比较分析。例如习近平法治思想中统筹推进国内法治与涉外法治的内容、习近平新时代中国特色社会主义思想中有关国际法治的内容等。第三，要注意与相关教材相关内容的紧密结合。

3. 2012年，党的十八大以来，中国国际法学有了进一步发展。新时代中国国际法相关理念被确立起来。这表现在，第一，习近平新时代外交思想的国际法意义被体现出来，表达了中国及广大发展中国家的国际法治主张，促进了国际法向公正有效的方向积极发展。

第二，推动全球治理体制变革。习近平总书记指出，要推动全球治理体制向着更加公正合理方向发展。全球治理重在国际规则的制定和国际制度的确立，要为推动全球治理体制更加公正合理贡献中国力量。

第三，坚持正确的义利观。一是坚持履行做负责任大国的承诺，从世界和平与发展的大义出发，以更加积极的姿态参与国际事务；二是构建发展中国家命运共同体，进一步增加对发展中国家特别是对最不发达国家的援助，帮助它们实现自主发展和可持续发展；三是坚持与邻为善、以邻为伴，同周边国家和睦相处、守望相助，聚焦发展合作。

第四，推动国际关系民主化、法治化和合理化。具体而言，要遵循习近平总书记提出的三项基本原则：一是各国应共同推动国际关系民主化。二是各国应共同推动国际关系法治化。三是各国应共同推动国际关系合理化。

第五，构建人类命运共同体。推动构建人类命运共同体是习近平新时代中国特色社会主义思想的重要组成部分。人类命运共同体的理念是：各国人民同心协力，构建人类命运共同体，建设持久和平、普遍安全、共同繁荣、开放包容、清洁美丽的世界。要相互尊重、平等协商，坚决摒弃冷战思维和强权政治，走对话而不对抗、结伴而不结盟的国与国交往新路。要坚持以对话解决争端、以协商化解分歧，统筹应对传统和非传统安全威胁，反对一切形式的恐怖主义。要同舟共济，促进贸易和投资自由化便利化，推动经济全球化朝着更加开放、包容、普惠、平衡、共赢的方向发展。要尊重世界文明多样性，以文明交流超越文明隔阂、文明互鉴超越文明冲突、文明共存超越文明优越。要坚持环境友好，合作应对气候变化，保护人类赖以生存的地球家园。

2018年，人类命运共同体被写入宪法。推动构建人类命运共同体是中国为全球治理和国际法治建设贡献的重要国际公共产品，有助于各国建立国际机制，共同谋求世界和平与发展。

答案解析：本题是发挥性试题，不仅要以教材中的基本要点作答，而且要紧密联系习近平新时代中国特色社会主义思想在国际法方面的最新论述。此外，可借鉴杨泽伟教授发表的《新时代中国国际法观论》等相关著述。

第一章 国际法的性质与发展

本章知识点速览

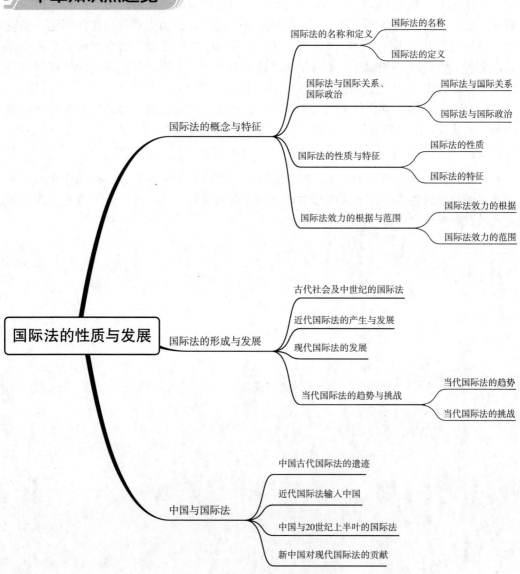

国际法的性质与发展

- 国际法的概念与特征
  - 国际法的名称和定义
    - 国际法的名称
    - 国际法的定义
  - 国际法与国际关系、国际政治
    - 国际法与国际关系
    - 国际法与国际政治
  - 国际法的性质与特征
    - 国际法的性质
    - 国际法的特征
  - 国际法效力的根据与范围
    - 国际法效力的根据
    - 国际法效力的范围

- 国际法的形成与发展
  - 古代社会及中世纪的国际法
  - 近代国际法的产生与发展
  - 现代国际法的发展
  - 当代国际法的趋势与挑战
    - 当代国际法的趋势
    - 当代国际法的挑战

- 中国与国际法
  - 中国古代国际法的遗迹
  - 近代国际法输入中国
  - 中国与20世纪上半叶的国际法
  - 新中国对现代国际法的贡献

本章核心知识点解析

第一节 国际法的概念与特征

一、知晓国际法的概念

（一）基本概念

狭义的国际法（international law）指的是国际公法（public international law），而广义的国际法还包括国际私法（private international law）和国际经济法（international economic law）。

"国际法是在国际交往中形成的，用以调整国际关系（主要是国家间关系）的，有法律约束力的各种原则、规则和制度的总称。"[①]

"一般国际法"（general international law）是指对整个国际社会成员都具有法律约束力的原则、规则、制度和机制。"特殊国际法"（particular international law）或"区域国际法"（regional international law）则只对特定（区域）的成员具有法律约束力。一般国际法不仅适用的范围要比特殊国际法的广泛，而且其效力也高于特殊国际法的。

（二）疑难点解析

1. 国际法名称的由来

国际法这个词的词源，可以追溯到罗马法。在古罗马，以所谓"市民法"适用于罗马公民，而以所谓"万民法"（jus gentium）适用于外国人以及外国人与罗马公民的关系。但是万民法只是罗马国内法的一部分，并非近代意义上的国际法。后来，由于学者们在其著作中，特别是荷兰法学家格劳秀斯（Hugo Grotius）在其1623年—1624年撰写的名著《战争与和平法》中，常借用万民法来称呼调整国家间关系的法，所以就使这一术语的含义扩大而有了万国法（law of nations）的性质。再后，英国的边沁（1748—1832年）倡议改用"国际法"（international law），这一名称终于为大家所普遍采用，一直沿用到现在。[②]

2. 国际公法与国际私法和国际经济法的区别和联系

国际私法并不直接调整国家之间和其他国际法主体之间的关系，而是调整不同国家的自然人或法人之间的民事关系的一种法律。从这个意义上讲，国际私法是一个国家的国内法而不是国际法，有的学者甚至将其称为"涉外民法"。"换言之，国际法是从各国并列状态中产生的，而国际私法则是从各种法律体系的并列状态中产生的。"[③] 这些是国际私法与国际公法之间的区别。然而，在当今全球化不断拓展和深化的国际社会里，跨国民事交往日益频繁，国家之间或在国际组织的框架内有关调整跨国民事关系的条约和习惯不断增多，这表明国际私法与国际公法之间存在密切的关系。

---

① 梁西，曾令良. 国际法. 3版. 武汉：武汉大学出版社，2011：3.
② 梁西，曾令良. 国际法. 3版. 武汉：武汉大学出版社，2011：3-4.
③ 詹宁斯，瓦茨. 奥本海国际法：第一卷第一分册. 王铁崖，等译. 北京：中国大百科全书出版社，1995：4.

国际经济法原本是国际公法的组成部分。第二次世界大战后，随着国际经济组织的迅速发展和调整国际经济关系的原则、规则和制度的不断增多，国际经济法逐步形成为一个相对独立的法律体系。"国际经济法是国际社会中关于经济关系和经济组织的法律规范的总和，即关于国际经济交往中商品生产、流通、结算、信贷投资、税收等关系及国际经济组织等法规和法制的总称。其范围包括国际贸易法、国际投资法、国际货币金融法制、国际税法及国际经济组织法，等等。国际经济法的特点，反映了商品和资本超越国境而流动的国际性，是一个包括国际法规范与国内法规范在内的新兴的独立的法学部门。"①

二、了解国际法与国际关系、国际政治的关系

（一）基本概念

国际关系是国际法形成和发展的社会基础。国际关系是国际法规范的客体，国际法是国际关系的准则。②

（二）疑难点解析

国际法与国际政治的联系与区别如下。

国际法与国际政治的联系：国际法从属于国际政治。国际法反映的是国际体系中的各种政治、经济势力，并由这些势力塑造而成。而且，任何一个时期世界秩序的剧变必然会引起国际法的变化，这表明国际法律从属于国际政治。国际政治与国际法构成战略与战术、设计与工程的关系：国际政治是战略层面的设计，是整体构思；国际法在很大程度上是前者的战术实施，是工程落实。国际法是在国际关系中形成和发展的，因此国际法与国际政治这两门学科的研究领域是一致的；这两门学科的研究对象都主要是从国家出发的。③

国际法与国际政治的区别：二者的侧重点不同。在理论方面，二者各有独立的话语系统，二者的概念体系、规则框架和逻辑结构各有其自身的工作范围；国际法有自身的独立价值，不可能对所有的国际政治主张都予以有效支持。在实践方面，一般国家对待国际政治问题，主要从国家利益、国家安全考虑，而不是首先从法律上进行是非判断；与国际政治问题相反，一般国家对待国际法问题，主要是从法律上进行是非原则判断，而不是首先从国家利益、国家安全考虑。④

总之，国际法与国际政治联系密切，国际法既是国际政治的产物，又必然体现、反映国际政治的内容和要求。同时，国际法一经形成，就会在既定法律范围内成为制约国际政治的制度因素，国际政治将沿着国际法的既有轨道运行。国际政治与国际法两者之间的复合关系不仅是国际政治稳定发展的内在要求，而且也是国际法作为独立价值尺度的必然反映。⑤

---

① 姚梅镇. 国际经济法是一个独立的法学部门. 中国国际法年刊：1983 年卷. 北京：中国对外翻译出版公司，1984：374.
② 李浩培. 国际法的概念和渊源. 贵阳：贵州人民出版社，1994：2.
③ 杨泽伟. 国际法与国际政治. 学术界，1999（4）：81.
④ 何志鹏. 新时代国际法理论之定位与重构：接榫国际政治的互动探究. 法学评论，2020（4）：11. 杨泽伟. 国际法与国际政治. 学术界，1999（4）：81-82.
⑤ 李杰豪. 试析国际政治与国际法的复合依赖关系. 世界经济与政治，2007（10）：49.

三、理解国际法的性质和特征

（一）基本概念

国际法是法律，而非"国际道德"或"国际礼让"。国际法与后两者的区别在于：国际法是一种必须遵守，否则要承担违反责任的强制行为规范，而后两者则是"通过舆论形成"并"依仗信仰及道义力量来维持"的行为规范。[①]

现在学界普遍认为，虽然国际法仍然主要是调整国家间的关系，但它不再只是国家间的法律，而是属于整个国际社会的法律。

（二）疑难点解析

1. 国际法否定论的错误

否定或怀疑国际法的法律属性的一个重要理由是国际法的软弱性，即违反国际法的行为屡屡发生，但得不到应有的惩罚。甚至有学者认为：国际法是真实存在的现象，然而国际法学者却夸大了其影响力和重要性；对于各国在何时以及为何遵守国际法，最合理的解释并不是各国已将国际法内在化，或具有一种遵守国际法的习惯，或受到其道德引力的驱使，而仅仅是国家基于自身利益行事。[②]

"如果对各国的国际行动加以客观的缜密的考察，我们就会发现，各国遵守国际法事例，较之违反国际法事例，在数量上要大得多。实际上，遵守国际法是原则，违反国际法是例外；显然不能因为有例外的违反国际法的情事而否定国际法的存在。"[③] 此外，国际社会的组织化趋势，使国际法的约束力不断增强，主要表现为：（1）国际社会已公认有若干强制规范的存在。第二次世界大战后，国际社会出现了强行法（*Jus Cogens*）理论。（2）国际组织强制行动的约束力也有明显加强。《联合国宪章》第七章以较大的篇幅对此作了详细规定。（3）近年来，国际社会还出现了不少对国家领导人的公职行为进行刑事追诉的事例。[④]

2. 国际法的基本特征

与国内法相比，国际法具有以下基本特征。

第一，国际法是适用于国际社会的法律。

（1）从国际法调整的对象来分析：国际法是适用于国际社会的法。国际法调整的对象是广义的国际关系，即包括国家与国家之间、国家与其他具有国际法律人格的国际实体之间以及此等实体彼此之间的关系。但基于国际社会结构的基本情况，国际法主要是调整国家之间关系的一种法律体系。国际法不调整各国内部发生的关系。

（2）从国际法的主体来分析：国际法律关系的主体主要是国家。此外，在一定条件下和一定范围内，民族解放组织（处于形成期的国家）和国际组织等国际实体也可成为国际法律关系的主体。值得注意的是，法律制度在不断发展，有些国际法规则或条约，实际上已经涉及个人（自然人或法人）的若干权利义务。

---

① 梁西，曾令良. 国际法. 3 版. 武汉：武汉大学出版社，2011：8.
② 杰克·戈德史密斯，埃里克·波斯纳. 国际法的局限性. 龚宇，译. 北京：法律出版社，2010：223.
③ 李浩培. 国际法的概念和渊源. 贵阳：贵州人民出版社，1994：46.
④ 杨泽伟. 当代国际法的新发展与价值追求. 法学研究，2010（3）：179.

第二，国际法是平等者之间的法律。

（1）从国际法的形成方式来分析：国际社会没有一个统一的最高立法机关来制定法律。国际法是作为国际社会平等成员的各国，在相互协议的基础上逐渐形成的。无论是条约法还是国际习惯法，都必须有主权国家的明示同意或默示同意才能生效。

（2）从国际法的实施方式来分析：国际法的实施，很大程度上仍是凭借国家本身的力量。国家不仅是自己应遵守的国际法规范的制定者，而且在一定程度上又是这些约束它们自己的规范的解释者和执行者。

综观上述各种特征，与国内法相比：国际法是国际社会的法，它所建立的不是一种以统治权为基础的法律秩序，它不像国内法那样具有超于当事者的最高权威。国际法迄今仍然基本上是一种以国际社会的主权者"平等协作"为条件的法律体系，是一种国家之"间"的法律体系。[①]

四、熟悉国际法效力的根据与范围

（一）基本概念

国际法效力的根据是指国际法的约束力源自哪里。

国际法效力的范围涉及国际法适用的地域范围和时效这两个方面。一般国际法或普遍国际法适用于世界范围内的所有国家或整个国际社会，而区域国际法或特殊国际法适用于地球上特定区域内的国家或区域社会。一般情况下，条约只适用于缔约方的领土（条约相对效力原则）；除特殊情形外，条约不适用于第三方的领土。

国际法的时效是指国际法适用在时间上的效力，即国际法效力的时间长度或到何时为止。一般来说，国际法具有永久的效力。但是，就条约的时效而言，有的条约是永久的，有的条约明确规定了适用的期限。被废止的条约从被废止之日起就失去了地域效力和时间效力，而被修改的条约的效力则遵行修订后的条约规定。一项国际法习惯规则具有持久的效力，除非被废止或被新的习惯规则所取代；如果被废止或被取代，就存在原来的习惯规则的时间效力范围。

（二）疑难点解析

围绕国际法效力的根据这一理论问题，中外国际法学界形成了各种不同的学派。

1. 自然法学派

自然法学派（Naturalists）一般认为国际法的约束效力产生于"自然理性"，而自然理性是决不可违背的。有的学者把这种理性称为"法律良知"、"正义观念"或"最高规范"。这一学派将航海自由、人类和平以及国家之独立、平等、自保等权利，都归于一种永恒的自然权利。在国际法的发展史上，自然法曾经发挥了很大的作用，尤其是为国际法提供了不可忽视的道德和伦理基础，使国际法受到普遍尊重。但是，它从一些抽象的概念出发，显然使法律规范和伦理道德有所混同。且其内容多为"法学拟制"，难于在实践水平上加以检验。该学派的代表人物有维多利亚（Francisco de Vitoria）、普芬多夫（Pufendorf）等。

2. 实在法学派

实在法学派（Positivists）指出，国际法之所以有约束力，是因为国家同意的缘故。

---

① 梁西，曾令良. 国际法. 3 版. 武汉：武汉大学出版社，2011：11-12.

因此，同意是国际法效力的基础。根据该学派的观点，条约规则体现的是国家的明示同意，而习惯规则被认为是国家的默示同意。该学派重视形式上的有效性；其主张法与道德没有必然联系，甚至认为某法律尽管不正义，只要是依正式程序制定的，即应有效。推至极端，这是一种"恶法亦法"论。该学派的代表人物有苏支（Richard Zouche）、奥本海（Lassa Francis Lawrence Oppenheim）等。

3. 格劳秀斯学派

格劳秀斯学派（Grotians）又称折中学派，其强调，国际法之所以对国家有约束力，一方面是依据自然法、出于理性，另一方面是依据各国的同意。因此，国际法也可以分为两部分：自然法和制定法。该学派的代表人物有格劳秀斯（Hugo Grotius）、瓦特尔（Emmerich de Vattel）等。

4. 规范法学派

规范法学派（Normativist）认为，一切法律规范的效力源于上一级的法律规范，而最高级的法律规范就是法律的基本规范；国际法的效力根据源于国际法规范体系中的一个最高规范，即"约定必须信守"原则。该学派的代表人物有凯尔森（Kelsen）、菲德罗斯（Verdross）等。

5. 政策定向学派

政策定向学派（Policy-Oriented School）认为，国际法的效力根据取决于国家的权力或政策，尤其是国家的对外政策。该学派在一定深度上揭示了政治权力、国家对外政策与国际法的关系。国际法诚然与世界政治势力和各国对外政策密切相关，但是若将它们铸为一体，则显然悖于事理。该学派的代表人物麦克杜格尔（Myres MeDougal）和拉斯韦尔（Harold Lasswell）等均出自耶鲁大学，故该学派有纽黑文学派（New Haven School）之称。

6. 意志协调学派

我国国际法学界较普遍地承认，国际法的约束力源于各国意志之间的协调。这一学派虽然将各国体现于所缔结的条约之中的意志作为国际法效力的根据；但是其认为，这种意志不可能是各缔约国的共同意志，而只是各国意志在求同存异基础上的一种协调或协议。"意志协调说"较确切地阐明了各国意志之间的矛盾，同时注意到这种矛盾还有可能协调的一面。这一认识与国际法的实践较为接近。该学派的代表人物有周鲠生、王铁崖和梁西等。[①]

第二节 国际法的形成与发展

一、了解古代社会及中世纪的国际法

（一）基本概念

15 世纪的欧洲，葡萄牙和西班牙在地理大发现过程中占据了先机。1494 年，在罗马教皇的仲裁下，西班牙和葡萄牙两国缔结《托德西拉斯条约》，规定佛得角群岛以西 370

---

① 杨泽伟. 国际法. 3 版. 北京：高等教育出版社，2017：7-8. 梁西，曾令良. 国际法. 3 版. 武汉：武汉大学出版社，2011：9-11.

里格（约合 1 770 千米或 1 100 英里），大约位于西经 46°37′的南北经线，为两国的势力分界线：分界线以西的一切土地都划归西班牙，以东的一切土地归葡萄牙。这就是历史上著名的"教皇子午线"①。

（二）疑难点解析

虽然古代没有国际法的词汇和概念，但是在一些文明古国（如古希腊、古罗马、古印度和古代中国）的确存在一定形式的国际法。当时的国际法形式原始、零散，而且与神权、宗教、道德等思想或观念联系在一起，它们对于后来国际法的形成和发展（尤其是欧洲国际法）产生了不可忽视的影响。

在中世纪，从过渡时期（400—800 年）到中世纪早期（800—1300 年）的几百年间，由于罗马教皇和皇帝是欧洲社会至高无上的权威，因而形成了一个以封建割据为基础的统一的基督教社会，国际法没有多少适用的空间，从而使国际法的发展几乎处于停滞的状态。到了中世纪后期（1300—1500 年），欧洲国家体系开始逐步形成，各国相继享有一定的自主权。在这一时期，有两项制度对国际法的发展具有特别的意义：一是常驻使团开始设立；二是通过订立条约取得和划分海外领土。在"西班牙时代"（1500—1648 年），对国际法发展具有重要意义的是西班牙、葡萄牙、荷兰和英国等海洋强国争夺海洋地位，这最终导致通过签订条约划分海域和确立"海洋自由"原则。

二、知晓近代国际法的产生与发展

（一）基本概念

1648 年《威斯特伐利亚和约》标志着近代国际法的形成。

1789 年的法国大革命和 1806—1815 年的拿破仑战争促进了近代国际法的发展。

从 1815 年维也纳公会到 1914 年第一次世界大战爆发前，欧洲出现了 100 年的所谓"欧洲协作"时期。

（二）疑难点解析

欧洲协作对国际法发展的影响如下。

欧洲协作前后延续了一个世纪之久，在 19 世纪国际组织形成时期占有重要地位，它对国际组织的形成与发展产生了多方面的影响，并为以后的国际组织运行提供了有价值的借鉴。

1. 欧洲协作使多边外交成为一种较稳定的体制

以国际会议的方式处理国际问题古已有之。经常举行国际会议则肇始于 19 世纪。到欧洲协作时期，经常集会、定期协商已成为一大特点。在欧洲协作存在的百年间，平均每两年至少要进行一次多边协商。会议外交已成为欧洲国家处置国际关系时能普遍接受的一项事实，以国际会议处理国际问题已被公认为国际生活中的一种正常制度。频繁的国际会议形成了多边协商的惯例。各国经常以会议方式协调其政策，逐渐形成常规与制度。

---

① 崔凤，陈默. 突破教皇子午线：荷兰的海洋强国之路——社会变迁的视角. 中国海洋大学学报（社会科学版），2015（4）.

2. 欧洲协作时期外交会议的内容逐渐增多

以往的国际会议都只是结束战争，而欧洲协作的宗旨在于调整平时国际关系的各个方面，包括政治、经济、宗教、河川管理、民族等问题，范围非常广泛。维也纳会议的最后议定书中包括关于外交人员位次的规则、关于河流自由航行的规章、关于取缔贩卖黑奴的宣言、关于承认和保证瑞士永久中立、关于德意志联邦宪法的文件等多方面有积极意义的内容。随着国际关系的发展，到了 19 世纪后期，国际会议宗旨更趋多样化，它显示出以会议协商为特点的欧洲协作，已较广泛地影响到国际事务的多个领域。

3. 欧洲协作使会议程序有所创新

自维也纳会议始，在这一时期的一系列大型国际会议中，根据实际需要形成了许多新的议事规则。例如，维也纳会议创造由东道国代表担任国际会议主席的先例。此外，维也纳会议的最后议定书也体现了国际组织发展史上的一大进步，如签字的国家，以国名的第一个字母为签字的次序。欧洲协作作为一种会议协商的外交方式，与 18 世纪及以前处理国际事务的混乱情形相比是一大进步，其中，大国在欧洲协作中所处的特殊和核心地位，对后来国际组织设立执行机构不无借鉴意义。

因此，欧洲协作对国际组织形成与发展的贡献是架起了一座通向现代国际组织的桥梁，它创立的某些制度长时期在起作用，现代国际组织的一些活动程序在许多情况下也是以此为依据的。[1]

三、熟悉现代国际法的发展

（一）基本概念

十月革命期间通过的一系列法令、宣言、决议以及缔结的条约中确立的不割地、不赔偿、不兼并、废除不平等条约、禁止侵略战争、民族自决、和平共处等原则，对国际法的发展具有质的飞跃意义。

《国际联盟盟约》首次限制国家的战争权并且建立了第一个普遍性国际组织和集体安全制度。

《联合国宪章》不仅建立了更加强大的普遍性国际组织——联合国和更为强化的集体安全制度，而且首次系统确立了国际法的基本原则。

（二）疑难点解析

与近代国际法相比，现代国际法具有历史进步性的主要表现如下。

1. 新独立国家的迅速增加及其对国际法发展的重要影响

20 世纪后半期以来，各洲殖民地纷纷独立，殖民体系基本瓦解。新独立国家加入国际社会后，强烈反对殖民体系残余和不平等条约，要求修改其未参与制定而且对其有损的那部分国际法规范。它们作为一种新的国际力量，已成为推动传统国际法变革和促进现代国际法发展的一种重要动力。它们在维护民族经济和巩固国家独立的过程中，特别是在促进民族自决、建立新国际经济秩序和编纂海洋法、外交法、条约法、空间法等方面，推动了许多新的国际法原则、规则和制度的发展。

---

[1] 杨泽伟. 国际法析论. 3 版. 北京：中国人民大学出版社，2012：328 - 332. 梁西. 梁西论国际法与国际组织五讲（节选集）. 北京：法律出版社，2019：67 - 68.

2. 国际社会的扩大和国际法主体的增加最富有时代意义

在近代国际法形成的年代里，源于欧洲的国际法具有强烈的排他性。20世纪的国际法承认：世界各种文明相异的国家，无论大小及政治经济制度如何，均为国际社会的平等成员，参与国际法的制定，接受国际法的调整。这种国际社会结构的发展与国际法主体的增加，不仅从横面上扩大了国际法的适用空间，而且从实质上加强了国际法的有效性。在此过程中，促使许多传统的法律规则发生了重大变化。传统国际法只承认国家是国际法上唯一的法律人格者（legal person）。但在进入20世纪以后，既非民间团体也非国家的政府间国际组织，已逐渐被承认在一定条件下具有国际法律人格，可成为国际法的主体。由于国际组织具有参与国际法律关系的资格，因而大大丰富了国际法的内容。关于民间团体和个人（以及无国籍人、难民、托管地居民等）在国际关系中的地位问题，在现代国际法上也有较大程度的突破，关于个人权利义务特别是国际责任的规则，在战后已经有了若干明显的发展。此外，关于个人权利义务特别是权利方面的规则，在国际人权法等方面的发展也甚为突出。

3. 国际法客体的迅速扩大与国家"保留范围"的相对缩小

现代国际法的触角逐渐伸入国家管辖的保留范围，使战争权、国籍问题、关税及贸易政策等受到了各种条约及国际实践的影响。同时，国际强行法理论兴起，要求加强国际法的作用。其后，在20世纪80年代生效的《维也纳条约法公约》又进一步对强行法作了规定，即"条约在缔结时与一般国际法强制规律（强行法）抵触者无效"。可见，进入20世纪以后，特别是在20世纪的后半叶，由主权任意决定的保留范围在缩小，而由国际法加以规范的客体数量则有所增加，国际合作范围在扩大。由于科学技术日益进步及国际交往日益频繁的影响，海洋法等传统的部门有了显著发展，空间法、国际人权法等新兴部门迅速发展或形成。国际法领域不断拓宽的趋势，给我们以启示：早先以规定各国管辖权为重点的"共处"国际法，在21世纪将继续朝着进一步促进各国"共同协调发展"与"积极合作"的方向前进。

4. 现代国际法的发展以战争法最为突出

《国际联盟盟约》规定国际争端在提交一定程序解决之前不得诉诸战争。此后，1928年的《巴黎非战公约》宣布"废弃战争作为实行国家政策之工具"。《联合国宪章》关于禁止使用武力的规定，比《巴黎非战公约》关于禁止战争的规定更为广泛，其确认一切武装干涉、进攻或占领以及以此相威胁的行为，都是违反国际法的。至此，限制战争权的努力，进一步涉及采用"武力自助"形式的一切措施。其法律效果是，除严格的自卫外，从主权范围内完全排除了使用武力之权。战争法在20世纪的这一发展，在国际法上形成了一个新的逻辑推理：因为武力被禁止，所以和平解决争端必然成为现代国际法上的一项基本原则，从而为审判战犯制度奠定了基础，促进了国际社会关于侵略定义的制定，有助于联合国维持和平行动与集体安全制度的发展，加强了现代国际法的作用。

5. 人类的组织化趋势和国际组织的迅猛发展，极大地推动了现代国际法的发展

国际组织数量的增加，必然引起国际法律秩序层次的多重化，其职能的扩大，必然推动国际法律秩序空间的延展；由于国际组织的发展，国际法主体和国际法渊源的范围也都进一步扩大了。这些都大大丰富了国际法的内涵，必然引起国际法律秩序体系的多

重化。由于国际社会组织化的加深,国际法客体的日益扩大与国家保留范围的相对缩小这一迹象尤其明显。国际社会的组织化程度的提高,也使国际法的实质内容处于变动之中:无论从国际法的组织基础、规范效力、执行措施等哪一方面来剖析,这个所谓的"软法"的"硬性因素"似乎正在逐渐增加。[①]

四、正确理解当代国际法的趋势与挑战

(一)基本概念

国际法的人本化,主要是指国际法的理念、价值、原则、规则、规章和制度越来越注重单个人和整个人类的法律地位及其各种权益的确立、维护和实现。

(二)疑难点解析

进入 21 世纪,当代国际法呈现出一些新的趋势。

(1)随着一系列重要公约的诞生,国际法适用的领域或空间得到进一步拓展。例如,在反恐领域,继 20 世纪制定的一系列专门性反恐条约之后,2005 年又通过《制止核恐怖主义行为国际公约》,而且联合国还通过了一系列打击国际恐怖主义的决议。在反腐败领域,2005 年 12 月生效的《联合国反腐败公约》标志着反腐败已经超出了各国国内法和区域机制的范畴,正式进入国际法管辖的领域。在文化领域,联合国教科文组织继 2001 年通过《世界文化多样性宣言》之后,于 2005 年通过了《文化多样性公约》,首次以多边公约的形式确立了"文化多样性是人类共同遗产",从而拓展和进一步丰富了国际法上原有的"人类共同继承财产"或"人类共同物"概念。

(2)随着国际法上"对一切义务"(oblgations *erga omnes*)或者共同体义务或权利(community obligations or rights)概念的形成和发展,国际法的效力在一定程度上增强了。这种新兴的国际法义务的基本特点为:1)它们是一种旨在保护基本价值的义务,如和平、人权、民族自决、环境保护等;2)它们是一种对国际社会所有成员(或多边条约中的其他所有缔约国)或人类整体的义务;3)它们是一种由属于任何其他国家(任何其他缔约国)的权利相伴随的义务;4)这种权利(共同体权利)可以由任何其他国家(或任何其他缔约国)来行使,而不论它在物质上和道德上是否受到这种违反的损害;5)这种权利是代表国际社会整体(或缔约国整体)为维护整个共同体基本价值而行使的。可见,这种新兴的国际义务超出了国际法上的权利与义务的对等原则。

(3)在 20 世纪国际人权法和国际人道法发展的基础上,21 世纪的国际法的人本化趋势尤为突出。当代国际法的人本化主要表现在两个基本方面:一方面,在国际法中已经出现了大量有关确立人和人类的法律地位及各种权益的原则、规则、规章和制度(如国际人道法、国际人权法、国际难民法、国际刑法等);另一方面,国际法的人本化的主体和对象不仅仅是指个人,而且包括整个人类(如国际海底是人类共同财产原则、外层空间和极地是"人类共有物"概念、世界文化多样性是人类共同遗产原则等)。然而,国际法的人本化趋势现在并未改变国际法的国家间属性,而且归根结底,其人本化特征还是通过国家间协议和认可予以确立的。

(4)在 20 世纪一系列临时性国际刑事法庭的基础上,21 世纪常设国际刑事法院的

---

① 梁西. 梁西论国际法与国际组织五讲(节选集). 北京:法律出版社,2019:23 - 28,224 - 227.

建立，实现了国际刑事责任制度的历史性突破，具有划时代的意义。首先，它突破了临时性国际刑事法庭为"胜利者的正义"或"临时的正义"的局限和嫌疑，实现了国际刑事领域的持久正义。其次，国际刑事法院与国内法院以及联合国安理会之间，在惩处诸如灭绝种族罪、违反人类罪、违反人道罪、侵略罪等严重的国际罪行方面，建立了一种固定的合作、协助和补充关系。①

第三节 中国与国际法

一、了解中国古代国际法的遗迹

（一）基本概念

秦始皇统一中国后，中国与邻邦和外国是一种"天朝"与"藩属"或"夷狄"的关系，这不是一种平等交往的关系，因而国际法没有存在的社会基础。

东亚封贡体系，又名"册封体系"，脱胎于周王朝"封建亲戚，以藩屏周"的分封制度原理，后形成于日韩等国家和地区。封贡体系指的是封者与诸贡者之间的亲疏敌友等宏观战略层面的关系网络。②

（二）疑难点解析

中国古代国际法的遗迹如下。

中国古代社会是否存在国际法，是一个有争论的问题。根据美国传教士丁韪良题为《中国古代国际法的遗迹》的研究报告，春秋战国时期诸侯各国间的关系规则类似于近代国际法规则。③ 这一时期，诸侯林立且彼此交往，必定形成一些共同信守的习惯和规则。其名为"礼、信、敬、义"："礼"近似国际规则，"信"近似国际道德，"敬"近似国际礼节，"义"近似国际公理。④

二、熟悉近代国际法输入中国

（一）基本概念

一般认为，国际法正式引入中国始于 1840 年的鸦片战争。1839 年，林则徐派人翻译了瓦特尔的《万国法》一书中的有关章节。1862 年，清朝政府聘请美国传教士丁韪良将惠顿的著作 *Elements of International Law* 翻译成中文，并于 1864 年正式出版，名为《万国公法》。

---

① 梁西. 梁西论国际法与国际组织五讲（节选集）. 北京：法律出版社，2019：28 - 29. 另外，杨泽伟教授从以下五个方面概括了当代国际法发展的新趋势："全球市民社会"的兴起、国际社会组织化趋势进一步增强；国际法全球化与碎片化共存的现象明显；国际法的刑事化现象不断增多、国际法的约束力不断增强；国际法与国内法相互渗透、相互影响的趋势更加凸显；国际法的调整范围不断向非传统安全领域延伸. 杨泽伟. 国际法析论. 4 版. 北京：中国人民大学出版社，2017：29 - 37.
② 韩东育. 明清时期东亚封贡体系的关系实态——以中朝、中日关系为核心. 社会科学战线，2020（12）. 陈志刚. 关于封贡体系研究的几个理论问题. 清华大学学报（哲学社会科学版），2010（6）.
③ 王铁崖. 国际法引论. 北京：北京大学出版社，1998：305，358 - 364.
④ 梁西，曾令良. 国际法. 3 版. 武汉：武汉大学出版社，2011：29.

从 1842 年签订《南京条约》开始，中国进入了一个屡遭西方列强武力侵略、勒索和强加不平等条约的时代。1901 年《辛丑条约》的签订使中国不平等条约体系达到高峰，中国彻底沦为半殖民地半封建社会。

（二）疑难点解析

20 世纪上半叶中国废除不平等条约的艰难尝试如下。

中国于 1920 年参加国际联盟，从形式上进入了国际社会。当时的中国政府虽然在 1921—1922 年的华盛顿和会上提出了废除不平等条约的主张，但是，九国公约只是作出了一般性规定：尊重中国领土主权完整和政治独立。

1924 年国民党第一次全国代表大会发表的宣言中，将废除一切不平等条约作为国民党的目标之一，并在其政治纲领中规定废除一切不平等条约。1925 年 3 月，孙中山在他的遗嘱中再次提及废除不平等条约。

1927 年 5 月至 1928 年 7 月，国民党南京政府曾分别发表采取正当手续废除一切不平等条约的宣言、关于条约的宣言、对外宣言和关于重订条约的宣言。然而，由于内政不稳和国力不强，国民党政府与外国政府的谈判没有取得任何具体结果。

第二次世界大战爆发后，中国作为反法西斯同盟的重要国家之一，在对日、德、意战争宣言中声明与这些国家订立的一切不平等条约从此废除。从 1941 年到 1947 年，中国国民党政府先后与英、美等欧美通过谈判，废除不平等条约和订立新约。但是直到中华人民共和国成立，不平等条约体系在中国才彻底瓦解。[①]

三、正确认识新中国对现代国际法的贡献

（一）基本概念

1953 年 12 月 31 日，周恩来总理在接见印度政府代表团时，首次完整地提出了和平共处五项原则，即互相尊重领土主权（在亚非会议上改为互相尊重主权和领土完整）、互不侵犯、互不干涉内政、平等互惠（在中印、中缅联合声明中改为平等互利）与和平共处。

（二）疑难点解析

1949 年以来，新中国对国际法的发展作出的贡献如下。

1. 坚持独立自主、友好合作和反对侵略的外交政策

1949 年的《共同纲领》规定了我国独立自主、友好合作和反对侵略的外交政策。为维护国家基本权利和民族尊严，确定对旧中国同外国签订的各种条约和协定进行审查，废除一切不平等条约，肃清帝国主义的一切在华特权。从 1950 年 1 月起，先后采取具体措施，收回或征用了英、美、法、荷在北京、天津、上海等地的驻军兵营；宣布并实行了海关自主权；统一了航运管理，外轮未经许可一律不得驶入内河；等等。中国政府还多次谴责国际关系中各种形式的殖民主义与侵略行为。这些举动既有助于恢复和巩固中国自鸦片战争以来所丧失的独立和自主，也为中国以新面貌积极参加国际社会、同世界各国建立平等外交关系开辟了新的道路，为国际法的有效适用创造了良好的条件。

---

① 王铁崖. 国际法引论. 北京：北京大学出版社，1998：305，398 - 400.

2. 促进国际社会公正合理的法律秩序

中国对于促进国际社会公正合理的法律秩序抱有积极态度。中国一贯维护《联合国宪章》的宗旨和原则，认真执行公认的国际法规范和制度，如实履行自己的国际义务，参与国际合作，共谋和平与发展。1954 年，新中国首次以五大国之一的地位参加了讨论朝鲜和印度支那问题的日内瓦会议；1955 年，参加了战后第一次由亚非国家自己举行的有 29 个国家参加的亚非会议。这些国际活动，对结束印度支那的殖民统治、加强亚非国家的合作与国际和平，均有重大意义。

3. 倡导和平共处五项基本原则

1954 年，中国同印度和缅甸共同倡导和平共处五项原则。近 70 年来，这五项原则不仅被载入了中国与各国所签订的一系列双边条约或协定，以及其他各种宣言、声明、公报等重要的国际性文件，而且获得了国际社会的广泛承认，已经成为中国同外国以及各国彼此间建立友好合作关系的一种基本原则。特别值得注意的是，中国依据这五项原则，已分别同缅甸、尼泊尔、蒙古国、巴基斯坦、阿富汗、越南、俄罗斯等邻国签订了边界条约；同印度尼西亚签订了有关解决双重国籍问题的条约。这些条约对执行睦邻外交政策、和平解决国际争端产生了显著影响。

4. 在国家承认、双重国籍、国际条约、和平解决争端等重大问题上的贡献

中华人民共和国成立后，我国在国家承认、双重国籍、国际条约、和平解决争端等重大国际法问题的理论与实践上，作出了很有价值的贡献。中国除同许多国家签订了有关政治、经济、贸易、文化、科技等方面的大量双边条约外，还先后参加（包括批准、核准、加入、接受和承认）了重要公约三百多项，如《国际货币基金协定》《国际民用航空公约》《南极条约》《维也纳外交关系公约》《关于难民地位的议定书》《国际纺织品贸易协议》《马拉喀什建立世界贸易组织协定》，以及有关国际战争、裁军、人权等各方面的国际条约。中国参加这些全球性公约，不但真正体现了公约的普遍性，增加了它们的适用空间，而且大大提高了公约的实质效力，扩大了它们的社会基础。

所有这些新型国际关系的形成，标志着在 21 世纪，中国的国际地位发生了巨大变化。作为国际社会的一个平等成员和主权国家，中国坚持独立自主的和平外交政策，对 21 世纪国际法律秩序的维护与发展，将起着日益重要的作用。①

▶ 本章同步练习

一、选择题

（一）单项选择题

1. 国际法在西方文献中曾先后使用过"万国法""国家间的法"等名称，首次使用"国际法"的学者是？（　　）

　　A. 边沁　　　　　　　　B. 苏文　　　　　　　　C. 惠顿　　　　　　　　D. 格劳秀斯

---

① 梁西. 梁西论国际法与国际组织五讲（节选集）. 北京：法律出版社，2019：31-32. 杨泽伟. 国际法析论. 4 版. 北京：中国人民大学出版社，2017：471-479.

2. 以下关于威斯特伐利亚和约的表述，错误的是？（　　）

A. 它是近代欧洲国际法开始形成的一个重要标志

B. 规定了欧洲的边界

C. 禁止侵略战争和非法使用武力

D. 承认所有参加国家有"领土权和统治权"

（二）多项选择题

1. 关于中国与国际法的关系，下列说法正确的有？（　　）

A. 中国古代是否存在国际法是一个有争论的问题。先秦时期存在一些国际法的遗迹

B. 尽管 1662—1690 年间中国与荷兰、俄罗斯交往曾涉及国际法，但国际法正式引入中国，始于 1840 年的鸦片战争

C. 1864 年《万国公法》出版，这是清政府聘请美国传教士翻译的外国国际法著作

D. 20 世纪 20～40 年代，国民政府曾经努力废除不平等条约、订立新约

2. 下列关于国际法所调整的对象，表述错误的是？（　　）

A. 国际法所调整的对象是国际关系，但国际法所调整的国际关系的内容不是一成不变的

B. 国际法所调整的国际关系就是指国家间的关系

C. 国际组织在国际社会中发挥的作用越来越大，国家和国际组织的关系成为国际关系的一个重要内容

D. 在当今的国际社会，国家与个人间的关系也已成为国际关系的基本内容

二、名词解释

1. public international law（考研）

相关试题：国际法（考研）

2. particular international law（考研）

3. Hugo Grotius（考研）

相关试题：Grotius（考研）

4. 菲德罗斯（Verdross）（考研）

5. Normativist（考研）

6. positivists（考研）

7. Nuturalists（考研）

8. pacta sunt servanda（考研）

9. jus gentium（考研）

相关试题：万民法（考研）

10. peace of Westphalia（考研）

相关试题：威斯特伐利亚和会（考研）

11. 时效（考研）

三、简答题

1. 国际法否定论。（考研）

2. 从国际法与国内法的角度试述国际法在国际关系中的普遍效力。（考研）

四、论述题

1. 论国际法的性质和作用。（考研）

相关试题：1. 论述国际法的法律约束力的表现，并举例说明。（考研）2. 论国际法（在国际关系/国际社会中）的作用。（考研）3. 结合国际关系的实践，试就国际法在当代国际社会的作用和强制力进行阐述。（考研）

2. 试论国际法效力的根据。（考研）

3. 试比较国内法，论述国际法的特殊性（考研）

4. 试论国际法发展的新趋势。（考研）

5. 论 20 世纪以来国际法的新发展。（考研）

相关试题：论国际法在 20 世纪的主要发展与问题。（考研）

6. 试论 70 年来中华人民共和国国际法学对现代国际法发展的贡献。（考研）

相关试题：试论中国对现代国际法的贡献。（考研）

参考答案

一、选择题

（一）单项选择题

1. A

解析：1789 年英国法学家边沁在《道德与立法原理导论》一书中使用"国际法"代替"国家间法"。

2. C

解析：1919 年《国际联盟盟约》首次限制国家的战争权，1928 年《巴黎非战公约》（《白里安—凯洛哥公约》）禁止以战争作为解决国际争端的手段，开始出现了明显变化，1945 年《联合国宪章》禁止以武力相威胁或使用武力。

（二）多项选择题

1. ABCD

解析：以上说法均正确。需要补充说明的是，A 选项，根据美国传教士丁韪良的研究报告——《中国古代国际法的遗迹》，先秦时期存在一些国际法的遗迹。C 选项，1862 年，清朝政府聘请美国传教士丁韪良将惠顿的著作 *Elements of International Law* 翻译成中文，并于 1864 年正式出版。D 选项，北洋政府在 1921—1922 年的华盛顿和会上提出废除不平等条约；孙中山领导国民党在 1924 年 1 月 31 日的国民党第一次全国代表大会发表的宣言中提出废除一切不平等条约；1927 年 5 月至 1928 年 7 月，国民党南京政府发表了一系列废除一切不平等条约的宣言；从 1941 年到 1947 年，中国国民党政府先后与英美等西方国家废除了若干不平等条约并订立新约。

2. BD

解析：国际法所调整的对象是国际关系。国际法所调整的国际关系的内容并不是一成不变的。在相当长的一个历史时期，国家是国际法的唯一主体，因此，国际法所调整的国际关系就是指国家间的关系。20 世纪以来，特别是联合国成立以后，国际组织在国际社会中所发挥的作用越来越大，国家和国际组织的关系成为国际关系的一个重要内容。在当今的国际社会，尽管国际关系的内容不断发生变化，但国家间的关系仍然是国际关系的基本内容。承认个人在国际法的某些领域（例如国际刑法领域）具有国际法主体资格，其范围也是很有限的。因此，国家和个人间的关系还不是国际关系的基本内容。

二、名词解释

1. 即"国际公法"，通常简称"国际法"。它是在国际交往中形成的，用以调整国际关系（主要是国家间关系）的，有法律约束力的各种原则、规则和制度的总称。其含义具体阐释如下：（1）国际法是国际社会各成员所公认的，而不是经由某个超国家的世界统一立法机关直接产生的；（2）国际法以国际关系为调整对象，其中主要是调整国家之间的各种权利义务关系；（3）国际法由对国际社会成员具有法律约束力的各种行为规范组成，与适用于国内社会的国内法相对应，国际法是法的一个独立体系。[①] 国际法与国内法共同构成了当代人类社会完整的法律秩序。

2. 即"特殊国际法"，也称"区域国际法"，是指只对特定（区域）的国际社会成员具有法律约束力的原则、规则、制度和机制。与之对应的是"一般国际法"，后者对整个国际社会成员都具有法律约束力。两者所调整的权利义务关系广狭有别、范围不同。一般国际法不仅适用的范围要比特殊国际法的广泛，而且其效力也高于特殊国际法的。

3. 即雨果·格劳秀斯，荷兰国际法学家。他于 1625 年出版的《战争与和平法》系统阐述了国际法的基本问题，适应了当时的需要，使国际法成为一个完整的法律体系，被誉为"国际法之父"。他把国际法分为两类：一类是"万国法"，约束力来源于所有国家的意志；另一类是关于国家之间关系的自然法，他称之为"自然国际法"，根源在于人类理性。

4. 菲德罗斯是奥地利国际法学家。（1）在国际法效力的根据方面，他是规范法学派的代表人物之一，他认为"约定必须信守"是国际法的最高规范，是国际法的效力依据，因为这个规则是一个客观规范，具有与生俱来的客观价值，不依赖人的意志，它不仅是一个纯粹的法律规范，而且也是一个伦理规则。（2）在国际法与国内法的关系方面，菲德罗斯是一元论国际法优先说的代表人物。（3）在强行法方面，把强行法的概念引入国际法是他的重要贡献。

---

① 梁西，曾令良. 国际法. 3 版. 武汉：武汉大学出版社，2011：3.

5. 即"规范法学派",亦称"维也纳学派"。该学派是 20 世纪上半叶形成的一个很有影响的国际法学派,代表人物有凯尔森、菲德罗斯、孔慈等。该学派认为国际法的效力源自一个"最高规范"或"原始规范",即"约定必须信守"。

6. 即"实在法学派"。该学派的代表人物有英国的苏支、荷兰的宾刻舒克、德国的摩塞尔和马顿斯等。该学派主张国际法效力的根据是现实的国家同意或共同意志,即各国的同意或国际社会的公认是国际法唯一的基础。

7. 即"自然法学派",盛行于 18 世纪的欧洲,代表人物主要有德国的普芬多夫,瑞士的瓦特尔和英国的劳里默等。该学派认为国际法对各国的约束力源于自然法,即自然理性、正义等法律存在的客观基础和价值目标。该学派强调对法律的终极价值目标和客观基础的探索。

8. 即"条约必须遵守"(或"约定必须信守")。(1)它是国际法的基本原则之一,为《维也纳条约法公约》序言及第 26 条所明确规定。(2)该原则是指国际法主体之间依法缔结的条约在其签署、生效后,就对各缔约方产生法律约束力,缔约方必须善意履行,依条约的规定行使自己的权利,履行应尽的义务,不得违反。(3)该原则又发展演变为善意履行国际义务原则,即国家应善意履行由公认的国际法原则和规则产生的义务,同时,国家应善意履行其作为缔约国而产生的条约义务。

9. 即"万民法"。(1)古代罗马法中的"万民法"是指调整罗马人与外国人之间以及外国人相互之间关系的法律。它是当时的国内法,最多也只相当于近代以来的国际私法。(2)"国际法之父"格劳秀斯首次使用"万民法"来阐述调整国家之间的法律。他在《战争与和平法》中所沿用的"万民法"实质上就是"万国法"或"国家间法"。(3)18世纪末,英国哲学家和法学家边沁在《道德与立法原理导论》中改用"国际法"。这一名称科学地反映了这门法律的本质特征,为各国普遍接受并沿用至今。

10. 1648 年《威斯特伐利亚和约》标志着近代国际法的形成。该和约具有划时代的意义,它是国际关系和国际法史上的重要里程碑。它不仅结束了欧洲三十年战争,在欧洲建立了主权国家体系,确立了领土主权、国家平等、条约必须遵守、国家承认等原则,而且还建立了通过国际会议解决国家间争端的制度。

11. 国际法的时效是指国际法适用在时间上的效力,即国际法效力的时间长度或到何时为止。一般来说,国际法具有永久的效力。但是,就条约的时效而言,有的条约是永久的,有的条约明确规定了适用的期限。被废止的条约从被废止之日起就失去了地域效力和时间效力,而被修改的条约的效力则遵行修订后的条约规定。一项国际法习惯规则具有持久的效力,除非被废止或被新的习惯规则所取代;如果被废止或被取代,就存在原来的习惯规则的时间效力范围。

三、简答题

1. 关于国际法性质问题的一种观点认为,国际法不是真正意义上的法律。(1)其代表人物有德国的普芬道夫和英国的奥斯丁等,他们认为国际法不是实在法律,或认为国际法是实在道德。(2)否定论的观点有的带有明显的片面性,有的是一种在法律观念上先入为主地把衡量国内法的标准移植于国际法理论的结果。但是,正像国内法不能以国际法来说明一样,国际法也不能以国内法来说明。虽然它们都是法,但它们是两种不同的法。（3）否定或怀疑国际法的法律属性的一个重要理由是国际法的软弱性，即违反国际法的行为屡屡发生，但得不到应有的惩罚。其实，一般情况下，国际法通常得到各国遵守，违反甚至破坏国际法的现象毕竟是少数。（4）国际法与国际道德的区别在于：国际法是一种必须遵守，否则要承担违反责任的强制行为规范，而国际道德则是"通过舆论形成"并"依仗信仰及道义力量来维持"的行为规范。①

答案解析：简要介绍国际法否定论的主要内容及其产生的原因，并简要评价（反驳）。

2. 国际法作为调整国际关系的行为规则，其效力及于国际社会的所有成员，具有普遍的约束力。（1）从国际法的角度出发，在国际关系中，国家既然依国际法承担了国际义务，就必须信守承诺履行国际义务，不得以任何国内法为理由而否认国际义务。（2）从国内法的角度出发，国家如果依照国际法承担了相应的国际义务，就有责任使其国内法与其国际义务保持一致。如果国际法与国内法发生抵触，虽然有关国内法院仍然可以根据其国内法规定作出裁判，但该国由于违背了其国际法义务，则必然会产生该国在国际法上的"国家责任"。（3）国际司法机构对于国际法的效力也多次强调，国家在国际关系中的权利和义务是由国际法规定的，国家不能利用国内法来改变国际法。国际法在国际关系中具有普遍效力。

答案解析：可从善意履行国际义务原则、国家不得以国内法为借口拒绝履行条约义务、国际司法机关的主张这三个方面作答。

四、论述题

1. 国际法的性质主要涉及法律性和普遍性两个方面。一方面，国际法具有法律性。事实上，国际法一直作为对国家有约束力的行为规范而存在。首先，《联合国宪章》《维也纳条约法公约》《国际法原则宣言》等一些重要的条约都明确规定了国际法的效力；其次，世界各国都公认国际法的法律性，国家不仅在国际条约和国际习惯中承认国际法的约束力，很多国家还在国内法中明文承认国际法的效力；再次，主权国家通常均遵守国际法，违反国际法的国家不但应承担法律责任，而且还可能承担法律制裁；最后，国际社会的法治意识也不断增强，在国际交往中遵循国际法，成为国际社会的客观要求和自觉追求，也是衡量一个国家软实力和影响力的重要指标。②

另一方面，国际法具有普遍性。现代国际法是普遍适用于所有国家组成的国际社会的法律，即普遍国际法，其不仅是指在地理意义上，国际法平等地适用于国际社会中的所有国家，而且指国际法的有些规则对所有国家有约束力。但是，普遍国际法不排除特殊国际法的存在。此外，联合国成立之后，随着国际组织的迅速发展和民族解放组织的兴起，它们参与国际关系的行为能力和权利能力日益增多，国际法上的权利和义务不再局限于国家之间，而是扩展到其他国际行为主体。现在，普遍认为，虽然国际法仍然主要调整国家间的关系，但它不再只是国家间的法律，而是属于整个国际社会的法律。③

---

① 梁西，曾令良. 国际法. 3 版. 武汉：武汉大学出版社，2011：8.

② 杨泽伟. 国际法. 3 版. 北京：高等教育出版社，2017：6-7.

③ 程晓霞，余民才. 国际法. 5 版. 北京：中国人民大学出版社，2015：3-4.

国际法的作用是多方面的：首先，国际法具有约束作用。国际法为国家间的相互关系提供了一系列基本的法律规范和制度。这些规范和制度作为指导主权国家和其他国际政治行为主体对外行为和对外关系的基本指导规范，对主权国家和其他国际政治行为主体加以约束。其次，国际法具有促进作用。现代国际法在促进国际社会迈向更文明的发展道路以及国际争端的和平解决等方面，有着不可磨灭的作用。再次，国际法具有调整作用。国际法是以国际关系为调整对象的，其中主要是调整国家之间的各种权利义务关系。最后，国际法具有缓和作用。国际法在国际政治关系中缓和安全困境的影响，缩小各国实行自助选择的范围。[①]

答案解析：国际法的性质从国际法的法律性和普遍性这两个方面作答；国际法的作用可以从约束、促进、调整、缓和这四个方面解答，也可以根据相关教材进行总结，例如，可从国家、全球治理、自然人、法人等方面作答。

2. 国际法效力的根据是指国际法的约束力源自哪里，这是国际法的基本理论问题之一。由于对国际法效力根据的认识不同，因而产生了各种不同的国际法学流派。（1）自然法学派认为国际法对各国的约束力源于自然法，即自然理性、正义等法律存在的客观基础和价值目标，该学派强调对法律的终极价值目标和客观基础的探索。（2）实在法学派主张国际法效力的根据是现实的国家同意或共同意志，即各国的同意或国际社会的公认是国际法唯一的基础。（3）国家意志说与国家自我限制说认为，国际法的效力源于国家意志或者国家通过"同意"对其主权意志所施加的"自我限制"。（4）社会连带主义法学派或社会自然法学派认为，国际法的唯一根源是各国的法律良知，它给予各国之间的连带关系所产生的经济的和道义的规则以约束性。（5）规范法学派认为国际法的效力源自一个"最高规范"或"原始规范"，即"约定必须信守"。（6）政策定向说认为，国际法是国家对外政策的表现，国际法的效力取决于国家的对外政策。以上各种学派都未能正确说明国际法效力的根据。

我国的国际法学者一般都认为国际法的效力依据是"各国意志的协调"。"意志协调说"是一种科学的国际法效力依据的理论，它反映了国际法的本质特征和普遍实践，因为国际法（尤其是条约）正是通过谈判和协调各国的意志而逐步形成的。需要指出的是，在当今全球化不断扩展和深化的趋势下，当代国际法的效力根据不仅仅是各国意志的协调，还应该是国际社会各种行为体（政府间组织、非政府组织、国际民间团体、跨国公司，甚至私人）意志的协调。

答案解析：介绍不同学派的主要观点，并指明它们具有片面性；介绍我国学界的观点，并指出可完善之处。

3. 与国内法相比，国际法具有以下基本特征。

（1）从主体来看，国际法的主体主要是公权机构。国家是基本的主体，此外还有国际组织和民族解放组织，个人只是在特定领域和范畴内享受国际法上一定的权利或承担一定的义务。

---

① 杨泽伟. 国际法. 3 版. 北京：高等教育出版社，2017：8-14.

（2）从调整的对象来分析，国际法调整的是国际关系，其中主要是国家与国家之间、国家与国际组织之间、国际组织相互之间以及国家和国际组织与其他国际法主体之间的关系，只有在特定的领域中才涉及个人的权利和义务关系。

（3）从形成的方式来考察，由于国际社会是"平行式"社会，各国之间的关系是平等者之间的关系，国际社会没有也不可能有一个超越各国的权力机构来进行国际立法，因此，国际法的形成主要是依靠各国在长期反复实践中形成的国际习惯和彼此之间通过谈判缔结的各种条约及协定。

（4）从调整的法律关系的相互性来看，国际法的大部分规则是相互的和对等的。这是由国际法本质上是平等者之间的法律所决定的。

（5）从国际法规则的性质来分析，大部分规则都属于任意性规则，不具有强制性。也就是说，在国际法上，国家既然拥有主权，当然可以选择是否缔结或参加某项国际条约从而同意受其约束。

（6）从实施的方式来看，国际社会没有统一的行政机关来执行国际法。国际法的实施主要依靠各国的执行行动或措施，即通过国家的"自助"。

（7）从司法权来看，国际社会没有统一的司法体系来适用和解释国际法并解决各种国际争端。虽然有些国际组织设立了司法机关，或者通过特定的协议建立了专门性的法庭或仲裁机构，但是它们的管辖权是特定的、专门性的，不具一般性或普遍性，而且建立在国家自愿接受的基础上。

答案解析：主要围绕主体、调整对象、形成方式、实施方式等方面作答，可对比国内法中的主体、调整对象、立法、法律的实施等方面进行解答。

4. 国际法发展的新趋势主要有以下几个方面。

（1）随着一系列重要公约的诞生，国际法适用的领域或空间得到进一步拓展。在反恐、反腐、文化、网络空间等领域，国际社会均通过了若干公约、决议，或达成原则性共识。

（2）国际法上"对一切义务"或共同体义务概念的形成和发展，在很大程度上增强了国际法的强制效力。这种新兴的国际义务超出了国际法上的权利与义务的对等原则。

（3）在当今国际社会全球化不断扩展和深化的背景下，国际法与全球治理之间日益呈现出高度的时代契合性。

（4）在20世纪国际人权法和国际人道法的基础上，21世纪的国际法人本化趋势尤为突出。

（5）在20世纪一系列临时性国际刑事法庭的基础上，21世纪初常设国际刑事法院的建立，实现了国际刑事责任制度的历史性突破，具有划时代的意义。

答案解析：可以从国际法适用领域的拓展、"对一切义务"（或共同体义务）概念的形成和发展、国际法与全球治理之间的高度契合性、国际法的人本化趋势、国际刑事责任制度的完善等方面进行解答。

5. 20世纪以来国际法的新发展主要有以下几个方面。

（1）国际法主体的数量急剧增加，国际法主体的类型由单一趋向多元。主权国家数量不断增多的必然结果是，国际法的基本主体和效力空间真正具有了普遍性。正在争取独立的民族和国际组织成为国际法主体，这不仅扩大了国际法主体的数量，而且丰富了国际法主体的类型。

（2）国际法客体和领域不断扩展，纯属国家主权管辖的范围相对缩小。现代国际法的领域迅速扩大，现代国际法体系中逐步形成了一系列新的分支。后果是：纯属国家内政的事项相对减少，国际法由过去以规范各国管辖权为核心的"共处"国际法逐步朝着规范各国间"合作"的方向发展。

（3）国际社会日益组织化，促使国际法的制定从分散的状态朝着更加集中的方向发展。国际组织的快速发展带来了国际法发展方式的转变。其一，国际组织提高了国际习惯辨识和确认的速度和效率。其二，国际组织成立之后，国际法编纂成为这些组织的持久的常规活动。

（4）国际法更具有时代的进步性，更符合国际社会整体的利益和需要。现代国际法的进步性首先体现在国家的政治目标的确定和实现目标的方式的选择上。禁止使用武力或以武力相威胁、国际集体安全体制、共同但有区别的责任制度、"人类共同继承财产"等均体现了现代国际法的进步性。

（5）国际法的强制力进一步加强，国际法的遵守机制更趋完善。例如，在维护国际和平安全的机制和措施，国际刑事责任制度，大规模杀伤性武器的常态化检查、监督和制裁机制，"强行法"概念，人权条约的实施与监督机制等方面，均取得了长足的进步与发展。

答案解析：可以从主体的增加、客体和领域的扩展、国际社会的组织化、符合国际社会整体利益的各种制度的形成和完善（进步性）、强制力进一步加强（"硬"性因素增加）这几个方面进行解答。

6. 中华人民共和国成立70年来中华人民共和国国际法学对现代国际法发展的贡献有以下几个方面。

（1）一贯主张与坚持公平、正义和进步的国际法发展方向。奉行独立自主、友好合作的外交政策；废除一切不平等条约，取消西方列强在中国的一切特权；谴责国际关系中各种殖民主义行径和侵略行为，声援和支持亚非拉国家的民族独立运动，为全球范围内殖民体系的瓦解作出了应有的贡献。

（2）创造性地提出国际关系的基本准则。1954年同印度和缅甸一道提出"和平共处五项原则"；近年来先后提出了一些新的国际法理念和指导原则，如国权（主权）高于人权原则，新安全观，和谐世界论，国际关系发展的民主化、法治化与合理化原则，正确的义利观，构建人类命运共同体的理念，共商共建共享的全球治理观等。

（3）不遗余力地促进世界范围内的和平、发展、人权和法治事业。始终坚持多边主义，反对单边主义；坚决维护《联合国宪章》的权威和联合国在解决世界事务中不可替代的作用；一贯主张在联合国集体安全体制下依照国际法和《联合国宪章》解决和处理地区热点问题；积极促进旨在建立世界经济新秩序和有利于广大发展中国家经济发展的各种国际机制的形成以及千年发展目标的实施；积极推动社会领域的国际规范的制定与实施；积极参加推动全球范围内的人权、民主、法治和良治建设。

（4）积极参与全球治理，推动当代国际法体系变革与完善。一方面，坚决维护以

《联合国宪章》宗旨和原则为核心的国际秩序；另一方面，适时提出"一带一路"倡议，发起成立亚洲基础设施投资银行等新型多边金融机构，积极参与制定新兴领域治理规则，推动改革全球治理体系中不公正不合理的安排。

（5）全面参与国际立法和国际决策。通过参加各种政府间组织全面参与国际立法和决策，国际话语权日益增强；通过在国际组织和机构中表明中国政府在有关国际立法议题上的原则、立场和建议，不断发出和提升中国在国际立法与决策中的声音和影响力。

（6）积极参加国际条约和适用国际法。新中国成立以来，我国与外国签署了数量众多、内容广泛的双边和多边条约。与此同时，中国还积极通过国内立法促进国际法在中国的适用。

（7）一贯主张和平解决国际争端，并创造性地解决了香港地区、澳门地区回归祖国的问题。我国妥当地解决了与大多数邻国之间历史遗留的边界问题，并一直本着互谅、互让、相互调整的原则与有关国家协商谈判尚未解决的边界与海洋问题；采用"一国两制"，实现了香港地区和澳门地区和平回归祖国；与主要贸易伙伴建立了定期磋商机制，并接受了世界贸易组织的强制性争端解决机制；还同一系列国家或国际组织缔结了自由贸易区协定，规定了解决争端的政治方法和法律方法。

答案解析：可以从国际法发展方向（独立自主外交方针及反对殖民主义等），基本准则和理念（和平共处五项原则及人类命运共同体等），和平、发展、人权和法治事业（多边主义及世界经济新秩序等），全球治理与国际法体系变革（《联合国宪章》及"一带一路"倡议等），国际立法和国际决策（立法），国际争端解决（争端解决）这几个方面作答。

第二章　国际法的渊源

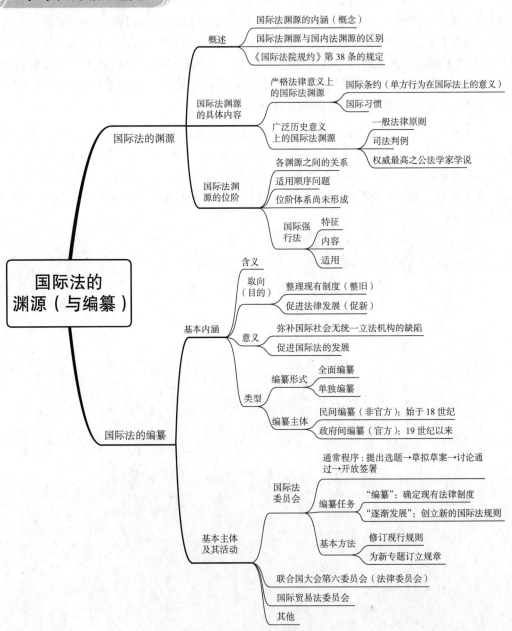

本章核心知识点解析

第一节　国际法渊源的内涵与类别

一、正确理解国际法渊源的概念

（一）基本概念

国际法渊源，即国际法的表现形式，主要包括国际条约、国际习惯、一般法律原则以及司法判例、权威最高之公法学家学说和重要国际组织的决议等确定法律原则的辅助资料。《国际法院规约》第 38 条一般被公认为国际法渊源的权威表述。

（二）疑难点解析

1. 国际法渊源的分类理解

按照王铁崖先生的观点，法律渊源是指法律原则、规则和制度第一次出现的地方。[①]据此，国际法渊源可理解为国际法原则、规则和制度第一次出现的地方。亦有学者将国际法渊源理解为国际法的"表现形式"。为方便理解，学界对国际法渊源依不同标准进行分类讨论。

第一种分类将国际法渊源分为主要渊源和辅助资料，前者包括国际条约和国际习惯；后者包括一般法律原则、司法判例、权威公法学家的学说以及国际组织的决议等。[②]

第二种分类是武汉大学梁西教授提出的"类别性国际法渊源"[③]，即从严格法律意义和广泛历史意义两个角度去理解国际法渊源。从严格法律意义的角度来看，国际法渊源是指国际法的表现形式，即国际司法机构及仲裁机构审理或裁决国际争端以及国家间通过协商谈判解决国际争端时应适用的法律，《国际法院规约》第 38 条第 1 款规定的国际条约与国际习惯就属于严格法律意义上的国际法渊源。广泛历史意义上的国际法渊源则包括一般法律原则和确定法律原则之辅助资料，譬如司法判例、权威最高之公法学家学说以及重要国际组织的决议等。

第三种分类将国际法渊源分为形式渊源和实质渊源。但亦有学者指出，形式渊源和实质渊源的区别在国际法理论和实践上没有十分重要的意义，重要的是国际法以什么形式出现，国际法的特殊性使其无法像国内法那样分为形式渊源和实质渊源。[④]

---

① 王铁崖. 国际法. 北京：法律出版社，1995：10.

② 杨泽伟. 国际法. 3 版. 北京：高等教育出版社，2017：32.

③ 梁西. 国际法. 修订 2 版. 武汉：武汉大学出版社，2000：43 - 49.

④ 我们可通过分析长江的发源地、上游及其支流与干流之间的关系来加深对国际法渊源的进一步理解。长江发源于青藏高原的唐古拉山脉各拉丹冬峰西南，以湖北宜昌为界分为上游与中下游，其中，直门达至宜宾段叫金沙江，宜宾至宜昌河段习惯上称之为川江。与此同时，雅砻江、岷江、湘江、汉江、赣江等河流均汇入长江，为长江浩浩荡荡从上海注入东海作出了贡献。整体上来看，长江的发源地"各拉丹冬峰西南"是长江"第一次出现"的地方，长江的上游金沙江以及湘江、汉江等大小支流均是长江所形成的"方式或程序"，而宜昌至上海这一段才是严格意义上或狭义上的"长江"。

2. 《国际法院规约》第 38 条是否穷尽式列举了国际法渊源

通说观点：《国际法院规约》第 38 条规定了国际法院在处理案件时应当依据的国际法规范，是国际法各种渊源的权威说明。

观点新探：《国际法院规约》形成于 20 世纪 40 年代，随着时代和国际社会的飞速发展，其所列举的国际法渊源有可能，也有必要拓展。譬如，重要国际组织的决议逐渐成为国际法的渊源。

3. 国际法渊源与国内法渊源的区别

对于国内法渊源，国内法特别是成文法国家的国内法，均有较清晰的边界。譬如，我国的国内法渊源主要包括宪法、法律、行政法规、部门规章、地方性法规、民族自治地方的自治条例与单行条例等。其特点是，法院审理案件时，法院以及当事方通常不会聚焦于争辩某一法律法规的有无，而是如何正确解读现行有效的法律。

对于国际法渊源，就目前而言，国际社会是否存在"国际立法"的问题需要进一步论证与探讨。与国内法不同的是，国际法悉由主权国家参与形成（如国际习惯）或参与制定（如国际条约）而成，其拘束力主要来自国家同意。因此，国际法具有多样性与碎片化的特点，在第三方机构审理或裁决时，其首要任务之一，就是考察相关当事方之间是否存在真实有效的"国际法"，即国际法渊源的判定问题。

二、掌握国际法渊源的具体内容

（一）基本概念

准确理解《国际法院规约》第 38 条列举的各项国际法渊源，重点掌握国际条约、国际习惯以及一般法律原则。了解司法判例、权威最高公法学家学说以及"公允及善良"原则在国际法渊源中的地位与作用及其变化。

（二）疑难点解析

1. 国际条约（international convention）

依据 1969 年《维也纳条约法公约》第 2 条的规定，条约是指"国际法主体间缔结而以国际法为准，旨在确立其相互权利与义务关系的国际书面协议"①。

《国际法院规约》第 38 条第 1 款将条约分为"普通条约"（general treaty）和"特别条约"（particular treaty）两类，前者又称为"造法性条约"（law-making treaty），后者又称为"契约性条约"（contractual treaty）。但在实践中，很难在普通条约与特别条约之间作出严格区分。其原因有二：其一，同一条约可能既包含具有造法功能的"普通"条款，也包含具有契约性质的"特别"条款；其二，契约性的"特别"条款在一定条件下亦可能转化为具有造法性的"普通"条款。

国际条约作为国际法渊源，具有以下特点。

首先，国际条约是当代国际法的最主要渊源。同时，与国际法其他渊源相比，国际条约的内容更加清晰明确。

其次，绝大多数条约是特别法，而不是普遍法。换言之，占据国际法最主要分量的条约规范都是各国根据自己的意志与利益确立起来的特别法，而不是由外在于国家的立

---

① 万鄂湘，等. 国际条约法. 武汉：武汉大学出版社，1998：3.

法机构为所有国家订立的普适规范。尽管《联合国宪章》是迄今人类社会参与方最多的国际法文件，但就其本身的条约性质而言，它仍然只能约束成员国。

最后，条约的约束力来自缔约方内外两个维度，既有来自缔约方自身的诚信与自觉履行，也有来自缔约方之间的监督以及条约设立的机构对缔约方的约束。

2. 国际习惯（international custom）

国际习惯，亦称习惯国际法，是被接受为法律的通例或一般实践。从国际法的发展历史来看，国际习惯是最古老、最原始的国际法渊源。

（1）国际习惯的基本要素。

国际习惯必须具备物素与心素两个基本要件。物素是指形成有效习惯国际法规则必须具备的物质因素，物素要求国际社会在某一问题上存在通行一致的做法，即通例或一般实践（general practice）。心素，或称心理因素，是指习惯国际法必须具备的法律确信（opinion juris），即相关国际法主体将前述的一般实践或通例接受为法律，国家确信其作出行为时是基于国际法义务的要求，在心理上对相关通例有一种法的信念。

（2）国际习惯与国际惯例的区别。

首先，国际惯例是在习惯做法的基础上产生的，但习惯做法不一定是国际惯例，二者不可混淆。

其次，国际惯例是经国际组织编纂成文后的习惯做法，如国际商会制定的《国际贸易术语解释通则》《跟单信用证统一惯例》等，未经国际组织编纂成文的习惯做法不是国际惯例。

再次，国际惯例是国际社会普遍接受和广为使用的规则，尚未被人们普遍接受，甚至还遭抵制和反对的习惯做法不是国际惯例。

最后，国际习惯与国际惯例的本质区别在于，前者具备"法律确信"这一重要心素要件，后者缺失"法律确信"这一要件。因此，国际惯例本身并无法律约束力，是否采用国际惯例悉由当事方自愿选择。

（3）国际习惯在一般实践方面的要求。

1）实践的持续性（applied continually）：延续时间的长短并无统一规定，应当根据具体情况确定，但应当有必要的沉淀时间。

2）实践的一贯性（unanimous practice）：在给定的时间内形成了一贯的行为，即国际社会在同类问题上的做法一致。

3）实践主体的广泛性（practise universally）：国际习惯要求其实践主体在空间上具有一定的普遍性，但并不是每一个规则都需要证明其被所有国家采用或者接受。区域实践可能产生区域习惯，甚至两个国家之间也能形成约束该两国的习惯国际法规则。

4）实践的反复性（constant repetition）：同一实践必须在一定时间内反复出现，换言之，该实践要有一定的频率，不可能经过一次或少数几次实践就将其宣布为国际习惯。

（4）国际习惯在一般实践（物素方面）的存在依据。

1）国家间的外交实践：条约、宣言、外交文书、国家法律顾问的意见。

2）国际组织和机构的实践：决议、决定与判决。

3）一国内部的实践：国内法律法规、法院判决或者仲裁裁决、国家政策说明、行政命令、新闻公报、关于武装部队行为规范等法律问题的官方手册等。

（5）国际习惯在法律确信方面的特殊问题。

1）持续反对者（一贯反对者）原则。

在1951年"英挪渔业案"中，国际法院认为，英国主张的直线基线长度不得超过十海里的规则并没有成为国际法的一般原则；与此同时，挪威一直反对任何将这一规则适用于挪威海岸的企图，因而不能将这一规则适用于挪威，即被视为习惯国际法的规范对于一直反对该项规则的国家没有约束力。（详见"本章实务案例研习"部分）

理解"持续反对者规则"需要把握以下几点。

首先，持续反对的提出时间：应该在某一项习惯国际法规则形成的最初阶段就表示反对，且一直持续到该规则的最终形成甚至形成之后。如果在某一习惯国际法规则确立后再表示反对，则无法产生阻断法律约束力的效果。

其次，持续反对的方式：这种反对必须具备一贯性，不能时而同意时而反对，也不能在对自己不利时反对而对自己有利时不反对，否则不是"一贯反对"。

再次，持续反对产生阻断的原因：国际法具有天然"自愿性"，当国家不认可一项国际法规范时，该规范对该国而言并不存在。

最后，持续反对产生阻断的例外：当相关习惯国际法规则具有强行法性质时，即便一国自始且持续反对，该规则对其仍产生法律约束力。

2）速成习惯国际法问题。

速成习惯国际法的概念由华裔英国国际法学家、"航空法之父"郑斌教授提出。在国际社会飞速发展的背景下，外层空间等领域出现了很多在短时间内被大多数国家接受的习惯国际法规范。郑斌教授认为，在诸如外空这些特殊领域，习惯国际法应该更讲究法律确信，不再过多考量反复实践。

速成习惯国际法的提法有其合理性，但也存在弊端，容易沦为大国霸权的工具，因为大国可以对其单次行动进行泛化解释，将其单次或少数几次行为上升为习惯国际法规则，从而不利于国际社会的平衡发展。

（6）新习惯国际法规则取代旧习惯国际法规则。

1）与习惯国际法规则的形成一样，判断一项旧习惯国际法规则是否被取代，同样要从国家实践与法律确信两个方面去考察。

2）在新习惯国际法规则取代旧国际习惯法规则的过程中，新习惯法规则的形成与旧习惯法规则的消亡有一个重叠时期，其实质可理解为新习惯法规则对旧习惯国际法的"持续反对"。

3）在新习惯国际法规则的形成过程中，需警惕以"创造新习惯法规则"为名，实为谋求自身利益而作出违反国际法的行为。

（7）国际习惯在国际法渊源中的地位及其与国际条约的关系。

从整体来看，随着国际条约的大量产生，习惯国际法的作用逐渐减弱。但在国际条约暂未涉及的诸多领域，国际习惯依然具有独立存在的价值，发挥着不可替代的作用。两者的区别与联系归纳如下（见表2-1）。

表 2-1　　　　　　　　　　　　　国际条约与国际习惯的区别与联系

		国际条约	国际习惯
区别	定义	国际法主体间缔结而以国际法为准，旨在确立其相互权利与义务关系的国际书面协议	各国在实践中通过重复类似行为并被接受为法律而形成的具有拘束力的行为规则
	表现形式	成文（不排除口头形式的法律约束力）	不成文
	约束力	原则上只约束缔约方（约文是对习惯国际法的再现者除外）	原则上约束所有国际法主体
	渊源地位	最主要的国际法渊源	最原始、最古老的国际法渊源
联系	相互补充	内容具体、可操作性强，可为国际习惯的形成提供程序规范	内容模糊、较宽泛，可填补因缺乏国际条约而产生的空白
	相互转化	条约实践能在一定程度上促进习惯国际法的形成；国际条约可作为证明国际习惯存在的证据	国际习惯规则可吸收或编纂为国际条约

3. 一般法律原则

将"一般法律原则"纳入国际法渊源的范畴，其目的是避免国际法院在审理案件时出现"无法可依"的情况。因此，一般法律原则只在国际条约和国际习惯都不能提供相应规则的情况下才发挥作用，其地位是辅助性的。

一般法律原则主要包括两个方面：其一，各国在其国内法律体系中所共有的或世界各主要法系共同接受的原则，如"诚实信用原则"、"一事不再理原则"以及"不当得利原则"；其二，法律的一般逻辑原则，如"后法优于先法"和"特别法优于普通法"。

除此以外，另有两种观点亦需要理解与甄别。

第一，苏联学者认为，一般法律原则是指国际法的一般原则或基本原则。譬如，"国家主权平等"、"尊重和保护人权"和"可持续发展"。但是，一般认为，国际法一般原则要么已经吸收为条约或公约规定，要么形成了习惯国际法，《国际法院规约》没有必要将其单独列出。

第二，按照自然法学派的理解，一般法律原则来自"一般法律意识"。但是，由于各国的经济基础、社会制度以及政治体制彼此不同，实践中很难形成"一般法律意识"；与此同时，由于"一般法律意识"极具抽象性，在此基础上引申出国际法"一般原则"的可能性更是微乎其微。

在司法实践中，当国际司法机构需要适用一般法律原则时，一般法律原则的具体内容在一定程度上取决于法官的个人理解。

4. 司法判例

国际法院审理案件原则上并不"遵循先例"，国际法院的判决不能直接作为国际法的渊源，而只是作为确定国际法渊源的辅助性资料。除国际法院以外，国际海洋法法庭等其他司法机构、区域性国际法庭的判决以及国际仲裁机构作出的裁决，都可能作为"司法判例"而成为国际法渊源的辅助性资料。对此，应具体掌握以下内容。

（1）司法判例并不是国际法院一种独立的国际法渊源，更不是国际法的主要渊源，而仅仅是确定国际法规则的辅助手段，国际法院更多地将其用来证明习惯国际法规则的有无。

（2）作为辅助性资料的司法判例，不仅包括国际司法机构以及准司法机构作出的判决或裁决，国内法院的判决也可能被吸收进来，从而被国际法院在审理案件时接受。

（3）尽管国际法院在成立之初并不试图按照英美法系的传统建立起判例法制度，但在司法实践中，国际法院经常援引先前或常设国际法院的判例，在事实上形成了一定程度的判例法。

（4）根据《国际刑事法院罗马规约》第21条第2款的规定，国际刑事法院可以适用其以前的裁判所阐释的法律原则和规则。该款直接规定了判例在国际刑事法院审理案件中的作用，提升了司法判例在国际法渊源中的地位及其在司法实践中的作用。

5. 权威最高之公法学家学说

权威最高之公法学家学说在近代国际法中产生的影响最大，在国际法发展早期发挥过积极作用。[①] 随着现代国际法的不断发展与完善，国际条约与国际习惯日趋丰富、完善，权威最高之公法学家学说在国际法渊源中的地位与影响日渐式微。

（1）公法学家的学说应该来自"各国"（various nations），来自不同法系与不同区域，而不是某一个国家或少数几个国家学者的观点，从而确保相关学说在世界范围内具有代表性，而不是"一家之言"。

（2）公法学家的学说必须具有"权威性"，相关观点在世界范围产生广泛影响力并享有极高声誉。

（3）权威最高之公法学家学说对于引导国际法的发展趋势仍具有重要作用，在现代司法实践中，法官援引权威最高之公法学家学说的主要目的是澄清现存国际法规则。

6. （重要）国际组织的决议

（重要）国际组织的决议是国际法渊源的后起之秀，各种不同的国际组织决议的具体地位与作用仍有待在司法实践中进一步确定。对此，理解时重点把握以下内容。

（1）国际组织或国际会议所作出的一些不具有法律拘束力的决议、宣言、建议、指导方针以及行动纲领等文件，这些具有"国际软法"性质的文件越来越受到国际社会的重视。特别是，联合国大会的决议所包含的宣言有时会发展为国际条约。

（2）不同国际组织决议的效力不一样，其效力大小应该根据该组织的重要性及其章程确定。譬如，联合国安全理事会有关国际和平与安全的决议具有约束力。

（3）（重要）国际组织的决议，作为一种"确立法律原则之补助资料"，作为国际社会主流观念的证明并作为国际法的发展导向，其地位和作用应高于"权威最高之公法学家学说"。

7. "公允及善良"原则

根据《国际法院规约》第38条第2款的规定，国际法院适用"公允及善良"原则的一个重要前提是"经当事国同意"。与此同时，尽管有当事国的同意，国际法院也不是必须按照"公允及善良"原则进行裁判。

---

① 参考"本章实务案例研习"之案例一：普鲁士拿捕丹麦商船案（1864年）。

从性质来看，"公允及善良"原则不属于前已述及的一般法律原则，而是国际法院的工作方式，即在当事国同意的前提下，为了解决包括条约在内的国际法规则完全不曾涉及的事项的争端，国际法院可不严格按照国际法裁判案件。

晚近，"公允及善良"原则在国际海洋划界领域有长足的新发展。根据《联合国海洋法公约》第 74 条和第 83 条的规定，海岸相向或相邻的国家间专属经济区或大陆架的界限，应在《国际法院规约》第 38 条所指国际法的基础上以协议划定，以便得到公平解决。应当指出，与《国际法院规约》第 38 条不同的是，《联合国海洋法公约》第 74 条和第 83 条规定的公平原则比"公允及善良"原则更为具体。随着国际海洋划界司法实践的发展，与相关情况相结合而产生的"公平原则/相关情况规则"已经发展成为国际法院等司法机构审理国际海洋划界案件适用的具体规则，国际法院在北海大陆架案中对公平原则的适用被视为公平原则法律适用的典范。①

8. 单方行为在国际法上的意义

（1）单方行为能促成习惯国际法或协定国际法的形成，单方行为可能被作为国际习惯存在的证明依据。譬如，国际法上的大陆架制度，可以溯源至美国总统杜鲁门于 1945 年 9 月 28 日发表的《美国关于大陆架的底土和海床的天然资源的政策》（简称"杜鲁门公告"），该公告第一次对领海之外的大陆架及其自然资源提出权利主张。此后，从 1946 年到 1950 年，墨西哥、阿根廷、智利、秘鲁、厄瓜多尔等国相继提出领海以外的海洋管辖权要求，最终促成《联合国海洋法公约》大陆架制度的形成。

（2）国家单方行为同样可产生国际法效果。国际法中的国家单方行为在产生法律效果的方式上可类比于民法制度中的"形成权"，即只需要权利人作出单方意思表示，相关民事法律关系即能产生、变更或消灭。譬如，在 1974 年"法国核试验案"中，国际法院认为，既然法国承诺不再在南太平洋地区进行大气层核试验，澳大利亚和新西兰的目的已经达到，争端已不复存在，法院不需要再对澳大利亚和新西兰的要求作出裁定。

国际法院在该案中指出，以单方面的行为作出的有关法律或事实情况的声明可以具有创设法律义务的效力。这些声明的效力不需要具有交换条件的性质或此后任何国家表示接受，甚至不需要其他国家的任何反应。与此同时，前述声明的形式也不重要，受该声明拘束的意愿是从对该行为的解释上得以确定的。该承诺的拘束性质来自该行为的言词，并建立在善意原则基础上，有关国家有权要求作出声明的国家履行相关义务。

（3）国家单方行为的种类及主体问题。除法国在"法国核试验案"中单方作出承诺的情形以外，国家承认、抗议、放弃以及国家对条约的保留等均属于国家的单方行为。此外，代表国家作出单方行为的主体也呈现多元化特点，国家元首、政府首脑、外交部部长以及其他国家机关都可能代表国家作出单方面行为。

---

① North Sea Continental Shelf Cases (Federal Republic of Germany v. Denmark/Netherlands)，Judgment，I. C. J. Reports 1969.

第二节 国际法渊源的位阶与强行法

一、理解国际法渊源的位阶

(一) 基本概念

国际法渊源的位阶,是指在国际法不同种类的渊源之间,以及在同一种类的不同渊源之间,是否存在优先适用的问题。

(二) 疑难点解析

有关不同国际法渊源之间是否存在位阶关系的问题,需要从以下几个方面理解与掌握。

首先,在《国际法院规约》规定的各类国际法渊源中,前一种渊源比后一种渊源更为具体明了。譬如,国际条约比国际习惯更明了,因为国际条约明确规定了当事国之间的权利与义务,而国际习惯需要从通例与法律确信两方面去证明。

其次,《国际常设法院规约》第 37 条的条约草案曾规定,要按顺序适用国际法渊源,尽管后来删除了这一规定,但仍能说明起草者曾有让法院按顺序适用的意图。

再次,《国际刑事法院罗马规约》第 21 条规定:"1. 本法院应适用的法律依次为:(1) 首先,……;(2) 其次,……;(3) 无法适用上述法律时,……"该规约如此措辞,十分明显地体现出各渊源之间的适用顺序。

复次,尽管国际法渊源之间暗含一定的适用顺序,但国际法规范内部并不存在清晰的位阶体系。由于国际社会的无政府性,理论上没有超越国家之上的权力,因而出现了国际法不成体系及"碎片化"的状况。国际法的不成体系性决定了国际法规范内部缺乏清晰的位阶体系。

最后,位阶理论在国际司法实践中发挥作用的空间非常有限。国际司法机构优先适用某些规则表明,国际法规范内部某些规则具有强制性,并不能证明强行法规范具有高于一般规范的效力。

二、准确理解并掌握国际强行法的内涵与性质

(一) 基本概念

国际强行法 (*jus cogens*, peremptory norms),又称强制法或绝对法,是指国际法中普遍适用于所有国际法主体,国际法主体必须绝对服从和执行且不能以约定的方式予以损抑的法律规范。

根据 1969 年《维也纳条约法公约》第 53 条,一般国际法强制规律是指,国家之国际社会全体接受并公认为不许损益且仅有以后具有同等性质之一般国际法规律始得更改之规律。需要注意的是,根据国际法委员会 2020 年通过的《关于一般国际法强制性规范的结论草案》,在条约终止前因实施该条约而产生的任何权利、义务或法律情势的保持仅以与新的一般国际法强制性规范不相抵触为限。由此说明,国际强行法规范无溯及力,新产生的强行法规范能使与其冲突的现行条约终止,但不能使与其冲突的现行条约自始无效。

（二）疑难点解析

1. 国际强行法观念的起源与发展

最先将强行法概念引入国际法的是奥地利学者菲德罗斯，国际强行法在一定程度上扭转了国际法作为约定法、平位法、弱法和软法的传统地位。1969 年《维也纳条约法公约》首次确立了强行法或强制规范的概念。发展至今，国际社会普遍认为，国际强行法已不再仅仅是一项条约法规则。

国际强行法体现了自然法理论在国际法领域的影响。对自然法学派而言，自然法的效力高于"自愿法"，各国不能对其予以忽视。"国际法之父"格劳秀斯认为，"自然法是如此的不可更改，即使是上帝本身也不能改变它"。

2. 国际强行法的特征

（1）普遍性：国际强行法为国际社会绝大多数成员接受，其原则和规范由国际社会成员作为整体通过条约或习惯，以明示或默示的方式接受。

（2）强制性：任何违反国际强行法的法律行为归于无效，且需承担相应法律后果。

（3）优先性：国际强行法具有比一般性的国际法规则更高的法律拘束力，被公认为不许损抑，非同等强行性质的国际法规则不得对其作出更改。

3. 国际强行法所包含的规则

一般认为，国际人权法与外层空间法包含较多的国际强行法规则。有关国际人权法的强行规则主要包括：禁止种族灭绝、禁止奴隶贩卖和废除奴隶制、禁止种族隔离、禁止种族歧视、禁止酷刑等。在外层空间法领域，外层空间法的基本原则是为各国公认的、具有普遍约束力并构成外层空间法基础的强行法规范。这些原则构成了外层空间法规则体系中最核心和最基础的规范，各国必须绝对遵守并严格执行。

作为国际法的特殊原则和规范，国际强行法存在的目标是保护国际社会普遍认可的利益与价值，主要体现在保护人类基本安全、保护基本人权和保护国家基本利益等三个层面。

（1）保护人类基本安全。这主要体现为各国对侵略罪、危害人类罪、战争罪、海盗罪、劫持航空器罪等国际社会公认的国际罪行实施普遍性管辖权。

（2）保护基本人权（特别注意：此处为"基本"人权而非"一般"人权）。

1）不是所有国际人权法规范都属于国际强行法，国际人权法领域的强行法仅限于保护最基本的人权规范，譬如，禁止种族隔离、禁止种族歧视、禁止奴隶贸易等。

2）保护人权的具体措施及程序规范仅具有一般效力，不是也不能被纳入强行法的范畴。

（3）保护国家基本利益。这主要体现在国家主权平等、不干涉内政、禁止使用武力或武力威胁、和平解决国际争端等原则中。

4. 国际强行法的适用

（1）适用对象：国际强行法适用于国际社会的一切成员。

（2）法律渊源：在国际法中，具有强行法性质的国际法规则目前处于少数，而且国际法并没有列举哪些属于强制性规则。因此，强行法在实践中有很大的不确定性，主要通过国际司法机构在具体案件中辨识与确认。

（3）适用效果：强行法的适用效果仍有待进一步加强，即便是公认的强行法，有时也没有得到很好地遵行，因而严重削弱了国际强行法的实际意义。

第三节　国际法的编纂

一、掌握国际法编纂的含义与类型

（一）基本概念

国际法的编纂（codification of international law）是指国际法的法典化，即按照一定的规律，把国际法的原则、规则和制度编制成为系统化和条文化（成文化）的法典。最早提出编制国际法法典思想的是英国的边沁。国际法的编纂可按编纂的形式和主体作不同分类。

（二）疑难点解析

1. 对比理解国际法编纂与国际法汇编

国际法的编纂不同于国际法汇编（collection of international law，类似国内法上的"法律法规汇编"），后者仅指按一定规律将零散的规则汇编成册；前者则在后者的基础上要消弭不同规范之间的矛盾，补正其缺陷，达到明确化和系统化的目的。

2. 国际法编纂的两种取向（目的）

（1）整理现有制度（整旧）：将现有的国际法原则、规则、规章和制度，按照一定的规律订成法典，使分散的原则和规则系统化和法典化，即确定"现有法律"（*lex lata*）。

（2）促进法律发展（促新）：通过签订国际条约，使各国在国际法的某些问题上形成协调意志，从而形成新法律并促进其发展，即促成制定"应有法律"（*lex ferenda*）。

3. 国际法编纂的意义

首先，国际法编纂能弥补国际社会没有统一立法机构的缺陷，在一定程度上改善了国际法不成体系和不够精确的现象。

其次，国际法的官方编纂是确立和阐述国际法原则的重要证据，对国际法的发展发挥了重要作用。

4. 国际法编纂的类型

（1）编纂形式。

1）全面法典化（全面编纂）：把国际法所有领域的原则、规则和制度纳入一部完整的法典中。全面编纂由于过于繁重，迄今暂未实现。

2）个别法典化：将某些领域的原则、规则和制度分不同部门进行编纂，使之成为国际法某领域的专门法典，譬如，海洋法、战争法。个别法典化是目前国际法编纂的主要形式，也是政府间国际法编纂工作的唯一形式。

（2）编纂主体。

1）非官方编纂（民间编纂）：由学者个人或学术团体、机构进行。可从以下两方面理解。

首先，在整理现有制度方面，不减损亦不提升原有制度的法律拘束力。

其次，在促进法律发展方面不具有法律拘束力，但能为通过具有造法性质的一般性多边公约的工作提供便利和基础。

2）官方编纂（政府间编纂）：由国际外交会议或政府间国际组织进行编纂，其结果是形成有法律拘束力的国际公约。国际法的官方编纂肇始于 1856 年巴黎会议签署的附于《巴黎和约》的《海上国际法原则宣言》，两次海牙和平会议以及国际联盟进一步促进了官方国际法编纂的发展。联合国的建立，使国际法的官方编纂发展到了一个新的阶段。

二、了解联合国编纂国际法的活动

（一）基本概念

根据《联合国宪章》第 13 条的规定，联合国大会"应发动研究，并作成建议，以……提倡国际法的逐渐发展与编纂"。为实现上述职责，联合国于 1948 年选举产生了国际法委员会，其主要职能是负责编纂国际法。

（二）疑难点解析

1. 国际法委员会（International Law Commission，ILC）

（1）通常程序。

1）国际法委员会向联合国大会提出编纂选题或联合国大会自行提出选题（注意：有关逐渐发展国际法的建议不由国际法委员会提出，而是由联合国大会或联合国会员国和其他授权机构送交国际法委员会）。

2）国际法委员会讨论并草拟公约草案。

3）提交大会或召开外交会议讨论通过。

4）开放给各国签署和批准。

（2）国际法委员会的主要编纂任务。

1）国际法的"编纂"：确定现有法（整旧）。

2）"逐渐发展"国际法（gradual development）：创立新的国际法规则（包括为新专题订立规章和全面修订现行规则）。

3）国际法委员会秘书处工作：由联合国法律事务厅编纂司负责，就逐渐发展与编纂的一般性问题以及国际法委员会议程上的特定专题编写研究报告和调查报告。

2. 联合国的其他机构

（1）联合国大会第六委员会（法律委员会）：主要关注确立新的国际法规则。

（2）国际贸易法委员会：其目标是促进国际贸易法的逐步协调与统一。

（3）其他：联合国人权理事会、和平利用外层空间委员会、联合国秘书处以及国际劳工组织、国际海事组织、世界卫生组织等联合国的专门机构。

》》 本章实务案例研习

一、普鲁士拿捕丹麦商船案[①]（1864 年）——国际法渊源之权威最高之公法学家学说

（一）案情介绍

1864 年，普鲁士政府派遣李福斯（Rehfues）担任驻华公使来中国履职。4 月间，当

---

① 参考杨泽伟著《国际法史论》（高等教育出版社 2011 年版）等相关文献整理。

李福斯乘坐的军舰"羚羊号"抵达中国天津大沽口海域时，发现了三艘丹麦商船。当时，普鲁士和丹麦正在欧洲因领土问题交战（第二次石勒苏益格战争），普鲁士军舰于是拿捕了三艘丹麦商船。

在普鲁士军舰拿捕丹麦商船前不久，清廷设立同文馆并聘请美国传教士丁韪良（Martin）为总教习，将美国国际法学家惠顿的《国际法原理》译成《万国公法》并于1864年出版。该书出版后，总理衙门要求将此书分发到沿海各重要通商口岸，作为对外交涉的论据。①

听闻普鲁士在大沽口海域拿捕丹麦商船后，清廷发现，惠顿的《万国公法》第2卷第4章第6节（管沿海近处之权）清楚阐明，"各国所管海面及海口、澳湾、长矶所抱之海，此外更有沿海各处，离岸十里之遥，依常例归其管辖也。盖炮弹所及之处，国权亦及焉，凡此全属其管辖而他国不与也。"② 据此，清廷总理衙门认为，普鲁士军舰在中国海面拿捕丹麦商船，实将欧洲争端扩大至中国和中国的"内水"（实为领海），理应由中国管辖。最终，在以国际法原则为依据的抗议和清廷将不接待普鲁士公使的威胁下，普鲁士军舰被迫释放了两艘丹麦商船，并对在拿捕过程中受损的另一艘商船赔偿1 500元。③

（二）本案评析

依据《国际法院规约》第38条，该条规定的内容是国际法院审理案件时"应适用"的法律。实际上，《国际法院规约》第38条规定的国际法渊源不仅是国际法院审理案件时应适用的法律，也是国际法主体在自行解决国际争端或通过国际法院以外的第三方解决国际争端时所适用的法律。换言之，一切用来评判国际争端的"是非曲直"且为当事国认可的规则均应纳入国际法渊源的范畴。

一般来说，类似国内法，国际法上的义务可分为"法定"与"意定"两类。不同的是，国内法上有较多直接由法律规定的"法定"之债，譬如，侵权之债、无因管理之债、不当得利之债等；而国内法上的意定之债则主要指合同之债。如前所述，由于国际社会缺乏像国内法上的统一立法机构，作为国际法的主要渊源，国际条约主要以"特别法"或曰"契约性条约"的"意定"形式呈现，这一类条约在国际法渊源中占主要部分。

一百多年以前，当时的近代国际法远不如现代国际法完善，诸多领域缺乏成文法规则和习惯法规则的调整。在本案中，中国与丹麦以及普鲁士之间未签署相关条约，国际社会也没有在该领域形成习惯国际法规则，更不存在相关的国际公约。当普鲁士在我国大沽口海域拿捕丹麦商船时，清廷之所以能根据《万国公法》为丹麦主张正义，其主要原因有三：首先，正如前述，国际海洋法规则在当时甚为匮乏，没有相关国际公约或条约可供清廷援引；其次，大沽口海域是中国的领海（当时理解为"内洋"），其主权归属中国，中国可行使属地管辖权，清廷据以判断的依据正是美国国际法学家惠顿的《万国公法》；最后，惠顿的《万国公法》并非一般的学者观点，而是当时在全球范围内产生广泛影响且具有权威性的学说。可见，清廷援引的美国国际法学家惠顿《万国公法》的相关内容，可理解为"权威最高之公法学家学说"。

---

① 杨泽伟. 我国清代国际法之一瞥. 中州学刊, 1996（2）.
② 惠顿. 万国公法. 丁韪良，译. 上海：上海书店, 2002：73.
③ 杨泽伟. 近代国际法输入中国及其影响. 法学研究, 1999（3）.

　　实际上，对于惠顿《万国公法》的学术地位，后世学者给予其极高评价，认为《万国公法》是中国最重要的公法译著之一，是"中国封建王朝引进的第一部系统的西方国际法著作"[1]。亦有学者指出，惠顿《万国公法》一书，立论折中于自然法学与实在法学之间，是 19 世纪欧美世界最为流行、最广为阅读的国际法著作之一，各国译本甚多，具有世界性之普遍价值。[2] 在本案中，一方面，清廷援引《万国公法》的原因是该著作极具权威性；另一方面，普鲁士之所以最终愿意释放其拿捕的丹麦商船，无疑也是出于其对《万国公法》中权威观点的认可与遵循，此点很好地说明了《国际法院规约》第 38 条规定的学说必须出自"各国权威最高"之公法学家。当然，随着现代国际法的快速发展，国际条约与国际习惯亦不断丰富与完善，权威最高之公法学家的学说已很难在司法实践中直接适用，较多的是，法官在其个别意见或反对意见中引用权威最高之公法学家学说来阐述其观点。

　　诚如学者所言，自丁韪良将国际法全面介绍到中国后，清廷适用国际法的事例就多起来了，而且国际法在中国似乎已起到一点作用。[3] 可见，即便是在中华民族遭受西方列强侵略与蹂躏的情况下，清廷仍努力试图运用国际法来维护国家利益。京师同文馆的开办，西方人才的引进以及翻译人才的培养，为西学东渐提供了前提与可能。当然，我们也要认识到，从整体上来看，中国在该时期适用国际法是被动的、部分的、受歧视的，中国长期被西方列强视为"野蛮国家"，被排除在《国际法院规约》第 38 条规定的"文明国家"之外，无法全方位且自由地运用国际法。

　　（教学小贴士：教师可结合我国政府在现代国际法以及当代国际法中的广泛作为，同时结合习近平总书记提出的"人类命运共同体""海洋命运共同体"和中国首倡或发起设立的"一带一路"倡议、上海合作组织、亚洲基础设施投资银行等适当拓展课程思政素材，帮助学生树立大国自豪感、强国意识感与责任使命感。[4]）

二、英挪渔业案[5]——持续反对者规则

（一）案情介绍

　　长期以来，英国人在挪威海岸外的海域开展捕鱼活动，而挪威自 1812 年开始多次对外明确表示，其领海基线采用直线基线方法。1933 年，英国向挪威政府递交了一份备忘录，指责挪威在划定领海基线上所采用的原则不符合国际法。1935 年 7 月 12 日，挪威颁布一项国王诏令，宣布北纬 26°28′8″以北的海域为其专属渔区。该诏令规定，挪威以其沿岸外缘的岛屿、礁石和高地等 48 个点作为基点，将这些基点相邻各点连接起来确定直线基线，同时宣布其专属渔区的宽度为 4 海里。在通过前述方法划定的基线中，部分基线的长度超过了 10 海里，最长的基线达 44 海里。

① 王健. 沟通两个世界的法律意义——晚清西方法的输入与法律新词初探. 北京：中国政法大学出版社，2001：151.
② 林学忠. 从万国公法到公法外交——晚清国际法的传入、诠释与应用. 上海：上海世纪出版股份有限公司、上海古籍出版社，2009：53.
③ 杨泽伟. 国际法史论. 北京：高等教育出版社，2011：344.
④ 孙传香，姚彩云. 课程思政在国际法教学中大有作为. 中国教育报，2020-09-24（6）.
⑤ 联合国. 国际法院判决、咨询意见和命令摘要：1948—1991.

英国曾在 1933 年明确反对挪威采用直线基线的方法划定渔区，指出这一方法违反了国际法原则。英国认为本案应适用的原则是：领海基线必须是最低潮线，连接内水的封闭线不应超过 10 海里，即"十海里原则"。而挪威却认为，挪威的海岸不像其他国家那样有明显的陆地与海洋边界，而应是其"石垒"的外界。挪威颁布国王诏令后，英挪两国进行了多次谈判却未能取得任何结果，相反，在 1948 年至 1949 年间，挪威在其宣布的渔区之内扣押和逮捕了多艘英国渔船。1949 年 9 月 28 日，在协商无果的情况下，英国最终以请求书的形式向国际法院提起诉讼，要求国际法院判定挪威划定领海的直线基线方法是否违反国际法。

（二）判决及其依据

英国在该案中提出，低潮线作为领海基线是国际上通行的做法，挪威 1935 年诏令确定的直线基线法违反了国际法。英国同时指出，直线基线法仅适用于海湾，而且相邻基点之间的长度不能超过 10 海里。挪威认为，它并不否认英国所声称的这些规则确实存在，但同时辩称此类规则不适用于挪威。挪威的抗辩理由是，从 1812 年开始，挪威就通过发布诏令等各种方式表明，挪威采用直线基线法这一基本方式确定其领海基线，包括英国在内的相关国家在 1933 年之前都没有反对挪威划定直线基线的诏令。因此，挪威认为，英国政府已经默认挪威所采取的直线基线方法的效力，由此可以确认挪威所采取的划定领海基线的方式是符合国际法的。

在审理过程中，国际法院就挪威的领海基线梳理出三个基本问题，问题之一是，挪威确定的领海基线的每一段直线的长度是否受"十海里原则"的限制？

对于该问题，英国认为，海湾的封闭线不应超过 10 海里，除非挪威能证明大湾小湾都是其历史性水域，封闭线才可以超过 10 海里。对于英国主张直线基线长度不得超过 10 海里的观点，国际法院认为"十海里规则"并没有成为国际法的一般原则。与此同时，挪威一直反对任何将这一规则适用于挪威海岸的企图，故而该规则在任何情况下都明显地不能用来反对挪威。挪威认为，它是以历史权利作为根据的，但挪威对历史性权利有不同的理解，同时认为"挪威政府不是以历史来论证其额外权利的，而是用历史和其他因素共同说明其采用的领海基线方法是符合国际法的"。

挪威政府强调，其对历史权利这一概念的理解与对一般国际法规则的理解是一致的。挪威认为，国际法的相关规则无疑考虑到了事物的多样性，领海基线的确定必须符合不同地区的特殊情况，挪威所采取的直线基线法是根据挪威的特殊情况确定的，是完全符合国际法的。

国际法院指出，"历史性水域"通常是指内水。英国将历史性水域适用于内水和领海，显然是违反国际法的。在领海基线的长度问题上，虽然有些国家主张 10 海里，但同时有许多国家采用其他不同的长度，而挪威一直反对将"十海里原则"适应于其海岸，因此这不能对挪威产生法律约束力。所以，无论是海湾还是各岛屿、岛礁等之间的海域，"十海里规则"都没有取得普遍国际法规则的权威。

（三）本案评析

本案涉及"低潮线原则"和"十海里原则"两个不同的规则，英国提出自然基线法，而挪威坚持直线基线法，二者分别从两个方面印证了持续反对者规则。

由于挪威早在 1812 年开始一直反对"十海里原则"适用于其领海基线，因而这一规则不能对挪威产生法律约束力。这意味着，对于某一规则提出反对意见的时间，应当是这一规则正在形成习惯法规则的阶段。也就是说，持续反对者规则仅仅适用于那些在习惯国际法规则形成的过程中确立其一贯持反对态度的国家。

反之，如果在一个习惯国际法规则已经确立后才对其表示反对，则显得过于迟缓，持续反对则不再被认可。在本案中，挪威政府一直反对将"十海里规则"适用于其领海基线；相比之下，英国政府则长期没有对挪威采取的直线基线法提出过反对，因而不能在该规则得以成熟运用后进行反对抗辩。正如国际法院在"庇护权案"中指出的，那些对业已成立的规则的偶尔否认构成对规则的违反，而不是对习惯国际法规则形成或存在的反对。

同时，一个国家对习惯国际法规则所持的反对态度必须是自始至终的。如果在此类规则刚刚呈现的时候表示反对，后来却提出了相反的观点，或采取了相反的行动，则会被视为是对规则的接受和默认，导致反对立场的持续性遭到破坏，从而致使其先前的反对主张失去效力。

当然，提出反对主张的方式可以多种多样，既可以通过言语声明的方式进行，也可以通过实践行动的方式予以表达。但是，这种反对从态度上必须足够清晰明了，足以构成有效的反对意见，使相关国家或国际组织能够充分知晓与了解。[①]

》本章同步练习

一、选择题

（一）单项选择题

由于甲国海盗严重危及国际海运要道的运输安全，在甲国请求下，联合国安理会通过决议，授权他国军舰在经甲国同意的情况下，在规定期限可以进入甲国领海打击海盗。据此决议，乙国军舰进入甲国领海解救被海盗追赶的丙国商船。对此，下列哪一选项是正确的？（　　）（司考）

A. 安理会无权作出授权外国军舰进入甲国领海打击海盗的决议

B. 外国军舰可以根据安理会决议进入任何国家的领海打击海盗

C. 安理会的决议不能使军舰进入领海打击海盗成为国际习惯法

D. 乙国军舰为解救丙国商船而进入甲国领海属于保护性管辖

（二）多项选择题

假设甲、乙两国自愿经过谈判、签署和批准程序，缔结了一项条约。该条约内容包括：出于两国的共同利益，甲国将本国领土提供给乙国的军事力量使用，用来攻击并消灭丙国国内的某个种族。根据国际法，下列哪些说法是错误的？（　　）（司考）

A. 由于双方平等自愿缔约，满足条约成立的实质要件，因此该条约是合法有效的

B. 由于条约经过合法的缔结程序，因此该条约是合法有效的

---

① 国际法渊源是国际公法学的重点与难点，也是进一步学习国际私法学与国际经济法学的重要理论基础。从硕士研究生入学考试与国家统一法律职业资格考试（包括其前身"国家司法考试"与"全国律师资格考试"）的命题特点来看，国内主要高校的考研试题非常重视对本章内容的考察，而且重点十分突出，后者则主要考察本章内容在其他章节的运用，重视考查考生对基本概念及基本理念的理解。

C. 如果该条约的上述内容得到丙国同意，则缔约行为的不法性可以排除

D. 如果该条约的上述内容被实施，则乙国的行为构成国际不法行为，甲国的行为不构成不法行为

二、名词解释

1. sources of international law（国际法的渊源）（考研）

2. 类别性的国际法渊源理论（考研）

3. 国际条约（考研）

4. international custom（customary international law；国际习惯）（考研）

5. 一般法律原则（考研）

6. jus cogens（强行法；强行法规则）（考研）

7. codification of international law（国际法的编纂）（考研）

三、简答题

1. 论《国际法院规约》第38条的内容和意义。（考研）

类似试题：1. 何谓国际法的渊源？有哪些表现形式？（考研）2. 试述国际法的渊源（sources of international law）。（考研）3. 论述国际法渊源的新特点。（考研）4. 简述《国际法院规约》第38条第1款规定的有关国际法院适用的法律如何？（考研）

2. 为什么条约原则上只拘束缔约国，而习惯国际法规则却在原则上拘束所有国家？（考研）

3. 国际习惯的要素以及存在的证据。（考研）

4. 简述国际法上一般法律原则的地位与作用。（考研）

四、论述题

1. 试论作为国际法渊源的国际习惯法。（考研）

类似试题：论述国际习惯法。（考研）

2. 试论国际强行法的概念与特征。（考研）

类似试题：1. 简述"obligation *erga omnes*"（对一切义务）的产生及意义。（考研）2. 简述国际强行法的含义和意义。（考研）

参考答案

一、选择题

（一）单项选择题

C

解析：本题考查国际习惯法以及安理会决议与国家的管辖权等知识点。

选项 A 错误。根据《联合国宪章》第 39 条的规定，安全理事会应断定任何和平之威胁、和平之破坏或侵略行为之是否存在，并应作成建议或抉择依第 41 条及第 42 条规定之办法，以维持或恢复国际和平及安全。安理会有权在维护国际和平与安全方面作出决议并采取行动。本题中，甲国海盗严重危及国际运输安全且有甲国的请求，因此，安理会有权作出此授权。选项 B 错误。只有在某国领海的海盗危及国际和平与安全的情况下，安理会才能作出决议，不是对任何国家领海的海盗都能作出决议授权外国军舰进行打击的。选项 C 正确。国际习惯法的构成需要具备两个要素：一是物质要素，即存在各国重复一致的行为；二是心理要素，即重复一致的行为模式被各国认为具有法律拘束力。不能仅仅因为安理会的一项决议而使某一项行为模式成为国际习惯法。选项 D 错误。保护性管辖必须针对侵害本国或本国公民重大利益的行为，因此，乙国军舰解救丙国商船的行为不属于保护性管辖。

（二）多项选择题

ABCD

解析：条约的有效成立必须具备形式要件和实质要件。一项书面条约，除必须具备条约文本以及对条约的签署或批准等形式要件外，其有效性还须具备三个实质要件：具备完全的缔约权；自由同意；不违反强行法。若不具备前述三个条件，一项文件就不能构成国际法上有效的条约。

本题中，甲乙两国签订的条约符合形式要件，但因为种族灭绝是一种国际社会公认的罪行，严重违反了国际强行法，所以违反了实质要件中有关强行法的规定，是无效的，故 A、B 项说法错误。违反强行法的行为是国际不法行为，凡涉及者，都应承担国家责任，所以 C、D 项说法也错误。

二、名词解释

1. 国际法的渊源是国际法的表现形式，是解决国际争端所能直接援引的法律依据，《国际法院规约》第 38 条一般被视为国际法渊源的权威说明。根据《国际法院规约》第 38 条，国际法的渊源主要包括国际条约、国际习惯、一般法律原则、司法判例、各国权威最高之公法学家学说等。在经当事国同意的前提下，法院亦可依"公允及善良"原则裁判。此外，随着国际法的不断发展，重要国际组织的决议也逐渐被纳入国际法渊源的范畴。

2. 类别性的国际法渊源理论在正确识别国际法渊源的基础上，将国际法渊源分为严格法律意义上的国际法渊源和广泛历史意义上的国际法渊源。

严格法律意义上的国际法渊源包括国际条约和国际习惯，其中，国际条约是国际法主体（主要是国家）以国际法为准确立其权利和义务的协议，是国际法最主要的渊源；国际习惯则是各国的一般实践被接受为法律的规则，是不成文的国际法规范。

广泛历史意义上的国际法渊源是指与国际法规范有历史联系的各种渊源，包括一般法律原则和确立法律原则的辅助资料，譬如，国际法院的判决、重要的国际文件和外交文件、权威最高之国际法学家学说以及政府间国际组织的决议等。实质上，许多国际法规范在形成有约束力的法律之前，往往曾在某种学说、法院判决、国际或国内文件中出现过。譬如，"互不侵犯"原则可溯及至 1899 年和 1907 年的《海牙公约》，而公海自由最早是格劳秀斯在《海洋自由论》中提出来的。

3. 国际条约是国际法主体间就权利义务关系缔结的一种书面协议，是国际法的最主要渊源。

1969 年《维也纳条约法公约》第 26 条规定了"条约必须遵守"原则，因此，条约构成现代国际法的首要渊源，是一种严格法律意义上的国际法渊源，具有法律约束力。条约分为一般国际法渊源和特别国际法渊源，作为一般国际法渊源的条约只能是普遍性的造法性条约；特别国际法渊源则主要是国际法主体就特定事项明确缔约方之间具体权利义务的契约性条约。

4. 国际习惯是经反复实践而被接受为法律的不成文规则，是国际法中最古老、最原始的法律规范。国际习惯的形成必须具备物质因素和心理因素两大条件。物质因素是指各国的一般实践，即各国长期经常采取的同一国际行为；心理因素则是指国际实践表现的行为规范被国际社会普遍承认具有法律效力，从而形成"法律确信"。国际习惯的形成通常可由国家的外交文件、国家的内部行为以及国际组织的实践等证明。

5. 一般法律原则是指各国法律体系中所共有的一些原则，譬如，诚实信用原则、禁止权利滥用原则、一事不再理原则等。一般法律原则的作用是填补国际法院审理案件时由于没有相关条约和习惯可以适用而产生的法律空白，它在国际司法实践中处于补充和辅助地位，很少被单独适用。《国际法院规约》第 38 条第 2 款规定的"公允及善良"原则在广义上也被理解为一项一般法律原则。

一般法律原则不宜理解为国际法一般法律原则，在司法实践中，当国际司法机构需要适用一般法律原则时，一般法律原则的具体内容在一定程度上取决于法官的个人理解。

6. 强行法作为一种维护世界秩序的法律手段，是指国际社会作为整体所接受和承认而不能为各国依其自由意志予以变更或者加以损抑的法律规则，换言之，强行法规则只有具有同样性质的强行法律才能更改。

国际强行法具有三个特征：其一，国际强行法为国际社会全体接受，体现了国际强行法的一般性，属于一般国际法规范；其二，国际强行法被公认为不许损抑，体现了国际强行法在法律效力上的特殊性；其三，仅有以后具有同等性质之一般国际法规则始得更换，即只有新的国际强行法规则方可对原有的强行法规则进行更改。

7. 国际法的编纂，是指将国际法或国际法某一部门的规则（包括国际习惯和条约规则），以类似法典的形式，更精确、系统地制定出来。从狭义来讲，它意味着把分散的法律加以法典化；从广义来理解，它还包括以法典的形式制定新法律。

国际法的编纂能弥补国际社会没有统一立法机构的缺陷，在一定程度上改善了国际法不成体系和不够精确的现象。此外，国际法的官方编纂是确立和阐述国际法原则的重要证据，对国际法的发展亦发挥了重要作用。

三、简答题①

1. （1）依据《国际法院规约》的规定，国际法院处理案件的依据主要体现在该规约的第 38 条。

（2）依据《国际法院规约》第 38 条第 1 款的规定，国际法院在审理案件时适用的国际法包括国际条约、国际习惯和一般法律原则，司法判例、权威最高之公法学家学说则是国际法渊源的补助资料。此外，经当事国同意，法院亦可依"公允及善良"原则裁判案件。

（3）基于《国际法院规约》第 38 条的规定，武汉大学梁西教授将国际法的各种渊源按其性质分为"严格法律意义上的渊源"和"广泛历史意义上的渊源"两大类。其中，"严格法律意义上的渊源"包括国际条约与国际习惯，而"广泛历史意义上的渊源"包括一般法律原则和司法判例以及权威最高之公法学家学说。重要国际组织作出的决议在一定程度上丰富了国际法渊源。

（4）尽管不同学者对国际法渊源的看法不完全相同，但国际条约与国际习惯被公认为国际法的主要渊源。学界的主要分歧在于一般法律原则、司法判例以及权威最高之公法学家学说等渊源在司法实践中的地位与作用如何。

2. （1）国际条约是国际法最主要的渊源，它是在国际法主体间缔结而以国际法为准，旨在确立其相互权利与义务关系的国际书面协议。

（2）根据国际条约的定义可知，条约是特定国际法主体间就权利义务关系缔结的一种书面协议，具有相对性。根据"条约不拘束第三国原则"，条约只适用于缔约方之间，未经第三方同意，不得对第三方产生效力。

（3）国际习惯是经反复实践而被接受为法律的不成文规则，是国际法中最古老、最原始的法律规范，国际习惯的形成必须具备物质因素与心理因素两大要素。物质因素是指各国的一般实践，即各国长期经常采取的同一国际行为；心理因素则是指国际实践表现的行为规范被国际社会普遍承认具有法律效力，形成"法律确信"。

（4）由于习惯国际法规则是在各国广泛实践的基础上形成的通行做法，并且这种做法被接受为法律。除在特殊情况下区域范围内形成区域习惯国际法规则，或者两个国家之间形成约束该两国的习惯国际法以外，一般来说，国际习惯在原则上拘束所有国家。

（5）国际条约与国际习惯亦存在一定的互动关系，国际条约中规定的条款在满足物素与心素的条件后可能演进为国际习惯；国际习惯法规则也可以以条款的方式载入国际条约而成为条约条款。

3. （1）国际习惯是经反复实践而被接受为法律的不成文规则，是国际法中最古老、最原始的法律规范，国际习惯的形成必须具备物质因素与心理因素两大要素。

1）物素（物质因素）：通例或实践（general practice），即国际社会存在通行的一致做法。

2）心素（心理因素）：法律确信（opinion juris），即将一般的实践或通例接受为法律，国家确信其作出行为时是基于国际法义务的要求。

---

① 本章理论性较强，历来为各高校研究生入学考试命题的重点，囿于篇幅，本章将各大高校试题的简答题与论述题中类似试题进行分类解析。

（2）国际习惯存在依据主要体现在以下几个方面。

1）国家间的外交实践：条约、宣言、外交文书、国家法律顾问的意见；

2）国际组织和机构的实践：决议、决定与判决；

3）一国内部的实践：国内法律法规、法院判决或者仲裁裁决、国家政策说明、行政命令、新闻公报、关于武装部队行为规范等法律问题的官方手册等。

4.（1）一般法律原则主要包括两个方面：其一，各国在其国内法律体系中所共有的或世界各主要法系共同接受的原则，如"诚实信用原则""一事不再理原则""不当得利原则"。其二，法律的一般逻辑原则，如"后法优于先法""特别法优于普通法"。不应将一般法律原则理解为国际法的一般原则，因为国际法的一般原则要么已经被吸收为条约或公约规定，要么形成了习惯国际法，《国际法院规约》没有必要将其单独列出。

（2）国际法上一般法律原则的地位与作用主要是探讨该原则在国际法渊源中的地位与作用。根据《国际法院规约》第38条的规定，一般法律原则是"各国承认者"将"一般法律原则"纳入国际法渊源的范畴，其目的是避免国际法院在审理案件时出现"无法可依"的情况。因此，一般法律原则只在国际条约和国际习惯都不能提供相应规则的情况下才发挥作用，其地位是辅助性的。在司法实践中，当国际司法机构需要适用一般法律原则时，一般法律原则的具体内容在一定程度上取决于法官的个人理解。

四、论述题

1. 根据《国际法院规约》第38条的规定，国际习惯是经反复实践而被接受为法律的不成文规则。国际习惯是最古老、最原始的国际法渊源。

（1）国际习惯的形成必须具备两个基本要素，即物素和心素，前者指通例或实践，即国际社会存在通行的一致做法；后者则是指法律确信，即将一般的实践或通例接受为法律，国家确信其作出行为时是基于国际法义务的要求。

（2）国际习惯在一般实践方面要求具备四个方面的条件。首先，实践的持续性。延续时间的长短并无统一规定，应当根据具体情况确定，但应当有必要的沉淀时间。其次，实践的一贯性。在给定的时间内形成了一贯的行为，即国际社会在同类问题上的做法一致。再次，实践主体的广泛性，要求在空间上具有一定的普遍性，但并不是每一个规则都需要证明其被所有国家采用或者接受。最后，实践的反复性。同一实践必须在一定时间内反复出现，要有一定的频率，不可能经过一次或少数几次实践就将其宣布为习惯。

（3）国际习惯在一般实践（物素）方面的存在依据主要包括：首先，国家间的外交实践，如条约、宣言、外交文书、国家法律顾问的意见等；其次，诸如决议、决定以及判决等国际组织和机构的实践；最后，一国内部的实践，即国内法律法规、法院判决或者仲裁裁决、国家政策说明、行政命令、新闻公报、关于武装部队行为规范等法律问题的官方手册等。

（4）国际习惯在法律确信方面的持续反对规则与速成习惯国际法问题。

1）持续反对者（一贯反对者）规则。

持续反对者规则是指，被视为习惯国际法的规范对于一直反对该项规则的国家没有约束力。首先，持续反对的提出时间应该是在某一项习惯国际法规则形成的最初阶段，且该反对的表示一直持续到该规则的最终形成甚至形成之后；其次，持续反对的方式要求这种反对必须具备一贯性；最后，持续反对将产生阻断相关规则对持续反对的国际法主体产生法律拘束力。

2）速成习惯国际法问题。

速成习惯国际法的概念由华裔英国国际法学家、"航空法之父"郑斌教授提出。速成习惯国际法的提法有其合理性，但容易沦为大国霸权的工具，因为大国可以对其单次行动进行泛化解释，将其单次或少数几次行为上升为习惯国际法规则，不利于国际社会的平衡发展。

（5）国际习惯与国际惯例的联系与区别。

首先，国际惯例是在习惯做法的基础上产生的，但习惯做法不一定是国际惯例。其次，国际惯例是经国际组织编纂成文后的习惯做法，如国际商会制定的《国际贸易术语解释通则》《跟单信用证统一惯例》等，未经国际组织编纂成文的习惯做法不是国际惯例。再次，国际惯例是国际社会普遍接受和广为使用的规则。尚未被人们普遍接受，甚至还遭抵制和反对的习惯做法不是国际惯例。最后，国际惯例与国际习惯的最大差异在于前者缺乏后者具备的"法律确信"。

2. （1）国际强行法的概念。

国际强行法，又称强制法或绝对法，是指国际法中普遍适用于所有国际法主体，国际法主体必须绝对服从和执行，且不能以约定的方式予以损抑的法律规范。1969 年《维也纳条约法公约》第 53 条规定，一般国际法强制规律指国家之国际社会全体接受并公认为不许损益且仅有以后具有同等性质之一般国际法规律始得更改之规律。

从学理依据来看，国际强行法体现了自然法理论在国际法领域的影响。对自然法学派而言，自然法的效力高于"自愿法"，各国不能对其加以忽视。

（2）1969 年《维也纳条约法公约》首次确立了强行法或强制规范的概念后，强行法逐渐被赋予习惯国际法的性质。当下的国际社会普遍认为，国际强行法不仅是一项条约法的规则，而且同样存在于国际习惯规则之中，从而在很大程度上消除了人们对国际法软弱性的疑虑，国际强行法因此在一定程度上扭转了国际法作为约定法、平位法、弱法和软法的传统地位。

（3）国际强行法的具体内容与规则。

作为国际法的特殊原则和规范，国际强行法存在的目标是保护国际社会普遍认可的利益与价值，主要体现在维护人类基本安全、保护基本人权和保护国家基本利益等三个层面。

首先，在维护人类基本安全方面，强行法主要体现在各国对侵略罪、危害人类罪、战争罪、海盗罪、劫持航空器罪等国际社会公认的国际罪行实施普遍性管辖权。

其次，在保护基本人权方面，并不是所有国际人权法规范都属于国际强行法，国际人权法领域的强行法仅限于保护最基本的人权规范，如禁止种族隔离、禁止种族歧视、禁止奴隶贸易等。换言之，保护人权的具体措施及程序规范仅具有一般效力。

最后，在保护国家基本利益方面，主要体现在国家主权平等、不干涉内政、禁止使用武力或武力威胁、和平解决国际争端等原则中。

（4）强行法的基本特征。

从国际法学界的观点、国际司法机构及准司法机构作出的判决或裁决以及联合国国际法委员会起草 1969 年《维也纳条约法公约》第 53 条时提出的建议，结合该条的措辞可以看出，国际强行法具有以下特征：

1）国际社会全体接受；

2）国际社会公认为不可损益；

3）非以后同等性质的国际法强制不得予以更改。

第三章　国际法与国内法的关系

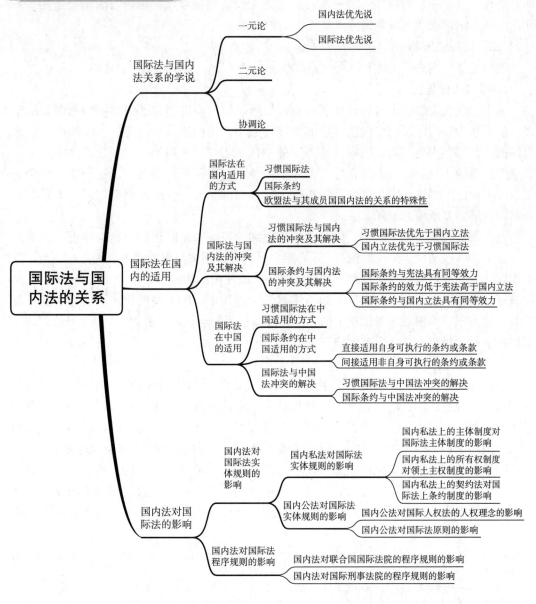

> **本章核心知识点解析**

第一节　国际法与国内法关系的学说

一、一元论

（一）基本概念

一元论认为国际法与国内法是同一个法律体系，是一个法律概念或一个法律体系的两种表现，具有一系列共性或统一性，国际法无须转化就可以在国内法院直接适用。一元论又分为国内法优先说和国际法优先说两种观点。

（二）疑难点解析

准确理解国内法优先说和国际法优先说的代表人物、基本观点和总体评价。

1. 国内法优先说

国内法优先说的代表人物是耶利内克、佐恩、伯格霍姆等实证法学派的德国公法学者，他们认为在国际法与国内法构成的法律体系中，国内法效力优先，国际法的效力来自国内法。耶利内克认为，国际法是国家的主权意志"自我限制"的表现，因为每个国家享有绝对的主权，有权决定在什么条件下以及如何受国际法的约束。这种决定完全是主权国家自己的事情，完全以自己的法律为转移，国家在任何时候都有权以与国家利益不符为由解除其承担的国际义务。[1]

国内法优先说实际上否定了国际法的地位和价值，它是时代的产物，体现了以本国利益为中心的极端民族主义倾向。[2] 万鄂湘主编的《国际法与国内法关系研究》认为，如果国际社会的成员都有权决定和改变国际法，从而使国际法成为各国的"对外公法"，国际法便会面临"空洞化"的危险。如果将此学说适用于国际关系的实践，国际法便可能成为少数国家将本国意志强加于他国、对外侵略扩张乃至统治世界的工具。[3] 因此，这一学说在第一次世界大战之后就沉寂下去了。

2. 国际法优先说

国际法优先说的主要倡导者是社会连带主义法学派的代表人物，如法国学者狄骥、波利蒂斯和规范法学派的代表人物美籍奥地利学者凯尔森、英国学者劳特派特、奥地利学者菲德罗斯、美国学者杰赛普等。这些学者大多有自然法学说的倾向，他们认为在国际法与国内法构成的法律体系中，国际法的效力优先，国内法的效力来自国际法。

凯尔森是国际法优先说最杰出的代表。他首先论证国际法与国内法属于同一法律体系，进而从法律秩序的效力范围和国际法的主要职能两方面论证国际法优于国内法。在法律秩序的效力范围方面，国际法的效力范围是不受限制的，而国内法的效力范围是受

---

[1] 赵建文. 国际法新论. 北京：法律出版社，2000：39. 万鄂湘. 国际法与国内法关系研究. 北京：北京大学出版社，2011：11

[2] 戴瑞君. 国际条约在中国法律体系中的地位. 北京：中国社会科学出版社，2020：9.

[3] 万鄂湘. 国际法与国内法关系研究. 北京：北京大学出版社，2011：12.

到限制的，因为如果不是这样，各国国内法则不可能同时有效。如果国内法不能对其效力范围加以限制，那么，只有一个高于国内法的法律才有这样的效果，这个法就是国际法。因此，国际法的主要职能便在于对各国国内法的各种效力范围予以限制。[①] 而国际法的效力则来源于"约定必须信守"。

相对国内法优先说而言，在反思第一次世界大战的背景下产生的国际法优先说，是有利于国际和平与发展的学说。它能够解释一个符合国内法而违背国际法的行为为何应当承担国际责任。但是，强调国际法的优先地位不能否定或取消国家主权。国际法优先的原则并不能使不符合国际法的国内法不产生效力或失去效力，只是在国际法与国内法发生冲突时承认国际法的优先地位，使符合国内法而违反国际法的行为在国际关系中不具有合法性，使当事方不能逃避国际责任。在全球化不断提速的当代，国际法优先说对于正确理解国际关系的新变化和正确把握国际关系的发展方向仍然具有启示作用。[②]

二、二元论

（一）基本概念

二元论认为国际法与国内法有本质的不同，是两个不同的法律体系。国际法不能成为国内法的一部分，国内法也不能成为国际法的一部分。

（二）疑难点解析

准确理解二元论的代表人物、基本观点和总体评价。

二元论的提倡者有德国的特里佩尔、意大利的安吉洛蒂、英国的奥本海等人。其主要观点如下。

其一，国际法与国内法是两个不同的法律体系。二元论的集大成者特里佩尔认为，国际法与国内法之所以不同，是在于：第一，它们所规定的社会关系不同。国内法规定隶属于国家的个人与个人间的关系，或国家自身和其人民的关系；但国际法规定平等的国家相互间的关系。因此，国际法是规定对等关系的法律，国内法是规定从属关系的法律。第二，它们的主体不同。国内法的主体主要是作为国家公民的个人，而国际法的主体是国家。因此，国内的社会团体、地区、公司以及其他法人均不是国际法的主体。第三，它们的法源不同。国际法和国内法的效力都出自国家的意志。但对于国内法，法律的渊源是有关国家自身的意志，是一国单独的意志；而对于国际法，法律的渊源是"多数国家的共同意志"，因为国际法系约束多数国家行为的规则，不能依一国的意志而成立，唯有多数国家的共同意志，即由各国单独意志的合一而产生的意志，才能创造国际法。这种"意志的合一"明示地表现于条约，默示地表现于惯例。由此，特里佩尔得出结论："国际公法和国际法不只是属于法律的不同的分支或部分，而是各自构成不同的法律体系；两者虽有密切的关系，但彼此不相隶属。"[③]

---

① 汉斯·凯尔森. 国际法原理. 王铁崖，译. 北京：华夏出版社，1989：76-77. 万鄂湘. 国际法与国内法关系研究. 北京：北京大学出版社，2011：13.

② 万鄂湘. 国际法与国内法关系研究. 北京：北京大学出版社，2011：14.

③ 周鲠生. 国际法：上册. 北京：商务印书馆，1976：17-18. 万鄂湘. 国际法与国内法关系研究. 北京：北京大学出版社，2011：5.

其二，国际法与国内法没有隶属关系，在效力上是平行的。二元论学者认为，国际法与国内法没有共同适用的场所或领域，因而不存在一个支配另一个的隶属关系或效力上的优先位次。它们在各自的法律体系内都是最高的。

其三，国际法只有转化成国内法才能在国内法院适用。二元论学者认为，国际法在特殊情况下在国内适用，是经过国内法的程序把国际法转化成为国内法以后才予以适用的，不是作为国际法在国内适用的，更不是国际法对国内法有什么影响或作用。

二元论注重对国际法与国内法差异的探究，并在二者差异的基础上提出国际法与国内法属于不同的法律体系，这是符合法律的实际的。实际上，在讨论国际法与国内法的关系时，不得不讨论二者的差异性。① 但传统的二元论者基本忽视了国际法与国内法之间的联系，尽管特里佩尔提到了二者之间的联系，但是他没有对该联系加以展开和论述，而是以两者"彼此不相隶属"为由将该联系一笔带过。因此，传统的二元论将国际法与国内法的差异性绝对化，这从逻辑上来说是错误的，其从二者差异中导出二者异质性也是令人难以接受的。②

三、协调论

（一）基本概念

协调论认为国际法与国内法是两个不同的法律体系，但由于国内法的制定者和国际法的制定者都是国家，因而这两个体系有着密切的联系，彼此不是相对立而是紧密联系、互相渗透和互相补充的。③

（二）疑难点解析

准确理解协调论的代表人物、基本观点和总体评价。

协调论的代表人物是周鲠生、王铁崖、程晓霞等中国学者。周鲠生教授对"协调论"有比较全面的论述。他认为，国际法与国内法是相互联系的，"国际法和国内法按其实质来看，不应该有谁属优先的问题，也不能说彼此对立"；"作为一个实际问题来看，国际法和国内法的关系问题，归根到底，是国家如何在国内执行国际法的问题，也就是国家履行依国际法承担的义务的问题。国际法，按其性质，约束国家而不直接拘束它的机关和人民，尽管国内法违反国际法，法庭仍须执行，但国家因此要负违反国际义务的责任。所以国家既然承认了国际法规范，就有义务使它的国内法符合于它依国际法所承担的义务……从法律和政策一致性的观点说，只要国家自己认真履行国际义务，国际法和国内法的关系是可以自然调整的"④。我国学者王铁崖教授、程晓霞教授等的观点与周鲠生教授的观点相似，他们都借助国家对外和对内行为的内在统一性与差异性来说明国际法与国内法的关系。

协调论着眼于二者之间的联系，同时还讨论了二者相互协调的理由，极大地丰富和深化了我国国际法学界对该问题的研究。⑤ 需注意的是，我国的李龙教授和汪习根教授还

① 万鄂湘. 国际法与国内法关系研究. 北京：北京大学出版社，2011：9.
② 万鄂湘. 国际法与国内法关系研究. 北京：北京大学出版社，2011：10.
③ 王铁崖. 国际法引论. 北京：北京大学出版社，1998：192. 梁西. 国际法. 武汉：武汉大学出版社，2000：18-19. 端木正. 国际法. 北京：北京大学出版社，2000：32. 杨泽伟. 国际法. 北京：高等教育出版社，2017：38.
④ 周鲠生. 国际法：上册. 北京：商务印书馆，1976：19-21.
⑤ 万鄂湘. 国际法与国内法关系研究. 北京：北京大学出版社，2011：24.

提出了国际法与国内法关系的"法律规范协调说"，此学说可以被看作运用规范法学的理论，对国际法与国内法规范的内在关联性的进一步思考。① 他们认为，法律规范的和谐一致是准确把握国际法与国内法关系的理论起点，法的内在特质的普遍性与形式特征的共同性以及法治社会对法律体系融合协调的基本要求，决定了国际法与国内法必须且只能在法律规范的统领下和谐共生、协调一致。具体表现为，首先，从规范上看，既可以是单个规范之间的一致，也可以是由个体规范组成的规范群的调适，还可以是规范性法律文件间的妥协。其次，从方式上看，国际法规范与国内法律的协调既可以是直接的，也可以是间接的，即两者互为立法与司法直接效力渊源，或者互为创设法律规范与适用法律规范时的参考与借鉴材料，前者可称为作为法律效力的渊源，后者可称为作为法律成长的事由。②

此外，随着全球化进程的多样性，有学者认为传统形式的二元论和一元论都难以满足现实的需要，于是有学者提出全球法律多元论，或称全球法律多元主义，来描述国际法与国内法关系的现状。③ 论者认为，全球化进程促使国际社会出现三方面的新发展。首先，形成了一套超越国家与国际领域界限的国际价值观。这些价值观，特别是法治与人权，往往被视为各国在国际秩序和国内社会都应保障的真正的普遍价值，是国家、国际组织、非政府组织政策的共同基础。其次，权力来源剥离了国家，从纵向（分享主权职能）和横向（私人行动者的参与）分散开来。尤其是考虑到私人、公司之间更多非正式的安排时，国际法和国内法的界限就变得更加不重要了。最后，是法律的非正式化。在全球化进程中，与国际治理的其他规范形式相比，国际法作为一种正式机制的重要性正在下降。④ 进而，他们指出，全球法律多元主义指的是形形色色的国家、非国家以及由多元化的共同体创建的混合的法律制度。这种全球法律多元主义以及与之关联的碎片化，是根植于一个原则共同体中的。正是这些转化或体现价值观的原则，使国家内部的多种法律制度以及国家以外的私法制度可以共存、合作。在一个原则共同体内的这一多元化概念，刺破、超越和回避了国际法和国内法之间的分野，但又没有结束这种分野。这为在一个由独立国家和其他行为者组成的国际共同体内主张政治合法性提供了有吸引力的基础。这些行为者可以继续保持他们在政治道德和认知上的分歧。⑤

任何理论都需不断从实践中汲取养分才能得到发展。关于国际法与国内法关系的理论探讨还在继续，与此同时，有关国际法与国内法关系的实践活动也更加活跃和丰富。⑥

---

① 戴瑞君. 国际条约在中国法律体系中的地位. 北京：中国社会科学出版社，2020：13.

② 李龙，汪习根. 国际法与国内法关系的法理学思考——兼论亚洲国家关于这一问题的观点. 现代法学，2001（1）：14. 万鄂湘. 国际法与国内法关系研究. 北京：北京大学出版社，2011：26.

③ 戴瑞君. 国际条约在中国法律体系中的地位. 北京：中国社会科学出版社，2020：13. Janne Nijman and Andre Nollkaemper, Beyond the Divide, in Nijman and Nolkaemper, eds., New Perspectives on the Divide Between National and International Law, Oxford University Press, 2007：359.

④ 戴瑞君. 国际条约在中国法律体系中的地位. 北京：中国社会科学出版社，2020：15. Janne Nijman and Andre Nollkaemper, Beyond the Divide, in Nijman and Nolkaemper, eds., New Perspectives on The Divide Between National and International Law, Oxford University Press, 2007：11.

⑤ 戴瑞君. 国际条约在中国法律体系中的地位. 北京：中国社会科学出版社，2020：15.

⑥ 戴瑞君. 国际条约在中国法律体系中的地位. 北京：中国社会科学出版社，2020：16.

第二节　国际法在国内的适用

一、国际法在国内适用的方式

(一)基本概念

国际法在国内适用的方式,主要是指国际法在国内生效的方式。

(二)疑难点解析

国际法在国内的适用主要是指习惯国际法在国内的适用与国际条约在国内的适用。

1. 习惯国际法

关于习惯国际法如何在国内生效,英、美、法、德、意、荷、俄等大多数国家的占主导地位的理论和实践,都承认习惯国际法是其法律体系的一部分,无须经特定的纳入程序即可在国内发生法律效力,可以在国内法院作为裁判依据。

2. 国际条约

国际条约在国内的适用主要有转化和并入两种方式。

(1)转化。

转化是指通过一国立法机关的单独的立法程序使一项在国际法上已经对该国有效的条约在其国内法律体系中生效的方式。

(2)并入。

并入是指一个国家通过宪法或法律的统一规定,从整体上将依照国际法对其生效的条约并入其国内法律体系的方式。大部分采取并入法的国家区分"自身可执行"与"非自身可执行"的条约或条款。自身可执行条约或条款可在法院直接适用。非自身可执行条约,法院不能直接适用,自然人或法人不能在国内法院援用为权利或义务的依据,而是需要通过某种立法行为后该条约才能在国内法院适用。

二、国际法与国内法的冲突及其解决

有关国际法与国内法的冲突及其解决,疑难点解析如下。

1. 习惯国际法与国内法的冲突及其解决

在无法将国内法与习惯国际法作一致解释的情况下,各国采取的立场有以下两种,即习惯国际法优先于国内立法和国内立法优先于习惯国际法。对于后者,如果遇到习惯国际法与国内立法明显的不可调和的冲突,由于习惯国际法不成文,因而在成文法优先于不成文法的国家,如英国、荷兰等,是国内立法优先。

2. 国际条约与国内法的冲突及其解决

第一种类型是国际条约与宪法具有同等效力。

第二种类型是国际条约的效力低于宪法高于国内立法。俄罗斯、法国等国实行国际条约的效力低于宪法但高于国内立法的制度。在采取条约效力低于宪法高于国内立法的制度的国家,如果宪法符合国际法,实际上并不影响国际义务的履行。

第三种类型是国际条约与国内立法具有同等效力。美国、韩国等国家,把条约与国内法置于具有同等效力的地位,用后法优于前法的原则处理条约与其国内法的冲突。因

此，在美国，后制定的联邦法律可以推翻/突破先缔结的国际条约。① 但《维也纳条约法公约》第 26 条规定了"条约必须遵守"原则。第 27 条规定了"国内法与条约之遵守"的关系："一当事国不得援引其国内法规定为理由而不履行条约。"这里的"国内法"是包括宪法在内的。因此，那种将包括宪法在内的国内法放在优先于国际条约或放在与国际条约同等地位的做法不符合该公约的上述规定，不符合关于国际法与国内法关系的习惯国际法原则。

这一方面的实践，美国的较为典型。特朗普总统上台后，美国政府片面强调"美国优先"，奉行单边主义、经济霸权主义，背弃国际承诺。美国根据国内法单方面挑起的贸易摩擦，严重违反国际法规则。2017 年 8 月，美国依据本国《1974 年贸易法》，对中国发起"301 调查"，并在 2018 年 7 月和 8 月分两批对从中国进口的 500 亿美元商品加征 25％关税，此后还不断升级关税措施，2018 年 9 月 24 日起，又对 2 000 亿中国输美产品征收 10％的关税。"301 调查"是基于美国国内法相关条款开展的贸易调查，衡量并要求其他国家接受美国的知识产权标准和市场准入要求，否则就采取报复性的贸易制裁手段。早在 20 世纪 90 年代，这就被称为"激进的单边主义"。美国政府曾于 1994 年作出一项"行政行动声明"，表示要按照符合世界贸易组织规则的方式来执行"301 条款"，即美国只有在获得世界贸易组织争端解决机制授权后才能实施"301 条款"所规定的制裁措施。1998 年，当时的欧共体向世界贸易组织提出关于"301 条款"的争端解决案。世界贸易组织争端解决机构认为，单从其法律规定上看，可以初步认定"301 条款"不符合世界贸易组织规定。在本次中美经贸摩擦中，美国政府动用"301 条款"对中国开展调查，在未经世界贸易组织授权的情况下对中国产品大规模加征关税，明显违反美国政府的上述承诺，其行为是完全非法的。②

此外，美国还以国内法"长臂管辖"制裁他国。近年来，美国不断扩充"长臂管辖"的范围，涵盖了民事侵权、金融投资、反垄断、出口管制、网络安全等众多领域，并在国际事务中动辄要求其他国家的实体或个人必须服从美国国内法，否则随时可能遭到美国的民事、刑事、贸易等制裁。③ 美国这种将其国内法凌驾于国际法规则之上的做法，其本质是单边主义、霸权主义，严重侵蚀国际公平与正义。

三、国际法在中国的适用

（一）疑难点解析

1. 习惯国际法在中国适用的方式

由于习惯国际法是各国反复适用的国际法规范，它在我国国内发生效力的方式同各国实践相一致，是自动的，不需要任何法律程序。中国的宪法和法律均纳入了习惯国际法规范的条款。

2. 国际条约在中国适用的方式

从立法、行政和司法机关的实践看，中国以"并入"的方式适用国际条约。一项条

---

① 戴瑞君. 国际条约在中国法律体系中的地位. 北京：中国社会科学出版社，2020：72.
② 《关于中美经贸摩擦的事实与中方立场》白皮书.
③ 《关于中美经贸摩擦的事实与中方立场》白皮书.

约在国际法上对中国生效与在中国国内法律体系中生效是同时发生的。

（1）直接适用"自身可执行"的条约或条款。

包含适用国际条约规定的法律，分散于宪法性法律、行政法、民商法、经济法、社会法、刑法、程序法等几乎所有的国内法法律部门。这也从一个侧面反映出，以国际条约为主要渊源的国际法，它所调整的事项已不限于国际法主体之间的关系，相反，国际法的触角已经延伸到国内生活的方方面面。对每一个国内法律部门而言，几乎都可以找到调整相应法律关系的国际法规则。这也意味着每一个法律部门都有适用国际条约的可能。①

（2）间接适用"非自身可执行"的条约或条款。

我国已经根据国际条约制定、修改或补充了一系列的国内法律、法规，主要包括：一是根据国际条约的规定和中国的具体情况制定单行的执行法；二是通过修改或补充国内法的方式履行条约义务；三是运用国际条约解释中国国内法。

3. 国际法与中国法冲突的解决

（1）习惯国际法与中国法冲突的解决。

中国一贯遵守习惯国际法。我国在相关立法活动中都要考虑习惯国际法的相关规范，所以，应当把我国法律与习惯国际法作一致的解释。

（2）国际条约与中国法冲突的解决。

国际条约优先于国内法的原则是我国处理条约与国内法冲突问题的一般原则。

第三节 国内法对国际法的影响

一、探讨国内法对国际法实体规则的影响

国内私法是以法的主体、所有权、契约的约束性为其基本范畴的，国际法也有法的主体（国家）、主权（统治权）、条约的约束性等基本范畴。国内私法上的主体或人格概念对于构建近代国际法是有启示的。国际法上领土主权的理论深深地打上了国内私法所有权理论的烙印。国内私法上的契约法对国际法条约制度也产生了重要的影响。国内公法对国际法实体规则的影响也是多方面的，许多国际法的原则和理念源于国内公法的规定。

二、探讨国内法对国际法程序规则的影响

国际法上的和平解决国际争端的制度和追究国际法上的犯罪行为的刑事责任的制度，大多是国内法的相关制度在国际法范围内的移植或适用。比如联合国国际法院的诉讼程序规则绝大部分来自国内诉讼程序规则，《国际刑事法院罗马规约》规定的刑事诉讼程序规则也直接来自国内刑事诉讼程序规则。

---

① 戴瑞君. 国际条约在中国法律体系中的地位. 北京：中国社会科学出版社，2020：117.

本章实务案例研习

一、巴西公债案[①]

（一）案件简介

为改善港口、铁路等国家设施，巴西政府分别于 1909 年、1910 年和 1911 年发行了 3 种无记名债券形式的公债，债券适用巴西法律并主要在法国认购。这些债券都包含黄金条款，其中 1909 年发行的公债仅规定利息"可用黄金支付"，后来 1910 年和 1911 年发行的公债则规定"本金和利息都以金法郎偿还"，即以公债发行时法郎的黄金价值偿还。事实上，巴西后来都是以纸法郎来支付公债的利息与本金。随着法国纸法郎不断贬值，巴西仍然按照当时通用的纸法郎偿还公债，引起债券持有人的不满。于是在 1924 年，法国政府代表债券持有人与巴西进行交涉，要求巴西政府按照公债发行时法郎的黄金价值来偿还到期的债券本息，但是交涉未果。

1927 年 8 月 27 日，法国与巴西订立了特别协定，请求常设国际法院就"债券应该依当时巴西的做法用纸法郎偿还，还是按照以前的规定用金法郎偿还"的问题作出判决。特别协定还规定："在考虑可能适用于本争议的任何一个国家的国内法时，常设国际法院不应受那个国家国内法院决定的拘束。"1929 年，法国就巴西公债的偿还向常设国际法院提起诉讼，当事国同时请求常设国际法院适用国内法解决纠纷。

（二）常设国际法院判决

常设国际法院根据《常设国际法院规约》第 36 条的规定，认为法院对案件有管辖权，并于 1929 年 7 月 12 日作出判决，最终判定公债的本金和利息应该按照公债发行时法郎的黄金价值偿还。关于法律适用的问题，常设国际法院认为，其作为国际司法机构，没有义务知道各国的国内法，但有义务获得与调查必须适用的国内法之相关知识，这种知识可由当事国提供，也可由法院自己查明。

（三）法律评析

本案涉及的问题是如何解释巴西政府发行的由法国人持有的债券并不适用国际法，而是适用国内法。

1. 确定案件适用的法律

关于公债款应当适用的法律，常设国际法院认为这是一个国际私法问题，应当依据权利义务的性质与产生之具体情况来决定，当然也要考虑双方当事人的意愿。在充分考量了这些情况之后，法院认为，有关债券权利义务的借款合同应适用巴西的法律，因为借款人是巴西政府，借款条件是巴西的法律和法令规定的，并且巴西政府发行的是不记名债券，持有人获得这些债券的时间和地点并不重要，唯一能够确定的只有债务人的身份。在本案中，债务人是一个主权国家，也没有任何条文明确规定巴西同意其受他法律管辖，所以不能因债券在法国发行就假设巴西同意其受本国法以外的其他法律管辖。因

---

① 边永民. 国际公法案例选评. 北京：对外经济贸易大学出版社，2015：69-72. 曾炜. 国际法案例评析. 北京：法律出版社，2020：7-9. Brazilian Loans, P. C. I. J. Report. Series A. Collection of Judgments (1923—1930)，No. 21.

此，常设国际法院最后决定有关债券权利义务的借款合同适用巴西法律，而用以偿还债券的货币——法郎则适用法国法律。

2. 确定巴西公债的偿还方式

既然法院已经明确用以偿还债券的货币——法郎适用法国法律，而按照法国国内法院的理论，"黄金条款"在国际契约中是有效的，那么法院还必须对债券的"黄金条款"加以解释和认定。

依据查明的事实，巴西发行的3种涉案债券所载"黄金条款"并不一致：1910年和1911年发行的债券明确规定债券本金及利息均以金法郎偿还；而1909年发行的债券并没有规定本金应以黄金偿还。需要思考的是：是否依"黄金条款"将债券偿还方式区别开来，即1909年发行的债券的利息以黄金方式偿还，本金偿还方式依巴西法确定，1910年和1911年债券本息均以金法郎偿还。当事方的主要争议是1909年发行的债券偿还方式，常设国际法院依据与发行1909年债券相关的巴西法令和还款安排分析得出的，1909年发行的债券的本金和利息均以黄金偿还。

本案涉及国内法在常设国际法院的适用。是否适用当事国的国内法或国内法院的判决取决于常设国际法院的自由裁量，常设国际法院的判决也不受当事国国内法院判决的约束。但是，若法院认为它必须适用当事国一方或双方的国内法，那么该国国内法院的判决有重要的参考价值，它有助于帮助常设国际法院正确地理解和适用该国国内法的具体规则。

二、消除对妇女歧视委员会个人申诉案[①]（Duning Thi Thuy Nguyen v. Netherlands，2004）

（一）案件简介

Dung Thi Thuy Nguyen女士（以下简称"Nguyen女士"）出生于1967年6月24日，是荷兰居民。2003年12月8日，Nguyen女士向联合国消除对妇女歧视委员会（Committee on the Elimination of Discrimination Against Women，CEDAW）提交来文，认为荷兰政府违反《消除对妇女一切形式歧视公约》第11条第2款第2项，导致自己在休产假期间获得丧失工资的补偿权受到侵犯。Nguyen女士是一名有薪酬的兼职雇员，并与她丈夫在同一家企业工作。1999年，Nguyen女士因生育休产假，并依《疾病福利法》领取了福利金，以补偿她在产假期间所损失的工作收入。同时，因其丈夫在企业中工作，Nguyen女士还有权依据《残疾保险法》领取产假福利金。但根据《残疾保险法》中的"防止累加条款"，Nguyen女士只被允许领取按照《疾病福利法》规定的限额中不足的部分，而Nguyen女士领取的福利金已经超过其依《残疾保险法》领取的数额。因此，Nguyen女士的上诉未获成功。2002年，Nguyen女士第二次休产假，并再次申请福利金，福利金机构国家社会保险所决定，Nguyen女士只能获得根据《疾病福利法》所获福利金与根据《残疾保险法》可获得福利金之间的差额的补偿。

---

① 毛俊响，王历. 国际法典型案例评析. 长沙：中南大学出版社，2016：132-136. 消除对妇女歧视委员第36届会议第3/2004号来文，https://www.un.org/womenwatch/daw/cedaw/protocol/decisions-views/Decision%203-2004%20-%20Chinese.pdf.

《消除对妇女一切形式歧视公约》第 11 条第 2 款第 2 项规定，妇女有权在休产假期间获得丧失工资的全面补偿。Nguyen 女士认为，她未能获得《残疾保险法》所规定的全额福利金，对她的收入有负面影响，她因怀孕而直接受到歧视。2006 年，联合国消除对妇女歧视委员会处理该申诉后认为，第 11 条第 2 款的目的是保护有职业收入的妇女在怀孕后不受歧视。联合国消除对妇女歧视委员会注意到第 11 条第 2 款第 2 项并没有使用"全"薪一词，也没有使用"全额补偿"因怀孕和生育造成的"收入损失"的表述。换言之，《消除对妇女一切形式歧视公约》留给缔约国一定的酌处权，以拟定符合《消除对妇女一切形式歧视公约》要求的产假福利制度。荷兰作为缔约国而享有酌处权，可根据《消除对妇女一切形式歧视公约》第 11 条第 2 款第 2 项的规定为所有就业妇女确定适当的产假福利金。荷兰的立法规定，自营职业的妇女和共同工作的配偶以及有薪酬的妇女都有权获得有酬产假——尽管是在不同的保险制度下。在这两种制度下的应享权利可同时申请并获取，只要两者相加不超过一个具体规定的最高数额。因此，联合国消除对妇女歧视委员会得出结论，认为实施《残疾保险法》中的"防止累加条款"没有对 Nguyen 女士造成任何歧视待遇，也不构成对《消除对妇女一切形式歧视公约》第 11 条第 2 款第 2 项规定的权利的侵犯。

（二）法律评析

本案涉及国际条约的国内实施及其形式问题。根据条约必须遵守原则和 1969 年《维也纳条约法公约》第 26、27 条，"凡有效之条约对其当事国有拘束力，必须由各该国善意履行"，"一当事国不得援引其国内法规定为理由而不履行条约"，国际条约在经缔约国签署以后应当对当事国产生拘束力并得以一定形式使条约得到适用。国际条约法对于条约的适用进行了规定和要求，至于条约以何种形式在国内得到适用，各国有权酌处。在各国实践中，将条约在国内适用的方式基本分为转化和并入两种。转化是指通过一国立法机关的单独的立法程序使一项在国际法上已经对该国有效的条约在其国内法律体系中生效的方式。英国、意大利等国采用转化方式使国际条约在国内得到适用。并入是指一个国家通过宪法或法律的统一规定，从整体上将依照国际法对其生效的条约并入其国内法律体系的方式。以此种方式适用国际条约的国家有美国、法国、日本、荷兰等。

本案的被告方荷兰是以并入方式对国际条约进行适用的，即一旦批准了该条约，就在国内生效并具有高于国内法的效力。Nguyen 女士认为荷兰《残疾保险法》中的"防止累加条款"表面上看似公平中立，实际上相比男性来说，对于女性获得全额福利金补偿是不利的。因此《残疾保险法》中的"防止累加条款"是无效的，因其违反了《消除对妇女一切形式歧视公约》中关于"禁止一切形式歧视"的规定。但是联合国消除对妇女歧视委员会认为，首先，《消除对妇女一切形式歧视公约》第 11 条第 2 款的目的在于保护有职业收入的妇女在怀孕后不受歧视，但是并没有强调"全额补偿"，因而缔约国对该项条款中的补偿收入损失有酌处权。其次，Nguyen 女士并没有提供足够的证据证明差别待遇的原因在于其是一个兼职雇员且同丈夫在一家单位。所以联合国消除对妇女歧视委员会认为，实施《残疾保险法》中的"防止累加条款"没有对 Nguyen 女士造成歧视待遇。

本章同步练习

一、选择题

（一）多项选择题

中国参与某项民商事司法协助多边条约的谈判并签署了该条约，下列哪些表述是正确的？（　　）（司考）

A. 中国签署该条约后有义务批准该条约

B. 该条约须由全国人大常委会决定批准

C. 对该条约规定禁止保留的条款，中国在批准时不得保留

D. 如该条约获得批准，对于该条约与国内法有不同规定的部分，在中国国内可以直接适用，但中国声明保留的条款除外

（二）不定项选择题

甲公司是瑞士一集团公司在中国的子公司。该公司将 SNS 柔性防护技术引入中国，在做了大量的宣传后，开始被广大用户接受并取得了较大的经济效益。原甲公司员工古某利用工作之便，违反甲公司保密规定，与乙公司合作，将甲公司的 14 幅摄影作品制成宣传资料向外散发，乙公司还在其宣传资料中抄袭甲公司的工程设计和产品设计图、原理、特点、说明，由此获得一定的经济利益。甲公司起诉后，法院根据《中华人民共和国著作权法》《伯尔尼保护文学艺术作品公约》的有关规定，判决乙公司立即停止侵权、公开赔礼道歉、赔偿损失 5 万元。针对本案和法院的判决，下列何种说法是错误的？（　　）（司考）

A. 一切国际条约均不得直接作为国内法适用

B. 《伯尔尼保护文学艺术作品公约》可以视为中国的法律渊源

C. 《伯尔尼保护文学艺术作品公约》不是我国法律体系的组成部分，法院的判决违反了"以法律为准绳"的司法原则

D. 《中华人民共和国著作权法》和《伯尔尼保护文学艺术作品公约》分属不同的法律体系，法院在判决时不应同时适用

二、案例分析题

2002 年 3 月 5 日，美国总统布什根据美国国际贸易委员会的建议，签署了一项法案，对于美国进口的 10 类钢铁产品征收"保障措施"税，税率从 8％到 30％不等。该法案于同年 3 月 20 日生效。美国此举引起欧盟以及日本、韩国、中国、挪威、瑞士、新西兰和巴西等国的抗议，它们遂于 2002 年 6 月向世界贸易组织争端解决机构提出对美国的控告。2003 年 7 月，世界贸易组织争端解决机构发表报告，裁定美国的做法不符合世界贸易组织《保障措施协定》和《关税与贸易总协定》（1994 年）中的有关规定，要求美国改正其做法。美国则于 2003 年 8 月向世界贸易组织争端解决机构提出上诉。2003 年 11 月 10 日，世界贸易组织争端解决机构上诉机关发表报告，维持世界贸易组织争端解决机构原来的裁定。请你结合此案分析：

1. 国际法与国内法的关系；

2. 世界贸易组织《保障措施协定》和《关税与贸易总协定》(1994 年)中有关保障措施的规定。(考研)

三、论述题

论国际法与国内法的关系。(考研)

相关试题：1. 试以中国为例说明国际法与国内法的关系（考研）。2. 举例分析国际法和国内法关系(考研)

参考答案

一、选择题

(一) 多项选择题

BCD

解析：批准条约是一国的主权行为，尽管各国对其全权代表已签署的条约，一般给予批准，但国家并没有批准的义务，故 A 项错误。根据我国《宪法》第 67 条第 15 项规定，全国人大常委会决定同外国缔结的条约和重要协定的批准和废除。《中华人民共和国缔结条约程序法》第 7 条也规定，"条约和重要协定的批准由全国人民代表大会常务委员会决定"，故 B 项正确。根据《维也纳条约法公约》第 19 条的规定，"一国得于签署、批准、接受、赞同或加入条约时，提具保留，但有下列情形之一者不在此限：（甲）该项保留为条约所禁止者"，故 C 项正确。在民商事领域，1986 年《中华人民共和国民法通则》第 142 条第 2 款规定："中华人民共和国缔结或者参加的国际条约同中华人民共和国的民事法律有不同规定的，适用国际条约的规定，但中华人民共和国声明保留的条款除外"，故 D 项正确。答案为 BCD。需要注意的是，2020 年《中华人民共和国民法典》并没有保留 1986 年《中华人民共和国民法通则》第 142 条那样的规定，有一些法律在修改时也删去了类似的规定，另有些法律或行政法规，如《中华人民共和国海商法》第 268 条、《中华人民共和国海事诉讼特别程序法》第 3 条和《实施国际著作权条约的规定》第 19 条，还保留着此类规定。这表明，中国关于国际法与国内法关系的法律规定，正在从分散式规定向在宪法或宪法性法律中作集中和总结性规定的发展过程之中。

(二) 不定项选择题

ACD

解析：法律渊源是指一定的国家机关依照法定的职权和程序制定或认可的具有不同法律效力和地位的法律的不同表现形式，即根据法律的效力来源不同而划分的法律的不同形式。当代中国法的渊源主要为以宪法为核心的各种制定法，包括宪法、法律、行政法规、地方性法规、经济特区的规范性文件、特别行政区的法律法规、规章、国际条约、国际惯例等。只要是我国签署生效的国际条约，对我国国家机关、团体和公民就具有法律上的约束力，也是当代中国法的渊源之一，在审理案件时可以直接适用。我国已于

1992 年加入了《伯尔尼保护文学艺术作品公约》，因此这一国际公约就成为中国的法律渊源，故 A 项错误，B 项正确。法律体系通常指由一个国家的全部现行法律规范分类组合为不同的法律部门而形成的有机联系的统一整体。但法院的判决依据是法律渊源而不是法律体系，"以法律为准绳"中的"法律"应当包括属于法律渊源之列的国内法和国际法，故《伯尔尼保护文学艺术作品公约》虽不属于我国的法律体系，但是为我国的法律渊源之一，法院在根据其作出判决时，并不违反"以法律为准绳"的司法原则，故 C、D 错误。因此，本题答案为 ACD。

二、案例分析题

1.（1）国际法与国内法的关系的理论。

国际法和国内法的关系，是国际法的基本理论问题之一，主要存在三种学说，即一元论、二元论和协调论。

1）一元论。

一元论首先认为国际法与国内法同属于一个法律体系，在此基础上又分为国际法优先说和国内法优先说两派。

国内法优先说认为国际法的效力和权威源自国内法，国际法是低一级的法律，是国内法的一个部门。国内法优先说的实质是否定国际法，然而在第一次世界大战后，国内法优先说逐渐衰落。

国际法优先说认为国际法位于各国并立的国内法之上，各国国内法的效力是由国际法赋予的，国际法的效力优先。相对于国内法优先说而言，国际法优先说是有利于国际和平发展的学说。它能够解释一个符合国内法而违背国际法的行为为何应当承担国际责任。当国际法与国内法发生冲突时，承认国际法的优先地位，使符合国内法而违反国际法的行为在国际关系中不具有合法性，不能逃避国际责任。但是，强调国际法的优先地位不能否定国家主权。

2）二元论。

二元论认为国际法与国内法是两个不同的法律体系，各自有其不同性质、效力根据、调整对象和适用范围，二者互不隶属，各自独立。无论是国际法整体还是其分支都不能当然地成为国内法的一部分，反之亦然。

3）协调论。

中国的大部分学者认为由于在调整对象、制定方式、渊源、强制措施等方面的不同，国际法与国内法是各自独立的法律体系。但是传统的二元论将国际法与国内法割裂开来，过分强调二者的对立，忽视了二者的内在联系。中国学者认为，由于国内法的制定者和国际法的参与制定者都是国家，因此从理论上讲，国际法与国内法两个体系之间有着密切的联系，二者不是截然对立的，而是彼此互相渗透、互相依赖、互相补充、互相制约的关系。

（2）国际法与国内法的关系的实践。

国际法与国内法是不同的法律体系，但这两个体系之间相互联系，彼此之间起着互相渗透、互相补充和互相促进的作用。国家在制定国内法时，不能忽视其应尽的国际义务，在参与制定国际法时，又不能无视本国的主权。国际法不得干预国内法，国内法不得改变国际法，两者的关系应是协调一致的。国家不能用国内法的规定来改变国际法的现有原则、规则和规章制度。

当国际条约与国内法冲突时，主要有三种解决类型：第一种类型是国际条约与宪法具有同等效力；第二种类型是国际条约的效力低于宪法高于国内立法；第三种类型是国际条约与国内立法具有同等效力。美国、韩国等国家，把条约与国内法置于具有同等效力的地位，用后法优于前法的原则处理条约与其国内法的冲突。

本案中，美国为了实施国内法，对美国进口的钢铁产品征收"保障措施"税，违反了世界贸易组织《保障措施协定》和《关税与贸易总协定》（1994 年），这是通过美国国内立法来改变国际法原则和规则的做法。主权国家不能违背其应承担的国际义务，不得以其国内法规定来对抗其承担的国际义务，或以国内法规定作为违背国际义务的理由来逃避国际责任。因此，欧盟等通过世界贸易组织争端解决机构的裁决来维护自身权益，世界贸易组织争端解决机构也对本案作出了妥善的处理。

2.《保障措施协议》是世界贸易组织在特定情况下允许成员采取措施限制进口，保护国内产业的三个协议之一。《保障措施协议》的宗旨在于澄清和加强 1994 年《关税与贸易总协定》第 19 条的纪律，重建保障措施的多边制约机制，消除规避这种制约机制的不当做法，进一步稳定并改善国际贸易体制。

（1）实施保障措施的条件。

根据《关税与贸易总协定》（1994 年）第 19 条和《保障措施协议》第 2 条的规定，成员国实施保障措施，只能在其根据下文制定的条款确定该国进口的此种产品的绝对或相对数量增加，由此对国内相关产业造成实质性损害或损害的威胁。

（2）保障措施的应用。

该协议从以下方面对保障措施的应用作了规范。

1）保障措施适用的对象。

保障措施应该对正在进口的某一产品实体，而不管其来源，即采用保障措施只能针对产品，而不能针对某些国家或某些国家的产品。

2）可采用的保障措施及其限度。

《保障措施协议》第 5 条规定，一成员应仅在防止或补救严重损害并便利调整的必要限度内实施保障措施，若使用数量限制，则该措施不得把进口量降到最近一段时期的进口水平以下，即统计数据表明有代表性的前 3 年的平均进口水平，除非有明确的正当理由表明某一不同水平对防止和补救严重损害是必要的。为达到这些目标，各成员应选择最合适的措施。

3）临时保障措施的采取及其形式。

《保障措施协议》第 6 条规定，在拖延会导致难以弥补的损害的紧急情况下，一成员根据一项明确证实进口的增加已经或正在威胁造成严重损害的初步裁定，可以采取临时保障措施，该措施的期限不得超过 200 天。

4）保障措施的实施期限。

《保障措施协议》第 7 条规定，成员方只能在防止和补救严重损害以及便利调整所必要的时间内采取保障措施，该期限一般为 4 年。一项保障措施的全部适用期限应该包括任何临时措施的适用期、最初适用期及其任何延展期，不得超过 8 年。

5) 减让水平和其他义务。

《关税与贸易总协定》（1994年）第19条规定，任何保障措施必须付出代价。提议适用或延长某项保障措施的成员应努力维持可能受保障措施影响的各出口国成员之间与现存水平实质相等的减让和其他义务的水平。有关成员应就保障措施在其贸易上产生的不利结果商议贸易补偿的有效方式。如果磋商在30天内未达成协议，受影响的各出口成员可在保障措施实施后的90天内和货物贸易理事会收到中止的书面通知之日起30天期满时，对实施保障措施成员的贸易中止实施《关税与贸易总协定》（1994年）项下实质相等的减让和其他义务。

6) 关税同盟。

关税同盟可以作为一个单独方或代表同盟的某个成员实施保障措施。当关税同盟作为一个单独方实施保障措施时，严重损害或严重损害威胁的确定应以整个同盟现时的情况为基础。当关税同盟代表某个成员实施时，严重损害或严重损害威胁的确定应以该成员现时的情况为基础，保障措施也仅以该成员为限。

解析：对于第1问，可以从国际法与国内法关系的理论与实践两方面解答。对于国际法与国内法关系的理论，主要有一元论、二元论和协调论三种学说。对于国际法与国内法关系的实践，可以从国际法在国内法的适用和国内法对国际法的影响两方面解答。对于第2问，可结合世界贸易组织《保障措施协定》和《关税与贸易总协定》（1994年）中有关保障措施的具体规定作答。

三、论述题

(1) 国际法与国内法关系的理论学说。

1) 一元论。

一元论认为国际法与国内法是同一个法律体系，具有一系列共性或统一性，国际法无须转化就可以在国内法院直接适用。但一元论又分为国内法优先说和国际法优先说两种观点。

国内法优先说的代表人物是耶利内克、佐恩、伯格霍姆等实证法学派的德国公法学者，他们认为在国际法与国内法构成的法律体系中，国内法效力优先，国际法的效力来自国内法。国内法优先说实际上否定了国际法的地位和价值，这一学说在第一次世界大战之后就沉寂下去了。

国际法优先说的主要倡导者是社会连带主义法学派的代表人物，如法国学者狄骥、波利蒂斯和规范法学派的代表人物美籍奥地利学者凯尔森、英国学者劳特派特、奥地利学者菲德罗斯、美国学者杰赛普等。他们认为在国际法与国内法构成的法律体系中，国际法的效力优先，国内法的效力来自国际法。相对于国内法优先说而言，国际法优先说是有利于国际和平与发展的学说，它能够解释一个符合国内法而违背国际法的行为为何应当承担国际责任。但是，强调国际法的优先地位不能否定或取消国家主权。

2) 二元论。

二元论的提倡者有德国的特里佩尔、意大利的安吉洛蒂、英国的奥本海等人。他们认为国际法与国内法有本质的不同，是两个不同的法律体系。国际法不能成为国内法的一部分，国内法也不能成为国际法的一部分。

二元论注重对国际法与国内法差异的探究，并在二者差异的基础上提出国际法与国内法属于不同的法律体系，这是符合法律实际的，但传统的二元论者基本忽视了国际法与国内法之间的联系。

3）协调论。

协调论的代表人物是周鲠生、王铁崖、程晓霞等中国学者。他们认为国际法与国内法是两个不同的法律体系，但由于国内法的制定者和国际法的制定者都是国家，这两个体系有着密切的联系，彼此不是相对立而是紧密联系、互相渗透和互相补充的。

（2）国际法在国内的适用。

1）国际法在国内适用的方式。

对于习惯国际法，大多数国家的占主导地位的理论和实践都承认习惯国际法是其法律体系的一部分，无须经特定的纳入程序即可在国内发生法律效力，可以在国内法院作为裁判依据。国际条约在国内的适用主要有转化和并入两种方式。

2）国际法与国内法冲突的解决。

当习惯国际法与国内法冲突时，在无法将国内法与习惯国际法作一致解释的情况下，各国采取的立场有以下两种，即习惯国际法优先于国内立法和国内立法优先于习惯国际法。

当国际条约与国内法冲突时，主要有三种解决类型：第一种类型是国际条约与宪法具有同等效力。荷兰、秘鲁等国实行国际条约与宪法具有同等效力的制度。第二种类型是国际条约的效力低于宪法高于国内立法。俄罗斯、法国等国实行国际条约的效力低于宪法但高于国内立法的制度。在采取条约效力低于宪法高于国内立法的制度的国家，如果宪法符合国际法，实际上并不影响国际义务的履行。第三种类型是国际条约与国内立法具有同等效力。美国、韩国等国家，把条约与国内法置于具有同等效力的地位，用后法优于前法的原则处理条约与其国内法的冲突。

解析：国际法与国内法关系可从理论与实践两方面展开论述。国际法与国内法关系的理论学说主要有一元论、二元论和协调论。关于国际法与国内法关系的实践可从国际法在国内的适用、国际法与国内法冲突的解决两个方面具体论述。

第四章 国际法基本原则

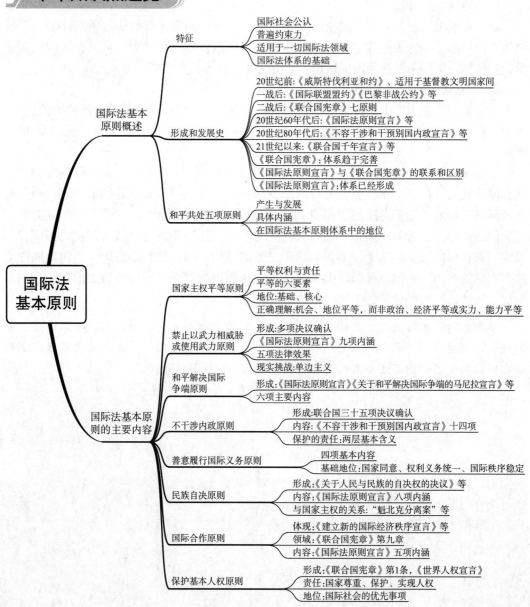

国际法
基本原则

国际法基本原则概述
- 特征
  - 国际社会公认
  - 普遍约束力
  - 适用于一切国际法领域
  - 国际法体系的基础
- 形成和发展史
  - 20世纪前:《威斯特伐利亚和约》、适用于基督教文明国家间
  - 一战后:《国际联盟盟约》《巴黎非战公约》等
  - 二战后:《联合国宪章》七原则
  - 20世纪60年代后:《国际法原则宣言》等
  - 20世纪80年代后:《不容干涉和干预别国内政宣言》等
  - 21世纪以来:《联合国千年宣言》等
  - 《联合国宪章》:体系趋于完善
  - 《国际法原则宣言》与《联合国宪章》的联系和区别
  - 《国际法原则宣言》:体系已经形成
- 和平共处五项原则
  - 产生与发展
  - 具体内涵
  - 在国际法基本原则体系中的地位

国际法基本原则的主要内容
- 国家主权平等原则
  - 平等权利与责任
  - 平等的六要素
  - 地位:基础、核心
  - 正确理解:机会、地位平等,而非政治、经济平等或实力、能力平等
- 禁止以武力相威胁或使用武力原则
  - 形成:多项决议确认
  - 《国际法原则宣言》九项内涵
  - 五项法律效果
  - 现实挑战:单边主义
- 和平解决国际争端原则
  - 形成:《国际法原则宣言》《关于和平解决国际争端的马尼拉宣言》等
  - 六项主要内容
- 不干涉内政原则
  - 形成:联合国三十五项决议确认
  - 内容:《不容干涉和干预别国内政宣言》十四项
  - 保护的责任:两层基本含义
- 善意履行国际义务原则
  - 四项基本内容
  - 基础地位:国家同意、权利义务统一、国际秩序稳定
- 民族自决原则
  - 形成:《关于人民与民族的自决权的决议》等
  - 内容:《国际法原则宣言》八项内涵
  - 与国家主权的关系:"魁北克分离案"等
- 国际合作原则
  - 体现:《建立新的国际经济秩序宣言》等
  - 领域:《联合国宪章》第九章
  - 内容:《国际法原则宣言》五项内涵
- 保护基本人权原则
  - 形成:《联合国宪章》第1条,《世界人权宣言》
  - 责任:国家尊重、保护、实现人权
  - 地位:国际社会的优先事项

第一节　国际法基本原则概述

一、正确理解国际法基本原则的特征

（一）基本概念

国际法基本原则是指那些被各国公认或接受、具有普遍约束力、适用于国际法各个领域并构成国际法基础的法律原则。

国际法基本原则具备以下四项特征，分别是国际社会公认、具有普遍约束力、适用于一切国际法领域、构成国际法体系的基础。

（二）疑难点解析

对于国际法基本原则的四项特征，要准确理解和把握以下内容。

首先，国际法基本原则得到了国际社会的公认，意味着该原则能够适用于国际社会的多数主体，而非仅仅适用于某一特定的区域或群体。而《国际法原则宣言》列举的七项原则以及保护基本人权原则，的确可以在条约法、习惯法等国际法的渊源中找寻到各国及国际组织认可的例证。相反，仅适用于特定群体、特定领域的原则，则很难称之为通常意义上的"基本原则"。例如，巴基斯坦学者马莱基安·帕伦普（Farhad Malekian）概括出"伊斯兰国际法"的九项基本原则，分别是"平等""和平""互惠""自卫""适当""有约必守""正义""外交豁免""团结穆斯林"，并且认为其中的部分原则虽与通常意义上的国际法基本原则表述相同，却具备不同的含义，因而这些原则仅适用于穆斯林群体，其并非适用于整个国际社会的"国际法基本原则"。

其次，国际法基本原则具有普遍的约束力，意味着所有的国际法主体都应当遵循这些原则。但是，应当注意，法律原则与法律规则是相对应的概念，两者发挥作用的方式有所不同，规则在适用时呈现为"全有或全无"的形态，而原则的适用则体现出一定的灵活性，且一项法律原则在适用时，往往需要结合其他的法律原则加以补正。例如，"每一选民在一次选举中只有一个投票权"与"每一选民在一次选举中有多个投票权"相互矛盾，必然有一项规则无效，而"人们可以根据自己的意愿以遗赠的方式自由地处分自己的财产"是一项法律原则，但适用该原则时，可能需要通过其他的法律原则加以补正，如父母应保护未成年子女的合法利益等。具体到国际法当中亦是如此。例如，民族自决原则是国际法的基本原则，所有国际法的主体都必须遵循民族自决原则，但在适用"民族自决原则"时，同样必须顾及对国家领土主权的尊重，即"任何旨在部分地或全面地分裂一个国家的团结和破坏其领土完整的企图都是与联合国宪章的目的和原则相违背的"。

再次，国际法基本原则适用于一切国际法领域，意味着国际法基本原则对国际法各分支的具体原则和规则起指导作用。例如，"和平解决争端原则"在国家领土法、海洋法、条约法等具体的分支都有所体现。《南极条约》第11条明确规定，"如果两个或两个

以上的缔约国之间产生任何关于本条约的解释或应用的争端,这些缔约国应彼此进行协商,以便通过谈判、调查、调停、调解、仲裁、司法解决或它们自己选择的其他和平方法来解决其争端。"《维也纳条约法公约》在序言中写道:"确认凡关于条约之争端与其他国际争端同,皆应以和平方法且依正义及国际法之原则解决之"。《联合国海洋法公约》第 279 条也明确规定了各缔约国"用和平方法解决争端的义务"。再如,"国际合作原则"也适用于海洋法、国际环境法等领域。《联合国海洋法公约》序言的开头便写道:"本着以互相谅解和合作的精神解决与海洋法有关的一切问题的愿望"。《关于消耗臭氧层物质的蒙特利尔议定书》的序言也明确指出:"考虑到必须在控制和削减消耗臭氧层的物质排放的[科学和技术的研究和发展]替代技术的研究、开发和转让方面促进国际合作"。可见,关于国际法基本原则对国际法各分支的具体原则和规则的指导与引领,有充足的例证作为支撑。

最后,国际法基本原则构成国际法体系的基础,意味着国际法基本原则在整个国际法体系当中处于十分重要的地位,且各项具体的国际法原则、规则都不能违背这些基本原则。正如现代刑法中各项罪名的定罪、量刑设计都不能违背"罪刑法定原则""罪刑相适应原则"一样,各项具体的国际法规则也都不能违背《国际法原则宣言》中的七项原则和"保护基本人权原则"。当然,对于"基础"或"重要"的判断,本身也蕴含着学者的主观判断。乔治·施瓦曾伯格(Georg Schwarzenberger)教授 1955 年在《国际法基本原则》一书中提出了"国际法基本原则"的三项特征:它们必须对国际法具有特别的意义;它们必须耸立于其他覆盖广泛的国际法规则之中,即"鹤立鸡群";它们必须是任何已知的国际法制度必不可少的,或者如果它们被忽略不顾,就有看不见现代国际法的实质特征的危险。他还将主权、承认、同意、诚信、自卫、国际责任和海洋自由认定为国际法的基本原则。显然,海洋自由原则与《国际法原则宣言》所列举的各项原则存在较为明显的差异,而《国际法原则宣言》本身同样是联合国法律专家主观筛选的结果。因此,相关教材中列举的八项国际法基本原则,是国际法学家智慧的结晶,虽带有一定的主观性,但总体上仍然契合国际法基本原则的四项特征,具有十分重要的时代价值。

二、知晓国际法基本原则的发展历程

(一)基本概念

1648 年《威斯特伐利亚和约》的通过,开创了主权独立与平等原则主导的新国际关系时代;第一次世界大战之后,《国际联盟盟约》和《巴黎非战公约》等国际法律文件通过,初步确立了互不侵犯原则、和平解决国际争端原则;第二次世界大战之后,《联合国宪章》在第 2 条确立了七项原则,标志着国际法基本原则的发展进入了较为系统的新时代;1970 年《国际法原则宣言》的通过,标志着现代国际法基本原则体系初步形成。20世纪 80 年代后,联合国大会又通过了一系列阐释国际法基本原则的重要决议,进一步重申了现代国际法基本原则的效力和重要性。

(二)疑难点解析

联合国为推动国际法基本原则体系的发展作出了巨大的贡献。之所以认为《联合国宪章》在第 2 条确立的七项原则标志着"较为系统的新时代"的到来、《国际法原则宣言》标志着现代国际法基本原则体系的初步形成,不仅是因为联合国的各国代表、法律专家对历史上曾经存在的基本原则进行了重新梳理与创新发展，更是因为这些原则的提出代表着人类对过往灾难的反思以及对美好愿景的向往，所以了解联合国创新和发展国际法基本原则的历史，有助于理解国际法基本原则的重要意义。

在《国际法原则宣言》通过之前，联合国所做的工作包括但不限于：

1945 年 11 月 15 日，联合国刚刚成立不久，美国、加拿大、英国的政府首脑便共同发表了一项联合声明，对法治的重要性予以高度肯定。声明指出，"面对将科学技术用于破坏世界的糟糕现实，各国必须认识到，为了清除战争的痛苦根源，各国共同维持法治已成为一项更为紧急和迫切的需要。唯有给予联合国充分的支持、加强和巩固联合国的权威性、创造相互信任的条件，各国人民才会自由地演奏和平的乐章。毫无保留地达成这一目标，是我们三国的坚定决心之所在"。

1949 年，国际法委员会成立后确立了 25 项"法律编纂"主题，其中就包括"国家的基本权利与义务"，显现出"国际法基本原则"的雏形。

1957 年，联合国大会通过的第 1236 号决议（题为"国家间和平及友好关系"）提到了"促进国家间和平与友好关系""尊重国家间的平等主权""不干涉他国内政""和平解决国际争端"等重要目标。

1961 年，联合国大会通过的第 1686 号决议（题为"国际法编纂和逐步发展的未来工作"）明确决定，在第 17 届联大设置"关于各国依联合国宪章建立友好关系及合作之国际法原则"议题。

1962 年，联合国大会通过的第 1815 号决议（题为"审议关于各国依联合国宪章建立友好关系及合作之国际法原则"）中，明确列出了《国际法原则宣言》最终采纳的七项原则。

在 1963 年至 1970 年的联大会议中，经常就该议题进行审议，并且联大专门委派了"关于各国依联合国宪章建立友好关系及合作之国际法原则"的特别报告员，几位报告员分别在 1966 年（A/6230）、1969 年（A/7619）、1970 年（A/8018）递交了三份报告书，为明确各项国际法基本原则的内涵、推动《国际法原则宣言》的顺利通过奠定了坚实的法理基础。

三、熟悉和平共处五项原则新的时代内涵

（一）基本概念

和平共处五项原则是，互相尊重主权和领土完整、互不侵犯、互不干涉内政、平等互利、和平共处。

（二）和平共处五项原则的历史传承与新时代内涵

1. 和平共处五项原则的历史传承

自周恩来总理首次提出和平共处五项原则之后，我国领导人在外事活动中多次强调和平共处五项原则的重要地位，并不断赋予其新的内涵。1954 年，毛泽东主席同来访的印度总理尼赫鲁会谈时，多次提到了"五项原则"①。1974 年，邓小平同志在参加联合国大会时，强调国与国之间的政治、经济关系应当建立在和平共处五项原则的基础上。

---

① 孙泽学. 关于"和平共处五项原则"的几个问题. 华中师范大学学报（人文社会科学版），2021（1）：122.

1988 年，邓小平同志审时度势，首次提出以和平共处五项原则为基础构建国际经济新秩序。江泽民主席和胡锦涛主席分别于 1995 年和 2005 年参加联合国成立 50 周年特别纪念会议与联合国成立 60 周年首脑会议时指出，只有遵循和平共处五项原则，严格遵行宪章的宗旨和原则，世界各国才能真正和睦相处。① 六十多年来，和平共处五项原则得到了国际社会的广泛认可，为建立公正合理的国际秩序作出了贡献。②

2. 和平共处五项原则新的时代内涵

在和平共处五项原则发表 60 周年纪念大会上，我国国家主席习近平发表了题为《弘扬和平共处五项原则 建设合作共赢美好世界》的主旨讲话，赋予了和平共处五项原则在新时期新的内涵及意义。

第一，在新的形势下坚持和平共处五项原则，就是要坚定不移走和平发展道路。在和平、发展、合作、共赢的时代潮流下，和平发展扩大了"和平共处"的外延。崛起的中国继续坚持和平共处五项原则，这不仅为维护世界和平提供了保障，也意味着中国永远不称霸，永远不搞扩张，坚定不移走和平发展道路。中国坚持自己的和平发展，也支持世界各国共同和平发展。习近平强调，中国沿着和平发展道路走下去，这对中国有利，对亚洲有利，对世界也有利。

第二，中国坚持在和平共处五项原则基础上发展同世界各国的友好合作。和平共处五项原则最早是处理中国同广大民族独立国家之间关系的一项原则，后来逐渐发展成为处理与所有国家关系的一项原则。近年来，中国坚持和平共处五项原则，与所有国家开展友好合作，并在实践中不断精细化，这在中国的外交战略布局中体现得尤为明显。中国坚持把发展中国家作为对外政策的基础，坚持正确义利观，永远做发展中国家的可靠朋友和真诚伙伴。中国重视各大国的地位和作用，致力于同各大国发展全方位合作关系。在相互依存不断深化的世界中，习近平强调，大家一起来维护世界和平、促进共同发展。

第三，合作共赢是新时期和平共处五项原则的实践途径，中国将坚定不移奉行互利共赢的开放战略。和平、发展、合作、共赢是当代中国外交的旗帜。共赢具有鲜明的时代特征。"共赢"就是要摒弃零和思维、"赢者通吃"的理念。随着世界多极化、经济全球化、文化多元化、社会信息化持续推进，全球合作向多层次全方位拓展。各国相互依存日益加深，全球性问题更加突出，任何国家都无力单独应对各种风险挑战，唯有寻求共赢，才能从根本上维护好、实现好各自的利益，也才能确保世界的和平与发展。中国正在推动落实丝绸之路经济带、21 世纪海上丝绸之路、孟中印缅经济走廊、中国-东盟命运共同体等重大合作倡议，这些就是中国奉行合作共赢战略的充分体现。中国将以此为契机全面推进新一轮对外开放，也将为世界发展带来新的机遇和空间。③

---

① 黄惠康. 从和平共处五项原则到构建人类命运共同体为全球治理变革和国际法治贡献中国智慧——纪念新中国恢复联合国合法席位 50 周年. 国际法学刊，2021（3）：4.
② 何志鹏. 中国共产党的国际法治贡献. 法商研究，2021（3）：14.
③ 高飞. 习近平讲话赋予和平共处五项原则新的内涵，http://politics.people.com.cn/n/2014/0630/c1001-2521 9684.html.

第二节　国际法基本原则的主要内容

一、掌握国际法基本原则的要义

（一）基本概念

国际法基本原则包括国家主权平等、禁止以武力相威胁或使用武力、和平解决国际争端、不干涉内政、善意履行国际义务、民族自决、国际合作和保护基本人权等八项原则。

（二）疑难点解析

在联合国讨论《国际法原则宣言》的文本时，正值广大亚非拉国家争取民族独立和解放、谋求建立国际经济新秩序，联合国其他的国际立法进程亦在如火如荼地进行，这些历史事件对各项国际法基本原则内涵的确立都会产生一定的影响，因而了解《国际法原则宣言》的立法过程以及各国代表的观点，对于准确掌握国际法基本原则的要义能够有所帮助。

1. 国家主权平等原则

国家主权平等既包括法律主体资格的平等，如法律地位平等、尊重其他国家之人格，也涉及具体的权利与义务，如国家之领土完整及政治独立不得侵犯、各国有权自由选择政治、社会、经济及文化制度、应当诚意履行国际义务等。

在《国际法原则宣言》立法过程中，对于"国家主权"是否意味着更为细致的国际权利义务，各国曾发生过一定的争论。例如，对于联合国各会员国是否应平等分担责任、《国际法原则宣言》是否应明文写入"各国的主权应服从于国际法"，便存在较大的分歧。1962年，联合国大会通过了《关于自然资源永久主权的宣言》，因而有国家提出，《国际法原则宣言》应反映相应的立法精神，即"各国有权自由支配本国的自然资源。在行使该权利时，应适当顾及可适用的国际法规则及有效的协议"。囿于种种原因，各国未能达成充分的妥协，因而这些提案最终未能被纳入《国际法原则宣言》之中。

2. 禁止以武力相威胁或使用武力原则

该原则对国家施加了 9 项禁止性义务，包括避免从事侵略战争宣传、避免涉及使用武力报复行为等，但同时规定了两种允许使用武力的例外情形，即自卫与联合国安理会采取或授权的行动。该原则的立法措辞十分考究，其第 3 项具体内容"每一国皆有义务避免使用威胁或武力以侵犯他国现有之国际疆界"中使用了"国际疆界"一词，没有使用"国界线"，正是充分考虑到当时的联邦德国与民主德国对峙、越南民主共和国与越南共和国对峙等特殊的情形。

但是，对于该原则中很多内容的解释，仍然存在不小的争议。例如，"侵犯他国现有之国际疆界"当中的"侵犯"（Violate）一词，不仅表明一国采取了客观的行动，同时意味着法律意义上的"有责性"，即国家有可能需要承担相应的国家责任，但对于这种"有责性"如何具体判定，却缺乏必要的阐释。再如，关于"武力"（Force）一词的内涵，各国也曾有所争执。一种观点认为，不能随意对"武力"进行扩大解释，因为基于《联合国宪章》第 2 条第 4 款之规定，若一国对另一国非法使用武力，则受害国有权参照

《联合国宪章》第 51 条进行"武力自卫",若对"武力"一词进行扩大解释,进而允许一国采取武装措施对抗另一国的政治和经济入侵,显然背离了《联合国宪章》的目标;另外一种观点认为,扩大解释亦是一种法律解释方法,完全依照《联合国宪章》谈判的准备资料对"武力"一词进行限制解释是不正确的。对于这些争议,《国际法原则宣言》没有进行正面回应,只是提到了解释的方法,即"不得对宪章内关于合法使用武力情形所设规定之范围扩大或缩小"。

3. 和平解决国际争端原则

根据该原则的要求,各国必须且只能以和平方法尽早地、迅速地及公平地解决争端,不得危及国际和平、安全及正义,不得采取可能使情况恶化的任何行动,不得违反公平和正义原则。具体的和平解决国际争端的方法包括谈判、协商、斡旋、调停、和解、国际调查、仲裁、国际司法裁判等。

对于各国是否有义务将国际争端递交国际司法裁判,曾有法律专家提出:将各国的法律争端递交国际法院审理,应确立为一项一般规则;多边条约应包含将条约解释或适用的争端递交国际法院审理的条款;各国均应接受国际法院的一般强制管辖。不过,由于各国对主权让渡边界的态度有所不同,这些提案最终也未获通过。

4. 不干涉内政原则

该原则涉及 14 项具体的义务,包括不以任何方式破坏其他国家的政治、社会或经济秩序,避免从事任何旨在干涉或干预国内政的诽谤运动、诬陷或敌意宣传等。

在《国际法原则宣言》的立法过程中,围绕"不干涉"的内涵,各国也曾有过激烈的争论。一部分国家认为,应对"不干涉"作狭义解释,只有《联合国宪章》第 2 条第 7 款是与"不干涉"相关联的条款,唯有该条款能够定义"干涉"的内涵,因而只有当一国使用武力或以武力相威胁介入他国国内政时,才构成"干涉"。另一部分国家认为,不能将"不干涉内政"的措施限定为"使用武力或以武力相威胁",对于恐怖主义、煽动国内冲突等"非直接使用武力"的措施,同样属于"干涉内政"的范畴。在 1966 年至 1970 年间,各国就《关于各国内政不容干涉及其独立与主权之保护宣言》的约束力亦进行了长期争论。最终,经过各国的协商,不干涉内政原则被写入到《国际法原则宣言》之中,并将 14 项义务确立为不干涉内政原则的主要内涵。

5. 善意履行国际义务原则

根据该原则,各国应善意履行《联合国宪章》所负之义务、公认国际法原则与规则所负之义务、依照公认国际法原则与规则生效的国际协定所负之义务,且《联合国宪章》所负之义务具有优先性。

在立法过程中,部分国家认为应认真考虑"公认国际法原则与规则生效之国际协定"的范围,特别是"不平等条约"或"无效条约"是否应当继承。最终,各国以《维也纳条约法公约》为蓝本,并参照国际法委员会就"国家继承"问题的研究成果,制定了《国际法原则宣言》的案文。

6. 民族自决原则

该原则共涉及 8 项具体内容,包括能够行使民族自决权的主体、各国依照"民族自决权"应负担的义务、民族自决与尊重国家领土主权之间的关系等,但这些问题在《国际法原则宣言》的立法进程中都曾发生过争论,各方的分歧包括而不限于:除国家之外,民族能否享有自决权？除殖民地的独立之外，民族自决原则能否适用于其他的情势？如果殖民当局不允许殖民地迅速独立，殖民地的人民能否采取武力措施谋求独立，且其他国家能否为殖民地的人民提供各类援助？根据《联合国宪章》第 2 条第 4 款，殖民地谋求独立的武装斗争，能否作为"合法使用武力"的例外情形？鉴于殖民行为与生俱来的违法性，充分行使自决权、实现殖民地的完全独立，是不是唯一的合法措施？在"民族自决问题"上，《关于准许殖民地国家及民族独立的宣言》的约束力如何？

关于这些问题，各国代表在立法的技术层面作了尽可能地妥协。最终，各国代表同意，自决的方式不止限于建立独立的国家，而各国虽然负有"迅速铲除殖民主义"的义务，但宣言并未言明历史上的殖民行为属于"违法"或"合法"。同时，针对"民族自决"当中的第三国援助的问题也未作回应，特别是古巴当时对美洲各国民族独立运动的支持，导致美国将"民族自决"问题同"革命输出"及"非法使用武力"相关联。最终，《国际法原则宣言》采用了相对折中的表述，即"此等民族在采取行动反对并抵抗此种强制行动以求行使其自决权时，有权依照宪章宗旨及原则请求并接受援助"，而没有做进一步的阐述。

7. 国际合作原则

根据该原则，各国应在维持国际和平与安全，促进人权及基本自由的普遍尊重与遵行，依主权平等及不干涉内政原则处理经济、社会、文化、技术及贸易方面的国际关系，促进国际文化及教育等方面进行合作，并且采取行动与联合国进行合作，可见国际合作涉及的范围很广。

在《国际法原则宣言》的起草过程中，部分国家的代表曾要求在文本中加入"非歧视原则"等内容。由于该问题涉及《关税及贸易总协定》中的部分条款、发展中国家的贸易优惠以及国营贸易和市场经济之间的关系，十分复杂，因而最终作罢。

8. 保护基本人权原则

尽管保护基本人权原则并未明文写入《国际法原则宣言》当中，但自 20 世纪初期以来，人权保护日益成为国际社会关切的问题。国联时期就曾试图制定保护少数群体的国际法律框架。《联合国宪章》、《世界人权宣言》、九大核心人权条约及其他一百多项国际性和区域性人权公约、宣言、整套规则与原则等一系列国际文件，更是为人权保护提供了重要的依据。

作为人类生存和共处的基础，人权是所有人与生俱来的权利，人人都平等且不受歧视地享有自己的人权。各项人权均普遍适用、不可分割而相互依存。随着时代的发展，促进和保护人权已成为国际社会的优先事项之一，为争取以公正、均衡的方式保障人权，国际社会应该坚决维护《联合国宪章》和《世界人权宣言》所载的宗旨和原则，而承担国际法下的责任和义务，尊重、保护和实现人权，亦是国家应当承担的义务。

二、探索国际法基本原则的创新与发展

（一）国际法基本原则的内容是否会进一步创新发展

如果将八项国际法基本原则视作国际法基本原则的主要内容，那么，从历史演进的视角来看，1648 年《威斯特伐利亚和约》的通过，开创了主权独立与平等原则主导的新国际关系时代，集中体现了"国家主权平等原则"的作用。当时的欧洲各国并未对其他

七项原则达成充分的共识，直到 1970 年《国际法原则宣言》的通过，才标志着现代国际法基本原则体系初步形成，因而在"初步形成"的基础上，其完全存在丰富和发展的空间。就国际法基本原则的特征而言，只要一项新的原则符合国际社会公认、具有普遍约束力、适用于一切国际法领域、构成国际法体系的基础这四项标准，也可以视作国际法的基本原则。从国际法和国际关系互动的视角出发，国际关系的不断变化将推动国际法的发展，也终将推动新的国际法基本原则的诞生。

因此，国际法基本原则完全存在创新和发展的空间。

（二）"三共"原则的创新与发展

1. "三共"原则的提出与定位

2015 年，中国政府发布了《推动共建丝绸之路经济带和 21 世纪海上丝绸之路的愿景与行动》，该文件强调"一带一路"建设是一项系统工程，必须坚持"共商、共建、共享"（以下简称"三共"原则），由此，"三共"原则正式提出。围绕"三共"原则的定位与作用，学者们提出了不同的见解。部分学者提出，"三共"原则传承和发展了既有的国际法原则，如主权平等原则、可持续发展原则等可以视作"人类命运共同体"理念的国际法基石[1]，同时"三共"原则也是"一带一路"法治建设的遵循[2]，随着"一带一路"建设不断向前推进，越来越多的国家、国际组织打算加入"共商共建共享"之路[3]；另外一些学者则基于国内法治的建设需要，提出"三共"原则对于构建法治保障"共同体"、增进法律服务的协同、优化基层社会治理具有重要作用。[4]

不过，从国际法基本原则传承和发展的视角出发，和平共处五项原则是我国对国际法基本原则发展作出的原创性贡献。随着时代发展，"三共"原则有可能成为新的国际法基本原则。

2. "三共"原则与国际法基本原则的联系

"三共"原则的含义可以简单概括为"大家的事大家商量着办""各国平等参与'一带一路'建设""各方均能从共建成果中获益"。截至 2021 年 6 月 23 日，中国已经同 140 个国家和 32 个国际组织签署 206 份共建"一带一路"合作文件，上述国际合作法律文件均强调要坚持"三共"原则，这表明"三共"原则得到了全世界范围内越来越广泛的认可。总体而言，"三共"原则符合国际法基本原则的四项特征。

首先，"三共"原则得到了国际社会的公认，即全世界多数国家的认可。作为"一带一路"倡议的核心理念，"三共"原则已写入联合国、二十国集团、亚太经合组织以及其他区域组织的有关文件中。例如，2015 年 7 月，《上海合作组织成员国元首乌法宣言》宣布，成员国支持中华人民共和国关于建设丝绸之路经济带的倡议；2016 年 9 月发布的《二十国集团领导人杭州峰会公报》提到，要启动全球基础设施互联互通联盟倡议；2017 年 3 月，联合国安理会一致通过了第 2344 号决议，呼吁国际社会通过"一带一路"倡议加强区域经济合作。联合国是目前成员国最多、影响力最大的国际组织，"三共"原则被

---

① 龚柏华. "三共"原则是构建人类命运共同体的国际法基石. 东方法学，2018（1）：1.

② 杨临宏. 遵循共商共建共享原则 建设法治化的"一带一路". 法治论坛，2019（3）.

③ 张红. 国际舆论热议"一带一路"：这是一条共商共建共享之路. 公关世界，2017（9）.

④ 李光明. 携手共商共建 共享法治保障法律服务. 法治日报，2021 - 09 - 30（6）.

纳入联合国相关决议，表明该原则已逐步获得了国际社会的普遍认可。

其次，"三共"原则具有普遍的约束力。从地域范围来看，共建"一带一路"的国家，已经由最初的亚洲和欧洲国家逐渐延伸至非洲、拉丁美洲、南太平洋等区域的国家。这说明，"三共"原则具有广泛的适用性和普遍的约束力。[①]

再次，"三共"原则能适用于国际法各个领域。"一带一路"倡议涉及的国际合作领域范围很广，促进了交通能源和通讯等基础设施的联通，投资贸易的畅通，资金融通，还有诸如文化交流和学术往来方面的民心相通等。上述事项均为现代国际法的调整对象。因此，从某种意义上讲，"三共"原则能够适用于并且已经适用于国际法的各个领域。

最后，"三共"原则构成了现代国际法的基础。在共建"一带一路"的实践中，坚持开放合作、和谐包容、互利共赢等原则是"三共"原则的细化，这表明"三共"原则能够发挥基础性的指引作用。

当然，"三共"原则的内涵仍然需要进一步深化，约束力也需要进一步增强。"三共"原则虽然取得了国际社会的广泛共识，但是其内涵仍然相对抽象，我国有必要同"一带一路"沿线各国一道，就"三共"原则在各合作领域中的内涵进行探讨，进一步取得共识。同时，"三共"原则同八项国际法基本原则相比，约束力并不弱，但目前写入"三共"原则的合作文件多属于软法，难以为"三共"原则的普遍强制适用提供更充分的依据，因而我国也有必要同沿线各国一起，进一步增强"三共"原则的约束力。

》 本章实务案例研习

一、科索沃单方面宣布咨询独立意见案[②]：民族自决原则的国际司法实践

（一）案件简介

科索沃曾是前南斯拉夫联盟塞尔维亚共和国的一个自治省，阿尔巴尼亚族人占全省总人口90％以上。1990年，科索沃被取消自治地位，招致阿尔巴尼亚族人强烈反对。1998年爆发科索沃战争，随后北约空袭南联盟，联合国安理会通过第1244（1999）号决议，将科索沃置于联合国管理下。2007年11月17日，科索沃地区选举产生了科索沃议会，该议会于2008年2月17日宣布科索沃脱离塞尔维亚，宣告独立，引发塞尔维亚强烈反对。

2008年10月8号，联合国大会通过第63/3号决议，要求国际法院就"科索沃临时自治机构单方面宣布独立是否符合国际法"发表咨询意见。2008年10月21日，国际法院发布命令，邀请联合国以及联合国会员国在2009年4月17日之前就该问题提交书面意见，同时邀请科索沃独立宣言的发表人也提交书面意见。至2009年4月17日，共有36国递交书面意见，其中美、英、法、德、日等国已承认科索沃，主张科索沃独立不违反国际法；中、俄、塞尔维亚、西班牙、塞浦路斯等国明确主张科索沃独立违反国际法。

① 杨泽伟. 共商共建共享原则：国际法基本原则的新发展. 阅江学刊，2020（1）：88.
② 中华人民共和国外交部条约与法律司. 中国国际法实践案例选编. 北京：世界知识出版社，2018. 联合国. 国际法院判决、咨询意见和命令摘要：2008—2012.

2009 年 12 月 1 日至 11 日，国际法院完成了此案的口头程序。2010 年 7 月 22 日，国际法院再次开庭，公布了咨询意见。参与本案的 14 名国际法院法官，一致同意法院对此案有管辖权；以 9 票赞成、5 票反对的结果，决定应联大请求发表咨询意见；以 10 票赞成、4 票反对的结果，认定科索沃单方面独立不违反国际法。

（二）各方立场

1. 认为科索沃独立违反国际法

（1）中国：在单方面分离的问题上，起支配地位的国际法原则就是国家主权和领土完整原则；尽管国际法中对单方面分离没有专门的禁止性规定，但不能因此得出国际法在此问题上保持中立的结论。

（2）中国、塞尔维亚、西班牙、塞浦路斯：反对"救济性分离"，反对扩大解释民族自决原则，强调民族自决原则是在非殖民化运动的特殊背景下形成的，有其特定内涵和适用范围。多民族主权国家内部的少数民族和地区，无权根据自决原则从该国单方面分离出去。

（3）俄罗斯：除殖民统治情形外，国际法所允许的一国的部分分离的情形，仅仅是行使自决权，且必须是该民族受到危及其生存的最严重的压迫。但科索沃并未出现这种极端情形，因而无权通过自决而独立。

2. 认为科索沃独立没有违反国际法

（1）英国、法国：领土完整原则只与国家间关系有关，与一国及其内部人民之间的关系无关。

（2）英国：存在"救济性自决权"，即在一些特殊情形下，在殖民统治和外来占领之外发生的分离是被允许的，国际法上不存在禁止上述活动的一般性规则。

（3）科索沃：自决权的适用范围不仅限于非殖民化的情形，也可适用于其他情形，尤其是在一国无法保障其公民享有平等的权利，甚至大规模侵犯人权时。

（三）国际法院咨询意见

1. 肯定了"尊重国家主权和领土完整原则"的地位

国际法院在咨询意见中提出，领土完整原则是"国际法律秩序的重要组成部分，被载入《联合国宪章》，尤其是第 2 条第 4 款，其中规定'各会员国在其国际关系上不得使用威胁或武力，或以与联合国宗旨不符之任何其他方法，侵害任何会员国或国家之领土完整或政治独立。'"同时，国际法院援引了《国际法原则宣言》中"国家在国际关系上不得使用威胁或武力，侵害任何国家的领土完整或者政治独立的原则"的表述及在 1975 年 8 月 1 日的《欧洲安全与合作会议赫尔辛基最后文件》中"与会国将相互尊重领土完整"的规定，显示出"尊重国家主权和领土完整原则"的重要性，但法院同时强调，"领土主权原则的范围以国家之间的关系为限"。

2. 梳理了"宣布独立事件"的历史与现状

国际法院认为，在 18 世纪、19 世纪和 20 世纪初期，曾经发生众多宣布独立的事例，而这些事例往往遭到宣布独立者所属国家的激烈反对。有时一份独立宣言会产生创建新的国家的结果，另外一些时候则不会产生这样的结果。但是，不论在何种情况下，作为整体的国家的实践显示，宣布独立的行为被视为违反国际法。

而在现阶段，国际法院却认为，当下的国家实践清楚地指向这样的结论，即国际法并不禁止独立宣言。在 20 世纪下半叶，关于自决权的国际法的发展，为非自治领土的人民和遭受外国征服、统治和剥削的人民创造出一种独立权。许多新国家因行使这项权利而诞生。但是，还存在在此背景以外的宣布独立的事例。国家在这些事例中的实践并不指向国际法中出现了新规则，即仍然禁止在此情况下宣布独立。

同时，国际法院考察了联合国安理会谴责"宣布独立事件"的历史，认为安理会对所有的"宣布独立事件"都是具体案情具体分析，并不是基于"独立宣言"合法或违法而做一般性判断。具体到本案，法院认为，独立宣言被认定为非法，其原因并非它们属于单方面宣布独立的性质，而是基于这样的事实，即它们与非法使用武力或者其他令人震惊地违反一般国际法存在联系或者将会存在这样的联系，尤其是具有蛮横性质的违反国际法的行为（强行法）。

3. 得出"科索沃独立"不违反国际法的结论

基于对"尊重国家主权和领土完整原则""宣布独立事件"的性质以及联大 1244（1999）号决议的分析，国际法院认为科索沃宣告独立并不违反国际法。

4. 对"救济性分离"等事由不予说明

对于是否存在"民族自决"之外的"合法独立"的事由，如本案中部分国家阐述的"救济性分离"等，国际法院认为不属于在联大递交问题的范畴，故国际法院只需说明科索沃宣告独立的行为是否违反国际法，无须对这些事由进行辨析。

（四）法律评析

本案的法律争点可以归结为两项，即"尊重国家主权和领土完整原则"能否适用于国家内部的关系，以及在"民族自决"之外，是否存在"救济性自决"等合法的独立事由。围绕这两项争点，各国的意见呈现出较为明显的分歧。从国际法院最后发表的意见来看，"领土主权原则的范围以国家之间的关系为限"，即其对第一项争点作出了较为明确的回应。但对于第二项争点，国际法院采用了回避的态度。同时，在联大递交的问题乃"是否符合国际法"，而国际法院的回答变成了"是否违反国际法"，两项措辞存在重大的区别，因为"符合"意味着有实在的国际法依据，而"不违反"只能说明国际法中没有明确的禁止性规范。由此也可以展现出国际法院谨慎的态度。

本案中，中国反复强调"尊重国家主权和领土完整原则"，阐明了对民族自决的立场，坚决反对国际法上存在所谓的"分离权"，展现出我国积极参与国际法体系建设的态度，这对提升中国在国际法领域的影响力具有重要意义。

二、在尼加拉瓜和针对尼加拉瓜的军事和准军事活动案[①]：禁止以武力相威胁或使用武力原则、不干涉内政原则的国际司法实践

（一）案件简介

1979 年，由奥尔特加领导的左翼桑地诺政府，掌握了尼加拉瓜的政权，并与苏联结盟。1980 年，里根成为第 40 任美国总统，开始全面推行"里根主义"，即全方位支持国外社会主义、共产主义主权国家内的反抗者。美国中情局认为，尼加拉瓜正在支持洪都

---

① 联合国. 国际法院判决、咨询意见和命令摘要：1948—1991. Tai-Heng Cheng, When International Law Works: Realistic Idealism After 9/11 and the Global Recession, Oxford University Press, 2017: Chapter 4, Judges.

拉斯和萨尔瓦多国内的左翼分子运动，损害这些国家的政府。1981年，里根政府终止了对尼加拉瓜政府的所有经济援助。随后，美国中情局开始支持尼加拉瓜国内的反政府人员，对这些人员进行准军事训练，并向他们提供武器。美国也在尼加拉瓜的港口布了水雷。在美国的援助下，尼加拉瓜叛军袭击了尼加拉瓜港口，并在石油储备设施中制造火灾。

1984年4月9日，当美国仍在支持尼加拉瓜叛军的行动、谋求颠覆尼加拉瓜的国内政权时，尼加拉瓜将美国起诉至国际法院，声称美国武装尼加拉瓜叛军、直接参与了攻击尼加拉瓜的武装攻击活动，因而美国违反了包括禁止使用武力在内的国际法规则。

（二）法院判决

1. 禁止以武力相威胁或使用武力原则

国际法院认为，美国1984年初在尼加拉瓜港口的布雷以及对尼加拉瓜港口、石油设施和海军基地的攻击行为已经违背了"不使用武力原则"，且美国训练叛军的行为，初步看起来也违背了"禁止使用武力原则"。但是，国际法院并不认为美国在尼加拉瓜边界附近举行军事演习以及向反政府武装部队提供资金是使用武力。

此外，国际法院对于美国潜在的抗辩事由，即"集体自卫"进行了分析。国际法院认为，在习惯国际法中，向另一国国内的反对派提供武器并不构成对该国的武装攻击，且没有充分的证据证明，尼加拉瓜越境攻击了洪都拉斯和哥斯达黎加。而即便能够认定，尼加拉瓜向上述两国境内的反政府武装提供武器，即尼加拉瓜干涉了两国的内部事务，也不能产生采取包括使用武力在内的集体对抗措施的权利，尤其不能证明美国的武力干涉是正当的。

2. 不干涉内政原则

尽管向反政府武装部队提供资金并不能够达到使用武力的情形，但是国际法院同时指出，美国以金融援助、训练、提供武器、情报与后勤支助的方式，对尼加拉瓜叛军的军事和准军事活动提供支持，明显违反了"不干涉内政原则"。

同时，国际法院对于美国潜在的抗辩事由，即"人道主义干涉"也进行了分析。国际法院认为，如果"人道主义援助"的提供要避免被指责为干涉另一国的内部事务，它就必须限于红十字会实践中所尊崇的目的，并首先要一视同仁地提供。因而美国政府对尼加拉瓜叛军提供的"人道主义援助"，仍然构成对尼加拉瓜内政的干涉。

3. 尊重主权和领土完整原则

国际法院认为，美国使用武力干涉的行为，以及美国飞机未经授权飞越尼加拉瓜领空的行为，侵犯了尼加拉瓜的领土主权。

（三）法律分析

本案的法律争点有很多，国际法院是否对本案具有管辖权、萨尔瓦多能否以第三方身份参与本案的诉讼程序，首先就构成了程序问题的法律争点。在国际法院就管辖权问题作出裁决之后，美国撤回了对该案的参与。但是就实体问题而言，国际法院对"禁止以武力相威胁或使用武力原则""不干涉内政原则"的阐释，则比较具体，特别是结合本案中美国的各类行为，对照国际法律规则，对哪些行为构成使用武力、哪些行为不构成使用武力、哪些行为构成了干涉内政以及涉及集体自卫权的边界与"人道主义干涉"的情形进行了说明，具有一定的进步意义。

　　当然，也有一些学者对国际法院的判决提出了质疑，特别是对于向反政府武装提供资金为何不构成使用武力、使用武力和"侵略"的区别，国际法院并没有进行明确的说明。同时，由于尼加拉瓜和美国的国力相差悬殊，且美国是联合国安理会常任理事国，因而尼加拉瓜曾经试图寻求联合国安理会、联合国大会的帮助，以便促使美国执行国际法院的判决，但这些努力最终未能奏效。不过，国际法院能够判决美国违法，并且对"禁止以武力相威胁或使用武力原则""不干涉内政原则"作出具体的分析，在国际法的发展史上仍然具有十分重要的意义。

本章同步练习

一、选择题

（一）单项选择题

　　亚金索地区是位于甲乙两国之间的一条山谷。18 世纪甲国公主出嫁乙国王子时，该山谷由甲国通过条约自愿割让给乙国。乙国将其纳入本国版图一直统治至今。2001 年，乙国发生内乱，反政府武装控制该山谷并宣布脱离乙国建立"亚金索国"。该主张遭到乙国政府的强烈反对，但得到甲国政府的支持和承认。根据国际法的有关规则，下列哪一选项是正确的？（　　）（司考）

A. 国际法中的和平解决国际争端原则要求乙国政府在解决"亚金索国"问题时必须采取非武力的方式

B. 国际法中的民族自决原则为"亚金索国"的建立提供了充分的法律根据

C. 上述 18 世纪对该地区的割让行为在国际法上是有效的，该地区的领土主权目前应属于乙国

D. 甲国的承认，使得"亚金索国"满足了国际法上构成国家的各项要件

（二）多项选择题

1. 甲国是一个君主立宪制的国家，其下列行为中，哪些属于国际法上的国家内政范围，外国不得进行干涉？（　　）（司考）

A. 甲国决定废除君主立宪制，改用共和制作为其基本政治制度

B. 为解决该国存在的种族间的冲突，甲国通过立法决定建立种族隔离区

C. 甲国决定邀请某个外国领导人来访

D. 甲因决定申请参加某个政府间的国际组织

2. 关于国际法基本原则，下列哪些选项是正确的？（　　）（司考）

A. 国际法基本原则具有强行法性质

B. 不得使用威胁或武力原则是指禁止除国家对侵略行为进行的自卫行动以外的一切武力的使用

C. 对于一国国内的民族分离主义活动，民族自决原则没有为其提供任何国际法根据

D. 和平解决国际争端原则是指国家间在发生争端时，各国都必须采取和平方式予以解决

二、名词解释

国际法基本原则（考研）

三、案例分析题

2005 年 3 月 14 日，我国通过了《反分裂国家法》。此后不久，美国国会众议院通过了反对该法的议案。试从国际法基本原则的角度对美国的行为予以分析。（考研）

四、论述题

1. 国际法的基本原则。（考研）
2. 国际法基本原则与强行法的联系与区别。（考研）
3. 简述"和平共处五项原则"。（考研）

参考答案

一、选择题

（一）单项选择题
C

解析：《联合国宪章》第 2 条第 4 款规定：各会员国在其国际关系上不得使用武力威胁或武力，或以与联合国宗旨不符之任何其他方法，侵害任何会员国或国家之领土完整或政治独立。因此，"禁止使用武力原则"适用于国际关系领域。乙国山谷发生的叛乱属于一国内政，乙国政府使用武力平定叛乱属于该国内政，不受制于"禁止使用武力原则"，故 A 项不正确。民族自决原则主要是铲除殖民主义，保障受异族奴役、统治与剥削的民族的权利，乙国山谷并非殖民地，乙国山谷的人民并非受异族奴役、统治与剥削的民族，故 B 项不正确。甲国历史上将山谷赠与乙国的行为，属于非强制性的领土移转或割让，并不违背国际法，故 C 项正确。有关国家承认的学说分为两种，一种是"构成说"，一种是"宣告说"，根据"构成说"，当一个新国家诞生时，对于已经给予承认的那些承认国而言，该新国家是国际法主体，而对于尚未承认该新国家的其他国家而言，则该新国家不是国际法主体。这在国际社会无疑将导致混乱的情况。所以"构成说"存在一定的理论缺陷，D 项不正确。

（二）多项选择题
1. ACD

解析：根据 1981 年《不容干涉和干预别国内政宣言》的相关内容，各国有义务……推翻或改变另一国的政治制度或其政府，所以甲国改变自身政治制度属于内政，不容他国干涉，A 项正确。各国有义务在处理其经济、社会、技术和贸易领域的国际关系上避免采取任何措施以干涉或干预另一国家内政和外交事务，邀请一国领导人访问及申请参加国际组织，属于甲国外交事务，不容干涉，C 项、D 项正确。根据《禁止并惩治种族隔离罪行国际公约》，种族隔离违背国际法，故 B 项不正确。其他的类似做法，如种族灭绝、种族歧视，亦属于违背国际法的行为。

2. ACD

解析：国际法基本原则一经确认，不仅对某些国家或某一类国际法主体具有约束力，而且对所有国家及所有的国际法主体都具有约束力。从这个意义上讲，国际法基本原则不仅具有强行法的特性（关于国际强行法，详见本书第二章第二节），而且具有对世义务或对一切义务的特征。故 A 项正确。"禁止使用武力原则"有两项例外，一是自卫，二是联合国安理会根据《联合国宪章》第 42 条所采取的执行行动，或者根据《联合国宪章》第 53 条授权区域组织采取的执行行动，B 选项没有谈及联合国安理会采取或授权采取的行动，故 B 项不正确。《国际法原则宣言》对民族自决内容的规定第七项规定：以上各项不得解释为授权或鼓励采取任何行动，局部或全部破坏或损害在行为上符合上述各民族享有平等权及自决权原则并因之具有代表领土内不分种族、信仰或肤色之全体人民之政府之自主独立国家之领土完整或政治统一。故 C 项正确。《联合国宪章》第 2 条第 3 款规定：各会员国应以和平方法解决其国际争端。故 D 项正确。

二、名词解释

国际法基本原则是指那些被各国公认或接受、具有普遍约束力、适用于国际法各个领域并构成国际法基础的法律原则，包括国家主权平等、禁止以武力相威胁或使用武力、和平解决国际争端、不干涉内政、善意履行国际义务、民族自决、国际合作和保护基本人权等八项原则。

三、案例分析题

（1）美国的行为属于干涉我国内政的行为，违反了"不干涉内政原则"。

（2）不干涉内政原则，又称禁止干涉原则，是指任何国家或国家集团在国际关系中不得以任何理由或任何方式，直接或间接地干涉其他国家主权范围内的一切内外事务，也指国际组织不得干涉成员国国内管辖的事项。1981 年《不容干涉和干预别国内政宣言》具体地界定了干涉的范围，明确列举不干涉内政原则所包含的 14 项义务，其中就包括：1）各国有义务确保其领土不被以任何方式用来侵犯另一国的主权、领土完整和国家统一，或扰乱其政治、经济和社会稳定；2）各国有义务避免对另一国或国家集团进行武装干涉、颠覆、军事占领或其他任何形式的公开的或隐蔽的干涉或干预；3）各国有义务避免以任何形式或以任何借口采取任何动摇或破坏另一国稳定或其任何制度的行动或企图；4）各国有义务避免以任何借口直接或间接地促进、鼓励或支持其他国家内部的叛乱或脱离主义活动，并避免采取任何谋求破坏其他国家统一或颠覆其政治秩序的行动；5）各国有义务在处理其经济、社会、技术和贸易领域的国际关系上避免采取任何措施以干涉或干预另一国家内政和外交事务。

（3）台湾地区是中国不可分割的一部分，一个中国原则是在中国人民捍卫中国主权和领土完整的正义斗争中形成的，具有不可动摇的事实和法理基础。20 世纪 90 年代，台湾地区当局领导人李登辉逐步背弃一个中国原则，极力推行以制造"两个中国"为核心的分裂政策，严重损害了中国的主权和两岸和平统一的基础。我国颁布并实施《反分裂国家法》,正是打击"台独"分裂势力、捍卫国家主权的有力措施。美国众议院通过反对该法议案的行为,明显具有支持"台独"分裂势力的目的,对我国的国家统一和政治稳定造成了损害,不仅违背了1972年中美建交公报中一个中国原则的相关规定,即"承认中国的立场,即只有一个中国,台湾是中国的一部分",也违背了得到国际社会广泛认可的"不干涉内政原则",违反了国际法。

答案解析:在相关教材列举的八项国际法基本原则中,显然美国的行为与"不干涉内政原则"最为相关。故答题时,首先点明美国的行为违背了该原则,其次阐述"不干涉内政原则"的定义与具体内容,最后结合我国政府对台湾问题的立场及中美双边法律文件中的相关内容,进一步论证美国行为的违法性。

四、论述题

1.(1)国际法的基本原则是指那些被各国公认或接受、具有普遍约束力、适用于国际法各个领域并构成国际法基础的法律原则。

(2)国际法的基本原则具备以下四项特征,分别是国际社会公认、具有普遍约束力、适用于一切国际法领域、构成国际法体系的基础。

(3)国际法的基本原则是国际社会的宪法性原则,体现了国际法律秩序的基本价值,代表了国际交往的基本标准和最重要的法律标准,不仅是国际法体系的法律基础,而且构成了整个国际法大厦的顶梁柱。

(4)依照《联合国宪章》《国际法原则宣言》等重要的国际法律文件,国际法的基本原则主要包括以下八项原则。

一是国家主权平等原则,即各国不问经济、社会、政治或其他性质有何不同,一律享有平等主权,均有平等权利与责任,并为国际社会之平等会员国。

二是禁止以武力相威胁或使用武力原则,即各会员国在其国际关系上不得使用武力威胁或武力,或以与联合国宗旨不符之任何其他方法,侵害任何会员国或国家之领土完整或政治独立。

三是和平解决国际争端原则,即一项国际争端的解决过程和结果必须是和平的,和平方式是解决国家间争端的唯一手段,当事方应平等自由地选择一种或多种和平方法解决争端,以求得争端的迅速、公平解决。

四是不干涉内政原则,即任何国家或国家集团在国际关系中不得以任何理由或任何方式,直接或间接地干涉其他国家主权范围内的一切内外事务,也指国际组织不得干涉成员国国内管辖的事项。

五是善意履行国际义务原则,即各国均有责任一秉善意履行其依《联合国宪章》所负之义务、其依公认国际法原则与规则所负之义务、其根据公认国际法原则与规则生效之国际协定所负之义务,当依其他国际协定所负之义务与《联合国宪章》所负之义务发生抵触时,《联合国宪章》义务优先。

六是民族自决原则,即每一国均有义务依照《联合国宪章》的规定,以共同及个别行动,促进各民族享有平等权利及自决权原则之实现,并协助联合国履行《联合国宪章》所赋关于实施此项原则之责任。

七是国际合作原则，即各国均有义务在国际关系的各个方面彼此合作，也指各国和国际组织之间以及各国际组织之间需相互合作，以解决国际间属于经济、社会、文化及人类福利性质之国际问题，共同维护国际和平与安全。

八是保护基本人权原则，即各国应依照《联合国宪章》、九大核心人权条约及其他一百多项国际性和区域性人权公约、宣言、整套规则和原则，履行其促进普遍尊重、遵守和保护所有人的一切人权和基本自由的义务。

答案解析：可以从国际法基本原则的概念、特征、作用、主要内容四个方面进行回答，注意不要遗漏第八项保护基本人权原则。在各院校的研究生入学考试试题中，善意履行国际义务原则、民族自决原则、国家主权平等原则都曾作为简答题或论述题单独出现，因而对于八项国际法基本原则的具体内容，应当熟练掌握。

2.（1）国际法基本原则具有强行法的特征，但两者的适用范围有所区别，部分具体内容有可能重叠，但并非一一对应的关系。

（2）国际法基本原则是指那些被各国公认或接受、具有普遍约束力、适用于国际法各个领域并构成国际法基础的法律原则；国际强行法是指国际法中普遍适用于所有国际法主体，国际法主体之间必须绝对服从和执行、不能以约定的方式予以损抑的法律规范。

（3）两者的联系具体体现为以下几个方面：

一是法律目标相近，作为国际法的特殊原则和规范，国际强行法存在的目标是保护国际社会普遍认可的利益与价值；而国际法基本原则是国际社会的宪法性原则，体现了国际法律秩序的基本价值，可见两者都是国际公共秩序的组成部分。

二是法律效力相似，强行法和国际法基本原则都得到了国际社会的普遍接受，并公认为不得损抑，具有很强的法律约束力，优于其他的国际法原则和规则，从这个意义上讲，国际法基本原则具有强行法的特性。

三是法律效果相似，违反国际法基本原则会产生与违反国际强行法相似的法律后果，如导致有关条约或国际行为无效，甚至使相关行为构成国际犯罪。

（4）两者的区别主要体现为以下几个方面：

一是适用领域不同。国际法基本原则能够适用于一切国际法领域，而强行法虽适用于国际社会的一切成员，但并非所有的强行法规则都适用于一切国际法领域。例如，对海盗行为的普遍管辖和全球惩治，是实施强行法规则的效果，但海盗行为显然不属于"一切国际法领域"的范畴。

二是具体内容不同，国际法基本原则和强行法的内容有所重合，国家主权平等、不干涉内政、禁止使用武力或武力威胁、和平解决国际争端、民族自决、善意履行国际义务等国际法基本原则都是强行法，但是仍有很多强行法规则并非国际法基本原则。相较而言，国际强行法的内容较国际法基本原则更为广泛，数量也更多。

三是阐明方式不同，在实践中，强行法主要通过国际司法机构的判例在具体案件中予以辨识和确认，国际法基本原则主要由联合国通过的条约、决议、宣言加以阐明。

答案解析：可以先总体回答两者的关系，再分别列举国际法基本原则和强行法的概念，然后分别阐述两者的联系（法律目标、法律效力、法律效果）和两者的区别（适用领域、具体内容、阐明方式）。

关于强行法和国际法基本原则的具体关系，在学界存在一定的争议。如果进行理论溯源，强行法源于自然法理论，法律原则的形成则带有一定的实证色彩，但对于两者在历史上如何交汇又如何分辨，很难给出明确的结论、划定清晰的界限，也正因为如此，在《国际法原则宣言》通过时，对于宣言本身的效力，各国代表仍然存在不同的意见。伊拉克的代表亚辛·曼苏尔（Mr. Yasseen）认为，《国际法原则宣言》的文本就是对强行法的阐述。而匈牙利的代表乔托尔道伊（Csatorday）认为，《国际法原则宣言》并非条约或强行法，而是"一般法律原则"。美国代表亦不认可过度强化国际法基本原则法律约束力的理念，认为《国际法原则宣言》的文本的确体现了联合国各成员国对最重要的正义价值的共识，但针对宣言本身，各国仍存在各种分歧，因而将《国际法原则宣言》作为国际法的宣告形式，将面临效力不足的风险。因此，虽然《国际法原则宣言》的通过表明现代国际法基本原则体系已经形成，但背后的理论争议并未完全消除。

与之相似，实践中强行法的辨别和确认，也存在一定的争议。有学者曾对国际法院辨别和确认强行法的思路进行考察，认为15件诉讼和咨询意见案件涉及"强行法"内容，辨别和确认强行法的思路是，先认定相关规则为习惯国际法，在此基础上再把该规则"提升"到国际社会全体接受和承认为不容克减的规则（强行法）的地位，同时通过援引国际法院先前的案例、援引国际法委员会的工作成果加以佐证。然而，习惯国际法具体的认定方式仍存有模糊之处，从习惯国际法"提升"到强行法的过程，更是存在很大的自由裁量空间，因而强行法内涵的边界，仍未被划定。[①]

此外，对于国际法基本原则和强行法的理论关系，亦有学者提出了不同意见，如"国家主权平等是国际法的一项基本原则，本身却不是强行法""强行法的内容更多来自国际法委员会和学者的枚举，而国际法的基本原则则被很多国际法律文件所议定，大体内容比较确定"，这些更加表明这两组概念在理论层面存在不少争议。不过，从应试的角度来看，还是参照有关教材的表述作答为宜。

3. （1）"和平共处五项原则"是中国和印度、中国和缅甸在20世纪50年代首先共同倡导的适用于双边关系中的法则，而后发展为一个开放包容的国际法原则体系，获得国际社会的广泛认同和遵循，成为指导国与国关系的基本准则和国际法基本原则。

（2）和平共处五项原则，主要包含以下内容。

一是互相尊重主权和领土完整，即各国应尊重他国的领土主权，各国在独立、平等的基础上享有权利，并在完全自愿和相互尊重的基础上承担义务和责任。同时，各国有自由选择政治、法律、经济、社会及文化制度的权利，也有义务相互尊重世界文明和发展模式的多样性。各国在独立、平等的基础上享有权利，并在完全自愿和相互尊重的基础上承担义务和责任。

二是互不侵犯，即各国在国际关系中除经安理会授权或行使自卫权外，不得使用武力或以武力相威胁侵犯他国的主权、领土完整和政治独立，特别是不得发动任何形式的侵略。

三是互不干涉内政，即任何国家均不得组织、协助、煽动、资助、鼓动或容许目的在于以暴力推翻另一国政权的颠覆、恐怖或武装活动，或干预他国的内政。

---

① 邓华. 国际法院对强行法的发展：规则和方法. 南大法学，2020（3）：93.

四是平等互利，即各国不论大小、贫富、强弱，不论采取何种政治、经济、社会制度，应一律平等，相互尊重，应通过民主协商处理国际事务。各国在追求本国利益时，应兼顾他国利益和维护国际社会共同利益，谋求互利共赢。

五是和平共处，即各国不应因社会制度、意识形态和价值观念的不同，而在国际法律地位上有所差别，而应在同一个地球上和平地并存，友好地往来，善意地合作，并利用和平方法解决彼此间的争端。

（3）和平共处五项原则在整个国际法基本原则体系中占有重要地位，主要体现在以下四个方面。

一是生动地反映了《联合国宪章》的宗旨和原则，而且赋予这些宗旨和原则以可见、可行、可依循的内涵。

二是浓缩了国际法基本原则体系各项原则的精华，将各项国际法基本原则作为一个彼此既有区别的含义又有密切的内在联系的整体提出来，实现了创造性的发展。

三是科学揭示正常国际关系的本质特征，前四项都有一个"互"字，后一项有一个"共"字，高度概括了国际社会主权国家相互间彼此依存、共同发展的最基本的特征。

四是体现了东方智慧，代表了广大发展中国家和新独立国家建立平等国际关系的愿望，反映了国际法的本质要求，表明了发展中国家遵循国际法基本原则的坚定立场。

答案解析：可以从和平共处五项原则的形成、主要内容、贡献或地位三个角度进行回答。

第五章　国际法的主体

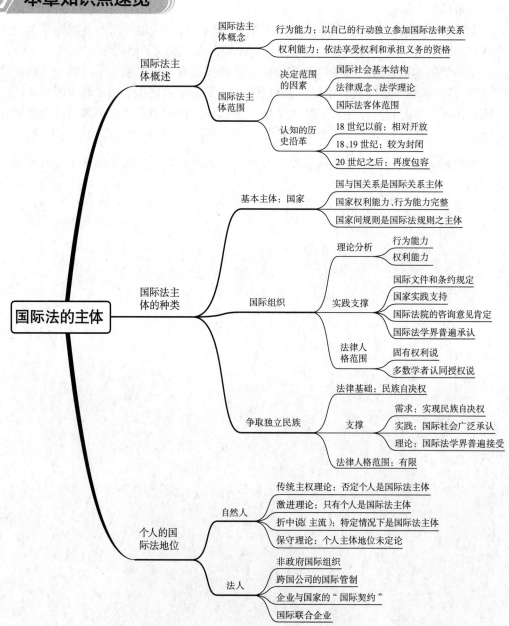

第一节 国际法主体概述

一、掌握国际法主体概念的含义

（一）基本概念

国际法的主体是指有能力享有国际法上权利和承担国际法上义务，有能力进行国际关系活动的实体。

国际法主体具有以自己的行动独立参加国际法律关系的行为能力和权利能力。

（二）疑难点解析

法律主体系法理学中的专业名词，指"在法律关系中享有权利和履行义务的人"[①]。通常，法律主体对法律关系的形成、变更和消灭具有决定性作用。在国内法中，法律主体享有国内法规定的权利、履行国内法规定的义务。如传统的犯罪构成要件由"主体、主观方面、客体、客观方面"四要件构成，这里的犯罪主体指的是"实施危害社会的行为、依法应当负刑事责任的自然人和单位"，显然犯罪主体必须承担《刑法》所规定的义务。而国际法主体则享有的是国际法律关系中的权利，履行的是国际法律关系中的义务，如国家有权捍卫主权和领土完整，但也应当履行"条约必须遵守"等义务。因此，从行为能力与权利能力、权利与义务的视角出发，国际法主体同样符合"法律主体"的总体定义。

二、了解国际法主体范围的历史变更

（一）基本概念

第一阶段：18 世纪以前的早期国际法时期，除了承认民族国家的国际人格，并不一般地排斥和否定其他个体的法律主体地位，国家、君主、军队、商人、教士、流亡者和居民个人都是国际社会成员。

第二阶段：18、19 世纪的实在法时代，国际法主体制度较为封闭，基于实证主义的国际法观，国际社会被看成只是由国家构成的社会。

第三阶段：从 20 世纪特别是两次世界大战前后，国际法主体的范围再度变得包容。除民族国家之外，政府间国际组织和争取独立民族也在一定范围内具有国际法主体资格。越来越多的中外国际法学者，对个人的国际法主体地位问题都抱有较为积极和开放的态度。

（二）疑难点解析

国际法主体的范围大致经历了"开放—封闭—再度开放"的历程，但范围的认定标准，却显示出国际法与国内法的不同。"在一个国家中，什么样的个人或者组织能够成为

---

① 张文显. 法理学. 5 版. 北京：高等教育出版社，2018：154.

法律关系的主体，取决于该国的法律规定"①，但纵观国际法主体范围的变更历程，可以发现国际法学者的学说以及国际实践对国际法主体的范围具有较大影响，三个阶段的划分也可以在国际法学者的著述中找到相应的依据。

在 18 世纪以前，早期的国际法学家多属自然法学派，他们认为国家并非国际法的唯一主体。例如，作为国际法学的鼻祖，格劳秀斯（Hugo Grotius，1583—1645 年）并不认为"国家间法"（Law of Nations）或者"万民法"（Jus Gentium）是主权国家之间的法律②，而认为其是国家统治者之间和市民群体之间的法律；维多利亚（Francisco de Victoria，约 1480—1546 年）亦认为，国际社会是由全人类共同组成的共同体，主权国家只是共同体的一种政治组织形式。另一位学者苏亚利兹（Francisco Suarez，1548—1617 年）则提出，"国家间法的基础是道德和人类的政治统一"。可见，在国际法的萌芽时期，国际法学者甚至未将国家视作最基本的国际法主体，即便与当今较为开放的国际法主体范围相比，这样的观点仍然较为激进。

1758 年，瑞士国际法学家瓦特尔（Vattel）出版了著名的《万国法：或适用于国家与主权者的行为与事务之自然法原理》，在很长一段时间内，该书成为外交实践领域最为权威的指南。③ 在这本著作当中，瓦特尔首次将自然法和实在法区分开来，并十分重视主权国家的作用。瓦特尔认为，主权国家有其自身的意志，并不完全等同于其国民的意志。在国际社会当中，自由、独立的主权国家就是基本的实体和单元，它的主要权利、义务由条约规定。由此，适用于国家间的法律和适用于国家公民、法人之间的法律便被区分开来，主权国家作为国际法主体的地位得到了显著提升。直至 20 世纪初，实证法学派的观点仍旧是主流。奥本海在其 1906 年出版的著作《国际法》当中，旗帜鲜明地宣称"国际法是文明国家之间的法律"，并且对于其他实体有可能成为国际法主体的观点进行了辨析。例如，就人权法领域而言，奥本海认为个人与国家之间的唯一联系就是"国籍法"，但"国籍法"本身属于国内法，故"人权只能通过国内立法加以保障"。可见，自 18 世纪始，有影响力的欧美国际法学者，多主张"国家是国际法当中"的唯一主体。

自 20 世纪特别是两次世界大战前后，由于现代国际组织的诞生，以及"反殖民化"浪潮风起云涌、多边的人权保障法律机制不断完善，国际法主体的范围不断拓展，此处不再赘述。

第二节　国际法主体的种类

一、掌握国际法主体的分类

国家是国际法的基本主体，是国际社会首要和主要单元。

国际组织的国际法主体地位，得到了广泛的支持和认同。

---

① 张文显. 法理学. 5 版. 北京：高等教育出版社，2018：155.

② Kate Parlett, The Individual in the International Legal System：Continuity and Change in International Law, Cambridge University Press, 2011：11.

③ 何俊毅.《万国公法》翻译中的自然法改造——兼论惠顿国际法思想的基本精神. 朝阳法律评论，2016（1）：117.

争取独立民族是一种特殊的国际法主体。

二、理解国际法主体的权利能力和行为能力的不同

（一）基本概念

国家拥有最为完整的权利能力和行为能力。

每一国际组织所享有的权利能力，或由章程明确授权，或由章程暗含赋予，或由成员国通过对其实践的事后承认而设定。

争取独立民族的行为能力和权利能力与国家相比，仍有相当大的差异。

（二）疑难点解析

国家、国际组织和争取独立民族为什么能成为公认的三类国际法主体，国际实践和国际法学者的著述当然可以提供充足的依据，但依照"法律关系主体"的定义，权利能力和行为能力才是判定主体时最重要的参考因素，这两项能力的不同，也是国家、国际组织和争取独立民族之间重要的区别所在。

国家之所以被称作最基本的国际法主体，就是因为其享有最全面的权利能力和行为能力。国家的居民、领土和自然资源等物质，为国家参与国际法律关系提供了充分的保障，而国家所享有的独立权、平等权、管辖权和自保权、签订条约的权利等，更非其他国际法主体所能比拟。

国际组织同样享有一定的行为能力和权利能力，例如国际组织在其成员国领土内，一般有资格订立契约、购置财产、进行诉讼，且其会所、会员国赴会代表及其机关官员均享有特权及豁免等；国际组织在国际范围内，有资格缔结条约、派遣使节或代表、组织国际会议、调解国际争端、请求国际赔偿、承担国际责任，以及享有和承担作为国际法主体的其他权利和义务。但是，与国家相比，国际组织显然不享有独立权、平等权、管辖权和自保权等权利，故其行为能力和权利能力较为有限。

争取独立民族通常控制和管理着一定领土和居民，建立有某种形式的政权机构，有权进行国际交往、派遣外交代表、参加谈判、出席国际会议、缔结国际协定、参加国际组织、享受战争法规的约束和保护、请求和接受外国和国际组织的援助等，享有一定的权利能力和行为能力。但是，争取独立民族尚未建立起自己的国家，未能在全国范围内实行有效统治，不可能享有和履行全部的国际权利和义务。

第三节　个人的国际法地位问题

一、了解个人能否成为国际法主体的理论争议

（一）基本概念

个人能否成为国际法主体，存在一定的理论争议。激进的理论认为，只有自然人是国际法的主体；保守的理论认为，只有国家才是国际法的主体；折中的理论认为，特定的情况下个人能够成为国际法的主体。

（二）疑难点解析

关于个人能否成为国际法的主体，历来存在较大的争议。如果对"国际法"的概念

进行历史溯源，可以发现"国际法"与罗马法中的"万民法"存在千丝万缕的联系[1]，而"万民法"既包含规制罗马人与外国人之间诉讼的内容，也包含外交使节不可侵犯等现代国际法当中的内容，故个人作为国际法的主体，在历史上亦能找到一些遗迹。至于近代国际法诞生、平等主权国家成为国际社会的基本单元之后，个人在国际法律体系当中的地位，自然也会打上时代的烙印。

我国学者对国际法主体的认知，亦经历了不断转变的过程。在国际法学教育引入中国之初，多数学者否定个人的国际法主体地位。[2] 例如，熊元翰与熊元襄在其编写的国际法教材中提出，"个人为国际法上之目的，非为主体"[3]，郑斌亦提出，"学者或以个人、公司、外交官等为国际法之权利义务主体者，误也。"在新中国成立之后，在较长的时期内，国际法学者亦否认个人作为国际法主体的地位。例如，周鲠生撰写的《国际法》对于我国改革开放后的国际法学教育具有重要影响[4]，该书明确提出："只有国家是享受国际权利和负担国际义务的人格者，个人则与国际法没有直接的法律关系，他们唯有通过国家才能享受国际法的利益。简言之，个人不是国际法主体"。当然，随着时间的推移，我国不少学者亦开始介绍国际法领域的新实践，对于个人能否成为国际法主体的认识亦呈现出多元化的特点。例如，程晓霞在 1989 年出版的《国际法的理论问题》当中提出，"个人在国际交往中的行为能力毕竟是有限的……事实说明，个人不能成为国际法的主体"[5]；而李浩培则在 1994 年出版的《国际法的概念和渊源》当中指出："例外地，个人也可以直接享受国际法上的权利和负担国际法上的义务，因而国际社会至少已趋向于承认个人为国际法部分主体"[6]。

当然，实践是检验真理的唯一标准，对于一件事物的认知不能仅仅停留在纸面上的概念辨析。相关的国际实践证明，在一些特定的领域，如人权法、人道法、国际刑法等，个人享有国际条约规定的权利、承担国际条约规定的义务甚至参与国际争端解决机制的情形确实有所增多。尽管此类权利的享有与义务的承担，亦离不开国家的作用（如国家签订相关条约等），但个人对国际法律的直接参与，却是不容否认的事实。尤其是，在人类命运共同体理念日渐深入人心的时代背景下，必须充分地认识到，当代国际法对个人利益关注不断加强，个人对国际法影响不断加深[7]，国际法的人本属性正在不断增强，也正因为如此，愈来愈多的国际法学者支持赋予个人以法律上有限国际人格。

二、辨析法人能否成为国际法主体

（一）基本概念

法人的国际法主体地位存在较大的理论争议。非政府国际组织、跨国公司、国际联

---

① 杨泽伟. 国际法史论. 北京：高等教育出版社，2011：16.
② 刘畅. 近代中国有关个人国际法主体地位的相峙与论战. 理论月刊，2014（7）：102.
③ 熊元翰，熊元襄. 平时、战时国际公法. 北京：安徽法学社，1914：114.
④ 周鲠生教授是我国著名的国际法学家，曾担任武汉大学校长、外交部顾问，为我国的外交事业和 1954 年的立宪作出了重要贡献。其晚年所著《国际法》上、下两册，是我国第一部最有权威的国际法著作，在他逝世后的 1975 年得以出版. 李谋盛. 周鲠生教授传略. 晋阳学刊，1988（6）：49.
⑤ 程晓霞. 国际法的理论问题. 天津：天津教育出版社，1989：133.
⑥ 李浩培. 国际法的概念和渊源. 贵阳：贵州人民出版社，1994：22.
⑦ 车丕照. "人类命运共同体"理念的国际法学思考. 吉林大学社会科学学报，2018（6）：17.

合企业以及企业法人与国家间的"国际契约"的性质都存在较大的理论争议。

（二）疑难点解析

国家、国际组织和争取独立民族是公认的三类国际法主体，个人的国际法主体地位存在争议，但越来越多的学者支持"个人在特定情况下能够成为国际法主体"。然而，非政府国际组织、跨国公司、国际联合企业的国际法主体地位，呈现出更大的理论争议。一方面，从国际实践来看，完全否认这些主体参与国际法律关系的权利能力和行为能力，似乎背离了事实。例如，2019 年，红十字国际委员会获得了联合国的制裁豁免，可向朝鲜提供救生援助、防控 2019 冠状病毒疫情。[①] 显然，很难否认红十字国际委员会在该事件当中参与了国际法律关系，而有关教材中提到的欧洲供应铁路设备公司（EUROFIMA）也的确承担了跨国性的公共服务职能。然而，从另一方面来看，这些事例毕竟较为有限，且部分国家对于跨国公司的扩张持较为忧虑的态度。此外，虽然目前的国际司法实践否认了企业法人与一国间的"国际契约"作为国际条约的可能性，但毕竟投资者和东道国之间存在"东道国—投资者"争端解决机制（ICSID），且外来投资者和主权国家之间的利益协调在特定情形下亦会成为难题。因此，与个人的国际法主体问题相比，法人的国际法主体地位存在更大的争议，值得深入研究。

》本章实务案例研习

一、伊朗石油案[②]：法人的国际法地位

（一）案件简介

1933 年 4 月，伊朗政府和英伊石油公司签订了"英伊石油协议"。1951 年 3 月、4 月和 5 月伊朗制定法律，宣布对石油工业实行国有化。这些法律造成了伊朗和英伊石油公司之间的争端。英国凭借外交保护权，在国际法院提起诉讼，而伊朗主张国际法院没有管辖权。

（二）法院意见

1. 管辖权问题

依据《国际法院规约》第 36 条第 2 款，本规约各当事国得随时声明关于具有下列性质之一切法律争端，对于接受同样义务之任何其他国家，承认法院之管辖为当然而具有强制性，不须另订特别协定。伊朗于 1932 年依照该规约第 36 条第 2 款发表过相应的声明，因而国际法院只在争端与伊朗接受的条约或公约的适用有关时才有管辖权。但是，双方对于"伊朗接受的条约或公约"的时间范围提出了异议。伊朗坚持认为，根据其声明的实际措辞，管辖权限于在该声明文后签订的条约。与此相反，英国坚持认为较早的条约也可加以考虑。

国际法院认为，不能以纯粹的语法解释作为最终的依据。它必须在对伊朗拟定该声

---

① 红十字国际联合会获制裁豁免 可向朝鲜提供救生援助、防控 2019 冠状病毒疫情. 联合国新闻，http://news.un.org/zh/story/2020/02/1051281.

② 联合国. 国际法院判决、咨询意见和命令摘要：1948—1991.

明时的意图给予适当注意的情况下，找出用正常而合理的方法阅读和解释该声明。国际法院注意到，在作出接受国际法院管辖的声明前，伊朗已经宣布废除了与其他国家签订的关于领事裁判权制度的所有条约，它不可能愿意主动表示同意把与所有这些条约有关的争端提交一个国际法庭解决。同时，伊朗国会在批准该声明前，也强调应加以考虑的条约和公约是"政府在该声明批准后接受的条约和公约"。

2. 英伊石油合同的性质问题

在本案中，英国主张，1933 年的英伊石油公司协议具有双重性质：既是一项特许合同，又是两国之间的一项条约。如此，英伊石油公司协议属于"伊朗接受的条约或公约"，国际法院即有可能依据该协议享有管辖权。对此，国际法院予以明确否定。国际法院认为，伊朗和英伊石油公司签订该协议的目的十分明确，即由伊朗政府授予英伊石油公司开发石油资源的特许权，英国政府并非该协议的缔约方。在该协议的执行过程中，双方的确曾通过国际联盟来调解相关争端，但这只能视作英国的外交保护行动，并不能改变该协议的性质。

因此，虽然伊朗接受国际法院管辖的声明早于英伊石油协议，但英伊石油协议不属于国家之间的"条约或公约"。故国际法院裁定，其不能依据《国际法院规约》第 36 条第 2 款享有管辖权。

（三）法律分析

本案涉及跨国公司的国际法地位问题，特别是企业法人与一国间的"国际契约"的性质问题。在国际社会当中，跨国公司发挥的影响与日俱增，对于各项国际立法进程能够产生重要影响，同时能够参与"东道国—投资者"争端解决机制（ICSID）等特定的争端解决机制，因而具备一定的权利能力和行为能力。然而，正如本案裁定所指出的那样，企业与主权国家不能等同视之，国家与企业签署的商业协议同国家之间的条约或公约存在本质差别，因而即便认可法人的国际法主体地位，亦必须科学认知其权利能力和行为能力，切不可将其视作最主要的国际法主体。

二、1947 年 6 月 26 日《联合国总部协定》第 21 节规定的仲裁义务的适用（咨询意见）[①]：国际组织与东道国的关系

（一）案件简介

本案围绕巴勒斯坦解放组织（以下简称"巴解组织"）驻纽约联合国总部的常驻观察员代表团而发生。根据联大第 3237（XXIX）号决议，1974 年 11 月 22 日，巴解组织被邀请"以观察员身份出席联大会议并参加联大的工作"。因此，它于 1974 年建立了观察员代表团，并在联合国总部地区之外的纽约市设立了办事处。

1987 年 5 月，美国参议院通过了一项法案，其目的在于"使巴解组织办事机构在美国管辖范围内的设立与维持成为非法"。特别是，该法案第 3 节规定，自该法案生效之日起下述行为即属违法："不论法律是否有任何相反的规定，按照巴解组织……的命令或指示或利用其所提供的经费在美国管辖区域内设立或维持办事处、总部、房舍或其他设施或处所。"

---

① 联合国. 国际法院判决、咨询意见和命令摘要：1948—1991.

1987 年秋，该法案变成《1988—1989 财政年度对外关系授权法》的一项修正案呈送参议院。1987 年 12 月 22 日，《1988—1989 财政年度对外关系授权法》经美国总统签署，将于 90 天后生效。

1988 年 1 月 5 日，美国常驻联合国代表告知联合国秘书长："由于有关巴解组织观察员代表团的条款可能侵犯宪法规定的总统权力，如获实施，将违反我们根据《联合国总部协定》所承担的国际法律义务，美国政府准备在该条款生效之前的九十天内，同国会进行磋商，致力于解决这一问题。"

然而，联合国秘书长并不认为《联合国总部协定》会得到遵守，他建议依照《联合国总部协定》启动仲裁程序。对此，美国方面虽然同意启动非正式谈判，但其立场是，它目前仍在评估执行《1988—1989 财政年度对外关系授权法》将会造成的局势，故其现在还不能参加《联合国总部协定》第 21 节规定的争端解决程序。1988 年 2 月 2 日，秘书长写信告知美国常驻联合国代表，第 21 节程序是联合国在此问题上唯一可用的法律补救办法。

1988 年 3 月 2 日，大会就此问题通过了两个决议。在第 42/229A 号决议中，大会重申，巴解组织有权为其观察员代表团设立和维持房舍、设施；美国实施《1988—1989 财政年度对外关系授权法》将会违反美国依《联合国总部协定》而承担的国际法律义务，第 21 节规定的争端解决程序应付诸实施。在第 42/229B 号决议中，大会要求国际法院发表咨询意见。

1988 年 3 月 11 日，美国常驻联合国代表告知联合国秘书长，根据《1988—1989 财政年度对外关系授权法》的规定，司法部部长必须关闭巴解组织观察员代表团办事处，且美国认为实施第 21 节规定的争端解决程序于事无补。秘书长对此提出强烈异议。

随后，由于巴解组织未遵守《1988—1989 财政年度对外关系授权法》，美国司法部长在纽约南区地方法院提起诉讼，要求巴解组织遵守该法。美国常驻联合国代表再次告知联合国秘书长，因纽约南区地方法院的诉讼未终结，故暂时不会关闭巴解组织代表团，但依照《联合国总部协定》第 21 节进行仲裁未必适时。

（二）法院意见

1. 法院发表意见的权限

国际法院认为，其唯一的任务，就是确定美国是否有义务按《联合国总部协定》第 21 节的规定参加仲裁。它不必特别地决定美国针对巴解组组观察员代表团所采取的行动是否与《联合国总部协定》相违背。

2. 争端是否存在

本案涉及《联合国总部协定》第 21 节的解释和适用。第 21 节共包含两款，分别是：

（甲）联合国及美国关于解释及实施本协定或任何补充协定之争执，如未能由磋商或其他双方同意之办法解决者，愿提交三仲裁人组之法庭取决。仲裁人之一由秘书长提名，另一由美国国务卿提名，第三人由秘书展及国务卿一同抉择，如双方不能同意第三仲裁人时，则由国际法院院长指派之。

（乙）秘书长或美国得就此项程序引起之法律问题请大会征询国际法院之咨询意见。于接获法院之意见以前，双方应遵从仲裁法庭之临时裁定。其后，仲裁法庭得参照法院之意见作成最后裁定。

依据《联合国总部协定》第21节甲款，法院有义务确定美国与联合国之间是否存在争端；如果有，法院还需确定该争端是否涉及《联合国总部协定》的解释或适用，是否属于尚未能通过谈判或其他双方同意的办法解决的争端。

法院认为，争端的存在，即在法律问题上的不一致或法律观点或利益的冲突，是一项客观裁定的事项，而不能仅仅依赖于当事方的主张。本案中，当美国和联合国自1988年1月开始磋商时，美国常驻联合国代表虽然意识到实施《1988—1989财政年度对外关系授权法》与美国依《联合国总部协定》应承担的国际义务相冲突，但仍然否认争端的存在，理由包括《1988—1989财政年度对外关系授权法》尚未实施、提交仲裁并不适当、美国国内法院的诉讼程序仍在继续等。对此，国际法院一一驳回。国际法院认为，不能允许对"适当"的考虑优先于第21节产生的义务，且第21节涉及《联合国总部协定》的适用，而不是美国国内措施的适用。因此，当美国决定给予《1988—1989财政年度对外关系授权法》以优先于《联合国总部协定》的地位并采取针对巴解组织的法律行动时，显然美国与联合国之间存在着适用和解释《联合国总部协定》的争端。

3. 美国和联合国是否使用了其他方式解决争端

同时，国际法院对该争端是否属于第21节规定的"未能由磋商或其他双方同意之办法解决者"进行了认定。法院认为，美国常驻联合国代表自1988年1月5日起，便和联合国秘书长进行接触和磋商，但美国并非依据《联合国总部协定》第21节进行磋商，且基于当时美国的态度，即"仍在估计执行该项立法会造成的局势，现在还不能参加第21节规定的争端解决程序"，而美国国内法院的诉讼程序显然也不构成第21节意义上的"双方同意的解决方法"。因此，联合国秘书长已经用尽了其他解决方法的可能性，即本案的争端属于"未能由磋商或其他双方同意之办法解决者"。

4. 法院结论

国际法院由此得出如下结论：国际法优于国内法是一项长期以来由司法判决所赞同的原则，依照《联合国总部协定》，美国必须尊重其参加仲裁程序的义务。

（三）法律分析

就实体问题而言，本案涉及国际法与国内法的关系，即美国的国内法是否优先于《联合国总部协定》，以及当美国政府为了实施国内法而违反国际法时，美国政府是否应承担相应的责任。对此，国际法院在结论部分鲜明地指出，"国际法优先于国内法"是广受赞同的国际法原则，并且在咨询意见中强调，"秘书长一直对由美国国会和政府起先考虑而后作出的决定表示反对"。因此，尽管依照《联合国总部协定》第21节的规定，国际法院将自身的职权限定为发表程序性意见而非实体性意见，即只需要就美国是否应参加《联合国总部协定》第21节规定仲裁程序发表意见，而不需要对美国的国内立法及相关措施发表意见，但字里行间仍然对美国的单边主义做法提出了批评。

就程序问题而言，判断争端是否存在是本案的焦点。美国常驻联合国代表明确地认识到，美国的相关国内立法违背了《联合国总部协定》的规定，但仍然以各种理由否认争端的存在。当时的美国籍国际法院法官施韦贝尔亦提出，对于《联合国总部协定》的解释，美国与联合国并不存在分歧，如果美国纽约南区地方法院最终裁定，《1988—1989财政年度对外关系授权法》不能适用于巴解组织的纽约办事处，便不会产生争端。然而，艾利亚斯法官的声明和沙哈布丁法官的个别意见中则明确提出，自美国总统1987年12

月 22 日签署《1988—1989 财政年度对外关系授权法》之日起，争端便已产生。可见，对争端产生时间节点的判定，亦是国际争端解决程序中的争点之一。

不过，联合国作为全球最大的国际组织，能够与当时的超级大国美国通过法律程序解决双方的争端，仍然具有重要的进步意义。联合国的权利不仅受到《联合国总部协定》等法律文件的授权保障，当联合国与相关国家发生权利争议时，亦可以通过相应的国际争端解决机制予以解决。因此，国际组织的权利能力和行为，得到了国际法律文件、国家和国际法院咨询意见的认可，国际组织属于国际法的主体。

三、但泽法院管辖权咨询意见案[①]：个人的国际法主体地位

（一）案情简介

第一次世界大战结束之后，各参战国签署了《凡尔赛和约》，依照该和约第十一编（第 100 条至第 108 条）的规定，德国不再享有但泽的主权，但泽成为自由城市。由于但泽和波兰毗邻，因而《凡尔赛和约》第 104 条专门规定："波兰政府与但泽自由城间应缔结专约，于该自由城成立之日同时发生效力……其目的如下：……（三）确保波兰得有维斯拉河及该自由城界限内铁路系统全部……"同时，国际联盟专门建立了但泽委员会，内有高级委员一名，凡是波兰与自由城之间关于《凡尔赛和约》、专约、补充协议所发生的一切争议，应先由高级委员先行处理。

随后，但泽与波兰签署了一系列的补充协定和专约，包括 1921 年 10 月 22 日双方签署的涉及在波兰铁路部门工作的但泽官员的权利义务的专约。依据该专约，为波兰铁路部门工作的但泽官员可以主张工作岗位的候选资格，且但泽和波兰应作出安排，提高他们的福利待遇。然而，该专约一直未转化为波兰的国内法和但泽的市政法。1925 年，部分但泽官员依据 1921 年的专约，将波兰铁路部门诉至但泽法院，要求波兰的铁路部门给予一定的金钱赔偿。对此，波兰政府表示反对，认为 1921 年的专约并非有效的管辖权依据，但泽法院受理诉讼的举动，违背了习惯国际法规则，即便但泽法院作出判决，波兰政府也不会执行。1927 年 1 月，但泽议会将相关争端递交高级委员。时任但泽委员会高级委员哈金将军（General Haking）作出了两项决定：一是但泽法院有权受理但泽官员针对波兰铁路部门提起的诉讼；二是 1921 年的专约并非"工作协议"，不能作为但泽法院有效的管辖权依据。但泽和波兰对第一项决定表示同意，然而但泽不同意第二项决定，故但泽议会继续将相关争端提交国际联盟行政院。随后，国际联盟行政院要求常设国际法院针对高级委员的决定发表咨询意见。

（二）法院意见

常设国际法院认为，因波兰和但泽对第一项决定无异议，故其只需要针对第二项决定发表意见。在发表咨询意见的过程中，波兰主张，1921 年专约的性质乃国际条约，仅涉及波兰政府与但泽政府之间的权利义务关系，尽管专约的相关条款确实对服务于波兰铁路部门的但泽官员有影响，但由于这些条款尚未转化为波兰的国内立法，故波兰政府

---

① UN，Summaries of Judgments，Advisory Opinions and Orders of the Permanent Court of International Justice，2012：137 - 141. Kate Parlett，The Individual in the International Legal System：Continuity and Change in International Law，Cambridge University Press，2011：17 - 26.

与这些官员之间的关系乃至争端，仅受波兰国内法规制。

对此，常设国际法院提出，双方缔结 1921 年专约的意图，对于解决本案争端具有重要作用。依据当时公认的国际法规则，国际条约的确不能直接为自然人设置权利和义务。然而，当缔约的两国具有确切的意图、直接为自然人设置权利义务时，由这些自然人享受权利、履行义务，并通过国内法院解决争端，应该是毫无争议的。本案中，双方签订 1921 年专约，显然是为了规范在波兰铁路部门工作的但泽官员的权利义务，而波兰为了落实 1921 年专约，修订了其国内的行政处罚法。因此，1921 年专约具有"工作协议"的性质，波兰修订国内法的行动也表明其清楚 1921 年专约的目的及性质，故但泽法院有权依据 1921 年专约受理相关诉讼。

（三）法律分析

本案系国际司法机构首次宣告"个人可以依据国际条约享有权利、负担义务"。在"国家乃国际法唯一主体"的理论长期占据统治地位的情形下，常设国际法院在本案中的意见可谓大胆的尝试，但国际法学家们围绕个人国际法地位的理论争议并未停息，在较长的时期内，多数学者仍然持较为保守的立场。例如，曾任常设国际法院院长的迪奥尼西奥·安吉洛蒂（Dionisio Anzilotti）后来就提出，该案并不意味着条约可以直接为自然人设置权利义务，自然人的权利义务还是要受国内法规制。常设国际法院之所以在该案中发表了相关意见，只是因为 1921 年专约的相关规定没有转化到国内法当中，难以施行。在 1930 年版的《奥本海国际法》当中，甚至没有提到该案。因此，该案对于肯定个人的国际法主体地位，并未产生立竿见影的效果，国际法学界也并未就个人的国际法主体地位产生共识。

同时，归结到意见本身，似乎亦有说理不足的嫌疑。为何"国际条约的确不能直接为自然人设置权利和义务"乃公认的国际法规则？为何当缔约的双方"具有直接为自然人设置权利义务的确切意图时"，又产生了一项例外？对于这两项关键问题，常设国际法院都没有进行详尽阐释。然而，比起意见的结论本身，意见抛出的理论问题更具价值，该案也为国际法主体的不断拓展提供了司法实践的样本与动力。

》》 本章同步练习

一、多项选择题

1. "恐龙国际"是一个在甲国以非赢利性社会团体注册成立的组织，成立于 1998 年，总部设在甲国，会员分布在 20 多个国家。该组织的宗旨是鼓励人们"认识恐龙，回溯历史"。2001 年，"恐龙国际"获得联合国经社理事会注册咨商地位。现该组织试图把活动向乙国推广，并准备在乙国发展会员。依照国际法，下列哪些表述是正确的？（　　）（司考）

    A. 乙国有义务让"恐龙国际"在乙国发展会员

    B. 乙国有权依照其本国法律阻止该组织在乙国的活动

    C. 该组织在乙国从事活动，必须遵守乙国法律

    D. 由于该组织已获得联合国经社理事会注册咨商地位，因此，它可以被视为政府间的国际组织

2. 下列关于国际法所调整的对象表述错误的是（　　　）。

A. 国际法所调整的对象是国际关系，但国际法所调整的国际关系的内容并不是一成不变的

B. 国际法所调整的国际关系就是指国家间的关系

C. 国际组织在国际社会中所发挥的作用愈来愈大，国家和国际组织的关系成为国际关系的一个重要内容

D. 在当今的国际社会，国家与个人间的关系业已成为国际关系的基本内容

二、名词解释

国际法主体（考研）

三、案例分析题

1. 以审判战争罪犯为例简述个人在国际法上的地位。（考研）

2. 请结合科索沃独立、南苏丹建国、巴勒斯坦入联等事件谈谈你对国际法主体资格的认识。（考研）

四、论述题

1. 谈谈你对国际法主体的认识和理解。（考研）

2. 试论国际组织的国际法律人格。（考研）

参考答案

一、多项选择题

1. BC

答案解析：依据独立权，在对内事务上，国家可以独立自主地选择本国的社会制度、政治制度、经济制度和文化制度，采取立法、司法和行政措施，制定本国的各项政策和法律，且根据属地管辖，国家对本国领域内的一切人、物和所发生的事件，除国际法公认的豁免者（如享有外交特权与豁免的人士）外，有行使管辖的权利。对于是否允许"恐龙国际"在乙国发展会员，属于乙国内政，乙国有权就这一事项制定本国的政策和措施，作出允许发展会员或不允许发展会员的决定，并不负担允许"恐龙国际"在乙国发展会员的强制性义务，而如果乙国允许"恐龙国际"在其境内开展活动或发展会员，"恐龙国际"也必须遵守乙国的国内法律规定及其同乙国签订的协定，故 A 项错误，B 项正确，C 项正确。凡是由国家或其政府组成的常设机构，均为政府间组织；凡是由不同国家的自然人或法人组成的跨越国界的非官方联合体，均为国际民间组织，通常称为非政府间组织。"恐龙国际"是非赢利性社会团体注册成立的组织，即法人成立的组织，而非由国家或其政府组成的常设机构，因此"恐龙国际"属于非政府间国际组织。同时，具有联合国经社理事会"咨商地位"是一个非政府组织得到国际承认的重要标志。联合国是通过其经社理事会授予联合国经社理事会"咨商地位"的方式来承认国际上重要的非

政府组织，并发挥这些组织在国际事务中的作用，因而一个非政府间组织取得联合国的"咨商地位"，并不会使该组织的性质变更为政府间组织，故 D 项不正确。

2. BD

答案解析：没有国家的存在，就不会出现国际法；没有国家的力量，即使有了国际法，也无法得到适当的实施。同样，没有众多国家的并存并相互交往而形成国际关系，国际法就没有规范的客体。进入 20 世纪后，尤其是第二次世界大战以后，国际法主体无论在数量上还是质量上都发生了很大的变化。在数量上，自 20 世纪 50 年代末开始，随着全球殖民体系的逐步瓦解，一大批亚、非、拉地区的殖民地纷纷独立，相继成为主权国家，形成了国家数量迅速增多的一次高潮。除主权国家之外，一些准国家实体，如正在争取独立的民族也获得了国际法主体的资格，它们在争取独立和组建国家的过程中也与主权国家和国际组织发生交往与合作，并由此产生国际法上的权利义务关系。引起国际法主体数量急剧增多的另一个主要动力是国际组织的迅猛发展。20 世纪被称为"国际组织的世纪"。国际社会的日益组织化不仅表现在国际组织数目的增长上，更重要的是体现在国际组织职权范围的扩大上，它早已冲破初创时期的地域和领域的局限，其活动涉及当今人类生活的所有方面。因此，除了国家间的关系，国际法也调整其他国际法主体之间的关系，如国家与国际组织间的关系等，故 A 项表述正确，B 项表述错误，C 项表述正确。多数学者的看法是，国家当然还是国际法的主体，而且在可预见的将来，国家仍将是最重要和最主要的国际法主体，有着其他国际法主体无法比拟的根本性。故 D 项表述错误。

二、名词解释

国际法主体是指有能力享有国际法上权利和承担国际法上义务，有能力进行国际关系活动的实体。国家是国际法的基本主体，是国际社会首要和主要单元；国际组织的国际法主体地位，得到了广泛的支持和认同；争取独立民族是一种特殊的国际法主体；个人和法人的国际法主体地位存在理论争议。

三、案例分析题

1. （1）国际法的主体是指有能力享有国际法上权利和承担国际法上义务，有能力进行国际关系活动的实体。

（2）个人的国际法主体地位存在争议，实证法学派依据传统的主权理论，主张只有国家才是国际法主体，而个人绝不可能享有国际法律人格。然而，现代的国际法理论更倾向于肯定个人的国际法主体地位，尤其是持"折中说"的学者认为，正常情况下国家是国际法主体，但在特定的场合中，作为个人的自然人也有可能成为国际法的主体。

（3）审判战争罪犯是个人在特定场合能够成为国际法主体的一项例证。从传统理论视角出发，战争中武装部队成员执行的是国家意志，其行为属于典型的可归因于国家的行为。① 然而，战争的罪行最终由个人实施，惩罚实施战争罪的具体的个人，亦是实现国

---

① 杨咏亮. 战争罪刑事责任问题的晚近发展评析. 武汉大学学报（哲学社会科学版），2011（1）：19.

际公平正义的重要手段。在二战结束之后，纽伦堡国际军事法庭和远东国际军事法庭的审判，在国际法实践中开创了追究国际犯罪者个人刑事责任的先例，犯下战争罪行的大批德国、日本战犯先后受审；在现代国际刑法的发展进程中，前南斯拉夫问题国际刑事法庭、卢旺达问题国际刑事法庭、国际刑事法院等国际刑事司法机构先后成立，为审判战争罪行发挥了重要作用，包括南斯拉夫联盟前总统米洛舍维奇、卢旺达前总理坎班达、利比里亚前总统泰勒在内的部分前任国家元首接受了国际刑事审判。在这些审判活动中，相关当事人基于其职务身份，能够成为战争罪的实施主体，也最终因触犯国际刑事规则而受到了处罚，但在庭审中同样享有充分的辩护权利，因而仅就战争罪犯的审判而言，个人具备相应的权利能力和行为能力，是国际法的主体。

答案解析：可以从国际法主体的概念、个人作为国际法主体资格的理论争议、战争罪犯审判的具体例证等方面具体回答。当然，审判战争罪犯，能否作为个人在特定场合成为国际法主体的一项例证，同样存在理论争议。有学者认为，"对犯有国际罪行的个人进行惩处，仅能说明犯有此类罪行的个人是国际法的惩治对象，是犯罪主体，而不是国际法主体。如果说存在着权利与义务的话，那就是国家或国际法院享有审判和惩罚这类个人的权利，而罪犯的所属国则负有不干涉和不保护的义务，并于必要时予以协助"[①]。这种说法具有一定的合理性，因为通常情况下个人确实是国际刑事审判的被告。然而，被告在国际刑事审判中同样可以行使辩护等程序权利，而被害人在一定条件下也可以参与庭审，这些都可以作为个人既享有权利又承担义务的例证。同时，有关教材认为，"支持于国家之外赋予个人以法律上有限国际人格的学者较多，折中说似有渐成主流的趋势"，因而将审判战争罪犯作为个人在特定场合能够成为国际法主体的一项例证，更为恰当。

2.（1）国际法的主体是指有能力享有国际法上权利和承担国际法上义务，有能力进行国际关系活动的实体。

（2）主权国家作为国际法的基本主体，不仅可以享有独立权、平等权、管辖权和自保权这些基本权利，而且还可以通过订立条约或创制习惯的方式设立各种具体的国际权利和义务。

（3）一个政治实体是否成为国家，可能涉及国家的主权要素和国家的承认问题。作为国际法意义上的国家，必须具备四项必要的条件，即定居的居民、确定的领土、一定的政权组织或政府以及主权。

（4）关于国家的承认，长期以来也存在理论分歧。承认的"构成说"认为，一个新国家只有经过既存国家的承认才能成为国际法主体；承认的"宣告说"认为，承认只是既存国家对新国家存在的事实给予确认或宣告而已，并不具有创造国际人格的作用，国家的成立及其国际法主体资格的取得不决定于他国的承认。出于国际秩序稳定的需要，应当认为，当一个政治实体具备了国际法上国家的要件后，就符合了国家承认的条件，否则依照"构成说"，当一个新国家诞生时，对于已经给予承认的那些承认国而言，该新国家是国际法主体，而对于尚未承认该新国家的其他国家而言，则该新国家不是国际法

---

① 高凛. 个人国际法主体地位评析. 政法论丛，2010（1）：16.

主体。这在国际社会无疑将导致混乱的情况。当然，如果国际社会全面否认一个政治实体作为主权国家的资格，不承认其符合主权国家的要件，将导致其难以具备国家的权利能力和行为能力。

（5）在一个新产生的实体是否具备国家资格问题上存有争议的情况下，承认与国家资格的标准之间存在密切的关系，国际承认的范围越大，对坚持国家标准的客观证明的要求就越少。就实践而言，南苏丹满足国家的四要件，而巴勒斯坦和科索沃的独立权则在一定程度上存疑。其中，南苏丹于 2011 年宣布独立建国，并于同年成为联合国的会员国，得到了国际社会的广泛认可和接受，达到了国家的标准。依照联合国 1947 年通过的"巴以分治决议"，巴勒斯坦有权独立建国。然而，长期以来，受中东局势和以色列的影响，巴勒斯坦独立建国的道路十分曲折，难以充分行使独立权。巴勒斯坦于 2011 年成为联合国教科文组织的会员国，于 2012 年成为联合国的观察员国，在独立建国的进程中迈出了重要一步，但观察员国不享有投票权，故巴勒斯坦的权利能力和行为能力受到一定限制。科索沃于 2008 年宣告独立，长期以来未能成功加入联合国。不过，2010 年 7 月22 日，国际法院应联合国大会要求，就"科索沃自治政府单方面宣布独立是否符合国际法"发表咨询意见，认为科索沃单方面宣布独立并不违反国际法，在一定程度上打消了国际社会的疑虑，此后承认科索沃的主权国家日渐增多。

答案解析：可以结合科索沃独立、南苏丹建国、巴勒斯坦入联等国际事件，从国际法主体的概念、主权国家的基本权利、主权国家的构成要素、国家承认的学说、国家承认的效果等角度进行回答。

四、论述题

1.（1）国际法主体应具备相应的权利能力与行为能力。所谓行为能力，是指一个实体能够以自己的行动独立参加国际法律关系，既需要该实体具备赖以存在和活动的物质机体，如领土、人民和资源财富、会址、经费、人员和财产等，也需要该实体具备独立的意思能力。所谓权利能力，是指参加国际关系的主体在其相互交往中既承担义务也享受权利。

（2）国际法的主体并不是一成不变的。随着国际关系的发展，国际法主体的类别会发生变化。在 18 世纪以前的早期国际法时期，关于国际法主体范围的理解和实践是相当开放的，除了承认民族国家的国际人格，并不一般地排斥和否定君主、军队、商人、教士、流亡者和居民个人等其他个体的法律主体地位；在 18、19 世纪的实在法时代，偏重形式上的有效性，国际社会被看成只是由国家构成的社会，国际法被看成该社会所特有的法律体系；从 20 世纪特别是两次世界大战前后，除民族国家之外，政府间国际组织和争取独立民族也在一定范围内具有国际法主体资格。而且，越来越多的国际法学者，对个人的国际法主体地位问题都抱有较为积极和开放的态度。

（3）现代的国际法主体包括国家、争取独立民族、国际组织，对于个人的国际法主体地位存在争议。

首先，主权国家国际法的基本主体，是国际社会首要和主要单元。国际法的调整对象主要是国家之间的关系，关于国家之间关系的规则构成了国际法规范总体的主要部分。

主权国家具有最为完整的权利能力和行为能力，不仅可以享有独立权、平等权、管辖权和自保权这些基本权利，而且还可以通过订立条约或创制习惯的方式设立各种具体的国际权利和义务。

其次，国际组织的国际法律人格已为世人所广泛承认和接受。许多国际文件和条约均明文确认国际组织的国际法主体地位，国际组织的国际法主体地位也得到了国际法学界认可和广泛的国家实践支持。在"执行联合国职务时所受损害的赔偿案"咨询意见中，国际组织的国际法主体地位更是得到了明确的肯定。

再次，《联合国宪章》《给予殖民地国家和人民独立宣言》等文件确立了民族自决原则，为争取独立民族的国际法主体地位奠定了法律基础。从行为能力角度看，争取独立的民族，往往建立了代表和领导本民族独立斗争的政治实体，在很多情况下还具备国家的某些特征；从权利能力角度看，基于民族自决原则，争取独立民族有权进行国际交往、派遣外交代表、参加谈判、出席国际会议、缔结国际协定、参加国际组织、享受战争法规的约束和保护、请求和接受外国和国际组织的援助等。

最后，个人的国际法主体地位存在争议。实证法学派依据传统的主权理论，主张只有国家才是国际法主体，而个人绝不可能享有国际法律人格。然而，现代的国际法理论更倾向于肯定个人的国际法主体地位，尤其是持"折中说"的学者认为，正常情况下国家是国际法主体，但在特定的场合中作为个人的自然人也有可能成为国际法的主体，因为很多国际人权条约和欧盟的很多条约能够直接适用于个人，而个人也能够参与欧洲人权法院、联合国行政法庭等司法机构的审判程序。此外，在特定情况下，个人还需要承担危害人类罪、违反战争法规和惯例罪等国际罪行。目前，支持于国家之外赋予个人以法律上有限国际人格的学者较多，折中说似有渐成主流的趋势。

答案解析：可以从国际法主体的概念、历史沿革、当代类型等角度进行回答。

2.（1）国际法的主体是指有能力享有国际法上权利和承担国际法上义务，有能力进行国际关系活动的实体。

（2）从理论视角看，国际组织具备成为国际法主体的行为能力和权利能力。国际组织不仅具备赖以存在和活动的物质基础，还有独立的意思能力，这两方面共同构成了国际法律人格所需的行为能力，同时国际组织都具备实现职能所需的权能，如国际组织在其成员国领域内，一般有资格订立契约、购置财产、进行诉讼的权利，在国际范围内享有资格缔结条约、派遣使节或代表、组织国际会议、调解国际争端、请求国际赔偿的权利。

（3）从实践视角来看，国际组织的国际法律人格已为世人所广泛承认和接受。许多国际文件和条约均明文确认国际组织的国际法主体地位，国际组织的国际法主体地位也得到了国际法学界认可和广泛的国家实践支持。在"执行联合国职务时所受损害的赔偿案"咨询意见中，国际组织的国际法主体地位更是得到了明确的肯定。

（4）国际组织的国际法主体资格与主权国家的国际法主体资格有所区别。每一国际组织所享有的权利能力，或由章程明确授权，或由章程暗含赋予，或由成员国通过对其实践的事后承认而设定。权利的范围限于"为实现宗旨所必需"，而划定范围的最终标准是创立国际组织的国家的意志，因此，主权国家具有最为完整的权利能力和行为能力，而国际组织通常仅在成员国国内法体系内和与宗旨相关的国际法体系内具有法律人格。

　　答案解析：可以从国际法主体的概念、国际组织的行为能力与权利能力、国际组织国际法主体资格与主权国家国际法主体资格的区别进行回答。

第六章　国际法上的国家

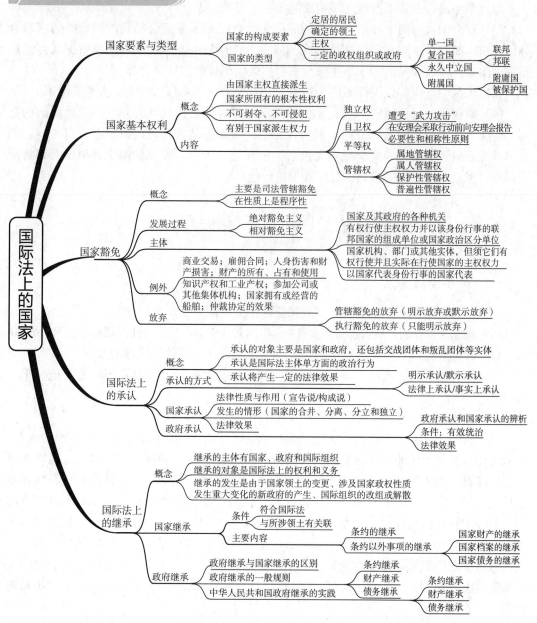

本章核心知识点解析

第一节　国家要素与类型

和国家要素与类型相关的概念，定义如下。

（1）国际法上的国家：由定居的居民和特定的领土组成的、有一定的政府组织和对外独立交往能力的政治实体。

（2）国家的构成要素：定居的居民；确定的领土；一定的政权组织或政府；主权。

（3）单一国：由若干行政区域构成的单一主权的国家。

（4）复合国：由两个或两个以上的成员邦组合起来形成复合结构的国家或国家联合体。目前主要存在联邦和邦联两种形式。其中，联邦是由若干个成员单位根据联邦宪法组成的国家。邦联则是由若干个主权国家根据条约组成的国家联合体。

（5）永久中立国：以国际条约为根据，在对外关系中承担永久中立义务的国家。

（6）附属国：对他国居于从属地位的国家，其对外交往权不同程度地受到他国的控制。附属国主要有附庸国和被保护国两种类型。附庸国是其在对内事务上有自主权，但在对外关系事务上的权利完全或主要由宗主国行使的国家。被保护国是其根据条约将重要国际事务交由保护国处理而其处于被保护地位。

第二节　国家基本权利与义务

一、基本概念

（1）国家基本权利：由国家主权直接派生出来的国家所固有的权利。

（2）国家派生权利：从国家基本权利中引申出来的权利，它是行使国家基本权利的结果。

（3）独立权：国家按照自己的意志处理本国事务而不受他国干涉的权利。

（4）平等权：无论大小强弱、社会制度和发展水平如何，各国在国际法上地位平等的权利。

（5）自卫权：国家为了保卫自己的生存和独立而具有的权利。

（6）管辖权：国家根据国际法对特定的人、物和事件进行管理或施加影响的权利。一般将管辖权分为属地管辖权、属人管辖权、保护性管辖权和普遍性管辖权。属地管辖权是指国家对本国领域内的一切人、物和所发生的事件，除国际法公认的豁免者（如享有外交特权与豁免的人士）外，有行使管辖的权利。属人管辖权是指国家对具有其本国国籍的人实行管辖的权利，而无论该人在国内还是在国外。保护性管辖权是指国家对于外国人在该国领域外侵害该国的国家或公民的重大利益的犯罪行为行使管辖的权利。普遍性管辖权是指根据国际法的规定，对于严重危害国际和平与安全以及全人类利益的某些特定的国际犯罪行为，各国均有管辖权，而不问这些犯罪行为发生的地点和罪犯的国籍。

二、疑难点解析

预先自卫权问题：预先自卫权也被称为"先发制人"，指一国对尚未实际开始但可以合理地认为已迫在眉睫的武力攻击，进行武力自卫的权利。该主张的核心观点在于随着现代科技的发展，特别是大规模杀伤性武器、弹道导弹技术的扩散以及网络技术的发展，使一国无法再严格按照传统自卫权的要求，在遭受武力攻击后方可实施自卫。该国可能因第一波武力攻击而遭受毁灭性打击，进而无力再实施自卫。预先自卫权与传统自卫权的最大区别在于，前者是针对一种迫在眉睫的武力攻击威胁，而后者则是针对已经实施的武力攻击。

预先自卫权的出现，是对传统自卫权无法在现代国际社会有效保障国家安全的回应，具有一定的合理性和必要性。虽然该理论尚未被国际条约、国际习惯法或国际司法实践所接受，但适应了新的国际关系的需要，可以作为传统自卫权的例外情形。既然预先自卫权是一种例外情形，它的行使就需要受到严格限制，即必须是"即将遭受迫在眉睫的武力攻击"。由于国际社会尚未就如何认定"即将遭受迫在眉睫的武力攻击"达成共识，致使个别国家在实践中进行随意解释以便为其侵犯他国的行为作辩护。因此，"预先自卫权"面临一个尴尬局面：一方面它的出现顺应了国际社会的现实需要；另一方面由于内涵不清，在实践中经常被个别国家滥用。[①]

第三节　国家豁免

一、基本概念

（1）国家豁免（State Immunity）：国家根据国家平等原则不受他国管辖的特权。具体地说，就是国家及其机构和财产在外国法院享有管辖豁免权（Jurisdictional Immunities）。

（2）绝对豁免主义：主张国家的一切行为和财产均免受外国法院的司法管辖。根据该原则，国家在外国法院的诉讼中可以对自己所有的行为援引管辖豁免。

（3）相对豁免主义：将国家行为分为两类，一类是国家传统上所从事的政治、外交以及军事行为；另一类则是经济、贸易等原来主要由私人或法人从事的行为。前者可以享受豁免，而后者则不能享受豁免。

（4）国家豁免主体的种类：1）国家及其政府的各种机关；2）有权行使主权权力并以该身份行事的联邦国家的组成单位或国家政治区分单位；3）国家机构、部门或其他实体，但须它们有权行使并且实际在行使国家的主权权力；4）以国家代表身份行事的国家代表。

二、疑难点解析

（1）国家不得援引管辖豁免的情况：1）商业交易，指一国与外国自然人或法人进行的商业交易。在确定一项合同或交易是否为"商业交易"时，主要参考该合同或交易的性质，还可考虑交易的目的。2）雇用合同，指一国在该国和个人间关于已全部或部分在另一国领土进行或将进行的工作之雇用合同。3）人身伤害和财产损害。4）财产的所有、占有和使用。5）知识产权和工业产权。6）参加公司或其他集体机构。7）国家拥有或经营的船舶。8）仲裁协定的效果也构成国家豁免的例外情形。然而，在第 2、3、4、5、7 种的情形下，如有关国家之间另有协议，被告国亦可主张管辖豁免。

（2）国家豁免的放弃：国家同意在外国法院不援引管辖豁免，接受外国法院的管辖。其中，明示放弃是指国家通过条约、合同、其他正式文件或声明，表示接受外国法院的管辖。默示放弃是指国家通过在外国法院作出与特定诉讼直接有关的积极行为（包括在外国法院提起诉讼、介入该诉讼或采取与案件实体有关的任何其他步骤、提起反诉），表示其同意接受法院的管辖。但在下列情况下，一国的行为不应解释为放弃国家豁免：1）一国同意适用另一国的法律；2）一国仅为援引豁免或对诉讼中有待裁决的财产主张一项权利或利益的目的而介入诉讼或采取任何其他步骤；3）一国代表在另一国法院出庭作证；4）一国未在另一国法院的诉讼中出庭。需要注意的是，国家在外国法院放弃管辖豁免，并不意味着也放弃执行豁免，执行豁免的放弃必须另作明确的表示。如果一国放弃了管辖豁免但没有明确表示放弃执行豁免，那么外国法院不能对该国的国家财产采取扣押、查封等强制执行措施。执行豁免的放弃只存在明示放弃的形式，不存在默示放弃的形式。

第四节　国际法上的承认

和国际法上的承认相关的概念，定义如下。

（1）国际法上的承认：国际法主体（如现存国家和国际组织等）对新国家、新政府或其他情势的出现表示接受，并表明愿意与有关实体发展正常关系的单方面行为。

（2）明示承认：它是一种直接的、明文表示的承认，一般由承认者通过向被承认者发出照会、函电或发表声明，表示予以承认。

（3）默示承认：它是一种间接的、通过某种行为表示的承认。例如，通过建立或维持外交关系或领事关系、缔结条约等行为表示承认新国家的地位。但与新国家共同参加国际组织、国际会议或多边国际公约，并不当然构成对新国家的默示承认。

（4）法律上的承认：它是一种完全的、永久的承认。它表明承认者愿意与被承认者进行全面交往，因而构成两者之间发展正常关系的法律基础。这种承认是不可撤销的。

（5）事实上的承认：它是一种非正式承认，具有暂时的和不稳定的性质，它有可能随着政治关系的变化而被撤销或收回。这种承认表明承认者与被承认者之间只发生一定的交往，而不建立全面的正式关系。

（6）国家承认：既存国家以明示或默示的方式对新国家出现这一事实的确认，并表示愿意与新国家建立外交关系的单方面国家行为。国家承认包含两层含义：一是对某一地区的居民组成为一个国家这一事实的确认；二是承认国表示愿意与新国家建立外交关系。

（7）构成说：认为一个新国家只有经过既存国家的承认才能成为国际法主体；承认具有创造国际法主体的作用。但是构成说并不符合国家平等原则，根据该原则，所有国家，不论大小强弱，都是平等的国际法主体及国际社会平等的一员。

（8）宣告说：认为承认只是既存国家对新国家存在的事实给予确认或宣告而已，并不具有创造国际人格的作用，国家的成立及其国际法主体资格的取得不决定于他国的承认。

（9）政府承认：既存国家承认另一既存国家的新政府，即承认某一新政府为国家的正式代表，并表明愿意同它建立或继续保持正常关系的行为。政府承认一般发生在由于社会革命或叛乱等以非宪法手段造成的政府更迭情况。而一国按照宪法程序所进行的政府变动，不发生政府承认问题。

第五节　国际法上的继承

和国际法上的继承相关的概念，定义如下。

（1）国际法上的继承：国际法上的权利和义务由一个承受者转移给另一个承受者所发生的法律关系。

（2）国家继承：因国家领土变更而引起一国的权利和义务转移给另一国的法律关系。引起国家继承的原因是国家领土的变更，发生国家继承的领土变更有合并、分离、解体、部分领土转移（国家之间割让或交换部分领土）和独立五种情况。

（3）国家条约的继承："人身条约"不予继承，而与所涉领土有关的"非人身条约"，应予继承。但上述规则并不排除有关国家达成协议或通过谈判来解决条约的继承问题。

（4）国家财产的继承：被继承国的国家财产转属继承国。此处所称的"国家财产"，是指国家继承发生时，按照被继承国国内法为该国所拥有的财产、权利和利益。国家财产分为不动产和动产，处理继承问题时的一般做法是：不动产随领土转移；动产按所涉领土的实际生存原则转移。

（5）国家档案的继承：国家档案是指属于被继承国所有并由被继承国作为国家档案收藏的一切文件。国家档案不同于国家财产，它们一般不能分割，但可以复制以供使用。

（6）国家档案的继承：通常由继承国和被继承国协议解决；若无协议，一般将与所涉领土有关的档案转属继承国。对新独立国家的国家档案继承采取特殊的规则：当新独立国家作为继承国时，在领土附属期间成为被继承国的国家档案，应归还新独立国家；被继承国的国家档案中与所涉领土有关部分，其转属或复制问题，应由被继承国与新独立国家协议解决。

（7）国家债务的继承：一国对另一国、某一国际组织或任何其他国际法主体所负的财政义务。国家债务通常包括两类：一是国债，即以国家名义所借并用于全国的债务；二是地方化债务，即以国家名义所借但用于国家领土的某一部分的债务。国债和地方化债务都在继承的范围之内。而由地方当局所借并用于该地区的债务——地方债务，则不属于国家债务的范围。"恶债"也不在国家继承范围之列。"恶债"，即恶意债务，是指被继承国违背继承国或转移领土人民的利益，或违反国际法基本原则所举借的债务，如征服债务或战争债务等。

（8）政府继承：由于革命或政变导致政权更迭，旧政府在国际法上的权利和义务由新政府所取代的法律关系。只有在政府的更迭是由于社会革命而引起的根本性政府变动，新政府在本质上不同于旧政府的情况下，才发生政府继承问题。

（9）政府条约继承：新政府通常根据条约的具体内容来决定是否继承。对一切不平等的掠夺性的秘密条约以及与新政府所代表的国家利益根本对立的条约，不予继承。

（10）政府财产继承：旧政府的一切国家财产及权益都应转属新政府。

（11）政府债务继承：对旧政府的债务不予继承或者根据具体情况区别对待，但新政府可无条件地废除一切恶意债务。

本章实务案例研习

国家管辖豁免案[1]

（一）案情简介

一名曾经被强迫在德国军工厂劳动的意大利公民，于1998年向意大利阿雷佐法院（the Court of Arezzo）起诉德国。阿雷佐法院以德国作为主权国家受管辖豁免保护为由，裁定该公民的诉求不可受理。该公民随后诉至佛罗伦萨上诉法院（the Court of Appeal of Florence），上诉法院基于同样理由驳回其诉求。最后，该公民又诉至意大利最高法院（the Italian Court of Cassation）。最高法院认为，当被指控的行为构成国际罪行时，不适用国家豁免，意大利法院可以管辖针对德国的赔偿诉求。最高法院将该案发回阿雷佐法院，阿雷佐法院认为尽管其有权审理本案，但是赔偿诉求已过时效。后来，佛罗伦萨上诉法院撤销了阿雷佐法院的判决，判决德国应赔偿该公民的损失以及与本案有关的诉讼费。此后，意大利其他地方法院也受理了一些类似案件。

希腊迪斯托莫村（the Village of Distomo）大屠杀受难者亲属起诉德国，要求德国对生命和财产损失进行赔偿。希腊法院支持了受害者亲属的诉求。根据希腊民事诉讼法，在希腊执行针对外国的判决，需要得到司法部部长的授权。但是希腊司法部部长未予以授权，导致该判决在希腊未得到执行。为了执行判决，本案原告分别向欧洲人权法院和德国联邦最高法院起诉，但均以德国享有国家豁免为由而被驳回。本案原告转而在意大利寻求执行判决。意大利佛罗伦萨上诉法院和最高法院均认为该判决可在意大利执行。

意大利法院的上述做法，促使德国向国际法院起诉意大利，请求国际法院判决：

（1）意大利允许在其国内法院针对德国在二战期间违反国际人道法而提出民事诉求，没有尊重德国根据国际法所享有的管辖豁免。

---

[1] Jurisdictional Immunities of the State (Germany v. Italy: Greece intervening), Judgment, I. C. J. Reports 2012.

（2）意大利对其境内的德国用于政府非商业用途的财产所采取的限制措施违反了德国的管辖豁免。

（3）意大利法院宣布希腊法院针对德国的判决可以在意大利境内执行，进一步违反了德国的管辖豁免。

针对上述三项诉求，意大利请求国际法院驳回前两项诉求，接受第三项诉求，但并未终止对德国财产的限制措施，更未承认其需要承担的国家责任问题。此外，希腊被允许以非当事方的身份参加诉讼，但参加的范围仅限于希腊法院在迪斯托莫村案中的判决。

（二）国际法院判决

1. 关于意大利法院行使管辖权的行为是否违法问题

意大利主张国家豁免不适用于一国武装力量的行为以及其他机关在武装冲突中协助武装力量的行为，理由有二：一是一国在另一国领土上对该国公民实施的侵权行为不得享有豁免，即国家豁免的侵权行为例外（Tort Exception）；二是德国的行为是对国际强行法规则的最严重违反，而国际强行法总是优于其他国际法规则。而且，受害人除在国内法院起诉外没有其他救济渠道，因此德国不得享有豁免。但是，德国认为对统治权行为（*acta jure imperii*）的豁免是没有例外的。

国际法院指出，与豁免有关的国际法规则是一国法院能否受理针对他国的诉讼，因而本质上属于程序性规定，而非实体法。因此，国际法院不需要考察德国在二战中的行为是否违法，只需要考虑意大利法院是否应当在相关案件中赋予德国国家豁免。

对于意大利的第一项理由，国际法院认为，即使承认国际习惯法存在"侵权行为例外"，该例外也不包括一国武装力量在武装冲突中导致的侵权行为。因此，一国法院不能对另一国的统治权行为所造成的侵权结果加以管辖。对于意大利的第二项理由，国际法院首先指出，现行习惯法并没有规定一国会因严重触犯国际人权法或武装冲突法而丧失国家豁免。其次，国家豁免本质上是程序性规则，调整的是外国法院能否针对一国行使管辖权问题，这与武装冲突法等实体性规则调整的内容不同，因此二者间并不存在冲突。最后，国际法院考察了国际条约、各国立法和司法实践后得出结论，认为是否存在针对受害人有效救济渠道并不是一国享有豁免的前提条件。

2. 关于意大利对德国财产采取限制措施是否违法问题

这个问题涉及一国享有的执行豁免。国际法院认为一国享有的执行豁免比管辖豁免更胜一筹，因为根据国际法，即使外国法院在有管辖权的情形下合法地作出一项针对一国的判决，这也并不意味着法院国或者其他第三国可以针对该国实施限制措施以执行判决。而且，即使一国放弃了管辖豁免，也不意味着该国放弃了执行豁免。

在对一国的财产采取任何限制措施之前，必须确定该项财产用于商业目的，或者取得该国明示同意采取限制措施，或者该国已经拨出该财产用于清偿。而本案涉及的是用作政府目的的财产，且德国并没有明示同意可采取限制措施或者拨出该财产用于清偿诉讼债务。因此，意大利由于对此财产采取执行措施而侵犯了德国的国家豁免。

3. 关于意大利宣布希腊法院判决可执行的行为是否违法问题

国际法院指出，意大利法院在审查是否执行希腊法院判决时，虽然不需要对案件实体内容进行裁断，但是其最终判决结果会决定希腊法院判决能否在意大利境内生效。因此，意大利法院必须意识到其审查行为是针对第三国的，由此必须考察该第三国是否享有豁免的问题。基于此，意大利宣布希腊法院判决可以执行的行为侵犯了德国的国家豁免。

最后，国际法院判定德国胜诉，并判定意大利应采取自行选择的措施终止侵犯德国享有豁免权的行为。

（三）评析

本案主要涉及国家豁免原则、国家的豁免权与判决执行问题、国际强行法与国家豁免规则的关系等问题。

本案中，国际法院重申了国家豁免原则。法院在考察了国际法委员会的相关编纂活动和国家实践后认为，国家豁免是指基于主权平等原则，任何一国在法律上都没有凌驾于他国之上的权力，即所谓"平等者之间无管辖权"。据此，各国在国际法上享有豁免权，也有义务尊重和给予他国豁免权。

在本案中，德国政府引用了国家豁免权来抗辩，并得到了国际法院的支持。国际法院认为，国家豁免规则是习惯国际法中的一个普遍规则。虽然国际法院承认国家豁免存在例外，但一国武装力量的行为和其他机关在武装冲突中协助武装力量的行为属于统治权行为（主权行为），受到国家豁免原则的保护。此外，国家豁免的内容包括管辖豁免和强制措施豁免。其中，后者是指国家财产不受所在国法院强制执行的规则，所以国际法院认为意大利法院宣布希腊法院的判决可在意大利境内执行的做法，违反了意大利应尊重德国豁免权的义务。

在关涉国家豁免规则与国际强行法的关系问题上，国际法院强调，一国享有国家豁免并不意味着该国不存在国家责任。因为国家豁免的国际法规则属于程序性规则，而判定国家责任问题需依据国际法实体性规则，二者之间并不矛盾。因此即使德国违反了国际法，也不能剥夺它的国家豁免权。

总之，国际法院作出的判决虽然让人在情感上有些难以接受，但是国际法院反复强调，其判决的依据是现行国际法，并且意大利的主张并没有充分的国家实践支持。这从一个侧面说明，倘若国际社会要约束类似德国在二战时期严重违反国际人权法和人道法的行为，可以在日后的条约谈判中加入"实施国际不法行为的国家必须为受害人提供有效救济，否则不享受国家豁免"之类的条款，或者通过国内立法等形式作出相应的国家实践，以此推动有关习惯国际法规则的形成。

》 本章同步练习

一、选择题

（一）单项选择题

1. 甲国驻乙国使馆与乙国某公司签订办公设备买卖合同，后因款项支付发生纠纷，乙国公司诉至乙国某法院。乙国是一个主张限制豁免理论的国家，根据目前的国际法规则和实践，下列哪一选项是正确的？（　　）（法考）

A. 因为乙国主张限制豁免理论，故乙国法院有权管辖本案

B. 若甲国派代表出庭抗议乙国法院的管辖权，视为默示接受乙国法院的管辖

C. 若甲国明示放弃管辖豁免，乙国法院可在诉讼中扣押甲国财产

D. 即使甲国明示放弃管辖豁免，乙国法院也不得强制执行

2. 甲国政府与乙国 A 公司在乙国签订一份资源开发合同后，A 公司称甲国政府未按合同及时支付有关款项。纠纷发生后，甲国明确表示放弃关于该案的诉讼管辖豁免权。根据国际法规则，下列哪一选项是正确的？（　　）（司考）

A. 乙国法院可对甲国财产进行查封

B. 乙国法院原则上不能对甲国强制执行判决，除非甲国明示放弃在该案上的执行豁免

C. 如第三国法院曾对甲国强制执行判决，则乙国法院可对甲国强制执行判决

D. 如乙国主张限制豁免，则可对甲国强制执行判决

3. 甲乙二国建立正式外交关系数年后，因两国多次发生边境冲突，甲国宣布终止与乙国的外交关系。根据国际法相关规则，下列哪一选项是正确的？（　　）（司考）

A. 甲国终止与乙国的外交关系，并不影响乙国对甲国的承认

B. 甲国终止与乙国的外交关系，表明甲国不再承认乙国作为一个国家

C. 甲国主动与乙国断交，则乙国可以撤回其对甲国作为国家的承认

D. 乙国从未正式承认甲国为国家，建立外交关系属于事实上的承认

4. 甲国与乙国 1992 年合并为一个新国家丙国。此时，丁国政府发现，原甲国中央政府、甲国南方省，分别从丁国政府借债 3 000 万美元和 2 000 万美元。同时，乙国元首以个人名义从丁国的商业银行借款 100 万美元，用于乙国 1991 年救灾。上述债务均未偿还。甲乙丙丁四国没有关于甲乙两国合并之后所涉债务事项的任何双边或多边协议。根据国际法中有关原则和规则，下列哪一选项是正确的？（　　）（司考）

A. 随着一个新的国际法主体丙国的出现，上述债务均已自然消除

B. 甲国中央政府所借债务转属丙国政府承担

C. 甲国南方省所借债务转属丙国政府承担

D. 乙国元首所借债务转属丙国政府承担

5. 甲国与乙国相邻，为谋求共同发展，多年来，两国间签署了若干个双边协议、协定。后甲国分立为东甲、西甲两国。现问，如果所涉各方之间尚没有新的相关协议达成，那么，根据国际法中有关国家继承的规则，对于东甲、西甲两国，下列哪项条约可以不予继承？（　　）（司考）

A. 甲乙两国间的大陆架划界条约

B. 甲乙两国界河航行使用协定

C. 甲乙两国和平友好共同防御条约

D. 甲乙两国关于界湖水资源灌溉分配协定

（二）多项选择题

1. 甲国某公司与乙国驻甲国使馆因办公设备合同产生纠纷，并诉诸甲国法院。根据相关国际法规则，下列哪些选项是正确的？（　　）（司考）

A. 如合同中有适用甲国法律的条款，则表明乙国放弃了其管辖的豁免

B. 如乙国派代表出庭主张豁免，不意味着其默示接受了甲国的管辖

C. 如乙国在本案中提起了反诉，则是对管辖豁免的默示放弃

D. 如乙国曾接受过甲国法院的管辖，甲国法院即可管辖本案

2. S 国是一个新成立的国家。其成立后，甲国代表向联合国大会提案支持 S 国成为联合国的会员国；乙国与 S 国签署了两国互助同盟友好条约；丙国允许 S 国在其首都设立商业旅游服务机构；丁国与 S 国共同参加了某项贸易规则的多边谈判会议。根据国际法的有关规则，上述哪些国家的行为构成对 S 国的正式承认？（　　）（司考）

A. 甲国　　　　　　B. 乙国　　　　　　C. 丙国　　　　　　D. 丁国

3. 甲国政府与乙国"绿宝"公司在乙国订立了一项环保开发合同，合同履行过程中出现纠纷。"绿宝"公司以甲国政府没有及时按照合同支付有关款项为由诉至乙国法院，甲国政府派代表向法院阐述了甲国一贯坚持的绝对豁免主义立场。如果乙国是采取相对豁免主义的国家，根据目前的国际法规则和实践，下列哪些表述是正确的？（　　）（司考）

A. 甲国政府订立上述合同行为本身，是一种商业活动，已构成对其国家豁免权的放弃，乙国法院可以管辖

B. 甲国政府派代表向法院作出说明，这一事实不意味着甲国已放弃在此诉讼中的国家豁免权

C. 即使甲国在其他案件上曾经接受过乙国法院的管辖，也不能意味着，乙国法院在此案中当然地可以管辖

D. 乙国法院作出缺席判决后，甲国要求乙国宣布该判决无效。甲国这一行为表明，甲国此前已接受了乙国法院的管辖

二、名词解释

1. 保护性管辖权（考研）
2. 国家及其财产豁免（考研）
3. 普遍性管辖权（考研）
4. De Jure recognition（考研）
5. State succession（考研）
6. 政府继承（考研）
7. De Facto Recognition（考研）
8. Recognition of states（考研）
9. Clean slate doctrine（考研）
10. Restrictive immunity（考研）

三、简答题

1. 对国家的承认和对政府的承认有什么不同？各国在与我国建交时承认中华人民共和国为中国唯一的合法政府是属于国家承认还是政府承认？（考研）
2. 引起国家继承的情势。（考研）

四、论述题

1. 评述《联合国国家及其财产管辖豁免公约》。（考研）
2. 试述国家的基本权利。（考研）

参考答案

一、选择题

（一）单项选择题

1. D

解析：本题考查国家豁免理论。国家主权豁免分为绝对豁免理论和相对豁免理论，但因 2004 年《联合国国家及其财产管辖豁免公约》目前尚未生效，所以，传统的主权绝对豁免理论仍然被认为是一项有效的国际习惯法规则。因此，乙国的主张并不符合国际法的规定。根据绝对豁免理论，甲国的行为属于国家行为，乙国的国内法院无权管辖本案。所以，A 项错误。甲国派代表出庭抗辩乙国法院的管辖权，属于出庭阐述自己的立场，主张自己的豁免权，不属于默示接受他国法院管辖权的行为，故 B 项错误。国家主权豁免分为管辖豁免、诉讼豁免和执行豁免，实行的是分别放弃原则，一国放弃管辖豁免，不等于同时放弃了诉讼豁免和执行豁免，因此，C 项错误，D 项正确。

2. B

解析：本题考查国家豁免。国家对于管辖豁免的放弃，并不意味着对执行豁免的放弃。执行豁免的放弃必须另行明示作出，故 A 项错误，B 项正确。国家豁免权的放弃是国家的一种主权行为，必须是自愿、特定和明确的。一国不能将一国对某一特定事项上的豁免放弃推移到其他事项上，或将一国的豁免放弃推移到另一国家上，故 C、D 项错误。

3. A

解析：本题考查国际法上的承认。国际法中的承认有明示和默示两种形式，其中，默示承认形式主要包括：与承认对象建立正式外交关系；与承认对象缔结正式的政治性条约等。甲乙两国建立正式外交关系，构成国际法上的默示承认。建立正式外交关系属于法律上的承认，而不是事实上的承认。法律上的承认是正式和不可撤销的。甲国终止与乙国的外交关系，并不影响乙国对甲国的承认。故 A 项正确，B、C、D 项错误。

4. B

解析：本题考查国家债务继承。国家债务通常包括两类：一是国债，即以国家名义所借并用于全国的债务；二是地方化债务，即以国家名义所借但用于国家领土的某一部分的债务。国债和地方化债务都在继承的范围。而由地方当局所借并用于该地区的债务——地方债务，则不属于国家债务的范围。原甲国中央政府从丁国政府借债 3 000 万美元属于国家债务，而甲国南方省从丁国政府借债 2 000 万美元属于地方债务。乙国元首以个人名义从丁国的商业银行借款 100 万美元，属于个人债务。因此，丙国只继承甲国中央政府所借债务。故 B 项正确，A、C、D 项错误。

5. C

解析：本题考查国家继承中的条约继承。在处理条约继承问题时，政治性条约，诸如和平友好条约、同盟条约、共同防御条约等，由于情势变迁，一般不继承。而与所涉领土有关的所谓"非人身条约",如有关领土边界、河流使用、水利灌溉、道路交通等方面的条约或协定,应予继承。故 A、B、D 项错误,C 项正确。

(二)多选

1. BC

解析:本题考查国家豁免的放弃。国家豁免放弃的方式分为明示方式和默示方式。默示方式包括:(1)国家作为原告在外国法院提起诉讼;(2)正式出庭应诉;(3)提起反诉;(4)作为诉讼利害关系人介入特定诉讼等。对于以下情形,不认为是默示放弃管辖:(1)国家从事商业行为。(2)国家或其授权的代表虽出庭但是为了:a. 主张或重申国家的豁免权;b. 对外国法院的管辖作出反应;c. 出庭阐述立场或作证;d. 或要求法院宣布判决或裁决无效。(3)一国同意适用另一国的法律。故 A 项错误,B、C 项正确。国家豁免权的放弃是国家的一种主权行为,必须是自愿、特定和明确的,前一个案子中放弃豁免权的效力不及于后案,故 D 项错误。

2. AB

解析:本题考查国家的承认。一国若想成为联合国会员国,前提是它是一个主权国家,所以甲国代表向联合国大会提案支持 S 国成为联合国的会员国,足以表明对 S 国的正式承认。乙国与 S 国签署了两国互助同盟友好条约,则是乙国通过缔结双边条约间接承认 S 国。故 A、B 项正确。丙国允许 S 国在其首都设立商业旅游服务机构而非使领馆,无法表明对 S 国的承认。丁国与 S 国共同参加了某项贸易规则的多边谈判会议,不当然构成对 S 国的默示承认。故 C、D 项错误。

3. BC

解析:本题考查国家豁免的放弃。国家豁免权的放弃可分为明示放弃和默示放弃两种形式。明示放弃是指国家通过条约、合同、其他正式文件或声明,表示接受外国法院的管辖。因此,甲国政府放弃国家豁免权应当明示,单凭订立合同无法证明其已经放弃。故 A 项错误。一国仅为援引豁免的目的而介入诉讼或采取任何其他步骤,不应解释为同意另一国的法院对其行使管辖权。故 B 项正确。国家豁免权的放弃应当是个案进行,在原先案件中放弃国家豁免不意味着在此后案件中也放弃豁免。故 C 项正确。甲国在乙国法院作出判决后再提出要求,属于在诉讼之外的措施,并未介入诉讼,不能被视为接受乙国法院的管辖。故 D 项错误。

二、名词解释

1. 保护性管辖权指国家对于外国人在该国领域外侵害该国的国家或公民的重大利益的犯罪行为行使管辖的权利。

2. 国家及其财产豁免是指国家根据国家平等原则不受他国管辖的特权。具体地说,就是国家及其机构和财产在外国法院享有管辖豁免权。

3. 普遍性管辖权是指根据国际法的规定,对于严重危害国际和平与安全以及全人类利益的某些特定的国际犯罪行为,各国均有管辖权,而不问这些犯罪行为发生的地点和罪犯的国籍。

4. 法律上的承认是一种完全的、永久的承认。它表明承认者愿意与被承认者进行全面交往，因而构成两者之间发展正常关系的法律基础。这种承认是不可撤销的。

5. 国家继承是指因国家领土变更而引起一国的权利和义务转移给另一国的法律关系。

6. 政府继承是指由于革命或政变导致政权更迭，旧政府在国际法上的权利和义务由新政府所取代的法律关系。

7. 事实上的承认是指一种非正式承认，具有暂时的和不稳定的性质，它有可能随着政治关系的变化而被撤销或收回。这种承认表明承认者与被承认者之间只发生一定的交往，而不建立全面的正式关系。

8. 国家承认是指既存国家以明示或默示的方式对新国家出现这一事实的确认，并表示愿意与新国家建立外交关系的单方面国家行为。

9. 白板规则是指殖民地和附属地经过斗争而建立的独立国家，对作为被继承国的前殖民国家所签订的条约，有权拒绝继承。

10. 限制豁免将国家行为分为两类：一类是国家传统上所从事的政治、外交以及军事行为；另一类是国家所从事的经济、贸易等原来主要由私人或法人从事的行为。前者可以享受豁免，后者不能享受豁免。

三、简答题

1. 国家承认与政府承认的区别：政府承认不涉及或影响国家的国际人格，国家的国际法主体资格不因政府更迭而有所改变。而国家承认是承认一个新产生的国际法主体，在国际社会中，国际法主体的数量因此而有所增减。

对中华人民共和国的承认，属于政府承认，中国作为国际法主体依然继续存在，不受影响；中华人民共和国作为一个国际法主体是"旧中国"的继续。

2. 引起国家继承的情势共五种，分别是：

（1）合并，即两个或两个以上的国家合并为一个新国家。

（2）分离，指一国的某一部分或某几部分领土脱离该国，成立一个或数个新的独立国家，而被缩小了的原国家仍然存在的一种情况。

（3）分立，即"解体"，是指一个国家分裂为几个新国家，原国家（母国）不复存在的情况。

（4）独立，指在非殖民化运动中宣布独立的殖民地和其他附属领土。

（5）部分领土转移，即国家之间割让或交换部分领土。

四、论述题

1. 联合国大会于 2004 年 12 月通过了《联合国国家及其财产管辖豁免公约》（以下简称《公约》）。《公约》就国家及其财产管辖豁免作了以下规定。

（1）国家豁免的主体：1）国家及其政府的各种机关；2）有权行使主权权力并以该身份行事的联邦国家的组成单位或国家政治区分单位；3）国家机构、部门或其他实体，但须它们有权行使并且实际在行使国家的主权权力；4）以国家代表身份行事的国家代表。

关于国有企业与国家的关系问题，一方面，《公约》规定了国家豁免不因那些具有独立法律人格的国有企业涉诉而受影响；另一方面，《公约》又指出，该规定并不影响"掀开公司面纱"原则的适用。

（2）不得援引国家豁免的诉讼：1）商业交易，指一国与外国自然人或法人进行的商业交易。在确定一项合同或交易是否为"商业交易"时，主要参考该合同或交易的性质，还可考虑交易的目的。2）雇佣合同，指一国在该国和个人间关于已全部或部分在另一国领土进行或将进行的工作之雇佣合同。3）人身伤害和财产损害。4）财产的所有、占有和使用。5）知识产权和工业产权。6）参加公司或其他集体机构。7）国家拥有或经营的船舶。然而，在第2、3、4、5、7种情形下，如有关国家之间另有协议，被告国亦可主张管辖豁免。8）仲裁协定的效果也构成国家豁免的例外情形。

（3）国家豁免权的放弃：1）明示放弃是指国家通过条约、合同、其他正式文件或声明，表示接受外国法院的管辖。2）默示放弃是指国家通过在外国法院作出与特定诉讼直接有关的积极行为（包括在外国法院提起诉讼、介入该诉讼或采取与案件实体有关的任何其他步骤、提起反诉），表示其同意接受法院的管辖。

尽管尚未生效，但《公约》的条款规定，不仅被国际法院在 2012 年的"德国诉意大利国家管辖豁免案"判决中给予了认真考虑，而且被欧洲人权法院所适用，甚至还适用于《公约》非缔约国。有些非缔约国的国内法院已经在它们的判决中援引《公约》。中国政府于 2005 年 9 月签署了《公约》，但至今尚未批准《公约》。

2. 国家基本权利是指由国家主权直接派生出来的国家所固有的权利，主要包括独立权、平等权、自卫权和管辖权四项权利。

（1）独立权。它是指国家按照自己的意志处理本国事务而不受他国干涉的权利。独立自主和不受干涉是独立权的两个特征。

（2）平等权。它是指无论大小强弱、社会制度和发展水平如何，各国在国际法上地位平等的权利。

（3）自卫权。它是指国家为了保卫自己的生存和独立而具有的权利。自卫权的行使受到严格限制：1）自卫权行使的前提条件须是"受武力攻击"。2）自卫的时间应在安理会"采取必要办法，以维持国际和平与安全之前"。一旦安理会采取了维护国际和平与安全的必要措施，自卫行动即告结束。3）联合国会员国行使自卫权所采取的行动应向安理会报告，并不得影响安理会行使维持国际和平与安全的职权。4）自卫权行使的武力限度是须遵守必要性和相称性原则。

（4）管辖权。它是指国家根据国际法对特定的人、物和事件进行管理或施加影响的权利。一般将管辖权分为属地管辖权、属人管辖权、保护性管辖权和普遍性管辖权四种。其中，属地管辖权和属人管辖权是主要的管辖权。1）属地管辖权。它是指国家对本国领域内的一切人、物和所发生的事件，除国际法公认的豁免者（如享有外交特权与豁免的人士）外，有行使管辖的权利。2）属人管辖权。它是指国家对具有其本国国籍的人实行管辖的权利，而无论该人在国内还是在国外。3）保护性管辖权。它是指国家对于外国人在该国领域外侵害该国的国家或公民的重大利益的犯罪行为行使管辖的权利。4）普遍性管辖权。它是指根据国际法的规定，对于严重危害国际和平与安全以及全人类利益的某些特定的国际犯罪行为，各国均有管辖权，而不问这些犯罪行为发生的地点和罪犯的国籍。

第七章　国际组织法

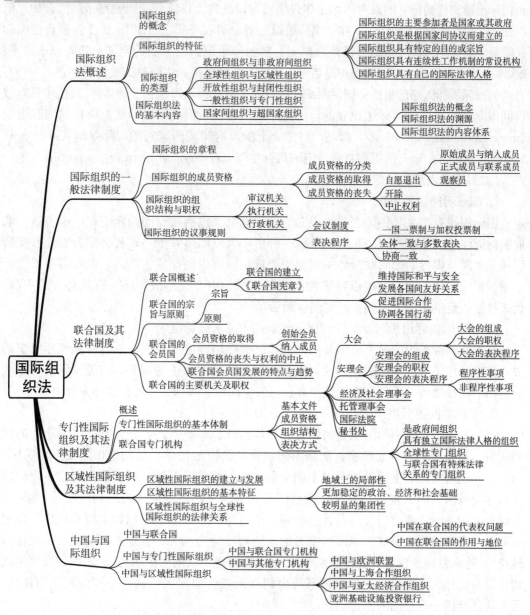

国际组织法概述
- 国际组织的概念
- 国际组织的特征
  - 国际组织的主要参加者是国家或其政府
  - 国际组织是根据国家间协议而建立的
  - 国际组织具有特定的目的或宗旨
  - 国际组织具有连续性工作机制的常设机构
  - 国际组织具有自己的国际法律人格
- 国际组织的类型
  - 政府间组织与非政府间组织
  - 全球性组织与区域性组织
  - 开放性组织与封闭性组织
  - 一般性组织与专门性组织
  - 国家间组织与超国家组织
- 国际组织法的基本内容
  - 国际组织法的概念
  - 国际组织法的渊源
  - 国际组织法的内容体系

国际组织的一般法律制度
- 国际组织的章程
- 国际组织的成员资格
  - 成员资格的分类
    - 原始成员与纳入成员
    - 正式成员与联系成员
  - 成员资格的取得
  - 成员资格的丧失
    - 自愿退出
    - 开除
    - 中止权利
    - 观察员
- 国际组织的组织结构与职权
  - 审议机关
  - 执行机关
  - 行政机关
- 国际组织的议事规则
  - 会议制度
  - 表决程序
    - 一国一票制与加权投票制
    - 全体一致与多数表决
    - 协商一致

联合国及其法律制度
- 联合国概述
  - 联合国的建立
  - 《联合国宪章》
- 联合国的宗旨与原则
  - 宗旨
    - 维持国际和平与安全
    - 发展各国间友好关系
    - 促进国际合作
    - 协调各国行动
  - 原则
- 联合国的会员国
  - 会员资格的取得
    - 创始会员
    - 纳入成员
  - 会员资格的丧失与权利的中止
  - 联合国会员国发展的特点与趋势
- 联合国的主要机关及职权
  - 大会
    - 大会的组成
    - 大会的职权
    - 大会的表决程序
  - 安理会
    - 安理会的组成
    - 安理会的职权
    - 安理会的表决程序
      - 程序性事项
      - 非程序性事项
  - 经济和社会理事会
  - 托管理事会
  - 国际法院
  - 秘书处

专门性国际组织及其法律制度
- 概述
- 专门性国际组织的基本体制
  - 基本文件
  - 成员资格
  - 组织结构
  - 表决方式
- 联合国专门机构
  - 是政府间组织
  - 具有独立国际法律人格的组织
  - 全球性专门组织
  - 与联合国有特殊法律关系的专门组织

区域性国际组织及其法律制度
- 区域性国际组织的建立与发展
- 区域性国际组织的基本特征
  - 地域上的局部性
  - 更加稳定的政治、经济和社会基础
  - 较明显的集团性
- 区域性国际组织与全球性国际组织的法律关系

中国与国际组织
- 中国与联合国
  - 中国在联合国的代表权问题
  - 中国在联合国的作用与地位
- 中国与专门性国际组织
  - 中国与联合国专门机构
  - 中国与其他专门机构
- 中国与区域性国际组织
  - 中国与欧洲联盟
  - 中国与上海合作组织
  - 中国与亚太经济合作组织
  - 亚洲基础设施投资银行

国际组织法

▶▶ 本章核心知识点解析

第一节 国际组织法概述

一、正确理解国际组织的概念

（一）基本概念

国际组织是指国家以及这些国家所认可的其他实体为实现特定合作目的，以条约或其他国际法律文件而建立的具有国际法律人格的常设机构。1969 年《维也纳条约法公约》第 2 条第 1 款第（壬）项规定，"称'国际组织'者，谓政府间之组织"。2011 年联合国国际法委员会通过的《国际组织责任条款草案》对国际组织给出了新的定义，其第 2 条规定："为本条款草案的目的，国际组织是指根据条约或其他受国际法调整的文件所建立，并具有自己的国际法律人格的组织。国际组织的成员除了国家也可以包括其他实体。"由于只有政府间国际组织是根据国际法建立的，受国际法的调整，因此，国际法上所指的国际组织（international organization），即是严格意义上的政府间或国家间的国际组织（inter-government organization），不包括非政府间国际组织（non-government organization）。

（二）疑难点解析

1. 非政府间国际组织

国际组织有广义和狭义之分，广义的国际组织既包括政府间国际组织，也包括非政府间国际组织。非政府间国际组织是指一种由个人或团体基于一定社会宗旨以非官方协议成立的跨越国界的民间联合体。它们需要依某国国内法而成为法人，但成员并不限于该国人民或团体。它们一般以特定的问题和领域为中心而形成组织，有其特定的主张，代表社会一定的阶层或某些集团的利益而活动。

2. 政府间国际组织与非政府间国际组织的主要区分标准

政府间国际组织的成立依据是国际法，因而受国际法的调整。非政府间国际组织的成立依据往往是有关国家的国内法，因而受有关国家国内法的调整。一般国际法对非政府组织的法律地位并无具体规定，如其运行发生问题，须依成立地之法律来解决。

3. 非政府间国际组织的特征

第一，非政府间国际组织是跨国性、非政治性、非政府性、非营利性、志愿性的国际组织，其成员不是国家政府，而是不同国家的公民或团体，活动范围超出一国范围。第二，非政府间国际组织受两个以上国家国内法的调整：首先，该国在何国注册登记成立，即受该国国内法规范；其次，该组织若在他国活动，也应当遵守当地法律。第三，与联合国的关系：联合国经济及社会理事会通过给予一些非政府组织"咨商地位"以建立联系，咨商地位根据该组织所涉事务的广泛程度分为三种：普通咨商地位（一类咨商地位）、特别咨商地位（二类咨商地位）、注册咨商地位（列入注册类）。取得咨商地位或观察员身份后，这些组织在联合国系统内拥有向联合国相关机构提出咨询意见的权利，可参与联合国一定范围内的活动。

二、掌握国际组织的特征

国际组织的特征的基本内容如下。

（1）国际组织的主要参加者是国家或其政府。但国家并不是国际组织的唯一成员，如世界贸易组织（world trade organization，简称 WTO）允许中国香港、澳门和台湾地区以"单独关税区"的身份作为其正式成员。

（2）国际组织是根据国家间的协议而建立的。这种协议是国际组织存在的法律基础，这种协议的正式文件，一般就是有关国际组织据以建立组织机构和进行活动的章程，是一种多边条约，也被称为"基本文件"。如国际联盟的基本文件是《国际联盟盟约》（covenant of the league of nations），联合国的基本文件是《联合国宪章》①（charter of the united nations）。

（3）国际组织具有特定的目的或宗旨，其权力具有职能性。国际组织的职能取决于该组织的基本文件对其职能大小及范围如何规定。一般来说，比较重要的国际组织，特别是那些负有重大国际责任的组织，为了达成其宗旨，在其"法定职能"范围内，往往具有相应的法律人格，以便其在国际交往中行使其权力和履行其义务。

（4）国际组织是具有连续性工作机制的常设机构。国际组织以其设有自主存在的某种常设机构而与一般的国际性会议相区别。它拥有常设的活动场所，因此，具有相对的稳定性和持续性。如联合国总部大楼位于美国纽约州纽约市曼哈顿区东侧，世界贸易组织的总部设在瑞士的日内瓦。

（5）国际组织具有自己独立的法律人格。国际组织的法律人格，是它依法独立享有权力和承担义务的一种资格。没有这种资格，国际组织就不可能成为法律关系的主体，从而无法依"法定职能"在其成员国和非成员国国内领域与国际社会进行有效的组织活动。但是，组成国际组织的国家，是国际组织的主体，是国际组织基本权利的授予者。国际组织的存在和发展，有赖于成员国之间的善意协作，其重大决策，往往需要在各成员国之间达成妥协。国际组织不能凌驾于国家之上，不能违反国家主权原则而干涉本质上属于国家国内管辖的事项。

三、了解国际组织的类型

（一）基本分类

（1）根据成立的依据不同，国际组织可以分为政府间组织和非政府间组织。在严格的国际法意义上，国际组织仅指政府间国际组织。

（2）根据地域特点划分，国际组织可分为全球性组织与区域性组织。

（3）根据对成员资格规定的条件作出分类，国际组织可分为开放性组织和封闭性组织。

（4）根据国际组织的宗旨与职能范围，国际组织可分为一般性组织与专门性组织。

（5）根据国际组织的一体化程度，国际组织可分为国家间组织与超国家组织。

---

① 梁西. 梁著国际组织法. 6 版. 杨泽伟修订. 武汉：武汉大学出版社，2011：6.

（二）疑难点解析

（1）政府间国际组织如联合国、世界贸易组织、世界卫生组织、国际电信联盟、上海合作组织等；非政府间国际组织如国际律师协会、国际商会、国际太阳能协会、国际奥林匹克委员会、红十字国际委员会等。

（2）全球性的国际组织如联合国、世界贸易组织、世界卫生组织等；区域性的国际组织如北大西洋公约组织、欧洲联盟、非洲联盟、东南亚国家联盟、阿拉伯国家联盟、欧洲航天局等。

（3）开放性的国际组织如联合国、世界贸易组织、世界卫生组织等；封闭性的国际组织如北大西洋公约组织、经济合作与发展组织等。

（4）一般性组织如联合国、欧洲联盟等；专门性组织如世界贸易组织、世界卫生组织、国际海事组织、非洲邮政联盟等。

（5）国际组织从本质上讲，都是国家间组织。虽然欧洲共同体和欧洲联盟拥有若干超越其成员政府的直接权力，其部分机关不仅由相对独立于成员国政府的人员组成，还接替了成员国机关的部分权力，其部分决定不仅约束成员国政府，还直接适用于成员国的国民及法人，它是国际社会中的一个特例，但是，从根上讲，这些权力仍然是经成员国签订条约而授予的。在当今主要由主权独立国家组成的国际社会中，不可能存在真正完全的超国家组织。

四、了解国际组织法的基本内容

（一）国际组织法的基本概念

国际组织法泛指用以调整国际组织内部及其对外关系的各种特定性和共同性的法律规范（包括国际组织的建立、职权范围与活动程序等方面的一切有约束力的原则、规则和制度）的总体。

（二）国际组织法的内容体系

（1）以法律效力的层次为标准，国际组织法的内容可以分为各种组织性条约与各种行政法规。

（2）以法律调整的对象为标准，国际组织法的内容可分为对外关系法和内部关系法。

（3）以组织的各种事项及问题性质为标准，国际组织法的内容可分为国际组织机构法和国际组织实体法。

（4）以组织的职能和地域范围为标准，国际组织法的内容可分为综合性组织法律制度与专门性组织法律制度。

第二节　国际组织的一般法律制度

一、了解国际组织的成员资格

（一）国际组织成员资格的分类

（1）以国际组织的建立时间为准，可分为原始成员与纳入成员。原始成员（original

members)，是指参加创建组织会议、签订设立条约并予以批准的成员，如联合国的创始成员国是 51 个，中国参与了联合国的创建，属于联合国的创始成员。世界贸易组织于 1995 年 1 月 1 日根据乌拉圭回合谈判的决议结果而成立，有 104 个国家为创始成员。纳入成员（elective members），是指组织成立以后被接纳的成员。目前联合国一共 193 个成员国，除去 51 个创始成员，剩下的都是纳入成员。中国于 2002 年加入世界贸易组织，中国是世界贸易组织的纳入成员。

（2）以成员的法律地位及参与程度为准，可分为正式成员和联系成员。正式成员，是指能参加组织的全部活动，享有完整权利、履行全部义务的成员。如联合国的创始成员和纳入成员都是联合国的正式成员。联系成员，是指只能参加组织的某些活动，权利义务也受到某些限制的成员。联系成员享有出席组织的会议和参加讨论的权利，但没有表决权、选举权和被选举权，不能在主要机构中任职。如非洲经济委员会吸收非洲以外的国家作为联系会员。

（3）观察员，也称咨询会员。观察员能够和愿意致力于某组织的工作，被邀请或接纳参加该组织的活动，主要职能是了解和咨询，不享有正式成员才能享有的表决权等权利，但可以取得会议的全部文件，有时也可提出正式的提议。截至 2020 年 5 月，世界贸易组织有 164 个正式成员，24 个观察员。

（二）成员资格的取得

（1）一般来讲，取得原始成员资格的程序比较简单。有关国家只要参加了组织的创建会议或在建立组织的基本文件上签了字，并在某一特定日期之前批准、接受或加入了该组织章程，即取得原始成员资格。国际组织的正式成员原则上只能是国家，但也有例外，如特殊情况下，单独关税区可以作为世界贸易组织的正式成员。

（2）纳入新成员主要有两个步骤：1）有关国家提出申请；2）有关机关审议核准。

（三）成员资格的丧失

（1）自愿退出。如美国 2017 年退出联合国教科文组织、跨太平洋伙伴关系协定、巴黎气候变化协定，2018 年退出伊朗核问题全面协议，2019 年退出武器贸易条约。日本 2019 年退出国际捕鲸委员会。主动退出国际组织一般不违法，但国际组织章程关于退出的条款一般要求须经一定的预告期之后，方能退籍生效，如国际劳工组织规定的预告期为两年。

（2）开除。开除属于最严厉的制裁措施，使用情形较少，只有极少数事例，如苏联因入侵芬兰而于 1939 年被国际联盟除名，捷克斯洛伐克因拒绝履行财政义务而于 1954 年被世界银行除名。

（3）中止权利。有的国际组织规定，成员所享有的某些权利，在特殊情形下，有可能被中止。如《联合国宪章》第 5 条规定，经安理会对其采取防止或强制行动的会员国，大会可根据安理会建议，以 2/3 的多数，中止其会员国权利和特权的行使。对此种权利和特权的恢复，得由安理会单独决定，无须经过大会决议。

二、了解国际组织的组织结构与职权

国际组织的组织结构的分类有多种，但一般来说掌握国际组织的三分结构即可。

（一）审议机关

第一，审议机关是国际组织的决策或最高权力机关，一般称为"大会""代表大会""全体会议"等，由所有成员国派代表参加。第二，审议机关的主要职能是制定方针政策、审查预算、接纳新成员、选举行政首长、选举执行机关成员等。第三，一般1~2年召开一次常会，也有组织规定更长的间隔时间。如世界银行每年召开1次常会，世界气象组织每4年召开1次世界气象大会。

（二）执行机关

第一，国际组织一般设有一个执行机关，一般称为执行局或理事会等。第二，执行机关的主要职能是执行最高权力机关的决定，处理本组织管辖范围内的事项，提出建议、计划和工作方案。第三，执行机关一般由最高权力机关推举少数成员国的代表组成，也有由成员国按定额委派的情况。第四，大会休会期间，一般由理事会行使职权。

（三）行政机关

第一，秘书处是国际组织负责处理日常行政事务的机关，一般称之为秘书处，国际电报联盟的国际事务局是国际组织史上最先出现的国际秘书处。第二，秘书处一般由秘书长或者总干事和其他工作人员组成。第三，特别注意，秘书处的工作人员不是各成员国的代表，而是一批以个人资格任职的国际文职人员，受聘人员作为国际公务员，不代表任何国家，仅以个人中立身份接受该组织指示，完成交办的工作，并获得报酬。第四，秘书处的主要工作是负责处理组织中的各种经常工作，协调组织中各常设机关的活动并为其提供各种服务。

三、了解国际组织的议事规则

（一）国际组织的议事规则

（1）全体一致同意，也称一国一票一致同意制。

（2）多数同意制。

1）简单多数通过：超过半数同意票即通过。

2）特定多数通过，如2/3多数。

3）加权表决制，也称一国多票制。

（3）协商一致通过。在成员国间进行广泛协商后，不采用投票表决方式而采取对议案达成一致或不持异议则通过的方式。

（二）疑难点解析

三种投票规则的优缺点比较：

第一，全体一致同意规则充分尊重了各国的国家主权和平等，但也有局限性。有时，少数国家为了自己的特殊利益，往往不惜阻碍大多数国家的意志，这不利于国际组织决议的通过和执行，从而严重影响了国际合作的效能。

第二，多数同意规则虽然剥夺了少数国家的民主权利，但相较于全体一致同意规则而言，更具有弹性，且兼顾了多数国家的意志，提高了决策效率。

第三，协商一致规则可以通过避免易于引发对抗的生硬投票方式，作出基本上能为大家所接受的决议，因此，在现代国际组织法的法律与实践中比较流行。协商一致对于提高决议的效率是可取的，但是它也存在贬低决议内容、方式暧昧不清以及因允许保留意见而导致的达成的协议实际价值降低的缺点。[1]

第三节　联合国及其法律制度

一、联合国的宗旨与原则

(一) 联合国的宗旨

联合国的宗旨是维持国际和平与安全、发展各国间的友好关系、促进国际合作、协调各国行动。

(二) 联合国的原则

为了实现上述宗旨，《联合国宪章》第2条规定了联合国及其会员国应遵循的七项原则：

(1) 联合国系基于各会员国主权平等之原则建立；

(2) 各会员国应一秉善意，履行宪章义务；

(3) 各会员国应以和平方法解决国际争端；

(4) 各会员国在其国际关系上不得使用武力威胁或武力，或以与联合国宗旨不符之任何其他方法，侵害任何会员国或国家之领土完整或政治独立；

(5) 各会员国对于联合国依宪章规定而采取的行动，应尽力予以协助；

(6) 联合国在维持国际和平及安全之必要范围内，应保证非会员国遵行上述原则；

(7) 宪章不得被认为授权联合国干涉在本质上属于任何国家国内管辖之事项。

上述原则，构成了现代国际关系的基本准则和现代国际法的基本原则，十分重要，具体内容请参见本书第四章。

二、重点掌握联合国的主要机关

(一) 联合国的六大主要机关

为了实现《联合国宪章》所规定的宗旨，联合国设立了六大主要机关：联合国大会、安全理事会、经济及社会理事会、托管理事会、国际法院和秘书处。

(二) 疑难点解析

1. 联合国大会 (The General Assembly)

联合国大会的相关制度是国家统一法律职业资格考试的重点考察内容，应当重点掌握。

(1) 大会由全体会员国组成，具有广泛的职权，可以讨论宪章范围内或联合国任何机关的任何问题，但安理会正在审议的除外。

(2) 大会实行一国一票制。即联合国开大会时，五大常任理事国和其他国家的票数是一样的，没有任何特权。对于一般问题的决议采取简单多数通过，对于重要问题采取2/3多数通过，实践中也常常采取协商一致的做法。

---

[1] 杨泽伟. 国际法. 3版. 北京：高等教育出版社，2017：238.

（3）需 2/3 多数通过的重要问题包括：1）与维持国际和平与安全相关的建议；2）安全理事会、经济及社会理事会和托管理事会中需经选举的理事国的选举；3）新会员国接纳；4）会员国权利中止或开除会籍；5）实施托管问题；6）联合国预算及会员国应缴纳费用的分摊等。

（4）大会不是一个立法机关，主要是一个审议和建议机关。

（5）根据《联合国宪章》，大会对于联合国组织内部事务通过的决议对会员国有拘束力，对于其他一般事项作出的决议属于建议性质，不具有法律拘束力。所谓的内部事项是指联合国大会有关组织监督和内部行政方面的事情。例如选举经社理事会的成员国、选举安理会的非常任理事国、联合国会费的分摊等内部事项对于成员国是有拘束力的，而其他决议，如建议某个国家采取什么样的经济政策，则只有建议性质，没有法律拘束力。

2. 安全理事会（The Security Council）

安全理事会（以下简称"安理会"）的制度也是国家统一法律职业资格考试的重点考察内容，应当重点掌握。

（1）安理会由 15 个理事国组成即由 5 大常任理事国（中、美、英、法、俄）和 10 个非常任理事国组成。非常任理事国由大会选举，任期 2 年，不得连选连任。

（2）安理会是联合国在维持国际和平与安全方面负主要责任的机关，也是联合国中唯一有权采取行动的机关。安理会为制止对和平的破坏、对和平的威胁和侵略行为而作出的决议，以及依宪章规定在其职权范围内作出的决议，对于当事国和所有成员国都具有约束力。

（3）安理会的表决规则。

1）程序性事项：任意 9 张同意票就可通过。

2）非程序性事项：a. 同意票必须达到 9 票；b. 不得有常任理事国的反对票；c. 常任理事国的弃权或缺席不影响决议的通过。这也称为大国一致原则。

举例说明：第一，假如安理会进行表决，议题是是否将朝鲜问题纳入安理会的议事日程，那么针对此事项，安理会只要有任意 9 张同意票就可以通过，中国作为常任理事国，即使投了反对票也不能阻止决议的通过，因为这属于程序性事项；第二，2015 年 7 月 29 日，在纽约联合国总部，俄罗斯常驻联合国代表丘尔金（前）对就马航 MH17 航班空难设立国际刑事法庭的决议草案投反对票，因该议题属于非程序性事项，且俄罗斯投票否决，故决议未获通过。

（4）关于和平解决争端的决议，作为争端当事国的理事国不得投票。但有关采取行动的决议，作为争端当事国的理事国可以投票，并且常任理事国可以行使否决权。

（5）常见的非程序性事项。

1）事关国际社会和平与安全的事项；2）安理会向大会推荐接纳新会员国或秘书长的人选；3）建议中止会员国的权利或者开除会籍。

（6）接纳新会员国程序。

须经安理会以非程序性事项表决通过，安理会推荐，并经大会以 2/3 多数表决通过，即：1）有关国家向联合国秘书长提出申请；2）秘书长将申请书交安理会接纳新会员国委员会进行审查并提交审查报告；3）安理会审查并推荐；4）由联合国大会审议并作出决议。

（7）常见的程序性事项。

常见的程序性事项包括：通过或修改安理会的议事规则；确定推选安理会主席的方法；组织安理会本身使其能持续行使职能；选定安理会会议的时间和地点；设立执行其职能所必须的机构；邀请在安理会中没有代表的会员国在对该国利益有特别关系时参加安理会讨论；邀请在安理会正在审议的争端中为当事国的任何国家参加关于该争端的讨论。[①]

（8）五大常任理事国的双重否决权。

当对某一事项是程序性的还是实质性的发生争执，须先决定该事项是否属于程序性时，常任理事国可行使否决权，否决其为程序性问题。在对作为实质问题的该事项表决时，五大常任理事国还可以行使否决权，这就是所谓的"双重否决权"，即：1）决定是否属于程序性事项时，五大常任理事国有否决权；2）在对非程序性事项的决议表决时，五大常任理事国有否决权。

3. 经济及社会理事会（The Economic and Social Council）

经济及社会理事会（简称"经社理事会"）是在大会权力下负责协调联合国及各专门机构间经济社会工作的机关。从 1971 年开始，我国一直当选为经社理事会的理事国。

4. 托管理事会（The Trusteeship Council）

托管理事会，是联合国负责监督托管领土行政管理的机关。联合国成立后，置于国际托管制度下的领土共有 11 个。由于托管领土的人民不断努力，托管领土相继取得了独立或自治。1994 年 10 月 1 日，联合国的最后一个托管领土帕劳独立。因此，托管理事会在联合国的地位，是联合国改革中一个亟待解决的问题。

5. 国际法院（The International Court of Justice）

国际法院是联合国的主要司法机关，详细内容见本书第十七章。

6. 秘书处（The Secretariat）

秘书处是联合国的常设行政管理机关，为联合国的其他机关提供服务，并执行这些机关制定的计划和委派的任务。秘书处所有的职员，均由秘书长按照大会所规定的章程委派。秘书长的产生方式分两步走：（1）首先由安理会按照非程序性事项的表决规则推选出候选人，即五大常任理事国对秘书长候选人的推荐拥有一票否决权；（2）再由联合国大会按照简单多数的方式对候选人进行表决。按照惯例，安理会常任理事国的国民不得担任秘书长职务。秘书长任期 5 年，可连选连任一次。自联合国成立以来，已有 9 任秘书长，现任秘书长是安东尼奥·古特雷斯（葡萄牙）。前八任秘书长分别为：特里格夫·赖伊（挪威）、达格·哈马舍尔德（瑞典）、吴丹（缅甸）、库尔特·瓦尔德海姆（奥地利）、哈维尔·佩雷斯·德奎利亚尔（秘鲁）、布特罗斯·布特罗斯-加利（埃及）、科菲·安南（加纳）、潘基文（韩国）。

三、联合国的改革

（一）联合国改革的基本内容

联合国经过半个多世纪的风风雨雨，机构十分臃肿，亟待精简；安理会机制欠灵，需要改进。其中，否决权问题一直是修改宪章的一个焦点。然而，随着国际形势的发展

---

① 梁西. 论国际法与国际组织五讲. 北京：法律出版社，2019：153.

变化，各国对否决权的态度各不相同，发展中国家一贯主张修改或者适当限制否决权，以实现大小国家一律平等。我国政府一贯尊重并支持这一要求。然而，联合国为什么要改革？联合国改革的理论基础是什么？联合国改革的法律依据是什么？这是我们研究联合国改革首先应当解决的问题。①

（二）疑难点解析

1. 联合国改革的理论基础

联合国改革的理论基础主要包括两个方面：第一，联合国面临新挑战；第二，国际法律秩序的危机。

（1）联合国面临新挑战。

第一，联合国改革的外部因素是国际关系的变化。首先，国际关系中的"无政府状态"更加明显。冷战结束后，虽然美苏两极对峙已经消失，但原来在两极格局掩盖下的民族矛盾、种族纷争和宗教冲突一再涌现，地区分治主义不断抬头。因此，国际关系中的"无政府状态"更加明显。其次，经济全球化的震荡日益突出，南北差距进一步扩大。在经济全球化的背景下，不少发展中国家在全球化的浪潮中被边缘化，最不发达国家的数量越来越多，发展中国家的债务负担越来越沉重。最后，从传统安全观到非传统安全观的演变十分显著。非传统安全观的出现，实际上反映了全世界对安全问题认识的变化和国家安全观的扩展，即安全意识从政治、军事领域逐步扩大到经济、文化、社会、资源、科技、信息、舆论等领域。

第二，联合国改革的内部动因是联合国自身发展的需要。首先，会员国的发展变化。一是会员的数量变化。联合国的会员国由成立之初的 51 个发展到目前的 193 个。联合国成立时安理会由 11 个国家组成，现在也才扩容到 15 个，这表明安理会的代表性已经大大降低。二是会员国的力量对比发生了变化。以德国、日本、巴西等国为代表，这些国家的综合国力不断上升，并且在全球和地区事务中的影响力不断增强。因此，这些国家迫切要求改革联合国，尤其是增加安理会常任理事国的席位，使其能力、影响及对联合国的贡献能得到反映。其次，安理会职能的扩大。近年来，安理会采取了不少超越《联合国宪章》基本原则的行动，如在科索沃地区设立联合国临时权力机构等，实际上行使了国家的主权权力。再次，联合国的业务、预算和职能都急剧增加。当前联合国执行着复杂的任务，在世界各地提供重要服务。联合国秘书处的工作人员也从最初的 1 500 人扩大到 45 000 人，联合国因此产生了机构臃肿、效率低下、人浮于事、铺张浪费的问题。最后，其他国际组织的挑战。一方面，非政府组织的作用增大，并要求扩大对联合国的参与。另一方面，区域性国际组织的影响增强，对联合国的作用和地位构成挑战。

（2）国际法律秩序的危机。

随着国际关系的演变，一些国际法的基本原则和制度受到严重挑战，从而引发了国际法律秩序的危机，国际法的新变化成为影响联合国改革进程的重要因素之一。这些新变化主要有：第一，"保护的责任"与国际法的"新规范"。第二，国家主权的内涵更加丰富。第三，不干涉内政原则受到冲击。第四，"预防性"攻击与"先发制人"战略对国际法的破坏。第五，使用武力的正当性问题。第六，恐怖主义定义的分歧等。

---

① 杨泽伟. 联合国改革的国际法问题研究. 武汉：武汉大学出版社，2009：18.

2. 联合国改革的法律依据

《联合国宪章》是联合国的根本法。因此，联合国改革的法律依据就是《联合国宪章》。联合国的改革主要通过两种方式来进行：一是按照《联合国宪章》规定的修改程序；二是在联合国实践中产生的"事实上的修正"的方法。

（1）程序上的修改。

首先，联合国大会对宪章的个别修改。《联合国宪章》第 108 条规定：本宪章之修正案经大会会员国 2/3 表决并由联合国会员国 2/3、包括安理会全体常任理事国、各依其宪法程序批准后，对于联合国所有会员国发生效力。宪章修正案一旦生效，就对所有国家具有约束力。联合国成立以来，对宪章条款的个别修正只有三次。其次，对宪章进行重新审查。《联合国宪章》第 109 条规定："一、联合国会员国，为检讨本宪章，得以大会会员国三分之二表决，经安全理事会任何九理事国之表决，确定日期及地点举行全体会议。联合国每一会员国在全体会议中应有一个投票权。二、全体会议以三分之二表决所建议对于宪章之任何更改，应经联合国会员国三分之二、包括安全理事会全体常任理事国，各依其宪法程序批准后，发生效力。"《联合国宪章》第 109 条提供了召开"审查宪章的联合国会员国全体会议"进行修正的途径。然而，迄今为止，联合国从未适用过第 109 条所规定的程序。

（2）实践中的修正方式。

联合国的正式修正方法比较严格，因此，在实践中，联合国曾出现过四种"事实上的修正"改革方式，包括：第一，对宪章条款做扩大解释。第二，缔结"专门的补充协定"。迄今，联合国缔结了一系列的相关协定以弥补宪章的缺陷。如关于联合国的特权与豁免问题，《联合国宪章》第 105 条只作了原则性规定，而 1946 年缔结的《联合国特权与豁免公约》则在这方面规定了广泛而详细的内容。第三，创设"辅助机关"。根据《联合国宪章》的规定，联合国可以设立认为执行其职能所必须的各种辅助机关，如大会的纳米比亚理事会、安理会的印度及巴基斯坦委员会等。第四，《联合国宪章》某些条款的不履行或久不适用。如与《联合国宪章》第 53 条、第 77 条和第 107 条有关的"敌国条款"，由于联合国的创始会员与其"敌国"的敌对关系已经不复存在，因而"敌国条款"已经失去其法律意义。

3. 改革是联合国的必由之路

首先，联合国在国际事务中的作用是不可或缺的。70 多年来，联合国经历国际风云变幻，在曲折的道路上成长壮大，为人类的和平与繁荣作出了重要贡献。联合国在当今国际社会中的地位和作用，仍是无可替代的。其次，联合国改革是一个渐进的过程。对于联合国的改革，应从有助于维护和增进联合国会员国的团结的目的出发，遵循先易后难、循序渐进的原则，对尚存分歧的重大问题，需要采取谨慎的态度。再次，联合国的改革应有利于提高联合国的权威和效率。最后，联合国改革成功与否主要取决于成员国的态度或政治意愿。①

---

① 杨泽伟著. 国际法. 3 版. 北京：高等教育出版社，2017：245－255.

第四节　专门性国际组织及其法律制度

关于专门性国际组织的特征，需了解以下内容。

联合国专门机构，是指依据各国政府间协定所创立，并以特别协定而同联合国建立关系的于某一特定业务领域负有广大国际责任的专门性国际组织。这些组织具有以下特征：

第一，它们是政府间国际组织。构成联合国专门机构的组织必须是"政府间"性质，而不是民间的或政府之上的组织。

第二，它们是具有独立国际法律人格的组织。

第三，它们是在某一特定领域负有"广大国际责任"的全球性专门组织，因此，不包括各种区域性组织。

第四，它们是同联合国具有特殊法律关系的专门组织。它们根据同联合国经社理事会签订的关系协定而与联合国建立工作联系。此种关系协定，使各专门机构正式被纳入联合国体系。

第五节　区域性国际组织及其法律制度

关于区域性国际组织的法律制度的基本内容，需了解以下内容。

（一）区域性国际组织的特征

第一，与全球性国际组织相比，区域性国际组织有地域上的局部性。第二，同其他类型的国际组织相比，区域性国际组织具有更加稳定的政治、经济及社会基础。第三，区域性国际组织的宗旨及活动主要是维护本区域内的和平与安全，促进本区域经济、社会、文化等关系的发展，保障本区域的共同利益，因此，它具有较明显的集团性。

（二）区域性国际组织与全球性国际组织的法律关系

《联合国宪章》已把区域性国际组织纳入联合国维持国际和平与安全的全球体制。其特别强调两点：一是区域性国际组织的基本职能是以区域行动来维持国际和平与安全；二是区域性国际组织的存在不得违反联合国的宗旨与原则。在联合国之后成立的各区域性国际组织，多将这一基本条款的精神载入其组织法，作为其活动的准则。

第六节　中国与国际组织

（一）中国与联合国关系的基本内容

中国作为联合国的创始成员，自1971年恢复在联合国的合法席位以后，至2021年已有50年的历史。50年来，中国坚持"最大的发展中国家"定位，全面参与联合国事务，尊重联合国的权威，维护宪章的宗旨和原则，在联合国的作用和地位不断得到加强。

（二）中国参与联合国工作的回顾与展望

1. 中国参与联合国工作的发展历程

中国参与联合国工作 50 年的发展历程，可以分为四个阶段：第一，学习观望期（1971—1978 年）。这一时期中国在联合国的表现并不活跃，也明显缺乏经验；在维和、人权和裁军等领域，则采取回避不参与的态度，主要原因是对联合国事务不太熟悉。第二，跟跑适应期（1978—2001 年）。1978 年党的十一届三中全会以后，中国实行改革开放政策，中国与联合国的关系进入了跟跑适应期。第三，主动有为期（2001—2012 年）。2001 年 12 月，中国正式加入世界贸易组织。以此为标志，中国与联合国的关系开始进入主动有为期，中国从"默默耕耘者"转变成联合国事务的积极参与者。第四，积极影响期（2012 年至今）。党的十八大以来，中国在联合国的工作进入积极引领期。中国提出了"构建新型国际关系""人类命运共同体"的主张和观念，并得到广泛认可。

2. 中国参与联合国工作的主要贡献

第一，维护国际和平与安全。中国始终维护联合国的权威，为国际热点问题的解决积极贡献中国方案，并积极参与联合国的维和行动。中国的国际和平安全理念，是独立自主和平外交政策的组成部分，体现了对构建人类命运共同体的追求。[1] 第二，推动经济社会发展。新中国成立 70 多年来，中国向 160 多个国家和国际组织提供援助，减免有关国家债务。积极推动实现联合国千年发展目标并积极推进南南合作。[2] 第三，促进国际法治。这 50 年来，中国以积极、建设性的态度参加了联合国国际法委员会、国际贸易法委员会等专门性国际法编纂机构的活动。中国始终坚定捍卫以《联合国宪章》为核心的国际法基本原则和国际关系基本准则。不折不扣地履行条约义务，严肃对待国际责任。

3. 中国参与联合国工作的不足

首先，中国在联合国的立法、司法等机构的影响力有待进一步加强。尽管中国参与了联合国各项法律的编纂活动，但是中国籍的委员作为专题报告人或牵头人的情况比较罕见。其次，中国在联合国有关硬、软实力的塑造方面还有待进一步提升。最后，中国在对联合国组织系统的人才输送方面存在明显的不足。

4. 中国参与联合国工作的未来展望

第一，主动设置议题，进一步增强在联合国立法机构中的作用。第二，进一步密切与国际法院等联合国国际司法机构之间的联系。第三，深入开展对联合国内部关系法的研究。第四，进一步加大对联合国等国际组织后备人员的培养力度，积极向联合国输送人才。第五，推动联合国大胆创新，充分发挥联合国协调大国关系的作用。[3]

---

[1] 毛瑞鹏. 中国对联合国和平安全议程的参与和塑造. 社会科学文献，2012（11）：41.

[2] 赵明昊. 党的十八大以来中国维护联合国地位和作用的主张、行动和成果. 思想理论教育导刊，2021（11）：69.

[3] 杨泽伟. 中国与联合国 50 年：历程、贡献与未来展望. 太平洋学报，2012（11）：1—13.

> **本章实务案例研习**

一、中美在第五任联合国秘书长人选上的对峙①：联合国秘书长产生的国际实践

（一）案情简介

联合国从成立直到 1981 年，共产生过 4 位秘书长。他们分别是挪威的赖伊、瑞典的哈马舍尔德、缅甸的吴丹、奥地利的瓦尔德海姆。35 年间，西方发达小国占了 24 年；4 任人选中，西方发达小国占了 3 个。由此可见，秘书长这个职位，长期以来一直由西方发达的小国占据着。1981 年，联合国第五任秘书长的竞选日期日益临近。瓦尔德海姆在连任两届秘书长后，仍想继续担任，故出面竞选。此举引发了第三世界国家的不满，它们认为这一职务不应该总是由欧洲人担任。同时竞选的有坦桑尼亚常驻联合国代表萨利姆。他是非洲统一组织推荐的候选人。中国政府认为联合国秘书长的职位已经连续两届为西方发达国家占有，而发展中国家屡屡竞选失败，这既不合理，也不公平。中国是 5 个常任理事国中唯一的发展中国家，必须为广大发展中国家发声。因此，中国政府决定采用"一否到底"的方式，以此鼓励第三世界的国家参选。

1981 年 10 月 27 日和 11 月 4 日，安理会就秘书长的人选进行了 8 轮投票，参与竞选的两人分别遭到一个常任理事国的否决：美国否决萨利姆，中国否决瓦尔德海姆。选举进入僵局。11 月 17 日，安理会一天之内进行了 8 轮投票，由于两人还是各有一个常任理事国否决，因而都未能当选。12 月 3 日，瓦尔德海姆首先宣布退出竞选。5 天后，萨利姆也作出了同样的选择。几天内，9 名全部来自发展中国家的新候选人出现，其中包括秘鲁著名外交家佩雷斯·德奎利亚尔。12 月 11 日，安理会举行秘密会议，就候选人举行第 17 轮投票，德奎利亚尔获得 10 票赞成票，因无否决票当选。

（二）法律评析

本案涉及联合国秘书长的产生规则。秘书长是整个联合国组织的行政首长。秘书长的职权非常广泛，在大会、安理会、经社理事会和托管理事会的各种会议中，均以秘书长的身份行使职权，并执行这些机关所托付的其他职务，实质上是联合国几乎一切会议的秘书。因此，各国对秘书的选举都颇为重视。秘书长的选举规则表现为：第一，《联合国宪章》第 97 条规定："秘书长应由大会经安全理事会之推荐委派之"。根据大会 1946 年 1 月 24 日第 11（1）号决议，秘书长的委派须先经安理会 9 个理事国的可决票包括全体常任理事国的同意票提名，然后由大会以到会投票的会员国的简单多数赞成票任命。安理会和大会均采取秘密投票的方式。第二，大会有权拒绝安理会所推荐的候选人，但是大会无权任命安理会所未推荐的人为秘书长。第三，《联合国宪章》未规定秘书长的任期，上述大会决议确定首任秘书长的任期为 5 年，期满时可连选连任一次。以后即按此延续下来，而且每次连任的任期也为 5 年。第四，《联合国宪章》没有关于秘书长候选人具体条件的规定。一般认为，候选人应该是在外交和国际政治方面有公认的威望及能力

---

① 凌青. 中美在第五任联合国秘书长人选上的对峙. 湘潮，2009（9）：45 - 47. 凌青. 中国为联合国秘书长选举"立规矩"始末. 领导文萃，2018（4）：83 - 86.

的人。第五，根据惯例，5个常任理事国的人不能担任，因为常任理事国的权力太大，而且有否决权，所以，长期以来，这一职位基本上由比较中立的中小国家的人出任。本案中，中国作为5个常任理事国之一，充分行使了自己对秘书长选举的一票否决权，合理运用国际规则，维护了广大发展中国家的利益。

（三）本案涉及的法考知识

本案涉及联合国秘书长的产生规则，即经安理会以非程序性事项推荐，并经大会1/2的表决票通过。

二、接纳一国为联合国会员国的条件（《联合国宪章》第4条）案①：联合国关于接纳新会员国的实质条件问题的国际司法实践

（一）案件简介

《联合国宪章》第4条第1款规定，凡其他爱好和平之国家，接受本宪章所载的义务，经本组织认为确能并愿意履行该项义务者，得为联合国会员国。关于第4条所列各项条件"是否为接纳新会员国的足够条件"问题，在实践中曾引起争议。为此，联合国大会于1947年11月通过第113B（Ⅱ）号决议，请国际法院就下列问题发表咨询意见：第一，会员国在安理会或大会根据《联合国宪章》第4条投票对接纳一国为联合国会员国时，在法律上有权依据该条第一项未明确规定的条件表示其同意接纳该国吗？第二，当其承认有关国家符合该项中列出的条件时，会员国可以把其他一些国家与该国一起被接纳为联合国会员国作为其投赞成票的附加条件吗？1948年5月28日，国际法院以9票对6票的结果对这个问题作了否定回答。

（二）国际法院的咨询意见

1. 《联合国宪章》第4条所规定的条件是全部列举，而不是部分列举

国际法院对《联合国宪章》第4条做了一个分析。该项列出的条件有五个，候选者必须是：（1）一个国家；（2）热爱和平；（3）必须接受宪章所载的义务；（4）必须能履行这些义务；（5）必须愿意履行这些义务。候选者是否符合这些条件由安理会和联合国大会决定。该条款的英文和法文文本具有相同的含义：规定一个法律规范，该规范在确定接纳入会条件时，也确定可能因之拒绝接纳入会的理由。凡其他爱好和平之国家得为联合国会员国，这句话指出，符合上述条件的国家具有被接纳为会员国必须的资格，如果可以再要求一些另外的条件，该条款将丧失其重要性。因此，这些条件是详细无疑的，不仅仅是用以提供情况或例子的。它们不仅是必要的条件，而且是足够的条件。有些国家争辩说，会员国在表决时可考虑其他政治因素，这种解释与规定将导致赋予会员国一个不确定而且实际上无限的强加新条件的权力。国际法院认为该条款是够清楚的。

2. 一国不能把其他国家被同时接纳为加入联合国作为其投赞成票的附加条件

国际法院认为，这样的一个要求构成一个新的条件，因为这与第4条规定的那些内容完全没有任何关系。它也属于一个完全不同的范畴。因为它使对新会员国的接纳不依赖于要求申请者具备的条件，却依赖于另外的与其他国家有关的考虑。而且，它将阻碍

---

① 联合国. 国际法院判决、咨询意见和命令摘要：1948—1991.

单独和根据自己的情况对每一接纳申请进行审查和表决。这将在字面上和精神上与联合国宪章相矛盾。

（三）法律评析

上述接纳新会员国的各项条件，除各政治原因外，由于外延比较宽泛，因而在法律适用上容易产生分歧。国际法院的上述咨询意见，澄清了接纳新会员国的若干法律问题，即会员国不能随意地对《联合国宪章》的条款进行扩大解释，从而增加会员国的权力，人为地为其他国家设置一些法律障碍。如果《联合国宪章》的制定者们曾经有意使会员国在适用这个条款时可自由引进宪章原则和义务之外的考虑，他们无疑会采用不同的措辞。不过，也不能从第 4 条的详尽无遗性得出不许对能够证明必要条件存在的事实情况加以评价的结论。该条并不禁止对任何可能在合理和诚意范围内与已规定条件相关的因素加以考虑。

（四）本案涉及的法考知识点

国家加入联合国会员国的程序，即经安理会非程序性事项表决通过，后经大会 2/3 的多数通过。

本章同步练习

一、选择题

（一）单项选择题

1. 联合国会员国甲国出兵侵略另一会员国。联合国安理会召开紧急会议，讨论制止甲国侵略的决议案，并进行表决。表决结果为：常任理事国 4 票赞成、1 票弃权；非常任理事国 8 票赞成、2 票否决。据此，下列哪一选项是正确的？（   ）（司考）

A. 决议因有常任理事国投弃权票而不能通过

B. 决议因非常任理事国两票否决而不能通过

C. 投票结果达到了安理会对实质性问题表决通过的要求

D. 安理会为制止侵略行为的决议获简单多数赞成票即可通过

2. 联合国大会由全体会员国组成，具有广泛的职权。关于联合国大会，下列哪一选项是正确的？（   ）（司考）

A. 其决议具有法律拘束力

B. 表决时安理会五个常任理事国的票数多于其他会员国

C. 大会是联合国的立法机关，2/3 以上会员国同意才可以通过国际条约

D. 可讨论《联合国宪章》范围内或联合国任何机关的任何问题，但安理会正在审议的除外

3. 甲国分立为"东甲"和"西甲"，甲国在联合国的席位由"东甲"继承，"西甲"决定加入联合国。"西甲"与乙国（联合国成员）交界处时有冲突发生。根据相关国际法规则，下列哪一选项是正确的？（   ）（司考）

A. 乙国在联大投赞成票支持"西甲"入联，一般构成对"西甲"的承认

B. "西甲"认为甲国与乙国的划界条约对其不产生效力

C. "西甲"入联后，其所签订的国际条约必须在秘书处登记方能生效

D. 经安理会 9 个理事国同意后，"西甲"即可成为联合国的会员国

4. 今年是联合国秘书长的换届年，联合国将依据《联合国宪章》选举产生新任秘书长。根据《联合国宪章》，对于秘书长的选举程序，下列哪一表述是正确的？（   ）（司考）

A. 由联合国安理会采取关于程序性事项的投票程序，直接表决选出秘书长

B. 由联合国大会直接选举，大会成员 2/3 多数通过

C. 由安理会采取实质性事项表决程序推荐秘书长候选人，经联合国大会以简单多数表决通过

D. 由安理会采取程序性事项表决程序推荐秘书长候选人，经联合国大会表决获 2/3 多数通过

（二）多项选择题

"恐龙国际"是一个在甲国以非赢利性社会团体注册成立的组织，成立于 1998 年，总部设在甲国，会员分布在 20 多个国家。该组织的宗旨是鼓励人们"认识恐龙，回溯历史"。2001 年，"恐龙国际"获得联合国经社理事会注册咨商地位。现该组织试图把活动向乙国推广，并准备在乙国发展会员。依照国际法，下列哪些表述是正确的？（   ）（司考）

A. 乙国有义务让"恐龙国际"在乙国发展会员

B. 乙国有权依照其本国法律阻止该组织在乙国的活动

C. 该组织在乙国从事活动，必须遵守乙国法律

D. 由于该组织已获得联合国经社理事会注册咨商地位，因此，它可以被视为政府间的国际组织

二、名词解释

1. 国际组织（考研）

2. 双重否决权（考研）

三、简答题

1. 联合国的宗旨与原则。（考研）

2. 安理会的表决程序。（考研）

四、论述题

1. 试论联合国改革的法律依据。（考研）

相关试题：1. 试论《联合国宪章》的修改及安理会改组问题。（考研）2. 试论联合国维持世界和平的作用及其面临的改革舆论。（考研）3. 试结合安理会的表决程序，论述联合国的改革问题。（考研）

2. 试论联合国大会和安理会在和平解决国际争端中的作用。（考研）

3. 试论国际组织在和平解决国际争端中的作用。（考研）

参考答案

一、选择题

(一) 单项选择题

1. C

解析：联合国安理会的表决规则分为程序性事项和非程序性事项。针对程序性事项，任意9张同意票即可通过。针对非程序性事项，需遵守大国一致原则：首先，同意票至少需要9张；其次，不能有五大国的反对票；最后，五大国的缺席或弃权并不影响决议的通过。本案中，安理会召开会议讨论制止甲国的措施，是需要采取行动的，因此，属于对非程序性事项进行表决，需大国一致同意规则，D项错误。最终表决结果是12张赞成票，高于法定的9张；1张五大国的弃权票，弃权并不影响决议的通过，故A项错误。2张非常任理事国的否决票，不起作用，故B项错误。因此，决议已经获得通过，C项正确。

2. D

解析：A选项不区分内部事务和一般事项，概括性地说联合国的决议具有法律性质，是错误的。大会的决议，对外只具有建议性质，对内才具有法律约束力。联合国大会采取的是一国一票的表决制度，大会表决时，安理会五个常任理事国的票数和其他会员国是一样的，故B项表述错误。国际条约的生效条件由国际条约本身予以规定，并不一定要经联合国大会决议通过方能生效。关于国际条约的登记，其只规定联合国会员国签订的已生效的国际条约要到联合国进行登记，未登记的条约，不能在联合国任何机关援引，所以C项表述错误。D项是大会职能的正确表述，当选。

3. A

解析：对新国家的承认，国际实践中有明示和默示两种，明示承认指承认者以明白的语言文字直接表达承认的意思，默示承认主要包括：与承认对象建立正式外交关系、缔结正式的政治性条约、接受领事或投票支持其参加仅对国家开放的政府间国际组织，联合国仅对国家开放，乙国在联大投赞成票支持"西甲"入联，构成对"西甲"的默示承认，故A项正确。在条约的继承中，一般有协议的优先，没有协议的，与领土有关的"非人身性条约"（一般是指领土边界、河流交通、水利灌溉等条约）是需要继承的，故B项错误。联合国会员国缔结的生效条约应当在联合国秘书处登记，否则联合国机构不得援引，条约生效以后才能登记，并不是登记以后方能生效，故C项错误。D项涉及安理会表决程序，一般说来，实质性事项包括"采取行动的、推荐秘书长、吸纳新会员、中止会员国义务或者开除会员国的决议等"。其需要"9个以上的同意票＋五大国一致"方可，故D项错误。

4. C

解析：秘书长的产生采用的是安理会推荐，大会表决通过的方式，即安理会先按照非程序性事项的表决规则推选出秘书长的候选人，然后经大会1/2的多数表决通过，所以 C 项正确。

（二）多项选择题

BC

解析："恐龙国际"是一个在甲国以非赢利性社会团体注册成立的组织，这说明"恐龙国际"是依据甲国的国内法建立的，是一个非政府间国际组织。但无论是政府间国际组织还是非政府间国际组织，要在其他国家开展活动，都需要遵守其他国的法律法规，故 C 项正确。是否允许非政府间国际组织在本国发展会员属于一国的内政，是该国自由决定的事项，因此，乙国没有义务让恐龙国际在乙国发展会员，A 项错误，B 项正确。联合国经社理事会通过给予一些非政府组织咨商地位以建立联系。咨商地位根据该组织所涉事务的广泛程度分为三种：普通咨商地位（一类咨商地位）、特别咨商地位（二类咨商地位）、注册咨商地位（列入注册类）。取得咨商地位或观察员身份后，这些组织在联合国系统内拥有向联合国相关机构提出咨询意见的权利，可参与联合国一定范围内的活动，故 D 项错误。

二、名词解释

1. 国际组织是指国家以及这些国家所认可的其他实体为实现特定合作目的，以条约或其他国际法律文件而建立的具有国际法律人格的常设机构。由于只有政府间国际组织是根据国际法建立的，受国际法的调整，因此，国际法上所指的国际组织，是严格意义上的政府间或国家间的国际组织。

2. 双重否决权是指当对某一事项是程序性的还是实质性的发生争执，须先决定该事项是否属于程序性时，安理会常任理事国可行使否决权，否决其为程序性问题。在对作为实质问题的该事项表决时，五大常任理事国还可以行使否决权，这就是所谓的"双重否决权"，即：（1）决定是否属于程序性事项，五大常任理事国有否决权；（2）在对非程序性事项的决议表决时，五大常任理事国有否决权。

三、简答题

1.（1）联合国的宗旨是维持国际和平与安全、发展各国间的友好关系、促进国际合作、协调各国行动。

（2）为了实现上述宗旨，《联合国宪章》第 2 条规定了联合国及其会员国应遵循的七项原则：1）联合国系基于各会员国主权平等之原则建立；2）各会员国应一秉善意，履行宪章义务；3）各会员国应以和平方法解决国际争端；4）各会员国在其国际关系上不得使用武力威胁或武力，或以与联合国宗旨不符之任何其他方法，侵害任何会员国或国家之领土完整或政治独立；5）各会员国对于联合国依宪章规定而采取的行动，应尽力予以协助；6）联合国在维持国际和平及安全之必要范围内，应保证非会员国遵行上述原则；7）宪章不得被认为授权联合国干涉在本质上属于任何国家国内管辖之事项。

2. 安理会的表决程序：（1）针对程序性事项：任意 9 张同意票就可通过。（2）针对非程序性事项：1）同意票必须达到 9 票；2）不得有常任理事国的反对票；3）常任理事国的弃权或缺席不影响决议的通过。这也称为大国一致原则。（3）关于和平解决争端的决议，作为争端当事国的理事国不得投票。但有关采取行动的决议，作为争端当事国的理事国可以投票，并且常任理事国可以行使否决权。（4）常见的非程序性事项有：1）事关国际社会和平与安全的事项；2）安理会向大会推荐接纳新会员国或秘书长的人选；3）建议中止会员国的权利或者开除会籍。（5）常见的程序性事项有通过或修改安理会的议事规则；确定推选安理会主席的方法；组织安理会本身使其能持续行使职能；选定安理会会议的时间和地点；设立执行其职能所必须的机构；邀请在安理会中没有代表的会员国在对该国利益有特别关系时参加安理会讨论；邀请在安理会正在审议的争端中为当事国的任何国家参加关于该争端的讨论。（6）五大常任理事国的双重否决权。当对某一事项是程序性的还是实质性的发生争执，须先决定该事项是否属于程序性时，常任理事国可行使否决权，否决其为程序性问题。在对作为实质问题的该事项表决时，五大常任理事国还可以行使否决权，这就是所谓的"双重否决权"，即：1）决定是否属于程序性事项，五大常任理事国有否决权；2）在对非程序性事项的决议表决时，五大常任理事国有否决权。

四、论述题

1.《联合国宪章》是联合国的根本法。因此，联合国改革的法律依据就是《联合国宪章》。联合国的改革主要通过两种方式来进行：一是《联合国宪章》规定的修改程序；二是在联合国实践中产生的"事实上的修正"的方法。

（1）程序上的修改。首先，联合国大会对宪章的个别修正。《联合国宪章》第108条规定："本宪章之修正案经大会会员国三分之二表决并由联合国会员国三分之二、包括安全理事会全体常任理事国、各依其宪法程序批准后，对于联合国所有会员国发生效力。"宪章修正案一旦生效，就对所有国家具有约束力。联合国成立以来，对宪章条款的个别修正只有三次。其次，对宪章进行重新审查。《联合国宪章》第109条规定："一、联合国会员国，为检讨本宪章，得以大会会员国三分之二表决，经安全理事会任何九理事国之表决，确定日期及地点举行全体会议。联合国每一会员国在全体会议中应有一个投票权。二、全体会议以三分之二表决所建议对于宪章之任何更改，应经联合国会员国三分之二、包括安全理事会全体常任理事国，各依其宪法程序批准后，发生效力。"《联合国宪章》第109条提供了召开"审查宪章的联合国会员国全体会议"进行修正的途径。然而，迄今为止，联合国从未适用过第109条所规定的程序。

（2）实践中的修改方式。联合国的正式修正方法比较严格，因此，在实践中，联合国曾出现过四种"事实上的修正"改革方式。包括：第一，对《联合国宪章》条款做扩大解释。第二，缔结"专门的补充协定"。迄今，联合国缔结了一系列的相关协定以弥补《联合国宪章》的缺陷。如关于联合国的特权与豁免问题，《联合国宪章》第105条只作了原则性规定，而1946年缔结的《联合国特权与豁免公约》则在这方面规定了广泛而详细的内容。第三，创设"辅助机关"。根据《联合国宪章》的规定，联合国可以设立认为执行其职能所必须的各种辅助机关，如大会的纳米比亚理事会、安理会的印度及巴基斯坦委员会等。第四，《联合国宪章》某些条款的不履行或久不适用。如与《联合国宪章》第53条、第77条和第107条有关的"敌国条款"，由于联合国的创始会员与其"敌国"

的敌对关系已经不复存在，因而"敌国条款"已经失去其法律意义。

答题解析：一定要注意审题，这里强调的是联合国改革的法律依据。因此，从法律角度进行阐释，其包括两个方面，即联合国宪章规定的程序以及实践当中的修改程序。

2. （1）联合国是"协调各国行动之中心"，也是协调多极化世界利害关系与各种矛盾的最大的政府间国际组织。

（2）首先，联合国大会对于国际争端的和平解决负有一般职责，它可以讨论由联合国任一会员国或非联合国会员国的国家向其提出的有关国际和平的一切问题，并可就此等问题向有关国家或向安理会提出建议。其次，联合国大会对于它认为足以妨碍公共福利或国际友好关系的任何"情势"，不论其起源如何，可以进行审议并建议应采取的和平调整措施。必要时，联合国大会得提请安理会注意那些足以危及国际和平与安全的情势。最后，联合国大会在履行其有关职能时，不得妨碍安理会的行动。《联合国宪章》规定，当安理会根据《联合国宪章》对任何争端或情势履行其职能时，联合国大会非经安理会请求，不得就此提出任何建议。此外，在联合国大会审议的事项中，凡需采取行动的，均应由联合国大会在讨论前或讨论后提交安理会。

（3）安理会对于国际争端的和平解决，比联合国大会负有更大的职责。首先，根据《联合国宪章》的规定，安理会是联合国唯一有权采取行动的机关，其决定对会员国具有拘束力。因此，它对于国际和平的维持起着甚为重要的作用。其次，为了断定某项争端或情势的存在是否足以危及国际和平与安全的维持，安理会可以就该项争端或情势进行调查。如果断定某争端有足以危及国际和平与安全的性质，安理会应促请各当事国用《联合国宪章》第33条所规定的和平方法解决其争端。此后，若争端未能在各当事国之间得到和平解决，当事国应该将争端提交安理会。属于上述性质的争端或相似的情势，安理会可以在其发展的任何阶段建议适当的调整程序或方法。再次，安理会有权审议与讨论由联合国任何会员国、秘书长或在一定条件下由非联合国会员国的国家向其提出的国际争端与情势。最后，对于危及国际和平的争端，安理会可以主动提出它所认为适当的解决条件。如经争端各当事国请求，安理会也可以向各当事国提出建议，以求得争端的和平解决。

答题解析：从大会和安理会两个机构不同的职责出发，分析两个机构的作用。

3. （1）国际组织，特别是其中以维持国际和平与安全为宗旨的组织，常常成为协调各成员国政治行动的中心，是国际社会进行各种会晤、多边外交、沟通关系、解决争端和磋商谈判的理想场所，是国际舆论得以充分表达的重要论坛。例如，海湾六国于1981年成立的"海湾合作委员会"，即规定以实现成员国之间各领域的协调、达到阿拉伯国家的一致、加强成员国人民间的联系与合作为宗旨；《波哥大公约》规定美洲国家组织的宗旨为加强美洲大陆的和平与安全，保证成员国间争端的和平解决，促进成员国之间的政治、法律、经济、社会及文化的合作与发展。其他的诸如非洲联盟、东南亚国家联盟等组织的基本文件，都有类似的规定。

（2）在这方面作用最大的组织，莫过于联合国。其宗旨，可用《联合国宪章》序文的精神归纳为"维持国际和平与安全"，"促进全球人民经济及社会之发展"。《联合国宪章》第 1 条明确规定联合国应构成"协调各国行动之中心"。在联合国的体制下，没有发生第三次世界大战。虽然世界幸免于世界大战的原因多种多样，但是联合国的作用是不可否认的。长期以来，联合国曾就协调各国关系、加强集体安全、裁减军备、推进非殖民化、促进国际合作等问题作出和发表过一系列重要的决议和宣言。

答题解析：主要从国际组织的政治功能分析国际组织的作用，同时结合联合国在和平解决国际争端中的作用进行分析。

第八章　国际法上的个人

本章知识点速览

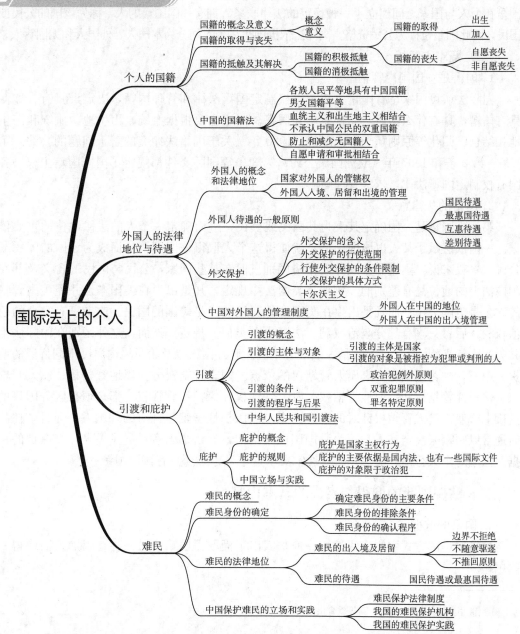

▶▶ 本章核心知识点解析

第一节 个人的国籍

一、熟练掌握国籍的概念

（一）基本概念

国籍（nationality），是指个人作为某一特定国家的国民或公民的一种法律资格或身份。国籍在个人与国家之间建立了一种稳定的法律联系。拥有一国国籍的人，称为该国的公民或国民，因此国籍也称为公民资格。国际法依据国籍将个人划分为本国人、外国人和无国籍人。

（二）疑难点解析

1. 国籍是一国国内管辖事项

国际法认可国家享有国籍主权，有权制定国籍法律和管理国籍，决定谁具有、如何具有国籍，具有什么国籍，非任意剥夺国籍。国家主要根据血统、出生地、血统和出生地相结合、归化等原则赋予个人国籍。1930 年《关于国籍法冲突的若干问题的公约》第 1 条、第 2 条和 1997 年《欧洲国籍公约》第 3 条等国际文件都规定了国家国籍主权，各国有权制定国籍法律，依法管理国籍。

2. 国籍的法律意义

第一，国籍是一国确定某人为其国民或公民，进而确定一个人的法律地位的重要依据。一国依法赋予某人以该国国籍，就使得这个人取得该国国籍从而成为该国的国民或公民。一般来说，国民和公民并无严格区别。但在某些国家，公民与国民的含义及其在国内法上的地位是有差别的。例如，美国法律规定，凡是出生在美国本土并受美国管辖的人，是美国公民；而凡是出生在美国海外属地的人是美国的国民。前者享有完全的政治权利，后者只享有部分政治权利。法国也有类似的规定。然而，这种区别在国际法上并无实际意义。[①] 第二，国籍是一国区分本国人和外国人以及给予境内居民不同待遇的前提。第三，国籍是确定国家属人管辖权的依据。国家管辖权分为属地管辖权、属人管辖权、保护性管辖权和普遍性管辖权。属人管辖权和保护性管辖权，都必须在区分国籍的基础上行使。属人管辖权针对的是本国人，而保护性管辖权针对的外国人。而且，在战时通常以国籍来决定某人是否为敌国国民。第四，国籍是国家对居民提供外交保护的依据。国家对个人行使外交保护时，通常要求这个人也必须具有该国国籍。

二、掌握国籍的取得与丧失的基本内容

1. 国籍的取得

国籍取得的方式主要有两种：一种是因出生而取得国籍；另一种是因加入而取得一国国籍。

---

① 杨泽伟. 国际法. 3 版. 北京：高等教育出版社，2017：85.

（1）出生取得一国国籍，也叫原始国籍。世界上绝大多数人因出生而取得国籍。赋予原始国籍的标准主要有三个。

第一，血统主义（*jus sanguinis*）。这主要是指以父母的国籍来确定一个人的国籍。其中，血统主义又分为双系血统主义和单系血统主义。双系血统主义是指父母双方任意一方的国籍均对子女的国籍有影响。如 1957 年《匈牙利国籍法》第 1 条第 1 款规定："父母一方属于匈牙利国籍者，子女是匈牙利人。"而单系血统主义通常是指父亲的国籍决定其子女的国籍，因此又称父系血统主义。例如，1924 年《伊拉克国籍法》第 8 条第 1 款规定："任何人出生时，其父为伊拉克人者，不论在何地出生，都应认为是伊拉克国民。"

第二，出生地主义（*jus soli*）。一个人的国籍根据他的出生地来确定。现在采取纯粹出生地原则的国家已经没有了。

第三，混合主义，即兼采血统主义和出生地主义。不过，有些国家以血统主义为主，以出生地主义为辅；有些国家则以出生地主义为主，以血统主义为辅；有些国家则平衡地兼采血统主义与出生地主义。

（2）因加入而取得国籍。因加入而取得国籍，又称继有国籍（acquired nationality）。继有国籍可以分为两类：1）申请入籍，也称为归化，是指经过自愿申请并经过入籍国的相关程序的审查批准而获得国籍。对此，国家一般在年龄、职业、文化程度、财产状况、行为能力等方面，都规定了入籍所必须具备的一定条件。2）由于法定事实引起获得国籍，是指由于某种事实的发生，根据所涉国家的法律而获得该国国籍，包括因跨国婚姻、收养、取得住所、领土转移等各种情况。

2. 国籍的丧失

国籍的丧失是指由于某种原因一个人失去其拥有的某个国家的国籍。各国立法中对于国籍丧失有不同的规定。一般可以分为自愿丧失和非自愿丧失两种：1）自愿丧失是指基于个人意愿作出申请或选择而放弃其拥有的国籍；2）非自愿丧失是指退籍和选择放弃以外的某种法律事实的出现，导致当事人根据有关国家立法的规定丧失其原有国籍。导致非自愿丧失国籍的事实一般有涉外婚姻、收养、已归化加入外国籍等。

三、熟知国籍的抵触（冲突）

（一）基本内容

国籍的抵触，也称国籍的冲突，是指一个人同时有两个或两个以上的国籍或不具有任何国籍的法律状态。如果一个人同时具有两个国籍，他就是双重国籍人；如果一个人同时具有三个或者更多国籍，他就是多重国籍人。其中最为常见的是双重国籍问题。如果一个人不具有任何国籍，他就是无国籍人。一个人有两个或两个以上国籍的情况，称为国籍的积极抵触，而一个人不具有任何国籍的情况，称为国籍的消极抵触。国籍抵触的发生，主要是因为每个国家都有权按照自己的利益，规定个人国籍的取得和丧失问题，而各国的国籍立法又有差异。

（二）疑难点解析

双重国籍的产生以及影响如下。

（1）双重国籍（double nationality）可能因出生、婚姻、收养、入籍等原因产生。

（2）双重国籍有其不利的影响，这主要表现在：第一，对个人来讲，双重国籍可能会使个人陷入两难的境地，因为两个不同的国家都认为他是自己的国民，而要求其履行义务，如他应该在两个国籍国履行服兵役的义务。在战时，这个问题就更严重，如果双重国籍人的两个国籍国是战时敌国，他无论在哪一方服役参战，都将被对方视为叛国。1951年，美国上诉法院判决一个兼有美国和日本国籍的人犯了叛国罪，因为他在日本战俘营虐待美国俘虏。第二，对国籍国而言，会引起国家之间行使属人管辖权等问题的冲突。第三，对第三国而言，双重国籍也会给第三国对外国人的管理带来困难。如在刑事或民事案件中，当事人为双重国籍人，但是要处理这一案例必须首先确定当事人的国籍。在这种情况下，双重国籍就会给第三国处理这种案件带来困难。[1] 由于国籍系国民与国家的隶属关系，在早期的国籍观念中，国民对国家负有"永久效忠"的法律义务。在这种国籍观念的支配下，一个人不能同时效忠于两个国家，所以双重国籍曾在国际法和国家间关系上产生过严重的法律后果，特别是在战争时期会导致国家间的冲突。因此，双重国籍在历史上曾扮演过十分"令人厌恶的角色"，被认为像"一夫多妻"一样让人难以接受，是对国家忠诚观念的违背，对国家和平的威胁。[2]

（3）双重国籍也有其积极作用，表现为：第一，在全球化的背景下，双重国籍有利于国家吸引人才、资金和技术，如美国、加拿大、澳大利亚等国坚持技术移民和资金移民，以吸引优秀人才。墨西哥、印度的新双重国籍计划更是如此。一些国家还利用双重国籍或永久居留权来吸引其他人力资源，如大量的欧洲国家欢迎体育明星加盟本国，以代表本国参加国际体育竞赛。还有一些国家甚至利用高价出售"经济国籍"（economic citizenship）来增加国家收入，如多米尼加在1997年一年之内就卖出经济护照68个，获利350万美元。[3] 第二，采用双重国籍制可以增强移民的民族认同感以及使其融入当地社会。根据国际移民组织发布的《2022年国际移民报告》，据估计，2020年，全球国际移民数量接近2.81亿人，全球移民数量占世界人口的3.6%。[4] 数量如此巨大的移民对各国的政治、经济、法律都产生了重要的影响，移民输出国可以通过双重国籍制度加强与这些移民的联系，而移民输入国则可以通过双重国籍融合这些外来移民。

二战后，不少国家相继实施双重国籍政策，近年来已成趋势，这是各国在全球化不可阻挡的形式下采取的一种应变措施。目前，许多国家承认双重国籍，如美国、法国、哥伦比亚等国家完全承认双重国籍，允许本国公民既具有本国国籍，又具有他国国籍，成为双重国籍人。俄罗斯、西班牙等国家在宪法中规定对等承认双重国籍，即如果另一方给以相对称的回报，便允许本国公民取得他国国籍。德国、以色列、马来西亚等国家有限承认双重国籍，允许本国公民在符合出生、婚姻、公职、特定国家等条件时，取得

---

[1] 梁西，曾令良. 国际法. 3版. 武汉：武汉大学出版社，2012：242-243.
[2] 肖永平，郭明磊. 全球化视野下的双重国籍——兼论我国国籍法的弊端与对策. 武汉大学学报（哲学社会科学版），2006（5）：582.
[3] 肖永平，郭明磊. 全球化视野下的双重国籍——兼论我国国籍法的弊端与对策. 武汉大学学报（哲学社会科学版），2006（5）：583.
[4] McAuliffe, M. and A. Triandafyllidou (eds.). World Migration Report 2022. International Organization for Migration (IOM), Geneva, 2021：21.

他国国籍。[①]

四、熟练掌握中国的国籍法

《中华人民共和国国籍法》（以下简称《国籍法》）是国家统一法律职业资格考试中的重点考查内容，需要熟练掌握。

（一）中国《国籍法》的基本内容

（1）各族人民平等地具有中国国籍。

（2）男女国籍平等。

（3）在原始国籍赋予上采取双系血统主义和出生地主义相结合的原则，以血统主义为主，以出生地主义为辅。

（4）不承认中国公民具有双重国籍。

（5）防止和减少无国籍人。

（6）依据最密切联系的原则决定入籍和出籍。

（7）自愿申请和审批相结合的原则。

（8）关于中国香港地区、澳门地区永久居民的规定。

（二）疑难点解析

1. 中国国籍的取得

我国《国籍法》采取血统主义与出生地主义相结合的原则，来确定是否取得中国国籍，具体包括以下三种情况。

（1）出生取得中国国籍。

1)《国籍法》第4条规定：父母双方或一方为中国公民，本人出生在中国，具有中国国籍。2)《国籍法》第5条第1款规定：父母双方或一方为中国公民，本人出生在外国，具有中国国籍。如张三的父亲或母亲只要一方为中国公民，那么不管张三出生在中国还是国外，均可以申请获得中国籍。3)《国籍法》第6条规定：父母无国籍或国籍不明，定居在中国，本人出生在中国，具有中国国籍。

（2）申请获得中国籍。

第一，《国籍法》第7条规定，外国人或无国籍人，愿意遵守中国宪法和法律，并具有下列条件之一的，可以经申请批准加入中国国籍：1）中国人的近亲属；2）定居在中国的；3）有其他正当理由。第二，《国籍法》第8条规定：申请加入中国国籍获得批准的，即取得中国国籍；被批准加入中国国籍的，不得再保留外国国籍。

（3）不能获得中国国籍的情况。

《国籍法》第5条第2款规定：父母双方或一方为中国公民并定居在外国，本人出生在外国时即具有外国国籍的，不具有中国国籍。这也就是要满足三个条件：1）父母双方或一方为中国公民并定居在外国；2）本人出生在外国；3）出生即获得外国国籍。

2. 中国国籍的丧失

（1）自动丧失。

《国籍法》第9条规定：定居外国的中国公民，自愿加入或取得外国国籍的，自动丧

① 刘国福. 试论国际法上国籍权与国籍主权的互动. 法学评论，2021（4）：177.

失中国国籍。自动丧失要满足两个条件：第一，定居在外国的中国公民；第二，自愿加入或取得外籍。其法律后果为自动丧失中国国籍，即不需要再向中国履行申请退出中国国籍的手续。

（2）申请后经批准丧失中国籍。

《国籍法》第10条规定，中国公民有下列条件之一的，可以经申请退出中国国籍：1）外国人的近亲属；2）定居在国外的；3）有其他正当理由的。《国籍法》第11条规定：申请退出中国国籍获得批准的，即丧失中国国籍。

（3）不得退出中国国籍的情形。

《国籍法》第12条规定，两类人特殊身份的人不得退出中国国籍：1）国家工作人员；2）现役军人。

3. 审批机关

中国国籍的取得、丧失和恢复，除自动退出的情形外，必须办理审批手续。

（1）受理机关。国内：当地的市县公安局；国外：外交代表机关和领事机关。

（2）审批机关。统一由公安部审批，经批准的，由公安部发给证书。

4. 不承认中国公民的双重国籍

《国籍法》第3条明文规定：中华人民共和国不承认中国公民具有双重国籍。这项原则又称为一人一籍原则。这项原则也体现在《国籍法》的第9条、第5条第2款、第11条、第8条和第13条当中。

（1）中国不承认双重国籍的历史背景。

我国采取严格的不承认双重国籍的态度是有深远的历史背景的。20世纪50至60年代，社会主义和资本主义两大阵营冷战，印度尼西亚和东南亚一些资本主义国家担心当地华人进行"革命输出"，颠覆当地政权，因而实行排挤和迫害华人政策。中国政府为保护华人华侨免遭当地政府的迫害，同时也为了缓和与东南亚国家的关系，1955年4月，与印度尼西亚签订了《中华人民共和国和印度尼西亚共和国关于双重国籍问题的条约》，采取不承认双重国籍的政策。[1] 随后，中国政府根据这一政策与尼泊尔（1956年）、蒙古国（1957年）、马来西亚（1974年）、菲律宾（1975年）、泰国（1975年）等邻国解决了双重国籍问题。这一政策于1980年在《中华人民共和国国籍法》中以法律形式确定下来。这一政策确实为改善中国与邻国关系提供了一定基础。但是，随着全球化的发展，中国正在成为世界上最大移民输出国，约有4 500万华人散居世界各地，流失的精英数量居世界首位。华人华侨数量的增多使双重国籍问题突出，中国国力的增强使华人华侨愿意保留中国国籍，加上国际社会对双重国籍认可的趋势，因而有华人华侨对双重国籍提出诉求，并推动我国国内各种力量要求承认双重国籍。[2]

（2）中国双重国籍的选择。

目前对承认双重国籍与否有三种观点：支持、反对和部分（有条件）承认。赞成中国实行双重国籍的人认为，承认双重国籍是世界趋势，中国应与时俱进。主要理由是：

---

[1] 杨树明，印辉. 双重国籍及其法律实践——兼论我国《国籍法》的立法改进. 南京师大学报（社会科学版），2006（3）：32-33.

[2] 李安山. 国际移民框架下的华侨华人——身份认同与双重国籍之辨析. 中国国际战略评论，2016：156-157.

第一，可以实现双赢。一方面，海外华侨可以在经济方面受益；另一方面，有利于引进海外人才、技术、资金和管理经验。第二，有利于调动一切积极力量，增强民族凝聚力。第三，有利于维护祖国统一。在反独促统方面，海外华人的力量不可低估，保有中国国籍，他们可顺理成章地以公民身份支持祖国统一大业。反对中国实行双重国籍的人认为：一人一籍原则是国籍制度的原则和目的，双重国籍将损害中国与友好国家（特别是东南亚国家）的关系，不利于保障海外华人在居住国的权益。由于海外华人众多，双重国籍身份还可能带来外交纠纷，给第三国对双重国籍持有者的处理增添了更复杂的因素。此外，中国政府如果承认双重国籍，有可能使居住国政府对中国人申请加入其国籍的动机产生怀疑，导致对中国人的歧视，包括增加中国人申请入籍的难度等。

以上两种观点的争论可归结于双重国籍的利弊问题，实际上，双重国籍对国家和个人而言利弊兼有。中国应结合自己的国情，考虑公民要求、海外侨民人数、邻国关系以及发展战略等因素，借鉴其他国家的政策，采取有利于国家和公民利益的国籍政策。[①]

第二节　外国人的法律地位与待遇

一、了解外国人的概念

外国人是指在一国境内不具有居留国国籍而具有其他国籍的人。为了便于管理，无国籍的人也归于外国人的范畴。

二、了解外国人待遇的一般原则

第一，国民待遇（national treatment）。国民待遇是指一个国家在某些事项上给予外国人与本国国民相同的待遇。

第二，最惠国待遇（most favored national treatment）。最惠国待遇是指一国（施惠国）给予另一国（受惠国）的国民或法人、商船等的待遇，不低于现时或将来给予任何第三国国民或法人、商船等的待遇。

第三，互惠待遇（reciprocal treatment）。互惠待遇是指一国给予外国国民某种权利、利益或优遇须以该外国给予本国国民同等的权利、利益或优遇为前提。

第四，差别待遇（different treatment）。差别待遇是指国家在外国人与本国人之间或在不同国籍的外国人之间给予不同的待遇。

三、知晓外交保护的基本内容

（一）外交保护的概念

外交保护是指一国对在外国的国民（包括本国法人）的合法权益遭到所在国家非法的侵害而得不到救济或适当救济时，通过外交途径向加害国进行交涉和寻求补偿的行为。如甲国人杰克在乙国投资办的一家公司被乙国政府国有化，乙国政府未给予杰克任何补

偿。杰克在乙国提出申诉，均被无端驳回。此时，杰克就可以通过外交保护的途径要求乙国给杰克提供救济或要求乙国承担责任。

（二）外交保护的性质

（1）外交保护主要是基于国家的属人管辖进行的，是国家属人管辖权的重要体现。注意：这里的外交保护并非基于保护性管辖权。保护性管辖权针对的是在本国领土范围以外侵害本国或本国公民重大利益的外国人的行为，而外交保护针对的是外国的国家不当行为。（2）外交保护是在国家之间进行的。（3）是否向外国提出外交保护，是国家的权利。无论其国民是否作出请求，国家都可以根据有关情况作出行使或拒绝行使外交保护权的决定，即外交保护可依职权或依申请提出。（4）国家行使外交保护权要尊重外国的主权和属地管辖权，要符合国际法的有关规则和外交保护的相关条件。

（三）外交保护的条件

国家行使外交保护权一般应符合三个条件：（1）一国国民权利受到侵害是由于所在国的国家不当行为所致，也就是说，该侵害行为可以引起国家责任。如果损害仅仅涉及外国国民私人的行为，所在国家不存在任何直接或间接责任，则不得行使外交保护，这里的国民既包括自然人也包括法人。（2）受害人自受害行为发生起到外交保护结束的期间内，必须持续拥有保护国国籍。这称为"国籍继续原则"。（3）在提出外交保护之前，受害人必须用尽当地法律规定的一切可以利用的救济办法，包括行政和司法救济手段。在这些手段用尽之后仍未得到合理救济时，才可以提出外交保护。此为"用尽当地救济原则"。该原则适用于国民或法人权益的被侵害的一般情况，不适用于国家本身权益受侵害或国家之间有另外协议的情况。

四、熟练掌握中国对外国人的管理制度

2013 年开始实施的《中华人民共和国出境入境管理法》（以下简称《出入境管理法》）是国家统一法律职业资格考试的重点考察内容，需要熟练掌握。

（一）《出入境管理法》之外国人的入境

1. 办理签证的机关

（1）签证机关：一般为驻外签证机关，特殊为口岸签证机关。（2）签证的种类：外交签证、礼遇签证、公务签证、普通签证（大部分外国人适用普通签证）。

2. 免办签证的情形

（1）有互免签证协议的，属于免办签证人员的；（2）持有效的外国人居留证件的；（3）联程客，在中国境内停留不超过 24 小时且不离开口岸，或者在国务院批准的特定区域内停留不超过规定时限的；（4）国务院规定的可以免办签证的其他情形。

3. 拒绝签发签证的情形

（1）被处驱逐出境或者被决定遣送出境，未满不准入境规定年限的；（2）患有严重精神障碍、传染性肺结核病或者有可能对公共卫生造成重大危害的其他传染病的；（3）可能危害中国国家安全和利益、破坏社会公共秩序或者从事其他违法犯罪活动的；（4）在申请签证过程中弄虚作假或者不能保障在中国境内期间所需费用的；（5）不能提交签证机关要求提交的相关材料的；（6）签证机关认为不宜签发签证的其他情形；（7）对不予签发签证的，签证机关可以不说明理由。

4. 不得入境的情形

（1）未持有效出境入境证件或者拒绝、逃避接受边防检查的；（2）具有《出入境管理法》第21条第1款第1项至第4项规定情形的，即上述不予签发签证的第1至第4项理由；（3）入境后可能从事与签证种类不符的活动的；（4）法律、行政法规规定不准入境的其他情形；（5）对不准入境的，出入境边防检查机关可以不说明理由。

（二）《出入境管理法》之外国人的居留

外国人在居留国的居留期间的权利和义务由居留国的法律规定。我国的规定如下。

1. 停留居留

（1）《中华人民共和国外国人入境出境管理条例》对外国人在中国境内停留的期限准许上，分为短期（小于等于180日）和长期（超过180日）两种；（2）外国人所持签证注明入境后需要办理居留证件的，应当自入境之日起30日内，向拟居留地县级以上地方人民政府公安机关出入境管理机构申请办理外国人居留证件；（3）外国人在旅馆以外的其他住所居住或者住宿的，应当在入住后24小时内由本人或者留宿人，向居住地的公安机关办理登记。

2. 就业

（1）外国人在中国境内工作，应当按照规定取得工作许可证和工作类居留证件。任何单位和个人不得聘用未取得工作许可和工作类居留证件的外国人。（2）持学习类居留证件的外国人需要在校外勤工助学或者实习的，应当经所在学校同意后，向公安机关出入境管理机构申请居留证件加注勤工助学或者实习地点、期限等信息。持学习类居留证件的外国人所持居留证件未加注前述规定信息的，不得在校外勤工助学或者实习。（3）外国人有下列行为之一的，属于非法就业：第一，未按照规定取得工作许可和工作类居留证件的；第二，超出工作许可限定范围的；第三，留学生违反勤工助学管理规定，超出规定的岗位范围或者时限的。

（三）《出入境管理法》之外国人的出境

不得出境的情形：（1）被判处刑罚尚未执行完毕或者属于刑事案件被告人、犯罪嫌疑人的，但是按照中国与外国签订的有关协议，移管被判刑人的除外；（2）有未了结的民事案件，人民法院决定不准出境的；（3）拖欠劳动者的劳动报酬，经国务院有关部门或者省、自治区、直辖市人民政府决定不准出境的；（4）法律、行政法规规定不准出境的其他情形。

（四）《出入境管理法》之中国公民出入境

1. 出境手续

（1）中国公民出境入境，应当依法申请办理护照或者其他旅行证件。（2）中国公民前往其他国家或者地区，还需要取得前往国签证或者其他入境许可证明。但是，中国政府与其他国家政府签订互免签证协议或者公安部、外交部另有规定的除外。（3）中国公民出境入境，应当向出入境边防检查机关交验本人的护照或者其他旅行证件等出境入境证件，履行规定的手续，经查验准许，方可出境入境。

2. 不准出境的情形

（1）未持有效出境入境证件或者拒绝、逃避接受边防检查的；（2）被判处刑罚尚未执行完毕或者属于刑事案件被告人、犯罪嫌疑人的；（3）有未了结的民事案件，人民法院决定不准出境的；（4）因妨害国（边）境管理受到刑事处罚或者因非法出境、非法居留、非法就业被其他国家或者地区遣返，未满不准出境规定年限的；（5）可能危害国家安全和利益，国务院有关主管部门决定不准出境的；（6）法律、行政法规规定不准出境的其他情形。

3. 定居在外国的中国公民回国定居

（1）定居国外的中国公民要求回国定居的，应当在入境前向中华人民共和国驻外使馆、领馆或者外交部委托的其他驻外机构提出申请，也可以由本人或者经由国内亲属向拟定居地的县级以上地方人民政府侨务部门提出申请；（2）定居国外的中国公民在中国境内办理金融、教育、医疗、交通、电信、社会保险、财产登记等事务需要提供身份证明的，可以凭本人的护照证明其身份。

第三节　引渡和庇护

一、熟练掌握引渡制度的内容

引渡制度是法律硕士研究生考试和国家统一法律职业资格考试的重点考察内容，需要熟练掌握。

（一）引渡制度的基本内容

1. 引渡的概念

引渡（extradition，rendition）是指一国的主管机关应他国主管机关的请求，将在本国境内而被他国指控为犯罪或判刑的人交给请求国审判或执行处罚的国际司法协助行为。

2. 引渡的主体

引渡的主体是国家，引渡是在国家之间进行的。在国际法中，国家没有一般的引渡义务，因此引渡需要根据有关的引渡条约进行。当他国在没有引渡条约的情况下提出引渡时，一国可以自由裁量，包括根据其相关国内法或其他因素作出决定。

3. 引渡的对象

引渡的对象是被请求国指控为犯罪或被其判刑的人，可能是请求国人、被请求国人和第三国人。在国际实践中，除非有关引渡条约或国内法有特殊规定，一般各国有权拒绝引渡本国公民。

4. 引渡的条件

（1）政治犯不引渡原则，是指国家对由于政治原因而遭受外国追诉的外国人不予引渡。实践中，认定政治犯罪的决定权属于被请求国。国际法规定了一些不应视为政治犯罪的行为，包括：1）战争罪、反和平罪和反人类罪；2）种族灭绝或种族隔离罪行；3）非法劫持航空器；4）侵害包括外交代表在内的受国际保护人员罪行等。

（2）双重犯罪原则，是指被请求引渡人的行为必须是请求国和被请求国的法律都认定是犯罪并可起诉的行为，且此种罪行能达到判处若干年有期徒刑以上的程度。

（3）罪名特定原则，是指请求国在将被请求引渡人引渡回国后，只能以请求引渡时所主张的罪名进行审判和处罚，请求国非经被请求国同意，不得以不同于引渡罪名的其他罪名进行审判或惩处。

（二）《中华人民共和国引渡法》

中国对外开展引渡合作共有三种方式：一是根据双边引渡条约进行引渡合作；二是根据多边条约中的引渡条款进行引渡合作；三是在没有条约基础的情况下，依据互惠原则进行引渡合作。2000年我国颁布了《中华人民共和国引渡法》（以下简称《引渡法》），对有关引渡的问题作出了具体规定。另外，我国还与一些国家缔结了引渡条约或司法协助条约。

1. 外国向我国提出引渡的条件（罪犯在我国境内）

（1）引渡请求所指的行为，依照中华人民共和国法律和请求国法律均构成犯罪。（2）为了提起刑事诉讼而请求引渡的，根据中华人民共和国法律和请求国法律，对于引渡请求所指的犯罪均可判处1年以上有期徒刑或者其他更重的刑罚；为了执行刑罚而请求引渡的，在提出引渡请求时，被请求引渡人尚未服完的刑期至少为6个月；对于引渡请求中符合《引渡法》第6条第1项规定的多种犯罪，只要其中有一种犯罪符合《引渡法》第6条第2项的规定，就可以对上述各种犯罪准予引渡。（3）与我国没有引渡条约的情况下，请求国应当作出互惠的承诺。

2. 我国应当拒绝引渡的情形

外国向中华人民共和国提出的引渡请求，有下列情形之一的，应当拒绝引渡：（1）根据中华人民共和国法律，被请求引渡人具有中华人民共和国国籍的；（2）在收到引渡请求时，中华人民共和国的司法机关对于引渡请求所指的犯罪已经作出生效判决，或者已经终止刑事诉讼程序的；（3）因政治犯罪而请求引渡的，或者中华人民共和国已经给予被请求引渡人受庇护权利的；（4）被请求引渡人可能因其种族、宗教、国籍、性别、政治见解或者身份等方面的原因而被提起刑事诉讼或者执行刑罚，或者被请求引渡人在司法程序中可能由于上述原因受到不公正待遇的；（5）根据中华人民共和国或者请求国法律，引渡请求所指的犯罪纯属军事犯罪的；（6）根据中华人民共和国或者请求国法律，在收到引渡请求时，由于犯罪已过追诉时效期限或者被请求引渡人已被赦免等原因，不应当追究被请求引渡人的刑事责任的；（7）被请求引渡人在请求国曾经遭受或者可能遭受酷刑或者其他残忍、不人道或者有辱人格的待遇或者处罚的；（8）请求国根据缺席判决提出引渡请求的。但请求国承诺在引渡后对被请求引渡人给予在其出庭的情况下进行重新审判机会的除外。

3. 我国可以拒绝引渡的情况

外国向中华人民共和国提出的引渡请求，有下列情形之一的，可以拒绝引渡：（1）中华人民共和国对于引渡请求所指的犯罪具有刑事管辖权，并且对被请求引渡人正在进行刑事诉讼或者准备提起刑事诉讼的；（2）由于被请求引渡人的年龄、健康等原因，根据人道主义原则不宜引渡的。

4. 我国的引渡的程序

（1）请求国向我国外交部提出引渡请求→（2）外交部形式审→（3）外交部将合格的材料转交给最高人民检察院、最高人民法院→（4）最高人民检察院认定应由中国司法机关追诉的，应将起诉意见告知最高人民法院和外交部，同时，最高人民法院指定的高级人民法院进行实质审→（5）最高人民法院复核后通知外交部→（6）外交部接到的是引渡的裁定的，报国务院决定；接到的是不引渡裁定的，直接通知请求国→（7）国务院决定引渡的，外交部及时通知公安部，引渡由公安机关执行；国务院决定不引渡的，外交部应当及时通知请求国。

5. 我国向外国请求引渡（罪犯在外国，我国引渡回国的情形）

（1）被请求国就准予引渡附加条件的，对于不损害中华人民共和国主权、国家利益、公共利益的，可以由外交部代表中华人民共和国政府向被请求国作出承诺。对于限制追诉的承诺，由最高人民检察院决定；对于量刑的承诺，由最高人民法院决定。（2）在对被引渡人追究刑事责任时，司法机关（审理法院）应当受所作出的承诺的约束。

二、知晓庇护的基本含义

（一）基本概念

庇护（asylum），是指一国对因政治原因遭受追诉或迫害而来请求避难的外国人给予保护并拒绝将其引渡给另一国的行为。

（二）疑难点解析

第一，决定给予哪些人庇护是国家的权利。国家通常没有必须给予庇护的义务，国家对庇护问题通常在有关的国内法中加以规定。第二，国家从属地管辖权的意义上，可以自主决定庇护的条件，只要不违背其国际义务即可。因政治原因而请求的庇护，即政治庇护是庇护的一种，也是当代国际实践中最为普遍的一种。根据国际法，对从事侵略战争、种族灭绝和种族隔离、劫机、侵害外交代表等罪行以及其他被条约或习惯国际法认为是国际罪行的人，不得进行庇护。2015年颁布的《中华人民共和国反恐怖主义法》第2条第2款明确规定国家不向任何恐怖活动人员提供庇护或者给予难民地位。第三，不引渡并不等于庇护。庇护包括允许避难者入境和庇护国境内居留，对其进行保护或不对其进行相关的惩罚，并拒绝将其交给其他国家或递解出境。第四，被给予庇护的人在庇护国通常享有外国侨民的待遇，其应当遵守庇护国的法律。并且，庇护国不得准许其从事可能导致庇护国违反国际法义务的活动。第五，域外庇护，最常见的是指利用国家在外国的外交或领事机构馆舍、船舶或飞机等作为场所进行的庇护。这种庇护没有一般国际法根据，而且常常违背国际法规则。因此，我国既不实行域外庇护，也反对别国在中华人民共和国境内进行域外庇护活动。

第四节　难　民

一、熟记难民的概念

（一）基本概念

难民（refugee），是指那些基于惧怕战争、种族、宗教、国籍、属于某一社会团体或具有某种政治见解等原因遭受迫害而逃离到其本国之外，并由于这种迫害不能或不愿受其本国保护的人，或者不具任何国籍的人。

（二）难民身份的确定

难民身份的确定具有重要意义。因为根据国际法，只有某人被确认为难民以后，其才能获得难民的法律地位，也才能获得有关的国际保护。难民身份的确定必须包括两个方面的条件：第一，主观条件。主观条件是指当事人畏惧迫害，即当事人有正当理由畏惧因种族、宗教、国籍、属于某一社会团体或具有某种政治见解等原因可能受到迫害。这里的迫害，不要求对当事人的迫害已经到相当程度或已经发生。第二，客观条件。客观条件是指当事人留在其本国之外或经常居住国之外，且不能或不愿意受其本国保护或返回其经常居住地国。如果当事人仍留在本国国内，其是不能获得难民身份的。此外，已经获得联合国其他机构的保护和援助的人、被居住地国家认为具有附着于该国国籍的权利和义务的人、违反国际文件中已作出规定的破坏和平罪、战争罪或反人类罪的人等，不能被认定为难民。

二、知晓难民的法律地位

（一）基本内容

根据 1951 年《关于难民地位的公约》和 1967 年《关于难民地位的议定书》的规定，难民的法律地位主要表现为不推回原则。难民的待遇主要表现为国民待遇原则、不低于一般外国人待遇原则以及最惠国待遇原则。

（二）疑难点解析

不推回原则（Principle of Non-Refoulement），是指国家不得以任何方式将难民驱逐或送回至其生命或自由因为其种族、宗教、国籍、参加某一个社会团体身份或具有某种政治见解而受到威胁的领土边界。但如果有正当理由认为难民足以危害所在国的安全，或者难民已经被判定认为犯过特别严重罪行从而构成对该国社会的危险，则该难民不能享受不被驱逐或送回的权利。难民不推回原则是 1951 年《关于难民地位的公约》的基本条款，此原则已成为一般国际法的原则。

本章实务案例研习

中国从秘鲁引渡黄海勇案[①]

（一）案情简介

黄海勇，深圳裕伟贸易实业有限公司法人代表、深圳市亨润国际实业有限公司董事及总经理、湖北裕伟贸易实业有限公司法人代表、武汉丰润油脂保税仓库有限公司董事长、香港宝润集团有限公司董事。1996 年 8 月至 1998 年 5 月期间，黄海勇伙同他人共同走私进口保税毛豆油 10.74 万吨，案值 12.15 亿元，偷逃税款 7.17 亿元。案发后，黄海勇于 1998 年 8 月出逃，先后逃至美国、秘鲁等国。2001 年，中国通过国际刑警组织对黄海勇发布红色通报。2008 年 10 月，秘鲁警方在秘鲁利马机场逮捕黄海勇。随后，中国根据《中国和秘鲁引渡条约》向秘鲁提出引渡请求。2009 年 1 月，秘鲁最高法院同意引渡黄海勇。为抗拒引渡，黄海勇聘请当地律师，以被引渡回国会面临死刑和酷刑风险为由，向秘鲁利马法院提出人身保护令诉讼。同时，黄海勇向美洲人权委员会提出申诉。

---

① 中华人民共和国外交部条约与法律司. 中国国际法实践案例选编. 北京：世界知识出版社，2018.

2009 年 12 月，中国驻秘鲁使馆根据中国最高人民法院的决定向秘鲁作出不判处黄海勇死刑的承诺。2010 年 1 月，秘鲁最高法院再次作出同意引渡的裁决。2011 年 5 月，秘鲁宪法法院推翻了秘鲁最高法院同意引渡黄海勇的判决，引渡被迫中止。2011 年 12 月，中国再次向秘鲁提出引渡请求。2013 年 10 月，美洲人权委员会将此案提交给美洲人权法院审理。2014 年 9 月，美洲人权法院开庭审理"黄海勇诉秘鲁政府"一案。2015 年 6 月，美洲人权法院作出判决，判定由于引渡黄海勇回国不存在被判处死刑和遭受酷刑的风险，所以秘鲁政府可以引渡黄海勇回国。至此，黄海勇引渡案获得实质性突破，取得了程序上的最大胜利。2016 年 6 月，在秘鲁政府向美洲人权法院作出充分解释后，美洲人权法院发布新裁决，认定秘鲁政府已经完全保障黄海勇的司法救济权利，可以引渡。2016 年 7 月 14 日，黄海勇被引渡回国。

（二）本案涉及的主要法律问题

1. 中国对外引渡合作的法律基础

中国对外开展引渡合作的法律依据分三种情况：一是根据双边引渡条约进行引渡合作。截至 2017 年 6 月，中国已对外缔结了 50 项引渡条约（35 项生效）。二是根据多边条约中的引渡条款进行引渡合作，包括《联合国打击跨国有组织犯罪公约》和《联合国反腐败公约》等。三是在没有条约基础的情况下，根据本国法，依据互惠原则进行合作。在此情况下，若是中国向外国申请引渡，中国会在请求书中承诺对于对方今后类似请求，中国将依法提供司法协助；对于外国向中国提出的引渡请求，中国也会相应要求请求国在其请求书中作出互惠承诺，如果请求国拒绝作出互惠承诺的话，中国将拒绝有关引渡请求。本案中，中秘两国开展引渡合作的法律依据是《中国和秘鲁引渡条约》，该条约于2001 年 11 月 5 日签署，2003 年 4 月 5 日生效。2008 年 11 月，中国根据该条约向秘鲁提出引渡黄海勇的请求。

2. 中国对外引渡合作的负责机关

根据中国的《引渡法》和缔结的引渡条约，中国与外国之间的引渡通过外交途径联系，外交部（具体工作由条约法律司办理）是《引渡法》指定的进行引渡的联系机关。中国对外提交引渡请求时，由主管部门将引渡请求提交外交部，外交部审核通过后，通过中国驻有关国家使馆照会对方外交部或主管部门的方式，或者条约规定的其他途径提出请求。外国向中国提出引渡请求时，一般通过其驻华使馆将引渡请求送交中国外交部。如果外国将引渡请求送交中国驻该国使馆，中国驻该国使馆必须尽快将引渡请求转回外交部。本案属于中国对外提引渡请求的情况。外交部在审核中国主管部门出具的引渡请求书后，于 2008 年 11 月通过中国驻秘鲁大使馆照会的形式，向秘鲁法定的引渡联系机关——秘鲁国家检察长办公室正式提出引渡请求。

3. 对于死刑的外交承诺

一些已经废除死刑或者保留死刑但不执行的国家，其法律明确规定在可能适用死刑的情况下禁止对外引渡逃犯。因此，死刑、酷刑指控常常被犯罪嫌疑人利用来干扰引渡程序的进行。一些国家在与中国进行引渡时，出于本国法律的明确要求，往往为执行引渡请求附加条件，如要求中国承诺不对逃犯判处或执行死刑。本案也是如此。

中国《引渡法》就量刑的承诺作出了明确规定。根据《引渡法》第 50 条，被请求国就准予引渡附加条件的，对于不损害中华人民共和国主权、国家利益、公共利益的，可以由外交部代表中华人民共和国政府向被请求国作出承诺。对于限制追诉的承诺，由最高人民检察院决定；对于量刑的承诺，由最高人民法院决定。目前，中国已在多个引渡案件中依法作出不判处死刑的承诺。本案中，秘鲁《刑事诉讼法典》第517条第3款第4项规定，被申请引渡人在申请引渡国可能被判处死刑，并且申请引渡国未提供不对其判处死刑的保证，应拒绝引渡。根据中国法律和实践，并参考在赖昌星案中，中国政府向加拿大政府作出的外交承诺，2014年8月和2015年9月，中国政府两次通过驻秘鲁使馆照会秘鲁外交部的方式，就死刑、酷刑、探视等问题再次向秘鲁政府作出外交承诺，从而赢得诉讼。

（三）法律评析

黄海勇案是中国首次从拉美国家成功引渡犯罪嫌疑人的案件，此案耗时8年，历经秘鲁国内和美洲人权体系所有法律程序，堪称新中国成立以来最为复杂的引渡案件，其中涉及诸多法律问题，包括引渡合作法律基础、引渡合作基本原则和程序、死刑和人权问题等。其中死刑问题几乎是我国每一个涉严重犯罪引渡案件都不可回避的问题。黄海勇所涉嫌的走私普通货物罪，虽然已经于2011年由《刑法修正案（八）》取消了死刑处罚，但死刑问题仍然是黄海勇及其律师用来对抗引渡的主要借口之一，也是美洲人权法院关注的重点问题之一。当前我国正在全面开展反腐败境外追逃工作，腐败犯罪的死刑问题将是我们无法回避的问题。在我国还不具备完全废除死刑的条件下，如果在引渡、遣返等国际合作中遭遇死刑问题，应当根据案件情况，及时、果断作出并严格信守不判处死刑的承诺，避免死刑成为外逃者的免责盾牌，以尽早将外逃者缉捕归案，切实推动我国境外追逃工作的开展。

（四）本案涉及的法考知识

本案中国家间的引渡条件、中国负责引渡工作的对外联络机关以及中国对外作出量刑承诺的机关都是法考中常见的知识点。

本章同步练习

一、选择题

（一）单项选择题

1. 2005年，甲国夫妇汤姆和玛丽收养了中国女孩樱樱，樱樱改名艾琳后随养父母去甲国定居，并取得甲国国籍。2019年，艾琳被中国上海某高校录取。根据中国相关法律规定，下列哪项判断是正确的？（　　）（法考改编）

A. 艾琳到中国学习，无须办理签证

B. 艾琳周末可以随时到快餐店兼职工作

C. 艾琳可以同时拥有中国国籍和甲国国籍

D. 甲国疫情暴发，甲国夫妇以探望艾琳的名义申请进入中国境内，但中国边防检查机关禁止二者入境，且未说明理由

2. 甲国球星埃尔申请加入中国国籍，依据中国《国籍法》的相关规定，下列哪一项是正确的？（　　）（法考改编）

A. 埃尔加入中国国籍后,可保留甲国国籍

B. 埃尔加入中国国籍的申请应由中国外交部审批

C. 埃尔的申请无论是否被批准,其与中国女子李某在广州出生的儿子具有中国国籍

D. 埃尔的申请一旦被批准,则不得再退出中国国籍

3. 甲国公民汤姆于 2012 年在本国故意杀人后潜逃至乙国,于 2014 年在乙国强奸一名妇女后又逃至中国。乙国于 2015 年向中国提出引渡请求。经查明,中国和乙国之间没有双边引渡条约。依相关国际法及中国法律规定,下列哪一选项是正确的?(   )(司考)

A. 乙国的引渡请求应向中国最高人民法院提出

B. 乙国应当作出互惠的承诺

C. 最高人民法院应对乙国的引渡请求进行审查,并由审判员组成合议庭进行

D. 如乙国将汤姆引渡回本国,则在任何情况下都不得再将其转引

4. 王某是定居美国的中国公民,2013 年 10 月回国为父母购房。根据我国相关法律规定,下列哪一选项是正确的?(   )(司考)

A. 王某应向中国驻美签证机关申请办理赴中国的签证

B. 王某办理所购房产登记需提供身份证明的,可凭其护照证明其身份

C. 因王某是中国公民,故需持身份证办理房产登记

D. 王某回中国后,只要其有未了结的民事案件,就不准出境

5. 甲国 1999 年发生未遂军事政变,政变领导人朗曼逃到乙国。甲国法院缺席判决朗曼 10 年有期徒刑。甲乙两国之间没有相关的任何特别协议。根据国际法有关规则,下列哪一选项是正确的?(   )(司考)

A. 甲国法院判决生效后,甲可派出军队进入乙国捉拿朗曼,执行判决

B. 乙国可以给予朗曼庇护

C. 乙国有义务给予朗曼庇护

D. 甲国法院的判决生效后,乙国有义务将朗曼逮捕并移交甲国

(二)多项选择题

1. 甲国人汉斯持公务签证来华,在北京已居住两年。在此期间,汉斯与中国女子王某结婚并在北京生下一子。根据中国相关法律规定,下列哪些判断是正确的?(   )(法考改编)

A. 只要汉斯有尚未完结的民事诉讼就不得离境

B. 北京是汉斯的经常居所地

C. 汉斯利用周末假期在某语言培训机构兼职授课,属于非法就业

D. 汉斯的儿子具有中国国籍

2. 甲国人施密特在乙国旅游期间,乙国经丙国的申请对施密特采取了强制措施,之后丙国请求乙国引渡施密特,根据国际法的相关规则和实践,下列哪些判断是正确的?(   )(法考改编)

A. 如果施密特是政治犯,乙国应当拒绝引渡

B. 如果施密特的行为在乙国和丙国都构成严重犯罪,乙国可以引渡

C. 如果施密特的行为只有在丙国构成犯罪,乙国应当拒绝引渡

D. 因施密特为甲国公民,乙国无权将其引渡给丙国

3. 中国人张某在甲国将甲国公民杀死后逃至乙国，已知甲国和乙国之间没有签订引渡条约，但是中国和甲乙两国都有引渡条约。下列说法正确的有？（　　）（法考改编）

A. 中国外交部可以向乙国政府请求将张某先行采取强制措施再行引渡

B. 如甲国向乙国申请引渡，乙国无正当理由不得拒绝引渡

C. 如果乙国未经中国同意将张某引渡给甲国，则中国可以向乙国提起外交保护

D. 如乙国将张某引渡给中国后，甲国向中国提请引渡张某，中国政府应当予以拒绝

4. 马萨是一名来华留学的甲国公民，依中国法律规定，下列哪些选项是正确的？（　　）（司考）

A. 马萨入境中国时，如出入境边防检查机关不准其入境，可以不说明理由

B. 如马萨留学期间发现就业机会，即可兼职工作

C. 马萨留学期间在同学家中短期借住，应按规定向居住地的公安机关办理登记

D. 如马萨涉诉，则不得出境

5. 中国公民李某与俄罗斯公民莎娃结婚，婚后定居北京，并育有一女李莎。依我国《国籍法》，下列哪些选项是正确的？（　　）（司考）

A. 如李某为中国国家机关公务员，其不得申请退出中国国籍

B. 如莎娃申请中国国籍并获批准，不得再保留俄罗斯国籍

C. 如李莎出生于俄罗斯，不具有中国国籍

D. 如李莎出生于中国，具有中国国籍

二、名词解释

1. 引渡（考研）

同类试题：Extradition（考研）

2. 难民（考研）

同类试题：Refugee（考研）

3. 庇护（考研）

同类试题：Asylum（考研）

4. 外交保护（考研）

5. Nationality（考研）

同类试题：国籍的抵触（考研）

三、简答题

1. 引渡和庇护。（考研）

相关试题：论述国际法上的引渡及其规则。（考研）

2. 简述外交保护制度的基本内容。（考研）

相关试题：简述外交保护的条件。（考研）

参考答案

一、选择题

（一）单项选择题

1.D

解析：本案涉及外国人的出入境制度。艾琳在甲国定居并获得甲国国籍后，就自动丧失了中国国籍，因此，艾琳对中国来说，是一个外国人，艾琳不能同时拥有中国国籍和甲国国籍，故 C 项错误。艾琳要进入中国学习，必须获得中国颁发的签证才行，故 A 项错误。留学生需要在中国校外勤工助学或者实习的，应当经所在学校同意后，向公安机关出入境管理机构申请居留证件加注勤工助学或者实习地点、期限等信息。未办理上述手续的，不得在校外勤工助学或者实习，故 B 项错误。中国出入境边防检查机关在检查外国人入境材料时，若发现外国人存在患有严重精神障碍、传染性肺结核病或者有可能对公共卫生造成重大危害的其他传染病的，可以不准其入境，且可以不说明理由，故 D 项正确。

2.C

解析：根据我国《国籍法》的规定，外国人申请中国国籍并获得批准以后，不得再保留外国国籍，故 A 项错误。无论是申请加入中国国籍还是退出中国国籍，最终的审批权都在公安部，不是外交部，故 B 项错误。根据我国《国籍法》第 4 条的规定，父母双方或一方为中国公民，本人出生在中国，具有中国国籍，艾尔与中国籍女子李某在广州出生的孩子，具有中国国籍，故 C 项正确。艾尔申请加入中国国籍并获得批准以后，当然可以申请退出中国国籍，故 D 项错误。

3.B

解析：根据《引渡法》第 4 条的规定，中华人民共和国和外国之间的引渡，通过外交途径联系。中华人民共和国外交部为指定的进行引渡的联系机关，乙国的引渡请求应向中国外交部提出，故 A 项说法错误。《引渡法》第 15 条规定，在没有引渡条约的情况下，请求国应当作出互惠的承诺，中乙之间没有引渡条约，请求国应当作出互惠的承诺，故 B 项说法正确。《引渡法》第 16 条第 2 款规定，最高人民法院指定的高级人民法院对请求国提出的引渡请求是否符合本法和引渡条约关于引渡条件等规定进行审查并作出裁定。最高人民法院对高级人民法院作出的裁定进行复核。故"最高人民法院应对乙国的引渡请求进行审查"的说法错误，负责审核引渡请求的是高级人民法院，不是最高人民法院，C 项不选。如果将被引渡人转引给第三国，则一般应经原引出国的同意。可见，转引渡满足条件是可以进行的，D 项说在任何条件下都不行，是错误的。

4.B

解析：本题中，王某是定居美国的中国公民，其国籍仍然是中国，凭护照即可出入境，故 A 项错误。《出入境管理法》第 14 条规定，定居国外的中国公民在中国境内办理金融、教育、医疗、交通、电信、社会保险、财产登记等事务需要提供身份证明的，可以凭本人的护照证明其身份，因此，C 项错误，B 项正确。王某凭本人护照即可证明其身份。王某回中国后，其有未了结的民事案件，且人民法院决定不准出境的，才不准出境，故 D 项错误。

5. B

解析：甲国法院判决生效后，甲国只能向乙国申请引渡朗曼，而不能直接派军队进入乙国捉拿朗曼，因为甲国的军队在乙国的领土上没有执法权，故 A 项错误。庇护是指一国对于遭到外国追诉或迫害而前来避难的外国人，准予其入境和居留，给予保护，并拒绝将其引渡给另一国的行为，决定给予哪些人庇护是国家的权利，国家通常没有必须给予庇护的义务，故 B 项正确，C 项错误。甲乙之间没有任何的相关的特别协议，所以乙国没有义务将朗曼逮捕并移交甲国，故 D 项错误。

（二）多项选择题

1. CD

解析：外国人需要离境的，若在中国有未了结的民事诉讼，还需要法院决定不准其离境，才能限制该外国人出境，故 A 项错误。根据我国最高人民法院关于适用《〈中华人民共和国涉外民事关系法律适用法〉若干问题的解释（一）》，经常居所地是指自然人连续居住满 1 年且作为生活中心的地方，但就医、劳务派遣、公务等情形除外。汉斯是甲国派来中国从事公务活动的人，因此，甲国仍然是汉斯的经常居所地，故 B 项错误。外国人必须获得工作类居留证和工作类许可证方可在中国工作。汉斯持有的是公务签证，不能超工作范围去培训机构兼职授课，故 C 项正确。《国籍法》第 4 条的规定，"父母双方或一方为中国公民，本人出生在中国，具有中国国籍"，汉斯的儿子出生在北京，具有中国国籍，故 D 项正确。

2. ABC

解析：关于可引渡罪行，"政治犯不引渡原则"和"双重犯罪原则"是国际法上普遍接受的一般规则，故 A、B、C 项正确。引渡的对象可以是请求国人、被请求国人或第三国人，根据国际法关于引渡的一般规则，各国有权拒绝引渡本国公民，而国际法上没有第三国人一定不能引渡的规定，故 D 项错误。

3. AD

解析：本题中，因中国和甲乙两国都有引渡条约，故甲乙两国对中国负有条约所规定的引渡义务。《引渡法》第 48 条规定，在紧急情况下，可以在向外国正式提出引渡请求前，通过外交途径或者被请求国同意的其他途径，请求外国对有关人员先行采取强制措施。据此，A 项正确。引渡的主体是国家，引渡是国家之间进行的。在国际法中，国家没有一般的引渡义务，因此引渡需要根据有关的引渡条约进行。当他国在没有引渡条约的情况下提出引渡时，一国可以自由裁量，包括根据其有关国内法或其他因素作出决定，即无条约，无义务。本题中，甲国和乙国之间没有签订引渡条约，甲乙之间没有引渡的义务，故 B 项错误。在提出外交保护之前，受害人必须用尽当地法律规定的一切可以利用的救济办法，包括行政和司法救济手段。在这些手段用尽仍未得到合理救济时，才可以提出外交保护，故 C 项错误，其不满足外交保护的条件，即使乙国未经中国同意将张某引渡给甲国，中国也不能向乙国提起外交保护。《引渡法》第 8 条规定："外国向中华人民共和国提出的引渡请求，有下列情形之一的，应当拒绝引渡：（一）根据中华人民共和国法律，被请求引渡人具有中华人民共和国国籍的……"本题中，被请求引渡人张某为中国人，我国应拒绝引渡，故 D 项正确。

4. AC

解析：根据《出入境管理法》第 25 条的规定，对不准入境的，出入境边防检查机关可以不说明理由，故 A 项正确。留学生需要在中校外勤工助学或者实习的，应当经所在学校同意后，向公安机关出入境管理机构申请居留证件加注勤工助学或者实习地点、期限等信息。未办理上述手续的，不得在校外勤工助学或者实习。马萨在中国留学期间，发现就业机会的，需要办理完手续以后，才能兼职工作，故 B 项错误。《出入境管理法》第 39 条第 2 款规定，外国人在旅馆以外的其他住所居住或者住宿的，应当在入住后 24 小时内由本人或者留宿人，向居住地的公安机关办理登记，故 C 项正确。马萨涉诉，要分为刑事诉讼还是民事诉讼，若是刑事诉讼，则不准出境，若是民事诉讼，还需要法院决定，才不准出境，故 D 项错误。

5. ABD

解析：根据中国《国籍法》第 12 条的规定，国家工作人员和现役军人，不得退出中国国籍，故 A 项正确。《国籍法》第 8 条规定，申请加入中国国籍并获得批准的，即取得中国国籍，被批准加入中国国籍的，不得再保留外国国籍，故 B 项正确。《国籍法》第 5 条规定，父母双方或一方为中国公民，本人出生在外国，具有中国国籍，李莎就算出生在俄罗斯，也可以具有中国国籍，故 C 项错误。《国籍法》第 4 条规定，父母双方或一方为中国公民，本人出生在中国，具有中国国籍，李莎若出生在中国，当然具有中国国籍，故 D 项正确。

二、名词解释

1. 引渡是指一国的主管机关应他国主管机关的请求，将在本国境内而被他国指控为犯罪或判刑的人交给请求国审判或执行处罚的国际司法协助行为。

2. 难民，是指那些基于惧怕战争、种族、宗教、国籍、属于某一社会团体或具有某种政治见解等原因遭受迫害而逃离到其本国之外，并由于这种迫害不能或不愿受其本国保护的人，或者不具有任何国籍的人。

3. 庇护，是指一国对因政治原因遭受追诉或迫害而来请求避难的外国人，给予保护并拒绝将其引渡给另一国的行为。

4. 外交保护是指一国对在外国的国民（包括本国法人）的合法权益遭到所在国家非法的侵害而得不到救济或适当救济时，通过外交途径向加害国进行交涉和寻求补偿的行为。

5. 国籍，是指个人作为某一特定国家的国民或公民的一种法律资格或身份。国籍在个人与国家之间建立了一种稳定的法律联系。拥有一国国籍的人，称为该国的公民或国民，因此国籍也称为公民资格。国际法依据国籍将个人划分为本国人、外国人和无国籍人。

三、简答题

1. 引渡制度：第一，引渡的概念。引渡是指一国的主管机关应他国主管机关的请求，将在本国境内而被他国指控为犯罪或判刑的人交给请求国审判或执行处罚的国际司法协助行为。第二，引渡的主体。引渡的主体是国家，引渡是在国家之间进行的。在国际法中，国家没有一般的引渡义务，因此引渡需要根据有关的引渡条约进行。当他国在没有引渡条约的情况下提出引渡时，一国可以自由裁量，包括根据其有关国内法或其他因素作出决定。第三，引渡的对象。引渡的对象是被请求国指控为犯罪或被其判刑的人，可能是请求国人、被请求国人和第三国人。在国际实践中，除非有关引渡条约或国内法有特殊规定，一般各国有权拒绝引渡本国公民。第四，引渡的条件。引渡的条件包括政治犯不引渡原则、双重犯罪原则以及罪名特定原则等。

庇护制度：庇护，是指一国对因政治原因遭受追诉或迫害而来请求避难的外国人，给予保护并拒绝将其引渡给另一国的行为。第一，决定给予哪些人庇护是国家的权利。国家通常没有必须给予庇护的义务，国家对庇护问题通常在有关的国内法中加以规定。第二，在属地管辖权的意义上，国家可以自主决定庇护的条件，只要不违背其国际义务即可。因政治原因而请求的庇护，即政治庇护是庇护的一种，也是当代国际实践中最为普遍的一种。根据国际法，对从事侵略战争、种族灭绝和种族隔离、劫机、侵害外交代表等罪行以及其他被条约或习惯国际法认为是国际罪行的人，不得进行庇护。第三，不引渡并不等于庇护。庇护包括允许避难者入境和庇护国境内居留，对其进行保护或不对其进行相关的惩罚，并拒绝将其交给其他国家或递解出境。第四，被给予庇护的人在庇护国通常享有外国侨民的待遇，其应当遵守庇护国的法律。并且庇护国不得准许其从事可能导致庇护国违反国际法义务的活动。第五，域外庇护，最常见的是指利用国家在外国的外交或领事机构馆舍、船舶或飞机等作为场所进行的庇护。这种庇护是没有一般国际法根据的，而且常常违背国际法其他规则。对此，我国既不实行域外庇护，也反对别国在中华人民共和国境内进行域外庇护活动。

答题解析：分别阐述清楚引渡和庇护的概念以及基本构成要件。

2. 国家行使外交保护权一般应符合三个条件：（1）一国国民权利受到侵害是由于所在国的国家不当行为所致，也就是说，该侵害行为可以引起国家责任。如果损害仅仅涉及外国私人的行为，所在国家不存在任何直接或间接责任，则不得行使外交保护，这里的国民既包括自然人也包括法人。（2）受害人自受害行为发生起到外交保护结束的期间内，必须持续拥有保护国国籍。这称为"国籍继续原则"。（3）在提出外交保护之前，受害人必须用尽当地法律规定的一切可以利用的救济办法，包括行政和司法救济手段。在这些手段用尽之后仍未得到合理救济时，才可以提出外交保护。此为"用尽当地救济原则"。该原则适用于国民或法人权益的被侵害的一般情况，不适用于国家本身权益受侵害或国家之间有另外协议的情况。

答题解析：牢记外交保护的构成要件即可。

第九章　国际人权法

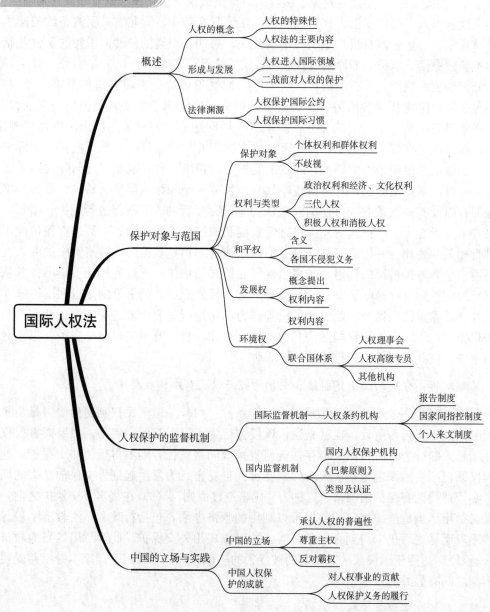

国际人权法

概述
- 人权的概念
  - 人权的特殊性
  - 人权法的主要内容
- 形成与发展
  - 人权进入国际领域
  - 二战前对人权的保护
- 法律渊源
  - 人权保护国际公约
  - 人权保护国际习惯

保护对象与范围
- 保护对象
  - 个体权利和群体权利
  - 不歧视
- 权利与类型
  - 政治权利和经济、文化权利
  - 三代人权
  - 积极人权和消极人权
- 和平权
  - 含义
  - 各国不侵犯义务
- 发展权
  - 概念提出
  - 权利内容
- 环境权
  - 权利内容
  - 联合国体系
    - 人权理事会
    - 人权高级专员
    - 其他机构

人权保护的监督机制
- 国际监督机制——人权条约机构
  - 报告制度
  - 国家间指控制度
  - 个人来文制度
- 国内监督机制
  - 国内人权保护机构
  - 《巴黎原则》
  - 类型及认证

中国的立场与实践
- 中国的立场
  - 承认人权的普遍性
  - 尊重主权
  - 反对霸权
- 中国人权保护的成就
  - 对人权事业的贡献
  - 人权保护义务的履行

本章核心知识点解析

第一节　概　　述

一、国际人权法的概念

（一）基本概念

1. 国际人权法的概念

国际人权法是由一系列关于人权保护的国际条约，包括全球性的和区域性的国际条约以及国际习惯组成的国际法的独立分支，是国际上保护人权的原则、规则和制度的总称。

2. 国际人权法的特殊性

第一，国际人权法具有较强的政治性。与其他国际法分支相比，人权问题与各国政治体制联系密切，涉及宗教、文化、历史、民俗等复杂问题，同时，人权保护往往与一国内政有着千丝万缕的联系，人权问题的政治化对人权的发展产生了不可忽视的影响。

第二，个人是国际人权公约的直接受益者。国际人权公约是为了保护国家管辖范围内个人的人权与自由而订立的。主权国家在国际人权保护方面扮演两种角色：一是立法者，作为缔约国制定人权公约保护人权；二是义务人，有责任和义务去尊重本国居民人权。

第三，国际人权法是弱法中的弱法。国际法不像国内法那样拥有系统的立法、司法和执法机构，相比之下，它是一个弱法。国际人权法作为国际法的分支之一，是弱法中的弱法，因为国际人权法不能利用主权国家间的相互制约机制。

3. 国际人权法的主要内容[①]

（1）世界人权宪章。

世界人权宪章包括 1948 年《世界人权宣言》、1966 年《公民权利和政治权利国际公约》和 1966 年《经济、社会和文化权利国际公约》。

（2）核心国际人权公约。[②]

核心国际人权公约包括 1965 年《消除一切形式种族歧视公约》、1966 年《公民权利和政治权利国际公约》及其两个任择议定书、1966 年《经济、社会和文化权利国际公约》及其任择议定书、1979 年《消除对妇女一切形式歧视公约》及其任择议定书、1984 年《禁止酷刑和其他残忍、不人道或有辱人格待遇或处罚公约》及其任择议定书、1989

[①] 国际人权法是一个庞大的体系，涉及内容包括：自决权利、土著居民和少数民族群体权利、防止歧视、妇女权利、儿童权利、老年人权利、残疾人权利、被拘留或被拘禁人的权利、社会福利进步和发展、婚姻、健康、结社、工作和享有公平就业权利、移民、国籍、禁止奴隶、人道法等。联合国人权高级专员办事处网站. https://www.ohchr.org/CH/ProfessionalInterest/Pages/UniversalHumanRightsInstruments.aspx.

[②] 这些条约之所以被称为核心国际人权公约，是因为每一部条约都设立了独立专家委员会，负责监督缔约国实施条约及其条款的情况。其中一些条约有处理具体事项的任择议定书作为补充。联合国人权高级专员办事处网站. https://www.ohchr.org/CH/ProfessionalInterest/Pages/CoreInstruments.aspx.

年《儿童权利公约》及其三个议定书、1990 年《保护所有移徙工人及其家庭成员权利国际公约》、2006 年《保护所有人免遭强迫失踪国际公约》、2006 年《残疾人权利公约》及其任择议定书。

（3）区域性人权公约。

1950 年《欧洲保障人权和基本自由公约》、1969 年《美洲人权公约》、1981 年《非洲人权和民族权宪章》等。

（二）疑难点解析

1. 主权国家保护人权的国际义务

国际人权法规定了主权国家保护人权的国际义务。各项人权条约缔约国依据国际法履行人权保护的条约义务。

各国遵守人权保护的义务就是：各国不得干涉或限制本国公民对各类人权的享有。保护的义务是要求各国保护人权，使人权免受侵害。

各国履行人权保护的义务就是：各国要采取积极行动，使本国民众享有基本人权。各国政府批准国际人权条约后，便承诺在国内采取措施并立法，履行条约责任和义务。因此，国内法律体系对国际法所保障的各种人权提供主要的法律保护。如果国内的法律程序不能处理侵害人权事件，则由个人和团体提出申诉的区域和国际申诉机制与申诉程序，可协助国际人权标准在当地得到遵守和强制执行。

2. 国际法作为人权保护弱法的理解

国际法作为人权保护的弱法，一方面源自国际法的结构性缺陷。因为国际社会是一个平行式的社会，在国际社会中，并不存在统一的"世界政府"，国际法的制定、遵守和实施主要依靠主权国家的意愿。而且，违反国际法并不像违反国内法那样，能够立即带来相应的法律制裁。另一方面源自人权法的特殊性，人权保护与国家主权存在一定的冲突。因为在传统国际法上，人权问题属于一个国家的内政，对人权的保护可能在一定程度上危害国家主权。如在利比亚内战中，西方国家就以"保护的责任"为由，对利比亚实施武力干涉。

不过，也应当看到，国际法对人权的保护也在不断加强，甚至在某些领域拥有了强制性，人权法作为弱法的地位正在逐步得到改变。例如，一些强行法规则涉及人权保护，如禁止奴隶和奴隶贸易、禁止种族灭绝、禁止种族歧视、种族隔离和酷刑，以及其他一些适用于国际人道法中的基本规则[①]，这些规则是国际社会成员整体接受且不能违反的。另外，国际社会对那些严重违反人权的行为实施制裁的国际实践，如二战后对德国纳粹战犯和日本军国主义战犯的审判，对在南斯拉夫内战和卢旺达内战中发生的那些严重违反人权法和人道法的国际罪行建立前南斯拉夫问题国际刑事法庭和卢旺达问题国际刑事法庭，以及在 2002 年 4 月通过《国际刑事法院罗马规约》建立常设国际刑事法院等，都说明国际法正在不断加强对人权的国际保护。

---

① James Crawford, Brownlie's Principles of Public International Law, 8th edition, Oxford University Press, 2012: 596.

二、国际人权法的形成与发展

(一) 基本概念

1. 人权进入国际法领域

第一，人权问题在传统国际法上属于一国的内政。在第二次世界大战之前，人权问题普遍被视为国家主权管辖范围内的事。或者说，一个国家如何对待其本国国民，或者其本国国民究竟享有哪些权利和自由，以及如何保护这些权利和自由，都是国家的内政，由一国的国内法加以规定，国际法很少涉及这些问题。

第二，一些国家侵犯人权的暴行使国际社会意识到人权需要国际保护。二战期间，德国法西斯对犹太人的大屠杀、对一些少数民族的残酷迫害；日本法西斯对整个亚洲人民犯下的反人道罪，特别是惨绝人寰的南京大屠杀等侵犯人权的行为，使各国人民认识到，当国家利用国家机器推行法西斯政策，利用国家公权力来侵犯人权时，因人权是国家内政，国际社会不得干涉的原则就成为侵犯人权的挡箭牌。在这种情况下，必须使人权问题国际化才能达到保护人权的目的。

2. 第二次世界大战前对人权的保护

第一，对少数者的保护；第二，禁止奴隶贩运和废除奴隶制；第三，对劳工的保护；第四，国际人道法对人权的保护。

(二) 疑难点解析

1. 人权保护哲学思想

在古代的哲学思想和学说中，存在人权保护的萌芽，如超验权威说、平等人格说和本性自由说，不过，这些学说只是人权思想的萌芽，并没有形成体系化的人权思想和明确的人权概念。[①] 人权思想的发展要归功于资产阶级革命和资产阶级启蒙思想家。比较有代表性的学者是英国哲学家洛克和德国哲学家康德，基于他们的思想，形成了人权保护的洛克学派和康德学派。

洛克学派受霍布斯自然状态的概念启发，认为人为了摆脱自然状态，不仅拥有肉体生存的权利，而且拥有过舒适生活的权利，从而引申出人具有生命、自由和财产的权利。对人的生命权而言，要求建立一个稳定的政府来保护公民的生命免遭威胁；对人的自由权而言，要求人具有自由迁徙权；对人的财产权而言，要求人拥有对钱、土地、房屋等财产的权利。[②] 洛克学派的人权思想集中体现在美国的《独立宣言》中。

康德学派超越了洛克学派对人自我保护的本能要求，强调了人对非物质目标的渴望，主要是人的自尊权利，要求他人承认本人作为人，从而形成了人尊严保护的概念。[③]《世界人权宣言》序言中的"鉴于对人类家庭所有成员的固有尊严及其平等的和不移的权利的承认"，就是康德学派的人权观点的体现。

---

① 夏勇. 人权概念的历史起源：权利的历史哲学. 北京：中国社会科学出版社，2007：73 - 96.
② 范·霍夫. 亚洲对人权普遍性概念的挑战//刘楠来，等. 人权的普遍性和特殊性. 北京：社会科学文献出版社，2003：21.
③ 范·霍夫. 亚洲对人权普遍性概念的挑战//刘楠来，等. 人权的普遍性和特殊性. 北京：社会科学文献出版社，2003：21.

2. 不干涉内政与人权保护

不干涉内政原则和人权保护原则作为国际法的基本原则，在具体适用过程中存在一定的冲突。从二者产生的历史背景来看，不干涉内政原则产生于法国大革命，主要是为了维护国家主权，保障国家的生存和独立；人权保护在传统国际法上属于一国内政，直到二战后国际社会对二战期间一些国家一系列侵犯人权行为进行反思，才产生了国际法上的人权保护，其目标在于维护人的生命、自由和尊严等一系列权利。不干涉内政原则保护的是国家权利，人权保护原则保护的是个人权利，二者价值追求不同，所以可能带来冲突。两者产生冲突比较有代表性的事件是 1999 年北约以"人权高于主权"的名义对南斯拉夫内战实施武力干涉。

虽然二者保护的目标不同，但是不能将它们视为对立关系。一方面，对国家主权的维护，特别是对国家生存权的维护，能够更好地实现人权保护的目标。古往今来，凡是政局动荡的国家，皆不能够保护本国公民的人权。另一方面，一些严重侵犯人权的国内冲突，往往危及国际和平与安全。① 二者绝不是对立的关系，而是互相统一、相互促进的，人权保护并不意味着否认国家主权，更不能成为干涉别国内政的工具。② 相反，人权保护在一定程度上使主权国家意识到要不断提升本国人民的生活水平、保障本国公民的各项权利，这样才能维护本国秩序的稳定和长治久安。

三、国际人权法的渊源

（一）基本概念

1. 人权保护的国际条约

关于人权保护的国际条约主要是在联合国成立之后制定的，主要包括：基本人权保护条约、核心人权公约以及区域人权公约。

2. 人权保护的国际习惯

人权保护的国际习惯主要体现在联合国或者其他国际组织出台的人权保护基本文件如《世界人权宣言》中。虽然这些文件不具有法律拘束力，但其中包含了一些各国普遍接受的保护人权的规则，许多国际法学者都认为这些规则已经成为国际习惯法的一部分。在这些国际习惯中，有些已经具有了国际强行法的性质，如禁止种族灭绝、禁止奴隶贩卖和废除奴隶制、禁止种族隔离、禁止种族歧视、禁止酷刑等。

（二）疑难点解析

1. 人权的等级性问题

人权的等级性问题回答了在人权法中是否存在某些人权高于其他人权，即所谓的"基本人权"与"非基本人权"的区别，是否"基本人权"优先于"非基本人权"。在1966 年两个人权公约中，存在"基本人权和自由""基本人权"的表述。如《经济、社会和文化权利国际公约》第 11 条第 2 款规定："本公约缔约国既确认人人享有免于饥饿的基本权利"。不过，在国际法中，任何人权条约及其他人权法律文件都没有对"基本人权"作出明确定义，不存在划分基本人权与其他人权的标准。当代国际法中不存在一个

---

① 杨泽伟. 人道主义干涉在国际法中的地位. 法学研究，2000 (2)：132.
② 杨泽伟. 主权论：国际法上的主权问题及其发展趋势研究. 北京：北京大学出版社，2006：161.

普遍接受的"基本人权"清单，也没有普遍接受的鉴别"基本人权"的标准。[①] 之所以会出现"基本人权"的表述，无非是想强调某一权利的重要性。

2. 不可克减的人权

1966 年《公民权利和政治权利国际公约》第 5 条第 2 款规定："对于本公约中任何缔约国依据法律、惯例、条例或习惯而被承认或存在的任何基本人权，不得借口本公约未予承认或只在较小范围上予以承认而加以限制或克减。"这就是国际人权法对"不可克减人权"的规定。

"不可克减人权"一般包括两类：一类是维护人尊严的最低标准所必需的权利，如生命权；另一类是国家处于紧急状态之下也不能影响的权利。[②] 克减条款一般都要求缔约国公开宣布国家紧急状态，把对条约义务的克减严格地限制在紧急状态所必需的程度，并禁止以种族、肤色、性别、语言、宗教或社会出身为理由的任何歧视。对此，《公民权利和政治权利国际公约》第 4 条专门规定了对于国家"克减权"的限制，并规定了七项"不可克减"的权利，包括：生命权、免受酷刑和其他有辱人格的权利、免于奴役的权利、免于因无力偿还债务而受监禁的权利、禁止刑法的溯及力、法律面前的人格权以及思想、宗教和良心自由。[③] 在国际人权法中，"不可克减的人权"的提出是为了防止国家在紧急状态下毫无限制地对人权加以克减或限制，"不可克减的人权"可能囊括"基本人权"的内容，但不能将二者等同。

第二节　国际人权法的保护对象与范围

一、国际人权法的保护对象

（一）基本概念

1. 被保护的权利：个体权利和群体权利

个体权利如《世界人权宣言》中规定的个人的自由权、平等权、生命权、禁止奴隶制度、禁止奴役、禁止酷刑和各种不人道待遇及刑罚等；《公民权利和政治权利国际公约》中规定的生存权，身体自由及人身安全权，思想、信念及宗教自由权等；《经济、社会和文化权利国际公约》中规定的工作权、受教育权等，都属于个体权利。

群体权利以自决权为代表，《公民权利和政治权利国际公约》第 1 条规定："所有民族均享有自决权，根据此种权利、自由决定其政治地位并自由从事其经济、社会与文化之发展"。除此之外，1981 年《非洲人权和民族权宪章》中规定的发展权、和平与安全权和环境权等，都属于群体权利。

---

① 白桂梅. 国际法中的人权分等级吗？//刘楠来，等. 人权的普遍性和特殊性. 北京：社会科学文献出版社，2003：148-149.

② 白桂梅. 国际法中的人权分等级吗？//刘楠来，等. 人权的普遍性和特殊性. 北京：社会科学文献出版社，2003：151.

③ 这些限制包括：第一，克减权只能在国家紧急状态下威胁国家安全时才可以行使；第二，克减权必须正式宣布；第三，克减的程度必须以紧急情势的严格需要为限；第四，克减不得违反国际法上的其他义务；第五，不得有任何歧视；第六，通知其他缔约国。白桂梅. 国际法. 3 版. 北京：北京大学出版社，2020：294.

2. 权利的主体：个人和群体

权利主体之一是个人。个人是国际人权法保护的主要对象。此外，由个人组成的群体，例如种族、宗教、语言上的少数者群体，残疾人、妇女、儿童和老年人等弱势群体，也是国际人权法保护的对象。值得注意的是，这些群体所特有的权利不是由群体作为一个集体所享有的，而是由组成群体的个人所享有的。换言之，诸如少数民族权利、残疾人权利、妇女权利、儿童权利等，权利的主体不是个人组成的群体而是个人本身。

权利主体之二是群体。这种群体区别于上述少数民族、残疾人等个体组成的群体，其是一个集体，即作为集体成为国际人权法保护的对象。他们作为该集体所特有的权利由整个集体来享有，而非由组成该集体的个人所享有。例如，享有自决权的集体是殖民地人民、被外国压迫的民族、被外国占领的领土上的人民。

3. 不歧视

《世界人权宣言》第 2 条第 1 款规定："人人有资格享有本宣言所载的一切权利和自由，不分种族、肤色、性别、语言、宗教、政治或其他见解、国籍或社会出身、财产、出生或其他身份等任何区别。"根据这些规定，人权是与生俱来的，人人享有《世界人权宣言》所载的权利和自由，不能有任何歧视。这意味着国际人权法保护每一个人。

（二）疑难点解析

1. 人权的普遍性、特殊性和相对性

人权的普遍性指任何人基于作为人类成员的这一事实，就应当享有人权。[①] 人权的普遍性主要包括以下内容：第一，人权主体的普遍性。人权是超越了种族、肤色、性别、语言、宗教、政见、国籍、社会出身、财产状况、文化水平等区别，而由人类社会全体成员平等享有的权利。第二，人权标准的普遍性。当前国际社会已然对保护人权形成共识，这主要表现在：一方面，世界上大多数国家都加入了人权保护条约；另一方面，许多国家的宪法都规定了人权保护内容。在国际社会中，人的价值和尊严已经获得了普遍的认同，全人类在人权领域存在共同的利害关系和利益追求，而且随着全球化的发展，保护人权的观念正在全球范围内传播。[②]

人权的特殊性是由一个国家或民族的历史文化、地理环境、社会制度和发展水平决定的。[③] 在国际社会普遍接受的人权观念之下，不同国家和民族基于不同的历史文化、社会制度和发展水平，对人权的理解存在不同。人权的特殊性表现在：第一，虽然人权观念产生于西方，但是世界各国的人权观念及发展不能照搬西方的人权观念；第二，每个国家的人权保护程度要适应本国的历史文化和经济发展水平；第三，西方国家不能将自己的人权观念强加于他国，不能以人权保护为由干涉别国内政。

人权的相对性根植于文化相对主义理论。这一理论认为，宗教、政治、经济和法律等领域的地方或者地区文化传统决定了一个国家的个人对公民和政治权利的享有及其范围。[④]

---

① 徐显明. 国际人权法. 北京：法律出版社，2004：15.
② 徐显明. 国际人权法. 北京：法律出版社，2004：17.
③ 刘海年. 不同文化背景的人权观念//刘楠来，等. 人权的普遍性和特殊性. 北京：社会科学文献出版社，2003：2.
④ 彼得·R. 比伊尔. 人权的普遍性//刘楠来，等. 人权的普遍性和特殊性. 北京：社会科学文献出版社，2003：45.

2. 平等权与非歧视

平等即在特定的国家领土内，无论权利的实现达到什么水平，都应当不加歧视地适用于居住在那里的每一个人。同时，平等要求人在人格尊严上得到同等的对待，在权利的享有上得到公平的分配。平等是人权的核心内容之一，它本身是一项人权，又体现在一切其他人权中。如果一项权利不是一项平等的权利或者不具备平等的特征，那么就只能是特权或者歧视，而不是人权。[①] 禁止歧视是人权保护的又一项重要原则。"歧视"一词的含义应指任何基于种族、肤色、性别、语言、宗教、政治或其他见解、国籍或社会出身、财产、出生或其他身份的任何区别、排斥、限制或优惠。

平等和非歧视被规定在众多国际法律文件中。《联合国宪章》的序言中规定："重申基本人权、人格尊严与价值，以及男女与大小各国平等权利之信念。"《世界人权宣言》第 7 条规定："法律之前人人平等，并有权享受法律的平等保护，不受任何歧视。"《经济、社会和文化权利国际公约》第 2 条第 2 款规定："本公约所宣布的权利应予普遍行使，而不得有例如种族、肤色、性别、语言、宗教、政治或其他见解、国籍或社会出身、财产、出生或其他身份等任何区分。"《公民权利和政治权利国际公约》第 2 条第 1 款规定：本公约每一缔约国承担尊重和保证在其领土内和受其管辖的一切个人享有本公约所承认的权利，不分种族、肤色、性别、语言、宗教、政治或其他见解、国籍或社会出身、财产、出生或其他身份等任何区别。

二、国际人权法保护的权利范围和类型

（一）基本概念

1. 人权保护的权利范围

《公民权利和政治权利国际公约》中所载的权利有：生命权，人身自由和安全权，免遭酷刑的权利，公正审判权，言论自由，思想、良心和宗教自由，参与公共事务权，选举权和被选举权等。

《经济、社会和文化权利国际公约》中所载的权利包括工作权、适当生活水准权、受教育权、健康权、组织和参加工会权、社会保障权、婚姻自由、免于饥饿权、食物权、住房权、文化权等。

2. 人权保护的类型

（1）三代人权。

第一代人权，即公民和政治权利，产生于资产阶级革命时期，包括生命权，人身自由和安全权，私有财产权，选举权和被选举权，言论、出版、集会、结社自由，思想、良心和宗教自由等权利。

第二代人权，即经济、社会和文化权利，产生于社会主义革命时期，包括工作权、受教育权、健康权、同工同酬权等。

第三代人权，即集体权利，产生于非殖民化时期，包括发展权、环境权、和平与安全权、民族自决权、人类共同继承财产权等。

[①] 徐显明. 国际人权法. 北京：法律出版社，2004：11.

（2）消极权利与积极权利。

消极权利是指国家只要不作为就可以实现的人权，例如生命权、人身自由、宗教自由以及《公民权利和政治权利国际公约》规定的大部分权利。这些权利要求国家不进行干预，以不作为的方式实现。

积极权利是指需要国家积极采取措施才能实现的人权，例如工作权、适当生活水准权、健康权以及《经济、社会和文化权利国际公约》中所规定的大部分权利。

（二）疑难点解析

1. 三代人权的产生以及其各自内涵

1979 年，时任联合国教科文组织人权与和平处处长的卡雷尔·瓦萨克提出了"三代人权"的概念。

作为第一代人权的公民权利和政治权利，产生于 18 世纪欧洲人权运动，目的在于保护公民自由免遭国家的侵害，其权利依据是"自由"的思想，理论基础是"天赋人权"说。第一代人权一般被认为是"消极权利"，要求对国家的权力实施限制，使国家通过不作为的方式保障这些权利和自由。

作为第二代人权的经济、社会和文化权利，形成于 19 世纪末 20 世纪初，受西方"福利国家"概念的影响，其权利依据是"平等"思想，保证人们真正有可能获得实质性的社会和经济利益。这一权利被称为"积极权利"，要求国家采取积极的措施来实现。

作为第三代权利的集体权利，被称为"社会连带关系的权利"[1]。1966 年《公民权利和政治权利国际公约》与《经济、社会和文化权利国际公约》第 1 条规定了民族自决权，第一次在法律上提出和确认了集体人权的概念。

2. 第四代人权问题

第四代人权的产生背景是以大数据、信息技术和人工智能为代表的第四次工业革命的兴起与发展。在这一背景下，人类社会逐步由工业社会进入信息社会，新兴智慧社会对传统工商业社会进行了总体性替代，由此产生了"第四代人权"，即"数字人权"。它是以数据和信息为载体，展现着智慧社会中人的数字化生存样态和发展需求的基本权利，具体包括数据信息自主权、数据信息知情权、数据信息表达权、数据信息公平利用权、数据信息隐私权、数据信息财产权等。[2] 第四代人权的产生标志着权利主体由"自然人"向"信息人"的转换，权利适用的场域由传统三代人权中的物理空间拓展到虚拟世界和网络空间，权利的关系架构由传统的公民与国家的关系扩展到技术平台、商业平台等，形成了新的权利关系结构。不过，也有学者从人权的代际革新、权利的道德基础和权利的基本理论出发，质疑数字人权作为第四代人权的地位。[3] 总之，关于数字人权能否作为第四代人权，学界还没有形成定论。

三、关于和平权的问题

（一）基本概念

联合国《人民享有和平权利宣言》宣布"全球人民均享有和平的神圣权利"，并规定

---

① 徐显明. 国际人权法. 北京：法律出版社，2004：7.

② 马长山. 智慧社会背景下的"第四代人权"及其保障. 中国法学，2019（5）：16-17.

③ 刘志强. 论"数字人权"不构成第四代人权. 法学研究，2021（1）：20.

"维护各国人民享有和平的权利和促进实现这种权利是每个国家的根本义务"。

《非洲人权和民族权宪章》第 23 条第 1 款规定："一切民族均有权享受国内和国际的和平与安全,《联合国宪章》所首肯并为非洲统一组织所重申的团结和友好关系的原则应当指导各国之间的关系。"

(二) 疑难点解析

1. 和平权:从应然权利到法定权利

目前,学界对和平权没有一个统一的定义,有学者认为,人有必要生活在非战争状态的正当性,和平权就是人所享有的和平的人权。[①] 换言之,和平权可以被理解为人有权生活在和平的环境中,享有生命免遭威胁、精神免遭恐惧、物质免遭匮乏的权利。和平权最初是一种应然权利,在战争频发的年代,战争给处在战争中的人们带来了灾难。在这种情况下,呼吁和平、反对战争,成为人们普遍的追求。后来,随着《巴黎非战公约》和《联合国宪章》等国际法律文件明确规定禁止发动战争、禁止使用武力或威胁使用武力,和平权的实现成为可能。二战后,纽伦堡审判和东京审判中的危害和平罪,第一次将危害和平的行为规定为国际罪行,开启了和平权从应然权利向法定权利的转变。[②] 后来的《世界人权宣言》以及 1966 年人权两公约虽然没有明确规定和平权,但是其中的一些规定隐含着和平权的内容。例如,《世界人权宣言》在序言中确认人权是实现普遍和平的基础,《公民权利和政治权利国际公约》第 20 条规定"任何鼓动战争的宣传,应当以法律加以禁止"。直到 1978 年联合国《人民享有和平权利宣言》和 1981 年《非洲人权和人民宪章》,明确规定了作为人权的和平权。

2. 作为人权的和平权与作为国家权利的和平权的区分

作为人权的和平权是第三代人权,属于集体人权。应当将作为人权的和平权与作为国家权利的和平权进行区分。二者的区别主要包括以下几个方面:第一,主体不同。作为人权的和平权,权利主体是个人(个人的集体),而作为国家权利的和平权,主体是主权国家。第二,内容不同,作为人权的和平权指人处在和平的秩序中,免于战争威胁和恐惧,而作为国家权利的和平权指国家维护世界和平,禁止使用武力或武力相威胁。第三,实现方式不同,作为人权的和平权是通过对国家施加义务来实现的,而作为国家权利的和平权主要是通过《联合国宪章》的宗旨和原则以及宪章确立的集体安全机制来实现的。当然,二者也存在一定的联系。作为国家权利和平权的实现是作为个人权利的和平权实现的基础,前者创造一种稳定的国际秩序,后者则在这一秩序中实现免于战争的威胁和恐惧。

3. 和平权面临的困境

和平权面临的困境包括权利主体的确定、权利相对方的认定和权利实现方式三个方面。首先,和平权作为集体人权,由谁来代表这些集体实现和平权存在困难;其次,权利相对方到底是主权国家还是整个国际社会存在争议;最后,和平权的实现有赖于国际人权法和国际法发挥作用,而二者本身作为弱法,受国际政治和国际关系影响,其实现相对困难。[③]

---

① 杜学文,韦家朝. 和平权:一种社会连带性质的人权. 广西大学学报(哲学社会科学版),2010 (1):51.

② 赵建文. 和平权的缘起和演进. 人权,2015 (6):89.

③ 何志鹏. 和平权的愿望、现实与困境. 人权,2015 (5):36-38.

四、关于发展权的问题

(一) 基本概念

联合国《发展权利宣言》指出："发展权利是一项不可剥夺的人权，由于这种权利，每个人和所有各国人民均有权参与、促进、享受经济、社会、文化和政治发展，在这种发展中，所有人权和基本自由都获得充分实现。"

《非洲人权和民族权宪章》第 22 条第 1 款规定："一切民族在适当顾及本身的自由和个性并且平等分享人类共同遗产的条件下，均享有经济、社会和文化的发展权。"第 2 款又规定："各国均有义务单独或集体保证发展权利的行使。"

(二) 疑难点解析

1. 发展权的产生背景

发展权在第三代人权产生的背景中出现，体现了发展中国家建立新的国际经济秩序的诉求。第三代人权产生于二战后民族解放运动的进程中，随着越来越多的殖民地和半殖民地国家获得独立，它们主张一系列的集体权利，包括民族自决权、自然资源永久主权、全人类共同继承财产权等。发展权正是在这一背景下出现的。

由于这些国家工业化起步晚，经济发展水平落后，它们独立后面临的主要问题是发展问题，而它们与发达国家之间存在巨大的贫富差距。这些国家谋求改变发达国家主导的旧的国际经济秩序，建立新的国际经济秩序。发展问题越来越成为国际社会关注的重要问题。

首次较为系统地对发展内容予以规定的国际文件是 1969 年《联合国社会进步与发展宣言》，该宣言从发展原则、发展目标和发展方法与手段三个方面阐述了发展的要义，指出各会员国有责任采取旨在促进社会进步的各种措施，缩小和消除发达国家与发展中国家之间的贫富差距。

第一次提出发展权概念的人是塞内加尔原最高法院院长凯巴·姆巴耶。他在 1970 年斯特拉斯堡人权协会开幕式上发表了题为《作为一项人权的发展权》的演讲，指出：发展权是一项人权，人没有发展权就不能生存，所有的基本权利和自由必然与生存权、不断提高生活水平权相联系，也就是与发展权相联系。[1] 联合国大会在 1986 年发表的《发展权利宣言》中明确指出："发展权是一项不可剥夺的人权，由于这种权利，每个人和所有各国人民均有权参与、促进、享受经济、社会、文化和政治发展，在这种发展中，所有人权和基本自由将获得充分实现。"

2. 发展权的价值导向

从发展权产生的法律渊源来看，发展权与生存权具有密切的联系。有学者认为，发展权的基础是生存权的结果。[2] 生存权是指由个人按照生存标准而提出，依靠国家提供物质条件进行保障的权利。[3] 在保障基本生存之后，人便拥有了参与、促进、享受经济、社会、文化、政治发展的愿望，发展权便由此产生。按照马斯洛的生存需求层次理论，生

---

[1] 汪习根. 法治社会的基本人权：发展权法律制度研究. 北京：中国人民公安大学出版社，2002：13.
[2] 汪习根. 发展权的法理探析. 法学研究，1999：20.
[3] 徐显明. 生存权论. 中国社会科学，1992（5）：32.

存权满足人类生理上的需要，这是一种低层次的需求，而发展权是尊重的需要和自我实现的需要，这是一种高层次的需求。[①]

发展权的逻辑脉络在于，人权是借以实现发展的形式和手段，发展是人权的目标和归宿。前已述及，人权具有特殊性，人权是由每个国家不同的历史文化、社会制度、经济发展等的水平所决定的。只有经济社会不断发展，人类生活水平不断提高，人权保障制度才会不断健全，生命权、财产权、健康权等基本人权才能得到保障。很难想象在一个冲突频发、社会秩序动荡、人民生活水平普遍低下的国家，人权会得到较好的保障。发展权沟通了个体人权与集体人权：一方面，发展权超越了第一代人权中蕴含的个人主义的法律价值，更加侧重于人这一社会集合体普遍存在的价值，将单个人看作是社会关系链条不可拆分的统一体，内含集体主义的法律价值观[②]；另一方面，发展权也为个体权利的保障创造了一定的条件，有利于个体权利和价值的实现。发展权中的参与、促进和享受经济、政治和文化发展的权利指向的是实现人自身发展的方式、手段和条件，发展权中的人自身发展的权利指向的是参与、促进和享受发展所要实现的根本目的和最终价值。[③]

五、关于环境权的问题

（一）基本概念

国际人权法中的环境权，指公民的环境权，即公民享受良好适宜的自然环境的权利。[④] 环境权肇始于 1972 年斯德哥尔摩人类环境大会，会议通过的《联合国人类环境会议宣言》（以下简称《人类环境宣言》）宣布："人类有权在一种能够过尊严和福利生活的环境中，享有自由、平等和充足的生活条件的基本权利，并且负有保护和改善这一代和将来的世世代代的环境的庄严责任。"

（二）疑难点解析

1. 环境权的产生背景

环境权是以环境危机为背景产生和发展起来的一项权利，它源于人类对自身与环境关系的重新认识。环境权的正当性来源于环境保护对人类生存和发展的需要。[⑤] 自 20 世纪 50 年代以来，人类的环境保护意识逐渐觉醒。科学技术发展在给人类带来便利的同时，也给人类生存的环境带来一系列负面影响，大气污染、臭氧层破坏、酸雨等环境危机威胁到了人类的生存与发展，环境权便应运而生。

1972 年斯德哥尔摩会议发布的《人类环境宣言》发出警示：人类改造环境的能力，如果不当或者轻率地加以使用，将会对人类和人类环境造成不可估量的损害。据此，该宣言在第一项原则中规定：人类有权在一种能够过尊严和福利生活的环境中，享有自由、平等和充足的生活条件的基本权利，并且负有保护和改善这一代和将来的世世代代的环

---

① 马忠法，陈红艳. 可持续发展与人权的时空耦合及动态演进：兼论中国消除贫困和其国际法意义. 河北法学，2022（1）：11.
② 汪习根. 法治社会的基本人权：发展权法律制度研究. 北京：中国人民公安大学出版社，2002：13.
③ 马原，常剑. 生存权和发展权之间良性循环研究. 人权，2021（3）：32.
④ 蔡守秋. 环境权初探. 中国社会科学，1982（3）：36.
⑤ 吕忠梅. 再论公民环境权. 法学研究，2000（6）：133.

境的庄严责任。[1] 1992 年联合国环境与发展大会发布的《里约环境与发展宣言》进一步确认了《人类环境宣言》中的环境权，并将其与可持续发展相互联系。《里约环境与发展宣言》第 1 条明确：人类是可持续发展问题的核心，他们有权享受与自然和谐相处的健康和富有成效的生活。[2] 联合国在 2015 年第 70 届大会上发布的《联合国 2030 年可持续发展议程》中，将经济、社会和环境视为可持续发展的三个方面。该议程在序言中决心"让所有人平等和有尊严地在一个健康的环境中充分发挥自己的潜能"，并将"为所有人提供水和环境卫生并对其进行可持续管理"作为议程的第六项具体目标。[3] 这一目标与公民环境权息息相关。

2. 环境权的内容

人权法中的环境权特指公民环境权，与国家环境权存在一定的区别。国家环境权主要包括国家对本国环境保护工作的监督和管理，制定和实施本国的环境政策并进行环境决策，从环境行政法角度认识。[4] 而公民环境权的内容包括：第一，环境使用权，即人类自由地使用环境及其资源，满足人类的生存需要；第二，参与权，即参与影响自身生活环境的决策权；第三，知情权，即获取与环境状况相关的信息的权利；第四，请求权，即环境权益受到侵害后向有关部门请求保护的权利。[5] 可见，环境权是一种积极权利。

第三节　国际人权保护的监督机制

一、国际监督机制

（一）基本概念

1. 联合国体系内的人权保护机构

（1）联合国人权理事会。

联合国人权理事会是根据联合国大会于 2006 年 3 月 15 日通过的决议建立的联合国体系内的人权保护机构之一。人权理事会隶属于联合国大会，它继承了联合国人权委员会的职能和责任。人权理事会由 47 个成员国组成，经联合国大会所有会员国投票产生，当选者必须获得联合国大会 193 个成员半数以上支持。

（2）普遍定期审议制度。

普遍定期审议制度是联合国人权理事会在联合国体系内建立的独特的报告审议制度。在该制度下，所有联合国会员国每 4 年都要受到人权理事会的审议。定期审议制度包括以下内容。

---

[1] Declaration of the United Nations Conference on the Human Environment，available at https：//legal. un. org/ avl/ ha/dunche/dunche.html.

[2] The Rio Declaration on Environment and Development，available at https：//www. un. org/en/development/desa/ population/migration/generalassembly/docs/globalcompact/A_CONF. 151_26_Vol. I_Declaration.pdf.

[3] Transforming our world：the 2030 Agenda for Sustainable Development，available at https：//sdgs. un. org/ 2030agenda.

[4] 朱谦. 论环境权的法律属性. 中国法学，2001（3）：67－68.

[5] 吕忠梅. 再论公民环境权. 法学研究，2000（6）：135－139.

第一，审议的原则：范围普遍、平等对待；被审议国家的充分参与；补充其他人权机制；客观、透明、非选择性、建设性、非对抗、非政治化；充分的社会性别视角；所有利益相关者，包括非政府组织和国家人权机构的参与。

第二，审议的法律依据：《联合国宪章》《世界人权宣言》和会员国参加的人权公约；国家的自愿承诺；可适用的国际人道法等。

第三，审议的方法：建立工作组，理事会主席担任工作组主席，工作组由 47 个会员国组成。选派 3 个报告员。每个国家被审议的时间是 3 个小时，还有 1 个小时用于在理事会大会上考虑审议的结果。工作组用半小时通过每个受审议国的报告。

第四，审议的结果：客观透明的评价；最好的实践；强调促进和保护人权方面的合作；在与相关国家商议并取得其同意的前提下，建议提供技术援助和能力建设；被审议国的自愿承诺。

（3）联合国人权高级专员。

联合国人权高级专员（以下简称"人权高专"）是联合国秘书长的下属，于 1993 年设立。人权高专由联合国秘书长提名，经联合国大会批准，任期为 4 年，可以连任一次。

人权高专的职能是：促进和保护各种人权；对要求援助的国家提供人权领域的咨询、技术和财政支持；在人权领域的联合国教育和公共信息计划方面进行协调；消除全面实现人权的障碍；在保障对人权的尊重方面与政府对话；为促进和保护人权增强国际合作。

2. 国际人权条约机构及其人权监督机制

（1）人权条约机构。

人权条约机构由核心人权公约建立，负责监督缔约国履行公约义务，具体包括以下10 个机构[①]：经济、社会和文化权利委员会（《经济、社会和文化权利国际公约任择议定书》）、人权事务委员会（《公民权利和政治权利国际公约》）、消除对妇女歧视委员会（《消除对妇女一切歧视国际公约》）、消除种族歧视委员会（《消除一切种族歧视国际公约》）、儿童权利委员会（《儿童权利公约》）、禁止酷刑委员会（《禁止酷刑和其他残忍、不人道或有辱人格的待遇或处罚公约》）、防范酷刑小组委员会（《〈禁止酷刑和其他残忍、不人道或有辱人格的待遇或处罚公约〉任择议定书》）、迁徙工人权利委员会（《保护所有迁徙工人及其家庭成员权利国际公约》）、残疾人权利委员会（《残疾人权利公约》）、强迫失踪问题委员会（《保护所有人免遭强迫失踪国际公约》）。这些机构的工作地点均位于瑞士日内瓦。人权条约机构的特点是独立性、专业性、规范性。

（2）报告制度。

第一，含义：在相关人权条约对个别缔约国生效后一段时间内，缔约国向人权条约机构提交首次报告，以后定期提交。不同公约规定的年限不同，一些公约还要求缔约国随时提交特别报告。

---

① 国际人权法有 9 个核心人权公约，但有 10 个人权条约机构。这是因为建立禁止酷刑委员会依据的是《禁止酷刑和其他残忍、不人道或有辱人格的待遇或处罚公约》，而建立防范酷刑小组委员会依据的是《〈禁止酷刑和其他残忍、不人道或有辱人格的待遇或处罚公约〉任择议定书》。二者的职能不同：该公约第 19 条至第 22 条规定禁止酷刑委员会的职能包括审议各国报告，处理国家指控和个人来文；该议定书第 1 条规定防范酷刑小组委员会的职能是对存在被剥夺自由者的地点进行定期查访，以预防酷刑和其他残忍、不人道或有辱人格的待遇或处罚。

第二，性质：具有强制性，国家没有任何选择的余地，只要参加了任何上述国际人权公约，就必须提交报告并接受人权条约机构对其报告的审议。

第三，作用：一方面，迫使缔约国全面反映它是否以及如何在国内法律制度中履行公约规定的义务；另一方面，是人权条约机构与缔约各国建立对话联系的渠道。

（3）国家间指控制度。

第一，含义：如某一人权条约缔约国认为另一缔约国没有履行人权公约规定的义务，可通知人权条约机构注意，人权条约机构将这一通知传达给被控缔约国，要求被控缔约国在一定期间内向人权条约机构提出书面声明进行解释，如果采取补救办法，应说明所采取之办法。

第二，性质：一般具有任择性，缔约国可以随时作出声明接受这一制度，该制度仅对已经作出声明的缔约国发生效力，且该制度仅在《消除一切形式种族歧视国际公约》中不具有任择性。

（4）个人来文制度。

第一，含义：缔约国公民认为缔约国侵害了人权公约规定的权利，可单独或联合向人权条约机构提交来文，人权条约机构据此来文提请该缔约国注意，并要求该缔约国在接到通知后的一定时间内书面向人权条约机构提出解释或声明，说明原委。如果该国已经采取了救济办法，也一起作出说明。

第二，条件：个人可以向人权条约机构提出申诉，但申诉不能是匿名的且不能滥用申诉权，不能同时向不同的人权机构提出申诉。

（二）疑难点解析

联合国人权机构与人权条约机构的区别和联系如下。

区别：第一，法律依据不同。人权条约机构是根据相关人权公约建立的为监督缔约国在国际和国内（主要是在国内）执行该公约，从而保护人权的机构。联合国的人权机构是根据《联合国宪章》和联合国主要机关的决议建立的促进和保护人权的机构，并不以任何人权公约为基础。第二，代表性不同。人权条约机构是由以个人身份工作的人权专家组成的，他们不代表任何国家或组织，而联合国人权机构是由联合国会员国指派的代表组成的，是政府间官方机构。第三，范围不同。人权条约机构的管辖范围仅限于参加该公约或任择议定书的缔约国，对第三国没有管辖权，而联合国人权机构的职责及于所有联合国会员国。

联系：二者都不是司法机构，它们对审理的案件作出的决定或提出的意见，不具有法律的拘束力。

二、国内监督机制

1. 国家人权机构

国家人权机构，是主权国家设立的促进和保护人权的专门国家级机构的统称。

首先，国家人权机构是国家机构，不是民间团体组织或非政府组织；其次，它是依据国家的宪法和法律而设立的，其职能和权限均得到宪法法律的保障；最后，它是促进和保护人权的专门机构，同国家的司法机构相区别，后者虽然具有人权保障职能，但不是人权专门机构。

2.《巴黎原则》

《巴黎原则》指联合国人权事务委员会在 1991 年起草的《关于保护和促进人权的国家机构的地位和职责的原则》。

关于国家人权机构的职责，《巴黎原则》规定了七项职责，包括：听审案件；就促进和保护人权向政府议会和其他主管机关提出意见、建议、提议和报告；监督国家立法，确保国家的立法、规章和惯例与国家参加的国际人权文件相协调和有效执行；处理侵犯人权的情况；与联合国人权机构合作；协助制定并参与人权教学方案；进行人权宣传工作等。

关于国家人权机构的组成、独立性和多元化，《巴黎原则》规定国家人权机构的成员应包括负责人权和对种族歧视作斗争的非政府组织、工会、有关的社会和专业组织；同时，《巴黎原则》从经费保障和成员任命两个方面，保障国家人权机构的独立性。

3. 国家人权机构的类型及认证

国家人权机构，依据职权范围，可以分为综合型的机构和专门型的机构；依据机构的权限，可以分为可审理案件型的机构和咨询型的机构；依据机构的组成结构，可以分为团体组织型机构和监察专员型机构。

国家人权机构的认证是指国家促进和保护人权国际协调委员会下设的认证小组依据《巴黎原则》对国家人权机构作出的认证。

国家促进和保护人权国际协调委员会下设的认证小组依据《巴黎原则》将国家人权机构主要分为 A、B、C 三个等级：A 级是符合《巴黎原则》标准的，获得 A 级的机构即可自动成为协调委员会成员；获得 B 级的则不完全符合标准，成为协调委员会的观察员；被认证为 C 级的机构不符合标准。初次认证之后，B 级和 C 级的机构可以在任何时候申请再次认证。认证小组委员会还会对 A 级国家人权机构和 B 级国家人权机构进行定期循环认证，从而保证国家人权机构的质量。

第四节　中国关于人权问题的基本立场与实践

一、中国关于人权问题的基本立场

1. 承认人权的普遍性

中国接受国际社会公认的人权普遍性原则。国际社会只有一个适用于所有区域的国际人权法，国际人权保护的标准也只有体现在国际人权公约和国际习惯中的标准。中国已经参加了 26 项国际人权公约，其中包括联合国 9 项核心人权公约中的 6 项。中国不仅接受人权普遍性原则，还接受普遍国际人权标准。

2. 尊重主权

中国一贯反对以保护人权为借口无视国家主权、干涉国家内政的做法。中国认为，人权问题本质上是属于一国内部管辖的问题，尊重国家主权和不干涉内政是公认的国际法准则，适用于国际关系的一切领域。中国反对任何国家利用人权问题推行自己的价值观念、意识形态、政治标准和发展模式，反对借人权问题干涉别国内政。

3. 反对霸权

中国主张，人权国际保护应当照顾到各种政治、经济、社会制度和不同历史、宗教、文化背景，本着求同存异、互相尊重、增进了解、加强合作的精神来进行。中国反对将一国的人权模式强加于其他国家。

二、中国积极践行人权保护的努力和成就

（一）基本概念

1. 中国对世界人权事业的贡献

第一，中国积极负责参加联合国人权活动与工作；第二，中国积极与西方国家开展人权对话；第三，中国在各种国际场合，特别是在联合国人权机构，创造性地提出构建人类命运共同体的新理念并得到国际社会的积极响应。

2. 中国履行人权公约义务的情况

在人权法治方面，中国建立健全相关法律法规，为人权保护提供制度性保障；在人权教育方面，中国超过 100 所大学开展人权教育，大量人权著作出版发行；在人权研究方面，中国人权研究蓬勃发展，为中国的人权事业奠定了重要的理论基础。

（二）疑难点解析

关于中国保护人权的成就，应理解以下内容。

第一，将生存权和发展权作为人权保护的优先方向。新中国成立 70 多年来，特别是改革开放以来，中国政府始终把解决人民的生存权和发展权问题放在首位，坚持以经济建设为中心，大力发展社会生产力，使经济和社会发展突飞猛进，综合国力显著增强，人民生活水平大幅提高，实现了从贫困到温饱和从温饱到小康的两次历史性跨越。[①]

第二，形成了符合中国国情的人权发展道路，即将生存权、发展权放在首位，在改革、发展、稳定的条件下，全面推进人权。这条道路的特点是：在发展人权的基本方向上，坚持发展生产力和共同富裕的原则，立足于改善全国人民的生活和促进全国人民人权的发展；在促进人权的轻重缓急上，强调生存权、发展权的首要地位，同时兼顾公民的政治、经济、社会、文化权利和个人、集体权利的全面发展；在促进和保障人权的方式方法上，强调稳定是前提，发展是关键，改革是动力，法治是保障。[②]

第三，确立复合型和多方位人权的保护模式。习近平在 2018 年 12 月致纪念《世界人权宣言》发表 70 周年的贺信中指出，人民幸福生活是最大的人权。幸福生活包含基本温饱、公民政治权利、经济权利、和平权、发展权和环境权等各个领域，中国的人权谱系从生存权、发展权延伸到公民政治和经济权利、社会权、教育权、文化权、环境权等。[③]

第四，中国的脱贫实践作为世界上重要的人权保障工程，为世界的人权保护事业作出了重大的贡献。中国的脱贫实践使 9 899 万农村贫困人口全部脱贫，区域性整体贫困

[①] 国务院新闻办公室. 中国人权发展 50 年. 国务院网站，http://www.gov.cn/gongbao/content/2000/content_60013.htm.

[②] 国务院新闻办公室. 中国人权发展 50 年. 国务院网站，http://www.gov.cn/gongbao/content/2000/content_60013.htm.

[③] 何志鹏. 中国人权事业发展的行动逻辑：三个维度. 人权，2021（5）：32，40.

得到解决，完成了消除绝对贫困的艰巨任务。① 中国的脱贫实践保障了贫困人口的生存权、教育权、健康权、住房权等权利。② 中国 7.7 亿农村贫困人口摆脱贫困，占同期全球减贫人口 70％以上，我国提前 10 年实现《联合国 2030 年可持续发展议程》规定的减贫目标，赢得了国际社会广泛赞誉。③

本章实务案例研习

经济、社会和文化权利委员会对于个人来文的意见④：住房权

（一）案例简介

来文提交人索拉娅·莫雷诺·罗梅罗（Soraya Moreno Romero）是西班牙公民，提交人声称西班牙侵犯了她及其子女根据《经济、社会和文化权利国际公约》（以下简称《公约》）第 11 条第 1 款享有的住房权。该案的基本案情如下。

2015 年 5 月之前，提交人和她的未成年子女一直住在亲戚家里。由于空间过于拥挤，又缺钱，提交人决定占用一间金融机构所有的房子。后来金融机构将该房屋出售给一家投资公司。2017 年 11 月，该投资公司以侵占财产的罪名对提交人提出控告。2018 年 1 月，提交人被判犯有侵占财物的轻罪，被判处罚金并被要求离开住房。这一判决在 2018 年 4 月经省高等法院确认。2018 年 4 月，马德里第 30 调查法院下令执行判决，如果提交人尚未离开房子，则将其驱逐。

2018 年 3 月至 5 月，提交人向马德里市政府申请住房，马德里社会服务处多次向提交人提出三种临时住房选择：与另一个家庭合住、在收容所居住以及帮助她在另一个区寻找可负担得起的住房。提交人不接受这些建议。

提交人在 2018 年 8 月 16 日向经济、社会和文化权利委员会提交初次来文，声称法院的驱逐行为构成违反《公约》第 11 条第 1 款的行为，因为她在被驱逐之时没有其他适当住房。提交人提出的要求包括在与提交人进行真诚有效协商的框架内，暂停驱逐或提供能适当满足提交人需要的替代住房。

2018 年 8 月至 2019 年 3 月，法院数次驳回了提交人暂缓驱逐的请求和上诉。2019 年 4 月，法院下令将提交人及其子女驱逐出住房。同年 5 月，司法警察对提交人及其子女实施驱逐行动。

2020 年 1 月 6 日，提交人重申，自她被驱逐以来，她的处境一直极不稳定。提交人认为，她在没有获得适当替代住房的情况下被驱逐，这种做法违反了《公约》第 11 条第 1 款，因为她的需求和经济状况没有得到考虑。

（二）西班牙立场

西班牙辩称，《公约》不承认可强制落实的主观权利，而只是承认逐步实现的权利。

---

① 习近平. 在脱贫攻坚总结表彰大会上的讲话. 人民日报，2021-02-26：2 版.
② 李云龙. 脱贫攻坚的人权意义. 人权，2021（4）：17-22.
③ 习近平. 在脱贫攻坚总结表彰大会上的讲话. 人民日报，2021-02-26：2.
④ 联合国人权高级专员办事处网站最新判例. https://juris. ohchr. org/zh/search/results? Bodies＝9&sortOrder＝Date.

西班牙充分履行了这方面的国际义务，因为它已在现有资源范围内采取一切措施，为提交人提供替代住房。西班牙认为，财产权是一项基本人权，这使拥有财产的人能够满足其基本需要，因此财产权必须受到保护，使其不被任意剥夺。正因为如此，《公约》第11条第1款不能用来保护侵占他人财产的行为，而本案就是这样的。

西班牙还辩称，住房权不是占据他人拥有的特定住房的绝对权利，也不是要求当局在公共资源不足以提供社会住房的情况下向任何人提供住房的绝对权利。西班牙认为，《世界人权宣言》第25条第1款和《公约》第11条第1款不承认可强制落实的主观权利，而是授权各国采取适当措施推行旨在便利所有公民获得体面住房的公共政策。

西班牙认为，住房权必须具有主要社会内容，但本身并不构成国家自动承担的权限，因此，公共当局有义务创造必要条件，并制定相关规则，以落实西班牙人享有体面适当住房的权利，特别是按照普遍利益管理土地使用，以防止投机。因此，将其作为一项逐步落实的权利，西班牙完全遵守其在这方面的国际义务。

（三）委员会判定

1. 可受理性问题

委员会认为，根据《经济、社会和文化权利国际公约任择议定书》（以下简称"议定书"）第3条第1款，委员会在确定所有可用的国内补救办法是否已经用尽之前，不会审议来文。委员会认为，提交人已用尽旨在防止或推迟驱逐的所有现有补救办法，因为在提交来文时，提交人已对命令其搬出房子的判决提出上诉，上诉途径已得到利用。

关于向马德里自治区申请社会住房的问题，委员会认为，西班牙没有充分证明这种补救办法在本案中是有效的、可用的。因此，委员会认为提交人已用尽与这一申诉有关的所有国内补救办法，根据议定书第3条第1款宣布来文可以受理。

2. 法律问题

（1）防止强行驱逐。

委员会认为，住房权是一项基本权利，构成享有所有经济、社会和文化权利的基础，并与包括《公约》所述权利在内的其他人权完全相关。所有人的住房权都必须得到保障，不论其收入多少，也不论其获得经济资源的情况如何，缔约国应采取一切必要措施，在其可用资源的最大限度内充分落实这一权利。

强行驱逐初看似乎与《公约》相抵触，但只有在极特殊情况下才是合理的。如果驱逐是否影响被驱逐者的住房权存在疑问，主管当局必须确保按照符合《公约》的法律，并按照驱逐的合法目标和驱逐对被驱逐者造成后果之间的相称原则来实施驱逐。为了使驱逐符合《公约》，这一措施必须由法律规定，并作为最后手段执行，受影响者必须事先能够利用有效的司法补救办法，据此可以确定驱逐措施在没有合法居住权等情况下执行是否正当。

委员会认为，虽然私有财产权不是《公约》所载权利，但只要这不与《公约》所载权利相冲突，便承认缔约国在确保其法律制度中的所有权利都得到保护方面的合法利益。鉴于提交人被判侵占罪，委员会认为有正当理由可以证明对提交人的驱逐是正当的。

（2）国家有义务提供替代住房。

委员会认为，向需要替代住房的被驱逐者提供替代住房的义务意味着，根据《公约》第 11 条第 1 款，缔约国应在现有资源限度内采取一切必要措施，落实这一权利。缔约国可以选择采取各种政策来实现这一目的。然而，采取的任何措施都必须是经过深思熟虑的、具体的、尽可能明确的，以便尽可能迅速、有效地落实这一权利。在驱逐时提供替代住房的政策必须与受影响者的需要和情况的紧迫性相称，并且必须尊重个人的尊严。此外，缔约国应以连贯协调的方式采取措施，解决体制失灵问题和无家可归的结构性问题。

在本案中，提交人拒绝接受马德里社会服务处的这项建议的主要理由是该住房为临时住房，提交人没有提供任何证据表明提议的临时住宿不符合人格尊严、不安全或在其他方面不能接受。因此，在没有任何其他证据表明缔约国没有尽最大可能采取一切措施保护提交人权利的情况下，委员会认为，提交委员会审议的要素没有显示《公约》第 11 条第 1 款被违反的情况。

（3）驱逐行动过程中的相称原则。

委员会认为，缔约国在某些方面实行管制时一般享有一定的自由裁量权，如处理非法占用不动产问题、确定在民主社会中保护和平享有财产的司法补救措施等。然而，这种自由裁量权并不是无限的，必须符合缔约国根据《公约》和其他适用的人权条约承担的义务。委员会尤其认为，如果一人通过刑事诉讼程序被驱逐，主管当局应确保有法律补救措施可用，而且诉讼是按照符合《公约》的法律进行的，并符合驱逐的合法目的与对被驱逐者的后果之间的合理性和相称性的一般原则。

在本案中，提交人能够对一审判决提出上诉，而且得到了法律协助。法院审理了提交人关于住房权的所有指控，并审查了驱逐措施的相称性。法院于 2018 年 5 月同意推迟驱逐，并在 2018 年 8 月、2018 年 9 月、2019 年 5 月多次拒绝推迟驱逐。可见，法院已经提供了充足的法律补救措施，驱逐行动符合相称性原则。

综上所述，法院认为，西班牙的驱逐行动并没有侵犯提交人的住房权。

（四）案例分析

个人来文制度在国际人权条约机构中已经比较普遍，有的依据公约任择条款而建立，还有的依据公约任择议定书而建立。本案中，经济、社会和文化权利委员会所审查的个人来文的依据是《经济、社会和文化权利公约任择议定书》。

上述个人来文涉及《公约》规定的住房权保障问题。委员会之所以判定西班牙没有违反公约，是因为西班牙的驱逐行为目的是保障财产权，而且在西班牙为提交人提供替代性住房的措施下，提交人拒绝接受，不存在西班牙侵犯提交人尊严的情况。在驱逐过程中，西班牙为提交人提供了充分的法律救济措施，符合相称性原则。

委员会的意见说明人权是不能滥用的，权利的行使要符合国内法的规定。判断缔约国是否违反《公约》的规定、侵犯《公约》赋予缔约国公民的权利，应当通过国内法院进行审查，国内法院在保障基本人权的过程中扮演着重要的角色。委员会不是在行使司法职能，而是对缔约国国内法律的适用是否明显地武断，或者构成拒绝司法，从而侵犯公民的权利作出判断。最终具体保障措施的执行，还是要通过缔约国来实施。

》》》本章同步练习

一、名词解释

1. 人权（考研）
2. 国际人权宪章（考研）
3. 1966 年国际人权公约（考研）
4. 发展权（考研）
5. 人权的国际保护（考研）

二、简答题

1. 试述中国在国际人权问题上的基本立场。（考研）
2. 全球性与区域性人权公约主要有哪些?（考研）

三、论述题

1. 论国际人权保护的实施制度。（考研）
2. 论人权保护与国家主权的关系。（考研）
3. 论人权保护与不干涉内政之间的关系。（考研）
4. 试述人权两公约的主要内容，并加以评论。（考研）
5. 结合国家在国际法上的地位和有关条约，论国家在人权国际保护方面的主要权利和义务。（考研）

参考答案

一、名词解释

1. 人权指人作为人享有或者应当享有的权利。对于人权概念的理解应当有三个层次：第一，应然人权，指人依其自然属性和社会属性所应当享有的权利；第二，法定人权，指纳入法律规定之中，进行制度化保障的人权；第三，实然人权，指人实际享有的人权。

2. 国际人权宪章指 1948 年《世界人权宣言》、1966 年《公民权利和政治权利国际公约》和 1966 年《经济、社会和文化权利国际公约》。

3. 1966 年国际人权公约指国际社会在 1948 年《世界人权宣言》的基础上，于 1966 年制定的《公民权利和政治权利国际公约》和《经济、社会和文化权利国际公约》，这两个公约对《世界人权宣言》中规定的内容进行了进一步的拓展和延伸。

4. 发展权指每个人和所有各国人民均有权参与、促进、享受经济、社会、文化和政治发展，在这种发展中，所有人权和基本自由都获得充分实现。

5. 人权的国际保护指国际社会通过人权保护条约及这些条约建立的人权保护机制保护人权的活动。主要的人权保护条约包括 1966 年《公民权利和政治权利国际公约》以及《经济、社会和文化权利国际公约》等；主要的人权保护机制包括联合国人权理事会下的普遍定期审议制度、人权条约机构下的报告制度、个人来文制度和国家间指控制度。

二、简答题

1. 中国关于人权保护的立场包括：

第一，中国接受国际社会公认的人权普遍性原则。国际社会只有一个适用于所有区域的国际人权法。国际人权保护的标准也只有体现在国际人权公约和国际习惯中的标准。中国已经参加了26项国际人权公约，其中包括联合国9项核心人权公约中的6项。中国不仅接受人权普遍性原则，还接受普遍国际人权标准。

第二，尊重主权。中国认为，人权问题本质上是属于一国内部管辖的问题，尊重国家主权和不干涉内政是公认的国际法准则，适用于国际关系的一切领域。中国反对任何国家利用人权问题推行自己的价值观念、意识形态、政治标准和发展模式，反对借人权问题干涉别国内政。

第三，反对霸权。中国主张，人权国际保护应当照顾到各种政治、经济、社会制度和不同历史、宗教、文化背景，本着求同存异、互相尊重、增进了解、加强合作的精神来进行。中国反对将一国的人权模式强加于其他国家。

答案解析：本题考查中国的人权保护立场，主要从普遍性原则、尊重主权和反对霸权三个方面展开作答。认识到中国的人权保护立场和西方国家的区别，中国一直主张对人权的保护不能脱离一个国家的历史文化、政治制度和经济发展水平，中国特别强调人权中的发展权和生存权，只有国家的经济发展水平提高，人权保护的程度才能提高。

2. 全球性和区域性的人权保护条约包括：

第一，国际人权宪章：1948年《世界人权宪章》和1966年《公民权利和政治权利国际公约》《经济、社会和文化权利国际公约》。

第二，核心人权公约：《经济、社会和文化权利国际公约》《公民权利和政治权利国际公约》《消除对妇女一切歧视国际公约》《消除一切种族歧视国际公约》《儿童权利公约》《禁止酷刑和其他残忍、不人道或有辱人格的待遇或处罚公约》《保护所有迁徙工人及其家庭成员权利国际公约》《残疾人权利公约》《保护所有人免遭强迫失踪国际公约》。

第三，区域性人权条约：《欧洲人权公约》《美洲人权公约》《非洲人权和民族权宪章》《东盟人权宣言》等。

答案解析：本题考查全球性和区域性人权条约的内容。国际人权保护存在全球性和区域性人权公约。而全球性的人权保护公约分为国际人权宪章和核心人权条约。区域性的人权保护条约分布在美洲、欧洲和非洲，目前亚洲不存在区域性的人权保护条约。

三、论述题

1. 人权保护的实施制度指核心人权公约中规定的保障公约内容履行的监督机制，主要包括报告制度、国家间指控制度和个人来文制度。

报告制度指人权条约对个别缔约国生效后一段时间内，缔约国向人权条约机构提交首次报告，以后定期提交，不同公约规定的年限不同。一些公约还要求缔约国随时提交特别报告。报告制度具有强制性，国家没有任何选择的余地，只要参加了核心国际人权公约，就必须提交报告并接受人权条约机构对其报告的审议。报告制度一方面迫使缔约国全面反映它是否以及如何在国内法律制度中履行根据公约规定的义务，另一方面，也构成了国际人权条约机构与缔约各国建立对话联系的渠道。

国家间指控制度指如人权条约缔约国认为另一缔约国没有履行人权公约义务，可通知人权条约机构注意，人权条约机构将这一通知传达给被控缔约国，要求被控缔约国在一定期间内向人权条约机构提出书面声明或者声明进行解释，如果采取补救办法应说明所采取之办法。这一制度一般具有任择性，缔约国可以随时作出声明接受这一制度，该制度仅对已经作出声明的缔约国发生效力。

个人来文制度指缔约国公民认为缔约国侵害了人权公约规定的权利，可单独或联合向人权条约机构提交来文，人权条约机构据此来文提请该缔约国注意，并要求该缔约国在接到通知的一定时间内书面向委员会提出解释或声明，说明原委。如果该国已经采取了救济办法，也一起作出说明。人权公约规定的个人来文的条件是不能匿名的，不能滥用申诉权，不能同时向不同的国际人权机构提出申诉。

答案解析：本题考查国际人权的实施制度。这一制度是通过核心人权公约及其议定书建立的，主要包括报告制度、国家间指控制度和个人来文制度。应当明确这三个制度的具体含义，区分这三个制度之间的异同，如报告制度一般具有强制性，而国家间指控制度一般具有任择性。

2. 人权保护与国家主权作为国际法的基本原则之一，均规定在《联合国宪章》中。从适用范围来看，国家主权要高于人权保护。国家主权原则适用于国际法的各个领域，构成了国际关系和国际法的基础。而人权保护只适用于人权法领域。人权保护与国家主权的关系体现在：

一方面，人权保护对国家主权有着一定的影响。首先，西方国家所推崇的"人权高于主权""人道主义干涉""保护的责任"等学说，以及这些学说影响下的国际实践，如北约对南联盟的武力干涉、利比亚内战等，对国家主权构成了侵害。其次，国际社会对侵犯人权行为追诉的国际化也在一定程度上限制了国家主权，如联合国安理会建立的前南斯拉夫问题国际刑事法庭和卢旺达问题国际刑事法庭对那些严重侵犯人权的行为实施追诉。再次，国际社会对于人权的保护使个人在国际法中的地位得到了提高，特别是国际人权法中的实施机制，如个人来文制度、国家间指控制度等。最后，一些人权法中的规则成为国际强行法，如禁止奴隶制度，禁止种族隔离、种族歧视和种族灭绝等，主权国家必须遵守这些规则。

另一方面，国家主权对人权保护也存在一定的制约作用。首先，国家主权是实现人权保护的前提和基础，人权问题最开始是一个国内问题，后来才发展成为国际问题，主权国家负有保护人权的首要责任，主权国家依据本国的历史文化、社会制度和经济发展水平，采取适应本国国情的保护措施。没有主权国家，人权保护就不能实现。其次，承担人权保护义务是行使国家主权的条件。一国是否签署、加入某一人权条约，是否愿意接受这些条约规定的人权保护义务，是一国自行决定的，体现了一国的主权。最后，保护国际人权的实践还是要主权国家来进行，即使国际社会通过《国际刑事法院罗马规约》

建立国际刑事法院，规定严重侵害人权的行为为国际罪行，国际刑事法院的管辖权也依靠主权国家的自愿接受。

答案解析：本题考查人权保护与国家主权的关系。这是国际人权法中的重知识点之一。准确理解二者关系：首先，明确二者作为国际法的基本原则之一，在适用范围上存在差异；其次，理解人权保护对国家主权的影响，主要指人权保护在一定程度上会侵犯或者限制国家主权；最后，认识到国家主权对人权保护存在制约，国家主权是实现人权保护的前提和基础。

3. 不干涉内政原则和人权保护原则作为国际法的基本原则之一，在具体适用过程中存在一定的冲突。从二者产生的历史背景来看，不干涉内政产生于法国大革命，主要是维护国家主权，保障国家的生存和独立；人权保护在传统国际法上属于一国国内的管辖事项，二战后国际社会对一系列侵犯人权的行为进行反思，才产生了国际法上的人权保护，其目标在于维护人的生命、自由和尊严等一系列权利。不干涉内政原则保护的是国家权利，人权保护原则保护的是个人权利，二者价值追求的不同，可能带来冲突。两者发生冲突比较有代表性的事件是1999年北约打着"人权高于主权"的名义对南斯拉夫内战实施军事干涉。

虽然二者保护的目标不同，但是不能将它们视为对立关系：一方面，对于国家主权的维护，特别是国家生存权的维护，能够更好地实现人权保护的目标，古往今来，凡是政局动荡的国家，是不能够保护本国公民的人权的；另一方面，一些严重侵犯人权的国内冲突，往往危及国际和平与安全。因此，二者绝不是相互对立的关系，而是相互统一，相互促进的，人权保护并不意味着否认国家主权，其也不能成为干涉别国内政的工具。相反，人权保护在一定程度上使主权国家意识到要不断提升本国人民的生活水平、保障本国公民的各项权利，这样才能维护本国秩序的稳定和长治久安。

答案解析：本题考查人权保护与不干涉内政的关系。二者同样是国际法的基本原则。要明确二者产生的历史背景不同，同时，存在利用人权保护干涉一国内政的国际实践。但是不能将二者视为对立的关系，而应当是相互统一、相互促进的关系。

4. 人权两公约指《公民权利和政治权利国际公约》和《经济、社会和文化权利国际公约》，两公约于1966年12月16日在联合国大会上通过并在1976年生效。

（1）《公民权利和政治权利国际公约》的内容主要有：

第一，受公约保护的权利，包括生命权、免于酷刑和有辱人格的权利、免于奴役和强迫劳动的权利、人身自由与安全权、被剥夺自由的人享有人道待遇的权利、无力偿还债务而免于监禁的权利、迁徙自由权、公正公开审判权、私生活家庭住宅和通信不受干涉权、思想良心宗教自由权、表达自由权、和平集会自由、结社自由、儿童权利、婚姻家庭权、少数者的权利等。

第二，国家的"克减权"，该公约在第4条规定了国家在紧急状态下克减公约义务的问题，并对国家的"克减权"进行限制，同时规定生命权、免于酷刑和有辱人格的权利、免于奴役的权利、思想良心宗教自由权等权利是不得克减的。

第三，人权事务委员会，该委员会组委是执行公约的专门机构，负责执行公约及其议定书的规定，并处理缔约国报告、国家间指控和个人来文等。

第四，公约的执行机制，包括缔约国报告制度、国家间指控制度和个人来文制度。

（2）《经济、社会和文化权利国际公约》的内容包括：

第一，受公约保护的权利，包括工作权、享有适当工作条件权、组织参加工会权、衣着住房权、带薪休假权、受教育权、社会保障权、家庭保护权、参加文化生活享有科学进步等。公约还规定了实现这些权利的具体步骤，要求缔约国"逐渐做到"或者"逐渐改善"。

第二，缔约国的义务，包括"保障在无歧视条件下行使有关权利的义务"和"采取步骤争取逐步实现这些权利的义务"。

第三，公约的执行机制，公约建立的缔约国报告制度要求缔约国在公约生效之后1年内，与联合国经社理事会和有关专门机构进行协商后分期提交计划和报告。

（3）对两公约的评价。

两公约的相同点：第一，两公约均在第1条纳入了民族自决权，规定所有人民享有自决权，他们凭借这种权利自由决定他们的政治地位，并谋求他们的经济、社会和文化发展。第二，两公约都在第3条对防止歧视作出了专门的规定，要求缔约国保证公约中规定的权利和自由得到普遍尊重，不因种族、肤色、性别、语言、宗教或其他见解、国籍或社会出身、财产、出生或其他身份等不同而有任何区别。

两公约的不同点：第一，《公民权利和政治权利国际公约》规定的权利多属"消极权利"，要求缔约国不得干涉和侵害；而《经济、社会和文化权利国际公约》规定的权利多属"积极权利"，要求缔约国采取措施，尽最大可能利用现有资源，逐渐达到公约规定权利充分实现的目的。第二，《公民权利和政治权利国际公约》规定的是"第一代人权"，主要是个人的公民权利和政治权利；而《经济、社会和文化权利国际公约》规定的是"第二代人权"，即经济、社会和文化权利。

答案解析：本题需要在掌握知识点的基础上进行一定的拓展和延伸。应当明确1966年人权两公约的基本内容，要着重掌握《经济、社会和文化权利国际公约》和《公民权利和政治权利国际公约》规定人权内容的区别：前者主要规定经济、社会和文化权利，后者主要规定公民的个人权利；前者规定的是积极权利，后者规定的是消极权利。

第十章　国家领土法

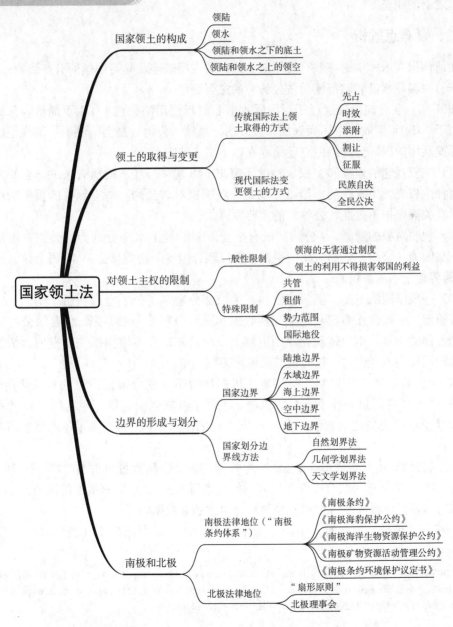

国家领土法

国家领土的构成
- 领陆
- 领水
- 领陆和领水之下的底土
- 领陆和领水之上的领空

领土的取得与变更
- 传统国际法上领土取得的方式
  - 先占
  - 时效
  - 添附
  - 割让
  - 征服
- 现代国际法变更领土的方式
  - 民族自决
  - 全民公决

对领土主权的限制
- 一般性限制
  - 领海的无害通过制度
  - 领土的利用不得损害邻国的利益
- 特殊限制
  - 共管
  - 租借
  - 势力范围
  - 国际地役

边界的形成与划分
- 国家边界
  - 陆地边界
  - 水域边界
  - 海上边界
  - 空中边界
  - 地下边界
- 国家划分边界线方法
  - 自然划界法
  - 几何学划界法
  - 天文学划界法

南极和北极
- 南极法律地位（"南极条约体系"）
  - 《南极条约》
  - 《南极海豹保护公约》
  - 《南极海洋生物资源保护公约》
  - 《南极矿物资源活动管理公约》
  - 《南极条约环境保护议定书》
- 北极法律地位
  - "扇形原则"
  - 北极理事会

本章核心知识点解析

第一节　国家领土的概念与构成

一、基本概念

国家领土是指隶属于国家主权的地球的特定部分。

国家领土是由四部分所组成的，包括领陆、领水、领陆和领水之下的底土以及领陆和领水之上的领空。

二、疑难点解析

如何认识《国际水道非航行使用法公约》的主要缺陷及其对中国的潜在影响。

(一)《国际水道非航行使用法公约》的主要缺陷

1997 年，联合国大会通过了《国际水道非航行使用法公约》（以下简称《公约》）。该公约于 2014 年生效，中国尚未加入该公约。虽然《公约》是当前唯一一部规范国际水资源开发利用的国际公约，但它还是存在以下诸多缺陷。

(1) 主权观念的模糊和主权属性的不突出。纵观《公约》的所有条款，它并未明确采用何种主权观。主权观的不清晰，既是一些国家对《公约》持有异议的重要缘由，也构成了有关国家拒不批准《公约》的重要原因。[1]

(2) 规制对象的遗漏。《公约》没有把受限制的地下水部分列为《公约》规制的对象。正是因为《公约》规制对象的遗漏，所以联合国国际法委员会第 46 届会议又通过了《关于跨界地下水的决议》。

(3) 一般原则的不足。虽然《公约》第二部分规定了公平合理利用原则、不造成重大损害原则、一般合作原则和定期交换数据和资料原则等一般原则，但是《公约》在一般原则方面的不足，不但体现在原则内容上，而且体现在各原则的关系方面。例如，公平合理利用原则未考虑水人权，没有强调水人权的重要性。

(4)《公约》规定的强制性争端解决机制违背了《联合国宪章》的有关规定。《公约》第 33 条规定的强制性争端解决机制，违反了《联合国宪章》规定的主权国家具有自由选择争端解决方法的权利，是对国家主权的重大挑战[2]，损害了争端当事国的主权权利。

(5)《公约》生效条件低。《公约》生效所需的批准国数量只占当时联合国 185 个会员国的 18%，远低于《联合国海洋法公约》生效所需的 60 个国家批准的数量。

(二)《国际水道非航行使用法公约》对中国的潜在影响

1997 年《公约》通过时，中国是三个反对国之一。中国反对《公约》的主要理由

---

[1] 相关国家如捷克、卢旺达、土耳其、中国。Flavia R. Loures & Alistair Rieu-Clarke, The UN Watercourses Convention in Force: Strengthening International Law for Transboundary Water Management, Routledge, 2013: 24.

[2] 贾琳. 国际河流争端解决机制研究. 北京：知识产权出版社，2014：170.

有：第一，《公约》未体现主权国家对本国境内水道的领土主权原则；第二，《公约》没有平衡上下游国家之间的权利义务；第三，《公约》制定了争端解决中的强制调查程序；第四，《公约》没有获得国家的一致同意，部分国家对《公约》若干核心条款存有争议。中国没有加入《公约》，因此《公约》对中国没有法律约束力。然而，《公约》作为造法性条约，是直接的国际法渊源，因而必然会对未来中国跨界河流开发利用，包括对中国与邻国的水资源国际合作方式等产生潜在影响。

（三）旁观或加入：中国如何选择？

（1）加入《公约》对中国的益处。加入《公约》对中国主要有以下好处：第一，加入《公约》有利于提升中国在国际水法领域的话语权；第二，加入《公约》有利于提升中国的国家声誉、塑造良好的国家形象[1]；第三，加入《公约》有利于促进中国与周边邻国在跨界河流开发过程中的合作，减少跨界河流纠纷的发生。

（2）中国加入《公约》的可行性。第一，中国有关实践与《公约》的基本精神相吻合。近些年来，中国与一些周边邻国如蒙古国、哈萨克斯坦、俄罗斯等签订了双边水资源条约；这些双边条约不但在一定程度上借鉴了《公约》中的有益成果，而且也贯彻了《公约》的基本要求。[2] 第二，中国加入《公约》的方式。中国对《公约》的一些条款并不满意，特别是反对《公约》规定的争端解决中的强制调查程序。然而，《公约》并未禁止保留。因此，中国可以采取对一些条款提出保留的方式加入《公约》，从而规避强制调查程序可能带来的不利影响。

第二节　领土的取得与变更

一、基本概念

先占（occupation）又称占领，是指一国有意识地占有无主地并取得对它的主权的行为。

时效（prescription）是指一国原先不正当地和非法地占有某块领土，并且已经在相当时期内不受干扰地加以占有，以致造成了一种信念，认为事物现状是符合国际秩序的，那么该国就取得该土地的主权。时效与先占的区别主要在于，先占的对象是无主地，而时效是非法占有他国的领土。

添附（accretion）是指由于自然的因素或人为的原因而形成新的土地，从而使国家领土增加。

割让（cession）是指一国根据条约将其领土的一部分移转给另一个国家。

征服（conquest）是指一国以武力兼并他国的全部或部分领土，从而取得该领土的主权。

---

[1] 冯彦，何大明. 国际水法基本原则技术评注及其实践战略. 资源科学，2002（4）：89.

[2] Zewei Yang, United Nations Convention on the Law of the Non-Navigational Uses of International Watercourses: Problems, Improvements and Potential Influence on China, Hong Kong Law Journal, Vol. 47, No. 1, 2017：243 - 264.

民族自决（national self-determination）是指一切处于外国殖民统治、外国占领和外国奴役下的民族，具有自己决定自己的命运与政治地位、建立独立的主权国家和自主地处理其内外事务的权利。

全民公决（referendum）又称公民投票，是指由当地居民以投票方式决定有关领土的归属。

二、疑难点解析

深入探索民族自决与国家主权的互动关系。

民族自决与国家主权之间首先应该是一种相互并存的关系，其次还应该是一种彼此制约的关系。①

（一）民族自决与国家主权相互并存

民族自决与国家主权之间相互并存的关系，无论是在非殖民化时期，还是在后非殖民化时代，都是如此。就非殖民化时期而言，在冷战结束以前，在联合国的推动下，民族自决原则得到了国际社会的逐步确认。殖民地民族和人民，通过行使民族自决权，取得了独立，建立了民族国家。由于殖民地人民和民族原来不是宗主国的国民，他们通过行使自决权而建立的独立国家，并不损害原宗主国的主权，反而符合战后非殖民化这一世界潮流。

就后非殖民化时代来说，在冷战结束以后，由于殖民地的民族和人民已经取得了独立，建立了主权国家，在这种情况下，行使自决权则有可能对国家主权产生影响。然而，由于民族自决权可以分为对内自决权和对外自决权②，如果一个主权国家内的少数民族或土著居民只要求自治而行使对内自决权，那么就不大可能危及有关所属国的国家主权；反之，如果一国境内的少数民族或土著居民，要求从原主权国家脱离建立新的独立国家而行使对外自决权，那么就必然会与原所属国的国家主权相冲突，因为对外自决权影响主权国家的领土完整。因此，在后非殖民化时代，行使自决权并不必然给国家主权带来影响。

总之，国家主权原则作为国际法的基本原则和核心，只要国际社会仍然由国家所组成，国家主权原则必将一如既往地是国际社会的主旋律。国家主权原则的这一地位和作用并不因民族自决权而发生动摇。同样，民族自决原则也并不因坚持国家主权原则和殖民体系的瓦解而失去其生命力。只要主权国家内部存在少数民族或土著居民，民族自决原则就有存在的意义和必要性。

（二）民族自决与国家主权彼此制约

（1）民族自决对国家主权的影响。第一，由于有关国际法律文件的规定，因而不能用国家主权来否定自决权。《联合国宪章》、国际人权文书和其他一些国际法文件都有关于民族自决权的规定，这些规定构成了民族自决权的国际法依据。值得注意的是，联合

---

① 杨泽伟. 论国际法上的民族自决与国家主权. 法律科学，2002（3）：43.
② 很多欧美学者认为，民族自决权应由两部分组成，即对内自决权和对外自决权。前者主要指自主权、自治权以及发展自我经济、文化、宗教、习俗等权利；后者则主要指独立权或脱离权，即从原主权国家脱离开而组建新的独立国家的权利。

国国际法院先后在纳米比亚问题和西撒哈拉问题的两项咨询意见中明确断定：民族自决不仅仅是联合国主张和促进的一项指导性原则，而且是一项可主张建立独立主权国家的安全的权利。[①] 第二，民族自决对国家主权的影响。国家主权原则虽然是国际法的基本原则，但是国家主权仍然受国际法的其他原则的制约、影响，尽管这种制约是以主权国家的同意为前提的。民族自决就是诸多制约因素之一。

(2) 国家主权对民族自决的制约。第一，自决权不是一项没有任何限制的绝对权利。尽管作为一项国际法基本原则，民族自决原则已得到了国际社会的普遍承认，但是"自决权并不是一项没有任何限制的绝对权利"[②]。自决权的性质要求在行使该项权利时实施某些限制。对自决权的这些限制，是旨在保护每个人（而不只是那些谋求自决的人）的权利以及国际社会的共同利益。

此外，"国家的领土完整"是对行使自决权的一个专门限制。《国际法原则宣言》规定自决权不得"解释为授权或鼓励采取任何行动，局部或全部破坏或损害自主独立国家之领土完整或政治统一"。这一限制的目的是创造一个相对稳定的社会和法律体系。在由国家构成的国际社会，稳定主要涉及领土边界。当然，我们不能在任何情况下都利用领土完整来限制自决权。《国际法原则宣言》规定能够依靠领土完整作为这种限制的只是这样一些国家，即"在行为上符合上述各民族享有平等权及自决权原则并因之具有代表领土内不分种族、信仰或肤色之全体人民之政府"。"殖民边界的维护"（又称"法律上的占有原则"，*Uti Possidetis Juris*）是对行使自决权的又一项限制。[③]鉴于有关国家是通过行使自决权而从殖民当局获得了独立或从原所属国脱离出来，因此，占有原则可以作为自决权的一种限制。占有原则的目的，是通过维护一国的殖民边界来实现领土稳固。可以说，这种限制是为了维护国际和平与安全。占有原则本来源于南美洲，但现在已适用于所有发生领土争端的地区，包括欧洲。在当今世界，边界争端经常是导致武装冲突和局势紧张的根源。一些国际法庭已把占有原则作为行使自决权的一种广泛限制。不过，这方面的国家实践也并非完全一致。总之，"虽然在普遍适用占有原则的过程中还存在着不确定性，但是占有原则是需要考虑作为自决权限制的一项原则"[④]。

第二，国际文件规定民族自决不能有损国家主权。尽管早有学者断言："自决的历史就是民族形成和国家分裂的历史"[⑤]，然而，一系列的国际文件均规定民族自决权不能破坏、损害国家主权。

第三，国家主权原则直接对民族自决权制约的情形也非常明显。从某种意义上说，民族自决是以国家主权为前提的。没有主权国家，民族自决在根本上就无从谈起。在殖民体系瓦解后，情况更是如此。况且，民族自决权的实施，尤其是对内自决权方面的实

[①]　ICJ Reports，1971：16，31．ICJ Reports，1975：12，31 – 53．

[②]　Mortimer Sellers ed.，The New World Order：Sovereignty，Human Rights，and the Self-Determination of Peoples，Oxford，1996：16．

[③]　詹宁斯，瓦茨．奥本海国际法：第一卷第二分册．王铁崖，等译．北京：中国大百科全书出版社，1998：94．

[④]　Mortimer Sellers ed.，The New World Order：Sovereignty，Human Rights，and the Self-Determination of Peoples，Oxford，1996：21．

[⑤]　Alfred Cobban，The Nation—State and National Self-Determination，rev. ed.，London，1969：42 – 43．

现，关键是取决于有关的主权国家的同意。即使是有关的民族在行使对外自决权即分离权时，不一定要取得原所属国的同意，然而，在事实上，这种分离只有得到国际社会绝大多数主权国家的支持，才具有实际的意义。

（三）几点认识

通过对国际法上的民族自决与国家主权的关系之考察，我们在未来的实践中应该做到以下几个方面：

（1）坚持国家主权原则。冷战结束以后，虽然国际法出现了一些新的发展，国家主权的传统管辖范围也出现了一些新的变化，民族自决对国家主权也产生了一定的影响，甚至否定国家主权的论调甚嚣尘上，但是，这些现象并未从根本上动摇国家主权构成国际关系的基础和国际法的核心之神圣地位。因此，我们必须坚持国家主权原则。唯有如此，才能更好地尊重并促进民族自决权的实现。

（2）正确处理好民族自决与国家主权的关系。在后非殖民化时代，由于殖民地不复存在，现行主权国家的民族自决权，则有可能碰撞该国的主权。然而，我们不可将民族自决原则理解为与国家主权原则相冲突。对于一个由多民族自愿组成的国家而言，如果它已经建立了合法政府并实行有效的统治，任何国家就不得以民族自决为借口，制造、煽动或支持民族分裂，破坏该国的统一和领土完整，否则，就是对国家主权的侵犯，违反了不干涉别国内政这一国际法基本原则，从而在根本上违背了民族自决原则的真实意义。至于如果一个多民族国家因内部因素促使其分裂，就像苏联分裂为十几个独立的主权国家，以及捷克斯洛伐克分为捷克和斯洛伐克两个国家，并且这种分离是有关国家人民自己的选择，那么其他国家就没有必要予以褒贬。

（3）反对利用民族自决原则从事分裂主权国家的活动。承认民族自决权，并不等于国际法鼓励现行的主权国家境内的少数民族享有当然的脱离权。自决权包括分离权，但并不是行使自决权就必然走向分离或独立，分离或独立仅仅是自决的方式之一。[①] 我们要反对一切借口民族自决权而从事分裂国家统一的活动。

（4）行使民族自决权应注意的几个问题。第一，国际社会和多民族国家不可轻率地运用民族自决原则解决当代民族国家内部的民族问题。[②] 在殖民统治时代，民族自决原则对于推动非殖民化运动、促进被压迫民族的觉醒和解放，作出了不可磨灭的历史性贡献。然而，民族自决原则用于解决国内民族问题，则鲜有成功案例，可以说更多的是失败的经验教训。第二，无论是国际条约还是国际实践，都不支持把民族自决权解释为国内一个民族对抗中央政府的权利。第三，民族自决原则作为现代国际法的基本原则，应当受到推崇。但是，对民族自决权的适用，应当采取比较慎重的态度。[③] 如果片面地将这一原则推向极端，滥用民族自决权，以致妨碍其他民族的正当权益、损害国家主权，那么就会破坏国际法律秩序，同时也会降低这一原则的价值。

---

① Sohail H. Hashmi ed., State Sovereignty: Change and Persistence in International Relations, the Pennsylvania State University Press, 1997: 143.

② 陈云生. 中国民族区域自治制度对少数民族人权的保护. 政治与法律，1999（1）：5-9.

③ Fernando R. Teson, A Philosophy of International Law, Westview Press, 1998: 150-151.

第三节 领土主权及其限制

一、基本概念

共管（condominium），是指两个或两个以上国家对某一特定领土共同行使主权。

租借（lease），是指一国根据条约将其部分领土租借给另一国，在租界期内用于条约所规定的目的。

势力范围（sphere of influence），原指 19 世纪末期，英、德、法、葡、意等国通过缔结条约，以瓜分非洲东部、中部的方式而享有的对部分领地的某种权利。这类条约规定，凡缔约国互相承认各所占有的地理上的范围，各国在其势力范围内有取得殖民地或设立保护地的完全权利，他方缔约国不得加以侵害。

国际地役（international servitude），也称国家地役，是指根据条约对一个国家的属地最高权所加的特殊限制，根据这种限制，一国领土的一部分或全部在一定范围内必须永远地为另一个国家的某种目的或利益服务。

二、疑难点解析

探讨领土主权的概念与内容。

领土主权（Territorial Sovereignty），是指国家对其领土范围内的人和物所行使的最高的和排他的权力。英国国际法学者斯塔克认为，领土主权"意味着，在这块领土疆域以内，国家对人和财产行使排斥其他国家的管辖权"[1]。日本国际法学者寺泽一、山本草二也主张，"国家对领土的管辖权称为领土主权。"[2]《奥本海国际法》则提出，"作为国家对于国家领土内的一切人和物行使最高权威的权力，主权就是属地权威（即领有权或领土主权）。"[3]

而日本国际法学者太寿堂鼎则进一步指出，"国家对领土拥有的权力称为领土主权、领有权和领土权，但是就其性质而言则分为所有权论和统治权论，这两种学说是互相对立的。前者把领土主权的实质理解为国家可任意使用和处理其领土的权利，后者则把领土主权的实质理解为国家在领土的一定场所和范围内行使其统治权。国家实际上兼而具有处理领土这一客体的权利即所有权（Dominium）和支配在领土内所有的人的权利即统治权（Imperium），只把任何一种片面的权利理解为领土主权的实质都是不妥当的。"[4]

因此，领土主权应包括以下三方面的内容。

第一，领土管辖权。领土管辖权又称属地优越权或属地最高权，是指国家对其领土范围内的人、事、物，拥有排他的管辖权。这正如瑞士法学家马克斯·胡伯（Max Huber）1928 年在帕尔玛斯岛仲裁案（the Palmas Island Arbitration Case）中所说："在

---

[1] I. A. Shearer, Starke's International Law, 11th edition, Butterworths, 1994：144.

[2] 寺泽一，山本草二. 国际法基础. 朱奇武，等译. 北京：中国人民大学出版社，1983：218.

[3] 詹宁斯，瓦茨. 奥本海国际法：第一卷第一分册. 王铁崖，等译. 北京：中国大百科全书出版社，1995：292.

[4] 日本国际法学会. 国际法辞典. 外交学院国际法教研室中文版总校订. 北京：世界知识出版社，1985：797.

国际关系中，主权就意味着是独立。独立，对地球的特定部分来说，就是国家行使排他的权力。"[①] 领土管辖权是领土主权的主要内容和标志。虽然领土管辖权是排他的，但是它仍受国际法的限制。例如，对享有外交特权与豁免的外国元首、外交代表给予管辖豁免。

第二，领土所有权。这是指国家对其领土范围内的一切土地和资源拥有占有、使用和支配的权利。例如，1962 年联大通过的《关于天然资源之永久主权宣言》规定："一、各民族及各国族行使其对天然财富与资源之永久主权，必须为其国家之发展着想，并以关系国人民之福利为依归……五、各国必须根据主权平等原则，互相尊重，以促进各民族及各国族自由有利行使其对天然资源之主权……七、侵犯各民族及各国族对其天然财富与资源之主权，即系违反联合国宪章之精神与原则，且妨碍国际合作之发展与和平之维持。"1974 年联大通过的《各国经济权利和义务宪章》第 2 条第 1 款也重申：每个国家对其全部财富、自然资源和经济活动享有充分的永久主权，包括拥有权、使用权和处置权在内，并得自由行使此项主权。

第三，领土主权不可侵犯。领土主权和领土完整是国家独立的重要标志，是现代国际法的基本原则。例如，《联合国宪章》第 2 条第 4 项规定："各会员国在其国际关系上不得使用威胁或武力，或以与联合国宗旨不符之任何其他方法，侵害任何会员国或国家之领土完整或政治独立。"又如，1949 年国际法院在科孚海峡案（the Corfu Channel Case）中重申："在独立国家之间，尊重领土主权是国际关系的重要基础。"[②] 1970 年联大通过的《国际法原则宣言》也明确指出，不得以武力威胁或使用武力破坏一国的领土完整；国家边界不容侵犯；国家领土不得作为违背宪章规定使用武力所造成之军事占领之对象；以武力相威胁或使用武力取得的领土不得承认为合法。1974 年联大通过的《各国经济权利和义务宪章》也把各国的主权、领土完整以及互不侵犯作为指导当今国际经济关系的基本原则。

第四节　边界和边境制度

国家边界（state boundary）或国界，是划分国家领土范围的界线。

自然划界法是指国家利用天然地形，如河流、湖泊、山脉、沙漠和森林等为界，来划定边界线的方法。

几何学划界法是指以两个固定点之间的直线作为国家的边界线的方法。

天文学划界法是指以一定经纬度来确定国家边界的方法。

[①] Santiago Torres Bernardez, Territorial Sovereignty, in R. Bernhardt ed., Encyclopedia of Public International Law, vol. IV, Amsterdam, 2000: 827.

[②] Santiago Torres Bernardez, Territorial Sovereignty, in R. Bernhardt ed., Encyclopedia of Public International Law, vol. IV, Amsterdam, 2000: 827.

第五节　南极和北极

"扇形原则"（sector principle），即毗连北极地带的国家拥有以该国海岸或某一纬线为底线，以北极为顶点，以从北极到该国东西两端的国界的两条经线为腰的扇形空间内的一切陆地和岛屿以及流动冰群。1926 年 4 月，苏联根据上述原则，制定了有关法律。然而，苏联的这一单方面主张，遭到了美国、挪威等其他北冰洋沿岸国的反对。

1996 年 9 月，芬兰、瑞典、挪威、丹麦、冰岛、加拿大、美国和俄罗斯 8 个北极沿岸国家，在加拿大渥太华成立了北极理事会。北极理事会的宗旨是保护北极地区的环境，促进该地区在经济、社会和福利方面的持续发展。2013 年，中国、意大利、印度、日本、韩国和新加坡成为北极理事会正式观察员国。

"西北航道"是指位于加拿大北极群岛沿岸，东起戴维斯海峡和巴芬湾，向西穿过加拿大北极群岛水域，到达美国阿拉斯加北面波弗特海，连接大西洋和太平洋的航道。

"东北航道"或"北海航道"主要是指从俄罗斯西端的巴伦支海，沿西伯利亚岸边，向东到太平洋的楚科奇海，直至东北亚的航道。

本章实务案例研习

一、东格陵兰案[①]：先占作为传统国际法上领土取得的方式所具有的效果

（一）案件简介

1931 年 7 月，挪威政府发表了一份声明，宣布对东格陵兰的部分领土拥有主权。后来，挪威政府又颁布法令将格陵兰东南部的部分地区置于挪威主权的管辖之下。挪威政府的理由是，东格陵兰是无主地，它有权加以占领。丹麦政府反对挪威政府的这些行动。因此，1932 年 7 月，丹麦在常设国际法院对挪威提起诉讼，请求法院宣布挪威的行为是非法和无效的。1933 年 4 月，常设国际法院对本案作出了判决。

（二）各方立场

（1）丹麦。丹麦认为，长期以来，丹麦一直在整个东格陵兰持续和平稳地行使主权，这是一个公认的历史事实，一直没有任何国家表示反对；且挪威本身也曾经以条约或其他方式承认丹麦在整个东格陵兰的主权，挪威不应该对此提出异议。因此，挪威的行为构成对丹麦领土主权的侵犯。

（2）挪威。挪威认为，丹麦对东格陵兰的主权不包括挪威宣布占领的地区，该地区在挪威宣布占领以前是无主地，挪威政府有权加以占领。

（三）法院判决

常设国际法院认为，丹麦长期以来已对格陵兰持续和平稳地行使权力，可以认为丹麦已对整个格陵兰拥有有效的主权了。挪威曾在许多双边或多边条约中承认格陵兰是丹麦的殖民地，挪威外交大臣也曾承诺不反对丹麦对整个格陵兰的主权要求。因此，在挪

---

① 陈致中. 国际法案例. 北京：法律出版社，1998. 梁淑英. 国际法学案例教程. 2 版. 北京：知识产权出版社，2003.

威宣布占领东格陵兰的时候，东格陵兰并不是无主地，而是丹麦长期以来就行使主权的领土，因而挪威 1931 年 7 月宣布占领格陵兰的东部地区是非法的，常设国际法院判决丹麦胜诉。

（四）法律评析

先占作为传统国际法上的领土取得方式，具有相应的法律效果，本案是这方面的一个典型案例。如前所述，先占的重要条件之一是无主地。因此，"确定东格陵兰地区是无主地还是属丹麦的领土则成了本案判决的关键"[1]。经过调查，常设国际法院认为东格陵兰地区不是无主地，并肯定了丹麦对东格陵兰地区的主权。因此，法院判决丹麦胜诉，挪威宣布对东格陵兰地区行使主权的行为是非法的、无效的。此外，本案特别强调"没有国家反对"和"没有其他国家提出主权要求"的事实，有力地说明占领是平稳的。本案对论证领土主权归属问题具有重要的参考价值。[2]

二、柏威夏寺案[3]：通过国际司法程序解决领土争端的著名案例

（一）案件简介

柏威夏寺位于柬埔寨、泰国边界的扁担山山脉东部。柬、泰两国为该寺及其周围地区的主权归属问题发生争执，争端源于 1904 年至 1908 年暹罗（泰国的旧称）与柬埔寨（当时系法国的"保护国"）划界期间，1904 年 2 月暹罗与法国签订的一项划界条约以及 1907 年绘制的边界地图。其中一张关于扁担山山脉的地图标明柏威夏寺在柬埔寨一边（地图作为备忘录成了条约的附件Ⅰ）。该地图标示出的边界线不在实际的分水岭线上，按实际的分水岭线，柏威夏寺应在泰国一边，但暹罗政府对此从未提出异议。直到 40 多年后，暹罗政府才发现地图有误，其地方当局派兵进驻了寺院。法国政府获悉此情况后，曾于 1949 年和 1950 年向泰国政府发出数次照会提出抗议，均未得到答复。1953 年柬埔寨要求泰国撤走其武装力量，但遭到拒绝。于是，1959 年 9 月柬埔寨向国际法院提起诉讼，主张对柏威夏寺的主权。1962 年 6 月，国际法院对本案作出了判决。

此外，自从 2008 年联合国教科文组织将柏威夏寺列为世界文化遗产后，泰国与柬埔寨对该寺周边地区的争端迅速升级，并多次爆发武装冲突。2011 年 4 月 28 日，柬埔寨在国际法院提起诉讼，一是要求国际法院对其 1962 年的判决进行解释，二是要求国际法院命令泰国立即无条件从柏威夏寺周边区域撤军。

（二）各方立场

（1）柬埔寨。1959 年柬埔寨在向国际法院提起的诉讼中主张对柏威夏寺的主权，理由是 1907 年两国的划界地图标明该寺在柬埔寨境内。2011 年柬埔寨在国际法院提起诉讼的原因是，泰国坚持柬埔寨的主权仅限于柏威夏寺，而不能延伸到柏威夏寺周边区域。

（2）泰国。泰国认为，1907 年两国的划界地图有误，没有法律约束力；并且针对1959 年柬埔寨向国际法院提起的诉讼，泰国对国际法院的管辖权问题表示异议。2011 年

① 梁淑英. 国际法学案例教程. 2 版. 北京：知识产权出版社，2003：51.

② 陈致中. 国际法案例. 北京：法律出版社，1998：132.

③ 陈致中. 国际法案例. 北京：法律出版社，1998. the Temple of Preah Vihear Case, the Judgment of 15 June 1962, http://www.icj-cij.org/docket/files/45/4873.pdf.

针对柬埔寨在国际法院提出的诉讼，泰国提出了反诉，要求国际法院不予审理。

（三）法院判决

1962 年 6 月，国际法院对本案作出了判决：鉴于泰国已经接受了 1907 年两国的划界地图，因而确认柏威夏寺的主权属于柬埔寨并发生效力，泰国有义务撤出它在该寺内及其周围的柬埔寨领土上驻扎的一切军事和警察力量，以及其他的守卫或驻守人员。

2011 年 7 月 18 日，国际法院对这一案件的部分诉讼请求作出了判决：泰国要求将柬埔寨提出的案件从国际法院的案件名单上去除，法院首先一致驳回了泰国的这一请求；法院决定，为确保不发生不可修复的破坏，双方必须紧急从柏威夏寺附近的临时非军事区撤离所有武装部队；当事双方必须克制，不采取任何会导致局势恶化、扩大争议或使问题更加难以解决的行动。

2013 年 11 月，国际法院对该案作出了最终判决，对 1962 年判决执行部分的三个段落作出了详细的阐释。法院认为，判决执行部分第一段中所称的"柏威夏寺位于柬埔寨主权下的领土内"，与第二段中要求泰国撤回位于"该寺或者柬埔寨领土的附近区域"的相关人员所指称的部分区域，以及第三段中要求泰国移走位于"该寺或者该寺区域"的相关物件所指称的部分区域，应当结合起来看待。这三者皆指同一区域，并不构成对柬埔寨或者泰国所宣称的其他部分作出有关任何主权的决定。在这种情况下，法院认为没有必要进一步处理 1962 年的判决是否具有约束力来确定柬埔寨和泰国之间的边界线的问题；也没有必要处理执行部分第二段对泰国规定的义务是否是柬埔寨所宣称的"持续性义务"的问题。法院最后认为，双方具有和平解决相关争端的义务。[①]

（四）法律评析

本案涉及在领土划界争端的过程中如何解决地图与条约文字的矛盾问题。有学者认为，解决此矛盾的一般原则是："遇有附图与约文矛盾之处应以约文为准"[②]。在本案中，国际法院的着重点是地图是否有效。国际法院推定泰国接受了这张图，就是接受了图上所标明的边界，这已构成对柏威夏寺的主权属于柬埔寨的承认了。[③]

本章同步练习

一、选择题

1. 下列关于国家领土的说法哪项是正确的？（　　　）

A. 国家领土是指国家主权支配和管辖下的地球表面的特定部分

B. 内陆国没有领水

C. 国家领土由领陆、领水、领空和底土组成

D. 国家领土包括陆地领土无限高的上空

---

① Request for Interpretation of the Judgment of 15 June 1962 in the Case concerning the Temple of Preah Vihear (Cambodia v. Thailand)，https://www.icj-cij.org/public/files/case-related/151/151 - 20131111 - JUD - 01 - 00 - EN.pdf.

② 周鲠生. 国际法：下册. 北京：商务印书馆，1976：429.

③ 陈致中. 国际法案例. 北京：法律出版社，1998：156.

2. 下列有关河流的表述中哪项是错误？（　　）

A. 多国河流指对所有沿岸国家开放航行的河流

B. 国际河流流经的各段分别属于各沿岸国所有

C. 外国商船可以在内河自由航行

D. 所有国家的船舶特别是商船可以在国际河流自由通过

3. 下列有关先占的说法错误的是（　　）

A. 先占并非一定是国家行为

B. 先占的客体必须是无主地

C. 国际法要求先占的完成必须是实现有效占领

D. 先占是国家有意识的取得当时不在任何其他国家主权之下的土地的主权的一种占取行为

4. 中国对南沙群岛的领土主权的取得方式为（　　）

A. 割让　　　　　　B. 时效　　　　　　C. 添附　　　　　　D. 先占

5. 下列有关国家边界的说法正确的是（　　）

A. 边界并不必然构成国家领土的一部分

B. 国家边界必须要有地理标志

C. 海上边界的划定和陆地边界的划定的规则相同

D. 边界可分为陆地边界、海上边界和空中边界

二、名词解释

1. territory（考研）

2. 领海（考研）

3. territorial sovereignty（考研）

4. prescription（考研）

5. cession（考研）

6. accretion（考研）

7. 割让与征服（考研）

8. international servitude（考研）

9. referendum（考研）

10. boundary and frontier（考研）

三、简答题

1. 领土与领土主权。（考研）

2. 国家领土变更有哪几种方式？哪些方式是合法的变更？（考研）

3. 简述南极地区的法律制度。（考研）

4. 简述传统国际法上的领土变更方式。（考研）

四、论述题

1. 阐述国家领土的概念和性质，并扼要评论资产阶级学者对"国家领土的取得与丧

失"的学说。（考研）

2. 论南极和北极的国际法律地位。（考研）

3. 试述南极地区的法律制度。（考研）

参考答案

一、选择题

1. C

解析：国家领土是指隶属于国家主权的地球的特定部分。可见，国家领土不仅仅限于地球表面，故 A 项不正确。领水是指位于陆地疆界以内或与陆地疆界邻接的一定宽度的水域，包括内水和领海；而内水又包括河流、湖泊、内海水等，故 B 项不正确。国家领土是由各种不同的部分所组成的，包括领陆、领水、领陆和领水之下的底土以及领陆和领水之上的领空，故 C 项正确。一般认为，空气空间分为两部分：国家领土之外的空气空间和国家领土之上的空气空间。就前者而言，所有国家的航空器都享有以符合国际法的方式行使的飞越自由；对后者来说，国家对其领土之上的空气空间享有完全的和排他的主权，是一项已经确立的国际法原则，故 D 项不正确。

2. C

解析：这道题主要涉及河流的法律地位和法律制度问题。关于多国河流的航行问题，一般是对所有沿岸国家开放，而禁止非沿岸国船舶航行，故 A 项的表述是正确的。国际河流流经各沿岸国的部分属于各沿岸国的领土，各沿岸国对其拥有主权，故 B 项的表述是正确的。国家对内河的管理和使用享有完全的、排他的权利；除另有条约的规定外，任何外国船舶都没有在内河航行的权利，故 C 项的表述是错误的。国际河流对沿岸国的商船、军舰及非沿岸国的商船开放，但非沿岸国的军舰不享有自由航行权，故 D 项的表述是正确的。

3. A

解析：本题涉及对传统国际法上领土取得的方式之一——"先占"的理解问题。先占是指一国有意识地占有无主地并取得对它的主权的行为。按照传统国际法，先占必须具备两个条件：一是先占的客体是无主地，即不属于任何国家的土地，或完全无人居住的土地，或虽有土著部落居住但尚未形成国家的土地；二是实行有效的占领，即国家必须将无主地置于其占有之下并实行某种行政管理。故 A 项的表述是不正确的，B 项的表述、C 项的表述和 D 项的表述均是正确的。

4. D

解析：本题涉及对传统国际法上领土取得的五种方式的理解问题。割让是指一国根据条约将其领土的一部分移转给另一个国家，故 A 项不正确。鉴于时效是否应作为一种领土取得的方式，国际法学家的意见是有分歧的；况且，在现代国际法中，以时效作为取得领土的方式已失去了其现实意义，故 B 项不正确。添附分为自然添附和人为添附：

一国的河口因泥沙冲击而形成三角洲、在领海内出现新的岛屿以及在海岸产生涨滩等，为自然添附；而填海造地使领海向外延伸，从而增加领土，属于人为添附；因而中国对南沙群岛的领土主权的取得方式不属于添附，故 C 项不正确。中国对南沙群岛的领土主权的取得方式，既符合"先占"的定义，又符合"先占"的两大构成要件，故 D 项正确。

5. D

解析：边界又称国家边界或国界，是划分国家领土范围的界线，故 A 项不正确。国家之间划分边界线主要有三种方法，即自然划界法、几何学划界法和天文学划界法；而几何学边界、天文学边界、海上边界、空中边界和地下边界都属于无形边界，故 B 项不正确。几何学划界法和天文学划界法多用于海上或人口稀少的地区，故 C 项不正确。国家边界可以分为陆地边界、水域边界、海上边界、空中边界以及地下边界等，故 D 项正确。

二、名词解释

1. 领土，又称国家领土，是指隶属于国家主权的地球的特定部分。

答案解析：国际法属于涉外专业，一贯重视外文文献的阅读与应用，因而不少高校的硕士研究生入学考试名词解释题喜欢考外文专有名词，并且通常是翻译占 40%，解释占 60%。

2. 领海是指沿着国家的海岸和内水或群岛水域的受国家主权支配和管辖的一定宽度的海水带；领海属于国家领土的一部分，沿海国对领海享有主权。

答案解析：一些高校的硕士研究生入学考试名词解释题，有时也采用中文的方式命题。

3. 领土主权是指国家对其领土范围内的人和物所行使的最高的和排他的权力，它主要包括三方面的内容：领土管辖权、领土所有权、领土完整不可侵犯。

4. 时效是指一国原先不正当地和非法地占有某块领土，并且已经在相当时期内不受干扰地加以占有，以致造成了一种信念，认为事物现状是符合国际秩序的，那么该国就取得该土地的主权。时效是否应作为一种领土取得的方式，国际法学家的意见是有分歧的。在现代国际法中，以时效作为取得领土的方式已失去了其现实意义。

5. 割让是指一国根据条约将其领土的一部分移转给另一个国家。割让一般分为两类：一类是强制性的领土移转，即在非自愿的条件下无代价地转移领土主权。割让的另一种类型是非强制性的领土移转，即有关国家以平等自愿为基础通过协商或缔结条约转移部分领土，它通常包括赠与领土、买卖领土和交换领土。

6. 添附是指由于自然的因素或人为的原因而形成新的土地，从而使国家领土增加。添附分为自然添附和人为添附：自然添附是指由于自然的作用而使一国的领土扩大，人为添附是指由于人为的原因而使一国领土增加。

7. 割让是指一国根据条约将其领土的一部分移转给另一个国家。征服是指一国以武力兼并他国的全部或部分领土，从而取得该领土的主权。征服与割让的区别在于：征服并不缔结条约，而是将战时占领下的敌国的全部或部分领土在战后予以兼并；如战后订有和约，则征服就变成了割让与征服。

答案解析：这道题主要考查一组相近概念的联系和区别。

8. 国际地役，也称国家地役，是指根据条约对一个国家的属地最高权所加的特殊限制，根据这种限制，一国领土的一部分或全部在一定范围内必须永远地为另一个国家的某种目的或利益服务。国际地役的主体是国家，客体是国家领土的一部分或全部，其中不仅包括陆地，还包括河流、领海、地下领土和领空。

9. 全民公决又称公民投票，是指由当地居民以投票方式决定有关领土的归属。全民公决最先适用于18世纪末的法国。在现代国际关系的实践中，也有不少这方面的实例。根据国际实践，通过全民公决的方式来决定领土的变更，应具备三个条件：一是有合法和正当的理由；二是没有外国的干涉、威胁和操纵，当地居民能够自由地表达意志；三是应由联合国监督投票。

10. 边界又称国家边界或国界，是划分国家领土范围的界线。由于国家的领土由各个部分组成，因此国家边界也可以分为陆地边界、水域边界、海上边界、空中边界以及地下边界等。边境是国家边界线两边的一定区域。

答案解析：这道题既考查英文专有名词，又考查一组相近概念的联系和区别，具有一定的难度。

三、简答题

1.（1）领土又称国家领土，是指隶属于国家主权的地球的特定部分；国家领土是由各种不同的部分所组成的，包括领陆、领水、领陆和领水之下的底土以及领陆和领水之上的领空。

（2）领土主权是指国家对其领土范围内的人和物所行使的最高的和排他的权力，它主要包括三方面的内容：领土管辖权、领土所有权、领土完整不可侵犯。

答案解析：这道题主要考查一组相近概念的联系和区别。作为简答题，回答应当言简意赅。

2.（1）传统国际法取得领土的方式。一般认为，传统国际法上领土取得的方式主要有五种：先占、时效、添附、割让和征服。

先占又称占领，是指一国有意识地占有无主地并取得对它的主权的行为。

时效是指一国原先不正当地和非法地占有某块领土，并且已经在相当时期内不受干扰地加以占有，以致造成了一种信念，认为事物现状是符合国际秩序的，那么该国就取得该土地的主权。

添附是指由于自然的因素或人为的原因而形成新的土地，从而使国家领土增加。添附分为自然添附和人为添附。

割让是指一国根据条约将其领土的一部分移转给另一个国家。割让一般分为两类：一类是强制性的领土移转，即在非自愿的条件下无代价地转移领土主权。这是传统国际法中严格意义上的割让，它往往是战争的结果。割让的另一种类型是非强制性的领土移转，即有关国家以平等自愿为基础通过协商或缔结条约转移部分领土，它通常包括赠与领土、买卖领土和交换领土。

征服是指一国以武力兼并他国的全部或部分领土，从而取得该领土的主权。

（2）现代国际法变更领土的方式。随着国际关系的发展变化，现代国际法上产生了一些新的领土变更方式，主要有民族自决和全民公决两种方式。

民族自决是现代国际法的一项基本原则。根据这一原则，一切处于外国殖民统治、外国占领和外国奴役下的民族，具有自己决定自己的命运与政治地位、建立独立的主权国家和自主地处理其内外事务的权利。民族自决既可以采取和平的方式，也可以通过武装斗争来实现。

全民公决又称公民投票，是指由当地居民以投票方式决定有关领土的归属。

（3）先占作为原始取得领土的一种方式，在西方殖民扩张时期占有重要地位；而到现今，世界上的无主地几乎没有了。因此，以先占作为取得领土的方式，已失去了现实意义。然而，在解决国家之间的领土争端时，有时还应考虑先占作为领土变更的方式所具有的效果。

时效是非法地占有他国的领土，当今由于互相尊重主权和领土完整已成为国际法的一项基本原则，以时效取得领土无疑是违反这一原则的。因此，在现代国际法中，以时效作为取得领土的方式已失去了其现实意义。

自然添附历来被认为是取得领土的一种合法方式，一般情况下，人为添附也是一种取得领土的合法方式。然而，如果一国在人为添附领土时，损害了相邻国家的权利，就不能认为是合法的。

传统国际法承认强制性割让是领土取得的合法方式，但在现代国际法中，强制性割让已失去其合法性。在现代国际法中，非强制性割让仍然是合法的。

征服是传统国际法所承认的国家领土取得的方式之一，它是以战争的合法性为基础的。自从现代国际法禁止战争以来，征服已不再是取得领土的合法方式了。用武力兼并他国领土就是侵略行为，是非法的，由此取得的领土在法律上是无效的。

民族自决是同第二次世界大战后殖民地人民争取民族解放和独立运动紧密相连的，它是当代国际关系中最常见的领土取得或变更的方式。

全民公决作为一种变更领土的方式，其合法性取决于居民的意志能否自由地表达。

答案解析：这道题主要考查对"领土的取得与变更"相关概念的理解，特别是各个概念之间的区别。此外，"领土的取得与变更"既包括传统国际法取得领土的方式，也包括现代国际法变更领土的方式。

3. 南极地区的法律制度以《南极条约》为主，还包括 1972 年《南极海豹保护公约》、1980 年《南极海洋生物资源保护公约》、1988 年《南极矿物资源活动管理公约》和 1991 年《南极条约环境保护议定书》等。这些公约与《南极条约》一起，共同构成了"南极条约体系"。其中，《南极条约》包括序言、14 项条款和最后议定书。其主要内容有：第一，南极只能用于和平之目的，禁止在南极洲建立军事基地、建筑要塞、进行军事演习以及进行任何类型武器的试验。第二，各国在南极洲享有科学调查的自由，并为此目的而进行国际合作。第三，冻结对南极的领土要求。第四，缔约各方有权指派观察员在任何时间进入南极任何地区进行视察。第五，建立缔约国协商会议制度。

答案解析：这道题既要求概括"南极条约体系"的主要内容，又要简述《南极条约》的主要内容。

4. 本题答案参考本章简答题第 2 题答案。

四、论述题

1.（1）国家领土是指隶属于国家主权的地球的特定部分。

领土对国家来说，是非常重要的。国家领土的重要性主要表现在以下两个方面：第一，领土是国家的构成要素之一。领土是国家赖以存在的物质基础。没有领土，国家就不可能存在。因此，一个国家是不可能没有领土的，至于领土面积，则可以有大有小。第二，领土是国家主权活动和行使排他性权力的空间。国家领土是国际法的客体。国际法承认国家领土权力的最高性和排他性，就意味着国家在其领土内可以充分独立而无阻碍地行使其权力。没有领土，国家就没有管辖的空间。

（2）关于"扼要评论资产阶级学者对'国家领土的取得与丧失'的学说"，答案参考本章简答题第 2 题答案。

答案解析：这道题既涉及国家领土的概念和性质，又涵盖"领土的取得与变更"的具体方式及对每种方式的评析，有一定的难度。

2.（1）关于南极的法律地位，答案参考本章简答题第 3 题答案。

（2）关于北极的国际法律地位。一些国家对北极地区的领土权利主张的根据是所谓的"扇形原则"，即毗连北极地带的国家拥有以该国海岸或某一纬线为底线，以北极为顶点，以从北极到该国东西两端的国界的两条经线为腰的扇形空间内的一切陆地和岛屿以及流动冰群。1926 年 4 月，苏联根据上述原则，制定了有关法律。然而，苏联的这一单方面主张，遭到了美国、挪威等其他北冰洋沿岸国的反对。

迄今为止，还没有国际协议对北极的法律地位问题加以规定。1990 年，加拿大、丹麦、芬兰、冰岛、挪威、瑞典、美国和苏联 8 个国家共同签订了《八国条约》。该条约主要规定的是各国在北极的科学研究行为规范和环保责任，并没有对各国领土和资源的分配作出界定。

1996 年 9 月，芬兰、瑞典、挪威、丹麦、冰岛、加拿大、美国和俄罗斯 8 个北极沿岸国家，在加拿大渥太华成立了北极理事会。北极理事会的宗旨是保护北极地区的环境，促进该地区在经济、社会和福利方面的持续发展。2011 年 5 月，北极理事会通过了该机构成立以来第一份具有法律约束力的文件——《北极空中和海上搜救合作协定》。2013 年，中国、意大利、印度、日本、韩国和新加坡成为北极理事会正式观察员国。

答案解析：关于南极的国际法律地位，主要有"南极条约体系"的相关规定，有关内容比较具体；而北极的国际法律地位，迄今还没有国际协议对它加以规定，因而有关内容比较零散。

3. 本题答案参考本章简答题第 3 题答案。

第十一章　国际海洋法

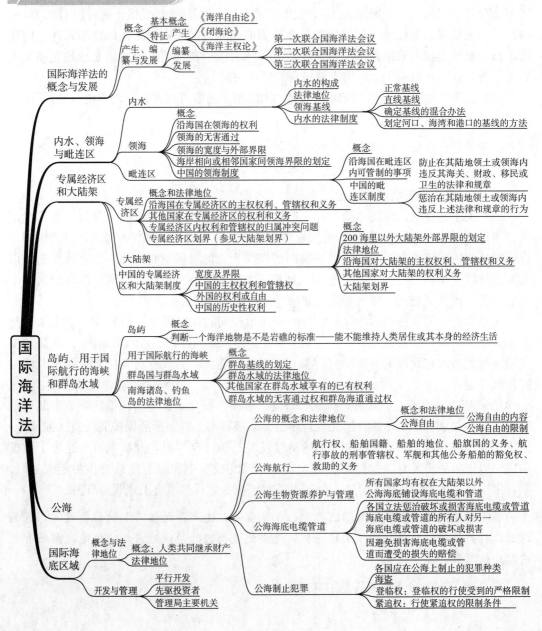

本章核心知识点解析

第一节　国际海洋的概念与发展

国际海洋法的基本概念如下。

1. 国际海洋法

国际海洋法是有关各种海域的法律地位和国家及其他主体在各种海域活动应当遵循的国际法原则、规则的总称。

2.《海洋自由论》（Mare Liberum）

由格劳秀斯所著，在承认可以从海岸上进行控制的那部分海域属于沿岸国所有的同时，明确主张海洋应当向所有国家的所有人民开放，供他们自由利用而不能被任何国家垄断。

3.《闭海论》（Mare Clausum）

由约翰·塞尔所著，主张英国君主对英伦三岛周围的海域有占有和控制的权力。

4.《海洋主权论》（De Dominio Maris Dissertatio）

由宾刻舒克所著，提出以"大炮射程规则"确定领海宽度，即"陆上国家的权力以其炮火射程所及的范围为限"。

第二节　内水、领海与毗连区

一、基本概念

1. 内水

（1）一般情况下，领海基线向陆地一面的水域构成国家内水的一部分；（2）在群岛国情形下，在群岛基线向陆地一面的水域（群岛水域）内依照《联合国海洋法公约》（以下简称《公约》）有关河口、海湾和港口的规定用封闭线划定的水域构成国家内水的一部分。

2. 内水的法律地位

内水与陆地上的河流和湖泊一样，是国家领土的组成部分，受国家主权支配。与其他海域相比，内水与沿海国陆地的联系最密切，其制度与陆地领土最为相近。外国船舶未经许可不得进入一国内水。但若确定直线基线的效果使原来并未认为是内水的区域被包括在内成为内水，则在此种水域内外国船舶仍应享有无害通过权。

3. 领海基线

领海基线是陆地与海洋或内水与领海的分界线，也是测算领海、毗连区、群岛水域、专属经济区或大陆架宽度的起算线。

（1）正常基线。它是沿海国官方承认的大比例尺海图所标明的沿岸低潮线；在位于环礁上的岛屿或有岸礁环列的岛屿的情形下，测算领海宽度的基线是沿海国官方承认的海图上以适当标记显示的礁石的向海低潮线。正常基线多用于陆海分界明显、海岸线比较平直且近岸又无岛屿的情况。

（2）直线基线。直线基线是用直线把在大陆海岸向海突出处或近岸岛屿外缘选定的各个基点连接起来而形成的基线，适用于海岸线极为曲折或近岸有一系列岛屿的情况。采用直线基线须受下列限制：1）参照低潮线确定基点的，如果低潮线后退，在沿海国根据《公约》予以变更之前，原基线仍然有效。2）直线基线的划定不应在任何明显的程度上偏离海岸的一般方向。3）除构筑有永久性设施或为国际承认外，不得以低潮高地作为基点。4）如果有关海区存在特有的并经长期惯例清楚地证明其为实在而重要的经济利益，可以考虑采用直线基线。5）直线基线的划定不得使另一国的领海同公海或专属经济区隔断。

（3）确定基线的混合办法。一个国家可以根据其海岸的具体情况采用混合办法，即交替使用正常基线与直线基线确定领海基线。

4. 领海

领海是沿海国的主权及于的其陆地领土及其内水以外邻接的从基线量起不超过12海里的一带海域；在群岛国的情况下则是及于其群岛水域以外邻接的从群岛基线量起不超过12海里的一带海域。

5. 沿海国在其领海的权利

（1）对航行和飞越的管辖权。外国航空器未经许可不得飞越沿海国领海上空；在领海水域，沿海国主权及相应的管辖权的行使须受外国船舶无害通过权的限制。（2）对资源的专属权利。沿海国对其领海水域和海床及其底土的一切自然资源，享有专属权利。（3）属地管辖权。沿海国对其领海内的人、物及所发生的事件，除依照国际法应当豁免者外，享有排他的立法、司法和行政的管辖权。（4）对沿海航运及贸易的专属权利。

6. 领海无害通过

领海的无害通过适用于所有国家（包括沿海国和内陆国）的所有船舶。这是传统国际法中的一项制度。"通过"系指为了穿过领海但不进入内水，或为了驶入或驶出内水而通过领海的航行。"通过"应继续不停和迅速进行。"通过"不包括停船和下锚在内，不包括停靠泊船处和港口设施。但通常航行所附带发生的停泊和下锚，或者因不可抗力或遇难所必要的或为援助遇险或遭难的人员、船舶或飞机的目的停泊或者下锚则是允许的。无害通过则是指通过只要不损害沿海国的和平、良好秩序或安全，就是无害的。

7. 沿海国对外国商船和用于商业目的的政府船舶的管辖权

（1）外国船舶上的刑事管辖权。关于外国船舶通过期间船上所发生的罪行，沿海国不应在通过其领海的外国船舶上行使刑事管辖权，但下列情况除外：罪行的后果及于沿海国；罪行属于扰乱当地安宁或领海的良好秩序的性质；船长或船旗国外交代表或领事官员请求地方当局予以协助的刑事案件；为取缔违法贩运麻醉药品或精神调理物质所必要。此外，沿海国可以逮捕驶离其内水后通过其领海的外国船舶上发生的刑事案件有关人员或为调查的目的而采取其法律所规定的任何措施。

（2）对外国船舶的民事管辖权。沿海国不应为了对船舶上的某人行使民事管辖权而停止该船的航行或改变其航向。除船舶本身在沿海国水域航行过程中或为此种航行目的而承担的义务或发生的债务的诉讼外，沿海国不得因任何民事诉讼而对船舶从事执行或加以逮捕。但这种限制不妨碍沿海国对在领海内停泊或驶离内水后通过领海的外国船舶从事执行或加以逮捕的权利。

8. 领海的宽度

从基线量起，可以允许的领海最大宽度是 12 海里，在这个限度内沿海国有决定领海宽度的自由。

9. 领海的外部界限

它是领海基线的平行线，这两条平行线上各个最近点之间的距离都等于领海宽度。

10. 海岸相向或相邻国家间领海界限的划定

在没有相反协议的情况下，相邻或相向国家的任何一方，均无权将其领海延伸至等距离中间线以外。如果存在历史性所有权或其他特殊情况，应当充分考虑相关特殊情况，以便通过谈判求得公平的解决结果。

11. 毗连区

毗连区是领海以外毗连领海从领海基线量起不超过 24 海里的国家管辖范围内的海域。

12. 沿海国在毗连区内可管制的事项

沿海国在毗连区内可管制的事项包括：（1）防止在其陆地领土或领海内违反其海关、财政、移民或卫生的法律和规章；（2）惩治在其陆地领土或领海内违反上述法律和规章的行为。

二、疑难点解析

军舰在领海的无害通过问题：《公约》谈判过程中对于外国军舰在沿海国领海内是否享有无害通过权问题上，各国未达成共识。目前各国对《公约》第 17 条中的"所有国家的船舶"（ships of all States）持不同理解，进而导致各国实践不尽相同，也没有形成公认的习惯国际法规则。目前各国主要有三种做法：一是实施无害通过制度，二是要求通知制度，三是需要批准制度。由于各国立场的不一致，在实践中容易就军舰是否享有无害通过权产生争端。

第三节　专属经济区和大陆架

一、基本概念

1. 专属经济区

专属经济区是领海以外并邻接领海从测算领海宽度的基线量起不超过 200 海里的国家管辖范围内的海域。

2. 专属经济区的法律地位

在专属经济区，沿海国享有一定的主权权利和管辖权，其他国家也有一定权利或自由。沿海国要设立专属经济区，必须明确宣布。

3. 沿海国在专属经济区的主权权利

（1）以勘探和开发、养护和管理海床和底土及其上覆水域的自然资源为目的的主权权利；（2）在专属经济区内从事经济性开发和勘探，如利用海水、海流和风力生产能及其他此类活动，享有主权权利。

4. 沿海国在专属经济区的管辖权

（1）沿海国对专属经济区内的人工岛屿、设施和结构应有专属管辖权，包括有关海关、财政、卫生、安全和移民的法律和规章方面的管辖权；（2）沿海国对其专属经济区内的科学研究活动应有专属管辖权；（3）沿海国有权根据本国的实际情况制定有关法律和规章，包括规则和标准，以防止、减少和控制来自船舶、陆地、海底活动、人工岛屿、设施和结构、第三国在海底铺设管道、倾倒和其他事项对其专属经济区的污染。

5. 其他国家在专属经济区的权利

其他国家在沿海国的专属经济区内享有航行和飞越的自由、铺设海底电缆和管道的自由，以及与这些自由有关的其他国际合法海洋用途，诸如同船舶和飞机的操作及海底电缆和管道的使用有关并符合《公约》其他规定的用途。内陆国和地理不利国应有权在公平的基础上，参与开发同一分区域或区域的沿海国专属经济区的生物资源的适当剩余部分。

6. 大陆架

沿海国的大陆架包括其领海以外依其陆地领土的全部自然延伸，扩展到大陆边外缘的海底区域的海床和底土，如果从测算领海宽度的基线量起到大陆边外缘的距离不到200海里，则扩展到200海里的距离；如果从测算领海宽度的基线量起到大陆边外缘的距离超过200海里，不应超过从测算领海宽度的基线量起350海里，或不应超过2 500米等深线100海里。

7. 大陆架的法律地位

沿海国对大陆架的权利不影响上覆水域或水域上空的法律地位。沿海国对大陆架的权利因其陆地领土与大陆架的事实联系而取得，是固有的，并不取决于有效或象征的占领或任何明文公告。沿海国对200海里以外的大陆架上的非生物资源的开发，应向国际海底管理局缴付费用或实物；管理局应根据公平分享的标准将其分配给该公约各缔约国。

8. 沿海国对大陆架的主权权利

沿海国为勘探大陆架和开发其自然资源的目的，对大陆架行使主权权利。沿海国大陆架的自然资源包括海床和底土的矿物和其他非生物资源，以及属于定居种的生物。

9. 沿海国对大陆架的管辖权

对大陆架上的海底电缆和管道的管辖权；对大陆架上的人工岛屿、设施和结构的建造、授权和管理建造、操作和使用，沿海国有专属权利；沿海国有授权和管理为一切目的在大陆架上进行钻探的专属权利。

10. 其他国家对大陆架的权利义务

其他国家享有大陆架上铺设海底电缆和管道的权利。铺设海底电缆和管道时，各国应适当顾及已经铺设的电缆和管道。其他国家还享有航行权和《公约》规定的其他权利并承担相应的义务。

二、疑难点解析

1. 宽大陆架国家200海里外大陆架外部界限的划定

（1）这些国家应选择下列两种方式之一确定大陆架的外缘：1）从大陆坡脚起始向外

延伸的距离不超过 60 海里；2）每一定点上沉积岩厚度至少为从该点至大陆坡脚的最短距离的 1%。按照上述方法划定的大陆架外部界线的各定点，不应超过从测算领海宽度的基线量起 350 海里，或不应超过连接 2 500 米深度各点的 2 500 米等深线 100 海里。

（2）大陆架界限委员会审议沿海国提出的关于扩展到 200 海里以外的大陆架外部界限的资料和其他材料，并提出划界建议。沿海国在这些建议的基础上划定的大陆架界限应有确定性和拘束力。

（3）沿海国应将永久标明其大陆架外部界线的海图和有关资料，包括大地基准点，交存于联合国秘书长。秘书长应将这些资料妥为公布。

2. 相邻或相向国家间专属经济区和大陆架的划界

由于《公约》关于专属经济区和大陆架划界的文本完全一致，所以除了关于大陆架定义的规定所表明的自然延伸原则，专属经济区和大陆架的划界应当遵循同样的原则和规则。专属经济区和大陆架划界的基本要求：一是划界的法律依据是国际法各种渊源的原则和规则；二是划界的途径是达成划界协议；三是要实现公平的结果，也就是达到公平原则的要求。为实现公平原则，实践中采用三步法：（1）使用对划界区域的地理情况在几何学上客观且合适的方法，确定一条临时等距离线或中间线；（2）本着公平原则，考虑各种相关情况，对临时等距离线或中间线作出调整或移动；（3）对前两步得出的结果与争端当事方的海岸线长度和海域面积是否成比例进行验证，使其成比例，以便最终达到公平原则的要求。

3. 大陆架自然延伸标准与距离标准的优先性问题

当海岸相向的两国之间的距离不足 400 海里，其中一国依据自然延伸主张超过 200 海里的大陆架，另一国依据距离标准主张 200 海里的大陆架，两国所主张的大陆架出现重叠。由此便引发一个问题，当相向的海岸之间不足 400 海里时，自然延伸标准与距离标准是否存在优先性问题。关于这一问题，存在三种不同的观点：第一种观点主张距离标准优先于自然延伸标准。该观点认为，在海岸相向的沿海国之间不超过 400 海里的情况下，沿海国不能对超过 200 海里的大陆架享有法律权利。第二种观点主张自然延伸标准优先于距离标准。该观点认为，陆地领土的自然延伸是确定沿海国大陆架权利的主要标准，而 200 海里距离只是在特定情形下构成沿海国大陆架权利的基础。第三种观点则主张距离标准与自然延伸标准之间不存在优先性问题。目前这三种观点都有拥护者，尚未出现哪一方完全占据主导地位的情况。[①] 正是由于自然延伸标准与距离标准之间的关系不明，才使不足 400 海里的海岸相向国家间的大陆架划界问题比较难以处理。

---

① 董世杰. "不危害或阻碍义务"适用的地理范围及其对中日大陆架争端的影响. 太平洋学报, 2019（12）. Xuexia Liao, Is There a Hierarchical Relationship between Natural Prolongation and Distance in the Continental Shelf Delimitation?, The International Journal of Marine and Coastal Law, Vol. 33, 2018. Tara Davenport, The China-Japan Dispute over Entitlement in the East China Sea: Legal Issues and Prospects for Resolution, in Clive Schofield, Seokwoo Lee and Moon-Sang Kwon (eds.), The Limits of Maritime Jurisdiction, Martinus Nijhoff Publishers, 2014. Malcolm D. Evans, Relevant Circumstances and Maritime Delimitation, Clarendon Press, 1989. Surya P. Sharma, The Single Maritime Boundary Regime and the Relationship between the Continental Shelf and the Exclusive Economic Zone, International Journal of Estuarine and Coastal Law, Vol. 2, 1987.

第四节　岛屿、用于国际航行的海峡和群岛水域

一、基本概念

1. 岛屿

岛屿是四面环水并在高潮时高于水面的自然形成的陆地区域。其中，不能维持人类居住或其本身的经济生活的岩礁，不应有专属经济区或大陆架。

2. 用于国际航行的海峡

用于国际航行的海峡是指在公海或专属经济区的一部分与公海或专属经济区的另一部分之间用于国际航行的海峡，或者在公海或专属经济区的一部分与外国领海之间的用于国际航行的海峡。

3. 过境通行权

过境通行权是指所有船舶和飞机，在公海或专属经济区的一部分与公海或专属经济区的另一部分之间的用于国际航行的海峡中，不受阻碍地为继续不停和迅速过境的目的而行使航行和飞越自由的权利。在行使过境通行权时，船舶和飞机应承担的义务主要是：（1）毫不迟延地通过或飞越海峡。（2）不对海峡沿岸国的主权、领土完整或政治独立进行任何武力威胁或使用武力。（3）除不可抗力或遇难而有必要外，不从事其继续不停和迅速过境的通常方式所附带发生的活动以外的任何活动。（4）船舶遵守一般接受的关于海上安全的国际规则；飞机遵守国际民航组织制定的《航空规则》等飞行规则。

4. 无害通过权

外国船舶在以下两种用于国际航行的海峡享有无害通过权：（1）在由海峡沿岸国的一个岛屿和该国大陆形成的该岛向海一面有在航行和水文特征方面同样方便的一条穿过公海，或穿过专属经济区的航道的海峡；（2）在公海或专属经济区的一部分和外国领海之间的海峡。无害通过权仅限于船舶航行，有别于领海内的无害通过，在用于国际航行的海峡的无害通过不应予以停止。

5. 群岛

群岛是指一群岛屿，包括若干岛屿的若干部分、相连的水域和其他自然地形，彼此密切相关，以致这种岛屿、水域和其他自然地形在本质上构成一个地理、经济和政治的实体，或在历史上已被视为这种实体。

6. 群岛国

群岛国是指全部由一个或多个群岛构成的国家，并可包括其他岛屿，但不包括拥有一个或多个沿海群岛的大陆国家。

7. 群岛水域

群岛水域是指群岛基线以内，河口、海湾和港口封闭线以外的水域。

8. 群岛基线

群岛基线是群岛国为划定群岛水域而使用的连接群岛最外缘各岛和各干礁的最外缘各点的直线基线，也是群岛国测算其领海、毗连区、专属经济区和大陆架宽度的起始线。群岛基线的划定，须符合《公约》的各项要求：（1）在群岛基线所包围的区域内，水域

面积和陆地面积的比例应在 1∶1 到 9∶1 之间。（2）群岛基线的长度不应超过 100 海里。但围绕任何群岛的基线总数中至多有 3％可以超过该长度，但要在 100～125 海里之间。（3）群岛基线的划定不应在任何明显的程度上偏离群岛的一般轮廓。（4）除在低潮高地上建有永久高于海平面的灯塔或类似设施，或者低潮高地全部或一部分与最近的岛屿的距离不超过领海的宽度外，这种基线的划定不应以低潮高地为起止点。（5）这种基线不应以隔断另一国领海同公海或专属经济区联系的方法划定。

9. 群岛水域的无害通过权

所有国家的船舶均享有无害通过群岛水域的权利。若为保护国家安全所必要，群岛国可在对外国船舶之间在形式上或事实上不加歧视的条件下，暂时停止外国船舶在其群岛水域特定区域内的无害通过。

10. 群岛水域的群岛海道通过权

群岛海道通过是指按照《公约》规定，专为在公海或专属经济区的一部分和公海或专属经济区的另一部分之间继续不停、迅速和无障碍地过境的目的，行使正常方式的航行和飞越的权利。群岛国可指定适当的海道和其上的空中航道，以便外国船舶和飞机继续不停和迅速通过或飞越其群岛水域和邻接的领海。如果群岛国没有指定海道或空中航道，可通过正常用于国际航行的航道，行使群岛海道通过权。外国船舶和飞机通过时的路线应尽量符合群岛国划定的群岛海道进出点之间的中心线，不应偏离这种中心线 25 海里以外，但这种船舶和飞机在航行时与海岸的距离不应小于海道边缘各岛最近各点之间的距离的 10％。外国船舶和飞机在通过群岛海道时应当遵守《公约》规定的义务性规则。

二、疑难点解析

1. 大陆国远海群岛

远海群岛是指远离大陆海岸从而可被视为独立的整体而非大陆海岸一部分的群岛。远海群岛可分为两类：大陆国家的远海群岛和构成群岛国全部或部分领土的群岛。大陆国家远海群岛具有三项特征：其一，这类群岛在地理意义上远离大陆海岸；其二，这类群岛并不构成一个独立主权国家的全部领土；其三，这类群岛处于一个独立的大陆国家的主权之下。大陆国家远海群岛制度在习惯国际法上早已确立。由于《公约》缔约谈判过程中对大陆国家远海群岛问题的搁置，因而大陆国家远海群岛属于《公约》未予规定的事项，在《公约》通过后继续受习惯国际法调整。事实上，大陆国家将远海群岛作为整体划定基线，已形成普遍、一致、持续的国家实践。大陆国家主张其远海群岛作为法律上的整体拥有完整的海洋权利，包括内水、领海、毗连区、专属经济区和大陆架。[①]

2. 《公约》第 121 条[②]的解释问题

对《公约》第 121 条进行解释应当注意以下几个方面。（1）第 121 条应从整体上解

---

① 中国国际法学会. 南海仲裁案裁决之批判. 北京：外文出版社，2018：235－251.
② 《公约》第 121 条规定：（1）岛屿是四面环水并在高潮时高于水面的自然形成的陆地区域。（2）除第 3 款另有规定外，岛屿的领海、毗连区、专属经济区和大陆架应按照本公约适用于其他陆地领土的规定加以确定。（3）不能维持人类居住或其本身的经济生活的岩礁，不应有专属经济区或大陆架。

释和适用，不能孤立地解释和适用某一款。特别是，第 121 条第 3 款构成第 2 款的例外。应首先推定岛屿根据第 2 款享有完整海洋权利，而只有能确实证明岛屿"不能维持人类居住或其本身的经济生活"时，才适用作为例外的第 3 款。（2）判断岛屿能否"维持人类居住或其本身的经济生活"，不能狭隘地理解为"岛屿自身或自然状态下能否维持人类居住或其本身的经济生活"。人类活动在一定程度上就是对自然的改造，人类要生存和发展，必然要对生存环境进行改善。自然是人类赖以生存发展的基础。维持人类居住和经济生活的能力是以一定的自然条件为基础的，但这不是自然能力，而是人在特定环境下的生存发展能力，因此不能绝对、僵化地理解第 3 款关于"不能维持人类居住或其本身的经济生活"这一规定。（3）不能把判断岛屿在经人类改善后有无"维持人类居住"的能力，曲解为客观上有无人类定居和人类社群的事实。（4）不能将"维持其本身的经济生活"曲解为"维持其自给自足的经济生活"。（5）第 3 款中"维持人类居住"和"维持其本身的经济生活"是两项任择性的标准，只要满足一项就可以认定岛屿不属于岩礁。①

第五节　公　　海

有关公海的基本概念如下。

1. 公海

公海是指不包括在国家的专属经济区、领海或内水或群岛国的群岛水域内的全部海域，它不受任何国家主权管辖和支配。

2. 公海自由

《公约》以非穷尽的方式列举了六种，即航行自由、飞越自由、铺设海底电缆和管道的自由、建造国际法所许可的人工岛屿和其他设施的自由、捕鱼自由、科学研究的自由。公海自由的内容有不断增加的趋势。

3. 公海自由的限制

（1）应遵守《公约》和其他国际法规则所规定的条件；（2）应适当顾及其他国家行使公海自由的利益；（3）应适当顾及《公约》所规定的同国际海底区域内的活动有关的权利。

4. 航行权

每个国家均有权在公海上行驶悬挂其旗帜的船舶。

5. 船舶的国籍

船舶具有其有权悬挂的旗帜所属国家的国籍。

6. 无国籍船舶

悬挂两国或两国以上旗帜航行并视情况而换用旗帜的船舶，对任何其他国家不得主张其中的任一国籍，并可视同无国籍船舶。无国籍船舶不具有在公海航行的合法地位。

7. 船舶的地位

船舶航行应仅悬挂一国的旗帜，在公海上应受该国的专属管辖。

---

① 中国国际法学会. 南海仲裁案裁决之批判. 北京：外文出版社，2018：271 - 289.

8. 船旗国的义务

每个国家应对悬挂该国旗帜的船舶有效地行使行政、技术及社会事项上的管辖和控制，并采取为保证海上安全所必要的措施和保证有关国际规章、程序及惯例得到遵行所必要的任何步骤。

9. 航行事故的刑事管辖权

遇有船舶在公海上碰撞或任何其他航行事故及船长或任何其他为船舶服务的人员的刑事或纪律责任时，对此种人员的任何刑事诉讼或纪律程序，仅可向船旗国或此种人员所属国的司法或行政当局提出。

10. 军舰和其他公务船舶的豁免权

军舰和由一国所有或经营并专用于政府非商业性服务的船舶在公海上有不受船旗国以外任何其他国家管辖的完全豁免权。

11. 救助的义务

每个国家应责成悬挂该国旗帜航行的船舶的船长，在不严重危及其船舶、船员或乘客的情况下履行救助的义务，以救助在海上遇险的人或船舶。

12. 海盗行为

它是指私人船舶或私人飞机的船员、机组成员或乘客为私人目的，在公海上对另一船舶或飞机，或对另一船舶或飞机上的人或财物，抑或在任何国家管辖范围以外的地方对船舶、飞机、人或财物所从事的任何非法的暴力或扣留行为或任何掠夺行为。军舰、政府船舶或政府飞机由于有关人员发生叛变而从事海盗行为，视同私人船舶或飞机的行为。海盗行为是《公约》明确规定的唯一的各国有普遍管辖权的国际罪行。

13. 登临权

它是指一国军舰、军用飞机或其他适当的公务船舶或飞机，对在公海上依照国际法不享有豁免权的外国船舶，在有合理根据认为该船有从事海盗等违背国际法的行为的嫌疑的情况下，有登上该船进行检查的权利。登临权的行使受到严格限制，非有合理根据认为有下列嫌疑时，不得登临该船：（1）该船从事海盗行为；（2）该船从事奴隶贩卖；（3）该船从事未经许可的广播，而且军舰的船旗国依据《公约》有管辖权；（4）该船没有国籍；（5）该船虽悬挂外国旗帜或拒不展示其旗帜，而事实上却与该军舰属同一国籍。

14. 紧追权

它是指沿海国主管当局在有充分理由认为外国船舶违反该国法律和规章时，可在该国有管辖权的海域开始对该外国船舶持续追逐，直至在该国管辖范围以外捕获该船的权利。紧追权是船旗国专属管辖规则的例外，须在国际法规定的限制条件下行使。行使紧追权的限制条件：（1）沿海国主管当局有充分理由认为外国船舶违反该国法律和规章。（2）沿海国有权行使紧追权的船舶以可用的实际方法认定外国船舶是在该国的领海范围内，或者，根据情况，是在该国毗连区或专属经济区内或在大陆架上，并且只有在外国船舶视听所及的距离内发出了视觉或听觉的停驶信号后，追逐才可开始。（3）只有追逐未曾中断，才可在沿海国管辖范围以外继续进行。如果追逐中断，紧追权就不成立了。（4）紧追权只可由军舰、军用飞机或其他有清楚标志可以识别的为政府服务并经授权紧追的船舶或飞机行使。（5）在被追逐的船舶进入其本国领海或第三国领海时，紧追权即刻终止。

第六节　国际海底区域

有关国际海底区域的基本概念如下。

1. 国际海底区域

国际海底区域是指国家管辖范围以外的海床和洋底及其底土，是构成人类共同继承财产的海域。

2. 国际海底区域的法律地位

（1）任何国家不应对该区域的任何部分或其资源主张或行使主权或主权权利，任何国家或自然人或法人，也不应将该区域或其资源的任何部分据为己有。如果发生任何这种主权和主权权利的主张或行使，或者这种据为己有的行为，均应不予承认。（2）对国际海底区域内资源的一切权利属于全人类，由国际海底管理局代表全人类行使。该区域的资源不得让渡。从该区域内回收的矿物，只可按照《公约》的规定和国际海底管理局的规则、规章和程序予以让渡。（3）任何国家或自然人或法人，除按照《公约》规定外，不应对该区域的矿物主张、取得或行使权利。否则，对于任何这种权利的主张、取得或行使，应不予承认。

3. 平行开发制

申请者必须提供两处具有同等商业价值的矿区，一处由管理局作为"保留区"留给其企业部开发，另一处作为"合同区"，由申请者与管理局缔结合同后依照合同开发。

4. 先驱投资者（pioneer investor）

它是指《公约》生效前已经开始对大洋底多金属结核等资源的勘查活动，并且至少投资 3 000 万美元的国家或其控制下的法人或自然人。

本章实务案例研习

黑海划界案[①]

本案主要涉及专属经济区和大陆架的划界方法。

一、案情简介

乌克兰和罗马尼亚在黑海海域的专属经济区和大陆架的划界问题上一直存在分歧。双方需要划界的海域位于黑海西北部。在多瑙河三角洲以东约 20 海里的海域有一座蛇岛（Serpents' Island），面积约 0.17 平方千米。从 1998 年 1 月至 2004 年 9 月，两国多次就划界问题进行外交谈判，但未取得进展。在此背景下，2004 年 9 月 16 日，罗马尼亚向国际法院提起诉讼，要求对两国在黑海的专属经济区和大陆架划定单一边界。罗马尼亚诉诸国际法院的主要依据，就是其与乌克兰缔结的《补充协议》第 4 条 h 款的规定：如果

---

① Maritime Delimitation in the Black Sea (Romania v. Ukraine)，Judgment，I. C. J. Reports 2009.

通过谈判不能在不超过 2 年的合理时间内缔结关于黑海专属经济区和大陆架划界的协议，那么罗马尼亚和乌克兰两国政府同意此问题应任何一方的请求便可交由国际法院解决。

二、国际法院判决

（一）相关的海岸

在划定专属经济区和大陆架之前，国际法院需要先确定罗马尼亚和乌克兰的哪些海岸能够为各自国家产生关于专属经济区和大陆架的权利。相关的海岸在划定专属经济区和大陆架中的作用，包含两种不同但又密切相关的方面：（1）为了在具体划界中确定什么构成对这些区域的重叠主张，有必要确定相关的海岸；（2）为了检验是否存在海岸线长度和海域面积不成比例的问题，有必要确定相关的海岸。国际法院认为罗马尼亚整个海岸都属于相关的海岸，其长度约为 248 千米。但国际法院认为乌克兰仅部分海岸构成相关的海岸，长度约为 705 千米。两国海岸长度之比约为 1∶2.8。

（二）划界方法

国际法院在实施划界前，系统阐述了为取得公平结果，专属经济区和大陆架划界的三步法。

1. 确定临时界线

为了确立临时界线，国际法院将使用几何学上的方法。该方法对于划界区域的地理情势而言应是客观且合适的。就相邻海岸之间的划界而言，通常采用等距离线，除非在个案中存在令人足以信服的理由使等距离线不能适用。就相向的海岸而言，临时界线就是两个海岸之间的中间线。无论在术语上是使用"中间线"还是"等距离线"，在法律后果上没有区别，因为二者的划界方法是相同的。要根据两国海岸上最适合的点来划设等距离线和中间线，其中要特别注意距离待划界海域最近的凸出点。当被请求确定相邻国家间的临时等距离线时，国际法院在选择点时将考虑双方的海岸线。因此，临时等距离线的确定，将高度依赖两国海岸的地貌特征和最向海的点。在确立临时等距离线的阶段，国际法院尚不关注所获得的有关情况，只是基于客观数据按照严格的几何标准绘制临时等距离线。本案中，国际法院开始将在两国相邻海岸之间绘制临时等距离线，该线也将作为两国相向海岸之间的中间线。

2. 调整临时界线

根据《公约》第 74 条和第 83 条的规定，最终的界线应使划界问题得到公平解决。因此，国际法院将在第二阶段考虑是否存在一些因素要求对临时等距离线进行调整以便获得公平结果。国际法院明确指出，当待划界线涵盖多个管辖区域时，可以适用所谓的"公平原则外加相关情形"的方法，该方法宜取得公平结果。

3. 检验是否符合比例

对于在考虑有关情形后作出调整或未作出调整的临时等距离线，国际法院将会确认该线不会导致一个不公平的结果，即两国海岸线之比和两国依据界线所获海域之比存在明显的不成比例。对于公平结果的检验，需要确认相较于两国间的海岸长度之比，两国间的海域没有重大比例失衡。

（三）确立临时等距离线

国际法院在罗马尼亚海岸选择萨卡林半岛（Sacalin Peninsula）和苏林纳堤坝（Sulina

dyke）的陆地终点作为基点。对于乌克兰的海岸，国际法院选择提斯干卡岛（Tsyganka Island）、塔克罕库特海角（Cape Tarkhankut）和赫尔松海角（Cape Khersones）作为基点。至于乌克兰主张作为基点的蛇岛，国际法院未予采用。国际法院指出，曾经在一起案件中，仲裁庭将基点确立在一些被视为当事国海岸线组成部分的边缘岛屿（fringe islands）的低潮线上。但是蛇岛孤悬海上，而且距离大陆约 20 海里，并不是构成乌克兰海岸的一群边缘岛屿中的一个。如果将蛇岛视为海岸的一部分，等于给乌克兰海岸线嵌入无关要素，其结果将是司法重塑地理，这是海洋划界的法律或实践所不允许的。因此国际法院认为蛇岛不能被视为乌克兰海岸线的一部分。基于上述原因，国际法院认为不宜在蛇岛上选择任何基点用于划定罗马尼亚和乌克兰之间的临时等距离线。国际法院基于上述基点划定了临时等距离线。

（四）是否存在需要调整临时等距离线的有关情况

按照三步法的第二步要求，国际法院在确定临时等距离线之后，有必要分析当事国所提出的有关情况是否可能导致对临时等距离线的调整。

1. 海岸长度不成比例

乌克兰认为由于两国临近待划界区域的海岸不成比例，应调整临时等距离线，使其靠近罗马尼亚的海岸。罗马尼亚则认为海岸长度不成比例，不能成为调整临时等距离线的原因。国际法院认为当事国各自海岸的长度，在确立临时等距离线方面没有作用。划界是一项有别于分配资源或区域的工作，不存在一项比例原则，可以对最初确立临时等距离线产生影响。如果两国间海岸长度差异特别明显，国际法院可以选择将这一地理事实作为要求对临时等距离线进行一些调整的一项有关情况。但国际法院认为，乌克兰和罗马尼亚相关海岸之间没有明显的差异足以要求其调整临时等距离线。

2. 黑海的封闭性和区域内已生效的划界

罗马尼亚认为，在考虑等距离线的公平性时，必须考量黑海"总的海洋地理"（general maritime geography）。为避免产生不公平的结果，地理因素要和任何已有划界协议一并考虑，以至于任何新的划界应当不明显地背离同一区域其他沿岸国家原先采用的方法。黑海区域已缔结的所有划界协议均使用等距离线作为专属经济区和大陆架的划界方法。因此，罗马尼亚认为，黑海作为闭海的性质与生效划界协议中所达成的解决方案，共同构成罗马尼亚和乌克兰划界中必须考虑的一个有关情形。乌克兰则反对罗马尼亚的观点。乌克兰认为，法律或事实并不支持罗马尼亚的观点，在闭海中不存在仅仅因为封闭性而出现调整划界的特殊制度。黑海的封闭性本身不构成划界的有关情形，对于本案中适用的划界方法无影响。乌克兰还指出，一般而言，双边协议不能影响第三方权利，黑海内已有的划界协议不能影响本案所涉争端。国际法院并未支持罗马尼亚的观点，它认为其确立临时等距离线并不是因为黑海已有划界均采用这一方法，黑海的封闭性以及已有的划界协议，并不要求对临时等距离线进行调整。

3. 蛇岛在划界中的效力

对于蛇岛的定性以及其在专属经济区和大陆架划界中的作用，乌克兰和罗马尼亚持不同观点。罗马尼亚认为蛇岛只能被赋予不超过 12 海里的领海，不能在 12 海里之外的海洋划界中被作为基点。蛇岛是不能维持人类居住或其本身的经济生活的岩礁，不拥有专属经济区和大陆架，也不能为了划界的目的，将蛇岛的海岸纳入乌克兰的相关海岸。

但罗马尼亚也指出，鉴于蛇岛的位置，只能在两国海岸临近的划界区域，将蛇岛作为有关情形加以考虑。但是由于蛇岛远离乌克兰的克里米亚海岸，它不能在两国相向的海岸划界中发挥作用。简言之，尽管罗马尼亚认为蛇岛可以被作为特殊情形，但不应被赋予超过 12 海里的任何效力。

乌克兰认为出于划界的目的，蛇岛的海岸构成乌克兰相关海岸的一部分，不能仅作为在确立临时等距离线之后的划界过程第二阶段中加以考虑的相关情形。根据乌克兰的观点，蛇岛无疑是《公约》第 121 条第 2 款中规定的岛屿而非岩礁。蛇岛很容易维持人类居住，且能够维持其本身的经济生活。乌克兰认为第 121 条第 3 款与本案划界不相关。因为第 3 款不涉及划界问题，而是一项权利条款，无论如何不适用于大陆海岸 200 海里专属经济区和大陆架界限内的海域。

国际法院指出，已有判例表明，如果因为小岛的存在而调整临时等距离线会对正在考虑的界线产生不成比例的影响，那么国际法院有时会决定不考虑非常小的岛屿或者不赋予它们对海域的潜在充分权利。由于国际法院已经在划界的第一阶段认定蛇岛不能作为确定临时等距离线的基点，所以国际法院在划界的第二阶段必须确认蛇岛在海洋划界区域的出现，是否构成要求调整临时等距离线的有关情形。国际法院认为，蛇岛位于乌克兰大陆海岸以东约 20 海里处。鉴于这一地理情势以及乌克兰与罗马尼亚划界的背景，蛇岛可能产生的任何专属经济区和大陆架权利，不可能超过乌克兰大陆海岸所产生的权利。蛇岛在向东方向产生的任何可能的权利被完全包含在乌克兰东、西大陆海岸产生的权利内。国际法院也注意到，即便乌克兰认为蛇岛属于《公约》第 121 条第 2 款中的岛屿，乌克兰也没有因为蛇岛出现在划界区域而将相关区域延伸至乌克兰大陆海岸所需产生的海洋权利界限之外。基于上述理由，国际法院认为蛇岛的存在不对临时等距离线产生需要进行调整的影响。国际法院不需要考虑蛇岛到底属于《公约》第 121 条第 2 款的情形，还是第 3 款的情形，也不需要考虑其与本案的关联性。因此，蛇岛可以拥有 12 海里领海，但在本案划界中不具有效力。

4. 当事国的行为（油气特许、渔业和海军巡逻）

乌克兰主张其在相关区域的油气活动、渔业活动和海军巡逻，构成支持乌克兰所提议的专属经济区和大陆架界线的一项有关情形。乌克兰指出，其这么做不是为了表明存在一条源自默示协议或临时协议（a tacit agreement or modus vivendi）的界线，而是为了根据两国的行为评估各自的主张。乌克兰认为，罗马尼亚在争议区缺少足够活动的事实，与罗马尼亚在国际法院所持的划界立场不符。罗马尼亚则认为，国家在相关区域的油气活动和渔业活动不构成有关情形，作为一项法律原则，有效控制或者国家活动不能作为海洋划界考虑的一项因素。国际法院注意到，乌克兰没有依据国家活动来证明双方就专属经济区和大陆架划界达成默示协议或临时协议。乌克兰则希望提及这些活动来削弱罗马尼亚所主张的界线。国际法院在本案中未发现国家活动可以在海洋划界中发挥任何特殊作用。因此，国际法院不认为本案中的国家活动构成一项有关情形。

5. 任何减损效果

乌克兰和罗马尼亚均认为对方提议的界线会减损自己的海洋权利，均主张自己所提议的界线未减损两国的海洋权利。国际法院认为，两国分别提议的界线均会给对方的专属经济区和大陆架权利造成重大减损。相反，国际法院所划的临时等距离线避免了这一缺点。临时等距离线允许两国的相邻海岸以一种合理且相互平衡的方式就海洋权利发挥各自效力。因此，国际法院没有理由基于减损效果来调整临时等距离线。

6. 国家安全考虑

罗马尼亚声称没有证据表明其提议的划界会给乌克兰的国家安全造成不利影响。但罗马尼亚认为乌克兰所提议的界线不合理地靠近罗马尼亚海岸，所以侵犯了罗马尼亚的安全利益。乌克兰则认为其提议的界线未损害罗马尼亚的安全利益。国际法院指出，当事国合法的安全考虑可以对确定最终界线产生影响。但在本案中，临时等距离线有别于罗马尼亚或乌克兰所提议的界线。国际法院所确定的临时等距离线充分尊重了各方的合法安全利益，没有必要基于安全考虑调整临时等距离线。

综上所述，针对两国所提出的调整临时等距离线的有关情况，国际法院均未采纳，因此本案中不存在调整临时等距离线的有关情况。

（五）不成比例检验

作为划界的第三阶段，国际法院需要检验其所划定的界线不会导致两国海岸线之比和两国依据界线所获海域之比存在明显的不成比例。国际法院认为所谓的不成比例，不是一般性的比例原则，绝非一个完全重塑性的问题，而是弥补由于特殊地理情势或特征所造成的不成比例和不公平结果。专属经济区和大陆架的分配，并不是要与当事国各自海岸线长度成比例，而是国际法院事后检验其所划界线的公平性。这种检验只能是近似的。国际法院注意到，对于海岸长度之间的差距达到何种程度才构成重大不成比例进而表明所划界线不公平需要进行调整，多年来国际法庭（包括国际法院）给出不同的结论。这仍是一个需要国际法院在每个案件中在顾及区域整个地理状况后考虑的问题。

在本案中，国际法院是根据海岸的大体走向进行测量。鉴于第三阶段只是确保没有重大不成比例，所以这些测量必然是近似的。根据测量，罗马尼亚和乌克兰各自海岸长度之比约为1∶2.8，各自相关海域之比约为1∶2.1。因此，国际法院认为两国海岸线之比和两国依据界线所获海域之比没有重大失衡，无须进行调整或修改。

三、评析

本案是一个经典的专属经济区和大陆架划界案，国际法院在本案中明确提出了实现公平原则的三步法：（1）使用对划界区域的地理情势在几何学上客观且合适的方法，确定一条临时等距离线或中间线；（2）本着公平原则，考虑各种相关情况，对临时等距离线或中间线作出调整或移动；（3）在确定界线后，检验两国海岸线长度之比和两国依据界线所获海域之比是否存在重大的比例失衡。如果存在重大比例失衡，则需要对界线进行调整。此外，在第二阶段，当事国双方为了让临时等距离线作出有利自己的调整，共提出了五种有关情形。尽管国际法院最终均未采纳，但这五种情形值得我们进一步研究。

本章同步练习

一、选择题

（一）单项选择题

1. 根据《联合国海洋法公约》和中国的相关法律规定，下列哪一选项是正确的？
（　　）（法考改编）

A. 甲国军舰有权无害通过我国领海

B. 乙国商业飞机可以无害通过我国领海上空

C. 我国海警船从毗连区开始紧追丙国走私船，在其进入公海时紧追应终止

D. 丁国有权在我国大陆架铺设海底电缆，但线路的划定须经我国主管机关同意

2. 根据《联合国海洋法公约》和中国相关规则和实践，下列哪一项是正确的？（　　）
（法考改编）

A. 甲国军用飞机须经我国同意方能飞越我国毗连区

B. 甲国潜水艇必须浮出水面并展示船旗才能通过我国毗连区

C. 甲国渔民在我国大陆架捕杀濒危海龟，依照我国刑法追究刑事责任

D. 联合国某专门机构的科考船在我国专属经济区进行科学考察，须经我国同意

3. 依据《联合国海洋法公约》，甲国在本国专属经济区的下列哪项行为符合公约？
（　　）（法考改编）

A. 击落上空的乙国无人机

B. 击沉海面的丙国军舰

C. 在海上修建风力发电站

D. 破坏丁国铺设的海底电缆

4. 甲、乙、丙三国对某海域的划界存在争端，三国均为《联合国海洋法公约》缔约国。甲国在批准公约时书面声明海洋划界的争端不接受公约的强制争端解决程序，乙国在签署公约时口头声明选择国际海洋法法庭的管辖，丙国在加入公约时书面声明选择国际海洋法法庭的管辖。依相关国际法规则，下列哪一选项是正确的？（　　）（司考）

A. 甲国无权通过书面声明排除公约强制程序的适用

B. 国际海洋法法庭对该争端没有管辖权

C. 无论三国选择与否，国际法院均对该争端有管辖权

D. 国际海洋法法庭的设立排除了国际法院对海洋争端的管辖权

5. 甲国是群岛国，乙国是甲国的隔海邻国，两国均为《联合国海洋法公约》的缔约国。根据相关国际法规则，下列哪一选项是正确的？（　　）（司考）

A. 他国船舶通过甲国的群岛水域均须经过甲国的许可

B. 甲国为连接其相距较远的两岛屿，其群岛基线可隔断乙国的专属经济区

C. 甲国因已划定了群岛水域，则不能再划定专属经济区

D. 甲国对其群岛水域包括上空和底土拥有主权

6. A公司和B公司于2011年5月20日签订合同，由A公司将一批平板电脑售卖给B公司。A公司和B公司营业地分别位于甲国和乙国，两国均为《联合国国际货物销售

合同公约》缔约国。合同项下的货物由丙国C公司的"潇湘"号商船承运，装运港是甲国某港口，目的港是乙国某港口。在运输途中，B公司与中国D公司就货物转卖达成协议。"潇湘"号运送该批平板电脑的航行路线要经过丁国的毗连区。根据《联合国海洋法公约》，下列选项正确的是（　　）（司考）

A. "潇湘"号在丁国毗连区通过时的权利和义务与在丁国领海的无害通过相同

B. 丁国可在"潇湘"号通过时对毗连区上空进行管制

C. 丁国可根据其毗连区领土主权对"潇湘"号等船舶规定分道航行

D. "潇湘"号应遵守丁国在海关、财政、移民和卫生等方面的法律规定

7. 甲国在其宣布的专属经济区水域某暗礁上修建了一座人工岛屿。乙国拟铺设一条通过甲国专属经济区的海底电缆。根据《联合国海洋法公约》，下列哪一选项是正确的？（　　）（司考）

A. 甲国不能在该暗礁上修建人工岛屿

B. 甲国对建造和使用该人工岛屿拥有管辖权

C. 甲国对该人工岛屿拥有领土主权

D. 乙国不可在甲国专属经济区内铺设海底电缆

8. 乙国军舰A发现甲国渔船在乙国领海走私，立即发出信号开始紧追，渔船随即逃跑。当A舰因机械故障被迫返航时，令乙国另一艘军舰B在渔船逃跑必经的某公海海域埋伏。A舰返航半小时后，渔船出现在B舰埋伏的海域。依《联合国海洋法公约》及相关国际法规则，下列哪一选项是正确的？（　　）（司考）

A. B舰不能继续A舰的紧追

B. A舰应从毗连区开始紧追，而不应从领海开始紧追

C. 为了紧追成功，B舰不必发出信号即可对渔船实施紧追

D. 只要B舰发出信号，即可在公海继续对渔船紧追

（二）多项选择题

1. "青田"号是甲国的货轮、"前进"号是乙国的油轮、"阳光"号是丙国的科考船，三船通过丁国领海。依《联合国海洋法公约》，下列哪些选项是正确的？（　　）（司考）

A. 丁国有关对油轮实行分道航行的规定是对"前进"号油轮的歧视

B. "阳光"号在丁国领海进行测量活动是违反无害通过的

C. "青田"号无须事先通知或征得丁国许可即可连续不断地通过丁国领海

D. 丁国可以对通过其领海的外国船舶征收费用

2. 甲国A公司向乙国B公司出口一批货物，双方约定适用2010年《国际贸易术语解释通则》中CIF术语。该批货物由丙国C公司"乐安"号商船承运，运输途中船舶搁浅，为起浮抛弃了部分货物。船舶起浮后继续航行中又因恶劣天气，部分货物被海浪打入海中。到目的港后发现还有部分货物因固有缺陷而损失。"乐安"号运送该货物的航行路线要经过丁国的领海和毗连区。根据《联合国海洋法公约》，下列选项正确的是（　　）（司考）

A. "乐安"号可不经批准穿行丁国领海，并在其间停泊转运货物

B. "乐安"号在丁国毗连区走私货物，丁国海上执法船可行使紧追权

C. "乐安"号在丁国毗连区走私货物，丁国海上执法机关可出动飞机行使紧追权

D. 丁国海上执法机关对"乐安"号的紧追权在其进入公海时立即终止

3. 甲国注册的渔船"踏浪号"应乙国注册的渔船"风行号"之邀，在乙国专属经济区进行捕鱼作业时，乙国海上执法船赶来制止，随后将"踏浪号"带回乙国港口。甲乙两国都是《联合国海洋法公约》的缔约国，且两国之间没有其他相关的协议。据此，根据海洋法的有关规则，下列哪些选项是正确的？（　　　）（司考）

A. 只要"踏浪号"向乙国有关部门提交适当保证书和担保，乙国必须迅速释放该船

B. 只要"踏浪号"向乙国有关部门提交适当保证书和担保，乙国必须迅速释放该船船员

C. 如果"踏浪号"未能向乙国有关部门及时提交适当担保，乙国有权对该船船长和船员处以3个月以下的监禁

D. 乙国有义务将该事项迅速通知甲国

4. 甲国军舰"克罗将军号"在公海中航行时，发现远处一艘名为"斯芬克司号"的商船，悬挂甲国船旗。当"克罗将军号"驶近该船时，发现其已换挂乙国船旗。根据国际法的有关规则，下列哪些选项是错误的？（　　　）（司考）

A. "斯芬克司号"被视为悬挂甲国船旗的船舶

B. "斯芬克司号"被视为具有双重船旗的船舶

C. "斯芬克司号"被视为无船旗船舶

D. "斯芬克司号"被视为悬挂方便旗的船舶

5. 甲国的一个航海航空爱好者组织"碧海蓝天协会"准备进行一次小型飞机"蓝天号"和赛艇"碧海号"的海上联合表演，计划涉及我国的领海和领海上空。对此，根据国际法的有关规则和我国的相关法律，下列哪些判断是正确的？（　　　）（司考）

A. "蓝天号"飞行表演如在我国领海上空进行，必须得到我国的允许

B. "碧海号"赛艇表演如果在我国领海中进行，必须得到我国的允许

C. "蓝天号"在前往表演空域途中，如果仅仅是以通过为目的，从而飞过我国的领海上空，则无须得到我国的许可

D. "碧海号"在前往表演海域的途中，如果仅仅是以通过为目的，从而穿越我国的领海，则无须得到我国的许可

二、名词解释

1. 紧追权（考研）

2. 毗连区（考研）

3. 群岛水域（考研）

4. 平行开发制度（考研）

5. 内水（考研）

6. High Seas（考研）

7. 登临权（考研）

8. Historic Bays（考研）

9. Commission on the Limits of the Continental Shelf（考研）

10. International Seabed Authority（考研）

三、案例分析题

2012 年 7 月 18 日，甲国军舰"和平号"在乙国附近的公海上航行时，收到丙国船舶"科波菲尔号"发出的求救信号，称在距离其 12 海里处遭遇悬挂乙国国旗的海盗船。"和平号"向该处加速驶去，远远地发现一艘悬挂乙国国旗的船舶"维斯号"疑似海盗船只。"和平号"拿捕"维斯号"后，发现其实际上是一艘在丁国登记的船舶，也未发现任何被掠夺或扣留的人或财物。（考研）

（1）"维斯号"悬挂乙国国旗是一种什么行为？为什么会有这种现象？

（2）"和平号"军舰可否在公海上拿捕海盗船？为什么？

（3）由哪个国家对海盗船予以审判和惩罚？

（4）"和平号"在"维斯号"上未发现任何被扣留或掠夺的人或财物，是否应承担赔偿责任？

四、简答题

1. 大陆架界限及其法律地位。（考研）

2. 公海上的管辖权。（考研）

3. 简述国际法上的无害通过权。（考研）

4. 试述海洋法上专属经济区的概念和法律地位。（考研）

5. 沿海国在其领海享有什么权利？（考研）

五、论述题

1. 试论大陆架的划界。（考研）

2. 试比较专属经济区和大陆架制度。（考研）

3. 国际航行海峡的过境通行制度。（考研）

4. 试述国际海底区域的法律地位和开发制度。（考研）

参考答案

一、选择题

（一）单项选择题

1. D

解析：本题综合考查领海无害通过、毗连区和大陆架制度。他国的军舰在我国的领海不能无害通过，他国军舰若需要通过我的领海，必须事先征得我国的同意方可，故 A 项错误。无害通过制度只适用于船舶，不适用于飞机，乙国的商业飞机需要飞越我国的领空，需征得我国的同意方可，故 B 项错误。丙国船舶在我毗连区实施走私行为，我国可以行使紧追权，但紧追权在进入他国领海的时候终止，而不是进入公海终止，故 C 项错误。他国有权利在我的大陆架铺设海底电缆和管道，但是线路的划定需要事先征得我国的同意，故 D 项正确。

2. D

解析：本题综合考查毗连区、专属经济区和大陆架制度。毗连区不是我国的领土，我国在毗连区享有海关、财政、移民、卫生以及国家安全等权利，除此之外，毗连区的性质与专属经济区的相似，其他国家在我国的毗连区只要不违反相关的法律规定，就享有航行和飞越的自由，因此，A项、B项错误。专属经济区属于我国的一个特殊海域，我国对专属经济区的自然资源享有专属的勘探和开发的权利。我国的《专属经济区和大陆架法》第9条规定："任何国际组织、外国的组织或者个人在中华人民共和国的专属经济区和大陆架进行海洋科学研究，必须经中华人民共和国主管机关批准，并遵守中华人民共和国法律、法规。"因此，D项正确。大陆架的宽度比较特殊，当大陆架的宽度为350海里时，其上覆水域既有专属经济区又有公海，若是捕杀濒危海龟的行为发生在我国的专属经济区，我国当然有管辖权，但若捕杀濒危海龟的行为发生在公海，我国则没有管辖权，故C项错误。

3. C

解析：本题考查专属经济区制度。专属经济区并非沿海国领土，其上空不是沿海国的领空，对在专属经济区上空飞行的他国飞机和在专属经济区航行的他国船舶，沿海国无权采取任何武力行动，故A、B项错误。沿海国在专属经济区的权利主要体现为对该区域的自然资源拥有专属勘探开发以及与此相关的管辖权，修建风力发电站即为自然资源的开发权，故C项正确。沿海国在专属经济区的权利仅及于该区域的自然资源和建造和使用人工岛屿和设施，不可以破坏他国建造的设施，故D项错误。

4. B

解析：本题考查《联合国海洋法公约》中的争端解决机制。根据《联合国海洋法公约》的规定，海洋划界争端，缔约国可以通过书面声明来排除强制程序的适用，故A项错。一国在签署、批准或加入《联合国海洋法公约》时，或在其后任何时间，可以自由用书面方式选择海洋法法庭的管辖，只有争端各方都选择了法庭程序，法庭才有管辖权，故B项正确。依据《国际法院规约》，国际法院管辖权有三种方式建立，第一，自愿管辖；第二，协定管辖；第三，任意强制管辖，本题中未给予足够的信息进行判定，故C项错。依据《联合国海洋法公约》，国际海洋法法庭不排除国际法院对海洋争端的管辖，故D项错。

5. D

解析：本题考查群岛水域通过制度。群岛水域的航行分为无害通过和群岛海道通过两种情形。前一种是所有国家的船舶享有通过除群岛内水以外的群岛水域的无害通过权；后一种是指群岛国可以指定适当的海道和其上的空中通道，以便其他国家的船舶或飞机连续不停地迅速通过或飞越其群岛水域及其邻接的领海，所有的国家都享有这种群岛通道通过权，故A项错。群岛国可以连接群岛最外缘各岛和各干礁的最外缘各点构成的直线群岛基线。基线不能明显偏离群岛轮廓，不能隔断其他国家的领海与公海或专属经济区，故B项错。群岛水域的划定不妨碍群岛国可以按照《联合国海洋法公约》划定内水，及在基线之外划定领海、毗连区、专属经济区和大陆架，故C项错。群岛国对其群岛水域包括其上空和底土拥有主权，故 D 项正确。

6. D

解析：本题考查毗连区制度。毗连区不是领海，沿海国在毗连区享有海关、财政、移民、卫生以及国家安全等权利，除此之外，毗连区的性质与专属经济区的相似，其他国家在毗连区只要不违反相关的法律规定，就享有航行和飞越的自由。因此 A、B、C 项错误，D 项正确。

7. B

解析：本题考查专属经济区及其法律制度。专属经济区需要国家以某种形式宣布建立。沿海国对在其专属经济区内建造和使用人工岛屿和设施、海洋科学研究、海洋环境保护事项拥有管辖权。因此，甲国在其宣布的专属经济区水域某暗礁上有权修建、使用和管辖人工岛屿，但甲国对该人工岛屿没有领土主权，故 A、C 选项错误，B 选项正确。虽然甲国对其专属经济区拥有公约规定的某些主权权利，但其他国家在这个区域仍享有航行和飞越、铺设海底电缆和管道的自由以及与此有关的其他合法活动的权利，故乙国可以在甲国的专属经济区内铺设海底电缆，D 选项错误。

8. A

解析：本题考查紧追权。紧追可以追入公海中继续进行，直至追上并依法采取措施，但必须是连续不断的。另外，紧追应在被紧追船舶的视听范围内发出信号后，才可开始，故 C、D 项错误，A 项正确。紧追可以开始于一国内水、领海、毗连区或专属经济区，故 B 项错误。

（二）多选

1. BC

解析：本题考查领海制度。根据《联合国海洋法公约》，领海适用无害通过制度，即"船舶无须沿海国许可也无须缴纳通行费用即可无害地连续不停迅速通过他国领海"，故 C 项正确，D 项错误。一般下列行为被认为是有害的：武装演习、收集情报、起落飞机、污染行为以及捕鱼、研究、测量、干扰等，故 B 项正确。此外，沿海国可制定有关无害通过的法规，指定海道或分道航行，不构成歧视，故 A 项错误。

2. BC

解析：本题综合考查领海、毗连区制度以及紧追权。"乐安"号作为商船，可不经批准穿行丁国领海，但沿海国对沿海航运及贸易享有专属权利，"乐安"号未经丁国允许不得在其间停泊转运货物，故 A 项错误。沿海国在毗连区享有海关、财政、移民、卫生以及国家安全等权利，如果"乐安"号在丁国毗连区走私货物，丁国海上执法船可行使紧追权，实施紧追的既可以是公务船也可以公务飞机，故 B、C 项正确。紧追可以追入公海中继续进行，故 D 项错误。

3. ABD

解析：本题考查沿海国法律和规章在专属经济区内的执行。根据《联合国海洋法公约》第 73 条的规定，被逮捕的船只及其船员，在提出适当的保证书或其他担保后，应迅速获得释放，故 A、B 项正确。沿海国对于在专属经济区内违犯渔业法律和规章的处罚，如有关国家无相反的协议，不得包括监禁，故 C 项错误。在逮捕或扣留外国船只的情形下，沿海国应通过适当途径将其所采取的行动及随后所施加的任何处罚迅速通知船旗国，故 D 项正确。

4. ABD

解析：本题考查公海中的船舶地位。在公海上悬挂两国或两国以上旗帜航行并视情况而换用旗帜的船舶，对任何其他国家不得主张其中的任一国籍，并可视同无国籍船舶。无国籍船舶不具有在公海航行的合法地位，故 C 项正确，A、B、D 项错误。

5. ABD

解析：本题考查领海无害通过制度。无害通过不适用于飞机，所以"蓝天号"无论是在我国领海上空进行飞行表演，或者飞过领海上空，都需要我国许可，故 A 项正确，C 项错误。"碧海号"赛艇若只是穿越我国的领海，由于其享有无害通过权，无须我国许可，但由于无害通过中不包括飞行表演，若"碧海号"的表演在我国领海中进行，则需得到我国许可，故 B、D 项正确。

二、名词解释

1. 紧追权是指沿海国主管当局在有充分理由认为外国船舶违反该国法律和规章时，可在该国有管辖权的海域开始对该外国船舶持续追逐，直至在该国管辖范围以外捕获该船的权利。

2. 毗连区是指领海以外毗连领海从领海基线量起不超过 24 海里的国家管辖范围内的海域。

3. 群岛水域是指群岛基线以内，河口、海湾和港口封闭线以外的水域。

4. 平行开发制度是指由管理局企业部开发和由缔约国或其国有企业，或者在缔约国担保下的具有缔约国国籍或由这类国家或其国民有效控制的自然人或法人与管理局以协作方式进行开发的制度。

5. 内水是指一般情况下领海基线向陆地一面的水域构成国家内水的一部分；在群岛国情形下，群岛水域内依照《联合国海洋法公约》有关河口、海湾和港口的规定用封闭线划定的水域构成国家内水的一部分。

6. 公海是指不包括在国家的专属经济区、领海或内水或群岛国的群岛水域内的全部海域，它不受任何国家主权管辖和支配。

7. 登临权是指一国军舰、军用飞机或其他适当的公务船舶或飞机，对在公海上的依照国际法不享有豁免权的外国船舶，在有合理根据认为该船有从事海盗等违背国际法的行为的嫌疑的情况下，有登上该船进行检查的权利。

8. 历史性海湾是指历史上长期处于沿岸国的主权管辖之下的海湾，即使湾口宽度超过 24 海里，整个海湾水域都是沿岸国的内水。

9. 大陆架界限委员会是根据《联合国海洋法公约》设立的三大机构之一，由 21 位地质学、地球物理学或水文学等方面的专家组成，负责审议沿海国提出的关于扩展到 200 海里以外的大陆架外部界限的资料和其他材料，并按照该公约第 76 条和 1980 年 8 月 29 日第三次联合国海洋法会议通过的谅解声明提出划界建议。

10. 国际海底管理局是根据《联合国海洋法公约》设立的三大机构之一，是该公约缔约国管理国际海底区域内的活动，特别是管理国际海底区域内资源勘探和开发活动的组织，其主要机关是大会、理事会和秘书处。

三、案例分析题

（1）属于方便旗现象，主要是有些船主为税收、雇工、运价或其他方面的"方便"而在与其没有真正联系的国家办理船舶登记手续。

（2）可以在公海上拿捕海盗，因为海盗行为是《联合国海洋法公约》明确规定的各国有普遍管辖权的国际罪行。

（3）如果被拿捕的"维斯号"属于海盗船，那么实施拿捕活动的"和平号"军舰的所属国甲国，可对海盗船予以审判和惩罚。

（4）如果在"维斯号"上未发现任何被扣留或掠夺的人或财物，那么"维斯号"只处于船旗国的专属管辖之下，而"和平号"军舰所属国甲国并非"维斯号"的船旗国，所以"和平号"的拿捕行为属于侵犯船旗国专属管辖权的国际不法行为。若由此给"维斯号"造成损害，则应承担赔偿责任。

四、简答题

1.（1）大陆架界限：沿海国的大陆架如果从测算领海宽度的基线量起到大陆边外缘的距离不到 200 海里，则扩展到 200 海里的距离；如果从测算领海宽度的基线量起到大陆边外缘的距离超过 200 海里，不应超过从测算领海宽度的基线量起 350 海里，或不应超过 2 500 米等深线 100 海里。

（2）大陆架法律地位：沿海国对大陆架的权利不影响上覆水域或水域上空的法律地位。沿海国对大陆架的权利因其陆地领土与大陆架的事实联系而取得，是固有的，并不取决于有效或象征的占领或任何明文公告。沿海国对 200 海里以外的大陆架上的非生物资源的开发，应向国际海底管理局缴付费用或实物；管理局应根据公平分享的标准将其分配给该公约各缔约国。

2.（1）船旗国专属管辖权。公海上船舶应仅悬挂一国的旗帜，而且除《联合国海洋法公约》或其他国际条约明文规定的例外情形外，在公海上应受船旗国的专属管辖。（2）航行事故的刑事管辖权。遇有船舶在公海上碰撞或任何其他航行事故及船长或任何其他为船舶服务的人员的刑事或纪律责任时，对此种人员的任何刑事诉讼或纪律程序，仅可向船旗国或此种人员所属国的司法或行政当局提出。船旗国当局以外的任何当局，即使作为一种调查措施，也不应命令逮捕或扣留船舶。（3）军舰和其他公务船舶的豁免权。军舰和由一国所有或经营并专用于政府非商业性服务的船舶在公海上有不受船旗国以外任何其他国家管辖的完全豁免权。（4）海盗的普遍管辖权。海盗是人类的公敌。海盗行为是《联合国海洋法公约》明确规定的唯一的各国有普遍管辖权的国际罪行。

（5）在公海从事未经许可的广播的管辖权。船旗国、设施登记国、广播人所属国、可以收到这种广播的任何国家或得到许可的无线电通信受到干扰的任何国家，均对从事未经许可的广播享有管辖权，可依法逮捕从事这种广播的任何人或船舶并扣押广播器材。

3.（1）领海无害通过权：外国船舶可以在不损害沿海国和平、良好秩序或安全的前提下，无须事先通知或征得许可而通过沿海国的领海，这种通过应继续不停和迅速进行。

（2）用于国际航行的海峡的无害通过权：无害通过权仅限于船舶航行，有别于领海内的无害通过，在用于国际航行的海峡的无害通过不应予以停止。外国船舶在以下两种用于国际航行的海峡享有无害通过权：在由海峡沿岸国的一个岛屿和该国大陆形成的该岛向海一面有在航行和水文特征方面同样方便的一条穿过公海，或穿过专属经济区的航道的海峡；在公海或专属经济区的一部分和外国领海之间的海峡。

（3）群岛水域的无害通过权：所有国家的船舶均享有无害通过群岛水域的权利。若为保护国家安全所必要，群岛国可在对外国船舶之间在形式上或事实上不加歧视的条件下，暂时停止外国船舶在其群岛水域特定区域内的无害通过。

4.（1）概念：专属经济区是领海以外并邻接领海从测算领海宽度的基线量起不超过200海里的国家管辖范围内的海域。

（2）法律地位：沿海国对专属经济区享有一定的主权权利和管辖权，其他国家也有一定权利或自由。沿海国在专属经济区的主权权利和管辖权不是固有的。沿海国要设立专属经济区，必须明确宣布。在专属经济区，沿海国对自然资源享有主权权利和对某些活动享有管辖权；其他国家不享有可以在公海享有的捕鱼自由、科学研究自由和建造人工岛屿及结构设施的自由。专属经济区不是国家领土组成部分，沿海国在专属经济区不享有在领海海域享有的领土主权；其他国家在专属经济区享有航行和飞越自由、铺设海底电缆和管道自由。

5.沿海国在其领海的权利：（1）对航行和飞越的管辖权。外国航空器未经许可不得飞越沿海国领海上空；在领海水域，沿海国主权及相应的管辖权的行使须受外国船舶无害通过权的限制。（2）对资源的专属权利。沿海国对其领海水域和海床及其底土的一切自然资源，享有专属权利。（3）属地管辖权。沿海国对其领海内的人、物及所发生的事件，除依照国际法应当豁免者外，享有排他的立法、司法和行政的管辖权。（4）对沿海航运及贸易的专属权利。

五、论述题

1.海岸相邻或相向国家间大陆架划界的基本要求：一是划界的法律依据是国际法各种渊源的原则和规则；二是划界的途径是达成划界协议；三是要实现公平的结果，也就是达到公平原则的要求。

为实现公平原则，实践中采用三步法：（1）使用对划界区域的地理情况在几何学上客观且合适的方法，确定一条临时等距离线或中间线；（2）本着公平原则，考虑各种相关情况，对临时等距离线或中间线作出调整或移动；（3）对前两步得出的结果与争端当事方的海岸线长度和海域面积是否成比例进行验证，使其成比例，以便最终达到公平原则的要求。

2.（1）区别：1）法律地位。沿海国在专属经济区的主权权利和管辖权不是固有的。

沿海国要设立专属经济区，必须明确宣布。沿海国对大陆架的权利因其陆地领土与大陆架的事实联系而取得，是固有的，并不取决于有效或象征的占领或任何明文公告。

2）外部界限。沿海国的专属经济区和大陆架在200海里范围内是重叠的，在200海里之外，沿海国只可能存在大陆架。

3）沿海国所享有的权利。a. 沿海国在专属经济区内对海床和底土及其上覆水域的自然资源享有主权权利；但在大陆架上，沿海国只对大陆架的自然资源享有主权权利。b. 沿海国有授权和管理为一切目的在大陆架上进行钻探的专属权利；但沿海国在专属经济区无此类权利。c. 沿海国对大陆架上的海底电缆和管道享有管辖权；但沿海国在专属经济区无此类权利。d. 沿海国对其专属经济区内的科学研究活动享有专属管辖权，沿海国有权制定有关法律和规章以防止、减少和控制对其专属经济区的污染；但沿海国对大陆架无此类管辖权。

4）其他国家所享有的权利。其他国家在沿海国的专属经济区内享有航行和飞越的自由，内陆国和地理不利国应有权在公平的基础上，参与开发同一分区域或区域的沿海国专属经济区的生物资源的适当剩余部分；但其他国家在沿海国的大陆架上无此类权利。

（2）联系：1）沿海国对专属经济区内和大陆架上的人工岛屿、设施和结构享有专属权利。2）其他国家在沿海国的专属经济区内和大陆架上享有铺设海底电缆和管道的自由。3）由于《联合国海洋法公约》关于专属经济区和大陆架划界的文本完全一致，所以除了关于大陆架定义的规定所表明的自然延伸原则，专属经济区和大陆架的划界应当遵循同样的原则和规则。

3.（1）过境通行权是指所有船舶和飞机，在公海或专属经济区的一部分与公海或专属经济区的另一部分之间的用于国际航行的海峡中，不受阻碍地为继续不停和迅速过境的目的而行使航行和飞越自由的权利。

（2）在行使过境通行权时，船舶和飞机应承担的义务主要是：1）毫不迟延地通过或飞越海峡。2）不对海峡沿岸国的主权、领土完整或政治独立进行任何武力威胁或使用武力。3）除不可抗力或遇难而有必要外，不从事其继续不停和迅速过境的通常方式所附带发生的活动以外的任何活动。4）船舶遵守一般接受的关于海上安全的国际规则；飞机遵守国际民航组织制定的《航空规则》等飞行规则。

（3）海峡沿岸国可于必要时为海峡指定海道和规定分道通航制，海峡沿岸国有权就航行安全、防止污染、防止捕鱼等事项制定和实施关于过境通行的法律和规章。海峡沿岸国不应妨碍过境通行，并应将其所知的海峡内或海峡上空对航行或飞越有危险的任何情况妥为公布。过境通行不应予以停止。

4.（1）国际海底区域的法律地位：1）国际海底区域及其资源是人类的共同继承财产。2）对国际海底区域内资源的一切权利属于全人类，由国际海底管理局代表全人类行使。3）国际海底区域内的活动应为全人类的利益而进行，不论各国的地理位置如何，也不论是沿海国或内陆国，并应特别考虑发展中国家和尚未取得完全独立或联合国所承认的其他自治地位的人民的利益和需要。4）国际海底区域应开放给所有国家，即不论是沿海国或内陆国，且专为和平目的的利用。5）国际海底区域的法律地位，不影响国际海底区域上覆水域的公海法律地位，或这种水域上空的公空法律地位。

（2）平行开发制度：由管理局企业部开发和由缔约国或其国有企业，或者在缔约国担保下的具有缔约国国籍或由这类国家或其国民有效控制的自然人或法人与管理局以协作方式进行开发的制度。其中，担保国应妥为尽责，确保得到其担保的承包者遵守合同条款和《联合国海洋法公约》及相关文书规定的义务。为落实平行开发制度，《联合国海洋法公约》规定，申请者必须提供两处具有同等商业价值的矿区，一处由管理局作为"保留区"留给其企业部开发，另一处作为"合同区"，由申请者与管理局缔结合同后依照合同开发。

第十二章　空间法

》 本章知识点速览

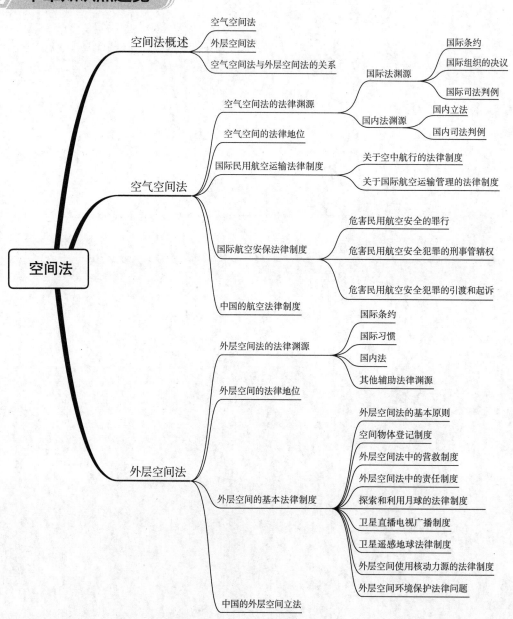

空间法

空间法概述
- 空气空间法
- 外层空间法
- 空气空间法与外层空间法的关系

空气空间法
- 空气空间法的法律渊源
  - 国际法渊源
    - 国际条约
    - 国际组织的决议
    - 国际司法判例
  - 国内法渊源
    - 国内立法
    - 国内司法判例
- 空气空间的法律地位
- 国际民用航空运输法律制度
  - 关于空中航行的法律制度
  - 关于国际航空运输管理的法律制度
- 国际航空安保法律制度
  - 危害民用航空安全的罪行
  - 危害民用航空安全犯罪的刑事管辖权
  - 危害民用航空安全犯罪的引渡和起诉
- 中国的航空法律制度

外层空间法
- 外层空间法的法律渊源
  - 国际条约
  - 国际习惯
  - 国内法
  - 其他辅助法律渊源
- 外层空间的法律地位
- 外层空间的基本法律制度
  - 外层空间法的基本原则
  - 空间物体登记制度
  - 外层空间法中的营救制度
  - 外层空间法中的责任制度
  - 探索和利用月球的法律制度
  - 卫星直播电视广播制度
  - 卫星遥感地球法律制度
  - 外层空间使用核动力源的法律制度
  - 外层空间环境保护法律问题
- 中国的外层空间立法

本章核心知识点解析

第一节　空间法概述

一、基本概念

（1）空气空间法，亦称航空法，即规制空气空间的法律地位、航空器的法律地位、航空运输责任及航空安全等问题的各类原则、规则和制度。

（2）外层空间法，亦称空间法，即有关确立外层空间、月球和各种天体及空间物体的法律地位，规范人类外层空间活动的各类原则、规则和制度。

二、疑难点解析

准确区分空气空间法与外层空间法的关系。

二者的联系主要表现在：第一，两者有相似的法律渊源。航空法与空间法的法律渊源都包括国际条约、国际习惯及相关的国内立法，同时，国际组织通过的一些国际文件也是航空法与空间法的重要法律渊源。第二，两者的法律属性相似。航空法与空间法都兼具国际法和国内法的属性，也兼具公法与私法的属性。

二者的区别主要表现在：第一，调整对象不同。航空法的调整对象是航空活动，即人类在空气空间或与之相关的活动。而空间法的调整对象是空间活动，即人类在外层空间或与外层空间相关的活动。第二，管辖的客体不同。航空法管辖的客体是空气空间及航空器，航空器主要是指依靠空气的反推力能在空气空间运行的飞行器。而空间法管辖的客体主要是外层空间、天体及空间物体，空间物体主要是指飞越大气层，依靠地球引力运行的人造物体。

第二节　空气空间法

一、基本概念

（1）空气空间，是指地球表面以外不包括外层空间的大气层。

（2）临近空间，是指处于 20 千米以上和外层空间最下限以下的部分。

（3）领空主权，是指一国对其领土之上的空间具有完全的和排他的主权。1919 年巴黎《空中航空管理公约》与 1944 年芝加哥《国际民用航空公约》，都在第 1 条规定："缔约各国承认：每个国家对其领土之上的空气空间具有完全的和排他的主权。"国家对其领陆和领水上空间的主权。每一国家对其领空享有的主权权利，主要表现在以下四个方面：1）一国领空不受侵犯。未经一国允许，任何外国航空器不得进入该国领空，在航空法中，没有无害通过制度。2）每一国家对其领空都享有管辖权。但在行使管辖权时，应当履行所承担的国际义务，受所缔结或者加入的国际条约设定的义务的约束。3）每一个国家都有权自行制定必要的法律和规章，以维护空中航行的正常秩序，保护公众的合法权益，不受任何外国干涉。任何外国航空器在一国领土上空飞行或在该国领土内运营，都必须遵守当地关于航空器飞行和运营的现行法律和规章；航空器所载乘客、机组或货物进入或离开一国领土，都必须遵守该国关于入境、放行、移民、护照、海关及检疫的法律和规章。鉴于航空法具有国际性特点，各国在制定本国法律和规章时，应当尽可能地与国际技术标准和国际法律规范取得一致；在执行这些法律和规章时，也应履行所承担的国际义务，并不得实行歧视性的差别待遇。4）从领空主权原则出发，国家对其主权支配下的空气空间拥有所有权。领空是一国的资源，国家有权充分开发和利用本国的航空资源，并有权保护本国的航空权益。[①]

（4）航班飞行，是指定期的国际航空运输业务，即以航空器从事国家间旅客、货物、邮件运输的定期航空运送业务。

（5）"非航班飞行"，又称不定期飞行，或称不定期的国际航空运输业务，即不按公布的或固定的班期表运输，也不受正常航班运费率约束的航空运输业务。

（6）《国际民用航空公约》，通称《芝加哥公约》。其于 1944 年 12 月 7 日在美国芝加哥订立，1947 年 4 月 4 日正式生效。中国为该公约缔结国。1971 年 2 月 15 日中国正式宣告承认该公约，1974 年 3 月 28 日《芝加哥公约》正式对中国生效。根据该公约规定：1）缔约各国承认每一国家对其领空具有完全的、排他的主权；2）航空器必须具有一国国籍，任何缔约国不得允许不具有缔约国国籍的航空器在其领空飞行；3）国际航班飞行必须经缔约国许可并遵照许可的条件，非航班飞行则无须经事先获准即可不降停地飞入、飞经缔约国领空；4）缔约国有权保留其国内载运权；5）设立"国际民用航空组织"；6）公约仅适用于民用航空器而不适用于国家航空器。《芝加哥公约》是有关国际民用航空最重要的现行国际公约，被称为国际民用航空活动的宪章性文件。

二、疑难点解析

（一）空气空间的法律地位

空气空间是指地球表面以外不包括外层空间的大气层。

1. 有关空气空间法律地位的学说

在第一次世界大战以前，关于国家领土之上的空气空间的法律地位问题，还存在激烈的争论，主要有以下几种理论：（1）完全自由论。这一学说主张，国家领土之上的空气空间是完全自由的，国家对其没有任何主权，不能禁止或限制外国飞机通过。其代表人物为比利时学者尼斯。（2）有条件自由论。此学说的代表人物是法国学者福希叶。他一方面承认空气空间是完全自由的，另一方面也肯定了地面国家的自保权。（3）海洋比拟论。这一学说把空气空间与海洋相类比，分为领空和公空：离地面一定高度的上空区域为领空，由地面国行使主权；领空之外为公空，公空与公海一样完全自由。（4）有限主权论。此学说认为，原则上一国对其领土之上的空气空间享有主权，但外国航空器享有无害飞越国家领土上空的权利。（5）空中主权论。这一学说主张，国家对其领土上空享有完全的主权。此外，20 世纪 70 年代还出现了所谓的"新航空自由论"。其代表人物

---

① 王铁崖. 中华法学大辞典：国际法学卷，北京：中国检察出版社，1996：401.

是荷兰莱顿大学瓦森伯赫教授。他主张把领空主权与商业航空营运权分隔开来，主权只管政治与安全，管不到经济与商业活动；而在经济与商业活动领域里适用的只有关贸总协定中倡导的贸易自由原则；一旦主权超越了政治与安全的界限而干预商业航空运输，就成了保护主义或主权的滥用，可见，"新航空自由论"实际上是贸易自由在国际航空活动中的翻版。[①]

2. 国家对空气空间"完全和排他的主权"

第一次世界大战结束后，国际社会在1919年《关于管理空中航行的公约》中就明确各国对其领土之上的空气空间享有"完全的和排他的主权"。这样，国家领空主权的观念获得了国际公约的确认和肯定。继1919年《关于管理空中航行的公约》之后，1944年《国际民用航空公约》等一些重要的国际条约又不断重申和肯定了国家对领空的主权权利，确立了领空主权制度。

（二）空中航行法律制度

1919年《关于管理空中航行的公约》（以下简称《巴黎航空公约》）是世界上第一个关于航空活动的国际公约。其主要内容包括：第一，确认了领空主权制度和无害通过权；第二，规定了航空器登记制度。其将航空器分为民用航空器和国家航空器两类，其中国家航空器分为军用航空器和公务航空器两类。

《国际航空运输协定》明确规定了国际定期航班空中自由，被称为"五种自由协定"。内容包括：（1）不降停而飞越其领土的权利；（2）非商业性降停的权利；（3）卸下来自航空器国籍国领土的旅客、货物、邮件的权利；（4）装载前往航空器国籍国领土的旅客、货物、邮件的权利；（5）装卸前往或来自任何第三国领土的旅客、货物、邮件的权利。

《国际航班过境协定》只规定了过境权的两种自由，被称为"两大自由协定"。其内容包括：不降停而飞越缔约国领土的权利和非运输业务性降停的权利。

（三）危害民用航空安全的罪行

1970年《海牙公约》（全称为《关于制止非法劫持航空器的公约》）第1条对危害民用航空安全的罪行进行了规定。1971年《关于制止危害国际民用航空安全的非法行为的公约》（以下简称《蒙特利尔公约》）将危害民用航空安全的非法行为概况为5种：（1）对飞行中的航空器内的人从事暴力；（2）破坏使用中的航空器使它不能飞行；（3）在使用中的航空器内放置危及其飞行安全的装置或物质；（4）破坏、损害或妨碍航行设备危及其飞行安全；（5）传送假情报危及飞行中航空器的安全。并且，该公约规定："从地面人员或机组人员为某一特定飞行而对航空器进行飞行前的准备时起，直到降落后24小时止，该航空器应被认为是在使用中。"2010年的《制止与国际民用航空有关的非法行为的公约》（以下简称《北京公约》）增加了5种新兴危害航空安全的罪行，《北京议定书》（全称为《制止非法劫持航空器的公约的补充议定书》）及时修订了劫持航空器犯罪的定义。这两个法律文件的主要内容弥补了之前航空保安公约存在的空白和不足，并将近年新出现的对航空运输安全构成威胁的犯罪行为予以刑事定罪，诸如将航空器用作武器或者实施化学、生物和放射性攻击等。同时，将联合国反恐公约体系中的许多既有的法律

---

① 周鲠生. 国际法：上册. 北京：商务印书馆，1976：396-397. 赵维田. 国际航空法. 北京：社会科学文献出版社，2000：44-45.

制度也移植到公约和议定书案文中,进一步从实体法和程序法的角度来完善国际航空法。

有学者在以上条约的基础上,将危害国际航空安全犯罪概括为"非法劫持航空器罪"、"危害航空器飞行安全罪"和"危害国际民用航空机场安全罪"三种类型。[①] 我国刑法规定的危害航空安全犯罪的罪名与国际公约的规定并不完全一致,在相关规定上需要与国际接轨。

(四) 危害民用航空安全犯罪的刑事管辖权

1.1963 年《东京公约》

1963 年《东京公约》(全称为《关于在航空器内犯罪和某些其他行为的公约》)对"空中劫持"规定了"并行管辖制度"。一方面,航空器登记国拥有管辖权,该公约第 3 条第 1 款规定,航空器登记国有权对航空器上所犯罪行行使管辖权。另一方面,非登记国的缔约国也拥有一定限度的管辖权,按照该公约第 4 条规定,各缔约国在下列情况下也拥有管辖权:第一,罪行在该国领土上具有后果;第二,犯罪人或受害人为该国国民或在该国有永久居所;第三,罪行危及该国安全;第四,罪行违反该国现行关于航空器飞行或操作的任何规则或条款;第五,为确保该国遵守根据多边国际协定所承担的任何义务而有必要行使管辖权。

此外,该公约第 3 条第 3 款还明确规定,该公约不排除依照本国法律行使的任何刑事管辖权。

《东京公约》产生了管辖权冲突,包括积极冲突和消极冲突,积极冲突即几个国家对同一个刑事案件拥有管辖权的情况。消极冲突即对某一案件,各国法院依据国际条约或者其本国法均没有管辖权的情形,而没有管辖权的国家的主管当局一般不愿意提起相关诉讼。[②] 对此,在 2014 年 3 月的国际航空法会议上,国际民航组织法律委员会通过了《关于修订〈关于在航空器内的犯罪和犯有某些其他行为的公约〉的议定书》。这一议定在《东京公约》所确立的国际航空领域的航空器登记国管辖以及并行管辖体制之外扩大了管辖权的依据,纳入了降落国管辖权和航空器经营人所在国管辖权。

2.1970 年《海牙公约》

《海牙公约》目的在于补充《东京公约》的缺陷。根据 1970 年《海牙公约》第 4 条第 1 款规定,下列国家有权行使管辖权:第一,航空器登记国,即罪行是在该国登记的航空器内发生的;第二,降落地国,即发生罪行的航空器在该国降落时被指称的罪犯仍在航空器内;第三,承租人主要营业地或永久居所地国,即罪行是在租来时不带机组的航空器内发生的,而承租人主要营业地或永久居所地是在该国;第四,罪犯所在国,即被指称的罪犯在缔约国领土内且未将此人引渡给上述三类国家;第五,各国可以根据本国法律行使任何刑事管辖权。

3.1971 年《蒙特利尔公约》

1971 年《蒙特利尔公约》增加了"罪行发生地国管辖权",扩大了针对航空犯罪的管辖范围,以方便缔约国对发生在机场的危害航空安全的非法活动实施刑事管辖权。另

---

① 付强. 论危害国际航空安全犯罪. 华东政法大学学报, 2011 (03):146-150.

② 江河, 荣盟. 国际航空罪行管辖权的冲突及其变革——兼评《东京公约》管辖权条款的修订. 北京理工大学学报(社会科学版), 2014 (05):114-119.

外,《蒙特利尔议定书》还进一步规定,若罪犯发现国不将此人引渡给罪行发生地国,即应对罪行实施管辖权,从而使罪行发生地国有要求引渡罪犯的优先权。

4. 2010 年《北京议定书》

2010 年的《北京议定书》进一步将管辖权扩大到:罪行是在该国领土内实施的;罪行是针对在该国登记的航空器或在该航空器内实施的;在其内实施罪行的航空器在该国领土内降落时被指控的罪犯仍在该航空器内的;罪行是针对租来时不带机组人员的航空器或是在该航空器内实施的,而承租人的主要营业地在该国,或如承租人没有此种营业地但其永久居所是在该国的;罪行是由该国国民实施的;罪行是针对该国国民实施的;罪行是由其惯常居所在该国领土内的无国籍人实施的。

(五) 危害民用航空安全犯罪的引渡和起诉

(1) 对危害民用航空安全犯罪的引渡。危害民用航空安全的犯罪通常涉及多个国家,犯罪行为计划地、实施地和犯罪人被羁押地往往各不相同,对此类犯罪的惩治离不开包括引渡在内的国家间司法协助。《东京公约》对危害民用航空安全犯罪引渡的规定体现在第 16 条。该条规定,既可以将在国际民用航空器内的犯罪视为发生在犯罪行为地,还可以将其视为发生在航空器登记国领土上。不过,此规定似乎并不意在解决引渡问题,而只是建立了"并行管辖"体制。由此可知,《东京公约》并未规定当事国之间对危害民用航空安全的犯罪有引渡义务,只有在当事国之间存在其他有关引渡的条约时才有义务引渡罪犯。

《海牙公约》第 7 条确立了"或引渡或起诉"原则,即案犯所在国如果不引渡,则不论罪行是否在其境内发生,应无例外地将这个案件提交有关当局,以便起诉;而有关当局应按照该国法律以对待严重性质的罪行的同样方式作出决定。《海牙公约》第 8 条规定劫持航空器的罪行是"一种可引渡的罪行",但并没有将引渡危害民用航空安全犯罪确立为缔约国的法律义务,也没有排除被请求国适用"政治犯不引渡"规则来拒绝引渡的请求。《蒙特利尔公约》沿用了这一规定,也没有明文规定公约罪行是否可以排除适用"政治犯不引渡"规则。

2010 年,在北京航空安保外交大会上通过的《北京公约》和《北京议定书》,在吸收《海牙公约》和《蒙特利尔公约》原有引渡规则的基础上对其进行了完善。《北京公约》第 10 条沿用了《海牙公约》"或引渡或起诉"原则,作了规定。此外,《北京公约》和《北京议定书》还采纳了《欧洲制止恐怖主义公约》的相关规定,分别在第 13 条和第 12 条中明确将"公约和议定书罪行"排除出"政治犯罪"范畴之外,规定当事国不得再以"政治犯不引渡"为借口庇护危害国际民航安全的罪犯。[①]

(2) 对危害民用航空安全犯罪的起诉。在起诉方面,1970 年《海牙公约》及此后缔结的国际航空安保公约,都规定了对危害国际民用航空安全犯罪行为的"或引渡或起诉"原则。航空器登记国、载有罪犯的航空器着陆的国家、航空器的承租人本国都享有对罪犯和犯罪嫌疑人的管辖权,而实际拘留罪犯的国家有权或者将罪犯引渡给上述三国之一,或者在本国进行起诉判刑,这就是"或引渡或起诉"的国际原则,《蒙特利尔公约》在列举五种危害国际航空安全的非法行为的同时,还扩大了规定的罪行范围,即一切破坏、损坏和其他危害国际航空安全的非法行为,它不仅包括在"飞行中",而且包括在"使用

---

① 宋尚聪. 论国际航空安保公约中引渡规则的新发展. 南京航空航天大学学报 (社会科学版),2021 (02):87-88.

中"的航空器上的犯罪；不仅包括在航空器内所犯的罪行，而且包括对航空设备所犯的罪行。

第三节　外层空间法

一、基本概念

1. 外层空间法的五大国际公约

1957 年至 1979 年，联合国通过了五大国际公约，确立了空间法的基本原则和制度，构成了现行外层空间法的核心内容。五大公约分别是：1967 年《关于各国探索和利用外层空间包括月球与其他天体活动所应遵守原则的公约》，即《外空条约》；1968 年《营救宇宙航行员、送回宇宙航行员和归还发射到外层空间的物体的协定》，即《营救协定》；1972 年《空间物体造成损失的国际责任公约》，即《责任公约》；1975 年《关于登记射入外层空间物体的公约》，即《登记公约》；1979 年《指导各国在月球和其他天体上活动的协定》，即《月球协定》。

2.《外空条约》

1967 年《外空条约》于 1966 年 12 月 19 日在联合国大会通过，1967 年 1 月 27 日在伦敦、莫斯科、华盛顿开放签署，同年 10 月 10 日生效，无限期有效。条约由序言和 17 条正文组成。该条约对外层空间的法律地位作出了更为明确的规定。作为一个原则性的文件，《外空条约》容易获得更多国家的认同和加入，但同时也导致条约的实施性不强。

3. 外层空间法的基本原则

外层空间法的基本原则是指为各国公认的、具有普遍约束力，并构成外层空间法基础的强行法规范。这些原则构成了外层空间法规则体系中最核心和最基础的规范，各国必须绝对遵守并严格执行。外层空间法的基本原则包括：（1）探索和利用外层空间，必须为全人类谋福利和利益原则；（2）各国在平等的基础上，根据国际法自由探索和利用外层空间及天体原则；（3）外层空间和天体不能通过主权要求、使用或占领或者其他任何方法据为一国所有原则；（4）各国探索和利用外层空间必须遵守国际法原则；（5）各国对本国在外层空间的活动负有国际责任原则；（6）各国在探索和利用外层空间时应遵守合作和互助的原则；（7）和平探索与利用外层空间原则；（8）保护外空环境原则。

二、疑难点解析

（一）外层空间的法律地位

首先，外空不得据为己有。外层空间，包括月球与其他天体在内，不得由国家通过提出主权主张，通过使用或占领，或者以任何其他方法，据为己有。

其次，外层空间由各国在平等基础上自由探索和利用，不得有任何歧视。外层空间是对全人类开放的开发范围。天体的所有地区均得自由进入。这种自由包括科学调查的自由，各国应在此类调查方面提供便利并鼓励国际合作。《外空条约》明确了各国在探索和利用外空时，应以合作和互助的原则为指导，而且其进行的各项外空活动要充分考虑其他国家的相应利益。

最后，探索和利用外层空间必须为全人类谋福利和利益，并为了维护国际和平与安全及增进国际合作与谅解而进行。这意味着，技术先进的国家不得仅仅为了自身的利益而利用外层空间，由于多数国家还不具备空间技术和能力，空间大国要对国际社会承担义务，从事外空活动的国家应该为一切国家谋福利和利益。

（二）责任制度

外层空间法中的责任制度即空间物体损害赔偿制度，由《外空条约》第6、7条及1972年《责任公约》等相关国际文件所确立。主要内容如下：

第一，责任主体。《外空宣言》第8条和《外空条约》第7条都明确规定了"凡发射或促使发射物体进入外层空间以及以其领土或设备供发射物体用的缔约国"对其空间物体造成损害应承担国际责任。根据《责任公约》第1条第3款关于"发射国"的定义，上述"缔约国"显然就是指空间物体的发射国。《责任公约》第2、3、4、5、22条都规定，空间物体造成涉外损害的责任主体，是发射该空间物体的国家或国际组织。

第二，求偿主体。《责任公约》规定，直接遭受损害的国家当然是求偿主体，直接遭受损害的自然人或法人也具有求偿主体资格。直接遭受损害的国家不仅包括国家财产遭受损害的国家，也包括其国民或法人的人身或财产遭受损害的国家即国籍国。此外，自然人或法人所遭受的损害的发生地国和自然人或法人的居所地所在国在《责任公约》第8条规定的条件下具有求偿资格。即直接遭受损害的自然人或法人的国籍国或永久居住国未提出赔偿要求或未通知有意提出赔偿要求，那么损害的发生地国和自然人或法人的居所地所在国可以获得求偿资格。

第三，归责原则。《责任公约》第2条规定，发射国对其空间物体在地球表面或飞行中的飞机造成损害负有绝对责任。就是说，只要空间物体对地球表面或飞行中的飞机造成损害，不论发射国是否具有过失，发射国对此都应承担赔偿责任。只有出现《责任公约》第6条中的情形，发射国才可以免除责任，即发射国若证明，全部或部分是因为要求赔偿国或其所代表的自然人或法人的重大疏忽，或因为它（他）采取行动或不采取行动蓄意造成损害时，该发射国对损害的绝对责任应依证明的程度予以免除。但是，发射国如果因为进行不符合国际法，特别是不符合联合国宪章及关于各国探索和利用外层空间包括月球与其他天体活动所应遵守原则的条约的活动而造成损害，其责任绝不能予以免除。

此外，根据《责任公约》第3、4条规定，在以下两种情况下，适用过失责任原则。第一种情况是，空间物体在地球表面以外的其他地方对另一发射国的空间物体或其所载人员或财产造成损害，根据过失来确立责任；第二种情况是在地球表面以外的其他地方对第三国的空间物体或其所载人员或财产造成损害，也是根据过失来判断责任。在"过失责任原则"下，发射国承担责任的条件不仅要求受害国证明其受到的损害具有可赔性，还必须证明发射国对此损害的产生具有过失。

第四，责任范围。《责任公约》第1条对于赔偿对象，第2、3条对于赔偿的地理范围，都进行了明确的界定。根据《责任公约》第1条的规定，空间物体造成损害的赔偿对象是"生命丧失，身体受伤或健康的其他损害；国家、自然人、法人的财产，或国际政府间组织的财产受损失或损害"。显然,《责任公约》所规定的赔偿对象仅限于人身伤害和财产损害,对于他国或他国自然人、法人的权利损害并没有包含在赔偿范围之内。

同时,从《责任公约》第1、2、3条的规定及相关国际法的一般理论与实践来看,即使是空间物体造成赔偿对象的人身伤害和财产损害,其赔偿的范围也是有明确限制的。一方面,《责任公约》第2、3条规定,《责任公约》所赔偿的"损害"具体是指,地球表面造成的人身伤害和财产损害、空气空间造成损害的飞机、地球表面以外的它国空间物体或其所载人员或财产造成的损害。至于空间物体对于空气空间飞机以外的损害,如环境损害,并不在《责任公约》的赔偿范围之内。此外,外层空间除空间物体及其人员和财产外的其他天体,例如月球资源,也被排除在《责任公约》的赔偿范围以外。另一方面,从现行的国际法和国际实践来看,《责任公约》所赔偿的人身伤害和财产损害仅限于直接损害。

第五,求偿途径。对于空间物体造成涉外损害的求偿,《责任公约》规定了两种途径:一种途径是由受害国或其自然人或法人使用当地救济办法通过发射国的法院、行政法庭或机关向发射国提出求偿;另一种是受害国通过外交或类似于仲裁途径直接向发射国求偿。[①]

(三) 探索与利用月球制度

1979年《月球协定》为人类探索与利用月球活动提供了较好的法律制度。但该制度尚未得到国际社会的普遍认同,我国也未加入《月球协定》。探索和利用月球制度的主要内容有:

第一,月球应供全体缔约国专为和平目的加以利用,禁止各种为军事目的而利用月球;

第二,对月球的探索和利用应为一切国家谋福利;

第三,月球及其自然资源是人类共同财产,所有缔约国应公平分享这些资源的利益,并应对发展中国家以及对探索作出贡献的国家给予特殊照顾;

第四,应将探测、利用月球的活动尽可能通知秘书长、科学界和各国;

第五,各国对其在月球上的人员、运载器、站所保有管辖权和控制权;

第六,各国对其在月球上的活动负有国际责任。

"《月球协定》是联合国五大外空条约中唯一预见到外空资源开发可能性的条约,在外空资源开发问题上作出了比其他外空条约更具体、更具创新性的规定。但这也导致该协定自缔结以来就备受争议。"[②] 其中争议问题包括两点:《月球协定》确立了外空自然资源的法律属性为人类共同继承财产,但相关国家对此有争议(美国最初对此表示支持,但随着其探索技术的发展,态度转为了否定,当时的苏联对此也持反对意见);以及国家或非私人实体单方面开发外空资源在国际法上是否具有合法性,规定应建立外空资源国际开发制度进行共同开发并分享惠益。这两点是协定未得到大多数空间国家接受的主要原因。

目前《月球协定》的相关背景发生较大变化,各国探索外空资源的技术水平大幅提升,外空资源开发商业化;同时有关外空资源开发的法律环境出现新变化,近年来出现

① 李寿平. 试论联合国框架下空间物体造成损害的赔偿责任法律制度. 时代法学,2009(02):90-95.
② 杨宽.《指导各国在月球和其他天体上活动的协定》的再审查及我国考量——以外空资源开发为视角. 国际法研究,2021(06):54-68.

了专门关于外空资源开发的国内立法，其中影响较大的是美国《2015 年外空资源探索与利用法》和卢森堡 2017 年《探索与利用空间资源法》。我国的空间技术也在不断发展，有部分学者提出我国应对《月球协定》进行审查，从而在外空资源开发国际法律制度构建过程中发出声音。

（四）卫星直播电视广播制度

卫星直播电视广播，是指通过卫星将电视广播直接传送到地面电视机，而不需要通过地面电视接收站的电视广播。目前尚未以条约形式确立其法律制度。

与该制度相关的规定有：联合国教科文组织于 1972 年 10 月通过的《关于利用卫星进行电视广播的指导原则宣言》，规定使用卫星直播的主导原则是促进信息自由流通、改善与推动教育与文化交流，所以要求各国在传送电波至其他国家之前，彼此应先作协商。1982 年，第 37 届联合国大会通过的《关于各国利用人造地球卫星进行国际直接电视广播所应遵守的原则》的决议，规定了九项原则，主要包括：

第一，利用卫星进行国际直接电视广播活动，不得侵犯各国主权，包括不得违反不干涉原则，不得侵犯人人有寻求、接受和传递情报和思想的权利；

第二，利用卫星进行国际直接电视广播领域的活动应遵照国际法；

第三，各国在利用卫星进行国际直接电视广播活动以及授权其管辖范围内的个人和实体从事这种活动方面，权利一律平等；

第四，利用卫星进行国际直接电视广播的活动，应以国际合作为基础，并促进国际合作；

第五，任何相关活动可能引起的国际争端，应通过和平解决争端程序来解决；

第六，各国对其本身或其管辖范围内利用卫星进行国际直接电视广播的活动承担国际责任；

第七，广播国与接收国应进行协商；

第八，利用卫星进行国际直接电视广播的国家将活动性质通知联合国秘书长；

第九，各国进行合作缔结协定，保障版权和其他权利。

（五）卫星遥感地球法律制度

卫星遥感地球是通过卫星上的传感器接收各种地物发出的信息，并将这些信息传递到地面接收站，转译为相关的数据和资料，以便研究和监控地球的资源及其环境条件。目前尚未以条约形式确立其法律制度。

1986 年 12 月 3 日，联合国大会协商一致通过《关于从外层空间遥感地球的原则》，为卫星遥感地球活动确立了一些基本原则。其主要内容包括：

第一，遥感活动应为所有国家谋福利和利益；

第二，进行遥感活动的国家以及联合国和联合国系统内有关机构都应促进遥感活动方面的国际合作；

第三，被遥感国管辖下领土的原始数据和处理过的数据一经制就，该国即可以在不受歧视的基础上依照合理费用条件取得这些数据；

第四，遥感应促进保护人类免受自然灾害侵袭；

第五，遥感活动应遵守国际法，不得损害受遥感国的合法权利和利益；

第六，遥感国要对其活动承担国际责任。

（六）外层空间环境保护法律问题

当前外层空间环境损害产生的原因主要包括人类发射活动中核动力源的使用、人类空间活动产生的空间碎片等。

目前国际法中并无关于保护外层空间环境的专门性条约，仅能从某些相关条约中找到一些保护空间环境的条款。1963 年《禁止在大气层、外层空间和水下进行核武器实验条约》，又被称为《有限禁止核试验条约》，其防止对象是核辐射污染；其他对空间环境保护作出一般性规定的条款包括 1967 年《外空条约》第 9 条、1979 年《月球协定》第 7 条和《责任公约》第 2、3 条试图在空间环境污染发生之后，通过损害赔偿的方式进行补救。此外，还有联合国及国际社会通过的一系列决议、宣言中有关外层空间环境保护规定的法律文件，以及在半个多世纪国际空间实践中形成的国际习惯，有关规范空间环境保护的国际法律制度已经基本形成。其主要内容包括：确立了外层空间环境保护的基本原则，即避免空间污染原则、保护空间环境的国际磋商原则以及共同但有区别责任原则；确立了空间碎片减缓的基本行为规范。

目前空间法对空间环境的保护只有一些框架性、概括性的规定，并且内容措辞模糊，因而缺乏可操作性。而有关空间碎片造成的环境污染问题，目前则没有一个有效的国际条约对此进行处理。对此，有学者提出国际社会在长期上还是应建立相关国际条约，短期上各国可以就现有空间法中关于环境保护的规则进行审查和完善，特别要厘清某些重要概念的内涵和外延。①

▶▶ 本章实务案例研习

1988 年 7 月 3 日空中事件案②

一、案件简介

1988 年 7 月 3 日，美国海军的导弹巡洋舰"文森斯号"在伊朗领海上空发射两枚 SM-2MR 地对空导弹，都击中了伊朗航空公司 655 号班机，造成 290 名乘客和机组人员全部罹难。伊朗政府指出，其实"文森斯号"是在完全知情的情况下击落伊朗客机的。伊朗政府向美国政府提出严重抗议，要求美国政府对飞机的损失和 290 多名遇难者的生命负国际责任并给予全部赔偿。国际民用航空组织就此事件发表声明，指出这是由于美军的过失造成的事故。而当时的美国政府辩称，"1988 年 7 月 3 日空中事件"属战时事故，"文森斯号"船员在当时的情况下采取了适当行动，并拒绝予以赔偿。伊朗政府于 1989 年 5 月 17 日向国际法院提出请求书，状告美国政府侵犯伊朗领空主权并造成严重的空难事故，请求国际法院宣布：

（1）国际民用航空组织在 1989 年 3 月 17 日作出的裁定是错误的；

---

① 李斌. 论空间环境污染国际法律规制的缺失与完善——以空间碎片为视角. 北京航空航天大学学报（社会科学版），2009（02）：30-34.

② 陈致中. 国际法案例. 北京：法律出版社，1998：268-271.

（2）美国政府违反了《蒙特利尔公约》第1、3、10（1）等条的规定；

（3）美国政府应负责赔偿伊朗共和国的损失。

国际法院接受了伊朗的请求书后，于1989年12月13日以命令规定双方递交诉状和辩诉状的时间表。后来又根据双方的请求作了两次延长。

二、庭外解决

国际法院在确定法院的管辖权后，决定在1994年9月12日对本案的实质问题进行审理。美国和伊朗在这段时间进行了多次谈判，努力寻求解决的途径。1994年8月8日，两国代理人通知法院，说两国政府正在进行谈判，可能取得圆满结果，请求法院再把开庭时间推迟，国际法院接受了双方的请求。

经过两年多的谈判，美伊两国政府于1996年2月26日签订《解决国际法院及美伊求偿法庭若干案件的总协议》，达成庭外和解。伊朗同意终止国际法院关于1988年空中事件的诉讼。美国对1988年7月3日击落伊朗客机事件深表歉意，并愿意支付伊朗131 800 000美元，用以解决两国长期以来存在的求偿争端。但美国明确表示，这笔赔偿为"特惠金"，而不肯承认对事件负有法律责任，也拒绝赔偿被"文森斯号"击落的伊朗航空公司655号班机。1996年2月26日，双方代理人书面通知国际法院："两国政府已就于1988年7月3日空中事件直接或间接有关的一切争端、分歧、要求和反要求达成圆满和最终的解决。请求国际法院宣布终止本案的诉讼。"国际法院考虑了双方的要求后，于1996年2月22日以命令的形式终止此案的诉讼，将该案从法院的案件单上撤销。根据上述协议的规定和安排，长达数年的一件空难索赔争端总算得到妥善解决了。

三、法律评析

本案不是一般的事故，而是美国在伊朗领海上发射导弹，在伊朗领空击落该国民航客机的国际不法事件。这既是侵犯他国领空主权的行为，也是破坏国际民航安全的行为，其非法性是不可否认的。国际民用航空组织说这是一种过失事故，显然是没有说出问题本质的。国际法院受理本案后，曾多次应当事国的请求更改递交诉状和辩诉状的时间，这对促使双方的庭外解决起到一定的作用。本案可以认为是近几十年来解决的比较圆满的一件空难事件。

本章同步练习

一、选择题

（一）单项选择题

1. 第一次明确区分航班飞行和非航班飞行并为之规定不同的飞行制度的条约是（　　）

A.《国际民用航空公约》　　　　　　B.《国际航空运输协定》

C.《巴黎航空公约》　　　　　　　　D.《百慕大协定》

2.《责任公约》确立有关空间物体对地球表面或飞行中的飞机造成损害的归责原则是（　　）

A. 过失责任原则　　　　　　　　　B. 绝对责任原则

C. 过错责任原则   D. 连带责任原则

（二）多项选择题

1. 1963 年《东京公约》的内容包括（ ）

A. 确立航空器登记国对空中劫持的管辖权

B. 罪行发生地国对空中劫持的管辖权

C. 规定了缔约国对空中劫持的引渡义务

D. 规定了对空中劫持的并行管辖制度

2. 甲国研发的气象卫星委托乙国代为发射，因天气的原因该卫星在丙国境内实际发射。发射过程中火箭碎片掉落，砸伤受邀现场观看发射的某丁国国民。由于轨道偏离，该人造卫星与丁国遥感卫星相撞，丁国卫星碎片跌落砸坏戊国建筑并造成戊国人员伤亡。甲、乙、丙、丁、戊国都是《空间物体造成损害的国际责任公约》（简称《责任公约》）的缔约国，下列哪些判断是正确的？（ ）

A. 丁国不对戊国财产和人员伤亡承担责任

B. 火箭碎片对某丁国国民造成的损害不适用《责任公约》

C. 甲、乙、丙、丁国应对戊国的财产和人员伤亡承担绝对责任

D. 甲、乙、丙国应对丁国卫星损害承担过错责任

3. 外层空间的法律地位是（ ）

A. 不得据为己有

B. 全人类自由利用

C. 探索和利用外层空间要为全人类谋福利

D. 全球共有财产

4. 国际空间法的基本原则包括（ ）

A. 和平利用外空   B. 自由探索和利用外空

C. 保护外空环境   D. 不得据为己有

二、名词解释

1. 空中有限自由论

2. 领空自保权

3. 防空识别区

4. 空中劫持（考研）

5. 航空运营权利（考研）

6. 国家航空器（考研）

7. 外层空间（考研）

8. 外空条约（考研）

9. 外层空间法（考研）

三、简答题

1. 试述空气空间的法律地位。（考研）

2. 简述领空主权的主要内容。

3. 试述空中劫持罪犯的"或引渡或起诉"原则。（考研）

4. 简述外层空间的法律地位。（考研）

5. 简述外层空间法的基本原则。

四、案例分析题

1. A国、B国、C国和D国都是1970年《海牙公约》的缔约国。一架在A国登记的民航飞机飞经B国领空时，被C国反政府游击队的一名成员C1劫持，要求C国政府释放被关押的2名游击队领导人。被劫持飞机降落D国后，C1申请政治避难，得到D国允许。

根据以上案情，回答下列问题：

（1）本案中哪些国家对C1劫持航空器的行为有管辖权？

（2）D国的做法是否正确？为什么？

2. A、B两国共同发射了"天眼号"核动力军用侦察卫星。A国在本国登记后，迅速向联合国秘书长提供了登记情报。当"天眼号"卫星因为失控而在重返大气层烧毁时，其放射性残片坠落在C国西北部三万平方公里的无人区内，C国立即展开行动，搜集并处理放射性碎片两千多片，共耗费265万美元。A、B、C三国都是《责任公约》的缔约国。根据以上案情回答下列问题：

（1）哪个国家对"天眼号"卫星保持管辖权和控制权？

（2）C国搜集和处理放射性碎片的费用是否可获得赔偿？为什么？

（3）C国如果提出赔偿要求，其解决程序是什么？

五、论述题

1. 比较《东京公约》《海牙公约》《蒙特利尔公约》中关于"飞行中的航空器"的解释的不同点。

2. 外层空间的原则反映了哪些法学原理？

3. 请结合我国"神舟"五号载人航天飞船发射成功的事例，阐述外层空间法律制度以及我国对外层空间法发展的态度。（考研）

参考答案

一、选择题

（一）单项选择题

1. A

答案解析：1944年芝加哥国际民用航空会议通过了《国际民用航空公约》，该公约第5、6条把"在缔约国上空的飞行"区分为"非航班飞行"和"航班飞行"，分别规定了不同的飞行规则和制度。

2. B

答案解析：《责任公约》第2条规定："发射国对其空间物体在地球表面，或飞行中的飞机造成损害，应负有赔偿的绝对责任。"

（二）多项选择题

1. AD

答案解析：1963年《东京公约》规定了：（1）航空器登记国拥有管辖权。公约规定："航空器登记国有权对航空器上所犯罪行行使管辖权"。（2）并行管辖制度。公约规定："不排除依照本国法律行使的任何刑事管辖权"。（3）非登记国的缔约国也拥有一定限度的五种管辖权情形。B选项是在《蒙特利尔公约》中规定的，C选项是《海牙公约》和《蒙特利尔公约》规定的内容。故本题应选A、D项。

2. BCD

答案解析：根据《责任公约》的规定，发射国对其空间物体在地球表面或给飞行中的飞机造成的损害，应负有赔偿的绝对责任，简称空对地绝对责任。丁国卫星碎片跌落砸坏戊国建筑并造成戊国人员伤亡，需要承担绝对的赔偿责任，故A项错误。丁国国民是受发射国的邀请而留在发射区的外国公民，因此，不适用《责任公约》的规定，故B项正确。卫星相撞造成的其他国家的损害，适用绝对责任制，发射国包括实施发射、促使发射以及为发射提供领土的国家，因此，本案中，甲、乙、丙三国均为发射国，与丁国卫星相撞，需要一起对第三人承担损害赔偿责任，故C项正确。卫星互撞，各国按过错大小承担责任，故D项正确。

3. ABC

答案解析：《外空条约》规定外层空间的法律地位是：（1）任何国家不得将外层空间据为己有。（2）探索和利用为全人类谋福利和利益。（3）所有国家平等探索和利用外层空间。（4）探索和利用外层空间法，应遵守国际法。（5）探索外层空间要以和平和安全为原则。

4. ABCD

答案解析：1963年12月13日，联合国大会一致通过《外空宣言》，宣布了外空活动应该遵守的八项原则，这八项原则在1967年《外空条约》中再次得到确认和发展，这是国际社会第一次用条约的形式确立了外空活动的基本原则。

二、名词解释

1. 空中有限自由论是关于空气空间的法律地位的一种理论。这种理论以法国法学家福希叶为代表，该学说认为，空气空间是向各国开放和完全自由的，但国家享有自保权，在必要时国家对领土上空享有干预的权利。早在1906年就有人提出，"空气空间是自由的，无论是在平时还是战时，对空气空间享有为了自保的必要权利"。

2. 领空自保权是指未经一国允许，任何外国航空器不得进入该国领空。任何国家都有保卫其领空安全，不受外来侵犯的充分权利。领空自保权是一国领空主权的重要组成部分，具有完整性和排他性，而且具有无条件性。

3. 防空识别区是指从地球陆地或水域的表面向上延伸的划定空域。在该空域内，为了国家安全，需要对航空器能立即识别、定位和管制。它是有关国家为了国防安全的需要而设置的。1950 年和 1951 年，美国和加拿大先后建立防空识别区，向大西洋和太平洋延伸几百海里。凡进入防空识别区的航空器，必须报告身份，以便地面国识别、定位和管制。二十多个国家或地区建立了这类区域。

4. 空中劫持，即非法劫持航空器犯罪，是 1970 年《海牙公约》规定的犯罪行为，凡在飞行中的航空器内的任何人，用暴力或暴力威胁，或者用任何其他恐吓方式，非法劫持或控制该航空器，或者企图从事任何这种行为，或是从事或企图从事这种行为的人的同犯，即是犯有罪行。公约不仅明文规定了该罪的犯罪表现，也规定抓获犯罪嫌疑人的缔约国，如不引渡则应起诉，各缔约国承允以严厉刑罚惩治犯罪的原则。该罪行适用于在其发生犯罪的航空器的起飞地点或实际降落地点是在该航空器登记国领土以外的情况，不论该航空器是从事国际飞行还是国内飞行。

5. 国际航空运输是国家之间开展的一种特殊的商业活动。国家之间的旅客、货物和邮件业务被看作一种国家资源，形成了"航空运营权"概念。这种航空运营权，应由有关国家通过协议交换，然后由该有关国家各自指定的航空公司施行。航空运营主要包括市场准入、运力权、定价权和商务权。

6. 1919 年《巴黎航空公约》将航空器分为民用航空器和国家航空器两类，国家航空器指国际法中用于军事、海关、警察部门的航空器，此外一切航空器为民用航空器。国家航空器包括军用航空器和公务航空器。

7. 空间可以分为空气空间和外层空间。外层空间就是指地球及空气空间以外的部分。对于外层空间与空气空间的划界，现行国际法和国际社会一直没有定论。相对比较一致的观点认为，海平面 100 千米以上区域是外层空间。《外空条约》对外层空间的法律地位进行了规定，主要包括：外空不得据为己有；外层空间由各国在平等基础上自由探索和利用，不得有任何歧视；以及探索和利用外层空间必须为全人类谋福利和利益，并为了维护国际和平与安全及增进国际合作与谅解而进行等。

8. 外空条约，指《关于各国探索和利用外层空间包括月球和其他天体活动所应遵守原则的公约》，于 1966 年 12 月 19 日联合国大会通过，1967 年 1 月 27 日开放签字，在外层空间法的形成和发展上具有十分重要的地位。它以多边公约的形式将"外空宣言"所宣告的 9 条政策性原则转化为国际法原则，并对这些原则的内容作了充实和扩大。《外空条约》常被誉为"外空宪章"，因而被认为是外层空间法的基石。同时，《外空条约》是一个框架性条约，其规定多为具有拘束力的基本原则，这就为外空法的进一步发展打下了基础。

9. 外层空间法，亦称"空间法"或"外空法"，即有关确立外层空间、月球和各种天体及空间物体的法律地位，规范人类外层空间活动的各类原则、规则和制度。外层空间法属于国际法，是现代国际法的一个重要分支。其特点表现为：空间法调整的是国家间的关系，规定的是国家间的权利和义务，任何空间条约的规定，除非构成了习惯国际法，对于非缔约国是无约束力的。空间法的调整对象决定了空间法的主体只能是国家以及以国家或政府作为成员的国际空间组织。此外，空间法的规定大都比较原则，因此实施常常需要国内法作为中介或补充。

三、简答题

1. 第一次世界大战结束后，国际社会在 1919 年《巴黎航空公约》中就明确各国对其领土之上的空气空间享有"完全的和排他的主权"。这样，国家领空主权的观念获得了国际公约的确认和肯定。继 1919 年《巴黎航空公约》之后，一些重要的国际条约又不断重申和肯定了国家对领空的主权权利，确立了领空主权制度。例如，1944 年《国际民用航空公约》第 1 条规定："每一国家对其领土上空享有完全和排他的主权。"1958 年日内瓦海洋法会议通过的《领海及毗连区公约》和 1982 年《联合国海洋法公约》都有类似的规定。

2. 国家领土之上的空气空间为国家的领空，是国家主权行使的空间。1919 年《巴黎航空公约》中明确了各国对其领土之上的空气空间享有"完全的和排他的主权"，国家领空主权的观念获得了国际公约的确认和肯定。主要体现在下列四个方面：

（1）自保权。未经一国许可，任何外国的航空器不得进入该国领空。任何国家都依法享有保证其领空不受外来侵犯的权利。

（2）管辖权。管辖权是国家主权的重要组成部分，是国家对领空享有主权的重要内容和直接体现。

（3）管理权。国家对空气空间的管理权主要表现在，通过制定法律和制度来加强空中航行安全、维护空中航行正常秩序、保护国家及国民合法权益。

（4）支配权。国家对其主权管辖下的空气空间有权许可外国航空器过境通行和进行营运。对空气空间的自由支配权也是国家主权权利的重要内容。

3.（1）"或引渡或起诉"原则的概念。

1970 年《海牙公约》和 1971 年《蒙特利尔公约》规定，在其境内发现被指称的罪犯的缔约国，如不将此人引渡，则不论罪行是否在其境内发生，应无例外地将此案件提交其主管当局以便起诉。该当局应按照本国法律以对待任何严惩性质的普通罪行案件的同样方式作决定。

（2）"或引渡或起诉"原则的具体规定。

1）《海牙公约》和《蒙特利尔公约》把非法劫持航空器、危害国际民用航空安全和危害国际民用航空机场安全的罪行排除在政治性犯罪之外，两项公约不仅规定这些罪行是可引渡的罪行，还规定以引渡条约为引渡条件的缔约国可根据这两项公约引渡罪犯，为缔约国间引渡罪犯提供了方便。

2）考虑到非法劫持航空器、危害国际民用航空安全和危害国际民用航空机场安全的罪行的政治因素，两公约都未规定强制的引渡义务，没有引渡条约的国家可以根据其国内法的规定，自行决定是否引渡罪犯。

3）公约所规定的罪行应包括各国间现有引渡条约中的可引渡的罪行。缔约各国承允将此种罪行作为一种可引渡的罪行列入它们之间将要缔结的每一项引渡条约中。

4）如一缔约国规定只有在订有引渡条约的条件下才可以引渡，而当该缔约国接到未与其订有引渡条约的另一缔约国的引渡要求时，可以自行决定认为本公约是对该罪行进行引渡的法律根据。

5）缔约各国如没有规定只有在订有引渡条约下才可以引渡，则在遵照被要求国法律规定的条件下，应承认公约所规定的罪行是它们之间可引渡的罪行。

6）为在缔约各国间的引渡的目的，罪行应看作不仅是发生在所发生的地点，而且也是发生在根据公约规定要求实施其管辖权的国家领土上。

4. 外层空间是指地球及空气空间以外的部分。《外空条约》对外层空间的法律地位进行了规定，主要内容如下：

1）任何国家不得通过任何方式将外层空间据为己有。外层空间，包括月球与其他天体在内，不得由国家通过提出主权主张，通过使用或占领，或者以任何其他方法，据为己有。

2）外层空间的探索和利用应为全人类谋福利和利益，并为了维护国际和平与安全及增进国际合作与谅解而进行。空间大国不得仅仅为了自身的利益而利用外层空间，还要对国际社会承担义务，从事外空活动的国家应该为一切国家谋福利和利益。

3）所有国家可在平等不受任何歧视的基础上，根据国际法自由探索和利用外层空间。外层空间是对全人类开放的开发范围，天体的所有地区均得自由进入。

4）探索和利用外层空间法，应遵守国际法。

5）禁止将载有核武器或其他大规模毁灭性武器的物体放置在环绕地球的轨道上。探索外层空间要以和平与安全为原则。

5. 外层空间法的基本原则是为各国公认的，具有普遍约束力，并构成外层空间法基础的强行法规范。这些原则构成了外层空间法规则体系中最核心和最基础的规范，各国必须绝对遵守并严格执行。1967年《外空条约》确立了有关外层空间活动的基本原则。

（1）为所有国家谋福利和利益原则。探索和利用外层空间（包括月球和其他天体），应为所有国家谋福利和利益，而不论其经济科学发展程度如何，并应为全人类的开发范围。

（2）自由探索利用和遵守国际法原则。所有国家可在平等、不受任何歧视的基础上，根据国际法自由探索和利用外层空间，自由进入天体一切区域。各缔约国在进行和探索利用外层空间的各种活动方面，应遵守国际法和《联合国宪章》。

（3）不得将外空据为己有原则。各缔约国不得通过主权要求、使用或占领等方法，以及其他任何措施，把外层空间据为己有。

（4）和平利用外空原则。各缔约国保证不在绕地球轨道放置任何携带核武器或任何其他类型大规模毁灭性武器的实体，不在天体配置这种武器，也不以任何其他方式在外层空间部署此种武器。各缔约国必须把月球和其他天体绝对用于和平目的。禁止在天体建立军事基地、设施和工事；禁止在天体上试验任何类型的武器以及进行军事演习。

（5）国际合作原则。各国在探索和利用外层空间时遵守合作和互助的原则。各国在外层空间所进行的一切活动，应妥善照顾其他国家的同等利益。如果一国认为另一国在外层空间的活动或实验可能危害和平探索和利用外层空间，应要求就这种活动或实验进行磋商。

（6）国际责任原则。各国对其（不论是政府部门，还是非政府的团体组织）在外层空间所从事的活动，要承担国际责任。空间物体的发射国及为发射物体提供领土或设备的国家，对该物体及其组成部分在地球、空间对另一国家或其自然人或法人造成的损害，应负国际责任。

（7）各国探索和利用外层空间必须遵守国际法原则。各缔约国探索和利用外层空间，包括月球与其他天体在内的活动，应按照国际法，包括《联合国宪章》，并为了维护国际和平与安全及增进国际合作与谅解而进行。

（8）保护外空环境原则。各国在开展外空活动时要避免空间污染，保护空间环境。

四、案例分析题

1.（1）A国、B国和D国有管辖权。

《海牙公约》第4条规定："在下列情况下，各缔约国应采取必要措施，对罪行和被指称的罪犯实施管辖权：罪行是在该国登记的航空器内发生的；在其内发生犯罪行为的航空器在该国降落时被指称的罪仍在航空器内；罪行是在针对租来时不带机组的航空器，或是在该航空者器内发生的，而承租人的主要营业地，或如承租人没有这种营业地，则其永久居所是在该国；当被指称的罪犯在缔约国领土内，而该国未将此人引渡时。"

劫持事件是在A国登记的民航飞机内发生的，B国因该劫持行为发生在该国领空而享有管辖权。D国是劫持者C1所在地国，而该国没有引渡他。

（2）D国的做法不正确，具体分析如下：

1）劫持民用飞机是《海牙公约》的缔约国防止和惩罚的犯罪行为。C1虽是C国反政府游击队的成员，但其劫持行为不属于政治犯罪，因此D国不能提供庇护。

2）D国虽没有引渡的义务，但该公约第7条规定，在其境内发现被指称的罪犯的缔约国，如不将此人引渡，则不论罪行是否在其境内发生，应无例外地将此案件提交其主管当局以便起诉。该当局应按照本国法律以对待任何严重性质的普通罪行案件的同样方式作出决定，因此，D国有义务依其法律对C1进行起诉和审判。

3）D国的做法违反了它依公约承担的国际义务。

2.（1）A国对"天眼号"卫星保持管辖权和控制权。《外空条约》第8条规定："本条约缔约国为射入外层空间物体的登记国者，对于该物体及其所载人员，当其在外层空间或在某一天体上时，应保有管辖权和控制权。"

（2）C国搜集和处理放射性碎片的费用可以获得赔偿。《责任公约》第1条规定："损害，指的是生命丧失，身体受伤或健康的其他损害；国家、自然人、法人的财产，或国际政府间组织的财产受损失或损害。"C国搜集处理碎片耗费的265万美元属于国家政府的财产损失。同时，根据该公约第3条可知，任一发射国的空间物体对另一发射国的财产造成损害时，只有存在过失才负责任，而侦察卫星失控坠落，当事国是存在过失的。

（3）根据《责任公约》第5条可知，C国可以单独或共同向A、B两国提出赔偿要求。

其解决程序是：根据《责任公约》相关条款规定可知，C国可以通过外交途径提出，如果C国与A国或B国无外交关系，可请另一国代其向A国或B国提出，也可以通过联合国秘书长提出，但要求A、B、C三国均为联合国会员国。同时，赔偿要求应于损害发生之日或判明应负责任的为A国或B国之日起一年内提出。若C国提出赔偿起一年内，通过外交谈判未获得解决，应于任一方提出请求时，成立赔偿委员会。若各方同意，委员会的决定应是最终的，并具有约束力。

五、论述题

1. 制止危害国际民用航空器安全的国际公约主要有：1963 年《东京公约》、1970 年《海牙公约》、1971 年《蒙特利尔公约》，这三个公约一起被称为"反劫机三公约"。此外，还有《蒙特利尔议定书》，它是《蒙特利尔公约》的补充。1991 年，在这一领域又有一个《蒙特利尔公约》问世，其全称为《关于注标塑性炸药以便探测的公约》。

(1)《东京公约》第 1 条第 3 款规定，"飞行中"是指"从航空器为起飞而启动时起，到着陆滑跑完毕时止"。为了扩大保护范围，《海牙公约》和《蒙特利尔公约》都对"飞行中"的含义作了扩张解释。

(2)《海牙公约》第 3 条第 1 款规定，非法劫持航空器行为是在飞行中的航空器上实施的。"飞行中"是指"从装载完毕，机舱外部各门均已关闭时起，到打开任何一扇机舱门以卸载时为止"。"航空器被迫降落时，在主管当局接管该航空器及机上人员与财产的责任以前，均被视为仍在飞行中"。但在现实中，劫持航空器行为，不仅仅是针对飞行中的航空器，而且常常是针对停在地面上的航空器。

(3) 1971 年的《蒙特利尔公约》在《海牙公约》规定的基础上，延展了对危害民用航空安全犯罪行为的适用范围。该公约第 2 条除了规定在飞行中的航空器内所犯的罪行，还规定了在使用中的航空器内所犯的罪行。使用中，是指从地面或机组为某一特定飞行而对航空器进行飞行前的准备时起，直至降落后 24 小时止。据此，在任何情况下，使用的期间都应包括航空器在飞行中的整个时间。但这里的"使用中"并非指航空器制成交付使用，或者是在机场、机库待用，而是指一种特定的使用，即用于某一特定飞行使用的航空器。

2.《外空条约》规定的外层空间原则体现了以下几个法学原理：

(1) 外层空间是"共有物"，不是"无主物"。共有物是可以共同利用，不能占有的。各国只能为和平目的在外层空间进行探索和利用，不能占有空间，任何占有空间的行为都是非法的和无效的。

(2) 外层空间是任何国家不能行使管辖权力的区域。在外层空间的活动只能适用外层空间法。外层空间法是国际法。各国可以制定其本国的外空活动法规或条例，但必须符合外层空间法的原则。违反外层空间法原则的国内法或国际协议都是非法的和无效的。

(3) 外层空间是人类对宇宙进行探索和利用的区域，它是属于全人类的，对它的探索只能为全人类谋福利和利益，只能用于和平目的。

(4) 外层空间的活动既然是为全人类谋福利和利益，必须加强国际合作，以便达到共同的目的。

(5) 外层空间既可以由各国自由探索和利用，彼此之间除合作之外，还应对损害行为承担国际责任。

3. (1) 外层空间法律制度。

外层空间法律制度，除了个别正在形成的国际习惯规则，主要是由国际条约组成的。

第一，《外空条约》。《外空条约》是外层空间法最重要的国际公约，它为各国和平探索与利用外层空间提供了基本的法律框架，因而被誉为"外层空间宪章"。《外空条约》以条约的语言证实了已经作为法律而通过和接受的原则和规则，并进一步通过许多实质性的重要规定丰富了法律的内容。①

第二，《营救协定》。1967 年 12 月，联大通过了《营救协定》。该协定规定，各缔约国发现宇航员遭受危难情况或紧急降落时，应尽速通知发射当局或公开宣布；对降落在该国领域内的宇航员予以救援，并提供必要协助；对降落在公海或不属任何国家管辖区域的宇航员应协助搜寻和救援；应将救获的宇航员迅速并安全送回负责发射的登记国或国际组织。

第三，《责任公约》。1971 年 11 月，联大通过了《责任公约》。该公约规定，发射国对其空间物体对地球表面或飞行中的航空器造成的损害承担绝对责任；发射国对在空间的物体或人员或财产造成的损害承担过失责任；赔偿应以国际法和公平原则为依据；损害赔偿的请求，应通过外交途径或联合国秘书长向发射国提出。

第四，《登记公约》。1974 年 11 月，联大通过了《登记公约》。该公约规定，发射当局不仅要在本国登记，而且要向联合国秘书长登记。需要进行登记的资料包括：发射国的名称，空间物体的适当标志或其登记号码，发射的日期和地点，基本的轨道参数，空间物体的一般功能。

第五，《月球协定》。1979 年 12 月，联大通过了《月球协定》。该协定规定，月球应专用于和平的目的，禁止各种军事利用；对月球的探索和利用应为一切国家谋福利；月球及其自然资源是全人类的共同财产；缔约国对其在月球上的人员、运载器、装备、设施、站所和装置应保有管辖权和控制权；缔约国在月球上进行的活动要承担国际责任。

（2）中国对外层空间法发展的态度。

第一，探索和利用外层空间的最终目的是改善全人类的生存和发展空间，提高生活质量。因此，探索和利用外层空间应专用于和平目的，并为全人类的福利和利益服务。中国政府主张，探索和利用外层空间，应按照包括《联合国宪章》在内的国际法，在和平利用、平等互利、自由竞争、共同发展的原则基础上进行；应加强和增进和平利用外层空间的国际合作，充分发挥联合国特别是联合国外空委员会在制定国际空间法，健全外层空间法律秩序方面的作用。

第二，以和平开发与利用空间资源为宗旨的航天事业，是全人类的共同事业。推进航天事业的持续发展，扩大空间技术的应用范围，需要各国的共同努力，需要不断地加强国际合作。中国政府十分重视国际空间合作，主张在平等互利、取长补短、共同发展的基础上，增进和加强外空领域的国际合作。中国既重视与空间科技发达的国家的合作，也重视与发展中国家的合作。为此，中国与许多国家缔结了政府间空间合作协定，中国在航天工业界与世界上几十个国家建立了空间技术和贸易合作关系，在卫星制造、卫星发射、载人航天、空间技术应用等多个方面开展了卓有成效的双边和多边合作。

第三，随着中国空间技术的发展、空间应用范围的扩大以及空间商业化发展的趋势，在现有外空法律制度的基础上，对中国的空间活动进行专门立法已经迫在眉睫。目前，我国尚未制定统一的空间法或航天法，但为了更有效地实施中国参加的各项外空法条约，保证我国航天活动的有序开展，国防科学技术工业委员会近两年加快了空间立法的步伐，已颁布了《空间物体登记管理办法》和《民用航天发射项目许可证管理暂行办法》两项部门规章。

---

① 蓝海昌，欧阳青. 外层空间法. 武汉：武汉大学出版社，1988：118.

第十三章　国际环境法

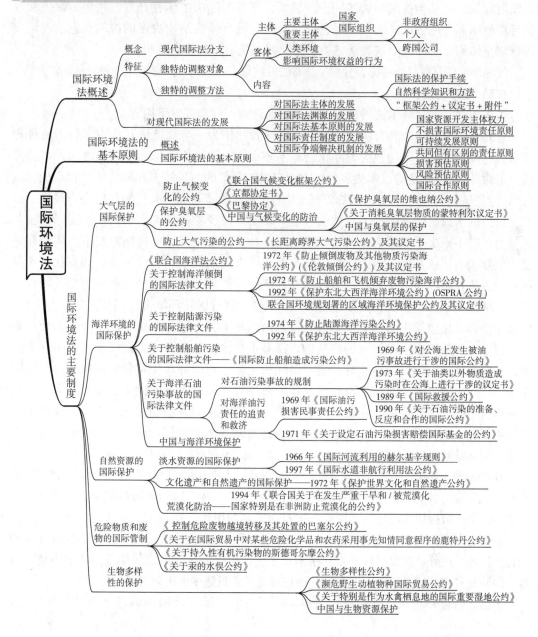

本章核心知识点解析

第一节 国际环境法概述

一、正确理解国际环境法的概念及特征

（一）基本概念

国际环境法是国际法为了应对人类环境问题的挑战而在国际环境保护领域逐渐产生和发展起来的，是当代国际法的一个新领域。它是国际法主体在开发、利用、保护和改善环境的国际交往中形成的，体现它们之间由其社会经济结构决定的协调意志的，调整国际法主体间有关环境的权利义务关系的原则、规则和制度的总和。

国际环境法具备三项特征，分别是具有法的约束力、独特的调整对象、独特的调整方法。

（二）疑难点解析

关于如何对国际环境法的特征进行准确地理解，应掌握以下内容。

首先，国际环境法具有法的约束力，意味着它作为一个规范国际法主体行为的规则体系具有拘束力。环境问题的国际化已是不争事实，在解决全球环境问题方面，单纯凭借"道德""礼仪"是难以解决利益对立而引发的争议的。虽然国际环境法存在不少"软法"，但是最初的"宣言"或"决议"随时间推移被逐步写进了条约和议定书，最终变成有拘束力的法律文件，出现了"软法"变"硬法"的现象，其背后动因在于国际社会共同努力，携手解决严重的全球化的环境问题。总体而言，国际环境法的拘束力体现在它能为国际法主体在开发、利用、保护和改善环境方面创设权利、设定义务和责任，调整国际法主体在国际环境保护领域的行为及其产生的国际关系。这种拘束力也是各国维护本国环境权益、保护本国和全球环境的法律武器，进行国际环境合作与交流的有力工具。例如，巴以领土争端中的一个重要因素就是两国对生存空间和水资源的争夺。水资源是一个国家、民族赖以生存与发展的基础，没有水，任何一个国家、民族都无法生存和发展。国际环境法的拘束力还体现在追究国际法主体承担国际环境责任的依据和进行国际制裁的法律保障方面。总体来看，国家一方面享有本国资源开发的主权权利，另一方面也须履行不损害国外环境责任之义务。在保证国家管辖和其控制的范围内不仅要尊重他国环境权益，而且在对他国环境造成损害的行为时须承担责任，这一点已经成为与环境相关的国际法规范的一部分。

其次，国际环境法具有独特的调整对象，意味着它调整国际法主体在开发、利用、保护和改善环境的活动和交往过程中所产生的各种关系。这是国际环境法区别于其他部门法的主要标志。根据传统国际法，国家有权自由开发利用其管辖范围内的环境与资源。这是国家主权范围内具有排他性的权利。一国未经许可，不得在他国境内排放污染物或开发利用自然资源。此外，国家有权开发利用不属于任何国家或国际组织管辖范围内的环境和资源，因开发利用环境和资源而产生的各种法律关系，只能依据国际环境法处理和解决。

最后，国际环境法具有独特的调整方法。由于国际环境法的内容丰富和范围广泛，

国际环境法的学科交叉性突出，它不仅涉及法学领域，还涉及天文学、地理学、生物学以及国际环境外交等领域，呈现综合性、技术性、社会性等特点，因而必然要求交叉学科知识和方法。

二、知晓国际环境法对现代国际法发展的影响

（一）基本概念

作为当代国际法的一个分支，国际环境法的发展推动了国际法的主体、国际法渊源、国际法基本原则、国际责任制度、国际法争端解决机制等领域的发展。

（二）疑难点解析

1. 理解国际环境法对国际法主体的发展影响

传统国际法观点一般认为能够独立参与国际法律关系是国际法主体的一个构成要件，这意味着否认非政府组织、跨国公司和个人的国际法的主体地位。随着国际环境法的产生与发展，传统国际法观点无法真实反映当下国际环境关系。从国际法主体的发展史来看，它经历了从仅有欧洲"文明国家"到增加亚洲、非洲和美洲的广大"非文明国家"，再到增加亚、非、拉广大殖民地半殖民地国家，又到包括政府间国际组织的发展历程。由此可见，国际法的主体也是一个发展的概念。鉴于此，在国际环境法视阈下，国家是国际环境法的基本主体，政府间国际组织是国际环境法的重要主体，非政府组织、跨国公司和个人在一定条件下和范围内也可以是国际环境法的主体。

第一，非政府间国际组织可以构成国际环境法的主体。非政府间国际组织是指各国国民间的团体、联盟或个人，为了促进在环境保护领域的国际合作而建立的一种非官方的、非营利性国际机构。非政府间国际组织可以在一定条件和范围内构成国际环境法的主体。这充分考虑到了非政府间国际组织在国际环境立法、执法及国际环境法发展中发挥越来越重要的作用。首先，非政府间国际组织能够而且实际上已经独立参与到与环境保护有关的国际关系中。其次，非政府间国际组织在一定范围内具有权利能力和行为能力。最后，已有的国际法文件也确认了非政府间国际组织的国际法主体地位。如欧洲国家于1986年4月签订的《关于承认非政府间国际组织的法律人格的公约》。

第二，个人可以直接享有国际环境法上的权利，承担国际环境法的义务，并享有与其他国际法主体近乎相同的诉讼资格。西方学者较早就承认了个人的国际法主体资格。首先，有关的国际实践和国际条约都已承认个人可以直接享有国际环境法的权利。其次，个人能够承担国际环境法上的义务甚至法律责任。最后，个人在与环境有关的国际司法及争端解决活动中享有与其他国际环境法主体平等的资格与权利。

第三，跨国公司应具有国际环境法主体的地位。首先，跨国公司作为被动主体一直处于国际环境法的调整之下。其次，跨国公司作为能动主体在国际环境法上具有一定的准诉讼资格。

2. 理解国际环境法对国际法渊源发展的影响

条约和国际习惯是公认的国际法的主要渊源。国际环境法的发展对国际法渊源的发展产生一定影响。

（1）条约层面。

条约是国际环境法的主要渊源之一。鉴于国际环境法的性质和特点及国际环境问题

的特殊性，国际环境条约具有一些传统条约所没有的新特点，这些特点在某种程度上也反映了国际环境法对国际法渊源的新发展。

第一，从环境条约的形式来看，环境条约较多应用"框架公约＋议定书＋附件"模式。框架公约一般会对缔约方的权利与义务作出框架性规定，可以避免各国纠缠一些具体的规则或条款，降低谈判成本和履约的难度，有助于提高各国的接受程度，便于在重大原则问题上达成一致，从而促进国际环境法的发展。议定书重点强调缔约方具体的权利义务和保护措施。附件一般会细化这些权利义务和保护措施。与框架公约相比，议定书和附件往往涉及具体事项，便于对非重大原则条款进行修订而不影响整个条约的效力。

第二，从环境条约的内容来看，程序事项的规定要比实体义务的规定更加翔实。基于环境条约的"框架公约＋议定书＋附件"模式，框架公约只能对缔约国的实体义务作出模糊规定，但在环境监测、信息交流、通知、报告、定期检查、协商等程序性的事项规定上要详细而具体。

第三，从环境条约的效力来看，适用性呈现不断增强之趋势。一方面，在国际环境法规则体系语境下，条约保留机制使用极为严苛，几乎所有的国际环境条约都不允许缔约国对本条约提出保留，确保了条约整体内容的普遍适用。另一方面，环境条约有突破传统"条约对第三方无损益"的条约相对效力原则的发展趋势。

第四，从环境条约的地理范围划分来看，区域性条约与全球性条约相得益彰。一方面，区域性环境条约推动全球性环境条约的发展，不少全球性环境条约是区域性环境条约走向全球化的结果。另一方面，全球性环境条约离不开区域性环境条约在贯彻落实中发挥的作用。

（2）国际习惯层面。

国际习惯也是国际环境法的一种重要的渊源。尽管在国际环境法领域已制定了不少成文法，但是，国际习惯仍然发挥了重要作用。

第一，国际环境条约或司法判例已出现不少有关环境保护的国际习惯和国际习惯的萌芽。国际习惯得以形成需要各国的反复实践并获得公认而被接受成为法律。

第二，国际习惯的优势，使其能在国际环境条约成文法背景下发挥它独特作用。与国际环境条约相比，国际习惯具有反映现实、灵活性较大的特点，而国际环境条约难以完整地反映各种复杂的国际社会现实，其缺乏灵活性。国际习惯有其存在的现实意义。当国际习惯内含强制法规则时，国际习惯优于与其相抵触的条约。

第三，作为国际法渊源的国际习惯和条约，两者关系密切，具有一种相互补充、渗透和转化的作用。国际环境条约中不少法律原则处于"软法"阶段，经各国的实践，以及转化为条约的条款后，终成为"硬法"。不少全球环境保护的指导思想和相关基本原则被权威学者认为是正在成型的国际习惯法规则。

3. 理解国际环境法对国际法基本原则的影响

国际环境法的基本原理和原则对国际法基本原则进行了传承、丰富和发展，相应地也在推动国际法基本原则的发展与进步。总体而言，其呈现继承性与创新性、科学性与实践性、整体性与特殊性的特点。

首先，国际环境法的基本原理和原则传承了国际法的基本原则的诸多理念。国际环境法与国际法在基本原则领域既有联系，又有区别。国际环境法的基本原则是以国际法的基本原则为基础的，前者必须与后者保持一致，前者也要服从后者的指导。例如，作为国际环境法的基本原则之一的国际合作原则继承发扬了国际法中的国际合作原则。鉴于当今世界所面临的环境问题是普遍的、全球性、影响人类生存和发展的重大问题，保护和改善环境体现着人类的共同利益，是国际社会的共同责任，所有的国家应不分大小、贫富，广泛参与环境议题，如此才有望解决跨国性的环境问题。国际合作是保障所有国家有效参与国际环境事务的重要途径。这在《联合国人类环境会议的宣言》（以下简称《斯德哥尔摩宣言》）和《关于环境与发展的里约宣言》（以下简称《里约宣言》）中已得到明确承认——"各国应本着全球伙伴精神，为保存、保护和恢复地球生态系统的健康和完整进行合作"。某种程度上说，国际环境法的发展就是国际环境合作的产物。国际环境保护领域在有关国际合作的内容、形式、层次、途径等方面有了较为成熟的发展。国际合作原则既是国际法的一项基本原则，也是国际环境法的基石。

其次，国际环境法的基本原理和原则丰富了国际法的基本原则的内涵。从不少国际环境法著作中关于基本原则的内容来看，国家资源主权权利和不损害国外环境责任是国际环境法的基本原则的重要组成部分。主权是现代国家的根本属性之一，主权国家的存在，是国际法形成和发展的前提条件，各国主权平等，是国际法的基本原则之一。国际环境法作为国际法的一个分支，自然也必须遵循国家主权原则。国家资源主权权利和不损害国外环境责任原则的确立可以说是国际环境法深受现代主权原则影响的直接体现。该原则不仅丰富了主权概念的内涵，也对国家主权进行了某些限制。国家主权原则在国际环境关系领域内的适用已经突破了传统的国际法原则且颇有新意，它不仅要体现各国的主权权利和各国主权权利的平等和相互尊重，而且要协调各国主权权利与人类共同利益之间的关系。不损害国外环境责任原则意味着要承认各国对其自然资源的主权权利，同时要求所有国家在人类共同利益的基础上，一国在环境领域负有"适当注意"的义务。

4. 理解国际环境法对国际责任制度的发展

近年来，人类环境问题日益突出，且越来越受到国际社会的关注。环境领域许多重大问题和新问题的出现，既对现有国际法发起了挑战，也为国际法的发展带来了新的机遇。就国际责任制度而言，亦是如此。

第一，国际环境法克服了传统国际责任制度的缺陷。根据国际法的一般原理，国际法律责任包括国际不当行为的责任和国际法不加禁止的行为所致损害的责任。国际不当行为的责任包括一般国际不当责任和国际刑事法律责任。国际不当行为的法律后果是国家赔偿责任，停止不当行为和补偿（含恢复原状、赔偿、其他补偿和对不再犯的保证）是其主要形式。

在国际环境法中关于国际法不加禁止的行为所致损害的责任方面，其责任的产生不以故意或过失的存在为前提，实行的是严格责任原则或者结果责任原则。换言之，国际环境法在国际责任理论中较为重视无过错责任，无过错责任（包括严格责任和绝对责任）的应用能够弥补"过失责任论"的不足。这一归责原则在相关国际判例中已得到支持，例如，1954 年美国在马绍尔群岛核试验致损案和 1978 年苏联 854 号核动力卫星坠落加拿大致害赔偿案。

第二，国际环境法促进了《国际法不加禁止行为造成损害性后果的国际责任条款草案》的编撰。鉴于传统国际法的国际责任制度对国际环境关系规制的无力性，1978 年联合国国际法委员会启动了以"国际法不加禁止行为所引起有害后果的国际责任"为专题的法律编纂工作，并分别于 1996 年和 1998 年通过《国际法不加禁止行为所引有害后果的国际责任条款草案》和《国际法不加禁止行为所引起有害后果的国际责任条款草案（预防危险活动的跨界损害部分）》。编纂工作既反映了国际法的发展必然要响应人类社会发展趋势，也体现了国际环境关系的规制需要国际责任制度的新发展。需要指出的是，国际社会需要这样的国际法规范从而对此类国际关系进行调整，国家不愿意为跨界环境损害承担国家赔偿责任以及无过错责任仅适用于高度危险活动的情形，也要求国际社会制定关于国际法不加禁止行为致害的国际责任的法律规范。

第三，个人要承担国际环境刑事责任有力地推动了国际责任制度体系不断完善。从国际环境法的主体来看，个人可以直接享有国际环境法上的权利，承受国际环境法的义务，并享有与其他国际法主体近乎相同的诉讼资格。国际责任制度包括国家的国际责任和国际组织或国家以外的其他实体的国际责任。1991 年，联合国国际法委员会《危害人类和平及安全治罪法草案》第 26 条规定，"故意或注定会引起自然环境受到广泛的、长期的和严重的损害"的个人，应当承担国际刑事责任。国际刑事法院检察长办公室 2016年发布的案件筛选政策文件明确提出，将破坏环境和非法开发自然资源等视为判定某行为是否构成危害人类罪和战争罪等严重国际犯罪的重要指标。违反国际环境法领域的非法行为，也构成国际犯罪，相关行为人有可能要承担国际刑事责任。

5. 理解国际环境法对国际法争端解决机制的发展

国际环境争端解决机制的发展经历了一个从无到有、从简单到复杂、从一般到特殊的过程。总体而言，其形成了以事后应对为目的的争端解决机制和以风险预防为目的的争端避免机制。从 20 世纪 50 年代之前的国际环境条约来看，关于争端解决的条款是缺乏的。例如，1902 年《保护农业益鸟公约》、1911 年《海豹皮保护和保存公约》、1946年《国际捕鱼管制公约》等未规定任何争端解决的条款。直到 20 世纪 50 年代至 70 年代，国际环境条约才开始出现争端解决的条款，但大多数是对一般国际法关于争端解决的规定的复述，其间未形成专门解决环境关系的争端解决机制。20 世纪 80 年代以后，国际环境条约就争端解决机制迎来较大的发展，不仅条约中含有争端解决条款，而且针对性大幅提升，出现了新型争端避免机制。

争端避免机制程序涉及监测、调查、报告、通知、咨询、信心的收集与交流、环境影响评价以及不遵守程序、事先知情同意、事前协商等。其中，不遵守程序是目前环境领域比较完整的新型争端解决程序。它所体现出来的非对抗性，充分反映了国际环境争端解决机制的灵活性、协助性、磋商性与合作性。这是对国际争端解决机制的一种新尝试与发展。

第二节 国际环境法的基本原则

关于国际环境法基本原则的要义，应掌握以下内容。

（一）基本概念

国际环境法的基本原则是指被各国公认和接受的、在国际环境法领域具有普遍指导意义的、体现国际环境法特点的、构成国际环境法的基础的原理和一般规则。确定国际环境法的基本原则，必须遵循普遍性与特殊性这两个准则。普遍性准则以国际法的基本原则为基础，受国际法基本原则确定标准的支配和指导；特殊性准则是指应充分考虑人类环境问题、国际环境保护及国际环境法的特点，要能够反映国际环境法的特殊性。

国家资源开发主权权利和不损害国外环境责任原则、可持续发展原则、共同但有区别的责任原则、损害预防原则、风险预防原则、国际合作原则这六项原则为国际环境法的基本原则。

（二）疑难点解析

鉴于国际环境法与国际法的关系，就国际环境法的基本原则而言，它虽然是作为国际法的一个分支的基本原则，但适用的范围限定为国际环境法下相关的国际环境关系领域。在国际法体系中，国际环境法的基本原则是次一级的和派生的，处于较低的层级。

1. 理解国家资源开发主权权利和不损害国外环境责任原则

该原则来自 1972 年《人类环境宣言》原则 21 和 1992 年《里约宣言》原则 2。一般认为，这项原则已经成为国际习惯法原则。不仅是因为它得到世界绝大多数国家赞同并得到宣示，而且是因为它在重要的国际法律文件和司法判例中得到确认。国家资源开发主权权利意味着各国拥有按照本国的环境与发展政策开发本国自然资源的主权权利。这项权利来自国家对其管辖范围内的自然资源的永久主权。基于主权下的资源开发主权权利得到了很多环境条约的承认。在国际环境保护领域，发展中国家同发达国家之间在国家资源开发主权权利上存在很大的分歧和斗争，其背后根源在于发展中国家与发达国家之间在经济发展中的差异性。不损害国外环境责任原则是相对于国家对自然资源永久主权的一种义务。这个义务是由人类环境问题的全球性和跨国性所决定的。在不少国际组织的决议等法律文件及国际司法判例的反复确认下，它已构成国际习惯法的一部分。该原则强调国家在环境领域负有适当注意的义务，是对国家主权进行必要的限制。

2. 理解可持续发展原则

可持续发展原则起源于 1893 年的"太平洋海豹仲裁案"，在 20 世纪 80 年代得到进一步发展。根据 1987 年联合国世界环境与发展委员会《我们共同的未来》报告，可持续发展概念是指"既满足当代人的需要，又不对后代人满足其需要的能力构成危害的发展"。尽管当前国际法学者未就可持续发展的定义达成统一认识，但是，根据英国著名国际环境法学者菲利普·桑兹的四要素观点，他认为代际公平、代内公平、对资源的可持续利用和环境与发展一体化是可持续发展原则的四要素，总体上较为客观地阐述了该项原则的主要内涵。

可持续发展原则不仅在诸多环境条约中给予了明示或默示地承认。例如，1946 年《国际捕鲸管制公约》规定了"为未来世世代代子孙而保护鲸鱼类这一丰富自然资源"、1992 年《生物多样性公约》序言强调"各国有责任保护它自己的生物多样性并以可持续的方式使用它自己的生物资源"、《联合国气候变化框架公约》规定"各缔约方有权并且应当促进可持续的发展"。此外，在一些重要的国际组织决议和宣言等国际环境文件中也可以看到可持续发展的相关规定。必须指出的是，可持续发展概念已在不少国际司法实践中得以确认及应用，为可持续发展原则进一步发展奠定重要基础。客观而言，在国际环境法中，可持续发展原则是一项新的并处于形成和发展中的原则，未来将有望获得国际习惯法的法律效力和地位。

3. 理解共同但有区别的责任原则

该原则是指在保护和改善全球环境方面，所有的国家都负有共同的责任，但考虑到导致全球环境问题背后成因不同，责任大小必须有区别。也就是说，发达国家与发展中国家在责任担当方面存在差异。共同的责任意味着各国必须采取切实措施保护和改善本国管辖范围内的环境，确保在管辖或控制下的活动不对其他国家或国家管辖范围以外地区的环境造成损害，国家之间应相互支持和援助。考虑到发达国家工业化发展史是以长期过度消耗地球资源和严重污染地球环境为代价的，发达国家应该在国际环境议题上起模范表率作用，以切实行动承担比发展中国家更大的保护全球环境责任。对发展中国家而言，有区别的责任意味着这些国家所承担的环境责任应与发达国家有所区别。鉴于发展中国家经济发展水平低、科学技术落后的现实状况，它们在环境保护层面的责任要小于发达国家的，但并不意味着发展中国家可以免除全球环境保护的责任，而仅是拥有暂缓采取实质性限控行动的权利。共同但有区别的责任是一项有利于发展中国家的主张，得到了广大发展中国家的支持。但是，该原则的内涵尚有诸多不确定的地方，从实践来看，明确适用该原则的国际环境保护条约的数量也十分有限，因此，不能说该原则已经成为国际环境保护领域内的习惯法规则，但它已是发达国家与发展中国家履行环境保护责任的法律依据。

4. 理解损害预防原则

损害预防原则指的是国家应尽早地在环境损害发生之前采取措施以制止、限制或控制在其管辖范围内或控制下的可能引起环境损害的活动或行为。它是国家资源开发主权权利和不损害国外环境责任原则的延伸。它与风险预防原则构成国际环境法的预防原则。损害预防原则即为"预防为主、防治结合"治理思想的产物。科学上的确定性情况成为损害预防原则适用的前提。经验和科学知识表明，在处理环境问题领域，预防原则必须是黄金规则。这是考虑到环境污染和破坏一旦发生，往往难以消除恢复，而且许多损害具有不可逆转性。此外，一旦环境污染造成既成事实后再进行治理，成本将很高。因此，在国际环境关系中，事前采取预防措施以制止或阻碍环境损害的发生或即将发生的环境损害是非常重要的。

5. 理解风险预防原则

风险预防原则与损害预防原则一并构成国际环境法的预防原则。风险预防原则是指"如果对某种活动可能导致对环境有害的后果存在着很大的怀疑，最好在该后果发生之前不太迟的时候采取行动，而不是等到获得不容置疑地显示因果关系的科学证据之后再采取行动"。本定义与《里约环境与发展宣言》原则15的内涵一致。从中可以看出，环境风险的不确定性是风险预防原则的对象，这种不确定性也不能成为不行动或延迟行动的理由。从某种意义上说，风险预防原则常常被认为是对环境资源管理中的"好家政"。目前在科学上不存在一个确切的认识或有一个明确的结论，认为如果不积极采取任何防范措施，将可能会出现难以预料的后果。鉴于此，最明智的应对办法就是遵循风险预防原则，秉持"存疑先行"的理念，当遇到有严重或不可逆转的损害威胁时，不得以缺乏科学上的充分、确实的证据为由，推迟或拒绝采取必要的措施以防止环境的恶化。

6. 理解国际合作原则

国际合作原则是国际法在国际环境法领域的延伸，其作为国际法的基本原则，也是国际环境法的基石。对于国际环境保护事业而言，国际合作具有特别重要的现实意义。第一，国际环境问题全球性、跨国性、复杂性等特点决定了各国必须加强合作，当前任何一个国家无法单独解决全球环境问题，唯有国际社会通力合作、紧密协作，才有解决之可能。第二，国际社会各国间利益冲突，特别是政治与经济利益的冲突决定了国家之间必须加强国际合作。第三，国际环境立法和国际环境法的实施、执行要求各国间展开合作。

第三节　国际环境保护制度分述

一、掌握国际大气层环境保护法的法律文件

地球大气环境正在恶化，这已引起国际社会的广泛关注。除了各国国内法的措施，国际社会已通过双边、区域性、全球性公约来应对大气环境恶化。现今，国际大气环境保护的重点目标围绕防止气候变化、保护臭氧层、防止大气污染等方面展开，1992 年《联合国气候变化框架公约》、1997 年《京都议定书》、1985 年《保护臭氧层维也纳公约》等是该领域重要的法律文件。

1. 防止气候变化的公约

(1)《联合国气候变化框架公约》。

气候变化问题首次引起国际社会的关注是在 1979 年。此后，在联合国环境规划署、世界气象组织和国际科学联盟等国际组织和众多国家的共同努力下，历经艰辛，《联合国气候变化框架公约》最终于 1992 年 5 月 9 日获得通过，同年 6 月在联合国环境与发展大会上开放签署。154 个国家和欧共体签署了该公约，中国在会上签署了公约。公约于 1994 年 3 月 21 日生效。必须指出的是，该公约背后牵涉各国经济、社会和环境利益，涉及发展中国家与发达国家之间、发展中国家彼此之间以及发达国家彼此之间的矛盾与分歧，因而该公约的谈判过程充满着错综复杂的矛盾、斗争和妥协。因此，该公约呈现出的最大特点就是它的"框架性"。

《联合国气候变化框架公约》的终极目标是"将大气中温室气体的浓度稳定在防止气候系统受到危险的人为干扰的水平上"。为此，该公约规定了下列五项原则，分别为：第一，代际公平原则和共同但有区别的责任原则；第二，要求充分考虑发展中国家的愿望和要求；第三，风险预防原则和成本效益原则；第四，可持续发展原则；第五，国际合作原则。

《联合国气候变化框架公约》的主要机构是缔约方大会、秘书处、附属科技咨询机构、附属履行机构。缔约方大会是公约的最高机构，截至 2022 年 1 月，已举办 26 次缔约方大会。其职责是定期审评缔约方会议可能通过的任何法律文书的履行情况，并在职权范围内作出有关公约履行的决定。秘书处的职责包括安排缔约方会议和附属机构的会议并为之提供服务、汇编和传递报告及其他信息，与其他国家间机构的秘书处保持联系和协调等。附属科技咨询机构的职责是就与该公约有关的科学和技术事项向缔约方会议

和其他附属机构提供信息咨询。附属履行机构的职责是协助缔约方会议评估和审议该公约的履行情况。

（2）《京都议定书》。

《京都议定书》是1997年12月在京都举行的第三次缔约方大会上达成的，这是减缓人类活动引起的气候变化在国际环境具体规范方面的重大突破。在国际法上，《京都议定书》具有重要的意义。《京都议定书》坚持了"柏林授权"的规定，没有为发展中国家规定减排义务。它是人类历史上第一个专门为发达国家规定温室气体减排义务的具有法律约束力的文件。它以量化指标和具体达标时间表落实发达国家在国际环境事务中的"有区别的"责任。

就其缺陷而言，具体表现如下：第一，减排总目标较低。它规定的减排总目标离1996年第二届缔约方会议《日内瓦部长宣言》指出的"为将大气中温室气体浓度维持在两倍于工业化前时代的水平，当前全球温室气体的人为排放需削减50%"的目标有很大的差距。第二，减排数量的核算和核查存在不确定性。例如，森林的作用如何计算，如何避免灵活机制应用中的虚假以及不同温室气体之间的"全球增温潜值"如何准确转换，这些都需要进一步的规定。

（3）《巴黎协定》。

《巴黎协定》于2015年12月12日由178个国家领导人在第21届联合国气候变化大会（巴黎气候大会）上通过，于2016年4月22日在纽约联合国大厦签署，于2016年11月4日起正式实施，开创了气候治理中的新纪元。《巴黎协定》是对2020年后全球应对气候变化的行动作出的统一安排。该协定长期目标是将全球平均气温较前工业化时期上升幅度控制在2摄氏度以内，并努力将温度上升幅度限制在1.5摄氏度以内，从而加强对气候变化的全球应对措施。中国是该协定的重要推动力量。

2. 臭氧层保护

（1）《保护臭氧层维也纳公约》。

臭氧层保护问题在20世纪70年代引发国际社会广泛关注。1981年，联合国环境规划署负责起草保护臭氧层的全球性公约。1985年3月22日国际社会通过了《保护臭氧层维也纳公约》。其主要机构为缔约方大会和秘书处。"框架性"是该公约的重要特点，其未对耗损臭氧层物质的限制和停止使用规定具体的目标和时间表。该公约的主要内容涉及缔约方的一般义务（第2条）、关于研究和观察臭氧层的规定（第3条）、关于在法律科学和技术方面的合作的规定（第4条）、关于递交资料的规定（第5条）和关于机构安排的规定（第6~7条）。

（2）《关于消耗臭氧层物质的蒙特利尔议定书》。

1987年《关于消耗臭氧层物质的蒙特利尔议定书》首次对消耗臭氧层物质的消费和生产作出限制，从而对臭氧层的保护赋予实质性内容。该议定书先后历经6次修订，2019年基加利修正案为最新修订。其主要内容涉及关于风险预防原则的规定、关于控制物质和过渡性物质的规定、关于消减和停止控制物质的消费和生产的规定、关于照顾发展中国家的特殊情况的规定、关于控制同非缔约国的贸易的规定、关于报告数据的规定、关于不遵守程序的规定、关于资金机制的规定和关于进出口许可证制度的规定。

3. 防止大气污染

1979 年《长程越界空气污染公约》是国际大气环境保护领域的一项重要的区域性多边公约。它由联合国欧洲经济委员会主持于 1979 年 11 月 13 日签订，于 1983 年 3 月 16 日正式生效。该公约缔约方有 30 多个国家，其宗旨在于控制空气污染，特别是控制二氧化硫的排放和酸雨，促进各缔约国之间合作。该公约主要内容为关于空气污染和长程越界空气污染的定义、关于控制长程越界空气污染的基本原则、关于空气质量管理的承诺、关于研究和开发的规定、关于交换资料的规定、关于监测和评价欧洲长程越界空气污染的规定、关于机构的规定。该公约的执行机构为欧洲经济委员会若干环境顾问和秘书处。该公约缔约国又签订了八项议定书，对公约的一些具体问题作出更翔实的规定。

二、掌握国际海洋污染控制法的条约体系

总体来看，国际海洋污染控制的条约体系分两个层次：一是有关海洋环境保护的全球性公约及特定类型的海洋污染问题的公约；二是区域性海洋环境保护公约。

1.《联合国海洋法公约》

在海洋污染控制的全球性公约方面，《联合国海洋法公约》无疑是最具有代表性的，它被誉为"海洋法宪章"。该公约旨在在顾及所有国家主权的情形下，为海洋建立一种法律秩序，以便利国际交通和促进海洋的和平用途，促进海洋资源的公平而有效的利用，促进海洋生物资源的养护以及研究、保护和保全海洋环境。在该公约的制定过程中，共有 160 个国家参与，前后历时 10 年，举办 10 多次会议，最终得以通过。该公约有 17 个部分、320 条和 9 个附件，既对海洋问题的国际习惯法规则予以系统编撰，又对海洋地缘政治、海洋科学、海洋资源开发、海洋环境保护等方面做了较为系统的规定，是迄今国际海洋法领域最全面、最权威、最系统的编纂。该公约对国际海洋环境保护具有重要现实意义：一是它为各国利用和保护海洋资源的行为确立了必须遵守的国际法原则和义务；二是它对各国保护国际海洋环境规定了基本的法律要求和制度。国际环境法的基本原则在该公约中都有直接的体现。

在海洋环境保护的区域性公约方面，在联合国环境规划署区域海洋项目的努力下，18 个地区制定和发展了区际公约和议定书，使区域海洋环境保护制度日趋完善，与全球性公约相得益彰，例如，1976 年《保护地中海免受污染公约》、1978 年《关于合作防止海洋环境污染的科威特区域公约》、1981 年《合作保护和开发西非和中非区域海洋和沿海环境公约》等。

2. 关于特定类型海洋污染问题的条约

针对海洋倾倒、陆源污染、船舶污染和海洋污染事故问题的公约，共同构筑了特定海洋污染源和海洋污染问题的法律控制体系。

（1）关于控制海洋倾倒的条约和议定书。

在控制海洋倾倒条约层面，除了 1982 年《联合国海洋法公约》，其他代表性的公约是 1972 年《防止倾倒废物及其他物质污染海洋的公约》及其 1996 年议定书、1972 年《防止船舶和飞机倾弃废物污染海洋公约》、1992 年《保护东北大西洋海洋环境公约》以及联合国环境规划署主持修订的区域海洋环境保护公约的有关规定和议定书。其中，

1972 年《防止倾倒废物及其他物质污染海洋的公约》适用除各国内水以外的所有海域，是唯一一项关于海洋倾倒问题的全球性条约。该公约对倾倒作了科学界定，明确了三大类管制物质。该公约规定了缔约国应设立主管单位履行审批许可、保存记录、监督倾倒活动和监测海洋情况等职责。

（2）关于控制陆源污染的条约、议定书和其他文件。

《联合国海洋法公约》有关控制陆源污染的规定、1974 年《防止陆源海洋污染公约》、1992 年《保护东北大西洋海洋环境公约》（1998 年生效后取代了《防止陆源海洋污染公约》）、联合国环境规划署主持的区域海洋环境保护公约的有关规定和议定书及1985 年《保护海洋环境免受陆源污染的蒙特利尔准则》，是控制陆源污染的主要文件。

（3）关于控制船舶污染的条约和议定书。

《联合国海洋法公约》、1973 年《国际防止船舶造成污染公约》及其 1978 年议定书是控制船舶污染的代表性条约。其中，《联合国海洋法公约》规定了防止船舶引起海洋污染的基本法律框架，明确规定了不同类型的国家在控制海洋船舶污染的立法和执行方面的权利和义务。《国际防止船舶造成污染公约》及其议定书适用于有权悬挂缔约国国旗的船舶和无权悬挂缔约国国旗但在一缔约国的管辖下进行营运的船舶，也规定了不适用船舶的范围。该公约附有两个议定书和五个附则。

（4）关于海洋污染事故的条约和议定书。

关于海洋污染事故的文件主要有 1973 年《关于油类以外物质造成污染时在公海上进行干涉的议定书》、1989 年《国际救援公约》、1990 年《关于石油污染的准备、反应和合作的国际公约》及若干关于海洋污染事故的区域性公约和议定书。1973 年《关于油类以外物质造成污染时在公海上进行干涉的议定书》规定了缔约国可以在公海上采取必要措施，防止、减轻或消除对它们的海岸线或有关利益存在严重和紧迫的由于海上事故或同事故有关的行动所产生的海上油污或油污威胁危险。缔约国采取措施之前，还应同受海上事故影响的国家联系，并将拟采取的措施通知所知道的将会受该措施影响的自然人或法人并考虑他们提出的意见。

（5）中国与海洋环境保护。

中国自 1972 年恢复在联合国的合法席位以后，陆续加入了联合国和其他国际组织订立的几乎所有的与海洋环境保护有关的条约。特别是中国全程参加了第三次联合国海洋法会议的历次会议和《联合国海洋法公约》的制定工作，也是《联合国海洋法公约》的缔约国。此后，中国积极参与国际海洋环境保护的立法活动，1980 年加入《国际油污损害民事责任公约》，1983 年加入 1973 年的《国际防止船舶造成污染公约》及其 1978 年议定书，1985 年加入 1972 年的《防止倾倒废物及其他物质污染海洋的公约》，1986 年加入《修正 1969 年国际油污损害民事责任公约的 1984 年议定书》，1990 年加入 1969 年《国际干预公海油污事故公约》，1991 年加入《控制危险废物越境转移及其处置巴塞尔公约》和《禁止在海床洋底及其底土安置核武器和其他大规模毁灭性武器条约》。进入 21 世纪以来，中国仅在 2001—2009 年间，签署和接受有关海洋公约及其修正案共计 20 部左右，涵盖海洋环境保护、海洋污染治理、海洋资源开发等各个方面，例如，2010 年签署《南太平洋公海渔业资源养护和管理公约》，2012 年签署并于 2014 年批准《北太平洋公海渔业资源养护和管理公约》，2016 年加入《国际船舶残骸清除公约》等。

中国改革开放 40 多年以来，海洋环境保护法治的发展大致可以分为三个阶段：（1）起步阶段：1978—1998 年。1982 年通过《中华人民共和国海洋环境保护法》，初步形成了中国海洋环境保护法律体系。依托《中华人民共和国海洋环境保护法》，国家陆续发布了其他海洋环境方面的法律规章，如 1983 年《中华人民共和国防止船舶污染海域管理条例》、1985 年《中华人民共和国海洋倾废管理条例》、1990 年《中华人民共和国防止陆源污染物污染损害海洋环境管理条例》等，有效保证了《中华人民共和国海洋环境保护法》的实施。（2）发展阶段：1999—2011 年。在此阶段，中国颁布了多部与海洋环境保护相关的法律法规。如 2001 年《中华人民共和国海域使用管理法》、2002 年《中华人民共和国环境影响评价法》、2003 年《中华人民共和国港口法》、2005 年《中华人民共和国可再生能源法》、2008 年《中华人民共和国循环经济促进法》、2009 年《中华人民共和国海岛保护法》、2006 年《防治海洋工程建设项目污染损害海洋环境管理条例》和 2009 年《防治船舶污染海洋环境管理条例》等都是与海洋环境保护直接相关的法律法规。此外，还对《中华人民共和国宪法》《中华人民共和国海洋环境保护法》《中华人民共和国水污染治理法》《中华人民共和国渔业法》《中华人民共和国矿产资源法》《中华人民共和国水法》等进行修订。（3）深化阶段：2012 年至今。2012 年，中共十八大创造性地提出了保护海洋生态，发展海洋经济，维护海洋权益的海洋强国战略。2013 年，习近平主席提出"一带一路"倡议，海洋强国被提高到国家战略层面。与之相伴的，海洋环境和海洋生态也得到空前的关注。2012 年《海洋观测预报管理条例》、2012 年《海洋生态文明示范区建设管理暂行办法》、2014 年《海洋生态损害国家损失索赔办法》、2015 年《中华人民共和国防治船舶污染内河水域环境管理规定》以及 2016 年《中华人民共和国深海海底区域资源勘探开发法》的制定都反映了中国的海洋强国战略。

三、掌握自然资源的国际保护法律文件

1. 淡水资源的国际保护

淡水资源是人类活动及其他生物不可缺少的自然资源，是全球经济可持续发展的重要支撑资源。在相关国际法原则和规则的指引下，就淡水资源环境保护等问题，国际社会形成了不少的国际公约和法律文件。既有代表淡水资源保护法（国际水法）最权威的编纂和发展成就的《联合国国际水道非航行使用法公约》以及影响最大的由区域性公约发展成为全球性公约的《保护和利用跨界水道和湖泊公约》，又有被认为是最具有影响力的国际水法软法文件——《赫尔辛基规则》与《柏林规则》以及代表着国际水法立法最新成果的《跨界含水层法草案》。其中，《国际水道非航行使用法公约》于 1997 年 5 月 21 日在联合国大会予以通过，2014 年生效，它是第一个关于国际淡水资源利用和保护的全球性公约。该公约旨在"保证国际水道的利用、开发、养护、管理和保护，并促进为今世后代对其进行最佳和可持续的利用"。该公约的主要原则涉及"公平合理利用和参与"、"不造成重大损害的义务"、"一般合作义务"、"交换数据和资料"和"各种使用之间的关系"等原则。

2. 文化遗产和自然遗产国际保护

人文遗迹和自然区域是人类的宝贵财产。1972 年联合国教科文组织通过了《保护世界文化和自然遗产公约》，该公约旨在为集体保护具有突出的普遍价值的文化遗产和自然

遗产建立一个依据现代科学方法组织的永久性的有效制度，以通过提供集体援助来参与保护具有突出的普遍价值的文化遗产和自然遗产。它虽不能代替有关国家采取的行动，却可称为有关国家行动的补充。该公约承认国家领土内的文化遗产和自然遗产的确定、保护、保存、展出和传与后代，主要是有关国家的责任。该公约所设立的制度的背后实际上就是一个通过支持公约缔约国保存和确定这类遗产的国际合作和援助系统。该公约设立的世界遗产委员会机构、世界遗产基金是文化遗产和自然遗产国际保护的重要抓手。从保护文化遗产和自然遗产的区域性条约来看，欧洲和美洲无疑走在前列。代表性条约有欧洲的 1969 年《保护考古遗产欧洲公约》和 1976 年中美洲 9 个国家的《保护美洲国家考古历史和艺术遗产公约》。

3. 荒漠化防治

国际社会已关注到全球面临干旱和土地荒漠化问题，于 1994 年制定了《防止荒漠化公约》。它是联合国环境与发展大会第一部重要的全球性环境条约。该公约从谈判到生效历经时间短，这充分反映了国际社会在土地荒漠化问题上能较快达成共识，绝大部分主权国家都成为公约的缔约方。该公约对荒漠化等概念予以界定，明确了公约的目标为通过国际合作，实现受干旱和荒漠化影响地区的可持续发展，采取一定措施防止荒漠化。该公约确认了四项指导原则，强调地方社区参与的重要性，并被设计为政府、国际社会、开发者和当地居民之间的一项协议，这是该公约的重要创新点。该公约也规定了三类义务，分别为所有缔约方的一般义务、受影响国家缔约方的义务和发达国家缔约方的义务。缔约方大会是公约的最高权力机关，有权为促进公约有效实施作出必要的决定。公约附有五个附件，充分反映了国际环境法的共同但有区别原则的具体要求。

中国于 1994 年 10 月 14 日签署该公约，并于 1997 年 2 月 18 日交存加入书。该公约于 1997 年 5 月 19 日对中国生效。为了更好地履行公约，中国于 1994 年成立了由环境保护、林业、水利等部门组成的联合国防治荒漠化公约中国执行委员会。中国于 1995 年制定了《中国履行联合国防治荒漠化公约国家行动方案》（NAP），于 2001 年对该行动方案进行了修改，修改后的行动方案将荒漠化防治纳入了国民经济和社会发展规划，为中国的荒漠化防治提供了政策依据。2001 年《中华人民共和国防沙治沙法》是荒漠化治理的主要的法律依据。此外，《中华人民共和国水土保持法》《中华人民共和国土地管理法》《中华人民共和国草原法》《中华人民共和国森林法》中的相关规范也是荒漠化防治的重要依据。

四、掌握危险物质和废物的国际管制的法律文件

1. 《控制危险废物越境转移及其处置巴塞尔公约》

有关废物管理的代表性公约是 1989 年国际社会通过的《控制危险废物越境转移及其处置巴塞尔公约》。该公约对废物的定义、废物的类别、处置的内涵及其处置方式进行了定义，并为危险废物的越境转移规定了法律框架。该公约要求人们铭记保护人类健康和环境免受这类废物的危害的最有效方法是把其产生的数量或潜在危害程度减至最低限度，通过实施对环境友好的低废技术、再循环方法、良好的管理制度，以尽量减少危险废物和其他废物的产生。该公约规定了缔约国的一般义务、缔约国之间废物越境转移、废物从缔约国通过非缔约国的越境转移、废物再进口的责任、废物非法运输、国际合作、责任问题的协商、争端解决办法等事项。

2.《关于在国际贸易中对某些危险化学品和农药采用事先知情同意程序的鹿特丹公约》

该公约由联合国环境规划署和联合国粮农组织于 1998 年 9 月 10 日在鹿特丹制定，于 2004 年 2 月 24 日正式生效。它由三十条正文和五个附件组成。其核心是要求各缔约方对某些极危险的化学品和农药的进出口实行一套决策程序，即事先知情同意程序。该公约对"化学品""禁用化学品""严格限用的化学品""极为危险的农药制剂"等术语作了明确的定义。该公约适用范围是禁用或严格限用的化学品以及极为危险的农药制剂。该公约以附件三的形式公布了第一批极危险的化学品和农药清单。其目标是通过便利就国际贸易中的某些危险化学品的特性进行资料交流、为此类化学品的进出口规定一套国家决策程序并将这些决定通知缔约方，以促进缔约方在此类化学品的国际贸易中分担责任和开展合作，保护人类健康和环境免受此类化学品可能造成的危害，并推动以无害环境的方式加以使用。该公约设立缔约方大会和秘书处。由缔约方大会在其第一次会议上设立一个附属机构——化学品审查委员会，其成员由缔约方大会任命。缔约方大会应确定该委员会的职责范围、组织和运作方式。而委员会则应尽一切努力以协商一致方式提出建议。该公约还规定了秘书处的职责。公约还就不遵守情事、争端的解决、公约的修正、附件的通过和修正、表决权、签署、加入和退出等方面作出了规定。

3.《关于持久性有机污染物的斯德哥尔摩公约》

该公约于 2001 年 5 月 22 日通过，2004 年 5 月 17 日正式生效。该公约的目标是铭记《关于环境与发展的里约宣言》之原则 15 确立的预防原则，保护人类健康和环境免受持久性有机污染物的危害。该公约强调持久性有机污染物的生产者在减少其产品所产生的有害影响并向用户、政府和公众提供这些化学品危险特性信息方面负有责任的重要性，意识到需要采取措施，防止持久性有机污染物在其生命周期的所有阶段产生的不利影响，重申《关于环境与发展的里约宣言》之原则 16，各国主管当局应考虑到原则上应由污染者承担治理污染费用的方针，同时适当顾及公众利益和避免使国际贸易和投资发生扭曲，努力促进环境成本内部化和各种经济手段的应用，鼓励那些尚未制定农药和工业化学品管制与评估方案的缔约方着手制定此种方案。

4.《关于汞的水俣公约》

2013 年 1 月 19 日，联合国环境规划署通过了旨在全球范围内控制和减少汞排放的国际公约——《关于汞的水俣公约》，就具体限排范围作出详细规定，以减少汞对环境和人类健康造成的损害。该公约列出了有关限制汞排放的清单。首先是对含汞类产品的限制。该公约规定 2020 年前禁止生产和进出口的含汞类产品包括了电池、开关和继电器、某些类型的荧光灯、肥皂和化妆品等。该公约认为，小型金矿和燃煤电站是汞污染的最大来源。各国应制定国家战略，减少小型金矿的汞使用量。该公约还要求，控制各种大型燃煤电站锅炉和工业锅炉的汞排放，并加强对垃圾焚烧处理、水泥加工设施的管控。

中国于 2013 年 10 月 10 日签署该公约，并于 2016 年 4 月 18 日批准该公约。中国是汞开采和汞排放点源的大国，也是深受汞污染的大国。中国的汞污染防治技术落后，传统产业中汞的大量使用以及废弃物处理不当，导致防治汞污染步履艰难。中国基本上涵盖了联合国环境规划署发布的《2013 年全球汞评估报告：来源、排放、释放和环境迁移》中所列的所有汞污染源和该公约附件所列的所有工业产品和生产工艺。该公约实施后，中国面临关闭汞矿、禁止生产和销售相关的含汞产品、淘汰落后生产工艺等方面的转变，需要协调国家的法律、经济、科学技术及财政资源，这对中国来说是巨大的挑战。

五、掌握生物多样性保护公约

1.《生物多样性公约》

《生物多样性公约》始于1984年世界自然保护联盟大会，联合国环境规划署主导了该公约制定全过程，1992年5月各国代表在内罗毕最终达成共识，6月在联合国环境与发展大会上开放签署。它是国际环境保护领域的一项重要条约。该公约追求的目标为保护生物多样性、持续利用生物多样性组成部分、公平分享利用遗传资源产生的利益。它为生物资源和生物多样性的全面保护和持续利用建立了一个法律框架，界定了相关的基本概念，确认和重申了有关国际环境法的基本原则，规定了生物资源和生物多样性的保护和持续利用的基本措施，规定了遗传资源的取得、技术的取得和转让、生物技术惠益分享的基本原则，设立了有关机构，其最高权力机构是缔约方大会，每两年举行一次会议，规定了相关争端解决办法。

2.《濒危野生动植物种国际贸易公约》

《濒危野生动植物种国际贸易公约》是1963年世界自然保护联盟成员会议通过的一项决议，缔约方代表于1973年3月3日在美国华盛顿特区会议上最终商定了公约的文本，其于1975年7月1日正式生效，截至2021年，该公约有183个缔约国。该公约的宗旨是为了保护某些野生动物和植物物种不因国际贸易而遭到过度开发利用，其管制而非完全禁止野生物种的国际贸易，其用物种分级与许可证的方式，以达成野生物种市场的永续利用性。该公约管制国际贸易的物种可归类成三项附录。附录Ⅰ的物种为若再进行国际贸易会导致灭绝的动植物，明确规定禁止其国际性的交易，只有在特殊情况下才允许买卖这些物种的标本。附录Ⅱ的物种则为包括不一定面临灭绝威胁的物种，但必须对其贸易加以控制，以避免与其生存不符的利用。若仍面临贸易压力，族群量继续降低，则将其升级列入附录Ⅰ。附录Ⅲ是各国视其国内需要，区域性管制国际贸易的物种，包含至少在一个国家受保护的物种，该国已要求其他公约缔约方协助控制贸易。该公约规定缔约国大会为最高决策机构，每两年举行一次大会。公约设立秘书处，作为公约的常设机构，地点设在日内瓦，其职责之一为在国际范围内监督公约的实施。

3.《关于特别是作为水禽栖息地的国际重要湿地公约》

《关于特别是作为水禽栖息地的国际重要湿地公约》简称《湿地公约》。为保护全球湿地以及湿地资源，1971年缔约方代表在伊朗拉姆萨尔共同签署该公约，它是目前唯一的一部已经生效的保护物种生境的全球性公约。截至2016年，该公约已有169个缔约国。该公约的宗旨在于通过各成员国之间的合作，加强对世界湿地资源的保护及合理利用，以实现生态系统的持续发展。目前全球1832块湿地被纳入国际重要湿地名录，总面积约1.70亿公顷。该公约要求缔约国制订并实施计划以保护列入名册的湿地，以尽可能地促进其境内湿地的合理利用，强调各缔约国应建立相互通报机制。该公约决定每三年举行一次缔约国会议，以审查公约的执行情况和决定湿地名册的增减。世界自然保护联盟代为履行公约执行局的职责。

4. 中国与生物资源保护

第一，对《生物多样性公约》的履行。中国是地球上生物多样性最丰富的国家之一。中国在 1992 年联合国环境与发展大会上签署了《生物多样性公约》，并于 1993 年批准该公约，成为世界上率先加入《生物多样性公约》的少数几个国家之一。中国政府对《生物多样性公约》的履行采取了认真的态度，不仅积极参与了联合国环境规划署组织的各种《生物多样性公约》后续行动和出席该公约缔约方大会，还在国内组织和实施了一系列的履行《生物多样性公约》的行动和措施，认真履行了对该公约的承诺。中国于 1992 年开始编制《中国生物多样性保护行动计划》，并于 1994 年 6 月正式发布该行动计划。后又于 2010 年制定《中国生物多样性保护战略与行动计划（2011—2030）》（NBSAP）。NBSAP 于 2010 年 9 月 15 日由国务院批准，并于 9 月 17 日正式发布。这一计划是专门针对生物多样性保护的国家计划，提出了中国 2011—2030 年生物多样性保护的指导原则、战略目标和任务：到 2015 年，重要领域的生物多样性丧失得到有效的缓解；到 2020 年，生物多样性丧失得到基本控制；到 2030 年，生物多样性得到有效的保护。该计划还提出了全国 35 个生物多样性保护的优先区域、10 个优先领域、30 个优先行动和 39 个执行的优先项目。依据 NBSAP，部分省份还制定了省级的生物多样性战略和行动计划（PBSAPs）。截至 2016 年 5 月底，天津、黑龙江、吉林、上海、江苏、浙江、福建、江西、山东、湖北、广西、海南、重庆、四川、云南、西藏、宁夏等 17 个省份完成和发布了省级的生物多样性战略和行动计划。所有这些都在不同程度上加强了国家、部门和区域各级的生物多样性保护。截至 2020 年年底，中国政府颁布了 50 多部有关生物多样性的法律法规。《中华人民共和国环境保护法》《中华人民共和国自然保护区条例》《中华人民共和国森林法》《中华人民共和国草原法》《中华人民共和国野生动物保护法》《中华人民共和国野生植物保护条例》《中华人民共和国种子法》等为生物多样性保护提供了法律依据。中国的生物多样性保护已经形成比较全面的法律体系。但是，至今中国还没有出台针对生物多样性保护的专门立法。今后，制定保护生物多样性的专门立法仍是该领域的立法重点。

第二，对《濒危野生动植物种国际贸易公约》的履行。中国于 1981 年加入该公约。根据该公约第 9 条的要求，中国政府已分别指定"中华人民共和国濒危物种进出口管理办公室"和中国科学院为有关的"管理机构"和"科学机构"。中国对野生动植物物种及其衍生品贸易实施严格管制的原则。《中华人民共和国野生动物保护法》《中华人民共和国野生植物保护条例》《中华人民共和国进出境动植物检疫法》《中华人民共和国环境保护法》《中华人民共和国刑法》《中华人民共和国海关法》等是主要的法律依据。

第三，对《关于特别是作为水禽栖息地的国际重要湿地公约》的履行。中国于 1992 年加入该公约，中国政府高度重视湿地保护工作。为了全面提高履行该公约的能力，承担相应国际义务与责任，中国成立了中华人民共和国国际湿地公约履约办公室。1992 年之后，中国相继颁布了《中国湿地保护行动计划》，批准了《全国湿地保护工程实施规划》，并列入国家"十一五"规划予以实施，组织实施了重点林业生态工程。近年来，中国湿地保护事业健康发展。根据 2014 年第二次全国湿地资源调查，中国湿地总面积为 5 360.26 万公顷，居亚洲第一位、世界第四位。中国已经建立 57 处国际重要湿地、600 多处湿地自然保护区、1 000 多处湿地公园。中共十八大以来，党中央、国务院就湿地保护作出了一系列决策部署，将重要湿地纳入生态保护红线予以严格保护，并将湿地保率先纳入中央对地方的绿色发展评价指标体系。2016 年发布的《国务院办公厅关于印发湿地保护修复制度方案的通知》强调湿地保护的目标任务是：实行湿地面积总量管控，到 2020 年，全国湿地面积不低于 8 亿亩。其中，自然湿地面积不低于 7 亿亩，新增湿地面积 300 万亩，湿地保护率提高到 50％以上。同年，国家林业局、国家发展和改革委员会、财政部出台的《全国湿地保护"十三五"实施规划》提出以全面保护为根本，以扩大湿地面积、增强湿地生态功能、保护生物多样性为目标，以自然湿地保护与生态修复为抓手，加大湿地保护力度，提高中国湿地保护管理能力。目前，31 个省（区、市）和新疆生产建设兵团制定了省级实施方案。在立法方面，主要有 2022 年 6 月 1 日起施行的《中华人民共和国湿地保护法》，以及《湿地保护管理规定》《国家湿地公园管理办法》两部部门规章。

综上，中国一直以积极的姿态应对全球环境问题的挑战，参加全球环境保护及立法活动。迄今，中国已经加入了 30 多项重要的国际环境法律文件，主要涉及大气保护、生物多样性、森林破坏、土壤污染与退化、海洋污染和破坏及海洋资源利用、有害化学品处置和越境转移、跨界污染、水资源保护等全球性的环境问题。

本章实务案例研习

一、乌拉圭河纸浆厂案[①]：事先通知义务

（一）案件简介

乌拉圭河发源于巴西南部沿岸山脉，南北走向，流经巴西、阿根廷和乌拉圭，总长约 1 600 公里。乌拉圭河上游位于巴西境内，中游为巴西与阿根廷的界河，下游为阿根廷与乌拉圭的界河。1961 年阿根廷与乌拉圭缔结边界条约，划定了乌拉圭河的边界，约定签署条约规制乌拉圭河的开发利用等事项。阿根廷与乌拉圭于 1975 年 2 月 26 日签订了《乌拉圭河条约》（1976 年 9 月 18 日生效）。两国据此设立了乌拉圭河联合管理委员会（CARU）以规范和协调乌拉圭河管理事宜。2003—2005 年，乌拉圭先后授权两家外资企业在乌拉主河边建造纸浆厂。阿根廷认为这会对乌拉圭河及其环境构成威胁，可能会损害乌拉圭河水质量。阿方一些环境保护团体开展了抗议行动，封锁了乌拉圭河上连接两国的圣马丁将军大桥。阿根廷政府明确反对在界河边建造纸浆厂，要求停止建设并另选厂址。经过多次外交谈判与协商，双方无法达成共识。在此情形下，乌拉圭不顾阿根廷方反对继续建造纸浆厂。2006 年 5 月 4 日，阿根廷向国际法院提起诉讼。2007 年 1 月 23 日法院发布临时措施命令。

（二）法院判决

2010 年 4 月 20 日国际法院作出裁决，主要内容如下：

（1）国际法院以 13 票对 1 票，裁定乌拉圭违反了 1975 年《乌拉圭河条约》第 7 条至第 12 条规定的程序性义务，法院的声明是适当的；

---

① 联合国：国际法院判决、咨询意见和命令摘要：2003—2007. 联合国：国际法院判决、咨询意见和命令摘要 2008—2012. 马呈元，张力. 国际法案例研习. 北京：中国政法大学出版社，2014.

（2）国际法院以 11 票对 3 票，裁定乌拉圭没有违反 1975 年《乌拉圭河条约》第 35、36、41 条规定的实质性义务。三项义务分别为："确保对土壤和林地的管理不损害河流系统及河流水质的义务""协调措施以避免生态平衡发生变化的义务""防止污染和保护水生环境的义务"。

（三）法律分析

本案争议的核心问题是"乌拉圭授权建设纸浆厂并单方面允许纸浆厂运营"是否违反了《乌拉圭河条约》下应承担的程序义务（事先通知与协商）和实质义务（环境保护、预防污染损害）。

事先通知义务概念源于 20 世纪 60—70 年代，它是国际环境法中的一个重要程序性规则。它要求一国在其活动可能对其他国家造成环境影响时，应当在采取行动之前将该行动计划及与计划有关的信息和数据等告知可能受影响的国家，以便对方就此计划进行环境评估，并在双方产生纠纷时能够及时进行磋商和协调，以达到最大程度上预防环境风险、减少环境损害的影响的目的。就本案而言，事先通知义务是指乌拉圭在双方协商无果寻求国际法院之后，是否负有不建设的义务，阿根廷对项目的反对是否有效。根据《乌拉圭河条约》，它规定的是单纯的事先通知义务，与《国际水道非航行使用法公约》的规定相一致。

就事先通知义务的法律地位而言，事先通知义务是国际环境法中的一个重要程序性规则。事先通知不仅是国家间合作利用跨界水资源的一项举措，也是跨界水资源利用和保护的一项义务，它还是贯彻"公平合理利用原则"和"不造成重大损害原则"的重要手段。尽管事先通知义务获得了有关跨界水资源保护和利用的全球和区域性条约以及重要的环境法律文件和司法判例等国际实践的广泛确认和重申，但是，它在跨界水资源保护领域还不具备国际习惯法的地位，不排除它在未来进一步发展的空间。

鉴于此，可从以下几个角度理解本案判决。第一，法院认定无法将水污染以外的其他污染，纳入本案管辖的范围，也无法将其他国际环境条约或原理原则，作为本案应适用的规范。第二，在程序义务上，法院（13 票对 1 票）认定乌拉圭的行为已违反《乌拉圭河条约》第 7 条所规定的应事先通知乌拉圭河联合管理委员会（CARU）及阿根廷的程序义务。第三，在实体义务上，国际法院认定乌拉圭基于《乌拉圭河条约》第 41 条保护乌拉圭河及周边环境的义务，应在许可纸浆厂建造及营运前进行环评。但最后法院（11 票对 3 票）认定乌拉圭仅以国内法规定程序所作的环境影响评价，以及纸浆厂建造及营运后对乌拉圭河所产生的影响，尚未构成其对必须保护乌拉圭河及周边环境的实体义务的违反。第四，阿根廷对乌拉圭提出的恢复原状及损害赔偿的请求被国际法院驳回。换言之，法院最终判定乌拉圭违反了事先通知义务，但是并没有构成对《乌拉圭河条约》实体义务的违反，没有支持阿根廷的索赔请求。

二、特雷尔冶炼厂仲裁案[①]：不损害他国环境的义务

（一）案件简介

特雷尔冶炼厂是一家位于加拿大英属哥伦比亚省特雷尔附近由私人经营的北美最大的一个铅锌冶炼厂（距离美国边界十余千米）。该厂于 1896 年建成，到 1930 年，该厂每

---

① 马呈元，张力. 国际法案例研习. 北京：中国政法大学出版社，2014.

天向大气中排放约 600 吨二氧化硫。所释放的大量硫化物使美国华盛顿州环境遭受大规模损害，特别是对庄稼、树木、牧场、牲畜和建筑物的损害极为严重。在初期，污染受害者曾向该冶炼厂提出过多次私人赔偿要求，但未能得到圆满解决。1925 年，案件重新提起，美国还成立了保护受害人协会，目的是取代单独申诉、签订集体协定。1927 年，案件被正式提交给美国政府，美国政府向加拿大政府提出抗议。在以其他方式解决争端的尝试失败后，两国政府决定将争端提交仲裁，并于 1935 年 4 月 15 日签署仲裁协议。仲裁庭于 1938 年和 1941 年两次作出裁决。

（二）各方立场

1935 年 4 月 15 日，美加两国在"国际联合委员会"的建议下，签订了一个特别协定（《渥太华条约》），设立了由比利时人霍斯蒂任主席、美加各自任命一名科学家为仲裁员的特别仲裁法庭。两国请求法庭裁决下列问题：

第一，特雷尔冶炼厂给美国华盛顿州造成的任何损害是否是从 1932 年 1 月 1 日起发生的？如果是，对此应如何赔偿？

第二，如果对第一个问题的回答是肯定的，那么是否应要求特雷尔冶炼厂抑制今后对华盛顿州造成的损害？如果应抑制，要抑制到什么程度？

第三，根据对上述问题的回答，特雷尔冶炼厂应采取什么措施或制度？

第四，根据对第二个和第三个问题的裁决，应支付什么样的损害赔偿？

该协议还规定，法庭适用的法律是"美国在处理同类问题上所适用的法律和惯例，以及国际法和国际惯例"，并考虑双方谋求公平解决的愿望。

（三）法律分析

本案是一个在国际司法实践中确定跨界空气污染应承担国家责任的典型案例。当时国际环境法尚未产生，没有相应的国际法规则，也没有实际案例。法庭所面临的重大问题就是法律适用问题。本案有一个非常关键性的问题，美国华盛顿州内的环境污染是特雷尔冶炼厂造成的，而没有证据表明加拿大与特雷尔冶炼工厂之间的某种支持关系。两者之间的唯一联系是特雷尔冶炼厂的地点在加拿大境内。对于特雷尔冶炼厂给美国造成的损害，加拿大政府是否应该承担国家责任？如果应当承担责任，其依据是什么？加拿大对损害负责的前提条件是，在国际习惯法上国家承担某种不作为义务，即国家不得允许其领土被利用从而对别国环境造成污染。正如仲裁庭的裁决所述，"根据国际法以及美国法律的原则，任何国家都没有权利这样利用或允许利用其领土，以致让烟雾在他国领土或对他国领土上的财产或生命造成损害，如果已产生严重后果并且那已为确凿证据证实的话。"

本案说明，环境问题具有跨国性质，一个国家境内的环境污染往往会对他国的环境及其居民的生命和财产造成影响。由此可见，环境问题往往会涉及多个国家，甚至是全世界的利益问题。对于不利用本国领土而对他国环境造成损害，国家应当负有义务。国际法院在科孚海峡案中的论述也有助于说明这个问题，虽然科孚海峡案并不是针对环境保护进行的论述，但国际法院针对科孚海峡中阿尔巴尼亚的领海中布设水雷对经过海峡的英国军舰造成的损害时声明说：每一个国家都负有义务，不在明知的情况下允许其领土被用于有损他国权利的行为。

特雷尔冶炼厂的行为是侵权行为。法庭根据习惯法体系的侵权法，裁定这就是加拿大的责任。由于当时还没有国家对其管辖范围内的一切跨界损害行为承担绝对责任的原则，故加拿大的国际责任是根据国内法而不是根据国际法确定的。这种把国内法上的侵权行为与国际法上的侵权行为等同的做法，是与传统国家责任原理不一致的。法庭把美国最高法院的判例类推适用于本案，把美国处理州际争端的方法和原则适用到处理美加两国的争端中，混淆了两种不同性质的关系。从国际法原理来讲，本裁决存在不少争议，但从解决争端的角度，本裁决确实是解决了两国之间有关空气污染的争端的一个成功先例。1972 年斯德哥尔摩联合国人类环境会议通过的《人类环境宣言》第 2 条、第 21 条明确规定，各国有责任确保其管辖或控制的活动，不给其他国家或国家管辖以外的地区的环境造成损害。这就确立了一个比"特雷尔冶炼厂案"中的原则意义更深远的原则。

本章同步练习

一、选择题

（一）单项选择题

甲乙两国是温室气体的排放大国，甲国为发达国家，乙国为发展中国家。根据国际环境法原则和规则，下列哪一选项是正确的？（　　）（司考）

A. 甲国必须停止排放，乙国可以继续排放，因为温室气体效应主要是由发达国家多年排放积累造成的

B. 甲国可以继续排放，乙国必须停止排放，因为乙国生产效率较低，并且对于环境治理的措施和水平远远低于甲国

C. 甲乙两国的排放必须同等地被限制，包括排放量、排放成分标准、停止排放时间等各方面

D. 甲乙两国在此问题上都承担责任，包括进行合作，但在具体排量标准、停止排放时间等方面承担的义务应有所区别

（二）多项选择题

甲国白鹭公司与乙国黑鹰公司签订了一项进口化工废料到甲国的合同。该化工废料被《控制危险废物越境转移及其处置的巴塞尔公约》列为附件中的危险废物，现位于乙国境内。甲乙两国都是公约的缔约国。根据相关的国际法规则，下列判断哪些是正确的？（　　）（司考）

A. 乙国政府或黑鹰公司应将拟出口废料事项通知甲国政府，并得到甲国政府的书面准许，才能出口

B. 甲国政府必须证实黑鹰公司和白鹭公司对该废料已作出无害环境的处置安排，包括详尽的处置办法和相关合同，才有权准许进口

C. 该种废料如果进行越境转移，必须有相关的保险或担保

D. 如果甲国退出了《巴塞尔公约》，这种废料就不得再由乙国向甲国出口

二、名词解释

1. 共同但有区别的责任（考研）

2. 环境影响评价（考研）

三、简答题

1.《联合国气候变化框架公约》。（考研）
2. 如何理解国际减排中发达国家与发展中国家相同而有区别的原则。（考研）

参考答案

一、选择题

（一）单项选择题

D

解析：作为国际社会成员的所有国家都应该并且有权参与保护与改善国际环境的行动。所以甲国和乙国都应当在温室气体排放上承担责任。国际环境法规定了以下四项原则：国家环境主权和不损害其管辖范围以外环境的原则、国际环境合作原则、共同但有区别的责任原则、可持续发展原则。根据上述四项原则可知，在解决环境问题上，有赖于国际社会成员的普遍参与和合作，而且由于各国工业、经济、科技发展不同，以及在环境恶化成因中所起作用不同，在承担责任上要有所区别。综上，本题应该选D项。

（二）多项选择题

ABCD

解析：根据《巴塞尔公约》危险废物越境转移条件的规定：特定进口必须经进口国书面同意，故A项正确；必须要有对危险废物无害环境的处置办法，才能进行越境转移，故B项正确；进行越境转移，必须有相关的保险、保证或担保，故C项正确；危险废物只能在缔约国相互之间越境转移，因此如果甲国退出《巴塞尔公约》，危险废料就不得再由乙国向甲国出口，故D项正确。

二、名词解释

1. 共同但有区别的责任是在1992年联合国里约环境与发展大会上确立的国际环境法基本原则之一，是指由于地球的整体性和导致全球环境退化的各种因素，各国对保护全球环境负有共同的但又有区别的责任。它是从国际法的衡平原则的适用中发展而来的，也是发达国家和发展中国家在处理全球环境问题时应遵循的基本原则。该原则包含两个要素：(1)"共同的责任"是指各国对保护全球环境的责任和义务是共同的。(2)"有区别的责任"是对共同责任的具体化和对共同责任的再分配，即发达国家对环境问题应当承担主要责任，而发展中国家则承担次要的责任。

2. 环境影响评价就是在对一项开发或建设项目作出最后决定之前，首先对该项目可能对环境造成的影响的程度和范围，进行调查、预测和评估，供决策者作出最后决定。这种制度的基本特点是在决策过程的早期阶段进行，即在最后决定之前进行。

三、简答题

1.《联合国气候变化框架公约》是 1992 年 5 月 22 日联合国政府间谈判委员会就气候变化问题达成的公约，于 1992 年 6 月 4 日在巴西里约热内卢举行的联合国环境与发展大会上通过。《联合国气候变化框架公约》是世界上第一个为全面控制二氧化碳等温室气体排放，以应对全球气候变暖给人类经济和社会带来不利影响的国际公约，也是国际社会在对付全球气候变化问题上进行国际合作的一个基本框架。该公约目的在于在一个使生态系统能够自然地适应气候变化的框架内，把空气中的温室气体浓度稳定在防止气候系统受到危险的人为干预的水平上；确保粮食生产不受威胁；使经济发展以可持续的方式进行。

2.（1）发达国家与发展中国家国际减排相同而有区别的原则是国际环境法基本原则——共同但有区别责任原则的具体体现。1992 年，联合国制定了《联合国气候变化框架公约》，目前已有 192 个国家批准这份公约，该公约的核心内容正是共同但有区别的责任原则。

（2）共同但有区别的责任原则首先要讲"共同"二字，由于地球的整体性和导致全球环境退化的各种因素，每个国家都要承担起应对气候变化的义务。"共同"责任固然重要，但不能忽略"区别"责任。发达国家要对其历史排放和当前的高人均排放负责，它们也拥有应对气候变化的资金和技术，而发展中国家在以经济和社会发展及消除贫困为首要和压倒一切的优先事项的基础上，承担一定的环境责任。

（3）《联合国气候变化框架公约》正是因为考虑到各国经济发展水平、历史责任和当前人均排放上存异，才确定了共同但有区别的责任原则。根据这个原则，发达国家率先减排，并给发展中国家提供资金和技术支持；发展中国家在得到发达国家技术和资金支持的情况下，采取措施减排或适应气候变化。

（4）发达国家与发展中国家相同而有区别的责任原则的确立是非常合理的。1）发达国家由于经济起步早，已基本完成工业化，并将高消耗、高污染的行业转移到了国外，虽然温室气体排放量增速趋缓，甚至有的在逐步减少，但是其工业发展早期排放大量的温室气体，并且其现在有足够的资金和技术减少排放。2）近年来，随着中国、印度等发展中大国工业化进程加快，温室气体排放量增长迅速，成为全球温室气体增量的主要来源。所以发展中国家也要承担一定的减排责任。3）但主要发达国家出于自身利益考虑，试图把发展中大国纳入国际温室气体减排框架中，以自身的排放标准要求发展中国家承担更多的义务，这使发展中大国面临很大外部压力，而且也是不公平的，所以应该坚持共同但有区别的责任原则。

第十四章　条约法

本章知识点速览

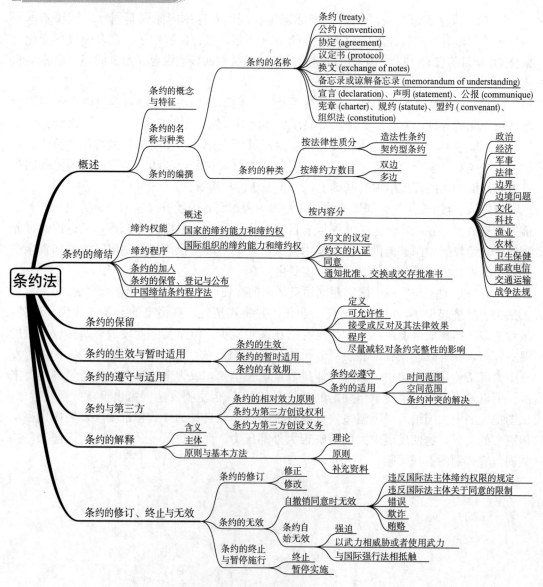

本章核心知识点解析

第一节 概　　述

一、基本概念

广义的条约是国际法主体之间缔结的受国际法支配的书面国际协议。狭义的条约（treaty）是规定政治、经济、边界、法律等庄严重大事项的双边或多边条约，通常须经缔约各方最高权力机关依照正式的法律程序予以确认。

公约（convention）规定重大国际问题通常须经各项缔结程序的多边条约的名称。

宪章、规约、盟约、组织法（charter，statute，covenant，constitution）是创立国际组织的多边协议，即国际组织章程的常用名称。

协定（agreement）是规定经济、社会、文化等领域的专门事项的双边或多边条约的常用名称。

议定书（protocol）通常作为主条约的附属条约用来细化、变更、补充主条约的双边或多边条约的名称，有时也作为规定某些具体事项的单独条约的名称。

换文（exchange of notes）指缔约双方的外交机构或外交代表通过交换外交照会就有关事项达成的协议，也就是一方就某一事项以明确的表述发出要约照会，另一方以同样明确的表述（全部转载来文内容）发回承诺照会所缔结的条约。换文可以单独使用；也可以作为主条约附件。换文的缔结程序简便，在联合国秘书处登记的条约中，约有 1/3 是换文。

备忘录或谅解备忘录（memorandum of understanding）有时用于通常条约之外的有法律拘束力的操作性或技术性事项，属于简便、不太正式的条约形式。

宣言（declaration）、声明（statement）、公报（communique）指各方就共同关心的问题进行磋商后，共同将结果公布于众的书面文件，常以双边或多边的形式出现。

二、疑难点解析

关于条约的名称需注意以下几点：

（1）不同的条约名称使用的事项和缔约程序是有区别的，但这些区分不是绝对的；

（2）不是所有具有条约名称的文件都是条约；

（3）判断一项文件是否是条约，主要看这些文件的内容是否为缔约各方创设了权利和义务。

第二节　条约的缔结

一、基本概念

缔约能力（capacity to conclude treaties），是指国际法主体作为国际人格者依照国际法所享有的缔结条约的权利能力或法律资格。根据一般国际法，具有国际法主体资格的国家、国际组织具有缔约能力。这种能力的有无应根据国际法来确定。

缔约权（competence to conclude treaties），是指国际法主体的特定机关或其授权的人代表该主体缔结条约的权限。这种权限的有无应根据缔约方的国内法或内部法来确定。

全权证书（full powers），是指一国主管当局或一国际组织主管机关所颁发，指派一人或数人代表该国或该组织谈判、议定或认证条约约文，表示该国或该组织同意受条约拘束，或完成有关条约之任何其他行为之文书。

加入（accession），是指未签署条约的国家或国际组织同意受已签署或已生效的开放性的多边条约的拘束的国际法律行为。传统意义上的加入限于已生效的条约，但现代的实践表明，也可以加入已签署但未生效的条约。

二、疑难点解析

（一）理解缔约权能、缔约能力与缔约权的关系

缔约权能包括缔约能力和缔约权两个问题。

缔约能力与缔约权是相互联系的。缔约能力是缔约权的前提，无缔约能力的实体不存在由谁或如何行使缔约权的问题；缔约权是实现缔约能力的条件，缔约能力必须通过具体的职能部门行使缔约权来实现。

缔约能力与缔约权是有区别的。要注意国家和国际组织缔约能力和缔约权的区别。

（二）关于国家的缔约权能

相对其他国际法主体而言，国家的这种能力是与国家主权相联系的，是国家自身固有的，其能力的范围比其他国际法主体的更广泛。

由哪个机关代表国家行使缔约权，是由各国的国内法，通常是宪法来规定的。一般是国家元首、最高行政机关或外交机关对外代表国家缔结条约。

缔约权应由一国中央政府统一行使，地方政府经特别授权才可在授权范围内对外缔结国际协议。

（三）关于国际组织的缔约权能

国际组织缔约能力的法律依据，有成员国集体缔约说、国际组织的国际人格说、习惯法赋予说以及国际组织章程赋予说等理论。

与国家相比，国际组织的缔约能力来自该组织章程的规则的明示的和暗含的授权，而非本身所固有；国际组织的缔约能力是有限的，不得超出组织规则的授权和"执行其职务和实现其宗旨所必需"的范围。

国际组织的缔约权也由该组织的规则确定。一般是行政首长负责对外谈判缔结条约，审议机关负责认可或确认条约。

（四）关于全权证书问题

（1）国家的缔约代表通常须通过持有和出示全权证书来表明其缔约权限。例外情况是，如果从惯例或其他情况看来（如各方同意或约定），各有关国家和国际组织的意思认为该人为这些目的代表该国的，则无须出示全权证书。

（2）担任国家的特定职务的人无须出示全权证书也被认为是代表其所任职的国家，具体包括：国家元首、政府首脑及外交部部长；国家任命出席国际组织或国际会议的代表；国家任命派往国际组织或其某一机关的代表；使馆馆长；常驻国际组织代表团团长。

（3）国际组织的缔约代表通常须通过持有和出示全权证书来表明其缔约权限。有关的例外情况是，如果从各种情况看来，各有关国家和国际组织的意思认为该人按照该组织的规则为这些目的代表该组织的，无须出示全权证书。

（五）缔约程序

按照《维也纳条约法公约》《关于国家和国际组织间或国际组织相互间条约法的维也纳公约》（以下简称"两公约"）的规定和国际实践，缔结条约的一般程序是议定、认证、同意和通知、批准、交换或交存批准书等环节。

（六）中国的缔结条约程序法

（1）根据《中华人民共和国宪法》，中华人民共和国国务院同外国缔结条约和协定；中华人民共和国全国人民代表大会常务委员会决定同外国缔结的条约和重要协定的批准和废除；中华人民共和国主席根据全国人民代表大会常务委员会的决定，批准和废除同外国缔结的条约和重要协定。

（2）根据《中华人民共和国缔结条约程序法》第4条，中国以下列名义同外国缔结条约和协定：1）中华人民共和国；2）中华人民共和国政府；3）中华人民共和国政府部门。

（3）《中华人民共和国缔结条约程序法》第7条规定，以下6类条约或重要协定须由全国人民代表大会常务委员会批准：1）友好合作条约、和平条约等政治条约；2）有关领土和划定边界的条约、协定；3）有关司法协助、引渡的条约、协定；4）同中华人民共和国法律有不同规定的条约、协定；5）缔约各方议定须经批准的条约、协定；6）其他须经批准的条约、协定。根据该法第8条和第12条的规定，除应由全国人民代表大会常务委员会决定批准或加入的条约、协定外，条约的核准、加入或接受由国务院决定。

（4）根据"一国两制"方针和相关法律，中国香港特别行政区和中国澳门特别行政区在国防、外交以外的特定领域享有缔约权。

（5）根据《中华人民共和国缔结条约程序法》第17条的规定，中华人民共和国缔结的条约和协定由外交部按照《联合国宪章》的有关规定向联合国秘书处登记。

第三节 条约的保留

一、基本概念

条约的保留（reservation）是指一国或一国际组织在签署、批准、正式确认、接受、核准或加入条约，或一国发出继承条约的通知时所作的单方声明，不论其措辞或名称如何，该国或该组织意图借此排除或更改条约中某些规定对该国或该组织适用时的法律效果。

二、疑难点解析

（一）关于条约保留

《对条约的保留的实践指南》在"关于保留的对话的结论"部分指出：国际法委员会深信与保留方的务实对话是有用的。该指南列出的对话结论主要是：（1）意欲提出保留的国家或国际组织应当以尽可能精确和严格的方式提出保留，考虑限制保留的范围，确保保留符合所涉条约的目的和宗旨；（2）各国和国际组织在提出单方声明时应当指明它是否等同于保留，如果是，应当说明保留的必要性及其对保留方履行条约义务的影响；（3）保留方说明的理由对于评估保留的可允许性十分重要，各国和国际组织在修改保留时也应当说明理由；（4）保留方应当定期审查其提出的保留以便限制保留的范围或酌情撤回保留；（5）各国或国际组织应当积极面对其他国家、其他国际组织和监督机构的关切和反应，并尽可能地充分加以考虑，以期重新考虑、修改或撤回保留。

（1）双边条约一般不发生保留问题。多边条约因缔约国较多，难以达成完全一致，有时有必要适用保留制度。

（2）在不妨害条约的目的和宗旨的实现的前提下，允许提出保留。这有利于吸引更多的国家成为条约当事国。

（3）条约保留有利于实现条约的普遍性，但不利于保持条约的完整性。条约保留就是在多边条约的完整性与其当事方的普遍性之间实现适度的平衡。

（4）在适当时，参照其他缔约国或缔约组织对某项解释性声明的赞同和反对情况，解释性声明可构成根据解释条约的通则对条约进行解释时须考虑的因素。所有缔约国和缔约组织赞同的解释性声明可视为条约解释方面的一项协议。

（5）缔约方只能在允许保留的条约或条款的范围提出保留。根据"两公约"第19条的规定，以下三种情况不得提出保留：其一，条约禁止任何保留；其二，条约仅准许特定的保留；其三，该保留不符合条约的目的和宗旨。

（6）根据《对条约的保留的实践指南》，条约监督机构为履行其所负的职责，可评估相关保留是否具备可允许性。注意，这种评估的法律效力不能超过原条约的法律效力。另外，国家或国际组织应当酌情说明这种机构评估保留可允许性的权力的性质和范围。对设有条约监督机构的条约提出了保留的国家或国际组织，应考虑该机构对其保留的可允许性作出的评估。

（7）在缔约实践中，中国主要针对以下条款提出过保留：与中国的政治制度和外交政策不符的条款；与中国国内法相抵触的条款；中国履约暂时有技术性困难的条款；争端解决方式条款。但近年来，中国政府对许多技术性多边条约的仲裁条款未提出保留。

（二）条约的保留与单方面"解释性声明"的区别

（1）保留具有排除或更改条约中某些规定对其适用的法律效果，而其他性质的单方解释性声明则没有这种效果。

（2）根据《对条约的保留的实践指南》，解释性声明的法律效果在于说明或澄清其提出者认为的条约或条约某些规定具有的含义或范围。

（三）条约保留的接受与反对

关于保留及反对保留的法律效果，根据"两公约"第21条的规定，依照国际法或"两公约"有效成立的保留的效果，只及于保留国或国际组织与其他缔约国或国际组织之间的关系，并不影响其他缔约国或国际组织相互间的关系。这就是说，反对保留的意见只要不反对条约在反对国或国际组织和保留国或国际组织间生效，就意味着条约在反对方和保留方之间生效。

（四）条约保留的程序

根据"两公约"第 23 条的规定，保留、明示接受保留以及反对保留都必须以书面形式提出，并通知各缔约国和缔约组织及有权成为条约当事方的其他国家和国际组织；撤回保留、撤回对保留的反对，也应以书面形式提出。

根据《对条约的保留的实践指南》，用电子邮件或传真等形式通知条约保留的事项的，随后应以外交照会予以确认。

第四节　条约的生效与暂时适用

一、基本概念

条约的生效（entry into force），是指一个条约正式开始对各当事方产生法律拘束力，各当事方自此承担条约义务和享有条约权利。

条约的暂时适用（provisional application）通常涉及的是须经批准或核准的条约。

无期限的条约除非另订新约，永远有效。一般造法性的国际公约、边界条约、建立外交和领事关系的条约是无期限的。

有期限的条约，通常在条约里明文规定有效期。有些有期限的条约到期后不再延续，有些到期后还可以通过缔结专门协定或按条约的规定予以延长。如果缔约任何一方通知另一方终止该条约，自通知之日起 1 年后该条约终止。

二、疑难点解析

（一）关于条约生效的方式

（1）双边条约生效的方式一般有：1）自签署之日起生效。2）自双方均履行完毕国内或内部法律程序并相互通知之日或之后若干天开始生效。3）自互换批准书或其他同意受条约拘束的文书之日或之后若干天起生效。

（2）多边条约生效的方式一般有：1）自签署国达到一定数目之后生效。2）自全体签署国批准或各签署国明确表示承受拘束之日起生效。3）自一定数目的国家交存批准书或加入书之日或之后某日起生效。4）自一定数目的国家，其中包括某些特定的国家提交批准书等同意受条约拘束的文书后生效。5）自一定数目的国家交存批准书或加入书并且达到一定标准后生效。

（二）条约的生效与暂时适用

有时，为了将条约或其部分规定及早付诸实施，缔约方会约定在条约生效之前暂时适用。条约的暂时适用到条约生效、条约对暂时适用者生效或暂时适用的国家或国际组织通知有关方面不愿成为条约当事国时终止。

"两公约"第 25 条规定，一个条约或该条约的一部分在其生效前暂时适用的两种情形：一是条约本身规定，二是缔约方约定。

第五节　条约的遵守与适用

一、基本概念

"条约必遵守"（*pacta sunt servanda*）是一项古老的国际法原则。在国际社会的"无政府状态"下，国际关系在很大程度上是建立在条约关系的基础上的。坚持该原则，是维持互相信赖的国际关系的必要条件，是保证国际和平与发展的必要条件，是维系国际社会正常秩序的必要条件。该原则的含义主要是：（1）各当事方必须遵守条约的文字规定的含义，又要符合条约的目的和宗旨，不折不扣地履行条约义务，各当事方必须遵守条约，承认条约对其各当事方的拘束力。（2）各当事方必须遵守所有对其有效的条约。凡根据缔约程序达到生效条件并且在有效期内的条约均为有效条约。因出现"条约无效"的原因而自始无效或撤销同意的条约以及效力终止的条约，没有法律拘束力，则不存在条约遵守的问题。（3）各当事方必须善意履行条约义务。善意的履行，是指诚实、公正和合理的履行。这就要求在履行条约时，既要按照条约文字规定的含义，又要符合条约的目的和宗旨，不折不扣地履行条约义务。（4）各当事方不得以国内法或国际组织的规则为由而不遵守条约，但因缔约行为违反国内法或国际组织的规则中的具有根本重要性的关于缔约权的规定的情况除外。

二、疑难点解析

1. 条约适用的时间范围主要涉及条约的有效期以及条约有无溯及力的问题

（1）有期限的条约通常在条约中明文规定有效期或有效期延长的问题。

（2）无期限的条约的适用时间原则上是没有限制的。

（3）条约的规定不溯及既往。

2. 条约适用的空间范围

（1）条约适用的空间范围，通常是指条约适用的领土范围。一般情况下，条约适用于当事方的全部领土。"全部领土"包括构成国家领土的所有陆地及底土、附属于陆地的领水以及空气空间。如果条约是关于毗连区、专属经济区或大陆架的，或者根据上下文和条约规定的目的应有这样的适用效果的，当然也适用于沿海国的毗连区、专属经济区或大陆架。只要没有相反的规定，应推定条约适用于各该当事国的全部领土或其全部管辖范围。有关极地、公海、国际海底区域、外层空间及其天体的条约的适用范围问题，依照相关条约的规定予以解释和适用。

（2）例外的情况：一是条约本身规定它适用于特定的地理区域，如特定的岛屿、边界、河流等，或者排除条约适用于某一领土区域；二是经条约当事方约定，条约适用于特定领土区域或排除适用于特定领土区域。有些条约允许当事方在签署、批准、加入条约时声明适用的领土范围。

3. 条约冲突时的适用

（1）条约的冲突是指同一条约当事方就同一事项先后所订条约的规定不一致而无法同时执行这些规定的矛盾状态。

（2）关于应当如何解决相互冲突的条约中哪一条约规定应当优先适用的问题，"两公约"第30条规定了以下规则：第一，如果条约明文规定，该条约不得违反先订或后订的条约，或不得视为与先订条约或后订条约不符，则该先订条约或后订条约优先。第二，在条约没有明文规定的情况下，如果先后两个条约的缔约方完全相同，则先订条约仅在其规定与后订条约相符的范围内才适用，即后订条约优于先订条约。第三，如果先后两个条约的缔约方不完全相同，在每一方均为前后两个条约的当事方间，适用后订条约优于先订条约的办法；在一方为前后两个条约当事方而一方则仅为其中一个条约当事方间，适用双方均为当事方的条约。第四，上述各项规则以不违反《联合国宪章》第103条关于《联合国宪章》优先于其他条约的规定为条件。

4. 条约在中国内地、香港、澳门适用的区别

根据《中华人民共和国香港特别行政区基本法》和《中华人民共和国澳门特别行政区基本法》：第一，中华人民共和国尚未参加但已适用于香港地区和澳门地区的条约仍可继续适用；第二，中华人民共和国根据需要协助香港、澳门作出适当的安排，使其他有关条约适用于香港地区和澳门地区；第三，中华人民共和国缔结的国际协议，中央人民政府可根据香港或澳门特别行政区的情况和需要，在征询香港或澳门特别行政区政府的意见后，决定是否适用于香港或澳门特别行政区。但是在实践中还存在一些争议，比如中央政府缔结的双边投资条约是否适用于香港地区、澳门地区的问题。对此，最好的解决方式就是在双边投资条约中明确是否适用于香港地区和澳门地区。

第六节　条约与第三方

一、基本概念

所谓"条约相对效力原则"，是指条约仅对各当事方有拘束力，而对第三方不发生法律效力。这是相对于一般国际法即习惯国际法具有普遍效力而言的。该原则是"约定对第三者既无损也无益"（*pacta teriis nec nocent nec prosunt*）一般法律原则的具体体现，也是国家主权原则或国际组织的国际法主体资格的具体体现。

二、疑难点解析

（一）对条约相对效力原则的理解

（1）理解"条约相对效力原则"的前提是要理解缔约方、当事方和第三方的含义。1）缔约方是缔约国、缔约组织的总称，一个国家或国际组织同意受一项条约拘束，该国或该组织就是该条约的缔约国或缔约组织，不论该条约是否对其生效。2）当事方是当事国和当事组织的总称，如果一项条约对一个国家或国际组织生效，该国或该组织就是该条约的当事国或当事组织。3）第三方是第三国和第三组织的总称，一项条约的非当事方就是该条约的第三国或第三组织。

（2）在特定情形下，如果第三方同意（或不反对）并符合法律要求，国际法也允许某些条约为第三方创设权利或义务。此外，根据国际法，第三方应尊重和不妨碍自己不

是当事方的条约的实施,例如,应当尊重别国的边界条约。

(3) 由于联合国职能的普遍性和重要性,《联合国宪章》有些规定是"条约相对效力原则"的例外。由于联合国承担着维护国际社会和平与安全的重任,非联合国会员国也要承认其国际法主体资格,因此联合国制定的条约可为第三方创设权利。

此外,有些条约根据"对世地位"(erga omnes)或客观体制(objective regime),即对整个国际社会普遍有效,无须经过第三方同意即可为其创设权利或义务。这主要体现在以下三类条约:第一,关于非军事化、中立化或国际法的条约,如关于南极、外空、天体等的条约;第二,创立新国家并规定其义务的条约;第三,关于国际水道的条约,例如关于苏伊士运河、马六甲海峡等国际水道航行自由的条约。

(二) 条约为第三方创设权利

(1) 如果一项条约要为第三方创设一项权利,必须具备两个条件:1) 条约当事方必须有给第三方创设权利的意图。2) 第三方对此表示同意。

(2) 如果该第三方无相反之表示,应推定其同意,除非条约另有规定。

(3) 第三方同意后,应当严格按照条约规定行使相关权利,不得僭越。

(4) 条约为第三方创设权利的实践,如关于国际海峡(如黑海海峡)或通洋运河(如巴拿马运河、苏伊士运河、基尔运河)的条约,在依据最惠国待遇条款享有最惠国待遇的国家范围内,条约实际上也可以为第三国创设权利。

(三) 条约为第三方创设义务

根据"两公约"第35条的规定,如果一项条约或条约条款要对第三国或第三组织创设义务并产生效力,必须符合两个条件:1) 条约当事方有给第三方施加义务的意图;2) 第三方以书面形式明示接受此项义务。

第七节　条约的解释

一、基本概念

条约的解释(interpretation),是指条约当事方或其授权的解释主体按照一定的规则对有分歧的条约条款或其他条约的适用问题作出明确具体的说明。

条约解释的主体具体指条约当事方、经授权的国际组织的机关、有管辖权的国际仲裁或国际司法机构有解释条约的权力,其所作解释有拘束力。

条约解释的"有效原则"。有学者认为条约解释需要遵从"有效原则",即"与其无效,不如使之有效"(*ut res magis valeat quam pereat*)。

条约"上下文"的含义十分广泛。一项条约用语的上下文,不仅包括连同序言和附件在内的整个约文,还包括当事国因缔结该条约而达成的其他任何协议。应与上下文一并考虑的还有与条约解释相关的当事国的嗣后协定、嗣后实践以及适用于当事国之间关系的相关国际法规则。2018年国际法委员会二读通过的《与条约解释相关的嗣后协定和嗣后实践结论草案》,包括"能够随时间演变的条约用语的解释"等重要内容。

二、疑难点解析

（1）条约解释的理论。客观论主张严格依据条约用语的通常意思进行解释。主观论主张通过探寻当事国缔约时的真实意图进行解释。目的论主张从条约的目的和宗旨出发进行解释。这三种理论任何一种都在条约解释的实践中得到了适用，但任何一种理论都无法完全满足条约解释的需要。解释纷繁复杂的条约，需要综合上述理论。

（2）条约解释的通则：1）依照条约用语的通常意义解释；2）依照条约用语在上下文中的含义解释；3）参照条约的目的及宗旨解释；4）善意地解释。

（3）条约解释的补充资料。"两公约"第 32 条规定：为证实由适用第 31 条所得之意义起见，或遇依第 31 条作解释而意义仍属不明或难解或者所获结果显属荒谬或不合理时，为确定其意义起见，得使用解释之补充资料，包括条约之准备工作及缔约之情况在内。

运用条约解释的补充资料的目的是在运用通则无法清晰合理地解释条约时来确定条约用语的含义，当然也可以为了证明运用解释通则所得出的解释的正确性而运用补充资料。

（4）注意有管辖权的国际仲裁和国际司法机构的解释仅对提交争端的当事方有效。但依照《国际法院规约》第 62 条和第 63 条的规定，如果条约的其他当事国经申请参加了诉讼的，法院的解释对这些诉讼参加国也有拘束力。

第八节　条约的修订、终止与无效

一、基本概念

条约的修订（revision），是指条约当事方在缔结条约后于该条约有效期内改变其规定的行为，既包括条约的修正，也包括条约的修订。

条约的修正（amendment），是指重新缔结条约的部分规定，应当适用原条约的缔结程序。

条约的修改（modification），是指部分条约当事方对条约的修订。

条约的无效（invalidity of treaty），是指条约因不符合国际法所规定的条约成立的实质要件而自始或自撤销同意时无法律效力。条约是否无效，不能由缔约国单方面随意决定，必须根据国际法来判断。

条约的终止（termination），是指条约生效以后，由于国际法所承认的原因的出现，条约所规定的权利和义务不再拘束原有的当事方。条约终止的后果是指当事方因条约不再有效而终止其依条约所享有的国际法上的权利或应承担的国际法上的义务。

条约的暂停施行（suspension of the operation of a treaty），又称条约的中止（suspension of treaty），是指全体或部分当事方在一定期间内暂停施行条约的一部或全部，在停止施行期间中止条约的效力。

二、疑难点解析

（一）条约修正的规则

按照"两公约"第39、40条规定，条约修正的规则主要是：

（1）修正多边公约的任何提议，必须通知全体缔约方，各缔约方均应有权参加条约修正的谈判。

（2）凡有权成为条约当事方之国家或国际组织亦应有权成为修正后条约的当事方。

（3）未参加修正协定的原条约当事方不受修正协定的拘束。

（4）修正条约之协定生效后成为条约当事方之国家或国际组织，若无相反表示，应视为修正后的条约的当事方，并就其对不受修正条约协定拘束的条约当事方的关系而言，应视为未修正条约的当事方。

关于条约修正的实践。理论上，条约的修正需要所有当事方都参加。但是，在实践中，并非需要所有条约当事方都参加才能完成对条约的修正，只需按照条约关于修正的规定即可。例如《联合国宪章》第108条规定："本宪章之修正案经大会会员国三分之二表决并由联合国会员国之三分之二，包括安全理事会全体常任理事国，各依其宪法程序批准后，对于联合国所有会员国发生效力。"

（二）条约修改的规则

根据"两公约"第41条的规定，有以下几种情形之一时，多边条约的两个或多个当事方彼此间可缔结协定修改条约：

（1）该条约规定有作这种修改的可能；

（2）该条约不禁止作这种修改，且这种修改不影响其他当事方享有该条约规定的权利或履行其义务，也不涉及任何如予减损即与有效执行整个条约的目的和宗旨不相容的规定。

（3）如果若干国家或国际组织彼此间按上述原则对条约进行了修改，应将修改的内容通知其他当事方。

（4）两公约对条约的修改作了如下限制：第一，不得影响其他当事方依条约享有的权利；第二，不得影响条约的目的和宗旨；第三，必须将缔结修改协定的意思、准备修改和已作修改的内容，通知其他当事方。

（三）条约的修订、修正和修改的关系

（1）条约的修订既包括修正，也包括修改。三者都是条约当事方在条约的有效期内改变条约规定的行为。条约的修正和修改的区别主要是主体不同，程序不同。条约的修正主体必须是全体当事方，而条约修改只需部分当事方即可。条约的修正使用条约的缔结程序；而条约的修改可根据条约规定或者当事方同意即可。

（2）注意条约"修正"或"修改"在不同条约当事方之间的适用。原条约的规定仍然适用于反对条约修改或修正的当事方。条约修正和修改后，只适用于修正或修改的当事方以及同意修正或修改的当事方，不适用于反对修正或修改的当事方，以及未参与修正或修改的其他当事方，也不影响原条约其他规定在当事方之间的适用。

（四）条约的无效

（1）条约自撤销同意时无效的原因：1）违反一国国内法或一国际组织的规则关于缔

约权限的规定；2）违反关于表示一国或一国际组织同意的权力的特定限制；3）错误；4）欺诈；5）贿赂。

（2）条约自始无效的情形：1）强迫；2）以武力威胁或使用武力对一国或一国际组织施行强迫；3）与一般国际法强制规范（强行法）相抵触的条约。

（3）条约因上述原因被确定无效的法律后果是相关条约的规定无法律效力。但如已有信赖此种条约而实施之行为，则：每一当事国得要求任何其他当事国在彼此关系上尽可能恢复未实施此项行为前原应存在之状况；在援引条约无效之理由前以善意实施之行为并不仅因条约无效而不合法。与一般国际法强制性规范抵触的条约无效之后果是：由缔约方尽量消除依据与一般国际法强制性规范抵触的条约之任何规定所实施的任何行为的后果，以及使彼此关系符合一般国际法强制性规范。

（4）注意，条约的无效是因为不符合条约的实质要件，即主体合法、意思表示真实以及内容不违反一般国际法强制规范。

条约自撤销同意时无效与条约自始无效的原因不同，应注意区别。

（五）"不平等条约"效力的问题

不平等条约无效是因为其违背了条约意思表示真实、主体合法或者一般强行法这些实质要件，而非因为条约内容的不平等。

条约内容不平等并不必然导致条约无效。

（六）关于条约的终止

（1）根据"两公约"的规定和国际实践，条约的终止一般包括如下情况：第一，依照条约规定或全体当事方同意或当事方退出条约；第二，依照当事方的原意或条约的性质默示的权利解除或退出条约；第三，多边条约的当事国减少至条约生效所必需的数目以下时终止条约；第四，条约因缔结后订条约而终止，也即新条约代替了旧条约；第五，条约因重大违约而终止；第六，因实施条约所必不可少之标的物永久消失或毁坏等意外情况以致不可能履行；第七，情况的基本改变；第八，断绝外交或领事关系；第九，爆发战争或武装冲突；第十，新的一般国际法强制规范的产生。

（2）条约终止的效果。除条约另有规定或当事国另有协议外，条约依其规定或依照上述理由终止时通常的法律效果是：解除当事国继续履行条约之义务；不影响当事国在条约终止前经由实施条约而产生之任何权利、义务或法律情势。但上述规则的例外是：一项条约因出现新的一般国际法强制性规范而终止。根据国际法委员会2020年通过的《关于一般国际法强制性规范的结论草案》，在条约终止前因实施该条约而产生的任何权利、义务或法律情势的保持仅以与新的一般国际法强制性规范不相抵触为限。这说明国际强行法规范无溯及力，新产生的强行法规范只能使与其冲突的现行条约终止，不能使与其冲突的现行条约自始无效。

（七）关于条约的暂停实施

（1）"两公约"第57条规定，根据条约规定或经全体当事方同意，一项条约可对全体当事方或某一特定当事方中止施行。

（2）多边条约仅经部分当事国协议而暂停施行的情形，根据"两公约"第58条的规定，应当符合以下条件：1）该项条约内规定或有关之暂停施行非为条约所禁止；2）不影响其他当事方享有条约上之权利或履行其义务；3）与条约之目的及宗旨不相冲突；

4）有关当事方应将其暂停施行的协议通知其他当事方。

（八）区分条约的"终止"与"中止"

注意条约的终止是从终止之日起终止条约的效力，解除当事方履行条约的义务，条约自此无效。

条约的暂停施行只是在暂停施行期间解除当事方履行条约的义务，嗣后必要时，可依一定程序恢复条约的施行，但也可能导致条约效力的终止，条约并非绝对自此无效。

▶ 本章实务案例研习

中国和俄罗斯对中俄航空协定解释的争议[①]

（一）案情简介

2003年3月11日，莫斯科税务主管部门通知中国国际航空公司（以下简称"国航"）驻莫斯科办事处，要求其缴纳1999年至2001年车辆道路使用税和住房基金及社会文化设施税，两项税款、罚款及滞纳金共计205万美元。

国航对此向莫斯科仲裁法院起诉，主张根据1991年3月26日签订的《中华人民共和国和苏维埃社会主义共和国联盟政府民用航空运输协定》（以下简称《中苏民航协定》）第13条"缔约一方指定的空运企业在缔约另一方领土内经营协议航班所得收入，应豁免一切税收"的规定，请求认定莫斯科税务主管部门要求缴纳205万美元的决定无效。该案历经三审，最后判定国航败诉。

事后，中国外交部、民航总局、税务总局等有关部门与俄方多次磋商，要求俄税务主管部门严格遵守《中苏民航协定》，促进两国民航运输持续、健康发展。伊始，俄方并不认同中国提出的法律意见。2004年中国国家税务总局根据对等原则对俄指定的空运企业征收1991年至2001年间的业务收入的营业税。北京地税局冻结了俄航空公司银行账户应缴营业税税额人民币1 929万元。

最后，中俄双方通过谈判，同意退还已征收的民航企业税款，并继续执行《中苏民航协定》第13条的免税规定。

（二）法律评析

本案涉及的关键问题是条约的解释。双方争议主要集中在以下两点：

第一，关于"收入"一词如何解释。俄方认为，根据俄方文本第13条的规定，"收入"一词仅指"利润"，因此免税的范围有限。中方认为，"收入"一词仅指"销售净收入"，不包括"利润"。双方磋商《中苏民航协定》草案的语言是英文。《中苏民航协定》第21条虽然规定俄方和中方文本同等作准，但根据《维也纳条约法公约》第32条的规定，上述文本发生差异时，草签的英文文本具有可靠的参考和核对价值。而英文的"收入"一词不仅仅限于"利润"。而且从国际惯例来看，"所得收入"指销售净收入，不包括"利润"。

---

① 中华人民共和国外交部条约与法律司. 中国国际法实践案例与选编. 北京：世界知识出版社，2018. 段洁龙. 中国国际法实践与案例. 北京：法律出版社，2011.

第二，免征范围。俄方认为，《中苏民航协定》第 13 条是指"应豁免税收"，而非中方文本的"应豁免一切税收"。中方认为，"应豁免税收"与"应豁免一切税收"无实质差异。而且根据《维也纳条约法公约》第 31 条关于条约解释的规定，以及现行的国际民航协定及税收协定，一般对一方从事国际运输企业给予在另一国免征一切税收的待遇。

本章同步练习

一、多项选择题

1. 根据《维也纳条约法公约》和《中华人民共和国缔结条约程序法》，关于中国缔约程序问题，下列哪些表述是正确的？（   ）（司考）

A. 中国外交部长参加条约谈判，无须出具全权证书

B. 中国谈判代表对某条约作出待核准的签署，即表明中国表示同意受条约约束

C. 有关引渡的条约由全国人大常委会决定批准，批准书由国家主席签署

D. 接受多边条约和协定，由国务院决定，接受书由外交部部长签署

2. 甲乙丙三国为某投资公约的缔约国，甲国在参加该公约时提出了保留，乙国接受该保留，丙国反对该保留，后乙丙丁三国又签订了涉及同样事宜的新投资公约。根据《维也纳条约法公约》，下列哪些选项是正确的？（   ）（司考）

A. 因乙丙丁三国签订了新公约，导致甲乙丙三国原公约失效

B. 乙丙两国之间应适用新公约

C. 甲乙两国之间应适用保留修改后的原公约

D. 尽管丙国反对甲国在原公约中的保留，甲丙两国之间并不因此而不发生条约关系

3. 依据《中华人民共和国缔结条约程序法》及相关法律，下列选项正确的？（   ）（司考）

A. 国务院总理与外交部部长参加条约谈判，无须出具全权证书

B. 由于中国已签署《联合国国家及其财产管辖豁免公约》，该公约对我国具有拘束力

C. 中国缔结或参加的国际条约与中国国内法有冲突的，均优先适用国际条约

D. 经全国人大常委会决定批准或加入的条约和重要协定，由全国人大常委会公报公布

二、名词解释

1. 条约（考研）

2. 换文（考研）

3. 条约的保留（考研）

4. 条约的加入（考研）

5. Treaty interpretation（考研）

6. pacta sunt servanda（考研）

三、案例分析题

假设 AB 两国自愿通过谈判、签署和批准程序缔结一项条约。该条约内容包括：出于两国的共同利益，A 国将本国领土提供给 B 国的军事力量使用，用攻击并消灭 C 国国内的某个种族。根据以上案情，回答如下问题：该条约是否合法有效？为什么？

四、简答题

1. 如何理解缔结条约的程序？（考研）
2. 简述条约的解释通则。（考研）
3. 条约的批准。（考研）

五、论述题

1. 论我国香港、澳门、台湾地区签订加入世界贸易组织协定在条约法上的地位。（考研）
2. 论述条约保留制度。（考研）
3. 试论国际法上"条约必遵守"的原则。（考研）
4. 论条约对第三方的效力。（考研）
5. 条约的终止与暂停实施。（考研）

参考答案

一、多项选择题

1. ACD

解析：根据《维也纳条约法公约》，以下情形无须出具全权证书：（1）国家元首、政府首脑和外交部部长谈判缔约；（2）使馆馆长议定派遣国和接受国之间的条约约文；（3）国家向国际会议或国际组织派遣的代表，议定该会议或组织中的条约约文，故 A 项对。待核准的签署是等待政府确认的签署，在本国确认以前，它只有认证条约约文的效力，并非表明国家同意受条约约束，故 B 项错。根据我国《缔结条约程序法》第 7 条，条约和重要协定的批准由全国人大常委会决定。前款规定的条约和重要协定是指：（1）友好合作条约、和平条约等政治性条约；（2）有关领土和划定边界的条约、协定；（3）有关司法协助、引渡的条约、协定；（4）同中国法律有不同规定的条约、协定；（5）缔约各方议定须经批准的条约、协定；（6）其他须经批准的条约、协定。批准书由中华人民共和国主席签署，外交部部长副署，故 C 项对。根据我国《缔结条约程序法》第 12 条，接受多边条约和协定，由国务院决定；接受书由外交部部长签署，具体手续由外交部办理，故 D 项对。

2. BCD

解析：先后就同一事项签订的两个条约的当事国部分相同、部分不同时，在同为两条约当事国之间，适用后约优于先约的原则。在同为两条约当事国与仅为其中一条约的当事国之间，适用两国均为当事国的条约。因此，虽然乙丙丁三国签订了新公约，但是甲并非该公约的当事国，甲乙丙三国原公约并未失效。乙丙两国均为新约和旧约的当事国，应适用新公约，所以 A 项错、B 项对。甲乙两国之间仅为前约的当事国，只能适用前约。在保留国和接受保留国之间，若按保留的范围，修改了该保留所涉及的一些条款所规定的权利义务关系。对甲国的保留，乙国表示同意，应按照保留范围改变相应条约条款，所以，甲乙两国之间应适用保留修改后的原公约，故 C 项对。在保留国与反对保留国之间，若反对保留国并不反对该条约在保留国与反对保留国之间生效，则保留所涉及的规定，在保留范围内，不在该两国之间适用。丙国反对甲国的保留，但并未反对条约在两国之间生效，因此，D 项对。

3. AD

解析：本题考查条约的缔结。我国《缔结条约程序法》第 6 条第 2 款规定：下列人员谈判、签署条约、协定，无须出具全权证书：（1）国务院总理、外交部部长；（2）谈判、签署与驻在国缔结条约、协定的中华人民共和国驻该国使馆馆长，但是各方另有约定的除外；（3）谈判、签署以本部门名义缔结协定的中华人民共和国政府部门首长，但是各方另有约定的除外；（4）中华人民共和国派往国际会议或者派驻国际组织，并在该会议或者该组织内参加条约、协定谈判的代表，但是该会议另有约定或者该组织章程另有规定的除外，故 A 项对。虽然中国已签署《联合国国家及其财产管辖豁免公约》，但尚未批准，所以该公约对我国还没有产生拘束力，故 B 项错。关于条约与国内法冲突时的优先适用问题，中国并没有统一的规定：在民商事范围内，根据《民法通则》（现已失效）第 142 条第 2 款的规定，"中华人民共和国缔结或者参加的国际条约同中华人民共和国的民事法律有不同规定的，适用国际条约的规定，但中华人民共和国声明保留的条款除外"；在民商事范围外，条约能否优先适用，则要视法律的具体规定而定，故 C 项错。《缔结条约程序法》第 15 条规定："经全国人民代表大会常务委员会决定批准或者加入的条约和重要协定，由全国人民代表大会常务委员会公报公布。其他条约、协定的公布办法由国务院规定。"故 D 项对。

二、名词解释

1. 条约是国家之间、国际组织之间以及国家与国际组织之间缔结的受国际法支配的书面国际协议。其特征主要是：第一，条约由国家、国际组织缔结；第二，条约受国际法支配；第三，条约是书面协议。

2. 换文通常是指当事国双方通过互换外交照会，就有关事项达成的协议。换文可以用来补充某项条约，也可以单独用来确认就某项具体问题达成的协议，如建立外交关系的换文，关于承认商标注册问题的换文等。

3. 条约的保留是指一国或一国际组织在签署、批准、正式确认、接受、核准或加入条约，或一国发出继承条约的通知时所作的单方声明，不论其措辞或名称如何，该国或该组织意图借此排除或更改条约中某些规定对该国或该组织适用时的法律效果。

4. 条约的加入是指未签署条约的国家或国际组织同意受已签署或已生效的开放性的多边条约的拘束的国际法律行为。传统意义上的加入限于已生效的条约，但现代的实践表明，也可以加入已签署但未生效的条约。"加入"适用于开放性的多边条约，尤其是造法性的国际公约。根据"两公约"第15条的规定，在以下三种情况下，一国或一国际组织得以加入方式表示承受条约拘束的同意：（1）条约本身规定；（2）另经谈判方协议确定；（3）全体当事方嗣后协议。

5. 条约的解释是指条约当事方或其授权的解释主体按照一定的规则对有分歧的条约条款或其他条约的适用问题作出明确具体的说明。有权解释的主体有条约当事方、经授权的国际组织的机关、有管辖权的国际仲裁或国际司法机构。

6. pacta sunt servanda 即"约定必须遵守"，这是一项古老的法律原则。它最早出现于古罗马万民法，后来发展成为国际法的一项基本原则。其基本含义是，条约缔结以后，缔约各方必须按照条约的规定，行使自己的权利，履行自己的义务，不得违反。其意义在于，该原则为国际间的互信互赖创造条件，从而为维持和发展正常的国际关系，保障国际和平与安全提供支撑。

三、案例分析题

A、B 两国签订的条约无效。条约成立的实质要件包括主体合法、意思表示真实以及内容不违反一般国际法强制规范。而条约的无效（invalidity of treaty），是指条约因不符合国际法所规定的条约成立的实质要件而自始或自撤销同意时无法律效力。AB 两国签订的条约目的是灭绝 C 国的某个种族，因为构成灭绝种族罪，违反了国际强行法，所以该条约自始无效。

四、简答题

1. 按照"两公约"的规定和国际实践，缔结条约的一般程序如下。

（1）议定约文。谈判过程就是起草约文的过程。双边条约通常在提议缔约的一方提出的草案的基础上形成新的草案，也可以双方交换草案供对方确定谈判方案，共同起草约文。多边条约最初谈判草案的形成方式有两种：由常设的编纂机构或临时设立的起草委员会起草；由发起缔约的国家提出建议草案，并在此基础上协商出统一或单一草案（案文）。条约草案经议定程序才能成为正式文本。根据"两公约"第9条，国际会议议定条约之约文应以出席及参加表决国家或国际组织的 2/3 多数表决为之，但此等国家以同样多数决定适用另一规则者不在此限；如无法适用上述规则，议定条约约文应以所有参加草拟约文的国家或国际组织之同意为之。

（2）认证约文。约文的认证（authentication），是指谈判各方确认所拟约文是正确的和作准的，除经修正程序外不得更改的缔约程序。根据"两公约"第10条的规定，条约以下列方式确定作准文本：依约文所载或经参加草拟约文国家和国际组织协议之程序；若无此程序，则由此等国家或国际组织代表在条约约文上或在载有约文之会议最后文件上签署、作待核准之签署或草签。

依照国际习惯，双边条约的签署顺序采用轮换制，即条约文本的每个执存方签于首位（在自己保存的文本上签于首位），对方签于次位，以体现平等原则。多边条约依约定的顺序签署，如依国名的英文字母顺序签署。

（3）表示同意受条约拘束。国家表示同意受条约拘束的方式可以有签署、交换构成条约的文书、批准、接受、核准或加入或以其所协议的任何其他方式表示。新国家表示同意受条约拘束的方式还有继承。国际组织表示同意受条约拘束的方式与国家相似，只不过相当于国家批准条约的行为，被称为"正式确认"。

缔约方签署条约或以批准、核准、加入、接受或正式确认等方式表示同意受条约拘束之后到条约生效之前这段时间，条约所规定的法律关系仍然处在不确定的状态。根据"两公约"第18条，缔约方负有不在条约生效前妨碍其目的及宗旨的义务。

（4）通知批准、交换或交存批准书。有些双边条约，还需要交换批准书。按照惯例，若条约在一国签署，则一般应在另一国交换有关文书。例如，1978年《中日和平友好条约》在中国北京签署，批准书在日本东京交换。但是也有例外，如《中英关于香港问题的联合声明》和《中葡关于澳门问题的联合声明》的签署地点和交换批准书的地点都是北京。需要批准或核准的多边条约，依照国内法或内部法批准、核准或正式确认后，通常应当向条约的保管机关交存批准书或类似文书。

2. "两公约"第31条规定了条约解释的通则。条约解释的通则的要点如下。

（1）依照条约用语的通常意义解释，因为条约如同国内法律条款一样，往往使用有关用语的通常意义。只有当事国关于条约用语的原意不是通常意义而是特殊意义时才应按特殊意义解释。

（2）依照条约用语在上下文中的含义解释，即推定为上下文一致，把条约作为一个整体来解释，避免孤立的片面的断章取义的解释。例如，中俄对《中俄航空协定》中应税"收入"一词的解释所用的"嗣后惯例"就属于"上下文"的范围。

（3）参照条约的目的及宗旨解释，因为条约是在其目的和宗旨指导下缔结并为实现其目的和宗旨服务的。国际组织的组织文件的解释尤其需要参照有关组织的宗旨。

（4）善意地解释，即诚实、公正和合理地解释。善意是适用任何解释规则时都应同时适用的规则。条约解释通则是正确解释条约的必要条件。

有学者认为条约解释需要遵从"有效原则"，即"与其无效，不如使之有效"（ut res magis valeat quam pereat）。在编纂《维也纳条约法公约》的过程中，国际法委员会认为，该原则已被公约的解释规则吸收，尤其是包含在善意原则、目的和宗旨解释规则之中，如果规定该原则，可能会鼓励不合法地扩大条约含义的企图。

3. 批准是指缔约国的国家元首或其他有权机关对该国全权代表所签署条约的确认，并表示该国同意接受条约的拘束。一般简式条约经签署后即可生效，而重要的条约在签署后尚须经国家最高权力机关的批准，才能对缔约国生效。重要条约须经批准程序。

条约是否需要经过批准程序最终取决于缔约双方的协议。《维也纳条约法公约》第14条规定，有四种情况是需要经过批准程序的：

（1）条约本身规定须经批准程序的；

（2）另经谈判国协议，须经批准程序的；

（3）该国代表已对条约作出须经批准之签署的；

（4）该国在全权证书或在谈判时已表示条约须经批准程序的。

批准条约是国家行使缔约权的体现，也是国家的基本职能之一。许多国家的宪法都规定，缔约须经过最高权力机关的同意，由国家元首批准条约。在国际法上，缔约国没有必须批准条约的法律义务。即便对一项本国全权代表已签字的条约，缔约国表示拒绝批准条约，或迟迟不作出批准条约的决定，均不会导致该缔约国要承担相应法律责任或道德责任的结果。在国际实践中，缔约国签署了条约而不批准条约的情形时有发生。

双边条约若规定自签字日起生效，那就无须批准和制作批准书。但若双边条约规定自批准日起生效，或自互换批准书之日起生效，那么还需双方交换批准书。按国际惯例，条约通常在缔约一方的首都签署，而在对方的首都交换批准书。例如，1978 年 8 月，《中日和平友好条约》在北京签署，在日本东京换批准书。

五、论述题

1.（1）根据条约法的理论和"两公约"的规定，只有国家和国际组织才享有缔约权能。缔约权能包括缔约能力和缔约权。缔约能力（capacity to conclude treaties），是指国际法主体作为国际人格者依照国际法所享有的缔结条约的权利能力或法律资格。根据一般国际法，具有国际法主体资格的国家、国际组织具有缔约能力。这种能力的有无应根据国际法来确定。缔约权（competence to conclude treaties），是指国际法主体的特定机关或其授权的人代表该主体缔结条约的权限。这种权限的有无应根据缔约方的国内法或内部法来确定。

（2）《维也纳条约法公约》第 6 条规定："每一国家皆有缔结条约之能力。"相对其他国际法主体而言，国家的这种能力是与国家主权相联系的，是国家自身固有的，能力的范围比其他国际法主体更广泛。

由哪个机关代表国家行使缔约权，由各国的国内法通常是宪法来规定。一般是国家元首、最高行政机关或外交机关对外代表国家缔结条约。

缔约权应由一国中央政府统一行使，地方政府经特别授权才可在授权范围内对外缔结国际协议。

（3）中央政府授权香港地区和澳门地区在特定领域具有缔约权。根据《中华人民共和国香港特别行政区基本法》和《中华人民共和国澳门特别行政区基本法》：香港和澳门可在经济、贸易、金融、航运、通信、旅游、文化、体育等领域以"中国香港""中国澳门"的名义，单独与世界各国或地区或国际组织签订条约。

（4）世界贸易组织的前身是关税与贸易总协定。关税与贸易总协定有两个含义：1) 一个国际协议，即于 1947 年签署，于 1948 年 1 月 1 日临时适用的关税与贸易总协定；2) 管理该协议的事实上的国际机构。关税与贸易总协定从严格意义上讲不具有国际法上的国际组织的法律地位。世界贸易组织是根据世界贸易组织协定建立的多边性贸易组织。其成员是加入世界贸易组织的各国政府和单独关税区政府，任何个人、企业或其他非政府机构都不能成为世界贸易组织的成员，也不能向它主张权利。

单独关税区是指不具有独立的完整的国家主权但却在处理对外贸易关系及世界贸易组织协定规定的其他事项方面拥有完全自主权的地区。中国香港、澳门和台湾地区都是这样的单独关税区。

综上，我国香港地区、澳门地区、台湾地区签订的加入世界贸易组织协定，是有效的条约。

2. 条约的保留是一国于签署、批准、接受、赞同或加入条约时所作的片面声明，不论措辞或名称如何，其目的在于摒除或更改条约中的若干规定对该国适用时的法律效果。

（1）条约保留的含义包括三个方面：1）保留应在表示接受条约约束时作出；2）保留可以采用任何措辞或名称，其性质属于单方面的声明；3）保留的效果是排除条约中某些规定对提出保留的缔约方的约束力。

一般来说，双边条约不发生保留问题，因为双边条约的所有条约都是缔约双方通过谈判达成的。若一方不同意某一条款，条约就不能成立；在条约成立后表示不接受某一条款，则意味着要重开谈判。多边条约因参加国较多，参加时间不一致，缔约国之间关系复杂，各国的政策与利益不尽相同，所以，有的国家在参加条约时不能接受某些条款，于是引起保留问题。

（2）保留的根据和目的。关于保留的根据，一种观点是根据国家主权，认为国家拥有平等的缔约能力，当然也就有在签署、批准或加入时对条约提出保留的权利；另一种观点要求保留得到全体当事国的一致同意；还有一种观点是这两种观点的折中。

《维也纳条约法公约》第19条规定，国家的保留受到以下限制：1）条约本身禁止保留；2）条约规定对某些条款不得作出保留，或仅准对某些特定条款作出保留而其他条款不在保留范围之内；3）保留与条约目的和宗旨不符。保留的目的是免除条约的某些条款对提出保留国的适用或更改某些条款，换言之，是免除该国的某项义务或变更义务。

（3）保留的接受。保留是提出保留国在签署、批准、接受、赞同或加入条约时所作的片面声明，因而是一种单方行为。这种行为，如果发生在条约允许保留时，就具有法律效力；但是在条约对是否允许保留未做规定的情况下，保留是否具有法律效力，在国际上是一个争论很大的问题。传统观点认为除非得到其他缔约国的一致同意，缔约国不得作出保留，否则要么保留无效，要么该保留国不被承认为缔约国。这种观点为20世纪以来的国际法理论和实践所否定。《维也纳条约法公约》第20条规定：1）凡为条约明示准许之保留，无须其他缔约国事后予以接受，除非条约另有规定。2）谈判国之有限数目及条约之目的与宗旨，在全体当事国间适用全部条约为每一当事国同意承受条约拘束之必要条件时，保留须经全体当事国接受。3）如果条约为国际组织之组织约章，除条约另有规定时，保留须经该组织主管机关接受。4）凡不属于上述情形的，除条约本身另有规定外，如保留经另一缔约国接受，就该另一国缔约国而言，保留国即成为该条约当事国，但须以该条约已对这些国家生效为条件，如果保留经另一缔约国反对时，条约在反对国与保留国之间并不因此而不产生效力，但反对国明确表示相反意思不在此限；一国表示同意承受条约约束而附有保留的行为，只要至少有另一缔约国已经接受该项保留就生效。5）在适用上述2）、4）时，除条约另有规定外，如果一国在接到保留通知后12个月的期间届满时，或至表示同意条约拘束之日为止，两者中以较后的日期为准，没有对保留提出反对，那么这项保留就被视为已为该国接受。保留只涉及保留国与其他缔约国之间，并不影响其他缔约国相互之间的关系。《维也纳条约法公约》第21条规定，凡是依本公约有关规定对以当事国成立的保留，在保留国与该另一当事国相互之间，依保留的范围修改保留所涉及的条约规定，其他当事国相互之间的条约关系不受保留影响；如果反对保留的国家并不反对条约在它与保留国之间生效，则在该两国之间仅不适用所保留的条款。

（4）保留的撤回。根据《维也纳条约法公约》的有关规定，除非条约另有规定，保留可以随时撤回，无须经业已接受保留的国家的同意，对保留提出反对也可以随时撤回。

撤回保留或撤回对保留的反对，均应通知有关当事国，撤回自接受保留国或提出保留国受到撤回的通知时起发生效力。保留、明示接受保留或反对保留均必须以书面形式提出并送至缔约国及有权成为条约当事国的其他国家。撤回保留或撤回对保留提出的反对，也必须以书面形式为之。如保留是在签署待批准的条约时提出的，保留国应在批准条约时确认该项保留，遇此情形，该项保留应视为在确认之日提出；明示接受保留或反对保留是在确认保留前提出的，其本身无须经过确认。

3. "约定必遵守"（*pacta sunt servanda*）是一项古老的法律原则。它最早出现于古罗马万民法，后来发展成为国际法的一项基本原则——条约必遵守原则或称条约神圣原则。条约必遵守原则的基本含义是，条约缔结以后，缔约各方必须按照条约的规定，行使自己的权利，履行自己的义务，不得违反。

条约必遵守原则存在的意义在于，该原则为国际间的互信互赖创造条件，从而为维持和发展正常的国际关系，保障国际和平与安全提供支撑。由于国际社会没有一个超国家权力的主体可以以其强制力保障国际条约的履行，如果条约必遵守原则得不到世界各国的普遍尊重，则国际条约也必然丧失其存在的意义。

国际法理论上的各个学说学派，对于条约必遵守这一基本原则，是不持异议、一致认许的。无论是19世纪的《伦敦议定书》，一战后的《国际联盟盟约》，还是二战以后制定的《联合国宪章》，都以法律形式确认了条约必遵守原则，赋予各缔约国遵守条约的义务。

对于保障条约必遵守原则得到普遍信奉的威慑力，通常认为包括两种力量：（1）民族的自尊心，责任心，对于其庄严地作出的许诺的尊重，避讳违约恶名的愿望和习惯力量；（2）条约他方对违约方的不满、谴责、威慑和制裁。但是，必须指出的是，条约必遵守原则和其他国际法原则一样，不能被绝对化。从古到今，都存在着各种性质、内容不同的条约，既包括形式和内容都平等的平等条约，又包括从形式到内容无一不透出恃强凌弱意味的不平等条约。因此，从平等互利的国际法基本原则出发，应当得到遵守的只能是形式上、内容上都符合平等、自愿、互利原则的平等条约。而对于违背平等、自愿、互利原则的具有奴役性的不平等条约，则应当得到毫不犹豫的毁弃。

4. 条约只适用于缔约各国之间，未经第三国同意，不对该国产生义务或者权利。这是一项国际法原则。这项原则可溯源至罗马法中的"约定对第三者既无损，也无益"的原则。它得到各国的普遍确认和采用，因而仍是一项公认的国际法原则。

条约对第三方的效力问题主要体现在以下三个方面：

（1）关于条约为第三国创设权利的问题。

《维也纳条约法公约》第36条规定：如条约当事国有意以条约之一项规定对一第三国，或者其所属一组国家或所有国家给予一项权利，而该第三国对此表示同意，则该第三国即因此项规定而享有该项权利。该第三国倘无相反之表示，应推定其表示同意，但条约另有规定者不在此限。按此条规定，第三国接受条约为其创设之权利，并不要求以书面形式明示接受，而只要求表示同意，而且该第三国无相反之表示，应推定其同意。

（2）一个条约对第三国的义务或权利已经成立后，原条约当事国是否可以取消或变更的问题。《维也纳条约法公约》第37条第1项规定："依照第三十五条使第三国担负义务时，该项义务必须经条约各当事国与该第三国之同意，方得取消或变更，但经确定其另有协议者不在此限。"该条第 2 项规定："依照第三十六条使第三国享有权利时，倘经确定原意为非经该第三国同意不得取消或变更该项权利，当事国不得取消或变更之。"

（3）条约未经第三国同意，不对该国产生义务或权利，这是国际法所公认的准则。但在实践中，有的条约要求非缔约国（第三国）负有一定的义务，无疑应得到第三国尊重。正是由于该条约规则成为国际习惯规则，从而约束未成为该条约当事国的那些国家。《维也纳条约法公约》第 38 条规定："第三十四条至第三十七条之规定不妨碍条约所载规则成为对第三国有拘束力之公认国际法习惯规则。"

5.（1）条约终止的概念。根据"两公约"的规定和国际实践，条约的终止一般包括如下情况：第一，依照条约规定或全体当事方同意或当事方退出条约；第二，依照当事方的原意或条约的性质默示的权利解除或退出条约；第三，多边条约的当事国减少至条约生效所必需的数目以下时终止条约；第四，条约因缔结后订立新条约而终止，也即新条约代替了旧条约；第五，条约因重大违约而终止；第六，因实施条约所必不可少之标的物永久消失或毁坏等意外情况以致不可能履行；第七，情况的基本改变；第八，断绝外交或领事关系；第九，爆发战争或武装冲突；第十，新的一般国际法强制规范的产生。

（2）条约的暂停施行的概念。根据"两公约"第 57 条规定，根据条约规定或经全体当事方同意，一项条约可对全体当事方或某一特定当事方中止施行。多边条约仅经部分当事国协议而暂停施行的情形，根据"两公约"第 58 条的规定，应当符合以下条件：第一，该项条约内规定或有关之暂停施行非为条约所禁止；第二，不影响其他当事方享有条约上之权利或履行其义务；第三，与条约之目的及宗旨不相冲突；第四，有关当事方应将其暂停施行的协议通知其他当事方。

（3）条约终止的效果。除条约另有规定或当事国另有协议外，条约依其规定或依照上述理由终止时通常的法律效果是：解除当事国继续履行条约之义务；不影响当事国在条约终止前经由实施条约而产生之任何权利、义务或法律情势。但上述规则的例外是：一项条约因出现新的一般国际法强制性规范而终止。根据国际法委员会 2020 年通过的《关于一般国际法强制性规范的结论草案》，在条约终止前因实施该条约而产生的任何权利、义务或法律情势的保持仅以与新的一般国际法强制性规范不相抵触为限。这说明国际强行法规范无溯及力，新产生的强行法规范只能使与其冲突的现行条约终止，不能使与其冲突的现行条约自始无效。

（4）条约的"终止"与"中止"。条约的终止是从终止之日起终止条约的效力，解除当事方履行条约的义务，条约自此无效。而条约的暂停施行只是在暂停施行期间解除当事方履行条约的义务，嗣后必要时，可依一定程序恢复条约的施行，但也可能导致条约效力的终止，条约并非绝对自此无效。

第十五章　外交与领事关系法

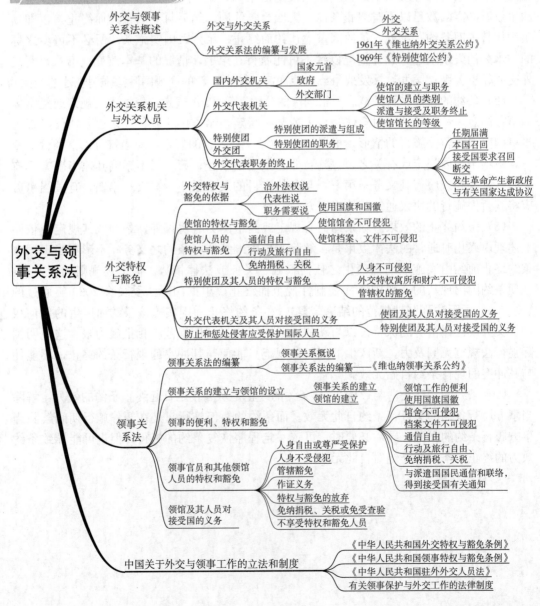

本章知识点速览

外交与领事关系法

- 外交与领事关系法概述
  - 外交与外交关系
    - 外交
    - 外交关系
  - 外交关系法的编纂与发展
    - 1961年《维也纳外交关系公约》
    - 1969年《特别使馆公约》

- 外交关系机关与外交人员
  - 国内外交机关
    - 国家元首
    - 政府
    - 外交部门
  - 外交代表机关
    - 使馆的建立与职务
    - 使馆人员的类别
    - 派遣与接受及职务终止
    - 使馆馆长的等级
  - 特别使团
    - 特别使团的派遣与组成
    - 特别使团的职务
  - 外交团
  - 外交代表职务的终止
    - 任期届满
    - 本国召回
    - 接受国要求召回
    - 断交
    - 发生革命产生新政府
    - 与有关国家达成协议

- 外交特权与豁免
  - 外交特权与豁免的依据
    - 治外法权说
    - 代表性说
    - 职务需要说
  - 使馆的特权与豁免
    - 使用国旗和国徽
    - 使馆馆舍不可侵犯
    - 使馆档案、文件不可侵犯
  - 使馆人员的特权与豁免
    - 通信自由
    - 行动及旅行自由
    - 免纳捐税、关税
  - 特别使团及其人员的特权与豁免
    - 人身不可侵犯
    - 外交特权寓所和财产不可侵犯
    - 管辖权的豁免
  - 外交代表机关及其人员对接受国的义务
    - 使团及其人员对接受国的义务
    - 特别使团及其人员对接受国的义务
  - 防止和惩处侵害应受保护国际人员

- 领事关系法
  - 领事关系法的编纂
    - 领事关系概说
    - 领事关系法的编纂——《维也纳领事关系公约》
  - 领事关系的建立与领馆的设立
    - 领事关系的建立
    - 领馆的建立
  - 领事的便利、特权和豁免
    - 领馆工作的便利
    - 使用国旗国徽
    - 馆舍不可侵犯
    - 档案文件不可侵犯
    - 通信自由
    - 行动及旅行自由、免纳捐税、关税
    - 与派遣国国民通信和联络，得到接受国有关通知
  - 领事官员和其他领馆人员的特权和豁免
    - 人身自由或尊严受保护
    - 人身不受侵犯
    - 管辖豁免
    - 作证义务
  - 领馆及其人员对接受国的义务
    - 特权与豁免的放弃
    - 免纳捐税、关税或免受查验
    - 不享受特权和豁免人员

- 中国关于外交与领事工作的立法和制度
  - 《中华人民共和国外交特权与豁免条例》
  - 《中华人民共和国领事特权与豁免条例》
  - 《中华人民共和国驻外外交人员法》
  - 有关领事保护与外交工作的法律制度

本章核心知识点解析

第一节 概 述

一、掌握外交与外交关系的概念

外交是指国家为了实现其对外政策，通过其主管机关或官员，用谈判、通讯、会议、参加国际组织和缔结条约的方法，处理其对外关系活动。

外交关系的定义分广义与狭义两种。广义的外交关系是指国家之间正式维持的连续的对外关系；狭义的外交关系是指国家之间相互派遣常驻使节，以维持正式连续的对外关系的手段和方式。外交关系的形式多样，包括正式的外交关系、非正式的外交关系、半外交关系、国民外交。

二、理解外交关系法的编纂与发展

外交关系法是指适用于外交关系领域的国际法原则、规则和制度的总称。虽然它是国际法最古老的部门之一，国际习惯是传统外交法的主要渊源，但直到二战后，外交法国际条约的编纂与发展才迎来了新契机。代表性条约为1961年《维也纳外交关系公约》、1969年《特别使团公约》、1973年《关于防止和惩处侵害应受国际保护人员包括外交代表的罪行的公约》和1975年《维也纳关于国家在其对普遍性国际组织关系上的代表权公约》。

第二节 外交关系机关与外交人员

一、掌握国内外交机关的构成

（一）基本概念

国家元首是国家对外关系领域的最高机关和最高代表。它既可以是个人元首，如英国的女王等，也可以是集体元首，如瑞士的联邦委员会等。

国家的外交关系机关是指一国有权与他国和其他国际法主体进行外交活动的各种机关。

（二）疑难点解析

国内外交机关和国外外交机关组成国家的外交关系机关。国内外交机关主要有：国家元首、政府、外交部门。

国家元首的职权称为"全权代表权"。它在对外关系方面的职权主要依据其本国宪法规定。一般而言，派遣和接受外交使节、批准和废止条约、宣战和议和、参加国际会议和缔约条约等是国家元首的主要职权。

政府既是国家的最高行政机关，也是国家对外关系的领导机关。不同的国家对政府的称谓也不相同，如中国称"国务院"、日本称"内阁"等。政府首脑是政府的最高领导人，一般称为首相、部长会议主席或国务院总理。政府和政府首脑在对外关系中的职权范围依据本国宪法和法律的规定，政府领导外交工作，管理对外事务；签发外交代表的全权证书，任免外交人员；同外国政府进行谈判；参加国际会议；缔结条约；同外国首脑发表共同宣言等主要职权。政府首脑进行外交活动时无须出示全权证书，在国外一般享有完全的外交特权与豁免。

外交部是国家主管外交事务的专门机关。尽管在国际上称谓不尽相同，但在职权方面有着相似性。其职权主要包括：贯彻执行国家的对外政策，提请政府审议重大对外政策问题；领导和监督外交代表机关工作和活动；与外国使馆、国际组织使团、特别使团保持联系和进行谈判；保护本国及公民在国外的合法权益；代表本国与外国进行联系和交涉；等等。外交部部长进行外交活动时无须出示全权证书，在国外也享有完全的外交特权与豁免。

二、理解外交代表机关的一般制度

（一）基本概念

1. 外交关系的建立

根据 1961 年《维也纳外交关系公约》第 2 条规定，"国与国间外交关系及常设使馆之建立，以协议为之。"此协议既可以是双方缔结的条约，又可以是互换照会、发表的联合公报等，由双方自行确定形式。一般而言，国与国建立外交关系并互设使馆得基于双方的协议，这是公认的国际习惯。外交关系的建立意味着双方在相互承认的基础上，经过谈判与协商，就双方建交等问题达成协议，并互派外交代表后，外交关系即正式成立。

2. 使馆的职务

使馆主要有下列几项职务：（1）在接受国中代表派遣国；（2）于国际法许可之限度内，在接受国中保护派遣国及其国民的利益；（3）与接受国办理交涉；（4）以一切合法手段调查接受国之状况及发展情形，并向派遣国政府报告；（5）促进派遣国与接受国间之友好关系，及发展两国经济、文化与科学关系。

3. 使馆人员

一般来说，使馆人员由使馆馆长和使馆职员组成。使馆馆长分大使或教廷大使、公使或教廷公使、代办三个等级。使馆职员包括外交职员、行政及技术职员和事务职员。其中，使馆馆长和其他外交职员统称为"外交代表"，行政及技术职员、事务职员一般不具有外交官地位。

4. 国书

一般而言，国书是派遣国国家元首向接受国国家元首发出的用以证明大使或公使身份的正式文件。国书由国家元首签署，外交部部长副署，由大使或公使向接受国元首递交。

（二）疑难点解析

1. 不受欢迎的人与不能接受的人

接受国可以随时不加解释地通知派遣国并宣告使馆馆长或使馆任何外交职员为"不受欢迎的人"，也可以相应地把使馆任何其他职员宣告为"不能接受的人"。从国际法实践来看，不受欢迎的人与不能接受的人主要分两种情形：其一，使馆馆长的人选在征求接受国同意时被拒绝或不接受；其二，因外交人员和其他人员上任后从事了与其身份不符的行为。例如，2021 年 10 月 23 日，土耳其外交部宣布美国等 10 国驻土耳其的大使为

"不受欢迎的人"，其背后原因在于这些大使向当局呼吁释放被拘留的人权活动人士。

2. 使馆人员职务的终止

根据《维也纳外交关系公约》和外交实践，使馆人员职务的终止原因主要有以下几种：（1）任期届满；（2）接受国要求派遣国召回；（3）派遣国召回；（4）外交关系断绝；（5）派遣国或接受国因革命而建立了新的政府；（6）使馆人员死亡。

三、理解特别使团和外交团的一般规则

（一）基本概念

1. 特别使团

根据 1969 年《联合国特别使团公约》，"特别使团"（Special Missions）是指由一个国家，经另一个国家同意，为了就特别问题同该另一国进行交涉，或为了执行同该另一国有关的特别任务，而派往该国的、代表其本国的临时使团。其主要任务是参加国际会议、与其他国家就某些特定问题进行谈判等。其职能应由派遣国和接受国双方同意而予以决定。其组成人员可以包括外交人员、行政和技术人员以及服务人员。

2. 外交团

外交团有广义和狭义之分。狭义的外交团是指由驻在国的所有使馆馆长组成的团体。广义的外交团则包括使馆的其他外交人员及其家属。外交团的团长一般由到任时间最早、等级最高的使馆馆长担任。

（二）疑难点解析

1. 理解特别使团的职能及终止情形

一般来说，特别使团的主要职能有两类：第一，政治性职能，如出席国际会议、交涉重要问题、谈判、签约等；第二，礼仪性职能，如参加开国大典、元首就职等庆典活动。

根据《联合国特别使团公约》，特别使团在下列情况下职务即行终止：（1）经有关各国达成协议；（2）特别使团完成任务；（3）为特别使团指定的期限届满；（4）派遣国通知终止或召回特别使团；（5）经接受国通知该国认为特别使团之任务已告终止。此外，两国间外交关系或领事关系的终止或中断，并不必然造成特别使团职务的结束。

2. 外交团的作用

外交团不是基于国际法规则，而是基于外交传统和国际惯例设立的。它在外交礼仪方面发挥作用。它不是实体外交代表机关，不具有任何法律职能，外交团的活动不得违反接受国的法律，也不得干涉接受国内政。

第三节　外交特权与豁免

一、了解外交特权与豁免的理论根据

（一）基本概念

外交特权与豁免是外交代表机关及其人员根据国际法或有关协议在接受国或国际组

织所享有的特别权利和优惠待遇的总称。其主要包括使馆及使馆人员的特权与豁免，以及国家元首、政府首脑及外交部部长的外交特权与豁免。过去，外交特权与豁免的规则多属国际习惯法，或由各国国内法予以规定。现在，外交特权与豁免规则的依据为1961年《维也纳外交关系公约》。

（二）疑难点解析

国际法学界关于外交特权与豁免的理论主要有以下三种学说：

第一，治外法权说。该学说主张使馆是本国领土的延伸，虽在接受国领土上，但在法律上视为仍在本国领土上，故受派遣国管辖而非接受国管辖。由于该主张不符合客观现实，现已被摒弃。

第二，代表性说。该学说认为外交代表是派遣国的代表，根据平等者之间无管辖权的原则，他们不受接受国的管辖。该说虽有一定的事实根据，但未明确解释外交代表的私人行为是否也给予外交特权与豁免。

第三，职务需要说。该学说主张基于外交代表正常执行职务的需要而给予其外交特权与豁免。有此特权，外交代表可以在不受接受国的干扰和压力下，自由地执行其职务。

当前国际法学界一般认为，之所以给予外交特权与豁免，一方面是基于对外交代表所代表的国家的尊重，另一方面是考虑到外交代表执行职务的需要。《维也纳外交关系公约》兼采职务需要说和代表性说，作为现代外交特权与豁免的理论依据。

二、掌握外交特权与豁免的一般规则

（一）基本概念

1. 使馆的特权与豁免

根据《维也纳外交关系公约》，使馆享有以下特权与豁免：（1）使馆馆舍不得侵犯；（2）使馆档案及文件不得侵犯；（3）通信自由；（4）免纳捐税、关税；（5）使用国旗和国徽。

2. 使馆人员的特权与豁免

根据《维也纳外交关系公约》，它可以分为两类：一是外交代表的特权与豁免，二是使馆其他外交人员的特权与豁免。

（1）外交代表的特权与豁免，主要包括：人身不可侵犯；寓所、文书、信件和财产不可侵犯；管辖豁免（包括刑事管辖豁免、民事管辖豁免和行政管辖豁免）；免纳捐税；行动及通信自由；免纳关税、行李免受查验；其他特权和豁免。

（2）使馆其他外交人员的特权与豁免，主要分为外交代表的家属、行政和技术人员及其家属、事务职员与私人服务人员三类人员的特权与豁免，在一定情况下，他们也享有一定的特权与豁免。

1）与外交代表构成同一户口的家属（如配偶和未成年子女）享有与外交代表一样的特权与豁免。2）行政和技术人员及其家属若属于同一户口的家属，则享有相应的特权与豁免，但也面临一些限制。比如，执行职务范围以外的行为不享有民事和行政管辖豁免；免纳关税仅限于新到任安家时进口之物品；行李不免受海关的查验。3）事务职员仅就其执行公务的行为享有豁免，其所雇获得的报酬可免纳捐税，而私人服务人员不属于派遣国的工作人员，不在使馆的编制内，但若它不是接受国国民或永久居留者，其受雇所得报酬免纳捐税并在接受国许可范围内享有一定的特权与豁免。

3. 特别使团及其人员的特权与豁免

这主要分为特别使团的便利、特权与豁免；特别使团中派遣国代表和外交人员的特权与豁免；其他人员的特权与豁免。

（1）特别使团的便利、特权与豁免主要包括：特别使团的房舍不可侵犯；特别使团的档案文件不可侵犯；通行自由；免纳捐税、关税；使用国旗、国徽的权利。

（2）特别使团中派遣国代表和外交人员的特权与豁免主要包括：人身不可侵犯；私人住所不可侵犯；行动自由；豁免司法管辖；免缴捐税、免除关税和检查；国家元首和高级人员享受国际法所赋予的便利、特权与豁免。

（3）其他人员的特权与豁免。这类人员包括派遣国外交代表和外交人员的家属、行政和技术人员及其家属、服务人员。

就派遣国外交代表和外交人员的家属而言，根据规定，特别使团中派遣国代表和外交人员的家属，如果不是接受国国民或永久居民，应享有该公约规定的特权和豁免。

对行政和技术人员及其家属而言，他们享有的特权与豁免与外交人员的大致相似，其区别在于：其一，对接受国民事管辖的豁免，仅适用于他们是在执行职务时采取的行为；其二，个人使用的物品免除关税仅限于最初进入接受国国境时的物品；其三，不享有私人行李免受查验的特权。行政和技术人员的伴随家属，如果不是接受国国民或永久居民，享有的特权与豁免与行政和技术人员相同。

就服务人员而言，根据规定，特别使团的服务人员在执行其职务时所采取的行为应豁免接受国的管辖，免缴对他们由受雇所得报酬而征收的捐税，并免除社会保险法规的约束。

4. 国家元首、政府首脑及外交部部长的外交特权和豁免

一般来说，国家元首、政府首脑及外交部部长在国外享有外交特权和豁免，但是关于这种豁免是否是绝对的，随着国际刑法的迅速发展，这个问题又逐渐变得模糊起来。通常情况下，一国的国家元首、政府首脑及外交部部长对于普通刑事犯罪是豁免于外国法院的刑事管辖的，但是对于国际法上的严重罪行，如战争罪、反人道罪和灭绝种族罪，是否也豁免于外国法院的刑事管辖，则不能轻易下定结论，这是因为国际刑法发展中普遍管辖权原则、个人国际刑事责任原则和官方身份不免原则的确立，对外交特权和豁免的范围产生了影响。

（二）疑难点解析

国家豁免与外交豁免两者的区别表现如下：（1）一般而言，国家豁免是指国家及其财产不受外国法院管辖的特权。外交豁免是指外交代表根据国际法或有关协议在接受国所享有的不受管辖的特权。（2）外交豁免的主体是使馆和外交代表，国家豁免的主体是国家。（3）外交豁免的基础是使馆和外交代表履行职务的自由和代表性，国家豁免的基础是国家之间的独立与平等。（4）外交豁免与外交代表的人身和行动自由有关，包含刑事豁免和民事与行政豁免。国家豁免与国家行为及其财产有关，涉及豁免外国法院的民事管辖与强制执行。（5）外交豁免基于身份，不区分行为的性质。而国家豁免往往在行为性质上区分国家的主权行为与商业行为，采取限制豁免的国家对外国的商业行为不给予豁免。

三、正确理解外交代表机关及其人员对接受国的义务

（一）基本概念

外交代表机关及其人员对接受国的义务意味着外交代表机关及其人员在享受外交特权与豁免的同时，必须遵守公认的国际法原则和规则，不滥用外交特权，并对接受国负有一系列义务。

（二）疑难点解析

外交代表机关及其人员对接受国的义务主要分两类：一是使馆及其人员对接受国的义务，二是特别使团及其人员对接受国的义务。

1. 理解使馆及其人员对接受国的义务

该义务表现为：第一，尊重接受国的法律和规章。使馆及其人员享有特权与豁免并不意味着他们没有义务遵守接受国的法律和法规。第二，不干涉接受国内政。不干涉内政是国际法的基本原则之一，为国际社会所接受。使馆及其人员若是被指控干涉接受国内政，就可以要求派遣国将其召回。第三，使馆馆舍不得用以与使馆职务不相容的方式加以利用。第四，不应在接受国内为私人利益从事任何专业或商业活动。第五，使馆与接受国洽谈公务，应与接受国外交部或双方协商确定的部门进行。

2. 理解特别使团及其人员对接受国的义务

根据《联合国特别使团公约》，特别使团及其人员对接受国的义务主要包括：第一，尊重接受国的法律和规章。第二，不干涉接受国内政。第三，使团房舍不得以与使团任务不相容的方式加以利用。第四，不应在接受国内为私人利益从事任何专业或商业活动。

四、正确理解防止和惩处侵害应受国际保护的人员的规则

（一）基本概念

1. 应受国际保护的人员

根据《关于防止和惩处侵害应受国际保护人员包括外交代表的罪行的公约》（以下简称《国际保护人员公约》）的规定，应受国际保护人员包括两类人员：一是国家元首，包括依关系国宪法行使国家元首职责的一个集体机构的任何成员或政府首长、外交部部长，当他在外国境内时，他的随行家属亦为应受国际保护人员。二是在侵害其本人或其办公用馆舍、私人寓所或其交通工具的罪行发生的时间或地点，按照国际法应受特别保护，以免其人身、自由或尊严受到任何攻击的一国任何代表或官员或政府间国际组织的任何官员或其他代理人，以及与其构成同一户口的家属。

2. 侵害应受国际保护人员的罪行的界定

这类罪行可界定为下列故意行为：

（1）对应受国际保护人员进行谋杀、绑架或其他侵害其人身或自由的行为；

（2）对应受国际保护人员的公用馆舍、私人寓所或交通工具进行暴力攻击，因而可能危及其人身或自由；

（3）威胁进行任何这类攻击；

（4）进行任何这类攻击未遂；

（5）参与任何这类攻击的从犯。

（二）疑难点解析

1. 掌握国家对侵害应受国际保护人员罪行的管辖权

《国际保护人员公约》确立了缔约国对侵害应受国际保护人员的管辖权制度。根据规定，每一缔约国应采取必要措施，以确定其在下列情况下对侵害应受国际保护人员的管辖权：（1）所犯罪行发生在本国领土之内或在本国登记的船只或飞机上时；（2）犯罪嫌疑人是本国国民时；（3）所犯罪行是对因代表本国执行第1条所规定的职务而享有应受国际保护人员地位的人员所犯时。这三种情形相应地属于属地管辖、属人管辖和消极属人管辖原则。此外，该公约还在某种程度上确立了一种普遍管辖权。就该公约管辖权的关系来看，普遍管辖是对属地管辖、属人管辖和消极属人管辖原则的补充。若它们之间发生冲突，往往属地管辖和属人管辖的地位要更加优越。

2. 国际合作措施

为了防止侵害的罪行发生，《国际保护人员公约》就国际合作作出了规定。具体为：第一，缔约国应采取一切切实可行的措施，以防止在各该国领土内策划在其领土以内或以外实施这些罪行；第二，缔约国可以开展交换情报，并协调为防止这些罪行发生而采取的适当行政或其他措施。

第四节　领事关系法

一、理解领事关系法的历史发展与编纂

（一）基本概念

（1）领事一般是指一国派驻在他国承办领事职务的人员。

（2）领事关系是指国家间根据协议，相互在对方境内派驻领事官员执行领事职务所形成的国家间关系。

（二）疑难点解析

1. 外交关系与领事关系之间的联系和区别

外交关系与领事关系既有联系又有区别。

两者的联系在于：（1）都是执行派遣国对外政策的常驻国外的机关；（2）都是根据协议而建立；（3）都受派遣国外交部的领导；（4）建立外交关系意味着领事关系也建立，但断绝外交关系不一定断绝领事关系；（5）外交使节可以兼任领事职务，领事亦可兼办外交事务。

两者的区别在于：（1）名义、地位不同。外交事务关系两国关系大局，可与国家元首沟通；领事关系有职务范围限制，与接受国地方当局交涉。（2）职务不同。使馆所保护的利益属于全局性的重大利益；领事的职责在于保护派遣国的商务与侨民利益。（3）工作地域范围不同。使馆可及于接受国全境，领事一般以辖区为限。（4）享受特权与豁免的程度不同。外交使馆享受的特权与豁免要比领事与领馆的多。

2. 把握领事制度的发展及其编纂

领事制度的萌芽出现在古希腊时期，而作为现代国际法意义上的领事制度，则产生

于中世纪后期，主要服务于国际贸易的发展。历经"商人领事""委任领事"等发展时期，18世纪中叶以后，领事制度得到进一步发展。可以说，领事制度是西方资本主义大国对外扩张过程的重要工具。以"领事裁判权"为代表的不平等的领事制度曾在一段时期内存在。当前，那些违反国际法基本原则的不平等领事关系和领事制度已经废除。过去领事关系的相关制度和规则，曾以国际习惯规则为主，比如，领事档案不可侵犯和领事的公务行为享有豁免权。当下的领事制度相关规则主要体现在1963年的《维也纳领事关系公约》当中。该公约全面编纂了现代国家之间领事关系的原则、规则和制度。

二、理解领事关系法的一般规则

（一）基本概念
（1）领馆指总领事馆、领事馆、副领事馆和领事代办处。
（2）领馆人员类别分为领事官员、领馆雇员及服务人员。
（3）领馆馆长分为总领事馆、领事馆、副领事馆和领事代理处四级。

（二）疑难点解析
1. 领事职务

根据《维也纳领事关系公约》，领事职务主要包括：（1）保护。在接受国内保护派遣国及其国民的利益。（2）促进。增进派遣国与接受国间的商业、经济、文化及科学关系的发展，并促进两国间的友好关系。（3）调查和报告。以合法手段调查接受国国内商业、经济、文化及科学等方面的发展情况，向派遣国政府报告，并向有关人士提供资料。（4）办理护照和签证。向派遣国国民签发护照及旅行证件，并向拟赴派遣国旅行人士办理签证或其他适当文件。（5）帮助及协助派遣国国民。（6）办理公证和行政事务。执行公证、民事登记和办理其他行政性事务，但以接受国法律规章无禁止规定为限。（7）监督与检查等。对具有派遣国国籍的船舶、航空器及其航行人员进行监督和检查，并予以协助等。

2. 领馆馆长的等级和位次

一般来说，领事馆馆长分为四个等级：总领事、领事、副领事和领事代理人。总领事是最高级的领事人员，负责领导总领事馆的工作，管辖几个领事辖区或一个大的领事辖区。领事是仅次于总领事的第二级领事人员，其可以担任领馆馆长，管辖一个领事辖区，也可以在总领事馆中辅助总领事工作。副领事和领事代理人分别是第三级和第四级领事人员，副领事可以担任总领事或领事的助手，而领事代理人由总领事或领事经本国同意后任命，执行领事职务。

关于领馆馆长的位次，主要以颁给领事证书日期予以确定，若获得领事证书前已经暂时准予执行职务，其优先位次依暂准执行职务的日期而予以确定。若是同日获得证书的，其位次则依委任文凭或类似文书或通知送达接受国的日期予以确定。

3. 领馆人员的委派及承认

领事由派遣国委派。委派领事的机关及手续，依派遣国国内法规定。所任命领事馆馆长不要求事先征求接受国同意，但不妨碍当事国国家间达成这种协议。但是，领馆馆长必须经接受国以发给"领事证书"的形式给予准允，才能执行职务。对其他领事官员是否发给"领事证书"，由接受国决定，拒绝发给"领事证书"无须说明理由。领事官员原则上应属派遣国国籍。接受国可以随时通知派遣国，宣告某一领事官员为不受欢迎的人或不能接受的人。此时，派遣国应该召回或终止其领馆中的职务。若是派遣国拒绝履行上述义务，则可视为接受国不承认其领馆官员的地位。

4. 领馆人员职务的终止

终止的主要原因为：（1）派遣国通知接受国有关领事的职务业已终止；（2）领事证书被撤销；（3）被宣告为不受欢迎的人或不能接受：（4）领事关系断绝或领馆关闭。

三、掌握领事特权与豁免的一般规则

（一）基本概念

领事特权与豁免是指为了领事馆及其人员在接受国能够有效地执行领事职务而由接受国给予的特别权利和优惠待遇的总称。

（二）疑难点解析

领事特权与豁免的目的在于确保领馆能代表本国有效执行职务。主要分为领馆的特权与豁免和领馆官员及其他人员的特权与豁免。

（1）领馆的特权与豁免。这主要包括：1）领馆馆舍在一定限度内不可侵犯，与使馆相比，它的不可侵权的范围要小得多。2）领馆档案及文件不可侵犯。此即无论在何时、何处均不得侵犯。3）通信自由。此即应保护一切公务目的的自由通信。4）与派遣国国民通信及联络。对此应遵照接受国法律规章行使相关权利。5）行动自由。除接受国依法为国家安全设定的禁止或限制进入区域外，接受国应确保所有领馆人员在其境内行动和旅行的自由。6）免纳捐税、关税。领馆馆舍和领馆馆长寓所，其所有权人或承租人是派遣国或代表派遣国的人员的，免纳国家、区域或地方性的一切捐税，但对提供的特定服务的收费不在其内。7）使用国旗、国徽。领馆所在的建筑物及其正门和领馆馆长寓所和在执行公务的交通工具上，可以悬挂派遣国国旗和展示国徽。

（2）领事官员及其他人员的特权与豁免。这主要包括：1）人身自由受一定的保护。接受国对于领事官员应表示适当尊重并应采取一切适当步骤以防止其人身自由或尊严受任何侵犯。2）一定限度的管辖豁免。领事官员和领事雇员对其执行职务的行为，不受接受国司法或行政机关的管辖。但部分民事诉讼存在例外。3）一定限度的作证义务的免除。领事人员就其执行职务所涉及的事项，无作证或提供有关来往公文及文件的义务。领馆人员还有权拒绝以鉴定人身份就派遣国的法律提出证言。除上述情况外，领馆人员不得拒绝作证。4）行动自由。接受国应确保所有领馆人员在其境内行动及旅行的自由。5）免纳捐税、关税和免受查验。领事官员及其雇员以及与其构成同户的家属免纳一切对人或对物课征的国家、区域或地方性捐税，但间接税、遗产税等除外。领馆服务人员由于其服务而得的薪金，免纳捐税。领事官员及其同户家属所携带的私人行李，免受查验。6）其他特权和豁免。免除有关外侨登记和居留证的义务；免除有关工作证的义务；免予适用社会保险办法；免除个人劳动及各种公共服务等义务。

第五节　中国关于外交与领事工作的立法和制度

1. 认识《中华人民共和国外交特权与豁免条例》

1986 年 9 月第六届全国人民代表大会第十七次会议通过了《中华人民共和国外交特权与豁免条例》，这不仅是我国第一部由国家最高权力机关制定的外交特权与豁免方面的法律文件，也是我国根据国际条约制定新法规的直接体现。该条例的主要内容涉及外交特权与豁免的根据、主要内容、适用及用语含义等，与《维也纳外交关系公约》的规定高度相似。此外，该条例还结合我国具体情况，兼顾国际习惯与外交实践，作了必要补充和完善。该条例具有以下几个方面的特点。

第一，扩大了特权与豁免的适用范围。在中国境内享有外交特权与豁免的人员除使馆人员、外交信使、途经中国的驻第三国的外交人员外，还有持有中国外交签证或外交护照（仅限互免签证的国家）来中国的外交官员；经中国政府同意给以特权与豁免的其他来华访问的外国人士，以及来中国访问的外国的国家元首、政府首脑、外交部部长及其他同等身份的官员。

第二，反映了国情与主权的高度结合。例如，该条例规定使馆外交人员原则上应具有派遣国国籍，若委派属中国或第三国国籍的人为使馆外交人员，则必须征得中国主管机关的同意，中国主管机关可以随时撤销此项决定。

第三，强调了对等原则的适用。新中国在外交关系上一贯遵循国家主权平等原则。该条例明确规定如果外国给予中国驻该国使馆、使馆人员以及临时去该国的有关人员的外交特权与豁免，低于中国本条例给予该国驻中国使馆、使馆人员以及临时来中国的有关人员的外交特权与豁免，中国政府将根据对等原则，可以给予该国驻中国使馆、使馆人员以及临时来中国的人员以相应的外交特权与豁免。

2. 认识《中华人民共和国领事特权与豁免条例》

1990 年 10 月第七届全国人民代表大会常务委员会第十六次会议通过了《中华人民共和国领事特权与豁免条例》，这是由国家最高权力机关制定的领事特权与豁免方面的法律文件。该条例的主要内容包括领馆的地位、领馆的特权与豁免、领馆成员的特权与豁免、对等原则、享有领事特权与豁免人员的义务等。总体来看，该条例的主要内容与《维也纳领事关系公约》的相似，其同样结合了我国具体情况，兼顾国际习惯与外交实践，某些条款的内容要更加具体。

3. 认识《中华人民共和国驻外外交人员法》

2009 年 10 月第十一届全国人民代表大会常务委员会第十一次会议通过了《中华人民共和国驻外外交人员法》，这是新中国成立以来针对外交人员的首部立法，具有里程碑式的意义。该法有利于建设高素质的外交人员队伍，保证驻外外交机构依法履行职责，有利于将外交人员的管理纳入法治化的轨道，也有利于鼓舞、激励和保障驻外人员为中国的外交事业作出更大的贡献。该法的主要内容涉及驻外人员的职责、条件、义务和权利，外交人员的职务和衔级制度，驻外人员的考核、培训和交流，驻外人员的工资和福利等。

本章实务案例研习

一、美国驻伊朗德黑兰外交和领事人员案[①]

（一）案件简介

1979 年 11 月 4 日，在美国驻伊朗德黑兰大使馆馆外，发生大规模群众示威游行。美国大使馆一再请求伊朗当局给予帮助，但伊朗当局并没有采取必要的保护措施。结果，示威群众闯入大使馆，馆舍被侵占，美国使馆人员和非美籍人员共 50 多人被扣为人质，馆内大量档案文件遭洗劫，造成严重侵犯外交人员和领事人员的事件。11 月 5 日，美国驻伊朗大不里士和设拉子的领事馆也发生类似事件。随后，美国于 11 月 9 日请求联合国安理会考虑采取相关行动。安理会也曾要求伊朗释放人质，用和平的方法解决争端。1979 年 11 月 29 日，美国向国际法院提起诉讼，请求国际法院宣布伊朗政府违反对美国的条约义务，其应立即释放扣押人员，保证人员安全离境，并不得对他们进行任何审讯，且伊朗应赔偿美国的损失，并将相关人员交主管当局惩处。美国同时请求国际法院指示临时保全措施。1979 年 12 月 10 日，国际法院开庭审理本案，1979 年 12 月 24 日法院发布命令，确定双方递交诉状和答辩诉状的时限。1980 年 5 月 24 日，国际法院就本案实质问题作出裁决。随后，在阿尔及利亚的斡旋下，美伊双方于 1981 年 1 月 19 日达成协议。次日，美国人质全部获得释放。

（二）法院判决

国际法院于 1980 年 5 月 24 日作出裁决，主要内容如下：（1）伊朗已在多个方面违反并且仍在违反它对美国所负的义务；（2）依据国际法，伊朗的违法行为引起它对美国的责任；（3）伊朗政府必须立即终止非法拘禁美国外交与领事人员及作为人质的美国国民，全部予以释放和托付给保护国，必须确保所有上述人员离开伊朗领土，还必须将美国在伊朗的馆舍、财产、档案及文件交还美国保管；（4）美国外交或领事人员中的任何成员不得被留在伊朗接受任何形式的司法诉讼程序或作为证人参加这种诉讼程序；（5）伊朗政府负有义务赔偿本次事件对美国造成的损害；（6）这种赔偿的形式和数额如在当事国之间无法达成协议，应由国际法院予以解决。

（三）法律分析

本案的实质问题包含两个方面：一是被指控的行为是否可归责于伊朗，二是伊朗是否违反了对美国承担的相关国际法义务。为此，国际法院就本案的基本事实，分两个阶段予以查明。

第一阶段的事实为 1979 年 11 月 4 日游行示威者袭击美国使馆、侵占使馆、劫掠财产和文件档案以及伊朗对此行为的态度与行动。对美国大使馆发动袭击的是追随伊玛目政策的穆斯林大学生（以下简称"游行人员"）。因为不能证明这些行为是代表国家的名义来执行实施的，本阶段的事件不能直接归责于伊朗，但不能据此说伊朗没有责任。国际法院认为使领馆及外交人员和领事人员的不可侵犯和接受国有义务给予保护已是国际

---

① 联合国. 国际法院判决、咨询意见和命令摘要：1948—1991，ST/LEG/SER. F/I. 马呈元，张力. 国际法案例研习. 北京：中国政法大学出版社，2014.

法的普遍规则，伊朗完全没有履行它的义务。

第二阶段的事实为 1979 年 11 月 4 日以来，"游行人员"占据使馆，以及外交人员和领事人员被扣为人质的一连串行为。在本阶段，伊朗有义务立即采取措施，以尽快结束美国大使馆及外交人员被侵犯的状态并将他们交还领事馆，从而恢复原状、赔偿损失。但是，伊朗并没有履行这些义务，反而对"游行人员"的行为表示认可与赞同，例如，阿亚图拉霍梅尼宣布伊朗对夺取使馆馆舍和拘留人质的行为都大加赞赏。根据《维也纳外交关系公约》和《维也纳领事关系公约》，使领馆享有外交和领事特权，意味着接受国负有不得侵犯派遣国使领馆的馆舍、财产、档案、文件及其外交人员权利的义务，以及应采取一切适当步骤防止其受到侵犯。显然，本阶段内的事件可归责于伊朗。

综上，伊朗存在违反国际义务的不作为行为以及被其认可和支持的伊朗人的行为都可以被视为伊朗国家的行为，政治因素不能成为否认国家义务的理由，伊朗应当承担相应的国际法律责任。

本案的判决重申了外交特权与豁免的原则，意味着美国驻伊朗使领馆的馆舍、财产、档案、文件及人员享有特权与豁免，伊朗没有尽到保护的义务，美国指控的事实属实。双方就此争端的解决虽以法律方法开启，但最终以政治方法结束。

二、朝鲜人闯入外国驻华使馆案[①]

（一）案件简介

据中新网报道，2002 年 6 月 13 日上午 10 时 35 分，2 名不明身份者欲进入韩国驻华使馆领事部。韩方雇佣的保安人员在领事部门口发现他们持有韩国护照空皮后，阻止他们进入。2 人遂强行闯馆，韩方雇佣的保安人员与之相持，并请求领事部所在办公楼保安人员协助。但其中 1 人闯入，另 1 人被带至办公楼大门外保安室。办公楼保安人员随即报警。中国公安人员接到报案后及时赶到，欲把在办公楼大门外保安室内的不明身份者带离现场进行审查时，遭到韩方多名外交官员强行阻挡。中方公安人员现场负责人即与韩方总领事交涉，并要求其不要妨碍中方执法。下午 3 时，中国外交部领事司司长罗田广紧急约见韩国驻华使馆公使金殷洙，对韩外交官员在中国的公共场所公然阻碍中国公安人员执行公务这一严重事件表示强烈不满，要求韩方人员立即撤回。韩外交官员在韩领事部门外执意阻挠中国公安人员执行公务时间长达 5 小时。在此期间，中国公安人员表现出了极大的耐心，在多次劝说和警告无效后，于下午 4 时采取措施将人带走。

（二）双方的立场

本次闯馆由偶发事件演变为外交事件，引发了中韩外交争端。双方的立场如下：

1. 中方

第一，近来多起连续的朝鲜非法移民闯馆事件已严重威胁外国驻华使领馆的安全。这些事件的发生不是偶然的，是韩等国的一些组织和个人策划、煽动的结果。第二，中国警方人员进入使馆之前，接到办公楼保安报警后才到事发现场，即得到韩方雇员的请求后才进入使馆区，其目的在于保护使馆馆舍及人员的安全和秩序。第三，中国警方在

---

① 周洪钧. 国际公法案例与图表. 北京：法律出版社，2012.

执行公务时，韩方外交人员滥用自身特权，不顾中方的严正交涉，公然阻碍中国警方的公务活动。第四，中方会根据国际法及中国国内法，本着人道主义精神处理朝非法移民问题。第五，中方一贯重视中韩关系，并慎重处理两国间闯馆等问题。中方要求韩方尊重事实，冷静行事，以中韩友好关系大局为重，采取合作态度，与中方一起妥善解决不明身份者闯馆问题。第六，中国不承认使馆的庇护权，中方支持外交关系法与领事关系法的公约赋予使领馆的特权与豁免，但并不允许利用使领馆用作与其地位不相符的活动。

2. 韩方

第一，韩方不顾闯馆事件中的真实事实，对中方的正当行为大肆指责。第二，韩方认为中国警方人员进入韩国领事馆的行为违反了外交条例。第三，闯馆是韩方非政府组织的有意行为的结果，韩方对此问题采取鼓励与纵容的政策。第四，韩方认为自己的外交官的行为没有违反国际法。第五，韩方对中方的行为，向中方提出"强烈抗议"，认为闯馆者是难民，难民享有庇护权，要求中方交出带走的那位难民，查明真相并"进行道歉"。

（三）法律评析

闯馆事件背后牵涉三个关键问题，即中方的行为是否违反了国际法，韩方人员阻止中方的执法是否有国际法的依据，闯馆者是否享有难民的地位。

第一，中方的行为符合国际法的要求。根据《维也纳外交关系公约》，使馆馆舍不可侵犯。使馆馆舍包括供使馆使用以及供使馆馆长寓邸之用的建筑物或建筑物的各部分，以及其所附属的土地。接受国官员非经使馆馆长许可，不得进入使馆馆舍；接受国负有特殊责任，采取一切适当步骤保护使馆馆舍免受侵入或损害，并防止一切扰乱使馆安宁或有损使馆尊严的情事。《维也纳领事关系公约》也规定领馆馆舍在一定限度内不受侵犯，例如，接受国人员非经领馆馆长或其指定人员或派遣国使馆馆长同意，不得进入领馆馆舍中专供领馆工作之用的部分，但遇火灾或其他灾害须迅速采取保护行动时，可以推定馆长已同意。由此可见使领馆的同意和应对特别的情事对接受国进入使领馆的重要性。中国警方是在得到韩方雇员的请求后进入的，这是遵守国际法履行职责的行为。相反，韩方外交人员妨碍中国警方的执法行为没有充分的国际法依据。

第二，使馆不享有庇护权。根据《维也纳外交关系公约》《维也纳领事关系公约》，使领馆享有特权与豁免，明确规定了使领馆不得用作从事与其地位不符的活动，现代国际法不承认使领馆的外交庇护权的合法性。中国也坚决反对使领馆的利用与其使领馆职务不相符的情形发生。

第三，闯馆者不属于难民。根据关于难民的国际公约，难民的构成条件离不开主客观条件的满足。根据国际法，只有某人被确认为难民以后，他才能取得难民的法律地位，也才能获得有关的国际保护。根据当时我国香港地区《明报》的报道，所发生的两起闯入韩国使馆事件离不开非政府组织的谋划，是非政府组织"紧急行动网"有意为之的结果。此外，其背后还有政治势力的支持。因此，闯馆者不符合难民的构成条件，自然无法取得难民地位。

本章同步练习

一、选择题

(一) 单项选择题

1. 2007 年，甲国国内不幸爆发某种流行传染病。据报，甲国驻乙国大使的官邸发现疑似患者。乙国卫生防疫人员迅速赶到该官邸外，做好处理患者准备工作。甲、乙两国都是《维也纳外交关系公约》的缔约国，且彼此间没有其他的相关协定。根据该公约规定，下列哪一选项是正确的？(   )（司考）

A. 由于官邸处于城市居民区，乙国卫生防疫人员可以立即进入官邸调查处理患者

B. 只要患者不是大使本人或其家属，乙国卫生防疫人员就可以进入官邸进行调查和处理工作

C. 如果未得到甲国大使的明确同意，乙国卫生防疫人员不得进入官邸进行调查和处理工作

D. 只要甲国大使没有明确反对，乙国卫生防疫人员就可以进入官邸进行调查和处理工作

2. 根据《维也纳外交关系公约》和《维也纳领事关系公约》，下列哪个判断是正确的？(   )（法考改编）

A. 甲国驻乙国使馆的参赞非工作时间在高速公路上交通肇事，该参赞声明放弃外交特权与豁免，乙国有权对其逮捕并审判

B. 甲国特别外交信差涉嫌毒品犯罪，待其将负责携带的外交邮袋送交收件人后，乙国有权对其逮捕并审判

C. 甲国驻乙国领事官员可在甲国驻乙国大使的批准下，在领馆范围外从事职务活动

D. 甲国驻乙国公使可在节假日参加有偿的商事活动

3. 甲国驻乙国大使汤姆辱骂乙国总统，被乙国宣布为"不受欢迎的人"，根据相关国际法规则，下列哪一选项是正确的？(   )（法考改编）

A. 甲国应当立即将汤姆召回

B. 甲国应当立即停止汤姆的大使职务

C. 甲国有权要求乙国说明汤姆"不受欢迎"的理由

D. 如甲国不将汤姆召回或终止其职务，则乙国可限期汤姆离境

4. 汉斯为甲国驻乙国大使馆的武官，甲乙两国都是《维也纳外交关系公约》的缔约国，下列哪一判断是正确的？(   )（法考改编）

A. 甲国大使馆爆发恶性传染病，乙国卫生人员可直接进入使馆馆舍消毒

B. 乙国应为甲国大使馆提供必要的免费物业服务

C. 非经乙国许可，甲国大使馆不得装置使用无线设备

D. 汉斯杀死了两个乙国人，乙国司法部门不得对其进行刑事审判与处罚

5. 甲国与乙国基于传统友好关系，兼顾公平与效率原则，同意任命德高望重并富有外交经验的丙国公民布朗作为甲乙两国的领事官员派遣至丁国。根据《维也纳领事关系公约》，下列哪一选项是正确的？(   )（司考）

A. 布朗既非甲国公民也非乙国公民，此做法违反《维也纳领事关系公约》

B. 《维也纳领事关系公约》没有限制，此做法无须征得丁国同意

C. 如丁国明示同意，此做法是被《维也纳领事关系公约》允许的

D. 如丙国与丁国均明示同意，此做法才被《维也纳领事关系公约》允许

（二）多项选择题

1. 甲乙二国建有外交及领事关系，均为《维也纳外交关系公约》和《维也纳领事关系公约》缔约国。乙国为举办世界杯足球赛进行城市改建，将甲国使馆区域、大使官邸、领馆区域均纳入征用规划范围。对此，乙国作出了保障外国使馆、领馆执行职务的合理安排，并对搬迁使领馆给予及时、有效、充分的补偿。根据国际法相关规则，下列哪些判断是正确的？（　　）（司考）

A. 如甲国使馆拒不搬迁，乙国可采取强制的征用搬迁措施

B. 即使大使官邸不在使馆办公区域内，乙国也不可采取强制征用搬迁措施

C. 在作出上述安排和补偿的情况下，乙国可征用甲国总领馆办公区域

D. 甲国总领馆馆舍在任何情况下均应免受任何方式的征用

2. 甲乙丙三国因历史原因，冲突不断，甲国单方面暂时关闭了驻乙国使馆。艾诺是甲国派驻丙国使馆的二秘，近日被丙国宣布为不受欢迎的人。根据相关国际法规则，下列哪些选项是正确的？（　　）（司考）

A. 甲国关闭使馆应经乙国同意后方可实现

B. 乙国驻甲国使馆可用合法手段调查甲国情况，并及时向乙国作出报告

C. 丙国宣布艾诺为不受欢迎的人，须向甲国说明理由

D. 在丙国宣布艾诺为不受欢迎的人后，如甲国不将其召回或终止其职务，则丙国可拒绝承认艾诺为甲国驻丙国使馆人员

二、名词解释

1. 治外法权说（考研）

2. 领事（考研）

3. diplomatic corps（考研）/外交团（考研）

4. diplomatic privileges and immunities（考研）

5. special missions（考研）/特别使团（考研）

6. 选任领事（考研）

7. 大使（考研）

8. 专职领事与名誉领事（考研）

三、简答题

1. 职业领事与名誉领事有何区别。（考研）

2. 简述外交代表的特权与豁免。（考研）

3. 依照《维也纳外交关系公约》的规定，常设使馆有哪些主要职务？（考研）

四、论述题

试论外交特权与豁免的理论依据。（考研）

参考答案

一、选择题

（一）单项选择题

1. C

解析：根据《维也纳外交关公约》，未经使馆馆长同意，接受国人员不得进入使馆馆舍，包括使馆的公务区、休息区以及馆长的私人官邸，故 A、B、D 项错误，C 项正确。

2. B

解析：外交人员的特权与豁免只能由派遣国明示放弃，外交人员本身没有作出这种放弃的权利，故 A 项错误。特别外交信差享有外交信差的人身不受侵犯权，但当其将负责携带的外交邮袋送交收件人后即不再享有此等豁免，故 B 项正确。领事官员执行职务应限于领馆辖区范围内，在领馆辖区范围外执行职务须经接受国同意，故 C 项错误。外交代表不应在接受国内为私人利益从事任何专业或商业活动，故 D 项错误。

3. D

解析：根据国际法外交关系的相关规则，如果外交人员在入境后被接受国宣布为"不受欢迎的人"，派遣国应当酌情将其召回或者终止其使馆人员的职务。

4. D

解析：根据《维也纳外交关系公约》，非经使馆馆长同意，接受国人员在任何情况下不得进入使馆馆舍，故 A 项错误。使领馆享有免税的权利，但免的是房产税等，电费、水费等物业服务费不在免税之列，故 B 项错误。非经接受国许可，使领馆不能装置使用的是无线电发报机，并非所有无线设备，故 C 项错误。汉斯作为外交人员，享有绝对的刑事管辖豁免，除非为防止或制止犯罪，或为了正当防卫，汉斯享有人身不受侵犯的权利，故 D 项正确。

5. C

解析：无论是外交人员还是领事官员，只要其不具有派遣国国籍均须经接受国明示同意，故 C 项正确，A、B、D 项错误。

（二）多项选择题

1. BC

解析：根据《维也纳外交关系公约》，使馆馆舍绝对不得侵犯，使馆馆舍包括使馆的公务区、休息区以及馆长的私人官邸，故使馆和大使官邸都不得采取强制征用搬迁措施，故 A 项错误、B 项正确。根据《维也纳领事关系条约》，领馆馆舍不得侵犯的程度低于使馆馆舍，在确有必要时，可以征用领馆馆舍、设备以及领馆的财产或交通工具等，但应作出有效补偿，故 C 项正确、D 项错误。

2. BD

解析：根据《维也纳外交关系公约》，在外交关系建立并互设使馆之后，由于某种原因，一国也可以单方面暂时关闭使馆，甚至断绝与另一国的外交关系，故 A 项错误。根据《维也纳外交关系公约》，使馆的职务主要有以下五项：（1）代表，即在接受国中代表派遣国；（2）保护，即于国际法许可之限度内，在接受国中保护派遣国及其国民之利益；（3）交涉，即与接受国政府办理交涉；（4）调查，即以一切合法手段调查接受国之状况及发展情形，向派遣国政府具报；（5）促进，即促进派遣国与接受国之友好关系，及发展两国之经济、文化与科学关系。B 项属于使馆合法履行其调查和报告的职务，故 B 项正确。根据《维也纳外交关系公约》，对于派遣国的使馆馆长及外交人员，接受国可以随时不加解释地宣布其为"不受欢迎的人"，故 C 项错误。对于被宣告为"不受欢迎的人"或"不能接受"的使馆人员，如果在其到达接受国境内以前被宣告，则接受国可以拒绝给予其签证或拒绝其入境；如果在其入境以后被宣告，则派遣国应酌情召回该人员或终止其使馆人员的职务。否则，接受国可以拒绝承认该人员为使馆人员，甚至令其限期离境，故 D 项正确。

二、名词解释

1. 治外法权说。该学说认为，使馆虽然处于接受国领土上，但在法律上应被视为派遣国领土，使馆应被视为派遣国领土的延伸。因此，使馆及其人员应不受接受国管辖。这种学说既不以事实为根据，也不符合各国在外交特权与豁免方面的实践，现已被摒弃。

2. 领事，或领事官员，一般是指一国派驻在他国承办领事职务的人员。

3. 外交团。它是外交惯例上的一个概念，它包括驻在一国首都的所有使馆馆长和这些使馆的所有外交职员。在现代的实践中，几乎所有国家的外交部都会编制一个外交官名册并不时予以公布，有的名册中也包括国际组织常驻代表团的外交职员及其家庭成员。外交团团长一般由驻在一国的使馆馆长中等级最高、开始执行职务最早的外交人员担任。外交团的作用主要是礼仪性的。

4. 外交特权与豁免。它是外交代表机关及其人员根据国际法或有关协议在接受国所享有的特别权利和优惠待遇的总称。外交特权与豁免有狭义和广义之分。前者是指使馆及其人员在接受国为执行职务所享有的一切优惠权利和豁免；后者还包括所有从事外交活动的其他类型的驻外使团，诸如领事馆、特别使团、国家派驻国际组织的代表团或观察员代表团、国际组织的使团。

5. 根据 1969 年《联合国特别使团公约》的规定，"特别使团"（special missions）是指由一个国家，经另一个国家同意，为了就特别问题同该另一国进行交涉，或为了执行同该另一国有关的特别任务，而派往该国的、代表其本国的临时使团。

6. "选任领事"也称"商人领事"或"仲裁领事"。由于国际贸易的发展，一国在他国的商人为了保护他们在当地的利益，往往从他们之间推选出一人或数人作为领事，代表这些外国商人与地方当局交涉并解决商务纠纷。这种通过本国侨商自选的领事称为

"选任领事"。

7. 特命全权大使，简称大使，是最高一级的外交代表，系一国元首向另一国元首派遣的代表。其享有完全的外交特权和豁免权，并享有比其他两个等级的外交代表更高的礼遇。在现代外交实践中，互派大使级外交代表是各国的通行做法。

8. 领事官员又分为职业领事官员和名誉领事官员两类。职业领事是派遣国任命的专职领事官员，原则上为派遣国国民，由派遣国政府支付薪金，不得从事私人商业活动。名誉领事则是委派国从接受国当地人士中选任的兼职领事官员，他们可以是接受国的国民，除了收取一定的领事报酬，也允许从事其他营利业务。是否委派或接受名誉领事，由各国自由决定。而一旦作出决定，就要遵守该公约的有关规定。荷兰、英国等国家选用名誉领事。中国既不委派也不接受名誉领事。

三、简答题

1. 英美等许多国家，从居住在其领馆所在地的本国人士中选任领事，称为名誉领事或选任领事，其具有两项特征：（1）与职业领事或派遣领事不同，名誉领事允许另有职业，领事职务只是其兼职。（2）名誉领事不受薪俸，只接受手续费性质的报酬，其职务活动和特权豁免也受到很大的限制。《维也纳领事关系公约》规定，各国可自由决定是否委派和接受名誉领事。例如，中国目前既不委派也未接受名誉领事。

2. 外交代表享有刑事、民事及行政管辖豁免。外交代表对接受国之刑事管辖享有完全豁免。除以下三类案件外，外交代表对接受国之民事及行政管辖亦享有豁免：（1）关于接受国境内私有不动产之物权诉讼，但其代表派遣国为使馆用途置有之不动产不在此列；（2）关于外交代表以私人身份并不代表派遣国而为遗嘱执行人、遗产管理人、继承人或受遗赠人之继承事件之诉讼；（3）关于外交代表于接受国内在公务范围以外所从事之专业或商务活动之诉讼。此外，外交代表如主动提起诉讼，即不得对与主诉直接相关之反诉主张管辖豁免。

外交代表还没有以证人身份作证之义务。外交代表对管辖之豁免可以由派遣国放弃。这种放弃可以由派遣国政府明确表示。放弃民事或行政诉讼程序上的管辖豁免，不包括对判决的执行也放弃豁免。同样，放弃对判决执行的豁免须另作明确表示，不得视为对判决执行之豁免亦默示放弃。对判决执行豁免的放弃必须另作说明。

3. 使馆是执行国家对外政策、处理外交事务的一个常设驻外机构，其主要职务是：（1）在接受国中代表派遣国。（2）在国际法许可限度内，在接受国中保护派遣国及其国民利益。（3）与接受国政府办理交涉。（4）以一切合法手段调查接受国之状况及发展情形，向派遣国政府报告。（5）促进派遣国与接受国间之友好关系，以发展两国之间的经济、文化与科学关系。此外，使馆还可以担负国际法所许可的和接受国同意的其他职务，例如，执行领事职务，受托保护第三国及其国民的利益。

四、论述题

国际法学界关于外交特权与豁免的理论主要有以下三种学说。

第一，治外法权说。该学说主张使馆是本国领土的延伸，虽在接受国领土上，但在法律上视为仍在本国领土上，故受派遣国管辖而非接受国管辖。由于该主张不符合客观现实，现已被摒弃。

第二，代表性说。该学说认为外交代表是派遣国的代表，根据平等者之间无管辖权的原则，他们不受接受国的管辖。此说虽有一定的事实根据，但未明确解释对于外交代表的私人行为是否也给予外交特权与豁免。

第三，职务需要说。该学说主张基于外交代表正常执行职务的需要而给予其外交特权与豁免。有此特权，外交代表可以在不受接受国的干扰和压力下，自由地执行其职务。

当前国际法学界一般认为，之所以给予外交特权与豁免，一方面是基于对外交代表所代表的国家的尊重，另一方面是考虑到外交代表执行职务的需要。《维也纳外交关系公约》兼采职务需要说和代表性说，作为现代外交特权与豁免的理论依据。

第十六章 国际责任法

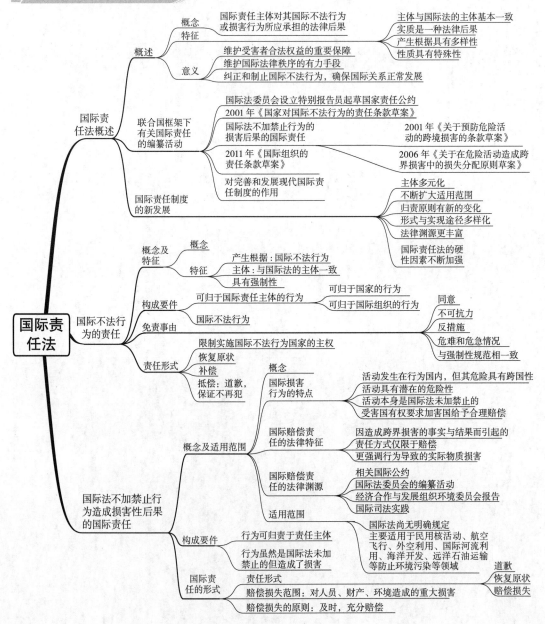

> **本章核心知识点解析**

第一节 国际责任法概述

一、正确理解国际责任的概念和特征

（一）基本概念

国际责任也称国际法律责任，是指国际责任主体对其国际不法行为或损害行为所应承担的法律后果。

传统意义上的国际责任，又称狭义国家责任，指一国违反国际义务在其领土上对外侨人身或财产造成损害所承担的国际法上的责任。由于该概念只限于外国人待遇和外交保护领域，过于狭窄，随着国际实践的发展，当前的国际责任主体与责任基础都有了扩展。根据广义的国际责任理论，承担国际责任的主体不仅包括国家，还包括国际组织、民族解放组织等其他国际法主体。产生国际责任的基础，既包括国际不法行为，也包括国际法不加禁止但造成损害后果的行为。

（二）疑难点解析

国际责任具备以下四项特征，分别是与国际法的主体基本一致、其实质为一种法律后果、产生根据具有多样性、性质具有特殊性。

对于国际责任的四项特征要准确地理解和把握。

第一，国际责任的主体不仅包括国家，还包括国际组织、争取民族解放组织、法人和个人等。传统的国际法律责任理论认为国际法律责任主体只限于国家，因此国际法律责任就是国家责任。然而，随着现代国际法理论与实践的发展，享有特定权利和承担特定义务的非国家主体越来越活跃，国际责任主体范围得以扩大。需要注意的是，个人并不能成为所有国际法领域的责任主体，国际社会仅在国际人权、国际刑法等领域对承认个人的国际法律责任主体资格达成共识。

第二，国际责任的实质是一种法律责任，它不同于一国对另一国的不礼貌或者不友好行为引起的政治责任或道义责任，它具体表现为一定的形式和内容，具有强制性质。国际法律责任的直接目的在于确定国际不法行为和损害行为所产生的法律后果。《奥本海国际法》就认为：“不遵守一项国际义务即构成国家的国际不法行为，引起该国的国际责任，由此对该国家产生某些法律后果”[①]。将国际责任的性质定性为法律后果比较全面地反映了国际法律责任的本质。

第三，国际责任产生的原因不仅包括国际不法行为，而且包括国际法不加禁止的损害行为。近年来由于科学技术的发展，人类跨国活动的种类越来越多，规模越来越大。核能的和平利用、航天航空、远洋石油运输等活动在各国经济社会发展中发挥着重要的作用。但是这类活动常会给他国的环境及其国民的人身、财产带来损害和威胁。1939 年

---

① 詹宁斯，瓦茨. 奥本海国际法：第一卷第一分册. 王铁崖，等译. 北京：中国大百科全书出版社，1995：401.

加拿大与美国之间的"特雷尔冶炼厂仲裁案"被视为国际损害责任制度形成和发展的前奏。1954 年美国在马绍尔群岛进行核试验造成损害的赔偿案、1978 年苏联"宇宙 954号"核动力卫星坠落加拿大境内造成损害的赔偿案、1986 年切尔诺贝利核电站泄漏事故、瑞士桑多公司化学物质泄漏事件和美国埃克森公司油轮严重漏油事件引起了各国的不安和广泛关注。1976 年 12 月 15 日联合国大会通过第 31/97 号决议，敦促国际法委员会尽快研究审议"国际法不加禁止行为的国家责任问题"。国际法委员会在 1998 年 8 月通过了《国际法不加禁止行为造成损害后果的国际责任条文草案》。可见，国际法不加禁止行为所产生损害性后果的国际责任制度的诞生，乃是国际法因应人类社会发展的客观需要，也是国际责任制度发展的必然趋势。

第四，国际责任制度的法律的硬性因素不断加强。法律责任制度所要解决的是责任如何构成及如何实现等问题。随着国际组织的发展，国际社会的进步，国际责任制度的法律属性已越来越明显，国际责任制度的法律约束力也在不断加强。不过，在主权林立的国际社会，国家主权与人类共同利益总是在不断冲突中平衡发展。因此，国际责任制度的约束力永远不可能与国内法律体系中的法律责任的约束力等同。

二、知晓关于国际法律责任的编纂工作

（一）基本内容

当前国际社会对国际法律责任的编纂活动，主要由国际法委员会来主持，需要掌握以下四个主要草案文件及其主要内容：2001 年《国家对国际不法行为的责任条款草案》、2001 年《关于预防危险活动跨境损害的条款草案》、2006 年《关于在危险活动造成跨界损害中的损失分配原则草案》、2011 年《国际组织的责任条款草案》。

（二）疑难点解析

国际法委员会关于国家对国际不法行为的国际责任的条文、国际组织的国际责任及关于国际法不加禁止行为造成损害的国际责任的条款起草工作，既是对几百年来国际责任方面的国际法实践的系统总结、编纂成法的过程，也是国际责任制度的发展过程，对完善和发展现代国际责任制度有着重要的积极作用，为我们进一步研究与发展国际责任制度提供了丰富的文献资料。

国际法委员会关于国际责任的编纂工作主要围绕三个主题开展。

第一，国家对国际不法行为的责任。1949 年国际法委员会召开第一次会议即把国家责任问题列为应该优先审议的 14 个"编纂和逐步制定"的主题之一。1955 年国际法委员会正式开始制定国家责任问题的国际法原则，并在 1996 年第 48 届会议上一读通过了《关于国家责任的条款草案》的全部条款和两个附件及评注，由联合国秘书长提交给各国政府征求评论和意见。2001 年 8 月，国际法委员会第 53 届会议二读通过了《国家对国际不法行为的责任条款草案》，2001 年 12 月，联合国大会通过《国家对国际不法行为的责任条款》，它是国际法委员会继《维也纳条约法公约》后所取得的一个历史性突破，其中的绝大部分内容反映了在长期的国际实践中所形成的习惯国际法规则，为建立完备、统一的国际法律责任制度奠定了重要基础。

第二，国际法不加禁止的行为造成损害后果的国际责任。1978 年，国际法委员会将"国际法不加禁止的行为造成损害后果的国际责任"作为另一专题列入了工作计划，并先

后任命罗伯特·昆汀-巴克斯特（R. Quentin-Baxter）和胡里奥·巴尔沃萨（Julio Barboza）担任特别报告员，负责起草该条文草案。由于这些活动是国际法所允许或不加禁止的合法行为，因而对于一旦造成损害究竟应适用何种责任制度，存在严重分歧，致使该工作进展缓慢。1996年国际法委员会决定设立一个全面审议该专题的工作组，并明确该专题的两项主题：预防和国际责任。

1997年国际法委员会任命彭马拉朱·斯里尼瓦萨·拉奥（P. S. Ran）为特别报告员，先着手起草"预防危险活动的跨界损害"条款草案。1998年国际法委员会第50届会议上一读通过了包含17个条文的《关于预防危险活动的跨境损害的条款草案》，并提交联合国大会及各国审议。在此基础上，2001年国际法委员会增加了序言和有关条款，并在委员会第53届会议上二读通过了有19个条文的《关于预防危险活动的跨境损害的条款草案》，从而结束其对本专题"预防"部分的工作。

国际法委员会2002年第54届会议审议"国际责任"部分，并任命彭马拉朱·斯里尼瓦萨·拉奥为特别报告员，并在2004年7月23日举行的第2822次会议上审议了起草委员会的报告，一读通过了《关于在危险活动造成的跨界损害案件中损失分配的八项原则草案》。2006年，国际法委员会第58届会议通过了《关于在危险活动造成跨界损害中的损失分配原则草案》。该草案共8条，主要规定了对跨界损害的受害者提供及时和充分的赔偿，界定了损害的范围，确立了严格责任制，明确了国家、经营者以及其他实体分担损失的原则、确保提供赔偿的程序，要求国家为此制定国内法规并进行区域或国际合作。

第三，国际组织的责任。在2001年《国家对国际不法行为的责任条款草案》中第57条规定"国际组织的责任"问题："本条款不影响一国际组织依国际法承担的或任何国家对一国际组织行为责任的任何问题"。2001年12月，联合国大会56/82号决议提请国际法委员会开始进行"国际组织的责任"专题工作。国际法委员会在2002年任命乔治·加亚为该专题的特别报告员并设立了一个专题工作组。国际法委员会从2003年第55届会议到2009年第61届会议，收到并审议了特别报告员的7次报告，并一读通过了包括66个条款的草案。2011年6月，国际法委员会二读通过了国际组织责任的67个条文并提交联合国大会，国际法委员会建议大会通过一项决议注意到国际组织的责任条款草案并将该条款草案附在该决议之后，考虑在以后某个阶段以该条款草案为基础拟订一项公约。

三、熟悉国际责任制度的新发展

（一）基本概念

20世纪以来的国际责任制度发展主要表现在：国际责任的主体呈现多元化的发展趋势、国际责任制度的适用范围在不断扩大、国际责任的归责原则产生了新的变化、国际责任的形式与实现途径正朝多样化方向发展、国际责任制度的法律渊源在不断地丰富、国际责任制度的法律硬性因素在不断地加强。

（二）国际责任制度的发展对现代国际法的影响

首先，国际责任的理论与实践的发展，对于确立和实现国际侵权行为的国际责任提供了重要的理论与实践依据，为建立完善的国际责任制度奠定了基础。如果国际法主体违背国际义务，实施国际不法行为或损害行为，那么受害方可以通过外交途径、国际仲裁、国际司法机构来要求该国际法主体承担赔偿、补偿等国际责任。如果该国际法主体拒绝承担责任，则国际社会或受害方有权对其采取相关的措施来确保其履行义务。毫无疑问，这些理论与实践是对国际法的法律性质的肯定。

其次，国际责任制度推动国家主权理论的完善与发展。按照传统的国家主权理论，当一国的行为构成国际不法行为或对别国造成损害时，没有任何机构有权确定该国的国际责任，也没有任何机构有权追究该国的国际责任。国际责任制度的理论与实践已然揭示了主权国家为了稳定国际法律秩序，应在必要的时候让渡部分国家主权权利并给予适当限制。国际责任制度对国家主权的限制，并不意味着动摇了"国家主权原则的核心神圣地位"。国家主权原则，仍然是一项国际法基本原则。

最后，国际组织的发展与国际责任制度的交互影响。一方面，国际组织的裁判活动为国际责任制度的理论与实践提供了重要的判例依据。联合国等国际组织对于国际责任问题的研究与编纂丰富了国际责任的理论，对国际责任制度的法典化、成文化产生了重要的影响。在国际实践中，国际组织与国家或其他国际组织在海洋、外空、国际环境保护等方面签订了大量的国际公约，这些公约为确立国际责任和确定国际责任的实现途径提供了重要的国际法依据。另一方面，国际责任制度的发展加强了国际组织在国际社会中的协调能力，进一步表明国际组织拥有广泛的国际法律人格。国际组织的国际协调能力主要表现在国际司法机构调解国际争端、确立国际责任、形成具有约束力的国际法习惯或规则，这些对于规范国际组织的行为、协调国际关系、稳定国际法律秩序发挥了重要作用。

第二节　国际不法行为的责任

一、理解国际不法行为责任的概念

（一）基本概念

国际不法行为责任，是指国际责任主体对其国际不法行为所要承担的法律后果。《国家对国际不法行为的责任条款草案》（以下简称《条款草案》）第 1 条规定："一国的每一国际不法行为引起该国的国际责任"，所以，国家责任是由一国的国际不法行为引起的。

（二）疑难点解析

从逻辑上看，《条款草案》只规定了国家不法行为引起国家责任，也就是说，国家不法行为是引起国家责任的原因之一，但并非唯一原因，不排除引起国家责任的其他原因。此外，违反国际义务并不等于造成损害。国家责任制度的落脚点之一即是对国家行为造成的损害进行救济，并且对行为国进行一定的惩罚和制裁，因此对于国际不法行为造成损害和未造成损害的归责价值及责任形式，在未来的研究中是否应该有所区分，有待于进一步深化。有学者提出，国际法上的损害既可包括物质损害，也可包括非物质的损害。国际责任法律制度应该包含对国家所遭受的法律上的损害进行赔偿。因为这种损害的本质就是责任国对它所负的国际义务的违背，而凡是一个国家违反了对另一国的义务，侵害到该国的主权权利本身，就构成了对该国的物质或精神损害。这种精神损害本身可以不包含任何物质利益，但是引起这种精神损害的行为本身构成了对受害国的威胁，危害了受害国的法定利益。所以，国际不法行为所造成的损害不应仅仅指的是物质损害，还应考虑到受害国所承受的精神损害。

二、把握国际不法行为责任的构成要件

(一) 基本概念

根据《条款草案》第 2 条规定："一国国际不法行为在下列情况下发生：(a) 由作为或不作为构成的行为依国际法归于该国；并且 (b) 该行为构成对该国国际义务的违背。"国际责任的构成要件，是指国际责任主体承担国际责任必备的条件，或者说是判断责任主体是否应负国际责任的根据。

国际不法行为责任包括两个构成要件，即只要行为可归于国际责任的主体，且该行为构成国际不法行为，则该责任主体就应为其国际不法行为承担国际责任。

(二) 行为可归于国家而成为国家行为

1. 国家机关的行为

国家机关是一个广义的概念，包括组成国家并以国家名义行事的所有个人和集体组织。具体来说，国家机关的行为有以下几层含义：第一，一个国家的立法、行政、司法或者行使任何其他职能的机关的行为，都被视为该国的职务行为；第二，一个国家的中央政府机关和地方政府机关的行为，都被视为该国的职务行为；第三，具有国家机关地位的人或者实体的行为，都被视为该国的职务行为。

2. 行使政府权力要素的个人或实体的行为

国家机关以外的个人或者实体，如果经依法授权行使通常由国家机关行使的公共性质的职能并以该名义行事，他们的行为应归于国家而成为国家行为。"实体"一词涵盖了那些虽为非国家机关但是被该国法律授权行使政府权力要素的机构，包括国有公司、准国有实体、政府的各种代理机构等。如果这些实体得到了国家法律的授权以行使通常只有国家机关才能行使的政府权力，并且该实体的行为确实与国家权力的行使有关，那么，这种实体甚至可以包括私营公司。其根据在于该国的国内法已经授权该实体行使政府权力的某些要素，使该行为属于政府性质的行为，而非私人性质或商业性质的行为。

3. 由另一国交由一国支配的机关的行为

该条源于《条款草案》第 6 条的规定："由另一国交由一国支配的机关，若为行使支配该机关的国家权力要素而行事，其行为依国际法应视为支配该机关的国家的行为。"根据这条规定，甲国的一个国家机关，如果被乙国有效地支配，并且该机关单纯地为了乙国的利益而实施的行为，应当被看作是乙国的行为。需要注意的是，如果经接受国同意而派往该国的机关仍然保持其自主性，行使派遣国的政府权力要素，则其行为不归于接受国，例如驻外使领馆的行为。

4. 逾越权限或违背指示

国家机关、国家官员或经授权行使政府权力要素的个人或实体越权或违背指示，如果他们是以其官方身份或以其官方名义行事，即使是在隐蔽的或不适当的私人动机下进行的，其行为仍应视为国家行为。这是国家实践、司法判例都一致承认的。在"南太平

洋房产有限公司（中东）诉埃及案"的裁决中，国际投资争端解决中心（以下简称ICSID）仲裁庭认为，"国家实践已经决定性地确立了对国家机关越权行为的国际责任，即使是在其职权范围外，或违反国内法作出的"。需要注意的是，这个行为是否是行为主体以官方身份作出的，如果这个行为是主体以官方身份作出的，那么该行为就要归因于国家，否则，国家就不对该行为承担国际责任。[①]

5. 受到国家指挥或控制的行为

《条款草案》第 8 条规定："如果一人或一群人实际上是在按照国家的指示或在其指挥或控制下行事，其行为应视为国际法所指的一国的行为"。这里包括两个要件，第一是国家指挥或控制了一个特定的具体行动，第二是行为人的不法行为是该具体行动中的一个组成部分。

需要注意的是，指挥或控制要达到何种程度，不法行为才能归因于国家？在《条款草案》及随后的评注中都未作出明确的说明。国际实践中对此颇有争议，在"尼加拉瓜军事行动及准军事行动案"中，国际法院曾提出"有效控制"标准：要求一国不仅要对某一团体实施了全面控制，还必须对该团体实施的特定行为发出具体的确定的指令，其行为后果才能归因于该国。随后该标准被指责过于严格。前南斯拉夫问题国际刑事法庭在"塔迪奇案"中提出了较为缓和的"全面控制"标准：不需要证明一国对行为主体的控制达到了下达具体指令的程度，只需要证明该国对行为主体进行了全面控制。这种控制不仅体现在武装行动和资助该主体，还体现在协调或帮助该主体进行活动的整体筹划，并不要求国家就其从事违反国际法的特定行为向该主体的首脑或成员发布指令。

6. 正式当局不存在或缺席时实施的行为

根据《条款草案》第 9 条的规定，要想依据该条追究一国的国家责任，需要满足三项条件：第一，该条所指的行为必须是有效行使政府权力要素的行为，行为人是在主动履行政府的职能；第二，该行为是在正式当局不存在或者缺席时所采取的，例如国家机构部分崩溃，或政府当局丧失了对一部分领土的控制权；第三，在正式当局不存在或缺席的情况下需要行使政府权力要素。

7. 叛乱运动或其他运动的行为

根据《条款草案》第 10 条的规定，成为一国新政府的叛乱运动的行为应视为国际法所指的该国的行为；在一个业已存在的国家的一部分领土或其管理下的某一领土内组成的一个新的国家的叛乱运动或其他运动的行为，依国际法应视为该新国家的行为。

8. 经一国确认并当作其本身行为的行为

通常国家不承认和不接受私人和实体的行为归于国家，或者说，私人或实体不以国家名义从事的、不履行国家或政府职能的行为不得归于国家。但是，如果之后这种行为经过国家承认和接受，则应归于国家。

（三）可归责于国际组织的行为

一般来说，国际组织的决议、国际组织权威机构的法律性文件及司法机构的裁决，是判断行为是否可归责于国际组织的重要依据。下列三种行为可归责于国际组织：第一，国际组织的机构及其职员的职务行为，这些机构在其职权范围内的行为毫无疑问是代表

---

① 朱文奇. 国际法学原理与案例教程. 4 版. 北京：中国人民大学出版社，2018：152.

国际组织的，归责于国际组织；第二，交由国际组织支配的国家机构或人员的行为；第三，执行国际组织决议的行为。

根据责任能力范围应与其权利义务范围相一致的原理，国际组织只能在按其组织章程可以取得国际法上的权利义务范围内，对其国际行为承担责任。国际组织间因其宗旨与目的不同而主体范围有别，从而最终导致责任范围的差别。

（四）行为违背了该国的国际义务

所谓违背国际义务，就是指国际责任主体的行为不符合国际义务对它的要求，而不论该义务来源于习惯国际法、条约或其他国际法渊源，也不论该国际义务的主题为何。

简单来说，就是一国实际采取的行为与国际义务要求该国采取的行为不相符合。需要注意的是，这里应将违反国家与私人之间订立的合同中约定的义务排除在外，且所违背的国际义务必须是能够引起国家责任的义务。此外，所违背的还必须是对国家有效的国际义务。违背行为必须是发生在该义务对国家有约束力的时期，这是时际法原则在国家责任领域的适用。

三、正确理解国际不法行为责任的免责事由

（一）基本概念

在国际法中，有些行为虽然符合国际责任的构成要件，但由于某些特定情势，可导致免除国际责任的结果。国际责任的免责事由具有以下法律特征：

第一，所产生的后果是国际责任的免除，而不是解除行为的不法性。

第二，国际责任的免责事由在国际责任理论中仅为一个抗辩理由，所产生的后果并不当然使国际义务终止，有可能仅仅产生国际义务的暂时不履行，当该免责事由消除后，该国际义务还需要继续履行，不能以此为借口而终止该义务的继续履行。

（二）国际不法行为责任的免责事由

1. 同意

根据《条款草案》第20条规定："一国以有效方式表示同意另一国实施某项特定行为时，该特定行为的不法性在与该国家的关系上即告解除，但以该行为不逾越该项同意的范围为限。"这条规定肯定了受害国的"同意"可以解除加害国行为不法性的原则。要想以"同意"为理由排除行为的不法性，需要满足以下条件：第一，受害国必须以有效的方式作出同意的意思表示。这要求"同意"是受害国自愿作出的真实的意思表示，既可以用明示的方式，也可以用默示的方式，但默示必须是明显确认的方式。此外，同意必须是由在国际法上有资格代表该国家的国家机关或者主体作出的。第二，加害国的不法行为不能超过受害国"同意"内容的范围。

2. 不可抗力

《条款草案》第23条规定："一国不遵守其对另一国国际义务的行为如起因于不可抗力，即有不可抗拒的力量或该国无力控制、无法预料的事件发生，以致该国在这种情况下实际上不可能履行义务，该行为的不法性即告解除。"要援引不可抗力条款，需要满足三个条件：第一，不可抗力是不法行为发生的唯一原因。第二，不可抗力必须不是行为国促成的，否则，不能免除行为的不法性。第三，不可抗力必须是国家控制范围外的因素或者客观情况。

3. 反措施

反措施是指一国针对另一国的国际不法行为而采取的相应的非武力对抗行为。以反措施来解除行为的不法性，需要满足四个条件：第一，必须先有一国的国际不法行为的存在；第二，反措施不能超过一定的"度"，必须同受害国遭受的损害程度相称；第三，反措施不涉及武力的使用，排除武力措施；第四，反措施只能针对加害国实施，不得针对任何第三国。

4. 危难

《条款草案》第24条规定可以危难为由，免除一国的国际责任。在国际实践中，危难事件一般是飞机或者船舶在恶劣的气候条件下，或在发生机械故障或航行故障后，未经许可而进入外国的领空或领水的情况。援引该条款需要注意：第一，行为人当时面临着十分危险的情况，以至除实施该行为之外，没有其他可行方法挽救行为人的生命，危难只限于人的生命遭受危险的情况；第二，危难情况的出现不是由行为人导致的，必须不是由援引国造成的；第三，危难情况下采取的行为所造成的危害不能比不采取这种行为时造成的危害更大甚至相当，如果行为人的有关行为可能造成类似的或更大的灾难，则不得援引危难作为免责理由。

5. 危急情况

危急情况是指一国为了保护该国的基本利益、对抗某项严重的迫切危险而采取违背该国所承担的国际义务的措施的情况。危急情况必须在非常例外的情形下才能被援引，其有着严格的限制条件。首先，必须证明该行为是该国保护基本利益、对抗某种严重迫切危险的唯一办法。国际法院在"加布奇科沃-大毛罗斯项目工程案"中指出，对于是否存在危急情况的判断不能由援引国单独作出，且仅有不确定因素的存在并不足以证明危险迫在眉睫，这种危险必须是客观确定的。其次，还要证明该项行为绝对不能严重损害该项义务所针对的国家的基本利益和整个国际社会的基本利益。

危急情况与同意、自卫和反措施相比，不同之处在于，同意、自卫和反措施针对的是另一国先前的不法行为，而危急情况不取决于另一国家先前的不法行为，它是根据情况本身的急迫性而采取的保护国家基本利益的果断措施；与不可抗力相比，危急情况下采取的行为是行为主体自愿的行为，而不可抗力下的行为则是行为主体不自愿的行为；同危难相比，危急情况保护的是国家的基本利益，而危难保护的是行为主体的生命。

6. 与强制性规范相一致

如果一项违背条约义务的行为与一般国际强制性规范的规定是一致的，就可构成该违约行为的免责事由。

四、了解国际不法行为的责任形式

（一）基本概念

国际不法行为的国际责任形式主要包括限制主权、恢复原状、补偿、抵偿等。

（二）疑难点解析

1. 限制实施国际不法行为国家的主权

限制主权是最严重的国际不法行为的责任形式。对于严重国际不法行为，受害方或者整个国际社会有权对行为国行使主权的权利予以限制。需要注意的是，只有当国际不法行为构成严重的国际不法行为，且只有构成侵犯他国主权、独立和领土完整或破坏国际和平与安全的国际不法行为时，如侵略、灭绝种族罪的行为，才可以对行为国实施限制主权的惩罚。

2. 赔偿

赔偿指责任国有义务对国际不法行为所造成的损害提供充分赔偿。损害包括一国国际不法行为造成的任何损害，无论是物质损害还是精神损害。提供充分赔偿是实施国际不法行为的国家必须承担的一项一般义务，其主要方式有恢复原状、补偿和抵偿。

第三节　国际法不加禁止行为造成损害性后果的国际责任

一、理解国际法不加禁止行为造成损害性后果的国际责任的概念与适用范围

（一）基本概念

国际法不加禁止行为造成损害性后果的国际责任，也称国际赔偿责任。这种国际法不加禁止但造成损害性后果的行为也称国际损害行为。

（二）疑难点解析

（1）国际法不加禁止的行为所产生的损害性后果引起的国际责任，是在现代科技条件下国家经济利用活动的产物。它并不以行为的不法性为基础。事实上，国家从事核能利用、石油或危险物质运输以及外层空间和平探索等活动不为国际法所禁止。为防止这些所谓危险活动造成跨界损害和确保补偿，国家间在外空利用、核能等领域缔结了条约，如 1972 年《责任公约》。如果没有这样的条约，就不可能产生这种义务。因此，特定损害只引起补偿的义务，并不引起国家责任。但是，当行为国违反赔偿责任公约规定的补偿义务，将会引起该国的国家责任。

国际赔偿责任同国际不法行为产生的国际责任相比，具有独特的法律特征。第一，国际赔偿责任是责任主体在从事国际法不加禁止的活动中因造成跨国损害的事实与结果而引起的；第二，国际赔偿责任的承担方式仅仅在于赔偿一种方式，国际责任的其他承担方式（如限制主权等形式）一般不适用于国际赔偿责任；第三，对国际赔偿责任的追究不仅要求造成损害的行为的存在，更强调该行为导致的实际物质损害。

（2）国际法不加禁止行为造成损害性后果的国际责任的法理基础。国际法上，一国维护其领土主权不能损害他国的领土主权和国际社会的共同利益，国际法不允许一国滥用其领土主权从而损害他国和国际社会的利益。詹宁斯、瓦茨在《奥本海国际法》中提道："使用自己财产，应不损及他人财产"，这既适用于个人之间的关系，也适用于国家之间的关系。当一个国家专横地行使权利致使另一个国家受到损害，而这种损害是不能以该国维护自己利益的正当考虑作辩护时，就发生了权利的滥用。费德罗斯指出，一国滥用其自由来损害另一国，是违反国际法的精神的。在实践中，"特雷尔冶炼厂仲裁案"的仲裁庭认为："根据国际法原则及美国法，任何国家都没有权利这样地利用或允许利用其领土，以致让其污烟在他国领土或对他国领土上的财产和人身造成损害。" 1982 年《联合国海洋法公约》第 194 条第 1 款规定，一国有责任"采取一切必要措施，确保在其

管辖或控制下的活动进行不致使其他国家及其环境遭受污染的损害，并确保在其管辖或控制范围内的事件或活动所造成污染不致扩大到其按照本公约行使主权权利的区域之外。"

确立国际法不加禁止行为造成损害性后果的国际责任制度，在国际法上的主要目的是在两方面取得平衡：一方面是国家自由地作出其有权作出的一切事情的权利；另一方面是其他国家享有同样行动自由而不受来自其边界以外的有害干预的权利。

二、掌握国际法不加禁止行为造成损害性后果的国际责任的构成要件与责任形式

（一）基本概念

国际法不加禁止行为造成损害性后果的国际责任的构成要件包括两个方面：（1）行为可归责于责任主体。该责任主体包括国家、国际组织和作为经营者的个人或法人，这种行为造成跨界损害时，责任主体仍然是国家、国际组织或经营者。（2）行为虽然是国际法未加禁止的，但造成了损害性后果。责任的形式主要有道歉、恢复原状、赔偿损失等。依照《关于在危险活动造成跨界损害中的损失分配原则草案》的规定，赔偿损失范围包括对人员、财产或环境所造成的重大损害。

（二）疑难点解析

（1）国际法不加禁止的行为所产生的损害性后果引起的国际责任的法律性质。在国际实践中，国际法不加禁止却造成损害的行为是一种国际损害行为，由于这种行为的本身是国际法所不禁止的，只是因其造成了损害结果而产生国际责任，此行为本质上是一种国际侵权行为，其行为所引起的国际责任的法律性质是侵权损害赔偿责任。这实质上是以损害为前提的侵权赔偿责任，是在从事国际法不加禁止的活动中因造成的跨国损害的事实与结果引起的。其侵权责任的追究不仅要求造成损害的行为的存在，更强调该行为导致的实际物质损害。

（2）国际法不加禁止的行为所产生的损害性后果引起的国际责任的归责原则是严格责任。国际法不加禁止行为造成损害的国际责任不是一般的侵权责任，它的归责原则不同于一般侵权的过错责任原则，而是严格责任原则。国际责任规则中的严格责任是指一国不论有无过失均对行为所引起的损害担负赔偿的责任，是国家对自己行为的致害后果承担赔偿的国家责任。只要受害方证明其受到的损害与行为方活动之间的因果关系，就可以得到赔偿，除非行为方可以证明损害是由于受害方的过错而引起的。严格责任的严格性体现在三个方面：受害方无须举证证明致害方对造成损害具有过错；致害方欲免于承担责任须自行举证证明具有法定的抗辩事由；严格责任适用的抗辩事由限于法律的规定。

随着国际交往的日益加深，严格责任已经不是原先根植于道德非难性之上的责任，而是转为社会连带共利性的责任。国际法不加禁止行为造成损害的国际责任是一种维护人类共同利益的责任，严格责任原则是为维护整个人类社会公共秩序、共同利益而存在的，也是国际法不加禁止行为造成损害性后果的国际责任的基础。

本章实务案例研习

一、2005 年国际法院"关于在刚果境内的军事行动案"①

知识点：本案主要涉及的是一国对其国际不法行为的责任确定、解除该行为不法性的情况等国际责任法的原则、规则和制度等。

（一）案情争端：民主刚果诉乌干达

1997 年，时任扎伊尔共和国反对派领导人、解放刚果民主力量联盟（Alliance des Forces Democratiques pour la Liberati，简称 AFDL，受乌干达、卢旺达支持）司令洛朗·德西雷·卡比拉成功推翻了扎伊尔共和国总统蒙博托的统治，并在 5 月 26 日正式宣誓就任已改名为刚果民主共和国的总统。1998 年 7 月 28 日，卡比拉总统通过官方声明要求外国军队从刚果民主共和国境内撤出。1998 年 8 月 2 日至 3 日晚，刚果图西族（Tutsi）部队士兵和一些未被遣返的卢旺达共和国士兵一起行动，图谋推翻卡比拉总统，但遭到挫败。乌干达人民自卫军（People's Defense Forces of Uganda，简称 UPDF）在这次军事行动失败后迅速出兵刚果民主共和国。1998 年 8 月 4 日，乌干达和卢旺达军队空投进入刚果民主共和国境内，企图在十天内推翻卡比拉总统的政权。UPDF 针对刚果民主共和国的军事活动还包括支持反卡比拉政权的刚果武装集团，并给刚果民主共和国的一些叛乱组织提供了重要的军事、政治和外交支持。

1999 年 6 月 23 日，刚果民主共和国向法院提交了起诉乌干达共和国的请求书，争端涉及"乌干达在刚果民主共和国境内实施的武装侵略行为，公然违反了《联合国宪章》和《非洲联盟宪章》"。

刚果民主共和国境内发生的局势引起国际社会的深切关注。在各种外交努力下，2003 年 6 月乌干达军队从刚果民主共和国撤出，但仍继续支持在两国边境伊图里（Ituri）地区混战的叛乱团体，为其提供武器装备。

（二）国际法院判决

国际法院在 2005 年 12 月 19 日作出的判决书中裁定，UPDF 在刚果民主共和国领土上采取了针对后者的军事活动，侵占伊图里并向曾在刚果民主共和国领土上活动的非正规部队提供资助，从而违反了在国际关系中不使用武力原则和不干涉原则；在乌干达军队和卢旺达军队于基桑加尼（Kisangani）交战过程中，乌干达未履行国际人权法和国际人道法规定的义务；因其武装部队的行为，特别是作为伊图里地区占领国，乌干达未履行国际人权法和国际人道法规定的其他义务；因其武装部队成员在刚果民主共和国领土上实施掠夺、抢劫和盗采刚果自然资源的行为且作为伊图里地区占领国却未防止此类行为，乌干达共和国因而违反了国际法规定的义务。

国际法院认为，UPDF 对平民实施了屠杀、酷刑和其他不人道的犯罪，并毁坏村庄和平民的建筑、不分青红皂白地袭击平民和军事目标、在同战斗员作战时没有保护平民、煽动民族冲突并不采取任何措施制止这些冲突，以及训练儿童当战斗员、没有采取措施

---

① I. C. J Judgment of Case Concerning Armed Activities on the Territory of the Congo (Democratic Republic of the Congo v. Uganda)，19 December 2005.

确保在伊图里地区尊重人权和人道法。UPDF 作为一个整体的行为是一个国家机关的行为，其战士和官员个人的行为将被认为是一个国家机关的行为，因此可归因于乌干达并由其承担相应的国际责任。

国际法院认为，没有证据证明 UPDF 目前仍支持在刚果民主共和国境内活动的非法武装以及继续参与剥削开发刚果民主共和国的自然资源。因此，法院不能认定乌干达 2003 年 6 月从刚果民主共和国撤军后仍继续从事国际不法行为。

国际法院认为，因国际不法行为而承担国际责任的国家有义务就其国际不法行为造成的所有损害进行充分的赔偿，这是一般国际法已经确立的原则。本案中，可以证实乌干达的国际不法行为对刚果民主共和国及其人民造成侵害，因此负有赔偿的义务。

（三）法律评析

本案主要涉及国际不法行为责任条款的具体运用。

（1）"同意"作为解除国际行为不法性的适用。本案首先涉及是否存在因同意而解除乌干达共和国在刚果民主共和国驻军并进行军事行动这一国际行为不法性的情况。对此，国际法院的判决和推理显然接受了国际法委员会关于《条款草案》二读通过的报告中的观点，认为"同意"可以作为解除国际行为不法性的情况，但以该行为不逾越该项同意的范围为限，而且，同意可以被先前作出同意的国家撤销，无须任何具体手续。一旦一国撤销同意另一国从事某一行为而该国未停止该行为或该行为超出了先前同意的范围，那么，该国际行为的不法性就不能被解除，从事该国际不法行为的国家就要为此承担违反国际法的国际责任。

（2）"自卫"作为解除一国际行为不法性的适用。法院认为，UPDF1998 年 8 月在刚果民主共和国境内采取的军事行动仅在于其是自卫行为时方能被证明合法。然而，UPDF 从未寻求在这一基础上使其行为合法。这些行动不符合国际法中对自卫权概念的理解。

根据国际习惯法，如果一个国家受到攻击，它就有权在必要的情况下使用武力以防卫自己不受攻击，击退进攻者并将进攻者赶出国境。但是，这必须有武力攻击这个事实条件。对预防性自卫，一般较为妥当的见解可能是：预防性自卫行动通常是非法的，但并不是在一切情况下都是非法的，如何认定这一问题取决于事实情况，特别是威胁的严重性和先发制人的行动有真正必要而且是避免严重威胁的唯一方法；预防性自卫比其他情形更加需要符合必要和比例条件。

本案中，国际法院强调了自卫权在国际法上适用的条件，严格限定以自卫名义使用武力的行为，重申了"当事国只有在武装攻击已经发生或武装攻击尚未发生但威胁已迫在眉睫时的合法反应的情况下才能援引自卫权"的国际习惯法规定，对于防止国家以自卫权名义滥用武力，维护国际和平与安全有重要意义。

（3）国家责任的归责原则分析。一是关于叛乱团体的行为的归责问题。《条款草案》规定：只有成为一国新政府或组成一个新国家的叛乱运动的行为才能归责于该国，仅仅由于叛乱运动或其他运动在某国领土内或处于其管理下的行为是不能归责于该国的，除非能证明该国对该叛乱运动或团体或其他运动提供了军事后勤等方面的支持或帮助。本案中，国际法院采纳了上述观点，认为在没有确凿可靠的证据证明刚果民主共和国对其境内的反乌干达叛乱运动 AFDL 提供实质性的支持、扶植和帮助的情况下，乌干达不能将 AFDL 对其领土进行军事打击的行为归咎于刚果民主共和国，从而以自卫保护本国安全为由出兵刚果民主共和国。

二是关于在战时一国军队和士兵的行为的归责问题。1）对于本案中 UPDF 官兵对平民实施屠杀、酷刑和其他不人道的犯罪的行为是否可以归责于乌干达的问题，法院的态度很明确，就是战争进行当中一国军队和官兵的行为属于该国的国家机关的行为，不管他们是否违背了上级指示或超出了授权权限，即这些人的行为都应归责于乌干达，该国应为其违反国际法的行为承担国际责任。2）对于在战时一国军队占领他国某些地区并建立了相对稳定的权力、成为该地区占领当局期间，该国军队官兵所实施的违反国际人道法和战争法的行为的归责问题，国际法院认为，UPDF 在占领伊图里期间是占领当局。它负有义务采取一切措施尽快恢复和确保被占领地区的公共秩序和安全，除非绝对被阻止，还应尊重在民主刚果共和国内有效的法律。这一义务也构成了乌干达应承担的国际人权法和国际人道法上的责任，即乌干达应保护被占领土的居民，使其不受暴力行动袭击，并不允许任何第三国进行如此暴力行动。

可以看出，国际法院赞同将战时占领当局下属武装力量的官兵在占领期间违反战争法规、国际人权法、国际人道法规则的行为归责于本国，但不是为其下属违反国际法的行为承担直接责任，而是承担作为占领当局未尽到维护被占领土秩序和安全、防止和阻止其武装力量以及叛乱运动对被占领土内的生命及财产进行侵害的间接责任。这和在战争中一国军队官兵违反国际法的行为直接归因于该国所承担的直接责任是不同的。

二、"宇宙 954 号"核动力卫星损害赔偿案①

知识点：本案主要涉及 1972 年《责任公约》的适用，是在国际责任法基础上对不同领域损害责任理论与实践研究的扩展。

（一）案情

1978 年 1 月 24 日，苏联核动力卫星"宇宙 954 号"发生故障，核反应堆舱段未能升高而自然陨落，在重返大气层时进入了加拿大西海岸夏洛特皇后群岛北部的上空，在重返过程中该卫星发生解体。该卫星的残片坠落在加拿大西北部 4.6 万平方公里的区域内。加拿大在美国支持下采取"晨光行动"，共搜集 65 公斤残片。经交涉未果后，1979 年 1 月 23 日，加拿大根据 1972 年《责任公约》对苏联卫星进入其领空和卫星的有害放射性残片散落在其领土上所引起的损害提出赔偿要求。

（二）各方立场

加拿大认为，苏联在该卫星可能进入和立即进入加拿大地区的大气层时没有通知它，苏联也没有对其提出的有关该卫星的问题作出及时、全面的答复。在所搜集的卫星残片中，除了两件外，所有的都具有放射性，其中有些放射性是致命的。加拿大和苏联都是 1972 年《责任公约》的缔约国。根据该公约第 2 条，苏联作为发射国对该卫星给加拿大

---

① Protocol Between the Government of Canada and the Government of USSR of April 2 1981 for the Settlement of All Matters Connected with the Disintegration of Cosmos 954 in 1978（1981 年加拿大与苏联签署《关于解决 1978 年宇宙 954 号卫星解体有关所有事项的议定书》）。Canada：Claims against the Union of Soviet Socialist Republic for the Damage Caused by Soviet Cosmos 954，International Legal Materials，Vol. 20，1981.

造成的损害负有绝对赔偿责任。危险的放射性残片散布在加拿大大片领土上以及存在于环境中的这些残片使其部分领土受损，构成《责任公约》意义内的"对财产的损害"。此外，卫星进入加拿大领空和危险放射性残片散布在其领土上还侵犯了其主权。因此，苏联应赔偿加拿大600万美元。

苏联则明确拒绝承担赔偿责任。它认为，由于设计了卫星上的核反应堆在重返大气层时完全烧毁，因此其残片不应该具有严重危险，在受影响的地方引起当地污染的可能性很小。卫星坠落并未造成加拿大人员伤亡，也未造成实际财产损失，因此没有发生《责任公约》范围内的"损害"。最后，苏联同意"善意性"支付300万美元了结此案，但拒绝负有赔偿责任。

（三）法律评析

本案争论的焦点在于是否发生了《责任公约》所定义的损害行为及对其损害责任的确定。按照《责任公约》第1条，导致赔偿责任的外空物体所引起的损害是指生命丧失、身体受伤或健康的其他损害，以及国家、自然人、法人的财产或国际政府间组织的财产受损失或损害。显然，这种损害应是实际损害。至于像放射线物质引起的环境污染是否也属于《责任公约》定义的损害，公约并没有明确规定。

但从《责任公约》本身来看，第1条明确列举了损害赔偿的范围，没有列举出来的损害当然不属于赔偿的范围，除非缔约国对公约进行修正，这无疑是《责任公约》的立法缺陷。

正是基于该案，国际社会对在外层空间使用核动力源问题给予了严重关切，直接导致1992年在联合国大会通过了《关于在外层空间使用核动力源的原则》。该原则明确规定发射载有核动力源的空间物体的国家应力求保护个人、人口和生物圈免受辐射危害。该原则第9条规定，《外空条约》第7条完全适用于空间物体载有核动力源的情况，即由发射国承担赔偿责任。赔偿标准应按照国际法和公平合理原则确定，损害赔偿应恢复到损害发生前的状态，为此，所做的赔偿还应包括偿还搜索、回收、清理工作的费用及第三方提供援助的费用。

尽管《关于在外层空间使用核动力源的原则》是联合国大会通过的一项国际文件，并不具有法律约束力，但该国际文件得到了国际社会的广泛承认，为《责任公约》的完善提供了重要的补充，也为国际空间实践提供了重要的行动指引。

本章同步练习

一、选择题

（一）单项选择题

1. 乙国民航因机械故障坠毁在甲乙两国边界并引发森林火灾，甲乙两国界碑也因此损毁，乙国组织力量紧急救援，为灭火和抢救生命，救援队擅自进入甲国边界数十米。尽管乙国尽力救助，火灾还是给甲国造成了财产损失。根据国际法相关规则，下列说法中正确的是哪项？（　　）（法考改编）

A. 乙国救援人员未经甲国同意越过边境救灾，构成国际不法行为

B. 乙国可自行修复界碑，恢复后通知甲国

C. 乙国通知甲国后，应在双方代表在场的情况下，尽快修复界碑

D. 乙国无须承担甲国因火灾致损的国际责任

2. 甲国某核电站因极强地震引发爆炸后，甲国政府依国内法批准将核电站含低浓度放射性物质的大量污水排入大海。乙国海域与甲国毗邻，均为《关于核损害的民事责任的维也纳公约》缔约国。下列哪一说法是正确的？（　　）（司考）

A. 甲国领土范围发生的事情属于甲国内政

B. 甲国排污应当得到国际海事组织同意

C. 甲国对排污的行为负有国际法律责任，乙国可通过协商与甲国共同解决排污问题

D. 根据"污染者付费"原则，只能由致害方，即该核电站所属电力公司承担全部责任

3. 甲国警察布某，因婚姻破裂而绝望，某日持枪向路人射击。甲国警方迅速赶到事发现场，采取措施控制事态并围捕布某。布某因拒捕被击毙。但布某的疯狂射击造成数人死亡，其中包括乙国驻甲国参赞科某。根据国际法的有关规则，就该参赞的死亡，下列判断哪一项是正确的？（　　）（司考）

A. 甲国国家应承担直接责任

B. 甲国国家应承担间接责任

C. 甲国国家应承担连带责任

D. 甲国国家没有法律责任

4. 甲乙两国于1996年签订投资保护条约，该条约至今有效。2004年甲国政府依本国立法机构于2003年通过的一项法律，取消了乙国公民在甲国的某些投资优惠，而这些优惠恰恰是甲国按照前述条约应给予乙国公民的。针对甲国的上述做法，根据国际法的有关规定，下列哪一项判断是正确的？（　　）（司考）

A. 甲国立法机构无权通过与上述条约不一致的立法

B. 甲国政府的上述做法，将会引起其国际法上的国家责任

C. 甲国政府的上述做法如果是严格依据其国内法作出的，则甲国不承担国际法上的国家责任

D. 甲国如果是"三权分立"的国家，则甲国政府的上述行为是否引起国家责任在国际法上尚无定论

（二）多项选择题

甲国公民廖某在乙国投资一家服装商店，生意兴隆，引起一些从事服装经营的当地人不满。一日，这些当地商人煽动纠集一批当地人，涌入廖某的商店哄抢物品。廖某向当地警方报案。警察赶到后并未采取措施控制事态，而是袖手旁观。最终廖某的商店被洗劫一空。根据国际法的有关规则，下列对此事件的哪些判断是正确的？（　　）（司考）

A. 该哄抢行为可以直接视为乙国的国家行为

B. 甲国可以立即行使外交保护权

C. 乙国中央政府有义务调查处理肇事者，并追究当地警察的渎职行为

D. 廖某应首先诉诸乙国行政当局和司法机构，寻求救济

二、名词解释

1. International Legal Responsibility（考研）
2. 国际损害责任（考研）

三、案例分析题

近来马来西亚警方多次侮辱中国公民，我外交部对此严重关切，副部长武大伟紧急约见马驻华大使。马官员也到中国来，向我国政府表示马政府极为关注此事，并保证严肃查处并公布结果，中国政府希望马政府能妥善处理此事，保障中国公民在马的合法权益。请从国际法的角度对以上材料进行分析。（考研）

四、论述题

1. 分析国家的刑事责任问题和个人的刑事责任问题。（考研）
2. 国际不法行为责任的免除。（考研）
3. 现代国际责任法的新发展。（考研）
4. 可归于国家的行为主要有哪些？（考研）

参考答案

一、选择题

（一）单项选择题

1. C

解析：正常情况下，乙国救援人员未经甲国同意擅自进入甲国边境是违反国际法的行为，但是本题中乙国救援队是为了灭火和抢救生命，这一情况属于国际法上的危难，可以作为排除该行为不法性的正当理由，故 A 项错误。在界标损坏的情况下，乙国应当事先通知甲国，并且在双方代表在场的情况下进行修复，不能自行修复界碑，故 B 项错误，C 项正确。如遇边境地区森林火灾，国家应尽力扑救并控制火势，不使火灾蔓延到对方境内，乙国的行为给甲国造成损害，应当要承担国际上的赔偿责任，故 D 项错误。

2. C

解析：本题考查国际法律责任。A 选项，判断某事项是否属于一国内政的标准有二：第一，该事项属于国内法绝对管辖；第二，该事项没有违反国际法。本案中甲国以国内法为依据排放放射性污水威胁邻国安全，已经不属于甲国内政，故 A 项错误。国际海事组织的宗旨为促进各国间的航运技术合作，鼓励各国在促进海商安全、提高船舶航行效率，防止和控制船舶对海洋污染方面采取统一标准，处理有关法律问题。本案中情形不属于其职责，故 B 项错误。甲国排污威胁乙国安全，故甲国必须承担国际法律责任，两国可通过协商等方法解决，故 C 项正确。《关于核损害的民事责任的维也纳公约》规定在民事核能利用领域，由政府和经营者共同承担连带责任，故 D 项错误。

3. D

解析：本题考查国际法律责任的构成。国际法律责任是国际责任主体对其国际不法行为或损害行为所应承担的法律后果。国家作为国际法的完全主体，应对其违背国际义务的行为承担国际法律责任。纯粹的私人行为是不能归于国家的，本题中，甲国警察布某的行为即是私人行为，故甲国对布某的行为不承担国家责任，D项正确。

4. B

解析：国家的国内立法是其主权的当然构成部分，且国际法与国内法是两个独立的法律体系。一国的立法机构有权按照其国内立法程序制定并通过法律，即使法律的内容与其签署的国际条约相悖，故A项错误。甲乙两国既然已经签订条约，那么条约仍然有效，两国必须遵守。一国不得援引其国内法规定为由不履行条约，否则将构成国际不法行为，应当承担国际法律责任，故B项正确，C项、D项错误。

（二）多项选择题

C、D

解析：本题考查可归因于国家的行为和外交保护。可归因于一国的国家行为主要有8种情形，详见本章"本章核心知识点解析"第二节中"把握国际不法行为责任的构成要件"部分。哄抢行为不能被认定为国家行为，故A项错误。行使外交保护必须满足三个条件：本国国民或法人的合法权益受到所在国的侵害、所在国的行为属于国际不法行为、用尽当地救济且未获得合理补偿。因此只有用尽当地救济后，廖某才能主张外交保护权，所以B项错误，C项、D项正确。

二、名词解释

1. International Legal Responsibility，国际法律责任，是指国际责任主体对其国际不法行为或损害行为所应承担的法律后果。它通常包括国际不法行为责任和国际损害行为责任。

答案解析：正确理解国际责任的概念，要注意国际法律责任和国家责任之间的区别。国际法律责任制度从产生到发展，国际社会与国际法学者关注的更多是国际责任制度的主体为国家，国家在违反国际法义务的时候，由国家来承担国际法律责任。

2. 国际损害责任，国际法不加禁止行为造成损害性后果的国际责任，也称国际赔偿责任。这种国际法不加禁止但造成损害性后果的行为也称国际损害行为，其构成要件包括两个方面：（1）行为可归责于责任主体，包括国家、国际组织和作为经营者的个人或法人，这种行为造成跨界损害时，责任主体仍然是国家、国际组织或经营者。（2）行为虽然是国际法未加禁止的，但造成了损害性后果。

答案解析：可以从概念和构成要件来分析。关于国际损害责任的界定，在各院校的研究生入学考试试题中多次作为名词解释或论述题出现，应当熟练掌握。需要注意的是，只要行为造成了损害的，行为国就负有赔偿责任。相反，行为虽违背了义务，但并未造成实际损害的，并不构成国际损害责任，必须要有损害结果的发生。

三、案例分析题

马来西亚警方多次侮辱中国公民事件，所涉知识点为外交保护与国家责任问题。

外交保护中领事保护是一国对于身处外国的本国人进行属人管辖的最基本内容。广义上，外交保护包含了领事保护、外交保护及由此带来的其他相关内容；狭义上，外交保护则仅仅是指能够引发国家责任、导致法律后果的保护行动，国家将一国对其国民的损害视为对自己的损害，并在国际交涉中要求对方承担国际责任。一国对身处外国的本国人进行保护，通常分为以下两个方面：

第一，国内法层面。在属地国境内，当涉及本国人的相关事务时，国籍国（其大使馆或领事馆）可以积极协助本国人处理各类相关事务，帮助本国人维护其自身在海外的合法权益，协助他们解决遇到的各种实际问题。这些保护行为在属地国领土之内发生和进行，被统称为国籍国的"领事保护行为"或"护侨行为"。

第二，国际法层面。当一国违反了其所承担的国际义务而侵害外国公民的合法权益时，外国人的国籍国可以通过国际交涉等方式要求侵害国承担国际责任，这就是"外交保护"。国家可以根据自己的决策来决定是否行使外交保护，而不必以私人请求者的意思作为基础。即使本国公民提出请求，国家也可以从自身立场考虑不行使外交保护；反之，即使在外国的本国国民没有提出请求，国家也可以行使外交保护权，而不论本国人是否接受。在马来西亚发生辱华事件之后，我外交部通过召见马驻华大使等途径，采取进一步的外交保护措施，维护我国公民的合法权益。

另外，从国家法律责任的角度来看，国家法律责任，主要是指国家因违反其所承担的国际义务的国际不法行为所引起的法律后果。国家不法行为是指国家违背国际法义务的行为，该行为必须具备两个条件：首先，引起国际责任的行为必须根据国际法能够归因于国家，或说该行为是国际法上的国家行为；其次，该行为是违背国际义务的行为。其中，对于国家机关行为的理解，不管国家内部采用何种政治结构，依该国国内法具有国家机关地位者，以其资格职务从事的行为，依照国际法被视为该国的国家行为，不论该机关是立法、行政、司法或其他机关，行使的职务是对内或是对外，也不论其在国家结构中处于上级或下级地位。马来西亚警方作出的辱华行为，应属于国家机关的行为，即马来西亚应该承担相应的国际责任。

答案解析：本题主要考查外交保护和国际不法行为责任的概念及其适用，该知识点在多所高校研究生入学考试中有所涉及，例如"从国际法的角度分析比较外交保护和国家责任"，建议将该知识点作为学习重点。

四、论述题

1. 国际法上的刑事责任问题，主要涉及国家的刑事责任问题和个人的刑事责任问题。

（1）关于国际法上的刑事责任问题存在较大的分歧，主要有以下三种理论：

1）认为国家在国际法上不负刑事责任，对于代表国家行事的个人所做的国家行为，个人也不负国际刑事责任。因为国家是抽象的实体，而个人又是执行国家政策的，所以既不能把国际刑事责任强加于国家，也不能把国际刑事责任强加于个人。

2）主张国家负国际刑事责任，而个人不负国际刑事责任。理由是，无论罪行是由国家机关还是由代表国家的个人所为，由此行为引起的国际罪行都应归于国家。

3）认为国家和国家首脑个人都应承担国际刑事责任。因为战争罪犯的犯罪行为是代表国家的机关所为，同时，国家的职能只能通过国家领导人和国家机关工作人员的个人行为来实现。国际刑法不能施加于国家，而只能施加于代表国家的个人。因此，代表国家制定和执行政策的个人也应负刑事责任。

（2）国家的刑事责任问题。在制定《国家对国际不法行为的责任条款草案》的过程中，争论最大的问题是国家罪行能否成立的问题。

1）从权利主体来说，国家是主体，因为只有国家能向国际法庭提起诉讼；至于个人，有人认为个人并非权利主体，即无权直接向国际法庭提起诉讼，但是也有人主张个人享有权利，可以就人权问题向国际法庭或者其他有关机构提出控告或者起诉。

2）就义务主体而言，占主导地位的意见是，只有个人才能承担国际刑事责任，接受刑罚处罚；国家并不能成为刑事主体，承担刑事责任。因此"国家罪行"概念不能成立。

3）关于国家的刑事责任问题，不但国际法学界有不同的看法，而且到目前为止没有一项国际公约对其作出明确规定。况且2001年《国家对国际不法行为的责任条款草案》还删除了"国家罪行"概念，对国家的刑事责任问题也未作出规定。

（3）个人的刑事责任问题。

1）国际法上的个人的刑事责任问题，是指个人因其所犯国际罪行依据国际法应承担的刑事责任。国际法上的个人刑事责任原则的确立经历了一个不断发展的过程。在纽伦堡国际军事法庭审判和东京审判后，国际社会签订了一系列的国际条约，既重申了国际犯罪的个人刑事责任原则，也扩大了要求个人承担刑事责任的国际罪行的范围。

2）进入20世纪90年代，个人的刑事责任问题又有了新的发展。1993年的《前南斯拉夫问题国际刑事法庭规约》和1994年的《卢旺达问题国际刑事法庭规约》同样确立了个人的国际罪行和个人的刑事责任。2002年国际刑事法院成立，标志着联合国在惩治战争罪、反人道罪等国际罪行方面有了一个常设机制，也标志着个人国际刑事责任制度的发展获得了实质性的进展。

答案解析：关于个人的刑事责任问题，不同教材及学者有不同观点。2001年《国家对国际不法行为的责任条款草案》第58条规定："本条款不影响以国家名义行事的任何人在国际法中的个人责任的任何问题"。由上可见，当代国际法已经明确承认了某些个人违反国际法的行为应负刑事责任的原则。

2. 国际不法行为法律责任的根据是行为的不法性。如果国际法主体行为的不法性已经被排除，该主体的国际责任便随之免除。在国际实践中，国际不法行为责任的免除事由主要有：

（1）同意。同意是指受害主体一方以有效方式表示同意加害主体一方实行某项与其所负之义务不符的特定行为时，即排除加害主体一方的行为的不法性，从而免除其国际法律责任。同意必须符合国际法，必须是自愿的，而且必须由正式的权力机关作出。同意只限于一般国际不法行为，任何国家不得以同意为借口侵犯别国主权、政治独立和领土完整。

（2）不可抗力。国际法主体不符合国际义务的行为，如果起因于不可抗力和无法预料的偶然事故，以致在实际上不可能按照该项义务行事或不可能知悉其行为不符合该项义务，在这种情况下，应排除其行为的不当性，免除其国际责任。

（3）反措施。反措施是指国际责任主体针对其他国际法主体的国际不法行为，而采取的相应对抗行为。这种行为即使违背原先对他方承担的国际义务，但因该行为是由加害方的国际不法行为引起的，所以反措施的不当性应予排除。

（4）危难和危急情况。危难是指代表国家行事的机关或个人在极端危难的情况下，为了挽救其自身的生命或受其监护之人的生命，在别无他法的情况下，因而作出的违背国际义务的行为，该行为的不当性应予排除。紧急情况是指一国遭到严重危及国家生存和根本利益的情况下，为了应付或消除这一严重紧急状态而采取的违背该国所承担的国际义务的措施，该行为的不法性也应予以排除。但是，这种危难和危急情况规则的适用是有条件的。如果是由行为国本身造成或在它帮助下造成的，或者还有其他避险可能的情况时，则不排除该行为的不法性，行为国应承担全部或部分责任。

（5）与强制性规范相一致。如果一项违背条约义务的行为与一般国际强制性规范的规定是一致的，就可构成该违约行为的免责事由。

答案解析：解除国家行为不法性本质上并不是豁免责任，而是解除可归于国家的、形式上违反国际义务的行为的不法性。国际不法行为责任的免除具体详见本章"本章核心知识点解析"。

3. 20 世纪以来国际责任法的新发展主要表现在以下几个方面：

（1）国际责任的主体呈现多元化的发展趋势。20 世纪以前，国际责任的主体仅限于国家。20 世纪以后，国际组织、争取独立的民族成为国际责任的重要主体，个人的有限国际责任主体资格也得到了国际社会的广泛认可。

（2）国际责任制度的适用范围在不断地扩大。国际责任制度不仅适用于一切国际不法行为产生的国际责任，也适用于国际法不加禁止行为造成损害后果所产生的国际责任。

（3）国际责任的归责原则产生了新的变化。传统的过错责任原则一直在国际责任领域占主导地位。但随着科学技术的迅猛发展，逐渐引入了严格责任原则。

（4）国际责任的形式与实现途径正朝多样化方向发展。在国际责任的形式朝多样化发展过程中，国际刑事责任形式的发展可能最为显著。在国际责任的实现途径中，国际责任可以通过国际仲裁、国际司法机构或外交途径来实现。而且，通过国内司法机构来实现国际责任也正在尝试之中。

（5）国际责任制度的法律渊源在不断地丰富。传统的国际责任制度主要是以国际习惯作为其法律渊源。在现代国际责任制度的法律渊源中，占主导地位的是国际司法判例和条约。从联合国关于国家责任条文的编纂实践来看，国际责任制度的法典化趋势已逐步明显。

（6）国际责任制度的法律硬性因素在不断地加强。随着国际组织的发展和国际社会的进步，国际责任制度的法律属性已越来越明显，国际责任制度的法律硬性因素也在不断加强。

答案解析：关于国际法律责任的新发展，有学者从不同角度进行论述。从应试的角度而言，还是参照有关教材的相关表述学习并作答为宜。

4. 国际法上可归因于国家的行为主要有以下几种：

（1）国家机关的行为。不管国家内部采用何种政治结构，依该国国内法具有国家机关地位者，以此种资格执行职务的行为，依照国际法被视为该国的国家行为。不论该机关是立法、行政、司法或其他机关，或者行使的职务是对内或是对外，也不论其在国家结构中处于上级或下级地位。

（2）行使政府权力要素的个人或实体的行为。国家地方政治实体机关的行为，或经国内法授权行使政府权力的其他实体机关的行为，在该机关职权或授权范围内，是该国的国家行为。

（3）由另一国交由一国支配的机关的行为。一国或国际组织将某个机构交与另一国支配，则在行使该支配权范围内的行为，被视为该支配国的国家行为。

（4）实际上代表国家行事的人的行为。这些人包括国家元首、政府首脑、外交使节、国家官员等，尽管这些人员享有特权与豁免，但不能免除其本国的国家责任。

（5）逾越权限或违背指示。国家机关或经授权行使政府权力要素的任何个人或实体，如果以此种资格行事，即使逾越权限或违背指示，其行为被视为国际法所指的国家行为。

（6）叛乱运动或其他运动的行为。在一国领土上的被承认为叛乱运动的机关自身的行为，根据国际法不视为该国的国家行为，而已经和正在组成新国家的叛乱运动的行为，被视为已经或正在形成的新国家的行为。

（7）特殊情况下的私人行为。私人行为原则上不归于国家，但是如果私人与国家之间存在着特定的实际联系或私人行为与国家本身的行为有关，则仍被视为国家行为。主要有以下几种情形：1）受到国家指挥或控制的行为；2）正式当局不存在或缺席时实施的行为；3）经一国确认并当作其本身行为的行为。

答案解析：可归因于国家的国家行为在各院校的研究生入学考试试题中作为论述题频繁出现，具体情形界定详见相关教材或本章"本章核心知识点解析"，此知识点应当熟练掌握。

第十七章　国际争端解决法

▶▶ 本章知识点速览

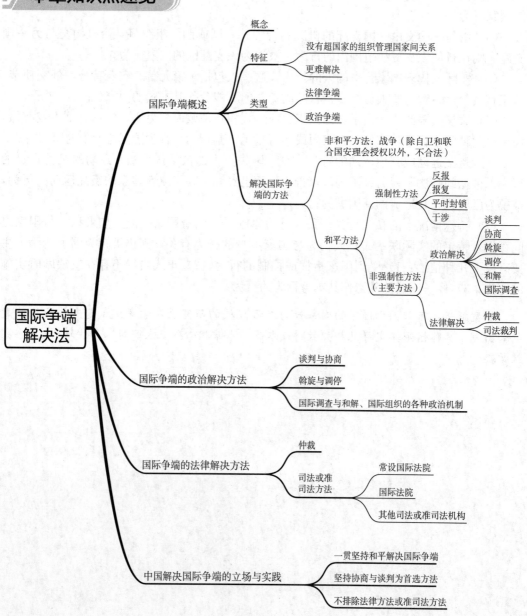

本章核心知识点解析

第一节 国际争端的特征与类型

一、正确理解国际争端的概念和特征

（一）基本概念

国际争端是指两个或两个以上公认的国际法主体之间发生的纠纷。国际争端从性质上可分为政治性争端和法律性争端两种。

国际争端具备以下四项特征：

（1）国际争端的主体是国家或其他国际法主体。

（2）国际争端的客体既可以是争端当事方有关法律权利的争端，也可以是涉及政治利益方面的冲突或对立，还可能有事实因素和历史原因。

（3）国际争端适用国际法上的解决方法，其方法和程序随着历史发展而发展和变化。

（4）国际争端的解决方法由当事国自愿选择适用。国家之间不存在一个超国家的权力机关或裁判者来制定法律和解决争端，其解决主要取决于有关争端当事国的诚意、努力、同意和第三方的协助。

（二）疑难点解析

理解"争端的存在"是判断和解决国际争端的先决性问题。

在国际司法实践中，确定争端的存在始终是一个先决性问题，对该问题的回答也构成了大多数司法裁判的重要组成部分。无论在理论上还是在国际司法实践中，尤其是在有关领土主权、岛屿归属和海洋权益等争端问题上，"争端是否存在"这样一个前提性问题有时会存在很大争议，需要进行专门的判断和认定，在实践中也发展出了一定的判断标准。1924年，常设国际法院在"马夫罗马蒂斯巴勒斯坦特许权案"的判决中第一次提出"争端"的定义，即"争端指两个主体间关于法律观点或事实的分歧，是两方关于法律观点或利益的冲突"。该定义为国际法上争端认定问题的解决打下了坚实基础。而对于如何判断是否存在"争端"，国际法院在1962年"西南非洲案"中进一步说明：关于是否存在争端，仅仅声称存在争端是不够的，"必须显示出有一个国家的主张受到另一个国家确定的反对。"

二、准确理解国际争端的类型

（一）基本概念

一般认为，国际争端从性质上可分为政治性争端和法律性争端两种。从广义上看，国际争端的类型还包括混合性争端和事实争端。

（1）政治性争端。政治性争端又称"不可裁判争端"，是指由于政治利益的冲突而发生的争端。例如，因国家主权或领土完整受到侵犯而引起的争端。

（2）法律性争端。它属于"可裁判争端"，主要是由法律权利的冲突而引起的。例如，因条约解释和适用、划定边界走向而引起的争端。

（3）混合性争端。混合性争端是指政治性争端和法律性争端交织在一起的国际争端。在国际关系中，大多国际争端属于混合性争端，即政治利益的冲突中往往含有法律的因素或者以法律争端的形式表现出来。

（4）事实争端。事实争端是指由于有关国家对某一事实情况缺乏清晰认识而产生的争端。例如，争端当事国对某项事实、某种情况的真相争执不下的争端。

（二）疑难点解析

准确理解国际争端的类型，最主要的问题就是政治性争端是否适合通过法律方法予以解决，即探讨一切争端是否都具有可裁性的问题。主要学说理论有：

第一，传统理论认为不是一切国际争端都能从法律上加以评判，法律性争端（"关于权利的争端"）适合利用仲裁或国际法庭依现行国际法规则予以裁判解决，而政治性争端（"关于利益的争端"）适合通过政治途径解决而不适合司法裁判。这种观点具有一定合理性。因为在关涉一国重大政治利益的问题上，各国往往不愿意将此种争端交由独立的仲裁庭或者国际法庭依据可适用的国际法原则与规则予以解决，而更愿意将此种争端控制在当事国手中，通过相互间的谈判、协商或其他政治方法解决。这主要是因为，当事国担心第三方裁判结果可能会损害本国重大政治利益，而争端当事国在政治方法解决中具有主导权或最终的控制权。当然，这种观点也具有局限性，特别是与国际实践有所冲突，目前有很多国家同意将领土或边界争端交由仲裁机构或国际法庭依据国际法原则与规则解决，这恰好与传统学说的观点相悖。

第二，纯粹法学派与传统理论派的观点不一致，以奥地利法学家凯尔森为代表，这些学者认为任何争端都是可能由法庭按照国际法加以解决的，除非争议双方都不愿意依现行国际法加以解决，该争端才是"政治"意义的。这种观点具有合理性。没有什么问题是绝对只能通过政治方法解决而不能通过法律方法解决的，而只能说政治方法和法律方法各有优点和不足，究竟采取哪种方式解决国际争端，取决于对不同争端解决方式的比较和权衡。从实证角度来看，重要的不是争论哪些是法律争端、哪些是政治争端，而是根据一般或具体的国际法规则，分析某项国际争端是否落入国际法的调整范围，进而确定该项国际争端是否属于争端各方同意接受的争端解决管辖范围。在此基础上，荷兰学派代表学者胡伯认为当事双方的意愿是该争端具有可裁性的基础，而不论其是法律性的还是政治性的；相反，如果缺乏任何一方的意愿，该争端将不具有可裁性。

三、掌握解决国际争端的方法

（一）基本概念

和平解决国际争端是现代国际法的一项重要原则，其方法分为政治方法和法律方法。政治方法指由争端当事国直接或争端双方以外的第三方介入解决的方法；法律方法是指用仲裁或法院判决等方式解决国家间的争端。《联合国宪章》第 33 条具体规定了如下和平解决方法：谈判、调查、调停、和解、仲裁、司法解决、区域机关或区域办法之利用，或各该国自行选择之其他和平方法。

（二）疑难点解析

1. 解决国际争端的政治方法和法律方法的对比

由于《联合国宪章》第 2 条确立了和平解决国际争端原则和禁止使用武力原则，现代国际法上只允许以和平方法解决国际争端，因而国际争端的解决主要还是应靠非强制的方法，即政治方法和法律方法。

（1）政治方法适用于任何类型的争端解决，并且不影响当事国同时或今后采取其他解决争端的方法，但这种方法提出的调停建议或调查报告没有法律约束力。当事国对争端解决的启动、过程和结果具有主导权或者控制权。该方法的不足在于如果当事国存在不可克服的重大分歧，政治方法可能根本无法启动，或即便启动也不可能达成或接受最终的解决结果。

（2）法律方法的优点在于一旦当事国同意接受法律解决方法，独立的第三方裁判机构就可以强制管辖，其依据国际法所作出的裁判结果对当事国具有法律约束力，避免当事国之间的争端解决陷入僵局，从而促进国际争端的解决。然而，当事国一旦同意接受第三方独立裁判，就失去了对争端解决过程和结果的主导权和控制权；同时，对于裁判机构作出在法律上具有终局拘束力的裁判结果，也可能受到当事国的质疑或不被执行。

2. 如何理解和评价国际争端的强制解决方法

在传统国际法上，国际争端的强制解决方法是指一国为迫使另一国接受其要求而采取的带有强迫性的争端解决方法。其中，战争或武力解决是非和平的强制方法，在第二次世界大战后被禁止使用。在现代国际关系中，国家使用的主要强制解决方法有反报、报复、平时封锁和干涉。这些方法不仅常有滥用的危险，而且可能涉及武力威胁，在现代国际法上是合法但不提倡的。

（1）反报（retorsion）是一国针对另一国的不礼貌、不友好、不公平的行为还以同样或类似的行为。在国际实践中，反报通常适用于国家之间有关贸易、关税、航运、外交特权与豁免、移民和外侨政策等经济法律关系。反报针对的是不友好行为而非不法行为；反报行为本身亦不能超出法律的限度，只要对方改变了这种行为，反报行为必须立即停止。

（2）报复（reprisal）又称报仇，是指一国为制止另一国的国际不法行为或寻求补救而采取的强制措施，实际上是一种带有惩罚性的强制措施。报复所针对的是他国的国际不法行为而非不友好行为。报复只有在下列条件下行使才能被视为合法：一是报复的手段必须是国际法允许的，不能以不法行为对付不法行为；二是报复只能在向对方提出的合法要求无法满足时才能使用，且不应超出所受实际损害的合理限度，即符合比例原则；三是报复一般是在战时采取的措施，在和平情况下采取的报复措施已经被反措施（countermeasure）的概念所取代，并成为国际责任法的主要内容。

（3）平时封锁（pacific blockade）是指在和平时期，一国或数国以武力封锁他国的港口或海岸，迫使被封锁国满足封锁国有关争端解决的要求。平时封锁如果是安理会依《联合国宪章》第42条而采取的一种集体安全行动是具有合法性的，如果是成员国的单方行为，或者超越国家自卫权的合理限度，就可能侵犯被封锁国的领土主权，被现代国际法所禁止。

（4）干涉（intervention），从解决国际争端角度来讲，是指第三国对其他两国之间的争端进行专断性干预，迫使争端当事国按干涉国的要求解决其争端。根据不干涉内政原则，任何国家或国际组织不得非法干涉他国的内政，因此强制性的干涉他国内政行为与国际法基本原则相违背。至于第三国介入有关国家之间的争端以促使争端和平解决的斡旋或调停，第三国也无权要求对方必须按照自己提出的方式解决争端。

第二节 国际争端的政治解决方法

和平解决国际争端的政治方法指由争端当事国直接或争端双方以外的第三方介入解决的方法，具体包括谈判、协商、斡旋、调停、调查、和解等。

一、掌握谈判与协商的区别

（一）基本概念

谈判（negotiation）是指两个或两个以上国际法主体就其争执的问题进行交涉并达成协议以使争端得到解决的政治方法。

协商（consultation）是与谈判相近似的一种方式，但可以扩大谈判的成员，使一些中立国参加，基本上采用协商一致的表决程序。

谈判或协商的当事国没有达成具有法律约束力的协议的义务。

（二）疑难点解析

关于谈判与协商的区别，见表 17 - 1。

表 17 - 1 谈判与协商的区别

区别项	谈判	协商
发生时间	争端发生后	争端发生前、后
主导因素	实力因素占据主导	友好互谅精神较为明显
第三方参与	排斥	不排斥
守约基础	法律上的承诺	自愿和道义上的约束

二、掌握斡旋与调停的区别

（一）基本概念

斡旋（good office）是指第三方应当事国的请求或主动采取的旨在促进双方直接谈判解决争端的活动，但斡旋国不参加当事国双方的谈判。

调停（mediation）是指第三方应当事国的请求或经双方同意，以调停者的身份提出实质性建议作为谈判的基础，组织并直接参与当事国之间的谈判。

斡旋与调停都是由第三方（一般是国家，也可能是个人）来协助当事国解决争端的方法。第三方不负结果义务。

（二）疑难点解析

关于斡旋与调停的区别，见表 17 - 2。

表 17-2   斡旋与调停的区别

区别项	斡旋	调停
第三方是否直接参与（根本区别）	不介入具体争端	介入较深
第三方协助方式	劝告当事方及提供谈判场所、通信等事务性协助，但不直接参加谈判	以积极姿态参与谈判，提出解决方案、帮助解决争端

三、掌握调查与和解的概念

调查（inquiry）是指在国际争端中，由于基本事实不清而争端双方无法就事实达成统一认识，通常由争端双方通过协议，成立调查委员会或和解委员会就争执的事实进行调查并提出报告，交由当事国自行解决争端。

和解，又称调解（conciliation），是指把争端提交一个中立的国际和解委员会，由其查明事实并提出报告和建议，促使当事国达成协议，以解决争端。

调查只解决事实问题，不涉及争端解决建议或判断；和解要求在调查的基础上进一步提出解决争端的实质方案，是一种介于调查和仲裁方法之间的制度。

四、正确理解利用国际组织的政治机制解决争端

（一）基本概念

随着国际组织在 20 世纪后的兴起，利用国际组织的政治机制解决争端成为政治解决的重要手段，在联合国之外，许多区域性国际组织对于解决争端正在发挥着不可忽视的作用。许多地理临近、利益相同的国家建立永久组织的组织约章，都规定了和平解决国际争端的方法和程序，例如，1945 年《阿拉伯国家联盟公约》、1963 年《非洲统一组织宪章》、1957 年《关于和平解决争端的欧洲公约》等。

（二）疑难点解析

如何理解区域性国际组织在和平解决国际争端中的作用？

一方面，《联合国宪章》第 33 条[①]、第 52 条[②]、第 53 条[③]的有关规定为区域组织解决争端提供了法律依据。另一方面，冷战结束以来，国际格局朝着多极化方向发展，过去被冷战及两极格局掩盖的多种社会矛盾纷纷浮现出来，民族问题、宗教问题、资源及边界问题造成的地区冲突与局部战争此起彼伏。在处理相对区域化、低烈度的冲突方面，区域组织确实具有特殊能力，可以弥补联合国的某些不足。在后冷战时代，区域组织在

[①] 《联合国宪章》第 33 条第 1 款规定，争端当事国于争端之继续存在足以危及国际和平与安全之维护时，应尽先以谈判、调查、调停、和解、公断、司法解决、区域机关或区域办法之利用，或各该国自行选择之其他和平方法，求得解决。

[②] 《联合国宪章》第 52 条规定：只要符合联合国之宗旨及原则，区域方法或区域机关可以用来应付有关国际和平及安全之维护而宜于区域行动的问题（第 1 款）；应鼓励各国在将地区争端提交安理会之前利用区域办法或通过区域机关将其解决（第 2 款）。

[③] 《联合国宪章》第 53 条第 1 款规定，安理会对于职权内之执行行动可以在适当情形下利用区域办法或区域机关解决地区争端。

解决争端方面的作用直线上升，如索马里内战中的非洲统一组织[1]，柬埔寨问题上的东南亚国家联盟，平息前南斯拉夫战火时的欧安组织和北约等，都为争端的和平解决作出了重要贡献。然而，尽管区域组织在和平解决争端方面发挥着重要作用，但由于大多数区域组织发展不够完善，且缺乏参与解决重大争端的资源和意愿，因此各区域组织所显示出的作用亦参差不齐，尤其是当区域组织被大国所操纵，容易导致区域争端解决机制的滥用。

总体而言，区域组织不是联合国的组成部分，但却是联合国集体安全体系及纵深防御体系中的重要一环。利用区域组织解决争端已经引起国际社会的重视，在这一问题上，既要尊重现实，肯定区域组织的正面作用，又必须看到区域组织的局限性及所存在的问题。毋庸置疑的是，只要有正确的规范和引导，区域性国际组织完全可以分担重任，发挥其在维护国际和平与安全方面的作用。

第三节　国际争端的法律解决方法

和平解决国际争端的法律方法是指用仲裁或法院判决等方式解决国家间的争端。具体包括仲裁、司法或其他准司法方法。

一、掌握国际仲裁的概念和特征

（一）基本概念

1. 仲裁

仲裁又称公断或"准司法方法"（quasi-judicial methods），是指争端当事方自愿把争端交给他们自行选任的仲裁者裁决并承诺服从裁决的一种解决国际争端的法律方法。仲裁包括临时仲裁（或称专设仲裁）和常设仲裁。

2. 仲裁的基本特征

（1）国际法上仲裁的主体是国家，是两个主权国家解决其法律争端的一种程序。

（2）仲裁的法律依据是当事国双方为仲裁而签订的仲裁协议，该协议的签订时间既可能在争端发生前，也可能在争端发生后。

（3）仲裁一般适用国际法，也可以根据仲裁协议的规定适用有关国家的国内法或判例。

（4）仲裁裁决对当事国具有约束力。当事国对仲裁裁决必须执行，除非仲裁人明显超越仲裁协议规定的权限或有其他导致裁决可撤销或无效的理由。

（5）仲裁裁决通常具有终局性，一经正式宣布并通知争端当事国或其代理人后即开始生效，不得上诉。

---

[1] 成立于 1963 年 5 月的非洲统一组织在其宪章第 19 条规定了和平解决争端的原则，并按 1964 年首脑会议定书建立了调停和解与仲裁委员会，如果当事国拒绝服从该委员会的管辖，委员会可将此争端转至部长理事会审议。根据议定书的规定，当事国可以选择调停、和解和仲裁任一种方式解决争端。例如 1963 年 10 月，阿尔及利亚与摩洛哥在有争议的撒哈拉地区发生武装冲突后，非统部长理事会召开特别会议，成立特设委员会负责调查与边界争端有关的问题并提出了建议，及至 1972 年 6 月终获和平解决。

（二）疑难点解析

1. 正确理解仲裁"准司法方法"的性质

仲裁是介于国际争端的政治解决与司法解决方法之间的一种方法，即所谓的"准司法方法"。

一方面，仲裁与调停、斡旋等外交方法一样，借助第三者的力量。不同的是，后者只能提出建议促成解决，而仲裁却可以作出对双方具有约束力的裁决，这是国际仲裁同国际争端的政治解决方法最大的区别。

另一方面，国际仲裁在形式上虽然类似司法解决，两者作出的判决或裁决均有法律拘束力，但在性质上它又与司法解决不同，这体现在如下几点：（1）司法解决一般由常设的国际司法机构（如国际法院）进行审理，而仲裁是由根据仲裁协定组织起来的仲裁法庭加以解决；（2）司法解决的司法机构和法官是根据特定的法院规约和规则组织和安排的，而仲裁的仲裁员则是争端当事国选定的；（3）司法解决依据国际法进行裁判，而仲裁法庭所适用的法律则由仲裁协定规定；（4）仲裁裁决对当事国具有拘束力，但它不像司法判决那样具有法律制裁的性质，仲裁裁决只是当事国出于道义上的责任和自愿地承担义务的结果。

2. 新时期下常设仲裁法院在国际争端解决中发挥的作用

国际常设仲裁法院是根据 1899 年第一届海牙和平会议通过的《和平解决国际争端海牙公约》建立的常设性国际仲裁机构，也是第一个解决国家间争端的世界性机构，著名的海牙和平宫就是为该法院所建的。作为与政治手段相对的法律手段，常设仲裁法院在和平解决国际争端上发挥了独特的作用。在国际常设法院和国际法院建立后，常设仲裁法院长期缺乏案源，其作用和影响力日益减小。

20 世纪 80 年代以后，常设仲裁法院采取了一些改革措施，先后组织制定了一系列任择仲裁议定书，增加了程序的灵活性，并允许非国家实体和个人在该法院进行仲裁。多年来，该法院提供的服务大大扩展，常设仲裁法院越来越多地参与解决商务和财务争端。常设仲裁法院国际局在各种仲裁中还作为书记官，向设在常设仲裁法院范围以外的仲裁法庭提供技术或行政协助。例如，1996 年开始的厄立特里亚-也门关于红海岛屿所有权的仲裁案中，常设仲裁法院承接了书记官的工作。1979 年美国驻德黑兰使馆的 52 名美国国民被扣留引起危机后，两国设立伊朗-美国索赔法庭，处理美国国民对伊朗提出的索赔，以及伊朗国民对美国提出的索赔。2000 年，常设仲裁法院通过了环境争端任择议定书，在国际上首创环境纠纷的专门仲裁规则。2011 年，常设仲裁法院又通过了有关外空争端的仲裁规则。除处理仲裁案件外，常设仲裁法院还可从事和解与调查。

总之，20 世纪后期以来，常设仲裁法院已不再仅仅处理国家间的争端，而是向各国和国际组织、私人实体或个人等非国家当事方提供各种解决争端的程序，包括事实调查、和解和仲裁。作为和平解决国际争端的法律手段之一，常设仲裁法院在新形势下的机制创新使其重新受到国际社会的重视。

二、掌握国际法院的相关制度

（一）基本概念

国际法院是联合国的主要司法机关，根据 1945 年 6 月 26 日在旧金山签署的《联合国宪章》设立，由经联合国大会和安理会联合选出的 15 名法官组成。它的职能是解决各国向其提交的法律争端，并为联合国及其机构就法律问题提供咨询意见。

（二）疑难点解析

1. 准确理解常设国际法院和国际法院的关系

常设国际法院是 1920 年在国际联盟主持下设立的和平解决争端史上的第一个国际审判法庭，其解决了第一次世界大战所引起的诸多争端。1922 年至 1940 年间，常设国际法院就 29 个案件作出了判决，发表了 27 项咨询意见并均得到执行，对国际法的发展作出了重要贡献。常设国际法院的活动因第二次世界大战而中断，1946 年与国际联盟一道解散。

国际法院于 1946 年开始工作，取代了 1920 年在国际联盟主持下设立的常设国际法院，其是以和平方式解决国际争端这一背景下形成的产物。国际法院依照《国际法院规约》及其本身的《国际法院规则》运作，《国际法院规约》是《联合国宪章》的一部分。

2. 国际法院是否对某些国际法庭具有管辖权

国际法院的管辖权分为诉讼管辖权和咨询管辖权，没有附属机构，对某些国际法庭没有管辖权。在此，需要厘清 1946 年以来设立的大量区域法院和特设法庭所造成的一些混乱。

第一，国际法院没有刑事管辖权，因此无法审判个人（例如战犯）。这项任务属于国内管辖或属于前南斯拉夫问题国际刑事法庭和卢旺达问题国际刑事法庭等由联合国设立的特设刑事法庭及国际刑事法院。

第二，国际法院还必须区别于专门处理与欧洲联盟事务有关案件的欧洲法院（位于卢森堡），以及根据人权公约设立的审查指称违反人权公约情事的欧洲人权法院（位于法国斯特拉斯堡）和美洲人权法院（位于哥斯达黎加圣何塞）。这三个法院可审查私人（诉国家和其他被告）提交的案件，而这类案件国际法院不能受理。

第三，国际法院还有别于国际海洋法法庭等专门国际审判法庭。

第四，国际法院不是各国司法机构可以上诉的最高法院，不是个人提出最终申诉的法院，也不是任何国际法庭的上诉法院。但是，在其具有管辖权的案件中，国际法院有权就仲裁裁决的效力作出裁定。

3. 国际法院与联合国其他负有维持和平使命的机构之间的关系

《联合国宪章》将维持国际和平与安全的主要责任赋予安理会。考虑到作为一般规则，法律争端应由当事方提交国际法院，但安理会可以调查任何争端并就调解措施提出建议，联合国大会可以讨论与维持国际和平与安全有关的问题并提出建议。在履行其职能时，安理会和大会都可以请国际法院就任何法律问题提出咨询意见。此外，即便是安理会或大会正在处理的某些争端，国际法院也可以就提交给它的与维持国际和平与安全有关的此类争端作出裁决。国际法院限于处理此类争端法律方面的问题，从而为维持国际和平与安全作出贡献。

第四节　中国解决国际争端的立场与实践

一、正确理解中国解决国际争端的立场

中国一贯坚持和平解决国际争端。无论是政治性质还是法律性质的争端，中国反对战争、武力或武力威胁的争端解决方法。

中国坚持协商与谈判为首选方法。主张"对话"是和平解决国际争端的正确途径，这是政治解决国际争端的重要方法。

中国不排除法律方法或准司法方法。主张加强联合国在预防冲突方面的作用，同时联合国维和行动不能代替政治解决国际争端。

二、熟悉中国解决国际争端的相关实践

（一）我国以政治方法解决国际争端的实践

我国历来主张以谈判和协商的方式解决区域争端或国家之间的争端。例如，1953 年 8 月，我国政府在关于和平解决朝鲜问题的政治会议的声明中建议，在争端当事国单独谈判不方便的情况下，邀请其他有关国家在中立的立场上参加协商。通过该外交方法，朝鲜的停战谈判取得了成功。中国政府通过与有关国家直接谈判和协商的方法，解决了重大的边界、国籍和历史遗留等问题。例如，1954 年 4 月 29 日，通过谈判和协商，我国与印度政府达成了《中华人民共和国和印度共和国关于中国西藏地方和印度之间的通商和交通协定》，解决了取消原英国遗留下来的印度在中国西藏地方的特权问题以及印度与中国西藏地方的通商和交通问题；1955 年 4 月 22 日，中国和印度尼西亚通过谈判签订了《中华人民共和国和印度尼西亚共和国关于双重国籍问题谈判的条约》，解决了同时具有中国国籍和印尼国籍的人的双重国籍问题；1984 年 12 月 19 日，中国与英国通过谈判，签订了《中英关于香港问题的联合声明》，1987 年 4 月 13 日，我国与葡萄牙通过谈判，签订了《中葡关于澳门问题的联合声明》，从而解决了历史遗留下来的中英和中葡两国的领土问题。

我国直接以斡旋者和调停者身份解决国际纠纷的实践并不多。在 20 世纪 90 年代，我国曾通过斡旋和调停的方法，在解决亚洲地区国际争端中促成了一些纠纷或争端的解决。例如，1997 年 5 月和 7 月，韩国与朝鲜关于韩国向朝鲜粮食援助的问题，我国以调停者的身份，在北京举行了多次会谈。同样，调停作为一种解决我国与其他国家之间争端的方法亦曾为我国政府所接受。例如，1962 年 10 月，我国与印度发生边界争端以后，同年 12 月在科伦坡会议上，中国曾接受亚非六国对中印边界争端的调停。中国还积极参与了联合国主持下的集体调停活动。例如，1992 年 10 月，中国作为常任理事国之一与其他国家一起集体调停柬埔寨问题，在巴黎会议上签订《柬埔寨和平条约》，最终解决了长达 13 年之久的柬埔寨问题。

（二）我国以法律方法解决国际争端的实践

（1）中国对国际仲裁的原则及实践。对于以仲裁的方法解决国际争端，我国历来持非常慎重的态度。在我国与外国缔结的国际条约中，除了一些贸易议定书，几乎没有载入任何仲裁条款。在我国签署、批准或加入的多边条约或国际公约中，对以仲裁作为解决争端的仲裁条款几乎都作出了保留。20 世纪 80 年代后期，我国对于以仲裁方式解决国际争端的政策有所调整，所持的态度和立场更加灵活务实。在我国签署、批准或加入国际公约时，也开始对一些规定有仲裁解决争端的条款不再保留，但仅限于有关经济、贸易、科技、交通运输、航空、航海、环境、卫生、文化等专业性和技术性的国际公约。在实践中，也开始有一些经济、贸易、海运等方面的争端通过提交国际仲裁得到了解决。1996 年，我国批准了《联合国海洋法公约》，同时依据该公约第 298 条有关规定，作出了排除强制性仲裁的政府声明。

（2）中国对国际法院的原则及实践。由于历史原因，我国在建国初期与国际法院没有任何联系。改革开放以前，中国政府排斥通过国际法院解决与其他国家之间的争端。20 世纪 80 年代始，联合国在维持国际和平与安全方面的作用有所加强，作为联合国主要司法机关的国际法院在和平解决国际争端方面的作用也受到重视。特别是国际法院的组成发生了变化，来自发展中国家的法官有所增加。[①] 在国际法院审理的一些案件中，法院能够主持正义，并作出公正的判决。这些变化使包括中国在内的一些国家开始改变对国际法院的不信任态度。我国对由国际法院解决国际争端的态度也发生了变化。在我国签署、批准或加入的国际公约中，除对一些涉及我国重大国家利益的国际争端仍然坚持通过谈判和协商解决之外，对有关经济、贸易、科技、航空、环境、交通运输、文化等专业性和技术性的公约所规定的由国际法院解决争端的条款一般不作保留，改变了过去对提交国际法院解决国际争端的条款一概保留的做法。但迄今为止，我国尚未向国际法院提交任何争端案件。从某种意义上说，在国际司法活动中，中国参与度并不高。[②]

总体而言，中国一直奉行和平外交政策，偏好政治解决方法，尤其坚持将协商和谈判作为国际争端解决的首选方法。随着国力提升和观念转变，中国对斡旋、调停和调查等包含第三方因素的政治解决方法以及仲裁和司法解决等法律方法的态度也从谨慎保留转为务实灵活。在未来，中国对和平解决国际争端的国际法理论与实践的总结有待进一步加强，对国际立法和国际司法活动的参与度有待进一步提高。[③]

[①] 中国籍的历任国际法院法官有：徐谟（任期 1946—1956 年），顾维钧（1957—1968 年，曾任国际法院副院长）。1984 年我国法学家倪征燠当选为国际法院法官（任期为 1985—1994 年）；其后，史久镛（任期 1994—2010 年，2003—2006 年担任国际法院院长）、薛捍勤（2010 年至今）先后当选为国际法院法官。

[②] 杨泽伟. 新中国国际法学 70 年：历程、贡献与发展方向. 中国法学，2019（5）：191.

[③] 杨泽伟. 新中国国际法学 70 年：历程、贡献与发展方向. 中国法学，2019（5）：191-193.

本章实务案例研习

一、以色列在被占领巴勒斯坦领土构筑隔离墙的法律后果咨询案①
（国际法院 2004 年）

考点明晰：国际法院的咨询管辖及司法实践。

（一）案件简介

2002 年 6 月，以色列内阁通过一项计划，修建总长为 360 公里的安全隔离墙，将以色列本土和约旦河西岸巴勒斯坦自治区隔离开来，阻止巴勒斯坦恐怖分子袭击以色列国民。工程于 2002 年开始，主体部分于 2004 年完工。隔离墙的走向已明显偏离了绿线（1949 年划定的以色列与西岸的停火线）。它的修建引起巴勒斯坦当局和其他一些国家的强烈反对。2003 年 4 月 30 日，美国、欧盟、俄罗斯正式提出了旨在推动中东和平进程的"路线图"计划，该计划拟定了解决巴以争端的详细进程并分为三个阶段实施，以期实现巴以冲突的最终解决。由于"路线图"计划完全未涉及隔离墙一事，因此，许多联合国成员国纷纷要求联大着手处理此事。2003 年 12 月 8 日，联大将以色列修建隔离墙的合法性问题提交到国际法院，请求发表咨询意见。

2004 年 7 月 9 日，国际法院发表咨询意见《以色列在被占领巴勒斯坦领土构筑隔离墙的法律后果》。法院认为，以色列修建隔离墙的行为违反国际法，其他各国应采取措施阻止以色列继续修建隔离墙。

（二）争议点及各方立场

1. 国际法院是否具有管辖权

（1）以色列认为国际法院对本案没有管辖权。理由是根据《联合国宪章》第 12 条第 1 款②，联大无权要求发表咨询意见，尤其在安理会已经着手对巴以关系进行处理时。

（2）国际法院认为，国际法院对本案有管辖权。根据《国际法院规约》第 65 条第 1 款③和《联合国宪章》第 96 条第 1 项④的规定，联大有权要求国际法院发表咨询意见。而且，大会要求国际法院发表的是咨询意见，并不是解决问题的建议，这与《联合国宪章》第 12 条第 1 款并不矛盾。

2. 修建隔离墙问题是否是法律问题

（1）以色列认为，这个问题缺乏清晰度，太抽象，不是法律问题。

（2）法院认为该问题是法律问题。问题缺乏清晰度和有抽象性并不意味法院没有管辖权，法院常常通过必要的解释来澄清。同时，法院不同意这个问题仅仅是政治问题而

---

① 联合国. 国际法院判决、咨询意见和命令摘要：2003—2007. Legal Consequences of the Construction of a Wall in the Occupied Palestinian Territory，Opinion of 9 July 2004，https://www.icj-cij.org/public/files/summaries/summaries-2003-2007-ch.pdf.

② 《联合国宪章》第 12 条第 1 款：当安全理事会对于任何争端或情势，正在执行本宪章所授予该会之职务时，大会非经安全理事会请求，对于该项争端或情势，不得提出任何建议。

③ 《国际法院规约》第 65 条第 1 款：法院对于任何法律问题如经任何团体由联合国宪章授权而请求或依据联合国宪章而请求时，得发表咨询意见。

④ 《联合国宪章》第 96 条第 1 项：大会或安全理事会对于任何法律问题得请国际法院发表咨询意见。

非法律问题，法律问题也包含政治方面。

3. 国际法院发表咨询意见的适当性

（1）以色列和美国认为，法院应行使不发表咨询意见的自由裁量权，法院的咨询意见可能影响中东和平；并且认为法院没有充足的时间去收集足以发现事实真相并作出结论的完备事实和证据，因此拒绝参加本咨询案件的审理过程。

（2）法院认为本案中并不存在法院应该不发表咨询意见的压倒一切的理由；且法院有联合国秘书长大量的报告和来自巴勒斯坦以及其他国家呈交的详细资料，这些资料和证据已经充足，法院能够对大会请求的问题提供咨询意见。

（三）国际法院咨询意见

1. 审查并列举了相关条约和法律适用

国际法院首先简要介绍了巴以冲突的历史，较详细地描述了隔离墙和它的路线，然后系统地列举了相关条约和法律。由于以色列一向质疑国际人道法和人权文件的某些规则在巴勒斯坦被占领土的适用性，国际法院也审查了相关问题。一是对 1949 年《日内瓦第四公约》第 2 条①的解释。以色列不同意《日内瓦第四公约》适用于巴勒斯坦被占领土，理由是该领土在被约旦和埃及兼并之前没有被承认为主权领土，因此不是该公约所要求的缔约国领土。法院认为，《日内瓦第四公约》第 2 条第 2 款的目的并不是要排除公约在一个缔约方领土内的适用，而仅仅是表明，即使在冲突期间被实际占领的领土没有遇到武装抵抗，公约仍然适用。二是《公民权利和政治权利国际公约》和《经济、社会和文化权利国际公约》的适用问题，以色列否认其已经签署的这两项公约适用于巴勒斯坦被占领土，认为人道主义法是在约旦河西岸和加沙地带这样的冲突地区适用的法律，而人权法只适用于和平时期。法院引述"关于使用核武器是否合法的咨询意见"一案的观点反驳了以色列的主张。法院认为，由人权法提供的保护也适用于武装冲突期间，上述公约都适用于巴勒斯坦被占领土。

2. 认为隔离墙的修建侵犯了巴勒斯坦人民的自决权

法院认为以色列公民到西岸的定居和建造隔离墙及其附属设施将造成一种完全可能成为永久性的"既成事实"，相当于事实上的吞并。同时，隔离墙的建造限制了巴勒斯坦人的行动自由，也对巴勒斯坦人的农业、教育和经济生活产生了危害。法院要求以色列提供更多的通道通往圣地。

3. 认为隔离墙的修建不能认定为行使自卫权

对于以色列所称修建隔离墙是行使自卫权的主张，法院认为，面对针对以色列平民的不分青红皂白的致命暴力活动，以色列有权也有责任作出反应，以保护其公民的生命。但是，它采取的措施仍然必须符合国际法。以色列不能以自卫权或危机情况为由排除修建隔离墙的不法性。法院认定修建隔离墙不是解决以色列遭受恐怖袭击的唯一途径。

4. 提出隔离墙的修建违反国际法的咨询意见

国际法院最后以 14 票对 1 票通过如下咨询意见：占领国以色列在被占领的巴勒斯坦

---

① 1949 年《日内瓦第四公约》第 2 条："……本公约适用于两个或两个以上缔约国间所产生之一切经过宣战的战争或任何其他武装冲突，即使其中一国不承认有战争状态。凡在一缔约国的领土一部或全部被占领之场合，即使此项占领未遇武装抵抗，亦适用本公约。"

领土，包括东耶路撒冷及其周围地区，正在修建的隔离墙及其相关设施违反国际法。法院最后指出，以色列修建隔离墙的行为应该被放在一个更广阔的背景下予以考虑，法院提请大会鼓励尽早建立独立的巴勒斯坦国，与以色列及其他邻国和平共处。

（四）法律评析

国际法院的咨询意见很少会像本案一样吸引全世界的关注，并引发学者的热烈讨论，究其根本，还在于本案所涉及的众多政治和法律问题。首先，法院的咨询管辖本身经常遇到一些难题，例如咨询管辖的任意性；对法律问题和政治问题的区分，特别是拒绝对政治问题发表咨询意见的情况；咨询意见的法律效力不明确；联合国的机构所寻求的咨询意见与国家间争端，或者国际组织和国家间争端之间的关系等。其次，法院的咨询意见本身所引发的众多讨论，尤其是在联合国大会和安理会已经就以色列和巴勒斯坦问题作出很多决议的背景下，法院在该案中适用的法律依据又主要是联合国的决议，相当于联合国的司法机构为行政机构加盖印章，因而法院的独立性有可能遭到质疑。最后，法院在咨询意见中关于自卫的很多阐述招来不少学者的异议，即法院不能一方面要求以色列像一个主权者一样为被占领地区的安全和秩序负责，另一方面却不允许它像一个主权者一样采取合理的措施。

诚然，本咨询意见可能存在一些不足，但就改变以色列修建隔离墙的路线、减轻隔离墙对巴勒斯坦人造成的伤害方面起到的积极作用而言，该咨询意见仍然具有可取性。该案对于重新审定国际法院咨询管辖的作用、赋予国际法院咨询意见以更强的法律约束力和效力等问题有一定的启发作用。

二、菲律宾共和国单方面提起的南海仲裁案

考点明晰：中国的争端解决立场和实践。

（一）案件由来

2013 年 1 月 22 日，菲律宾外交部向中国驻菲大使馆发出外交照会和《关于西菲律宾海的通知和主张说明》，依据 1982 年《联合国海洋法公约》第 287 条及其附件七（《仲裁》）的规定，就中菲有关南海海洋管辖权的争端递交仲裁通知，提起强制仲裁。2013 年 2 月 19 日，中国政府退回菲律宾政府的照会及所附仲裁通知。中国政府多次并郑重声明，中国"不接受、不参与"菲律宾提起的强制仲裁案。[1]

2013 年 5 月 27 日，时任国际海洋法法庭庭长柳井俊二依据《联合国海洋法公约》建立了由五名仲裁员组成的强制仲裁庭[2]；2013 年 7 月 12 日，仲裁庭正式确认常设仲裁法院为登记机构；2014 年 3 月 30 日，菲律宾提交诉状；从菲律宾提起南海仲裁案的 15 项诉求事项看，包括三大类内容：第一，中国在《联合国海洋法公约》规定的权利范围之外，对"九段线"（中国的南海断续线）内的水域、海床和底土所主张的"历史性权利"

---

[1] 中华人民共和国外交部关于应菲律宾共和国请求建立的南海仲裁案仲裁庭关于管辖权和可受理性问题裁决的声明.（2015 - 10 - 30）［2022 - 01 - 08］. https://www.mfa.gov.cn/web/ziliao_674904/1179_674909/201510/T20151030_9868563.shtml.

[2] 这五名仲裁员分别是加纳籍法官托马斯·门萨（Thomas A. Mensah）、德国籍法官吕迪格·沃尔夫鲁姆（Rudiger Wolfrum）、法国籍法官让皮·埃尔·科特（Jean-Pierre Cot）、荷兰籍教授阿尔弗莱德·松斯（Alfred H. A. Soons）和波兰籍法官斯坦尼斯洛夫·帕夫拉克（Stanislaw Pawlak）。

与《联合国海洋法公约》不符。第二，中国依据南海若干岩礁、低潮高地和水下地物提出的 200 海里甚至更多权利主张与《联合国海洋法公约》不符。第三，中国在南海所主张和行使的权利非法干涉菲律宾基于《联合国海洋法公约》所享有和行使的主权权利、管辖权以及航行权利和自由。

（二）仲裁结果

2015 年 7 月 7 日、8 日和 13 日，仲裁庭对管辖权和可受理性问题开庭审理；2015 年 10 月 29 日，仲裁庭就管辖权和可受理性问题作出"初步裁决"；2016 年 7 月 12 日仲裁庭就实体问题以及剩余管辖权和可受理性问题作出"最终裁决"，裁定菲律宾"胜诉"，并否定了"九段线"，还宣称中国对南海海域没有"历史性所有权"。

（三）中国立场及法律分析

中国一直主张以外交谈判方式解决南海争端，使各方能够搁置争议，共同开发南海资源，但是效果不尽理想，各方冲突仍不断激化，南海问题中尤以中菲之间关于南海部分岛礁的权属争议最为激烈。在菲律宾单方面提起的南海仲裁案中，中国自始坚持不接受、不参与仲裁，始终反对推进仲裁程序。在仲裁庭作出两份裁决后，中国政府均当即郑重声明，裁决是无效的，没有拘束力，中国不接受、不承认。[1]

有关该案的主要法律问题和分析理由如下：

第一，仲裁庭的管辖权问题。任何国际司法或仲裁机构对国家间的争端确立和行使管辖权必须以当事国的同意为基础，《联合国海洋法公约》规定的仲裁程序也不例外。本案中，仲裁庭对菲律宾诉求明显没有管辖权，仲裁庭对菲律宾提出的任何仲裁请求作出判定，都将不可避免地直接或间接对南海岛礁的主权归属进行判定，也将不可避免地产生海域划界的实际效果。仲裁庭将不属于适用《联合国海洋法公约》的事项、中国已明确排除适用强制程序的事项[2]、菲律宾在请求中未提出的事项纳入管辖，越权管辖领土和海洋划界问题，该做法超越《联合国海洋法公约》的规定，违背国家同意原则。

第二，仲裁庭对相关法律和事实问题的认定。首先，仲裁庭错误处理《联合国海洋法公约》与历史性权利的关系，认为历史性权利不能超出《联合国海洋法公约》规定，或者已为《联合国海洋法公约》所取代的观点是错误的。从国际实践看，判定一国历史性权利的性质和内容，不能依据《联合国海洋法公约》规定，而应基于国家实践、具体地理和历史情况，个案处理。其次，仲裁庭错误否定中国在南海拥有的历史性权利。中国在南海的领土主权和海洋权益是在长期历史过程中形成和发展起来的，仲裁庭仅选择 2009 年后的几个事例，以偏概全地解读中国在南海历史性权利主张的性质和内涵，认为历史性航行及在领海外的捕鱼活动，不构成历史性权利的基础，是对历史事实的错误解读和定性。最后，仲裁庭错误地分割、孤立处理南沙群岛和中沙群岛所属岛礁的法律地位，错误解释和适用法律，特别是《联合国海洋法公约》第 121 条"岛屿制度"，错误否

---

① 中华人民共和国外交部关于应菲律宾共和国请求建立的南海仲裁案仲裁庭所作裁决的声明. (2016−07−12) [2022−01−08]. https://www.mfa.gov.cn/web/ziliao_674904/1179_674909/201607/t20160712_7947694.shtml.

② 中国于 2006 年根据《联合国海洋法公约》第 298 条的规定向联合国秘书长提交了排除强制程序的声明，对于涉及海域划界、历史性海湾或所有权、军事和执法活动以及安理会执行《联合国宪章》所赋予的职务等争端，中国政府不接受《联合国海洋法公约》第十五部分第二节下的任何强制争端解决程序，包括国际海洋法法庭的管辖等。

定习惯国际法上的大陆国家远海群岛制度，背离了《联合国海洋法公约》的宗旨和目的。

第三，仲裁庭的越权裁决对中国无拘束力。菲律宾提起的仲裁诉求实质上是领土主权和海域划界问题，而领土主权不属于《联合国海洋法公约》的调整范围，中国于 2006 年 8 月依据《联合国海洋法公约》第 298 条的规定作出的排除性声明排除了四类争端（海域划界、历史性海湾或所有权、军事和执法活动以及联合国安理会执行《联合国宪章》所赋予的职务等争端）适用强制解决的程序，此声明构成《联合国海洋法公约》的组成部分，应该受到尊重，也符合多数国家的实践。即使菲律宾认为其所提仲裁事项不属于中方 2006 年 8 月声明所涵盖的争端，但在中国对此持不同看法的情形下，菲律宾应先行与中国解决该问题，然后才能决定能否提交争端，否则，《联合国海洋法公约》第 299 条的规定[①]就毫无意义，并将严重损害和破坏《联合国海洋法公约》的整体性及权威性。

综上，在南海仲裁案中，仲裁庭无视事实，强行审理和行使管辖，属随意扩权和滥权；其错误认定事实，错误解释和适用法律，属于枉法、错误裁判，裁定自始无效且不具有拘束力。仲裁庭的裁决影响不了中国在南海的领土主权和海洋权益。中国一以贯之地维护国际法治，推动建设和平、稳定的地区海洋秩序，始终维护《联合国海洋法公约》完整性和权威性，并继续坚持通过谈判解决南海争端。

本章同步练习

一、选择题

（一）单项选择题

甲乙两国都是联合国会员国，现因领土争端，甲国欲向国际法院提起诉讼，关于该问题以下说法正确的是？（   ）（法考改编）

A. 如国际法院受理该案件，发现主审法官中有甲国公民，则乙国可以申请该法官回避

B. 如审理案件中甲国发现法官中有乙国法官，则可以申请增加本国国籍的法官为专案法官

C. 如法院判乙国败诉又不执行该判决，则甲国可以申请国际法院强制执行该判决

D. 如果国际法院作出判决，则该判决可以成为国际法渊源对所有联合国成员国都有约束力

（二）多项选择题

1. 根据国际法相关规则，关于国际争端解决方式，下列哪些表述是正确的？（   ）（司考）

A. 甲乙两国就界河使用发生纠纷，丙国为支持甲国可出面进行武装干涉

---

① 《联合国海洋法公约》第 299 条规定：争端各方议定程序的权利，包括：（1）根据第 297 条或以一项按照第 298 条发表的声明予以除外，不依第 2 节所规定的解决争端程序处理的争端，只有经争端各方协议，才可提交这种程序。（2）本节的任何规定不妨害争端各方为解决这种争端或达成和睦解决而协议某种其他程序的权利。

B. 甲乙两国发生边界争端，丙国总统可出面进行调停

C. 甲乙两国可书面协议将两国的专属经济区争端提交联合国国际法院，国际法院对此争端拥有管辖权

D. 国际法院可就国际争端解决提出咨询意见，该意见具有法律拘束力

2. 甲乙两国就海洋的划界一直存在争端，甲国在签署《联合国海洋法公约》时以书面声明选择了海洋法法庭的管辖权，乙国在加入公约时没有此项选择管辖的声明，但希望争端通过多种途径解决。根据相关国际法规则，下列选项正确的是（　　）（司考）

A. 海洋法法庭的设立不排除国际法院对海洋活动争端的管辖

B. 海洋法法庭因甲国单方选择管辖的声明而对该争端具有管辖权

C. 如甲乙两国选择以协商解决争端，除特别约定，两国一般没有达成有拘束力的协议的义务

D. 如丙国成为双方争端的调停国，则应对调停的失败承担法律后果

二、名词解释

1. 国际争端（考研）

2. 国际仲裁（考研）

3. 国际法院的咨询管辖权（考研）

4. 国际法院的诉讼管辖权（考研）

5. 任择性强制管辖权（考研）

三、案例分析题

2008 年马来西亚新加坡白礁、中岩礁和南礁案

白礁岛位于柔佛海峡东部，面积仅为 2 000 平方米，离马来西亚柔佛州有 13 千米，距新加坡东部海岸有 60 多千米。长期以来，新加坡和马来西亚对白礁岛的主权归属存在争议。马来西亚认为，从 16 世纪起该国就管理白礁岛，理应对其拥有主权；而新加坡认为，自 1851 年它开始管理岛上灯塔，且在其后的 130 多年间，马来西亚从未提出过该岛主权归属问题。为了解决白礁岛主权问题，新加坡和马来西亚两国签署特别协定，同意把白礁岛主权争执交由设在荷兰海牙的国际法院裁决。同时，该份协定把白礁岛附近的两个礁岛，即中岩礁和南礁的主权归属问题，一起交由国际法院裁决。两国在特别协定中表明双方都会接受和遵守国际法院的最终判决。2008 年 5 月 23 日，国际法院根据新加坡在白礁岛的有效控制活动，包括插上军旗、大兴土木、在附近海域巡逻等，宣示新加坡对该岛的主权；相反，尽管马来西亚首先"发现"该岛屿而享有初始权利，但其在过去 100 年并没有开展相应的主权活动，因而判决主权归新加坡所有。随后，为了执行法院的判决，两国成立了一个由各自的外交部常任秘书领导的联合委员会负责有效执行该份判决。

问题：

（1）该案采取的和平解决争端方式是什么？

（2）假设马来西亚对国际法院的判决不服，其可以上诉吗？

（3）假如两国在执行国际法院判决中，马来西亚拒不配合，新加坡如何应对？

四、简答题

1. 国际法院的诉讼管辖权。（考研）
2. 国际法院判决的执行。（考研）

五、论述题

1. 简述国际法院的管辖权。（考研）
2. 论国际组织在和平解决国际争端中的作用。（考研）
3. 试论《联合国宪章》原则下和平解决国际争端法及其基本制度。（考研）

参考答案

一、选择题

（一）单项选择题

B

解析：国际法院法官对于涉及其国籍国的案件，不适用回避制度，除非其就任法官前曾参与该案件，故 A 项错。在法院受理案件中，如果双方当事国一国有本国籍的法官，没有的另一方当事国可以选派一人作为专案法官参加案件的审理。若双方都没有，则都可以选派一名专案法官参与案件的审理。因为其只担任该一案件的审理，故名曰"专案法官"。专案法官与正式法官具有完全相同的权力，故 B 项对。如有一方拒不履行国际法院判决，他方得向安理会提出申诉，安理会可以作出有关建议或决定采取措施执行判决。而不是申请国际法院强制执行该判决，故 C 项错。国际法院的判决是终局性的。判决一经作出，即对本案及本案当事国产生拘束力，当事国必须履行。但其并非国际法渊源，效力不具普遍性，只是确定国际法原则的辅助资料，或者叫作国际法的辅助渊源。题中判决对本案及甲乙两国产生拘束力，但并非对所有联合国成员国都有约束力，故 D 项错。

（二）多项选择题

1. BC

解析：国际争端应当和平解决，第三国实施武装干涉违反了国际法原则，故 A 项错。为促进国际争端的和平解决，第三方可以调停人的身份，就争端的解决提出方案，并直接参加或主持谈判，以协助争端解决，故 B 项对。对任何争端，当事国都可以在争端发生后，达成协议，将争端提交国际法院，国际法院具有该争端的管辖权，故 C 项对。国际法院可就国际争端解决提出咨询意见，但该意见没有法律拘束力，故 D 项错。

2. AC

解析：海洋法法庭的设立，不排除国际法院对海洋活动争端的管辖，争端当事国可以自愿选择将海洋争端交由哪个机构来审理，故 A 项对。只有争端各方都同意选择法庭程序，法庭才对相关案件有管辖权，故 B 项错。解决国际争端的政治（外交）方法有谈判与协商、斡旋与调停、调查与和解。谈判和协商可能达成协议，也可能破裂或无限期进行或延期。除非特别约定，一般地，谈判或协商的当事国没有达成有拘束力协议的义务，故 C 项对。调停是指第三方以调停人的身份，就争端的解决提出方案，并直接参加或主持谈判，以协助争端解决。调停国提出的方案本身没有拘束力，调停国对于进行调停或调停成败也不承担任何法律义务或后果，故 D 项错。

二、名词解释

1. 国际争端是指两个或两个以上公认的国际法主体间，主要是国家之间，由于法律权利或政治利益的冲突所产生的争执和对立。国际争端从性质上可分为政治性争端和法律性争端两种。不同类型的争端，其解决方法有所不同。

2. 国际仲裁，又称公断或"准司法方法"（quasi-judicial methods），是指争端当事方自愿把争端交给他们自行选任的仲裁者裁决并承诺服从裁决的一种解决国际争端的法律方法。仲裁包括临时仲裁（或称专设仲裁）和常设仲裁。

3. 国际法院的咨询管辖权是指国际法院有对按照规定向它提出的任何法律问题发表咨询意见的职能。联合国大会、安理会和经大会授权的联合国其他机构和专门机构，有权请求法院发表咨询意见。联合国秘书长、会员国不能向法院请求咨询意见。国际法院的咨询意见不具法律拘束力，但在国际法上具有相当的权威性，对国际组织和各国的实践有指导性作用。

4. 国际法院诉讼管辖权是国际法院受理并裁决争端当事国所提交案件的权力。国际法院的诉讼当事方仅限于国家，只对当事国同意接受法院管辖的案件有管辖权。

5. 任择性强制管辖权是指国际法院依《国际法院规约》当事国声明，就与接受同样义务的任何其他国家所发生的下列性质的法律争端，承认国际法院的管辖为当然而无须另定特别协定所取得的管辖权：（1）条约的解释。（2）国际法的任何问题。（3）任何事实的存在，如经确定即属违反国际义务者。（4）因违反国际义务而应予赔偿的性质及规范。

三、案例分析题

（1）该案两国采取的解决国际争端方式为司法解决，即通过向国际法院提起诉讼的方式解决。该案涉及国际组织在和平解决国际争端中的重要作用。和平解决国际争端是国际法的一项基本原则，除争端当事国采取和平方式解决争端以外，国际组织在和平解决国家间争端中的作用日益明显。国际法院作为当今唯一具有一般管辖权的常设性的联合国司法机关，尽管国际法院的司法判决只对当事国有效，但它在和平解决国际争端方面作出了重要的贡献。

（2）即使马来西亚对国际法院的判决不服，也不得上诉。国际法院的管辖权包括咨询管辖权和诉讼管辖权。其中，咨询意见案中的咨询意见不具有法律效力，诉讼案件中的判决对当事国具有法律拘束力。国际法院的判决是终局判决，不得上诉。但是，如果当事国不服国际法院的判决，可以向国际法院请求解释或申请复核，法院应当以判决的方式作出决定。在以下两种情况下，当事国可以请求国际法院作出解释或申请复核：一则，对于判决的范围发生争议；二则，当事国发现国际法院在判决时其所不知道的且对案件具有决定意义的新事实。

（3）假设马来西亚拒不履行国际法院的判决，新加坡可以向安理会提起申诉。安理会认为必要时，可以提出建议或决定应采取的方法。对于国际法院的判决，如果当事国拒不履行，另一当事方可以向安理会提起申诉。安理会认为必要时，可以提出建议或决定应采取的方法。安理会作出的决定，应视为是其按照《联合国宪章》第七章所规定的强制措施。

答案解析：本题着重考查国际争端的司法解决和国际法院诉讼管辖等内容，需在理解相关知识的基础上进行准确作答。

四、简答题

1. 国际法院的诉讼管辖权包括"对人管辖权"和"对事管辖权"。

（1）"对人管辖"是指谁可以成为国际法院的诉讼当事方。根据《国际法院规约》第34条的规定，争讼案件的提起，仅限于主权国家，而不包括任何国际组织、私人（自然人和法人）和团体、地方政府及非主权的政治实体或者其他主体。可以在法院进行诉讼的当事国包括：1）联合国会员国，即《国际法院规约》的当然当事国；2）非联合国会员国但依《联合国宪章》第93条之规定而成为规约当事国者；3）既非联合国会员国亦非规约当事国，但依规约第35条第2款之规定而成为诉讼当事国者。

（2）"对事管辖"是指什么事项可以成为国际法院管辖的对象。根据《国际法院规约》第36条，国际法院管辖三类案件：争端当事国提交的一切案件；《联合国宪章》或其他现行条约所特定的一切事件；国家事先声明接受国际法院管辖的一切争端。

2. 国际法院的判决虽有法律拘束力，但法院本身无强制执行判决的能力。《国际法院规约》和《国际法院规则》没有对判决的执行作出规定。由于国际法院不是主权国家之上的"超国家司法机关"，而是国家间的司法组织，它并无能力采取强制措施迫使当事国执行判决。并且在某种意义上，执行行动还被认为是政治性而非司法性的。基于这种理解，《国际法院规约》对判决的执行不置一词，留交法院以外的机制去解决。一方如不履行判决所加之义务，依《联合国宪章》第94条第2款的规定，他方当事国得向安理会申诉。安理会如认为必要时，得作成建议或决定应采取办法，以执行判决。

从根本上讲，国际法院判决的执行主要依靠自觉。尽管有不少学者认为，在国际社会，服从法律和履行国际义务的动机主要并不是来自对制裁的畏惧，畏惧制裁与服从法律的关系并不大。事实上，不履行国际法院判决的情况是相当罕见的。

五、论述题

1. 国际法院是联合国的主要司法机关，行使根据《联合国宪章》及《国际法院规约》所赋予的司法职权。国际法院的管辖权包括诉讼管辖权（contentious jurisdiction）和咨询管辖权（advisory jurisdiction）。

（1）诉讼管辖权，是指法院对争端当事国提交的案件进行审理，并作出具有法律拘束力裁决和判决的权限。具体包括以下内容。

1）国际法院的对人管辖权。"对人管辖"是指谁可以成为国际法院的诉讼当事方。根据《国际法院规约》第 34 条的规定，只有国家才能在国际法院成为诉讼当事方，而不包括任何国际组织、个人（自然人和法人）和团体、地方政府及非主权的政治实体或任何其他主体。

2）国际法院管辖权的法律基础。根据《国际法院规约》第 36 条规定，国际法院的对事管辖权有三种，分别是自愿管辖权、协定管辖权和任意强制管辖权，分别以特别协定（special agreement）、条约和公约（provided for in treaties and conventions）、任择性强制管辖条款（compulsory jurisdiction in legal disputes）为管辖权的法律依据。

3）国际法院管辖权的任意性和强制性。《国际法院规约》第 36 条第 2 款规定的管辖权以国家发表接受法院管辖的声明为前提，国家可以任意选择是否发表此种声明，故为"任意性"；而一旦发表了这样的声明，在出现了其同意范围内的相关法律争端时就必须接受法院的管辖，故为"强制性"。国际实践中只有很少的国家事先发表了接受法院强制管辖的声明（其中五大常任理事国中只有英国接受），大多数国家都对第 36 条第 2 款作出了各种限制和保留。

（2）咨询管辖权，指国际法院可以应有关主体的请求就任何法律问题发表咨询意见。

1）咨询意见的目的和功能。发挥国际法院作为联合国的主要司法机关的作用，就有关法律问题提供权威性的参考意见，以便帮助联合国机构更好地遵照宪章进行活动。

2）咨询管辖的事项限于"任何法律问题"，而不是任何不包含法律问题的单纯事实问题或政治问题。

3）咨询意见的提出主体，包括联合国大会、安理会以及由联合国大会授权的联合国其他机关或专门机构。除此之外，任何国家和个人包括联合国秘书长都无权请求国际法院发表咨询意见，也无权阻止国际法院发表咨询意见。

4）咨询意见的效力。尽管咨询意见对提出请求的机构不具有法律约束力，但实践中，请求机构一般都会善意考虑并尊重咨询意见。国际法院的咨询管辖自产生时起，在为申请主体履行职责提供法律意见、解决与国际组织及其成员国有关的争端，乃至发展国际法方面发挥了重要作用。

（3）国际法院管辖权的困境和发展。

对于国际法院的诉讼管辖而言，由于国际法院并非唯一的司法机关，国际法院诉讼也并非唯一和平解决争端的手段，且当事国的自愿和同意为法院行使诉讼管辖权的前提，再加上诉讼案件程序烦琐，不适应争端解决现状等种种原因，因而相当一部分国家更愿意用政治方法而不愿用司法方法来解决其争端，有学者将其总结为国际法院所遭遇的"权威危机与自主性挑战"①，对此，要加强国际法院自身建设，改革烦琐的程序要求，提高案件办理的公开性和透明性，从而保障国际法院在国际争端解决机制中的权威性。

对于国际法院的咨询管辖而言，目前面临的最大问题在于利用率低、咨询事项模糊，以及咨询管辖权行使程序不完善等问题。例如"科索沃独立咨询意见案"使国家主权和领土完整原则面临"颠覆性"破坏的消极影响，对此，可以通过拓宽咨询主体范围、确

---

① 何志鹏，赵健舟. 国际法院的权威危机与自主性挑战——以尼加拉瓜案的判决为例. 南通大学学报（社会科学版），2021（6）：108.

立"当事国同意原则"解决咨询事项法律问题边界模糊以及完善咨询管辖程序等途径对国际法院咨询管辖权加以完善。

答案解析：可以从国际法院管辖权的概念、类型、困境与发展三个方面进行回答。适当结合国际法院的司法实践来进行阐述。在历年研究生入学考试试题中，国际法院的诉讼管辖权、咨询管辖权、协定管辖等具体内容都曾作为简答题或论述题单独出现，需熟练掌握。

2.（1）随着全球化程度日益加深，世界各国间的矛盾也日趋复杂激烈，国际争端不再限于传统的政治争端，已从传统的领土疆界与贸易范畴向环境保护、教育和公共卫生等领域拓展，依靠《联合国宪章》第33条第1款所规定的政治解决方法已远不能妥善处理和解决日渐复杂的国际争端，依托政府间国际组织提供的争端解决机制和相关规则正在成为和平处理国际争端的有效途径，其中尤以联合国为代表。作为二战后建立的一个全球性组织，《联合国宪章》授予安全理事会的主要责任是维持国际和平与安全，其是联合国组织体系中唯一有权根据《联合国宪章》规定采取执行行动来维持国际和平与安全的机关，并表现为和平解决争端方面相应的职权，包括促请各争端当事国用和平方法解决争端，调查任何争端或情势等。

（2）区域性国际组织也对国际争端的和平解决起到了重要的作用。区域组织虽然不是联合国的组成部分，但却是联合国集体安全体系及纵深防御体系中的重要一环，在民族问题、宗教问题、资源及边界问题造成的地区冲突与局部战争中，区域组织确实具有特殊能力，可以弥补联合国的某些不足，如索马里内战中的非洲统一组织、柬埔寨问题上的东南亚国家联盟等。然而，由于大多数区域组织发展不够完善，且缺乏参与解决重大争端的资源和意愿，因此各区域组织所显示出的作用亦参差不齐，尤其是当区域组织被大国所操纵时，容易导致区域争端解决机制的滥用。

此外，随着非政府间国际组织的数量不断增加、机构和职能不断完善，其在国际事务中的地位和作用正逐步提升和加强，在国际争端的和平解决中开始发挥独立作用，尤其在环境保护、捍卫劳工权益和难民救助等领域发挥直接或间接作用。

（3）对中国的启示。随着经济地位上升和话语权显著加强，我国在政治、经贸等领域所面临的争端解决需求也将不断增加，如何妥善化解诸多争端，维护我国国家利益无疑是亟待解决之问题。对此，我国应继续保持和践行和平解决国际争端的理念和外交政策，首选政治方式、审慎诉诸国际争端解决机构的司法手段处理所涉争端，加强对各类国际组织及国际争端解决机制的深入研究，以大国姿态顺应国际社会发展趋势，以实际行动在国际场合鼓励和支持非政府间国际组织争取国际法主体资格，积极倡导非政府间国际组织参与国际争端解决之立法进程。

答案解析：可以联系国际组织法，分别从普遍性国际组织、区域性国际组织和非政府间国际组织在国际争端解决中所发挥的作用进行论述，最后落脚到对中国的启示。

3.（1）根据《联合国宪章》第2条，现代国际法确立了和平解决国际争端的基本原则。该原则表明，一项国际争端的解决过程和结果必须是和平的，和平方式是解决国家间争端的唯一手段，当事方应平等自由地选择一种或多种和平方法解决争端，以求得争端的迅速、公平解决。这就意味着，和平解决国际争端原则本身是强制性的，至于具体采用哪种和平方法，有关国家可以任意选择，但必须用尽和平方法。

（2）根据《联合国宪章》第 33 条，和平解决国际争端的方法包括政治方法和法律方法。

政治方法指由争端当事国直接或争端双方以外的第三方介入解决的方法，包括谈判与协商、斡旋与调停、国际调查与和解以及国际组织的各种政治机制。政治方法的特点是：不拘泥于法律规定，而是努力澄清事实，充分表达观点，尽量达成争端当事方都能接受的妥协解决方案，具有很大的灵活性；从争端解决的发起直到争端解决的结束乃至争端解决结果的执行，自始至终都充分尊重争端当事方的意思和愿望，不具有强制性。

法律方法是指用仲裁或法院判决等方式解决国家间的争端。具体包括仲裁、司法或其他准司法方法。法律方法的特点是：虽然仲裁或司法解决首先必须基于争端当事方的同意，但是，一经同意，则由独立的第三方仲裁或司法机构主导争端解决进程，一般依据比较严格的法律规定和程序规则，通过举证和认定事实、解释和适用法律，确定当事方的权利、义务和责任；最终作出的裁决或判决对争端当事方具有约束力，不履行裁决或判决构成违反国际法。

（3）我国一直奉行和平外交政策，一贯坚持和平解决国际争端原则。我国在争端解决实践中偏好政治解决方法，尤其坚持将协商和谈判作为国际争端解决的首选方法；同时，不排除法律方法或准司法方法。随着国力提升和观念转变，中国对斡旋、调停和调查等包含第三方因素的政治解决方法以及仲裁和司法解决等法律方法的态度也从谨慎保留转为务实灵活。在未来，中国对和平解决国际争端的国际法理论与实践的总结有待进一步加强，对国际立法和国际司法活动的参与度有待进一步提高。

答案解析：本题目是有关本章内容的全面考查。可以联系国际法上的基本原则，从和平解决国际争端原则入手，对《联合国宪章》所确立的和平解决争端方法进行全面充分的论述，有对比性地掌握各种政治方法的概念和特点，最后结合中国解决国际争端的立场和实践进行回答和论述。

第十八章 国际刑法

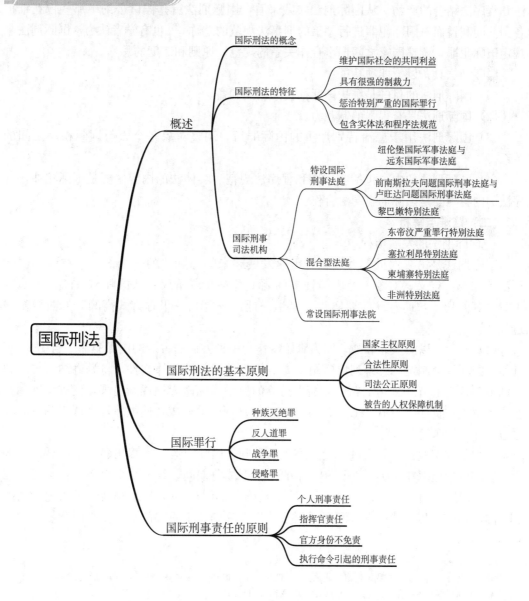

> **本章核心知识点解析**

第一节 国际刑法的概念和特征

一、正确理解国际刑法的概念和特征

(一) 基本概念

国际刑法是不同法律分支的"混血儿",是国际人权法、国际人道法、国内刑事实体法和程序法结合的产物。从国际刑法实践来看,国际刑法就是国际公约中那些旨在维护各国共同利益而对国际犯罪进行惩治的刑事法规范的总称。[①] 也有学者认为,国际刑法是规定国际犯罪、调整国家之间刑事合作关系的规范、原则和制度的总称。[②]

国际刑法具备以下四项特征:

(1) 国际刑法的目的是维护国际社会的共同利益。

(2) 国际刑法具有很强的制裁力。

(3) 国际刑法用于惩治特别严重的国际罪行,调整对象是个人与国际秩序之间的关系。

(4) 国际刑法的内容包括实体法和程序法规范。实体法的内容主要是国际犯罪,程序法的内容主要是国际刑事司法合作。

(二) 疑难点解析

1. 国际刑法的发展历程

国际刑法是第二次世界大战以后迅速发展起来的国际法的一个部门,在诸如国际刑法的渊源、定义、对象、范围等许多问题上都存在着争议。从国际刑法的历史演进来看,其经历了"萌芽→前期实践→诞生→低迷→复兴→里程碑式高潮"的曲线发展过程。[③]

(1) 萌芽:以海盗罪和战争罪为肇始。作为一种公认的古老的国际犯罪,自1841年开始,国际社会制定了一系列可适用于海盗行为的国际性法律文件,将海盗纳入国际犯罪的范畴;19世纪下半叶,战争中犯罪行为的应受国际谴责性逐渐显现,促进了国际社会当中"集体责任"(Collective Responsibility) 理念的构成,使国际社会认识到有必要通过法律手段来惩治该行为。[④]

(2) 前期实践:第一次世界大战之后的审判。国际上第一次提出建立常设性国际刑事法院的设想出现在1912年至1913年的巴尔干战争期间。第一次世界大战结束后,在1919年巴黎和会上签署的《凡尔赛和约》是第一部明确承认个人刑事责任的国际条约(但并未得到实现),从而克服了国际刑法曾经面临的一个重要障碍:传统国际法上国家

---

① 朱文奇. 国际刑法. 北京:中国人民大学出版社,2014:1.

② 黄肇炯,姚平. 国际刑法与我国刑事立法之完善. 四川大学学报(哲学社会科学版),1991(1):31.

③ 王新. 国际刑事实体法原论. 北京:北京大学出版社,2011:1.

④ M. 谢里夫·巴西奥尼. 国际刑法的渊源与内涵——理论体系. 王秀梅,译. 北京:法律出版社,2003:90.

是唯一的主体，并不包括个人在内。这为二战后国际刑法的真正诞生和发展奠定了前期实践基础。

（3）诞生：纽伦堡审判和东京审判。二战后特定的国际关系和历史事件直接推动了国际刑法的诞生和发展。1945 年的《纽伦堡国际军事法庭宪章》被认为是国际刑法的"诞生证书"[1]，该宪章第一次在国际法中实际确认个人具有刑事责任，成为实体国际刑法的核心。以此为法律基础的纽伦堡审判是人类历史上第一次对犯有反和平罪、战争罪和反人类罪的领导者、组织者、煽动者和计划执行者进行的国际刑事审判，开创了个人承担国际刑事责任的先例；稍后的东京审判所依据的《远东国际军事法庭宪章》以《纽伦堡国际军事法庭宪章》为蓝本，两者都为后来的国际刑事法院的成立奠定了实践基础。

（4）低迷：国际刑事审判活动的缺失。自纽伦堡审判和东京审判之后，国际社会进入"冷战"时期，政治因素开始凌驾于司法审判之上，特定的国际关系导致国际社会缺乏共同的价值观、目标、方式和一致的应对决议，基本上没有进行任何国际性的刑事审判活动，国际刑法的发展随之陷入低迷期。另外，这一时期国际社会的关注焦点逐渐从纽伦堡审判所确认的反和平罪、战争罪和反人道罪等国际罪行转向其他新型国际犯罪，诸如灭绝种族罪、国际恐怖主义犯罪、非法贩运毒品罪等。

（5）复兴：联合国特设国际刑事法庭的建立。自 1991 年"冷战"结束后，国际社会再次出现严重违反国际人道主义法的重大历史事件。1991 年在前南斯拉夫境内发生了包括"种族清洗"在内的严重违反国际人道主义法的武装冲突；1994 年在卢旺达内战中出现了灭绝种族和严重违反国际人道法的事件。面对国际社会的强烈要求，沉寂已久的联合国和平执行机制被激活。1993 年，联合国安理会成立了前南斯拉夫问题国际刑事法庭，第一次在联合国范围内将有关国际刑法的原则和理论付诸实施。1994 年 11 月，联合国又成立了卢旺达问题国际刑事法庭，激发了国际刑法的复兴。

（6）里程碑式高潮：《国际刑事法院罗马规约》的通过。纽伦堡审判和东京审判以国际军事法庭的形式对战争犯罪进行了成功审判，以及前南斯拉夫问题国际刑事法庭和卢旺达问题国际刑事法庭对国际罪行认定的持续发展，都再次激发了联合国设立一个常设国际刑事法院以审判国际法上某种犯罪案件的构想。在联合国的主持和国际社会的共同努力下，1998 年 7 月 17 日，意大利罗马外交大会通过了建立国际刑事法院的《国际刑事法院罗马规约》（以下简称《罗马规约》），标志着国际刑法的发展进入了一个新的阶段。2002 年 7 月 1 日，《罗马规约》正式生效，国际刑事法院随之诞生。在之后的二十年里，国际刑法作为一门新兴的边缘学科，成为国际法领域中发展非常迅速的一门学科，它在维护世界和平、惩治国际犯罪等方面具有重要作用。

2. 国际刑法和国际法的关系

对于国际刑法和国际法的关系，也就是国际刑法的"门户之争"问题，在理论界一直颇有争议。主要观点如下。

（1）附属说，认为国际刑法是其他部门法的一个分支。其中又包括两种意见：大多数国际法学者认为国际刑法属于国际法的范畴，而一些刑法学者则坚持国际刑法是国内刑法的一个组成部分。

---

[1]　格哈德·韦勒. 国际刑法学原理. 王世洲，译. 北京：商务印书馆，2009：16 - 17.

（2）独立说，认为国际刑法是一个独立的法律体系，由国际法中的刑事方面和国内刑事法中的涉外方面相互交融借鉴而逐渐形成。例如著名的国际刑法学家巴西奥尼教授就持此观点，认为国际刑法所发挥的功能是独立的。

事实上，不论学界对国际刑法的体系归属持何意见，共识的立场是国际刑法的客观存在性，在此背景下，较为现实的选择是：少争"门户"，多谈"整合"，以更好地发挥国际刑法在维护世界和平、惩治国际罪行、保障人权等方面的作用和功能。

二、掌握国际刑事司法机构的类型和特征

（一）基本内容

国际刑事司法机构		
特设国际刑事司法机构（为特定罪行而设立，具有临时性质）	纽伦堡国际军事法庭与远东国际军事法庭	成立时间：1945年5月和8月
		法律依据：同盟国战后签署的《纽伦堡国际军事法庭宪章》《远东国际军事法庭宪章》
		国际法意义：解决了战争罪犯的控诉和审判问题，明确将反和平罪、战争罪和反人类罪作为国际罪行，第一次在国际法实践中确认了个人的刑事责任
	前南斯拉夫问题国际刑事法庭与卢旺达问题国际刑事法庭	成立时间：1993年5月和1994年11月
		法律依据：联合国安理会相关决议《前南斯拉夫问题国际刑事法庭规约》《卢旺达问题国际刑事法庭规约》
		国际法意义：持续和系统地发展了国际法中的国际犯罪类型和认定，如灭绝种族罪；是联合国维持国际和平与恢复国际安全的有效实践
	黎巴嫩特别法庭	成立时间：2007年6月
		法律依据：联合国安理会相关决议《特别法庭章程》
		国际法意义：在法律适用《黎巴嫩刑法典》、排除死刑和强迫劳动、确保特别法庭的独立性等方面都拓展了国际刑事司法实践
混合型法庭（由联合国主导，兼具国内诉讼和国际诉讼双重性质）	东帝汶严重罪行特别法庭	
	塞拉利昂特别法庭	
	柬埔寨特别法庭	
	非洲特别法庭	
常设国际刑事法庭	成立时间：2002年7月1日正式成立	
	法律依据：联合国国际刑事法院全权代表外交大会《罗马规约》	
	管辖范围：对批准国及联合国安理会移交的案件进行审理；审理2002年7月1日以后发生的灭绝种族罪、战争罪、危害人类罪和侵略罪四种罪行	
	国际法意义：在国际关系中确立了法治的中心地位	

（二）疑难点解析

国际刑事法院是人类历史上第一个针对个人实施严重践踏人权犯罪的常设永久性法院，自 2002 年成立至 2022 年 1 月，除了 13 个调查情势、9 个初步审查事项，国际刑事法院审结和正在审理的案件共 28 个。国际刑事法院在管辖权方面的特点及其发展问题尤为值得关注。

国际刑事法院管辖权仅限于灭绝种族罪、反人道罪、战争罪和侵略罪这四项受到国际关注的最严重犯罪。在溯及力上，国际刑事法院只对《罗马规约》对缔约国生效后的犯罪实施管辖权；在属地管辖上，管辖范围是缔约国领土内实施的犯罪；在属人管辖上，要求被指控实施犯罪的被告人的国籍是缔约国。

国际刑事法院采取补充性管辖原则。根据《罗马规约》的规定，国际刑事法院行使管辖权的条件分别为：（1）所涉的一方或多方是缔约国；（2）被告人是缔约国国民；（3）犯罪在缔约国境内实施；（4）一个国家尽管不是规约缔约国，但决定接受国际刑事法院对在其境内实施的或由其国民实施的一项具体犯罪的管辖权。同时还规定，如果联合国安全理事会根据《联合国宪章》第七章"对于和平之威胁和平之破坏及侵略行为之应付办法"行事，向检察官提交一项情势，则不必适用上述条件。由此可见，国际刑事法院的管辖权在某种程度上是相互矛盾的，在强调补充性的同时，又渗透着强制性的内容。

国际刑事法院的成立对于惩治和预防整个国际社会关注的最严重的犯罪，以及最大限度地保护人权具有划时代的意义。中国作为联合国安理会常任理事国和最大的发展中国家，对于建立国际刑事法院一直持比较积极的态度，在国际刑事法院创设的整个过程中，中国积极参与预备委员会的各项工作，为国际刑事法院的最终设立作出了积极和重要的贡献。然而，中国最终选择不加入国际刑事法院，原因在于中国关注的《罗马规约》的部分原则性问题未能得到妥善地解决，主要包括：（1）中国不能接受规约所规定的国际刑事法院的普遍管辖权，认为其不是以国家自愿接受法院管辖为基础，违背了国家主权原则；（2）中国对将国内武装冲突中的战争罪纳入法院的普遍管辖及对检察官自行调查权有严重保留；（3）中国对规约中有关安理会作用的规定以及对反人道罪的定义持保留意见等。鉴于不同社会背景下的中西方法律体系的差异和中西方文化的冲突，中国现阶段不加入国际刑事法院对于双方而言都利大于弊；但是，中国作为和平崛起的大国不可能永远置身于外，因此，加强对相关问题的研究，逐步化解签署和批准规约的阻滞因素，促使我国在适当时候加入国际刑事法院应是中国的最终选择。

第二节　国际刑法的基本原则

一、基本概念

国际刑法的基本原则是构成国际刑法的基础、适用于国际刑法的一切领域并对整个领域具有指导意义的原则，主要包括国家主权平等原则、合法性原则、司法公正原则和被告的人权保障原则。

二、疑难点解析

对于哪些是国际刑法的基本原则，学界并没有一致的认识。鉴于国际刑法既维护国际社会和人类的共同利益，又维护国家的利益，其价值目标的特性决定了国际刑法基本原则的内涵和外延。

（一）国家主权平等原则

国家主权平等原则是国际法的基本原则，也是国际刑法的基本原则。其作为国际刑法的基本原则，要求国际社会和各国在预防、控制和惩治国际犯罪的国际合作中，在规范和调整双边及多边的国际刑事关系中，以及在制定和实施国际刑法中，都要坚持各国法律地位平等的立场，尊重各主权国家的主权权利，尊重各主权国家的国际人格，不得以任何形式对任一主权国家的主权和国际人格进行侵犯，也不得以任何借口干涉他国国内管辖的事务。①

（二）合法性原则

遵循合法性原则，首先要求罪责法定，禁止溯及既往，特别要反对国际犯罪的认定与惩处以某个国家或某个人的独立意志为标准；其次要求有罪当罚，不使犯罪的人逃避法律制裁，提倡以惩治国际犯罪、维护国际社会共同利益的大局为重，反对以任何借口阻碍和影响对国际犯罪的追溯；最后还要求罪责相当，罚当其罪，使制裁尺度与制裁方法的选择与罪行严重程度相均衡。尽管由于法律传统和价值观念的不同，世界各国对犯罪的危害性认识及法定处罚很不相同，但国际关系的复杂现状及实现罪刑均衡原则的困难并不能否认它作为国际刑法的基本原则。随着国际合作加强和国际刑法的发展，罪刑均衡问题可通过国际公约和国际实践得到进一步解决。

（三）司法公正原则

在国际刑法的语境下，司法公正原则的实现主要依靠刑事程序规范的设计和法官在具体案件中对刑事实体法律规范的解释和适用。例如，《罗马规约》第四编"法院的组成和行政管理"规定，国际刑事法院的18名法官经由选举产生，缔约国在推选法官时，应考虑到世界各主要法系的代表性、地域代表性以及适当数目的男女法官等；担任者均为专职法官，在国际刑事法院所在地全时任职的法官不得从事任何其他专业性职业；法官应独立履行职责，不得参加其公正性可能因任何理由而受到合理怀疑的案件的审理。此外，从刑事实体规范来看，国际刑法规范在界定犯罪以及使用法律术语时，可能缺乏大多数法律体系中的明确性要件②，导致国际刑事司法机构在适用法律规范时拥有较大的解释权和自由裁量权，例如，在《前南斯拉夫问题国际刑事法庭规约》中，对诸如"奴役""酷刑""迫害"等关键性法律用语都未从法律上进行定义，《罗马规约》第8条在规定"战争罪"的概念时普遍使用了"严重破坏""严重违反"等程度性术语。在这种情形下，就需要法官运用严格解释原则、有利于被告人原则等具有对抗因素的观念，弥补目前国际刑法不精确的缺陷。

---

① 邵沙平. 国际刑法学——经济全球化与国际犯罪的法律控制. 修订版. 武汉：武汉大学出版社，2005：75.
② M. 谢里夫·巴西奥尼. 国际刑法导论. 赵秉志，等译. 北京：法律出版社，2006：189.

（四）被告的人权保障原则

尊重人权原则体现在一系列国际刑法公约中。国际刑法之所以将尊重基本人权发展称为现代国际刑法的一项基本原则，是因为国际刑法所要追求的基本价值是促进"基于自由、平等、正义及尊重基本人权"之国际和平和国际法治。[①] 尊重人权原则在国际刑法中主要体现为以下四个方面：第一，罪刑法定。[②] 通过限制和约束司法者的自由裁量权，赋予个人以"法治"保障。第二，无罪推定。此即确保无罪的人免受刑事追诉和惩罚，确保被告人和被判刑人受到公正的处理和人道主义待遇。第三，一罪不二审。作为一项古老的诉讼原则，其体现了现代刑事诉讼功能的多元化取向，包括体现"既判力原则"，维护判决的严肃性和法律的权威性；以及符合"禁止双重危险原则"，禁止对同一案件再次诉讼以实现人权保障的要求。第四，正当程序。这体现在程序的中立、理性、排他、可操作、平等参与、自治、及时终结和公开等方面。

第三节　国际罪行

一、掌握国际罪行的概念和特征

（一）基本概念

国际罪行又称"国际犯罪"，指一国违背的国际义务对于保护国际社会的根本利益至关重要，以致整个国际社会公认违背该项义务为犯罪时，因其而产生的国际不法行为即构成国际罪行。[③]

（二）疑难点解析

在目前的国际公约中，为了避免认识上的歧义，并没有对一般意义上的国际罪行的概念作出规定，但这并不影响理论界开展对国际罪行概念和特征的研究。基于客观存在的国际犯罪现象和国际刑法的自身特征，一般认为国际法上的国际罪行具有以下特征：

（1）国际罪行是国际刑法渊源所规定的犯罪行为。现行的国际刑法渊源主要是国际条约，也包括国际习惯法中关于国际犯罪的规定，如有关海盗罪、战争罪的刑法规范就是由国际习惯法发展而来的。

（2）国际罪行违背的是对于保护国际社会根本利益至关重要的义务。不同于一般国际不法行为违背的是一般国际义务，国际罪行危害的是整个国际社会的共同的利益，诸如国际和平与安全、国际公共秩序、人类的尊严、生存与发展等，而不仅仅是受害

[①]　王铁崖，田如萱. 国际法资料选. 北京：法律出版社，1982：1.

[②]　国际刑法中是否应当确立罪刑法定原则一直存在争议。肯定说认为罪刑法定原则是国际刑法的基本原则，该原则的确立对于维护法律的权威性与执法的公正性，保障基本人权，特别是在整合各种法律规范、法系特点的国际刑事审判中必不可少；否定说认为罪刑法定原则不是国际刑法的基本原则，只有那些各国公认的、具有普遍意义的适用于一切效力范围的、构成国际刑法的基础并且有强行法性质的法律原则才能成为国际刑法的基本原则，而两大法系基于不同的法律传统，对罪刑法定原则的认可程度并不相同。为弥合以上分歧，有关教材中采纳了"合法性原则"这个近乎等同的概念，从而表现国际刑法不同于国家刑法的特点和要求。该原则以国内刑法中确立的罪刑法定原则为核心和主体内容，同时强调合法性原则在程序方面的体现。

[③]　王铁崖. 中华法学大词典：国际法卷. 北京：中国检察出版社，1996：239.

国的利益。国际法院在"巴塞罗那牵引机公司案"中曾确认国际社会共同利益的存在，以及各国对国际社会整体所承担的义务，即"对一切人的义务"或"对所有国家的义务"。

（3）国际罪行导致的法律后果要比一般国际不法行为产生的法律后果更为严重。这主要体现在国际刑事责任上，即追究国际罪行实施者的国际刑事责任。在国际社会现阶段，追究国家或国际组织的国际刑事责任尚缺乏国际法律基础和实践经验，因而国际刑事责任主要指个人国际刑事责任，主要形式是刑罚，即监禁（包括有期徒刑和无期徒刑）。

二、熟悉国际核心罪行的内涵、发展和实践

（一）基本概念

根据《罗马规约》第 5 条的规定，国际刑事法院所管辖的犯罪类型仅限于灭绝种族罪、反人道罪、战争罪和侵略罪等四种犯罪，它们是整个国际社会关注的最严重犯罪，与国际和平与安全有重大关系，被统称为国际刑法中的"核心罪行"（Core Crimes）。除此之外的其他国际犯罪就隶属于"非核心的国际罪行"，也可称为"一般的国际罪行"。

（二）疑难点解析

在《罗马规约》通过之前，《纽伦堡宪章》《远东国际军事法庭宪章》《前南斯拉夫问题国际刑事法庭规约》《卢旺达问题国际刑事法庭规约》等国际法律文件均对国际核心罪行作出规定，并在相应的国际刑事审判活动中予以实践。

（1）灭绝种族罪。灭绝种族的行为是剥夺某一民族、族裔、种族或者宗教团体的生存权利，否认最低限度的人权，直接和公然地违反国际人道主义法的基本原则，是一种最为严重的危害人类和平与安全的国际犯罪。灭绝种族罪的正式法律概念首先出现在1948 年《防止及惩治灭绝种族罪公约》中，并且对《前南斯拉夫问题国际刑事法庭规约》《卢旺达问题国际刑事法庭规约》《罗马规约》关于灭绝种族罪的规定产生重大影响，共同构成打击灭绝种族罪的国际法法律渊源。从国际刑事审判实践来看，卢旺达问题国际刑事法庭对"阿卡耶苏案"的审判具有里程碑式的意义，开启了人类历史上对灭绝种族罪罪犯的审判和定罪之先河。在该案的审理中，法庭具体阐释了灭绝种族罪的定义，特别是关于受保护团体的界定以及主客观构成要素的诠释，为国际刑事审判机构之后处理和认定灭绝种族案件提供了重要参考。

（2）反人道罪，也称危害人类罪。反人道罪是针对平民人口进行的广泛或有系统的暴力罪行，其侵犯整个人类社会的根本利益，严重破坏人类和平与安全。由于该罪行的罪恶性和重大性，在人性的观念方面极其严重地攻击人类尊严，因而其损害了一个比直接被害人的利益更为广阔的利益。早在 19 世纪末，一些规范战争的国际公约已具有反人道罪的雏形，例如 1899 年制定于海牙的《陆战法规与惯例公约》。[①] 作为独立的罪名，反

---

① 该公约前言写道："在颁布更完整的战争法规之前，缔约各国认为有必要声明，凡属他们通过的规章中所没有包括的情况，居民和交战者仍应受国际法原则的保护和管辖，因为这些原则是来源于文明国家间制定的惯例、人道主义法规和公众良知的要求"，该条款也被称为"马尔顿条款"。从实质意义上看，该条款仅适用于战争时期，并未具体阐释反人道罪的含义，也没有规定为人道法所禁止的行为类型，只是具有现代意义上反人道罪的雏形。

人道罪首次规定于《纽伦堡宪章》和《远东国际军事法庭规约》，纽伦堡国际军事法庭、远东国际军事法庭开启了反人道罪的国际刑事审判实践。此后的《前南斯拉夫问题国际刑事法庭规约》《卢旺达问题国际刑事法庭规约》均将反人道罪列为独立的国际犯罪，且内容更加具体并有所发展。在综合先前相关国际性法律文件的基础上，《罗马规约》关于反人道罪的规定更为详尽，在内涵和外延上都在继续发展，包括将反人道罪的具体行为样态拓展为 11 种类型，将"文化、性别、公认为国际法不容的其他理由"增列为构成迫害行为形态的歧视性理由等。

（3）战争罪。国际社会惩罚战争犯罪的制度形成，经历了一个渐进而曲折的发展过程。在 20 世纪前，传统国际法承认战争是解决国际争端的合法手段，诉诸战争是主权国家的合法权利，因此发动或者从事战争不构成犯罪。随着国际法的发展，国家诉诸战争的权利逐渐受到制约。从 20 世纪 20 年代开始，国际社会签订诸如《巴黎非战公约》《国际联盟盟约》等一系列法律文件，宣布废弃战争作为实现国家政策的工具，并且通过海牙公约与日内瓦公约两个分支体系来规范作战行为，将战争罪限定为在战争中严重违反战争法规或惯例规则的行为。两次世界大战结束后，通过对发动和组织战争的战犯进行国际刑事审判，国际社会拓展了战争罪的边界，及至前南斯拉夫问题国际刑事法庭和卢旺达问题国际刑事法庭的审判实践，在适用战争罪时亦有所突破，并且最终完整地体现在《罗马规约》中。与灭绝种族罪、反人道罪等其他国际核心罪行相比较，《罗马规约》对战争罪的规定最为详尽，包括严重破坏 1949 年日内瓦四公约的行为，以及在大规模国际武装冲突中严重违反国际法规的其他行为。考虑到在过去 50 年里，最严重的违反人权行为不是发生在国际冲突之中，而是发生在国家之内，《罗马规约》还纳入了当代国际人道法标准，将在国内武装冲突（不含国内动乱或暴动）中实施的严重违反国际刑法规范的行为也列为须负刑事责任的战争罪。

（4）侵略罪。长期以来，国际法上都未就侵略罪的定义达成一致。在罗马外交大会期间，基于政治和其他方面的考虑，各国代表对侵略罪是否应列入国际刑事法院的管辖罪行以及如何定义发生了激烈争论。经过协商，《罗马规约》采取了妥协的办法：在将侵略罪列为国际刑事法院的管辖罪行的同时，又在第 5 条设置第 2 款的内容，规定在缔约国举行审查会议就侵略的定义、要件和国际刑事法院行使管辖权的条件达成协议之前，国际刑事法院不得对侵略罪行使管辖权。以便暂时搁置关于侵略罪定义之争，留待以后解决。2010 年 6 月通过的《罗马规约》坎帕拉修正案完善了对侵略罪的定义，规定了对侵略罪行使管辖权的前提条件，这标志着全体人类在惩治包括侵略罪在内的国际严重罪行的愿望方面迈出了坚定的一步。自修正案通过以来，全世界已经有 41 个国家通过了批准或接受程序。[①] 在第 30 个国家加入《罗马规约》之后一年，在数量条件与时间条件上，规约对侵略罪启动管辖权的前提条件已然满足。然而事实上，由于《罗马规约》确立适用了"补充管辖原则"，因而国际刑事法院对侵略罪行使管辖权的空间十分狭窄。只有当国内法院没有采取必要的行动时，国际刑事法院才"补充"国内调查和起诉。在侵略国法院可能会基于政治目的"过于积极"行使管辖权，或者被侵略国法院决定不对有关的人进行调查和审判的具体情形下，国际刑事法院则不能介入，最终会出现这些案件

---

① https://asp.icc-cpi.int/en_menus/asp/crime%20of%20aggression/Pages/default.aspx. [2022-01-21].

不具有"可受理性"的结果。因此，侵略罪的管辖机制问题仍是规约今后需进一步修改和完善的重要问题。

<h2>第四节　国际刑事责任的原则</h2>

一、基本概念

国际刑事责任的原则是指行为人因违反国际刑法规范的禁止性义务而承担法律上不利后果的国际司法准则。经过长期发展，国际刑事责任的原则主要有个人刑事责任、指挥官责任、官方身份不免责以及执行命令引起的刑事责任等。

二、疑难点解析

（一）个人刑事责任

个人刑事责任指由自然人承担违反国际刑法的责任。纽伦堡审判和东京审判开创了追究个人国际刑事责任的先例，是国际法上的历史性创举。此后国际社会签订的一系列国际刑法条约以及国际刑事法庭规约，均重申了这项国际刑法的基本原则。[①] 个人刑事责任的确立，使个人成为国际刑事责任的主体，也成了国际刑法的主体，可以作为个人具有国际法主体地位的例子，这对现代国际法的发展具有重要的影响。

（二）指挥官责任

指挥官责任指上级人员明知或理应知道其有效控制的下属正在实施或即将实施特定的国际犯罪，却没有在职权范围内采取一切必要和合理的措施予以防止或制止，从而应承担相应的个人刑事责任。因此，指挥官责任是个人刑事责任原则衍生出的一项重要原则。自纽伦堡审判和东京审判以来，在国际审判实践中存在着大量适用指挥官责任的案件，例如，"美国诉山下奉文案"被认为是第一起适用指挥官责任的国际审判案件；"美国诉威廉·冯·李伯案"则是最著名的适用指挥官责任的案件，故又称为"高级指挥官案"。从实践价值来看，该原则对指挥官及其他上级人员赋予特定的义务要求，从而将国际犯罪的刑事责任承担者覆盖到指挥官或其他上级人员的不作为情形，这对于遏制国际犯罪、有效进行国际刑事审判具有重要意义。

（三）官方身份不免责

官方身份不免责指犯有国际法中严重罪行的人在犯罪行为发生时作为国家元首或负责的政府官员的身份不能免除其国际刑事责任。在国际刑法规范中，官方身份不免责原则最早出现在一战结束后的《凡尔赛和约》中，但最终未能付诸实践；二战结束后，纽伦堡和远东国际军事法庭对德国和日本的首要战争罪犯进行了审判，在国际法中确立了一种全新的原则：行为时具有的官方身份不能成为免除行为人对其犯下的国际罪行承担个人刑事责任的抗辩理由，即国际法豁免原则不适用于包括国家元首在内的任何人所实施的违反国际人道法的罪行。在前南斯拉夫问题国际刑事法庭和卢旺达问题国际刑事法

---

① 朱文奇. 国际法学原理与案例教程. 2版. 北京：中国人民大学出版社，2013：256.

庭的审判中，官方身份不免责原则被进一步实践。这也意味着随着国际刑法的发展和实践，国家豁免原则正日益受到挑战。

（四）执行命令引起的刑事责任

执行命令引起的刑事责任指对于个人在执行上级命令时所实施的特定国际犯罪，在法定情形下，不因其遵照上级命令行事的事由而免除刑事责任。该原则发端于国际人道主义法的发展，为了保护诸如平民、被俘的军人、伤病员等不直接参加武装冲突的人员，一些国际性法律文件要求所有战斗人员，不论是指挥官还是普通士兵，都必须遵守有关的国际法原则。在国际刑法规范中，执行命令不免责原则源自《纽伦堡宪章》，其后《前南斯拉夫问题国际刑事法庭规约》、《卢旺达问题国际刑事法庭规约》和《罗马规约》都予以确认。从实践层面来看，执行命令不免责原则与官方身份不免责原则、指挥官责任原则一起，共同构成了确立个人刑事责任的架构体系，从而将国际犯罪的刑事责任承担者覆盖到实施犯罪链条中的所有个人，从主体方面严密了国际刑法的法网，使任何对国际罪行负有责任的个人均不能逃脱刑事追究，这对于遏制国际犯罪具有重要的价值。

⟩⟩ 本章实务案例研习

一、卢邦加招募儿童兵案[①]：国际刑事法院成立后开庭审理的第一案（国际刑事法院 2007 年）

考点明晰：该案例考察国际刑事法院的管辖及司法实践。

（一）案件简介

刚果（金），又称刚果民主共和国，有近 450 个民族，其边境地区伊图里有至少 18 个民族，且该地区拥有黄金、钻石、石油和木材等丰富的自然资源。从 1999 年到 2003 年，几股武装力量都在争夺对伊图里地区的控制权，刚果（金）的多个邻国也介入到武装冲突中，支持政府军一方或者不同的反抗力量。在这一背景下，本案被告人卢邦加［全名托马斯·戴伊洛·卢邦加，男，1960 年 12 月 29 日生于刚果（金）奥恩托省］于 2000 年 9 月 15 日成为刚果爱国者联盟（UPC）的创办人和首领。他被指控在 2002 年 9 月至 2003 年 8 月期间招募儿童兵，并利用他们在伊图里地区从事敌对活动。

该案是世界上首例因为招募和使用儿童兵而被控战争罪的案例。检察官对被告的控诉有三项：（1）强制征召。包括通过绑架等暴力手段，迫使许多未满 15 岁的儿童参加血腥战斗。（2）（接受儿童兵）自愿加入。国际习惯法禁止征召儿童兵，也禁止接受儿童兵入伍，在这些情况下，儿童兵本人的同意不能构成有效的辩护。（3）在武装冲突中使用儿童兵。这些儿童在战斗中担任了侦察、通讯、定位甚至充当诱饵等军事任务。这些儿童有时还被派往前线参加战斗。为了克服恐惧，这些儿童还经常被迫服用大麻。

---

① 国际刑事法院. The Prosecutor v. Thomas Lubanga Dyilo，ICC-01/04 - 01/06 - 2842，Judgment Pursuant to Article 74 of the Statute（Mar. 14，2012），https://www.icc-cpi.int/CourtRecords/CR2012_03942. PDF.

（二）案件程序

在加入了成立国际刑事法院的《罗马规约》以后，刚果（金）政府认为其并不具备能力（因为国内政治、司法资源匮乏等多种复杂原因）审理涉及在其境内发生的武装冲突的复杂案件，于是在 2004 年 3 月 3 日将该案件送交国际刑事法院。国际刑事法院检察官于 2004 年 6 月 21 日开始调查整个刚果（金）情势，于 2006 年 1 月 13 日向预审分庭申请逮捕卢邦加。同年 3 月，卢邦加在刚果（金）被捕，并于 3 月 17 日被移交国际刑事法院。

2006 年 3 月，预审分庭根据《罗马规约》第 60 条组织"初步到庭"程序，确认了卢邦加的身份，查明他已经知晓被起诉的罪名和在法庭的权利。2009 年 1 月 26 日，国际刑事法院成立后首次开庭审理本案，卢邦加也成为该法院成立以来审判的第一人。

（三）案件审理

国际刑事法院在本案的审理中，遵循罪刑法定原则，审查了与所指控战争罪相关的证据和意见。法庭认为，强迫、接受儿童入伍并在战斗中使用儿童是特别严重的罪行。长期以来，国际法禁止使用 15 岁以下的儿童兵，这不但是为了使儿童免受暴力、遭受致命或非致命的伤害，还包括使儿童免受征兵本身所造成的伤害，包括被迫与家庭分离、中断学业和暴露在武力威胁之下。

尽管卢邦加起初否认全部指控，但随后卢邦加为减轻自己的罪责，仅承认是他领导的组织作出了招募童兵的决定，而非他本人，但法庭认定卢邦加对招募童兵有最终决定权，并全面调查和考虑了与定罪处罚相关的所有量刑因素，包括检方主张的对儿童兵的残酷惩罚、性侵犯、儿童低龄等加重情节，辩方主张的军事必要性、为了和平的目的、命令儿童兵复员以及与法庭的合作等减轻情节。法庭最终判决卢邦加犯有战争罪，根据《罗马规约》，判决卢邦加有期徒刑 14 年。

（四）法律评析

卢邦加案是国际刑事法院成立近十年后作出的首例关于被告是否有罪的判决，因此成为国际刑事法院第一案。该案对国际刑事法院的审判机制完善具有重要参考价值，对国际刑法的发展也具有重要的实践意义。

首先，本案为战争罪这一国际核心罪行的审判和认定提供了一个生动的例子。国际刑事法院只能审理《罗马规约》生效以后，即 2002 年 7 月 1 日以后发生的案件，本案中检察官追诉的是卢邦加 2002 年 9 月至 2003 年 6 月期间的犯罪，符合国际刑事法院的属时管辖。在实体审理上，本案所涉及的第二次刚果战争历时 12 年，导致大约 540 万人死亡，是第二次世界大战以来死亡人数最多的战争。在这场战争中，很多武装团体都使用过儿童兵，在 2003 年各派之间签署和平协议后，有大约 30 000 名儿童兵等待复员。法庭对刚果爱国者联盟（UPC）强制征召儿童入伍一案的审理，是国际刑法上合法性原则、个人刑事责任原则的直观体现。

其次，本案为国际刑事法院审判制度的完善提供了先例。受害人的参加程序是国际刑事法院的一大发明，《罗马规约》虽然有关于受害人可以参加案件审理的规定，但受害人什么时候可以参加，特别是在案件的调查阶段是否可以参加等具体程序问题并不明确。本案一共有 129 位被害人参加了法庭审理活动，他们可以提交证据，向证人询问，还可以提交口头或书面意见。法庭进一步澄清：即使案件刚处于检察官调查的阶段，受害人仍然可以参加。此外，本案在刑罚结果上体现了刑事正义的进步，法庭不但判决卢邦加有罪，而且可以决定对受害人进行赔偿，鉴于本案被告人没有财产，对被害人的赔偿将由受害人信托基金进行给付。

最后，本案的审理存在一些不足，判决也受到一些批评，有可供吸取的经验和教训。本案的审理耗时六年，由于法院在一些程序性事项上缺乏经验，案件审理过程中，就检方不当披露证据和信息，辩护人代表被告两次上诉，卢邦加也两次被临时释放，导致庭审程序耽误了很多时间；法庭对减轻处罚的因素所要求的证据比对加重处罚所要求的证据少，容易产生处罚偏轻的结果；检察官对案件的调查存在缺陷，9 名出庭作证的证人可能因受到不当影响而违背诚实作证义务；以及一些人权组织对检察官未能成功指控本案中的强奸犯罪而提出的批评，认为这是未来的类似案件应该吸取的一个教训。

二、阿玛迪破坏马里廷巴克图文化遗产案[①]：国际刑事法院"破坏文化遗产第一案"（国际刑事法院 2016）

考点明晰：该案例考察国际刑事法院的发展及司法实践。

（一）案件简介

马里历史名城廷巴克图位于撒哈拉沙漠南缘，是联合国教科文组织指定的世界遗产，它拥有 3 座大型清真寺、16 个公墓和陵墓，具有重要的宗教和文化意义。2012 年 1 月，马里境内发生了武装冲突，各种武装势力盘踞在北部地区。2012 年 4 月上旬，在马里武装部队撤退之后，名为"信仰卫士"的武装组织和伊斯兰马格里布基地组织（AQIM）控制了廷巴克图，他们成立了一个当地政府——"真主党"，并在当地实行其自身的宗教和政令。

阿玛迪出生于马里廷巴克图的一个精通伊斯兰宗教的家庭。2012 年他加入了"信仰卫士"，2012 年 4 月至 9 月，阿玛迪应邀领导"真主党"，任务是规范廷巴克图人民的道德行为，预防和镇压占领者所谓的"恶行"。根据"信仰卫士"与 AQIM 等领导人的要求，阿玛迪开始对廷巴克图诸多具有历史价值的陵墓进行监视，而后根据指令发动袭击。2012 年 6 月 30 日至 7 月 11 日期间，阿玛迪参与攻击并摧毁了廷巴克图的 10 座闻名遐迩并且意义非凡的宗教遗址和历史古迹，其行为包括在场从事监督或指挥工作、提供犯案工具、亲自参与破坏行为，以及现场接受记者采访等。

马里政府于 2012 年 7 月 13 日将马里局势提交国际刑事法院。在对局势进行初步审查后，检察官办公室于 2013 年 1 月 16 日开始调查自 2012 年 1 月以来在马里领土上犯下的指控罪行，最终以一项战争罪对阿玛迪提起指控。

（二）案件程序

国际刑事法院第一预审分庭于 2015 年 9 月 18 日发布了对阿玛迪的逮捕令。2015 年 9 月 26 日，阿玛迪被尼日尔当局移交给国际刑事法院，并被转移至海牙国际刑事法院拘留中心。当月 30 日，第一预审分庭的独任法官核实了嫌疑人的身份，确保他已完全知晓

---

① 国际刑事法院. The Prosecutor v. Ahmad Al Faqi Al Mahdi，ICC‑01/12‑01/15，Judgment And Sentence，（Sept. 27，2016），https://www.icc-cpi.int/CaseInformationSheets/al-mahdiEng.pdf.

被指控的罪名和他根据《罗马规约》所享有的权利。2016 年 3 月 24 日，国际刑事法院第一预审分庭确认了对阿玛迪的战争罪指控，指控他破坏了廷巴克图的历史和宗教古迹。院长会议成立了第八审判分庭负责此案。

（三）案件审理

法庭开庭审理了本案。在庭审过程中，阿玛迪承认对包括破坏历史和宗教古迹在内的战争罪指控，检方出示了证据并传唤相关证人，受害者代表参与庭审并陈述了意见。结合《罗马规约》和犯罪要件，法庭阐述和分析了马里境内的非国际性武装冲突情势，认定被损毁的文化遗产具有特定的宗教和历史价值，它们均不属于军事目标，被告人的破坏行为具有明显的宗教动机，是故意且有预谋实施的。

最终，国际刑事法院于 2016 年 9 月 27 日作出判决，认定被告人构成了"严重违反国际法既定范围内适用于非国际性武装冲突的法规和惯例的其他行为，即下列任何一种行为：……故意指令攻击专用于宗教、教育、艺术、科学或慈善事业的建筑物、历史纪念物、医院和伤病人员收容所，除非这些地方是军事目标"，属于《罗马规约》管辖的战争罪，应判处有期徒刑 9 年，并要求其对案件的受害者作出赔偿。[①]

（四）法律评析

阿玛迪案是国际刑事法院审理的破坏文化遗产行为的第一案，法院在判决书及赔偿令中都表现出了超前的一面，贡献了许多精彩纷呈的观点，对未来国际刑法惩处破坏文化遗产罪行和国际刑事审判活动的创新都提供了重要参考。

首先，本案对《罗马规约》中有关战争罪的认定具有创新性。本案最大的亮点就在于被告被控的全部罪行都是针对特定文化遗产的，并不涉及对"人"的直接伤害。这说明在国际刑法的领域，破坏文化遗产行为可以单独入罪。在分析破坏文化遗产的行为是否可以构成国际罪行时，法院确认了本案中的三类受害人：直接受害人即廷巴克图的居民、马里的人民和国际社会全体成员，这也是国际刑事法院首次在国际司法判决中明确破坏文化遗产罪行的受害人。相对于传统意义上刑事犯罪的受害人都是那些遭受的损失可以"量化"或者可以明确评估的人群，本案创新性地将国际社会的整体都作为受害人，充分体现出对于文化遗产人权价值的认知和尊重，为未来国际刑事司法机构惩处破坏文化遗产罪行提供了重要的先例。

其次，本案为文化遗产受害人提供了独特的赔偿方式。此前国际刑事法院在其他案件中已经作出过对受害人进行赔偿的决定，但受害者都是在犯罪行为（例如征募儿童兵、屠杀、抢劫）中直接受到伤害的人。由于本案中的犯罪对象是位于马里廷巴克图的文化遗产，因此受害者群体较为特殊。国际刑事法院提出了若干与受害人群体相匹配的赔偿方式，包括象征性赔偿、保证不再犯等。通过这些独特的赔偿方式解决当国际社会全体作为被害人时的赔偿困境，同时，对于文化遗产特殊的价值和不可再生性而言，保证不再犯也是一种有效的预防措施。该判决将提高人们对历史文化遗产重要性的认识，向国际社会表明国际刑法在惩治文化遗产犯罪中的态度和作用。

最后，本案判决也存在一些不足。在过往涉及文化遗产罪行的司法实践中，国际刑

---

① 2021 年 11 月 25 日，本案上诉分庭的三名法官组成的小组决定将阿玛迪的 9 年监禁减刑 2 年。他的刑期完成日期定为 2022 年 9 月 18 日。

事司法机构不仅适用了战争罪，还适用过反人道罪，例如前南斯拉夫问题国际刑事法庭在多个与文化遗产有关的案件中，均以"迫害"为由判处被告人实施了反人道罪。而在本案中，检察官的起诉并不涉及反人道罪，故而法庭对破坏文化遗产行为的审查也只能囿于战争罪的框架之中，没有涉及反人道罪的分析。判决将破坏文化遗产的行为限定于战争罪，存在惩处破坏文化遗产行为的局限性。此外，本案被告人阿玛迪仅被判处9年有期徒刑，再加之减刑，其刑罚似乎偏轻。但无论刑期如何，毋庸置疑的是，国际刑事法院通过国际刑事司法体系的正当法律程序对被告人进行审判，体现出其作为目前国际领域唯一常设且具有普遍管辖权的刑事司法机构所具有的公信力。

》》 本章同步练习

一、选择题

（一）单项选择题

1. 关于1993年6月成立的联合国前南斯拉夫问题国际刑事法庭，下列选项中哪一种表述是正确的？（   ）（司考）

A. 它是联合国大会设立的司法性质的附属机构

B. 它是联合国安理会设立的司法性质的附属机构

C. 它是普遍性的国际刑事司法机构

D. 它是联合国国际法院下属的刑事法庭

2. 国际社会根据《罗马规约》成立了国际刑事法院，下列有关该法院说法正确的是？（   ）

A. 该法院是世界上第一个常设性的国际刑事司法机构

B. 该法院管辖的罪行包括：灭绝种族罪、危害和平罪、战争罪以及侵略罪

C. 该法院可以管辖发生在《罗马规约》生效以前所犯的罪行

D. 该法院只对缔约国国民有管辖权，对没有加入《罗马规约》的缔约国国民则没有管辖权

（二）多项选择题

1. 在国际上，开创国际法庭审理战争犯罪的先例的法庭是（   ）。

A. 纽伦堡国际军事法庭

B. 前南斯拉夫问题国际刑事法庭

C. 卢旺达问题国际刑事法庭

D. 远东国际军事法庭

2. 开创了由国际法庭审判国内战争罪犯先例的法庭是（   ）。

A. 纽伦堡国际军事法庭

B. 前南斯拉夫问题国际刑事法庭

C. 远东国际军事法庭

D. 卢旺达问题国际刑事法庭

二、名词解释

1. 国际罪行
2. 国际刑事责任（考研）
3. 战争罪（考研）
4. 混合型刑事法庭
5. 国际刑事法院

三、案例分析题

卢旺达大屠杀案

1994 年 4 月 6 日，卢旺达总统朱韦纳尔·哈比亚里马纳（胡图族）遭到暗杀，地处大湖区的卢旺达由此陷入内战，并发生灭绝种族事件。全国民主与发展共和运动和卢旺达武装部队中的胡图族极端分子，对胡图族温和派和少数民族图西族全面发起灭绝运动。到 1994 年 7 月 19 日内战和灭绝运动结束，死于非命的卢旺达人超过 80 万。一半以上的图西族人口被灭绝。但是，国际社会没有及时干预。为惩处灭绝种族事件负责者，联合国决定设立卢旺达问题国际刑事法庭。1994 年 11 月 8 日，联合国安全理事会通过第 955（1994）号决议，"决定设立一个国际法庭，专为起诉应对 1994 年 1 月 1 日至 1994 年 12 月 31 日期间卢旺达境内灭绝种族和其他严重违反国际人道主义法行为负责者和应对这一期间邻国境内灭绝种族和其他这类违法行为负责的卢旺达公民"。

2003 年 8 月，安理会通过第 1503 号决议，要求卢旺达问题国际刑事法庭采取一切可能的措施落实"完成战略"，即在 2004 年年底完成所有的调查和起诉，2008 年年底完成所有案件的一审，2010 年完成上诉案件的审理。卢旺达问题国际刑事法庭运作以来，审判了卢旺达前总理坎班达、14 名前政府部长和其他高级军事将领和地方官员，对卢旺达及其周边地区的和平与民族和解发挥了积极作用。自 1995 年 11 月卢旺达问题国际刑事法庭提出了第一项起诉以来，到 2007 年年初，刑庭审结和审理中的案件涉及 161 名被告，其中 48 人被判处监禁。

问题：

(1) 卢旺达问题国际刑事法庭成立的国际法依据是什么？
(2) 卢旺达问题国际刑事法庭的管辖权与国际刑事法院有何区别？

四、简答题

1. 纽伦堡审判和东京审判的国际法意义。
2. 国际刑事法院管辖权的特征。
3. 国际刑事法院管辖权的启动。

五、论述题

1. 简述国际刑法与国际法的主要区别。（考研）
2. 谈谈你对国家的刑事责任问题和个人的刑事责任问题的看法。（考研）

参考答案

一、选择题

（一）单项选择题

1. B

解析：作为对国际和平与安全负有主要责任的机关，联合国安理会根据《联合国宪章》赋予的权利而设置了前南斯拉夫问题国际刑事法庭。

2. A

解析：国际刑事法院的对事管辖权范围限于最严重的国际罪行，即灭绝种族罪、反人道罪、战争罪和侵略罪，故 B 项错。该法院可以管辖发生在《罗马规约》生效以后所犯的罪行，故 C 项错。根据《罗马规约》第 12 条的规定，国际刑事法院一般不能对非缔约国境内发生的《罗马规约》第 5 条所列罪行行使管辖权，除非：（1）该罪行由具有缔约国国籍的人所实施；或者（2）该非缔约国向国际刑事法院书记官长提交声明或以特别协定方式，主动接受国际刑事法院对有关犯罪行使管辖权，故 D 项错。

（二）多项选择题

1. AD

解析：在国际法上追究个人的刑事责任方面，第二次世界大战后成立的纽伦堡国际军事法庭和远东国际军事法庭起了很大的推动作用。从国际法意义上讲，纽伦堡审判和东京审判开创了追究战争犯罪个人刑事责任的先例。

2. BD

解析：前南斯拉夫问题国际刑事法庭和卢旺达问题国际刑事法庭是 1993 年和 1994 年根据联合国安理会第 827 号、第 995 号决议设立的，对原南斯拉夫境内和卢旺达境内被怀疑犯有战争罪的人进行起诉并追究其个人刑事责任的国际刑事法庭。

二、名词解释

1. 国际罪行又称"国际犯罪"，是指一国违背的国际义务对于保护国际社会的根本利益至关重要，以致整个国际社会公认违背该项义务为犯罪时，其因而产生的国际不法行为。在不同的国际条约中，构成国际罪行的行为不同。

2. 国际刑事责任，是指行为人采取了国际刑法规范所禁止的行为或其他严重损害国际社会和谐的行为，而承担法律规定的强制性刑罚。该行为仅包括国际罪行，如灭绝种族罪、战争罪等，而不包括国家不正当行为。目前国际刑事责任的主体只限于个人，而不包括国家以及国际组织或法人及其他组织。

3. 战争罪，即违反战争法规和惯例。此种违反包括谋杀、为奴役或为其他目的而虐待或放逐占领地平民、谋杀或虐待战俘或海上人员、杀害人质、掠夺公私财产、毁灭城镇或乡村或非基于军事上必要之破坏，但不以此为限。

4. 混合型刑事法庭是指依联合国与有关国家的政府所签订的协定而建立的，对犯有最严重罪行负最大责任的个人进行调查、起诉和审判，具有国际和国内因素的刑事法庭。这类法庭有东帝汶严重罪行特别法庭、塞拉利昂特别法庭、柬埔寨特别法庭和非洲特别法庭。

5. 国际刑事法院是依 1998 年罗马外交会议通过的《罗马规约》于 2002 年 7 月成立的，用以审判特定国际罪行并对罪犯处以法定刑罚的一个常设的普遍性国际刑事审判机构。它是对国家刑事管辖权的一种补充，其对人管辖权范围只限于自然人，对事管辖权范围限于灭绝种族罪、反人道罪、侵略罪和战争罪这四项最严重的国际罪行。

三、案例分析题

（1）卢旺达问题国际刑事法庭设立的国际法依据是联合国安理会根据《联合国宪章》第七章"对于和平之威胁和平之破坏及侵略行为之应付办法"所作出的决议。作为特设刑事法庭，其针对的是 1994 年发生在卢旺达境内的种族大屠杀的国际罪行，其管辖权依据是《卢旺达问题国际刑事法庭规约》。

（2）卢旺达问题国际刑事法庭与国际刑事法院在管辖权上有以下区别。

1）属时管辖上，卢旺达问题国际刑事法庭的属时管辖由联合国以国际文件的形式予以明确规定，起始时间是 1994 年 1 月 1 日。国际刑事法院作为常设性的国际刑事审判机构，实行不溯及既往的原则，属时管辖的起始时间则分为两种情形：一是对于在《罗马规约》生效前就批准、接受、核准、加入的国家，其管辖权的效力始于规约生效之日，即 2002 年 7 月 1 日；二是对于在《罗马规约》生效后批准、接受、核准、加入的国家，管辖权的效力始于该国交存批准书、接受书、核准书、加入书 60 天后的第一个月的第一天。

2）属地管辖上，卢旺达问题国际刑事法庭的属地管辖则不仅及于卢旺达的领土，包括表土和领空，也及于卢旺达公民实施了严重违反国际人道主义法的罪行所在地的邻国领土。国际刑事法院的属地管辖由其规约明确规定，限于在缔约国领土内实施的犯罪。

3）属事管辖上，卢旺达问题国际刑事法庭的管辖范围是严重违反 1949 年日内瓦四公约的情势、违反战争法和惯例的行为、灭绝种族和反人道罪。国际刑事法院的管辖范围是整个国际社会关注的最严重犯罪：灭绝种族罪、反人道罪、战争罪和侵略罪。

4）管辖性质上，卢旺达问题国际刑事法庭不排除国内法院管辖，但优于国内法院管辖，地位高于第三国的国内法和国内法庭；国际刑事法院的管辖具有补充性，只有在国内审判机构和程序不存在、国家不愿或不能有效履行职责的情况下，国际刑事法院才可以行使管辖权。

最后，在属人管辖上，两者都针对管辖权范围内的自然人。

答案解析：本题着重考查国际刑事司法机构的性质和管辖权上的区别，需在理解相关知识背景的基础上进行对比性的学习、掌握。

四、简答题

1. 纽伦堡审判和东京审判是第二次世界大战后成立的欧洲国际军事法庭和远东国际军事法庭分别对欧洲和日本主要法西斯战犯的国际审判，其依据分别是 1945 年《欧洲国际军事法庭宪章》和 1946 年《远东国际军事法庭宪章》。两次审判开创了通过国际司法机构对战争犯罪个人刑事责任进行追究的先例，对于确立国际刑法上的个人刑事责任原则起到了很大的推动作用，并且确立了惩治战争犯罪的"纽伦堡七原则"，包括：（1）战犯要承担个人责任，并受处罚；（2）符合战犯本国国内法不免责；（3）官职地位不免责；（4）政府或上级命令不免责；（5）公平审判权；（6）共谋者亦构成犯罪；（7）战争罪名主要是危害和平罪、战争罪、反人道罪。后又发展出几项新原则：对战争罪行和反人道罪不适用法定时效原则；战争罪犯不得庇护原则；国际合作原则。

2. 国际刑事法院管辖权的特征包括：

（1）补充性。国际刑事法院管辖权是国家刑事管辖权的补充，只有在国家国内审判机构和程序不存在、不能有效地履行职责、国家不愿意或其他特殊情况下，国际刑事法院才可以行使管辖权。

（2）有限性。国际刑事法院的对人管辖权范围只限于自然人，不能对法人和国家行使管辖权。

（3）严重性。国际刑事法院的对事管辖权范围限于最严重的国际罪行，即灭绝种族罪、反人道罪、战争罪和侵略罪。

（4）复合性。国际刑事法院享有集案件的调查（侦查）、起诉、审判管辖于一体的复合管辖权，国际刑事法院对其具有管辖权的犯罪案件，不仅可行使审判权，而且可行使调查权和起诉权。

3. 启动国际刑事法院的管辖权有三种方式：

（1）《罗马规约》缔约国或接受法院管辖权的非缔约国向检察官提起显示一项或多项犯罪已经发生的情势。

（2）联合国安理会向检察官提起情势。

（3）检察官经预审分庭法官的授权自行进行调查。但是，如果联合国安理会根据《联合国宪章》第七章通过决议作出请求，法院在 12 个月内不得依《罗马规约》启动任何调查或控诉或司法程序，而且安理会可以在同样的条件下延续此等请求。

五、论述题

1. 国际刑法是国际社会在同国际犯罪行为作斗争中，通过国际协议确立起来的，规定国际犯罪及其刑事责任，调整国家之间刑事合作关系的各种原则、规范和制度的总称。国际刑法汇合了国际法里的刑法部分与各国刑法里的国际法部分，集实体法与程序法于一体，这就决定了国际刑法与国际法之间必然存在着密切的联系。同时，作为国际法的一个分支，国际刑法在很多方面又和国际法存在区别，其中最主要的区别包括：

第一，调整对象不同。国际法是主要调整国家之间关系的法律，国家是基本主体，此外还有由国家组成的国际组织和争取独立民族等类似国家的政治实体。个人的国际法主体地位问题一直是一个有争议的问题，一般认为，个人只在特定领域和范畴内享受国际法规定的权利或承担一定的义务。国际刑法的调整对象是国际刑事法律关系，主要是国际社会与实施国际犯罪的行为人之间的关系，并体现为国际刑法中的个人刑事责任。对于国家能否成为国际刑事责任主体的问题，由于各国意见不一，至今尚无明确的法律依据和司法实践予以确认。

第二，调整方法不同。国际法的调整方法是由国家在主权平等原则的基础上，自觉遵守共同的国际法准则，以求得国际社会的平等互利、友好往来和人类的发展，它的调整原则是条约必须遵守，一个国家如果违反国际法就要承担相应的责任。在国际实践中，国家责任分为政治责任、物质责任和道义责任，表现为限制主权、赔偿和道歉等形式。国际刑法的调整方法则具有强制性，由国际刑事司法机构以刑罚手段来惩罚犯国际罪行的行为人，表现为监禁刑、罚金刑等刑罚方式。

第三，法律渊源不同。根据《国际法院规约》第 38 条的规定，国际条约和国际惯例是国际法的主要渊源，此外，还有各国公认的一般法律原则和确定法律原则之辅助资料（特指司法判例、国际法学说、重要国际组织的决议），并不包含国内法。国际刑法的渊源则表现出国际法和国内刑事法的集结性。在国际法方面，含有国际人道法、国际人权法的基本原则以及国际法下的国际罪行部分；在国际刑法的刑法方面，除刑法的实体法和诉讼法以外，还涉及各国的司法制度等。

第四，基本原则不同。国际法的基本原则主要有国家主权平等原则、禁止以武力相威胁或使用武力原则、和平解决国际争端原则、不干涉内政原则等，这些原则具有普遍约束力、适用于国际法各个领域并构成国际法的基础。国际刑法的基本原则主要有国家主权原则、合法性原则、司法公正原则和被告的人权保障原则，这些原则适用于国际刑法领域，构成了国际刑法的基础，体现出国际刑法作为国际法的一个部分分支所独有的特色。

除了上述主要区别，国际刑法和国际法也存在诸多共同之处。例如，在制定方法上，都是由各主权国家在平等的基础上通过谈判、协商继而达成协议的方法来实现的，国际条约都是其主要的表现形式。国际法和国际刑法的实施都是由国家本身通过自助或集体协助的方法来实现的，任何国家或组织都不能采取强制手段把国际法和国际刑法强加于别国。两者的制定和实施都建立在主权平等、国际合作等共同的原则基础之上，只有各缔约国忠实履行条约规定的权利和义务，国际法和国际刑法才得以贯彻实施，才具有实效。

答案解析：本题目所考查的知识点是国际刑法和国际法的关系，可以从两者的概念入手，从各自的调整对象、调整方法、法律渊源和法律原则四个方面进行回答，并适当结合两者的共同点进行阐述，使论述更加全面透彻。在各院校的研究生入学考试试题中，还考查过对"国际法刑事化现象"的看法等类似题目，答题要点还是要从国际法和国际刑法的关系入手进行思考，因此对本部分内容，应加深理解、熟练掌握。

2. 国际刑事责任是指国际刑事责任主体实施了国际罪行而引起的法律后果和刑罚义务。然而，国际刑法发展至今，对于国际刑事责任的主体问题并未达成一致，其中国家的刑事责任问题和个人的刑事责任问题是最主要的争议事项。

第一，对国际刑事责任主体问题的基本认识。在传统国际法中，只有国家和政府间组织才是国际法上的主体。第二次世界大战后，《纽伦堡国际军事法庭宪章》和《远东国际军事法庭宪章》相继确立了个人作为国际法项下国际犯罪的刑事责任主体并接受相应的审判和刑罚处罚，此后大量的程序性和实体性的国际法律规范都从不同角度确立和完善了个人刑事责任的相关原则，2002 年生效的《罗马规约》更是明文规定了"个人刑事责任原则"。至此，个人作为国际刑事责任的主体成为国际社会的共识，但国家是否具有国际刑事责任的主体资格，仍争议较大。

第二，对国家的刑事责任问题的认识和分析。国家应具有国际刑事主体资格。国家在国际罪行中是否应承担国际刑事责任，学界至今争论不休，存在否定说、肯定说、折中说三种观点。普遍来看，国际公法学者大多站在传统国际法立场，认为国家主权平等是国际社会的基础，国家即使实施了国际不法行为，也只应承担道歉或补偿这样的国家责任，而不是刑事责任，因此持否定说。相反，国际刑法学者则更多持"肯定说"，从行为和责任的角度进行阐释，认为并不存在明确的界限去区分国家罪行和国际不法行为，国家对其国际罪行承担相应的刑事责任是罪责一致原则的应有之义。折中说的学者认为理论上来说国家能够作为国际罪行的主体并可以承担国际刑事责任，但事实层面却实现不了。从国际刑法理论学说和国际刑法发展实践来看，国家有可能成为国际刑事责任的主体。对国家和国家代表采取双重责任原则能最大限度地防止国际罪行的发生，从而维护际社会的和平与安全。

第三，对个人的国际刑事责任问题的认识和分析。随着国际刑法的发展，国际罪行从最初的海盗罪和贩卖人口罪逐渐扩大到包括灭绝种族罪、反人道罪等对国际社会造成极大破坏和严重威胁的罪行，个人国际刑事责任原则也在一系列国际实践中不断充实、完善和发展，衍生出国际刑法中的一系列重要原则，包括合法性原则、指挥官责任原则、官方身份不免责原则、上级命令不免除责任原则等。

第四，国际刑事责任问题的未来发展及对中国的启示。当前，个人的国际刑事责任主体地位已经得到国际社会的一致认同，个人刑事责任原则也在诸多国际审判实践中不断发展，相关判例也提供了这方面的经验和教训。未来个人刑事责任问题的讨论将从主体资格延伸至个人刑事责任原则和责任阻却事由，并进一步深入探讨个人国际刑事责任的刑罚处罚方式和定罪量刑尺度。同时，随着国际刑法理论和审判实践的进一步发展，国家作为国际刑事责任的主体将成为必然趋势。此外，随着经济全球化的不断深化和世界局部地区武装冲突的愈演愈烈，以跨国公司、武装组织为主的法人实施的国际罪行也日益增多。除了国家和个人的刑事责任问题，关于法人的国际刑事责任主体地位的研究也愈发受到关注，有待于法律和实践的进一步探究。

虽然我国至今并未加入国际刑事法院《罗马规约》，但我国应加强对国际刑法，尤其是对《罗马规约》中国际刑事法院管辖权以及国家与法院等问题进行细致研究，从维护国家主权和保护本国人权的立场进行客观研判，积极推动国际刑法视角下中国刑事法的完善和中国视角下国际刑事法律制度的发展。

答案解析：可以从国际刑事责任的概念入手，明确本题目所探讨的核心：刑事责任主体问题。回答本题应分别从国家刑事责任和个人刑事责任的理论发展、司法实践等角度进行阐述，总结分析国际刑事责任问题的发展趋势，并落脚于对中国的启示，使论述更加完整深入。

第十九章　国际人道法

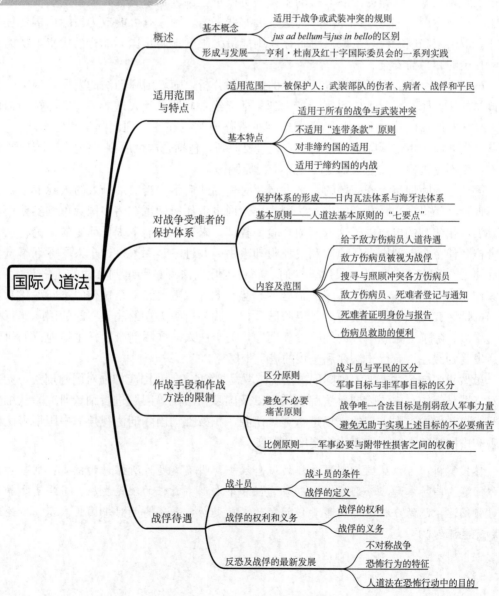

国际人道法
- 概述
  - 基本概念
    - 适用于战争或武装冲突的规则
    - *jus ad bellum* 与 *jus in bello* 的区别
  - 形成与发展——亨利·杜南及红十字国际委员会的一系列实践
- 适用范围与特点
  - 适用范围——被保护人：武装部队的伤者、病者、战俘和平民
  - 基本特点
    - 适用于所有的战争与武装冲突
    - 不适用"连带条款"原则
    - 对非缔约国的适用
    - 适用于缔约国的内战
- 对战争受难者的保护体系
  - 保护体系的形成——日内瓦法体系与海牙法体系
  - 基本原则——人道法基本原则的"七要点"
  - 内容及范围
    - 给予敌方伤病员人道待遇
    - 敌方伤病员被视为战俘
    - 搜寻与照顾冲突各方伤病员
    - 敌方伤病员、死难者登记与通知
    - 死难者证明身份与报告
    - 伤病员救助的便利
- 作战手段和作战方法的限制
  - 区分原则
    - 战斗员与平民的区分
    - 军事目标与非军事目标的区分
  - 避免不必要痛苦原则
    - 战争唯一合法目标是削弱敌人军事力量
    - 避免无助于实现上述目标的不必要痛苦
  - 比例原则——军事必要与附带性损害之间的权衡
- 战俘待遇
  - 战斗员
    - 战斗员的条件
    - 战俘的定义
  - 战俘的权利和义务
    - 战俘的权利
    - 战俘的义务
  - 反恐及战俘的最新发展
    - 不对称战争
    - 恐怖行为的特征
    - 人道法在恐怖行动中的目的

第一节　概　　述

一、国际人道法的概念

（一）基本概念

国际人道法是专门适用于战争或者武装冲突行为的法律规范或法律规则。国际人道法有两个目标：一是保护战争受难者，包括武装部队伤病员、战俘和平民；二是限制作战手段和作战方法。

（二）疑难点解析

1. *jus ad bellum* 与 *jus in bello* 的区分

jus ad bellum，指国家的诉诸战争权，是国家主权的内容之一。朱文奇教授认为，国家的诉诸战争权关于战争或者武装冲突的性质，即某一场战争或者武装冲突应不应该被发动的问题，涉及正义战争和非正义战争理论。[①]《牛津国际人道法手册》认为，国家的诉诸战争权是《联合国宪章》第51条"单独或集体的自卫行动"和第43~48条"作为安理会授权实施军事制裁一部分"所赋予的。[②] 即便禁止使用武力或武力相威胁已经成为习惯国际法，但国际法并没有完全禁止使用武力。无论是国际条约还是国际习惯，都保留了禁止使用武力的例外。

jus in bello 是指从事战争或者武装冲突的方法和手段，即战时法规，它不涉及正义战争和非正义战争问题。只要战争或者武装冲突开始，关于战争和武装冲突如何进行、各方应该使用什么样的手段和方法，是战时法规所调整的内容。战时法规在当前语境下特指国际人道法。国际人道法不问战争的性质，只要国际社会爆发战争或者武装冲突，国际人道法便自动适用。国际人道法的目的不在于消灭战争或者武装冲突，而是为了减轻战争或者武装冲突的后果。

2. 战争法、武装冲突法和国际人道法的区分

一般来讲，战争法、武装冲突法和国际人道法都涉及保护战争或武装冲突受难者、限制作战手段和作战方法的规则，一般是可以通用的。

不过，三者有一定的区别。战争法是指在战争存续期间适用法律规则的总称。《奥本海国际法》对战争的定义是："战争是两个或者两个以上国家通过武装部队的争斗，其目的在于彼此制服并由战胜国强加以它所任意要求的和平条件。"[③] 战争主要涉及主权国家之间经过正式宣战的行为。不过在国际实践中，一些战争的爆发往往不宣而战，而且在涉及内战以及非国家行为体作为参战一方的情况下，就出现了武装冲突的概念。武装冲突一词首次出现在1949年《日内瓦公约》和1954年《关于发生武装冲突时保护文化财

---

① 朱文奇. 国际人道法. 北京：商务印书馆，2018：9-15.
② Dieter Fleck ed., The Handbook of International Humanitarian Law. 2rd edition, Oxford University Press, 2008：1.
③ 劳特派特. 奥本海国际法：下卷第一分册. 王铁崖，陈体强，译. 北京：商务印书馆，1989：145.

产的公约》中。① 武装冲突有国际性武装冲突和非国际性武装冲突之分。20 世纪 50 年代之后，非国际性武装冲突数量逐渐增多，相关法律，特别是 1977 年《1949 年 8 月 12 日内瓦公约关于保护非国际武装冲突受难者的附加议定书》，涉及对非国际性武装冲突的法律规制。国际人道法是国际法体系下的一个法律部门。一般来讲，国际人道法与人权保护存在一定的联系，是人权保护在武装冲突法中的延伸。正如前南斯拉夫问题国际刑事法庭在"塔迪奇案"中所指出的："国际人道法的形成是人权法学说对武装冲突影响的结果。"②

二、国际人道法的形成与发展

1. 国际人道法的形成

早在古希腊和古罗马时期，就出现了战争如何开始，以及在战争中保护平民和保护战俘的规则。③ 不过，作为体系化的国际人道法的形成，要追诉到 19 世纪 50 年代。"在谈到国际人道法的起点时，一般都认为是从 1859 年索尔费里诺战役开始的。"④ 瑞士商人亨利·杜南在经过索尔费里诺战役的战场时，发现战场上遗弃了众多无人照料的伤病员，他遂和附近的居民对这些伤病员进行救助，他的这一经历后来详细记载到《索尔费里诺回忆录》一书中。书中详细描述了战争的残酷和伤病员的悲惨境遇，书中呼吁"在和平时期成立一些救护团体，让那些热心、忠实并完全胜任的志愿者为战时的伤员们服务"⑤。这便是红十字国际委员会和国际人道法的起源。

2. 国际人道法的发展

1863 年，瑞士政府发起成立了红十字国际委员会组织。1864 年，在瑞士政府的召集下，16 个国家代表出席外交会议，制定了《改善战地武装部队伤病者境遇公约》，该公约第一次规定了有关伤病待遇的原则，开启了在战争中保护战斗员的先河。在 1863 年美国南北战争期间，美国总统林肯发布了包含 157 条内容的"各州联合军队的政府指示"，详细规定了陆地战争的相关规则。这个指示是由弗朗西斯·利伯起草，后来被称为《利伯法典》。虽然该法典只是国内法律文件，但对战争法的编纂起到了参考作用。1868 年，在沙俄政府的主导下，国际社会达成《圣彼得堡宣言》，该宣言禁止在战争中使用 400 克以下抛射物，并对战争的目标作出了经典的表述，即战争唯一真实目标是减弱敌方的军事力量，因此没有必要增加军人的痛苦。

1899 年和 1907 年两次海牙和平会议诞生了诸多人道法公约，这些公约共同构成了限制作战手段和作战方法的海牙法体系，包括：1899 年《陆战法规和惯例的海牙公约》、1907 年《关于敌对行动开始的海牙公约》、1907 年《陆战法规和惯例公约》、1899 年《禁止使用专用于散布窒息性或有毒气体的投射物的宣言》、1899 年《禁止使用膨胀子弹的海牙宣言》、1907 年《陆战中立海牙公约》、1907 年《敌方商船海牙公约》、1907 年

---

① 贾兵兵. 国际公法（下卷）：武装冲突中的解释和适用. 北京：清华大学出版社，2020：3.
② Prosecutor v. Duško Tadić, Decision on the Defence Motion for Interlocutory Appeal on Jurisdiction, 1995, para. 87, available at https://www.icty.org/x/cases/tadic/acdec/en/51002.htm.
③ 杨泽伟. 国际法史论. 北京：高等教育出版社，2011：13 - 15.
④ 朱文奇. 国际人道法. 北京：商务印书馆，2018：54.
⑤ 亨利·杜南. 索尔费里诺回忆录. 杨小宏，译. 北京：社会科学文献出版社，2012：71.

《关于商船改装的海牙公约》、1907 年《关于水雷的海牙公约》、1907 年《关于战时海军轰击的海牙公约》、1907 年《关于 1906 年 7 月 6 日日内瓦公约原则适用与海战的公约》、1907 年《关于限制拿捕权的海牙公约》、1907 年《关于建立国际捕获法院公约》、1907 年《海战中立海牙公约》、1907 年《有关气球爆炸物的海牙宣言》。

一战后，国际人道法有了进一步的发展，国际社会制定了一些新的人道法公约，包括 1925 年《禁止窒息性、有毒性气体以及生物作战方法的日内瓦议定书》、1928 年《哈瓦那海上中立公约》、1930 年《限制和削减海军军备的伦敦条约》。

二战后，国际社会对二战期间严重违反国际人道法行为的深刻反思推动了国际人道法的进一步发展，典型的例证是在 1949 年日内瓦外交会议上，有关保护战争受难者、保护战俘和平民的日内瓦法的形成。日内瓦法包括以下公约：《一九四九年八月十二日改善战地武装部队伤者病者境遇之日内瓦公约》（以下简称《日内瓦第一公约》）；《一九四九年八月十二日改善海上武装部队伤者病者及遇船难者境遇之日内瓦公约》（以下简称《日内瓦第二公约》）；《一九四九年八月十二日关于战俘待遇之日内瓦公约》（以下简称《日内瓦第三公约》）；《一九四九年八月十二日关于战时保护平民之日内瓦公约》（以下简称《日内瓦第四公约》）。

1977 年，国际社会对日内瓦法体系进行了修正，制定了日内瓦公约的两个附加议定书，分别是：《1949 年 8 月 12 日日内瓦公约关于保护国际武装冲突受难者的附加议定书》（以下简称《第一附加议定书》）、《1949 年 8 月 12 日日内瓦公约关于保护非国际武装冲突受难者的附加议定书》（以下简称《第二附加议定书》）。

随着人道法进一步发展，国际社会制定了一些新的人道法公约。涉及作战手段和作战方法的有：1972 年《禁止生物武器公约》、1980 年《禁止或限制使用某些可被认为具有过分伤害力或滥伤作用的常规武器公约》及其议定书、1993 年《禁止化学武器公约》、1997 年《禁止地雷公约》、2008 年《集束弹药公约》、2017 年《禁止核武器条约》。涉及保护文化财产的有：1935 年《保护艺术和科学机构的罗丽奇公约》、1954 年《关于发生武装冲突时保护文化财产的公约》（1954 年第一议定书、1999 年第二议定书）。涉及其他类型的人道法条约有：1948 年《防止和惩治灭绝种族罪公约》、1976 年《禁止改变环境技术公约》、1977 年《非洲统一组织关于消除雇佣军制度公约》、1989 年《反对招募、使用、资助和训练雇佣兵公约》、2013 年《武器贸易条约》。[①]

第二节 国际人道法的适用范围与特点

一、国际人道法的适用范围

（一）基本概念

国际人道法的适用范围包括国际性武装冲突和非国际性武装冲突。国际人道法的保护对象可以概括为"被保护的人"，包括武装部队的伤、病者，战俘和平民。此外，国际

---

① 这些条约的具体内容及评注参见红十字国际委员会网站：https://ihl-databases.icrc.org/ihl。

人道法还涉及对于文化财产和自然环境的保护。

（二）疑难点解析

1. 国际人道法保护武装部队的伤、病者

武装部队的伤、病者是国际人道法的传统保护对象。1864 年《改善战地武装部队伤病者境遇公约》明确了对于武装部队伤病者的保护。该公约明确"军人和其他正式随军服务的人员受伤或患病时应在任何情形下受到尊重和保护"，同时要求缔约国在"每次战役后，战场的占领者应采取措施以搜寻伤者、死者并加以保护免受抢劫和虐待"。伤病员已经不再具备作战的能力，这种情况下就不能对其进行杀戮和伤害。此外，该公约还明确了对医务组织和医务人员的保护，规定"流动医疗队，即与战地军队随行的医疗队和医务部门的固定医疗所应受各交战国的尊重和保护"。

2. 国际人道法保护战俘和平民

国际人道法对战俘的保护始于 1907 年《陆战法规和惯例公约》附件《陆战法规及章程》第二章的规定，这些规定明确了对战俘待遇的一般原则，如"战俘应给与一切人道待遇，战俘的个人物品归战俘所有"，并规定了战俘服从法律、规章和军令的义务。1929 年《关于战俘待遇的日内瓦公约》较为详细地规定了战俘的待遇，规定战俘应受到人道待遇，拘留国不得对战俘进行侮辱、报复和实施暴行，拘留国有尊重战俘的荣誉、维持保障战俘基本生活的义务。该公约特别规定了战俘营设置的标准，以及保障营内的卫生及饮食等基本条件。1949 年《日内瓦第三公约》是专门保护战俘的人道法规则，明确了战俘的条件，战俘的一般保护，战俘的住宿、饮食、服饰、卫生和医疗照顾，以及战俘的义务等内容。上述公约使对战俘的法律保护日渐明确。

二战之前，国际人道法对平民的保护较为薄弱，1907 年《陆战法规和惯例公约》在第 46 条仅对保护平民作出了原则性规定。1949 年《日内瓦第四公约》对战时保护平民作出了详细的规定。将战斗员和平民进行区分、将军事目标和非军事目标进行区分，保护对象包括那些被拘禁者、被驱逐出境者、人质、被占领区内的居民和难民，包括给他们提供食物、卫生、宗教和救护，以及对平民的财产的保护。同时，该公约还涉及对人基本权利的保护，要求对被保护人进行同等对待，不得歧视，禁止对被保护人实施肉体和精神上的强制。

3. 国际人道法保护文化财产和自然环境

国际人道法对文化财产的保护分为一般保护和专门保护。一般保护指在一般性的国际人道法条约里面载有保护文化财产的专门条款。例如，1907 年《陆战法规和惯例公约》第 27 条规定"在包围和轰击中，应采取一切必要的措施，尽可能保全专用于宗教、艺术、科学和慈善事业的建筑物、历史纪念物"，同时 1977 年《第一附加议定书》第 53 条规定"禁止对构成各国人民文化或精神遗产的历史博物馆、艺术作品，以及文化圣地所实施的敌对行为"。专门性的保护指通过专门性的文化财产保护公约实施保护，例如 1935 年《关于保护艺术和科学机构及历史纪念物条约》（《罗里奇条约》）和 1954 年《关于发生武装冲突时保护文化财产的公约》，主要内容包括文化财产的一般保护和特别保护、文化财产的运输、标志的识别等内容。

国际人道法对自然环境的保护内容较为零散，比较有代表性的条约是 1977 年《禁止为军事或者任何其他敌对目的使用改变环境的技术的公约》，该公约要求缔约国"承诺不为军事或任何其他敌对目的使用具有广泛、持久或严重后果的改变环境的技术作为摧毁、破坏或伤害任何其他缔约国的手段"。《第一附加议定书》第 35 条第（3）款禁止使用"旨在可能对自然环境引起广泛、长期和严重损害的作战方法或手段"，议定书第 55 条第（1）款有同样的规定。《罗马规约》第 8 条将"故意发动攻击，明知这种攻击将附带造成平民伤亡或破坏民用物体或致使自然环境遭受广泛、长期和严重的破坏"作为战争罪的内容之一。对于战时环境保护的规定还体现在习惯国际人道法之中。①

二、国际人道法的基本特点

（一）基本概念

1. 日内瓦四公约共同第 2 条

日内瓦四公约第 2 条的内容是相同的。该条规定："于平时应予实施之各项规定之外，本公约适用于两个或两个以上缔约国间所发生之一切经过宣战的战争或任何其他武装冲突，即使其中一国不承认有战争状态。凡在一缔约国的领土一部或全部被占领之场合，即使此项占领未遇武装抵抗，亦适用本公约。冲突之一方虽非缔约国，其他曾签订本公约之国家于其相互关系上，仍应受本公约之拘束。设若上述非缔约国接受并援用本公约之规定时，则缔约各国对该国之关系，亦应受本公约之拘束。"

2. 日内瓦四公约共同第 3 条

日内瓦四公约第 3 条的内容是相同的。该条规定："在一缔约国之领土内发生非国际性之武装冲突之场合，冲突之各方最低限度应遵守下列规定：（一）不实际参加战事之人员，包括放下武器之武装部队人员及因病、伤、拘留、或其他原因而失去战斗力之人员在内，在一切情况下应予以人道待遇，不得基于种族、肤色、宗教或信仰、性别、出身或财力或其他类似标准而有所歧视。因此，对于上述人员，不论何时何地，不得有下列行为：（甲）对生命与人身施以暴力，特别如各种谋杀、残伤肢体、虐待及酷刑；（乙）作为人质；（丙）损害个人尊严，特别如侮辱与降低身份的待遇；（丁）未经具有文明人类所认为必需之司法保障的正规组织之法庭之宣判，而遽行判罪及执行死刑。（二）伤者、病者应予收集与照顾。公正的人道团体，如红十字国际委员会，得向冲突之各方提供服务。冲突之各方应进而努力，以特别协议之方式，使本公约之其他规定得全部或部分发生效力。上述规定之适用不影响冲突各方之法律地位。"

（二）疑难点解析

1. 日内瓦四公约适用于所有的战争和武装冲突

日内瓦四公约不仅适用于传统国际法意义上的战争，而且适用于任何情况下发生的武装冲突，即使一方不承认战争状态。传统国际法上的战争，即主权国家之间通过发表宣战声明的方式所进行的战争。对此，1907 年《关于敌对行动开始的公约》第 1 条规定："缔约各国承认，除非有预先的和明确无误的警告，彼此间不应开始敌对行为。警告的形式应是说明理由的宣战声明或是有条件宣战的最后通牒。"所谓"最后通牒"，即用断然的词句拟定的对另一个国家的警告，目的在于：如果所提要求的期限届时得不到满

---

① 让·马里·亨茨克，路易斯·多斯瓦尔德·贝克，等. 习惯国际人道法. 刘欣燕，等译. 北京：法律出版社，2006：134-148.

足，战争状态就自动产生，所以又称有条件的宣战。① 但在实际情况中，许多战争或者武装冲突往往不宣而战。而且，只要爆发了战争或者武装冲突，即使交战双方不承认战争或者武装冲突的存在，也不影响人道法的适用。另外，即使一些国家之间处在战争状态，但是并没有实际的敌对行动，国际人道法同样能够得到适用。这一规定的目的在于避免任何一方以未经宣战、战争状态不存在为借口而逃避公约规定的义务，从而最大限度地扩大人道法的适用范围，更好地保护武装部队伤病员、战俘和平民。

2. 日内瓦四公约不适用"连带条款原则"

所谓"连带条款原则"，即 1899 年《陆战法规和惯例的海牙公约》第 2 条之规定："第一条所指章程各条款只对缔约国在它们之中两个或两个以上国家之间发生战争的情况下具有拘束力。缔约国之间的战争中，一俟一个非缔约国参加交战一方时，此章程的条款就失去拘束力。"相同规定还出现在 1906 年《关于改善战地武装部队境遇的日内瓦公约》第 25 条之中。从国际法上来看，连带责任条款秉持"条约对第三方既无损也无益"原则，但在战争或者武装冲突的交战一方为缔约国，另一方为非缔约国的情况下，就排除了人道法在其中的适用，这不利于保护武装冲突受难者。在这种情况下，1929 年《关于改善战地武装部队伤者病者境遇的日内瓦公约》改变了之前公约中的"连带条款规定"，其第 25 条规定："战时遇有一交战国并未参加本公约，则本公约的规定仍应在参加本公约的交战国之间具有拘束力。"据此，即使交战一方不是公约缔约国，公约仍然能够约束参加本公约的交战国，这就突破了传统人道法中的"连带责任条款"，有利于扩大公约的适用范围，但是，这仍然不能约束公约的非缔约国，这一问题直到 1949 年日内瓦四公约出台才得到解决。

3. 日内瓦四公约适用于非缔约国

日内瓦四公约共同第 2 条明确规定公约适用于非缔约国。这一规定彻底废弃了传统人道法中的"连带条款规定"，其目的是避免冲突中一方是缔约国而另一方是非缔约国情况下，公约得不到适用的现象，是人道法对非缔约国在事实上的适用，从这一规定可以看出，公约中的一些义务反映了国际习惯法。② 从习惯法的角度来看，人道法规则就超越了"条约对第三方即无损也无益"的规定，使非缔约国也要受公约约束。公约中的一些规定也可以视为强行法，这些规定是国际社会必须遵守且不能违反的。正如国际法院院长贝德贾维（Bedjaoui）在"核武器案咨询意见"中指出的："我毫不怀疑地认为，人道法中的大部分原则和规则，尤其是禁止使用不能（平民目标和军事目标）加以区分，以及将引起不必要痛苦武器这两类原则属于强行法。"③ 无论是战时保护战争受难者，还是保护战俘和平民等规定，都反映了人类文明的进步和人类社会的基本价值，任何国家必须遵守。从强行法视角也可以解释公约适用于非缔约国的规定。

不过，从日内瓦四公约共同第 2 条的产生过程来看，公约设置的义务不依赖非缔约

---

① 朱文奇. 国际人道法. 北京：商务印书馆，2020：31.

② Convention (I) for the Amelioration of the Condition of the Wounded and Sick in Armed Forces in the Field, Art 2 (3), Commentary 2016：paras. 342 - 347. available at https://ihl-databases.icrc.org/applic/ihl/ihl.nsf/Comment. xsp? action＝openDocument&documentId＝BE2D518CF5DE54EAC1257F7D0036B518♯_Toc452041611.

③ Legality of the Threat or Use of Nuclear Weapons, Advisory Opinion, 1. C. J. Reports 1996, Declaration of President Bedjaoui：273, para. 21.

国对公约的正式加入，只要非缔约国以一定的方式表明它接受或者适用公约，那么公约就能够适用于非该缔约国。例如，在1971年印度和巴基斯坦冲突中，虽然孟加拉国在当时不是公约的缔约国，但是孟加拉国当局明确表示遵守公约的规定。相反，如果非缔约国明确拒绝接受公约对它的约束，那么这一条款就不能对它产生拘束力。例如，在厄立特里亚与埃塞俄比亚冲突中，厄立特里亚拒绝接受日内瓦公约。不过，鉴于日内瓦四公约已经在国际社会中得到了广泛的批准，而且相关规则已经成为习惯国际法，这样的问题已经基本不存在了。[①]

4. 日内瓦四公约适用于内战

红十字国际委员会认为，虽然国际社会对于非国际性武装冲突的法律规制已经有1977年《第二附加议定书》和相关习惯法规则，但是依旧改变不了共同第3条作为人道法条约中规制非国际性武装冲突核心规定（core provision）的地位。[②] 传统国际法认为，战争是主权国家之间的行为，发动战争是一国的主权权力范畴，专属于主权国家，那么作为规制战争行为的战争法或者武装冲突法就自然适用于国家之间的战争，而对于属于一国内部的内战或者叛乱缺乏重视。

不过，国际社会在19世纪对交战团体或者叛乱团体的承认，使它们拥有了发动战争的权利，一些国际法规则如中立法或者战争惯例也适用于交战团体。此外，一国有选择承认本国反对派作为交战团体的自由，一旦交战团体的地位获得承认，国际法中有关战争的规则和惯例将适用于该武装冲突。例如，在美国内战中，南方联盟就获得了交战团体的地位。在20世纪初，红十字国际委员会一直致力于将人道法规则引入内战。比较突出的成就是在1936年红十字国际委员会第16届大会上，针对西班牙内战，红十字国际委员会发布了名为《红十字国际委员会在内战中的角色和行动》的第14号决议[③]，将红十字国际委员会的职能扩展到了内战。二战后，红十字国际委员会持续关注内战。在1949年日内瓦外交大会上，是否将国际人道法适用于非国际性武装冲突是各方争论的焦点之一。对此，红十字国际委员会组建了特别委员会来处理这一问题。特别委员会针对各方的争论，提出了两个方案：第一，将整个公约仅适用于个别的非国际性武装冲突的情形；第二，将公约中的某些条款适用于所有的非国际性武装冲突。[④] 最终，国际社会舍弃了将公约完全适用于非国际性武装冲突的情况，而选择将有限但一整套特别的规则适用于所有的非国际性武装冲突。

这种有限的规则就是日内瓦四公约共同第3条中的规定，在非国际武装冲突的情况下，冲突各方所应遵守的"最低规则"，即对于不实际参加战争之人员，包括放下武器之武装部队人员及因病、伤、拘留或其他原因而失去战斗力之人员在内，在一切条件下应予以人道待遇，不得基于种族、肤色、宗教或信仰、性别、出身或财力或其他类标准而有所歧视；对于上述人员，不论何时何地，不得施以暴力。对于人质，不得损害个人尊严或不经正规组织的法庭之宣判而判罪和执行死刑；对于伤者、病者，应予以收集和照顾。

---

① Geneva Convention I, Commentary 2016，para. 349 - 350，note. 202 - 203.
② Geneva Convention I, Commentary 2016，para. 353 - 354.
③ Geneva Convention I, Commentary 2016，para. 364，note. 36.
④ Geneva Convention I, Commentary 2016，para. 377.

第三节 对战争受难者的保护体系

一、保护体系的形成

(一)基本概念

国际人道法对战争受难者的保护体系有海牙法体系和日内瓦法体系之分。

日内瓦法体系指如何保护那些不直接参与战争或先是参与但以后又退出战争的那部分人的法律规则;海牙法体系主要是关于那些战争如何开始、进行和结束的规则,以及作战手段和方法限制的规则。①

(二)疑难点解析

1. 海牙法体系

海牙法体系作为国际人道法的规则体系之一,其肇始于《圣彼得堡宣言》,该宣言基于"人类文明的进步应当尽可能地减轻战争的灾难"这一主旨,明确提出了战争唯一的合法目标是"战争期间尽力削减敌方的军事力量",因此"超越这一目标而加重战斗员的痛苦或者造成不必要的死亡是无用的"②。《圣彼得堡宣言》奠定了海牙法体系的基本目标,即最大限度地限制作战手段和作战方法,以减轻战争给战斗员带来的痛苦。后续的若干条约,都是基于这一目标而制定的。如1899年和1907年两次海牙和平会议上制定关于在战时禁止使用窒息性气体和毒气、易于膨胀的子弹、气球爆炸物、战时海上轰击等。而且,海牙法体系正在不断发展,扩大了那些对战斗员造成不必要痛苦的武器的禁止和限制,包括:1972年《禁止生物武器公约》、1980年《常规武器公约》及其附件(包括禁止非检测性碎片,禁止地雷、诱杀装置和其他设备,禁止燃烧武器,禁止激光致盲武器,禁止战场遗留爆炸物)、1993年《禁止化学武器公约》、1997年《禁止地雷公约》、2008年《集束弹药公约》、2017年《禁止核武器条约》。

2. 日内瓦法体系

日内瓦法体系肇始于1949年日内瓦四公约,经过1977年6月8日两个日内瓦公约附加议定书,到2005年12月8日制定了日内瓦公约第三附加议定书(《1949年8月12日日内瓦公约关于采纳一个新增特殊标志的附加议定书》)。日内瓦法体系的目标在于保护战争受难者,从保护伤病员到保护战俘,再到保护平民,故公约的保护对象不断拓展,同时保护范围也从国际性武装冲突扩展到非国际性武装冲突。

---

① 需要说明的是,"马工程"教材《国际公法学》(第三版)在第653页引用的《国际红十字手册》(International Red Cross Handbook)(1986年第12版)目前已经更新到2008年第14版《国际红十字及红新月运动手册》(Handbook of the International Red Cross and Red Crescent Movement)。在这一版规则体系排中,删除了第12版中"海牙法系"(Law of the Hague)和"日内瓦法系"(Law of the Geneva)的区分。在第一章"国际人道法"目录下,包含A部分"日内瓦公约和附加议定书"、B部分"其他国际人道法文件"、C部分"其他法律文件"三个部分。对此,编者在第14版中特别指出,"其他国际人道法文件"就是之前第12版本中"海牙法系"下列出的法律文件。International Committee of The Red Cross, Handbook of the International Red Cross and Red Crescent Movement, 14th edition, Geneva, 2008: 18, available at https://www.icrc.org/en/doc/assets/files/publications/icrc-002-0962.pdf.

② International Committee of the Red Cross, Handbook of the International Red Cross and Red Crescent Movement, 14th edition, Geneva, 2008: 331.

3. 日内瓦法体系和海牙法体系的融合

在国际人道法中，保护战争受难者与限制作战手段和作战方法两个目标是相互融合的，如鸟之两翼、车之两轮：一方面，限制作战手段和作战方法就是为了减轻战争带来的不必要痛苦，保护武装冲突中的受难者；另一方面，保护武装冲突的受难者需要国际社会不断限制作战手段和作战方法。二者是目标与方法的关系，保护战争受难者是目标，限制作战手段和作战方法是方法。两个法律体系的融合体现在《第一附加议定书》中，该议定书不仅规定了保护战争受难者，而且包含了对作战手段和作战方法的限制。例如，该议定书第 10 条规定："所有伤者、病者和遇船难者，不论属于何方，均应受尊重和保护。"该议定书还详细规定了对医疗人员和宗教人员的保护。该议定书第 35 条有关限制作战手段和作战方法的"基本原则"规定："一、在任何武装冲突中，冲突各方选择作战方法和手段的权利，不是无限制的。二、禁止使用属于引起过分伤害和不必要痛苦的性质的武器、投射体和物质及作战方法。三、禁止使用旨在或可能对自然环境引起广泛、长期而严重损害的作战方法或手段。"

二、保护体系的基本原则

（一）基本概念

（1）所有不直接参加或已经退出敌对行动的人，享有生命的权利，并不得受到人身或精神上的攻击。

（2）禁止杀害或伤害任何已经投降或已退出战斗的敌方人员。

（3）对处于自己控制之下的任何冲突方，应收集、照顾伤、病员。医务人员、医疗设施、交通工具及其物质应受到保护。

（4）处于敌方控制之下的被俘获的战斗人员或平民，其生存权、人的尊严、个人权利和宗教信仰权必须得到尊重。

（5）每一个人都享有最基本的司法保障。任何人都不得为其所没有为的行为而负责。

（6）所有冲突方及其武装部队成员，在进行战斗的方法与手段上，并不是没有限制的。禁止使用那些会引起不必要伤害或过分痛苦的武器。

（7）冲突各方在任何时候都应将平民百姓和作战人员区分开来，以便保护平民及其财产。平民，不管是作为群体还是个人，都不应受到攻击。攻击应只是针对军事目标。

（二）疑难点解析

1. 保护体系的基本原则与国际人道法的基本原则之间的联系与区别

一般而言，战争受难者保护的基本原则的出现，是从纷繁复杂的保护战争受难者规则中归纳出一些基础性、本源性的规范，使国际人道法更好地被普罗大众知晓，更加有利于国际人道法传播。从上述原则内容来看，与其说它们是保护受难者的原则，不如说是规则更加贴切。因为上述原则的内容无一例外都是源自日内瓦四公约，而且其中蕴含有较为清晰的权利义务内容，如不参加敌对行动或者退出敌对行动的人享有生命权、禁止杀害或者伤害投降或者已经退出敌对行动的地方人员。因此，对上述基本原则的理解，不能将其简单地纳入国际人道法基本原则的范畴中，尽管二者有一定的联系，但是上述原则的功能是便于人道法的传播。

国际人道法的基本原则比上述原则更加抽象和概括。对于国际人道法基本原则的理解，国际法院在"威胁使用或使用核武器的合法性案"咨询意见中作出了较为明确的阐释。法院认为："构成人道法文本结构中包含的基本原则如下：第一个旨在保护平民和民用物体，并区分战斗人员和非战斗人员；国家绝不能将平民作为攻击目标，绝不能使用无法区分民用和军用目标的武器。第二条原则，禁止给战斗人员造成不必要的痛苦：因此禁止使用武器给他们造成这种伤害或无谓地加重他们的痛苦。在适用第二项原则时，各国在其使用的武器方面所享有的自由是有限的。"[1] 在国际法院看来，国际人道法的基本原则是区分原则和禁止造成不必要痛苦原则。这两个原则与上述原则有着一定的联系，如"禁止使用那些会引起不必要伤害或过分痛苦的武器"和"冲突各方在任何时候都应将平民百姓和作战人员区分开来"是禁止造成不必要痛苦原则和区分原则的体现。不过，有学者认为，国际人道法基本原则包括军事必要原则、区分原则、比例原则、人道原则。[2] 也有学者认为，国际人道法的基本原则包括，战时行为原则（区分原则、避免不必要痛苦原则、比例原则）、实施人道法基本原则、军事需要原则。[3]

2. 马尔顿条款（Marten's Clause）

马尔顿条款（也称"马尔斯腾条款"），即《第一附加议定书》第 1 条第 2 款的规定："在本议定书或其他国际协定未包括的情形下，平民和战斗员仍受来源于既定习惯、人道原则和公众良心要求的国际法原则的要求和支配。"这一条款是在 1899 年海牙和平会议上，由沙皇尼古拉斯一世的代表弗里德里希·冯·马尔顿（Friedrich von Martens，1845—1909）提出，经缔约国一致同意，载于 1899 年和 1907 年《陆战法规及惯例公约》的序言中。[4] 该序言指出："在颁布更加完整的战争法典之前，缔约方认为，即使在缔约国制定的规章中没有包含有关保护平民和交战方的规定，他们仍然受国际法的规则和原则保护，因为这源自文明人类之间所确立的惯例、源自人类的法律和公众良知的要求"[5]。在两次海牙和平会议上，尽管国际社会制定了诸多涉及战争的条约和规章，但是仍然有一些问题没有明确的规定。将"马尔顿条款"纳入《第一附加议定书》的原因在于：一方面，虽然武装冲突法的主体在不断增加，规定的内容也不断细化，但是它不可能在任何时间对任何问题都作出完整的规定；另一方面，无论未来的形势和技术如何发展，应当将对人道法原则的适用视为动态的因素。[6] "马尔顿条款"的提出是为了解决被占领区内武装反抗问题，但这一条款的意义已经远超问题本身，它暗示无论国家是否同意，战争行为都将一直受国际法约束。[7]

---

① Legality of the Threat or Use of Nuclear Weapons, Advisory Opinion, I. C. J. Reports 1996, Declaration of President Bedjaoui：257, para. 78.

② 贾兵兵. 国际公法（下卷）：武装冲突中的解释和适用. 北京：清华大学出版社，2020：45-54.

③ 朱文奇. 国际人道法. 北京：商务印书馆，2018：131-156.

④ Dieter Fleck ed, The Handbook of International Law, Oxford University Press：33-34.

⑤ International Committee of The Red Cross, Handbook of the International Red Cross and Red Crescent Movement, 14th edition, Geneva, 2008：335.

⑥ Protocol Additional to the Geneva Conventions of 12 August 1949, and relating to the Protection of Victims of International Armed Conflicts (Protocol I), Commentary 1987：para. 55, available at https://ihl-databases.icrc.org/applic/ihl/ihl.nsf/Comment.xsp? action=openDocument&documentId=7125D4CBD57A70DDC12563CD0042F793.

⑦ 朱文奇. 国际人道法. 北京：商务印书馆，2018：65.

在这一条款的具体适用中，争议在于：第一，是否所有武器的使用和作战方法都要通过"马尔顿条款"进行判别，即使这些行为并不一定违反习惯国际法；第二，公共良知的判断标准较为模糊，在具体实践中适用缺乏可操作性。在国际实践中，这一条款的存在应该被视为，即使在与国际人道法相关的条约适用后，习惯法仍然在国际人道法中继续适用的表现；并且，这一条款有可能成为促使一国声明禁止使用某类武器或作战方法的因素。

三、保护体系的内容及范围

1. 保护体系的范围

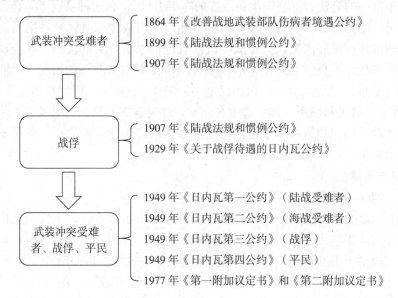

2. 保护体系的内容

（1）冲突一方对在其权力下的另一方伤病员，在一切情况下应无区别地予以人道的待遇和照顾，不得基于性别、种族、国籍、宗教、政治意见或其他类似标准而有所歧视。

（2）冲突各方的伤者、病者如落于敌手，应为战俘，国际法上有关战俘之规定应适用于他们。

（3）每次战斗后，冲突各方应立即采取一切可能的措施搜寻伤者、病者，予以适当的照顾和保护；环境许可时，应商定停战或停火办法，以便搬移、交换或运送战场上遗落之受伤者。

（4）冲突各方应尽速登记落于其手中的敌方伤者、病者，或死者之任何可以证明其身份之事项，并应尽速转送战俘情报局，由该局转达上述人员之所属国。

（5）冲突各方应保证在条件许可的情况下将死者分别埋葬和焚化之前，详细检查尸体，如可能时，应经医生检查，以确定死亡，证明身份并便于作成报告。

（6）军事当局，即使在入侵或占领地区，也应准许居民或救济团体自动收集和照顾任何国籍之伤者、病者。任何人不得因看护伤者、病者而被侵扰或定罪。

第四节　作战手段和作战方法的限制

一、区分原则

（一）基本概念

区分原则指冲突各方必须区分战斗员和非战斗员、武装部队和平民以及军事目标和非军事目标。这一原则作为习惯国际人道法的规定，构成了 1899 年和 1907 年海牙法体系以及 1949 年日内瓦法体系的基础。[1] 区分原则首创于 1868 年《圣彼得堡宣言》，该宣言规定"战争唯一的合法目标在于削弱敌方的军事力量"，在这种情况下，应当区分战斗员和非战斗员，应当区分军事目标和非军事目标。因为战争或者武装冲突行为并非任何人都可以完成的，在国际法上，只有战斗员才有进行战争行为的资格，才能成为对方进攻的对象，而非战斗人员应当避免采取战争行动，在不参加战斗的情况下，非战斗员应当受到敌人的尊重。[2] 后来，《第一附加议定书》第 48 条对这一原则作出了明确的规定："为了保证对平民居民和民用物体的尊重和保护，冲突各方无论在何时均应在平民居民和战斗居民之间和在民用物体和军事目标之间加以区别，因此，冲突一方的军事行动仅应以军事目标为对象。"

（二）疑难点解析

1. 区分军事目标和非军事目标

《第一附加议定书》第 52 条第 2 款对军事目标作出了界定：攻击应严格限于军事目标。就物体而言，军事目标只限于由于其性质、位置、目的或用途对军事行动有实际贡献，而且在当时情况下其全部或部分毁坏、缴获或失去效用提供明确的军事利益的物体。同时，该议定书第 52～56 条罗列了不能受到攻击的非军事目标（民用目标），包括不设防的地区、用于科学或者慈善目的的建筑、历史古迹和构成人类精神文化遗产的艺术品或者宗教场所、含有危险力量的设施和建筑、人类生存必不可少的物品、自然环境等。

在《第一附加议定书》缔结过程中，对于军事目标和民用目标中"目标"的认识，红十字国际委员会的意见是"可见的（visible）和有形的（tangible）的东西"[3]。该议定书第 52 条第 1 款明确提出了民用目标免于攻击的一般原则，在第 52 条第 2 款中，对于某一目标是否属于军事目标设置了两个条件：条件一是有效贡献（effective contribution），即军事目标就其性质、位置、目的、用途而言，可对军事行动作出有效的贡献；条件二是军事利益，即军事目标的摧毁、捕获、中立能够在一定条件下提供军事利益（military advantages）。[4]

条件一从军事目标的性质、位置、目的、用途四个方面设置了军事贡献的要求。军事目标的"性质"指那些能够直接为武装部队所使用的目标，包括武器装备、运输工具、

---

[1]　Protocol I, Art 48, Commentary 1987, para. 1863.
[2]　夏尔·卢梭. 武装冲突法. 张凝，等译. 北京：中国对外翻译出版公司，1987：48 - 49.
[3]　Protocol I, Art 52, Commentary 1987, para. 2008.
[4]　Protocol I, Art 52, Commentary 1987, para. 2018.

设施建筑、指挥部，通信中心等[1]；"位置"指那些就其性质而言不属于军事目标，但是依据其位置能够为军事行动作出贡献的目标，如桥梁[2]；"目的"要求则立足于目标在未来的潜在使用，指那些能够为武装部队利用的民用目标，如供武装部队使用的学校和宾馆，就属于军事目标[3]；"用途"指那些生产民用物资但同时也会对军事行动带来帮助的目标，这类目标一般具有军用和民用两种用途。[4]

条件二则要求对于军事目标的攻击带来的是确定的（definite）而非潜在的（potential）和模棱两可（intermediate）的军事利益。攻击命令的下达和执行必须考虑到充分的信息，而且在对攻击产生怀疑时，必须考虑平民居民的安全。[5]

2. 区分战斗员和平民

1899 年和 1907 年《陆战法规和惯例公约》附件《陆战法规和惯例章程》第 1 条规定了战斗人员作战的条件：第一，由一个对部下行为负责的人指挥；第二，有可从一定距离加以识别的固定明显标志；第三，公开携带武器；第四，在作战中遵守战争法规和惯例。《日内瓦第三公约》第 4 条和《第一附加议定书》第 43 条第 1 款对武装部队的界定沿用了《陆战法规和惯例章程》的规定。[6]

国际人道法对平民的界定则来源于《第一附加议定书》第 50 条，该条采取了反向列举的方式，规定平民包括：第一，不属于《日内瓦第三公约》第 4 条（子）款第 1 项、第 2 项、第 3 项和第 6 项及本议定书第 43 条所指各类人中任何一类的人。[7] 遇有对任何人是否为平民的问题存在怀疑时，这样的人应视为平民。第二，所有作为平民的人。第三，在平民居民中存在有不属于平民的定义范围内的人，并不使该平民居民失去其平民的性质。

对于人道法中平民概念的理解：首先，包括作为平民的单独个人，也包括作为集体的平民居民。[8] 其次，议定书采取反向列举的方式旨在指出平民和战斗员或者武装部队是相互对立的概念[9]，换言之，除武装部队成员外，实际在武装冲突所涉领土内的每个人都是平民[10]，二者是一种排他的关系。最后，议定书对平民的界定采取了"假设平民地位"的方式，意在将平民和战俘进行区分，如果一个人从事了敌对行动，并主张战斗员地位，那么他在落入敌方控制时就成为战俘；而如果一个人没有从事敌对行动，但是根据实际

---

① Protocol I, Art 52, Commentary 1987, para. 2020.

② Protocol I, Art 52, Commentary 1987, para. 2021.

③ Protocol I, Art 52, Commentary 1987, para. 2022.

④ Protocol I, Art 52, Commentary 1987, para. 2023.

⑤ Protocol I, Art 52, Commentary 1987, para. 2024.

⑥ 《第一附加议定书》第 43 条第 1 款规定：冲突一方的武装部队是由一个为其部下的行为向该方负责的司令部统率下的有组织的武装部队、团体和单位组成，即使该方是以敌方所未承认的政府或当局为代表。该武装部队应受内部纪律制度的约束，该制度除其他外应强制遵守适用于武装冲突的国际法规则。

⑦ 《日内瓦第三公约》第 4 条（子）款第 1 项指武装部队、民兵和志愿部队；第 2 项指有组织的抵抗运动人员；第 3 项指自称效忠于未经拘留国承认之政府或当局之正规武装部队人员；第 6 项指拿起武器参加抵抗来侵军队的未占领地居民。

⑧ Protocol I, Art 50, Commentary 1987, para. 1909.

⑨ Protocol I, Art 50, Commentary 1987, para. 1914.

⑩ Protocol I, Art 50, Commentary 1987, para. 1917.

情况其法律地位不能确定且没有可用信息证明其作为战斗员时，应当将其视为平民。[①]

在人道法中，如果平民直接参与了敌对行动，就不再具有平民的地位，也就不再免受攻击。直接参与敌对行动，指具有给敌方造成人员伤害和物质损失的性质和目的的行为。[②] 不过，对于那些间接参与敌对行动的平民，一般认为也是免受攻击的，但是不妨碍各国通过国内立法对其进行惩处。

二、避免不必要痛苦原则

(一) 基本概念

避免不必要痛苦原则，指在武装冲突法中禁止使用那些就其性质而言会造成不必要痛苦和过分伤害的武器和军事技术。[③] 这一原则在 1868 年《圣彼得堡宣言》中得到了阐释，该宣言明确提出了战争唯一的合法目标是"战争期间尽力削减地方的军事力量"，因此"超越这一目标而加重战斗员的痛苦或者造成不必要的死亡是无用的"。作为限制作战手段和作战方法的海牙法体系，其目标之一就是减轻战争对战斗员带来的不必要痛苦和伤害。1907 年《陆战法规及惯例公约》附件《陆战法规及惯例章程》第 22 条规定：交战双方采取的伤害敌人的权利不是无限制的。同样，《第一附加议定书》第 35 条第 1 款明确规定：在任何武装冲突中，冲突各方选择作战方法和手段的权利，不是无限制的；该条第 2 款规定：禁止使用引起过分伤害和不必痛苦性质的武器、投射物、物质及作战方法。

这一原则在国际人道法中的实施主要是通过禁止在武装冲突中使用一些具有过分伤害的武器来实现的。如国际社会对毒气、易于膨胀的子弹、达姆弹、生物武器、化学武器、激光致盲武器、地雷、集束弹药、核武器等武器的禁止，目的在于减轻武装冲突对战斗员和平民带来的不必要痛苦。

(二) 疑难点解析

1. 对于战争目的的认识

《圣彼得堡宣言》提出战争的唯一目的是削减敌方的军事力量，为达此目的，交战双方在交战过程中不需要再加重敌人的痛苦，从而造成敌人的不必要伤亡。国际人道法将战争和武装冲突中的国家行为（团体行为）和个人行为作出了区分：一方面，战争和武装冲突是国家之间（也包括交战团体）的行为，这种行为是通过个人（战斗员）来进行的，最大限度地削弱敌方的军事力量，是战争的唯一合法目标；另一方面，战争是通过武装部队的战斗员实施的，这是个人的行为，如果战争已经达到了削减敌方军事力量的目的，那么出于人道的考虑，就不需要再加重战斗员的痛苦。

这里就涉及人道法中的军事必要原则。军事必要原则与避免不必要痛苦原则具有一定的联系。军事必要原则的存在反映了武装冲突只有在必要的限度内才能符合一部分国际规则的要求，允许国家为了削弱敌方军事力量的目的，在使用武力的程度与种类不为人道法禁止的情况下，参与武装冲突，实质上是以最小的代价，尽早使全部或者部分敌

---

① Protocol I, Art 50, Commentary 1987, para. 1918, para. 1920.

② 让·马里·亨茨克，路易斯·多斯瓦尔德·贝克，等. 习惯国际人道法. 刘欣燕，等译. 北京：法律出版社，2006：20-21.

③ 朱文奇. 国际人道法. 北京：商务印书馆，2008：138.

军投降。[①] 可见，军事必要原则肯定战争的目的是削弱敌方军事力量，但在实现这个目的的过程中，使用的方法和手段不是无限制的，这种方法和手段就不包括加重敌人痛苦、造成敌人不必要伤亡的作战方法，这也就引入了避免不必要痛苦原则。因此，武装冲突法是在军事必要和人道要求之间平衡后的妥协。[②]

2. 禁止具有过分伤害力或滥杀滥伤作用的武器

日内瓦法体系保护的对象是战地武装部队伤病者（脱离战斗的战斗员）、战俘和平民。对于战地武装部队伤病者的保护是建立红十字国际委员会的最初目标，也是国际人道法的重要目标之一。不过结合当前战争和武装冲突的发展趋势，红十字国际委员会认识到，比起改善战地武装部队境遇，更重要的是限制那些能够造成不必要痛苦或者具有滥杀滥伤性质的武器，因此，仅仅保护那些脱离战斗的战斗员是不够的，有必要处理涉及战斗员可用作战方法。[③] 科技的发展促进武器技术的进步，使现代战争的残酷性和惨烈程度不断增强和提高。对作战手段和作战方法的限制最开始是基于正义、诚信和荣誉的理念。[④] 在 1868 年《圣彼得堡宣言》和 1899 年与 1907 年两次海牙和平会议上，国际社会一致同意用法律规则限制作战手段和作战方法。1979 年《常规武器公约》及其议定书规定了对诸多具有过分伤害力或滥杀滥伤作用武器的禁止，包括非检测性碎片，地雷、诱杀装置和其他设备，燃烧武器，激光致盲武器，战场遗留爆炸物。对于这些武器的禁止可以认为是避免不必要痛苦原则的体现。

在这一条款的适用过程中，如何区分"必要痛苦"和"不必要痛苦"，国际法院在"使用和威胁使用核武器合法性案"的咨询意见中认为："对战斗员和平民具有滥杀滥伤作用或者使他们产生不必要痛苦，也就是说，他们所受到痛苦大于合法夺取军事目标所要承受的不可避免的痛苦。"[⑤] 依据国际法院的观点，如果战斗员和平民实际承受的痛苦大于为达到军事必要需要承受的痛苦，则为不必要痛苦，反之则为必要痛苦。

三、比例原则

（一）基本概念

比例原则要求在对军事目标进行攻击时应最大限度地减少对平民和民用物体造成的损害，对平民和民用物体造成的损害不应超过在军事行动中所要达到的预期的、具体的、直接的军事利益。[⑥] 这一原则分别规定在《第一附加议定书》第 51 条第（5）款 b 项和第 57 条之中。[⑦]

---

① 贾兵兵. 国际公法（下卷）：武装冲突中的解释和适用. 北京：清华大学出版社，2020：45.

② Protocol I，Art 35，Commentary 1987，para. 1389.

③ Protocol I，Art 35，Commentary 1987，para. 1389.

④ Protocol I，Art 35，Commentary 1987，para. 1415.

⑤ Legality of the Threat or Use of Nuclear Weapons，Advisory Opinion，I. C. J. Reports 1996，Declaration of President Bedjaoui；257，para. 78.

⑥ 朱文奇. 国际人道法. 北京：商务印书馆，2008：141.

⑦ 《第一附加议定书》第 57 条第 2 款（a）（iii）规定：不决定发动任何可能附带使平民生命受损失、平民受伤害、民用物体受损害或三种情形均有而且与预期的具体和直接军事利益相比损害过分的攻击。同时，该条第 2 款中还规定：如果发现目标不是军事目标或是受特殊保护的，或者发现攻击可能附带造成与预期的具体和直接军事利益相比为过分的平民生命受损失、平民受伤害、民用物体受损害，或三种情形均有，该攻击应予取消或停止。

（二）疑难点解析

1. 比例原则是军事必要与人道要求之间的平衡

对于比例原则，可以从战争带来的利益和损害之间的关系来认识。就利益而言，涉及战争或者武装冲突的目标，即最大限度地削减敌方的军事力量所带来的军事利益；就损害而言，由于战争或者武装冲突对平民和民用目标造成的损害不可避免，这种损害一般指作战手段和作战方法不能够对平民和民用目标造成的附带性损失。比例原则要求损害小于利益，即战争中，平民和民用目标受到的损害不能大于战争带来的军事利益。

比例原则涉及对平民和民用目标的附带性损失，也涉及对"含有危险力量的工程和装置"进行攻击带来的附带性损失。《第一附加议定书》第51条第5款（b）项和第57条均涉及对平民和民用物体造成的附带性损失，而第56条是对"含有危险力量的工程和装置的保护"（包括堤坝与核电站）的规定。一般而言，如果这种工程和装置是民用目标，则享有议定书对民用目标的一般保护规定，不能被攻击；如果这种工程和装置是军事目标，也不能被攻击，因为这种攻击会释放该工程和装置中蕴含的危险力量，会对平民居民造成严重的损害。[①] 虽然对该目标的攻击可能带来军事利益，但是它所释放的危险力量造成的附带性损失远大于这种利益，这是比例原则的体现。

2. 附带性损失（incidental loss）

附带性损失是比例原则中的核心概念，指武力攻击对平民和民用目标带来的附带性影响。对平民和民用目标造成的附带性损失取决于：第一，位置（军事目标之中或者靠近军事目标）；第二，地形（山体滑坡、洪水等）；第三，武器的精确性（取决于武器的弹道、射程和弹药）；第四，天气状况（能见度及风力）；第五，被攻击军事目标的性质（弹药库、燃料库、居住区或其附近的具有军事重要性的主要道路等）；第六，战斗员的作战技能（在无法击中目标时的随机投掷）。[②] 对于附带性损失的认识：一方面，附带性损失是在对军事目标攻击时出现的，如果只是单纯的攻击平民或者民用目标，则违反国际人道法；另一方面，附带性损失是在对军事目标攻击的过程中，造成的平民或者民用目标的损失。附带性损失的出现取决于上述位置、地形等因素。

3. 比例原则是对武装部队中军事指挥官的要求

比例原则要求武装部队的军事指挥官在对目标下达攻击命令之前，尽可能查明所攻击的目标是军事目标而非民用目标，且该目标不受人道法的特别保护；另外，在选择作战手段和作战方法时，采取一切可能的预防性措施，减轻武力攻击对平民生命和财产造成的损害、对民用目标造成的损失。[③] 对于严重违反比例原则的军事指挥官，依据《罗马规约》可能构成战争罪。[④]

---

① Protocol I, Art 56, Commentary 1987, para. 2153.

② Protocol I, Art 57, Commentary 1987, para. 2212.

③ 朱文奇. 国际人道法. 北京：商务印书馆，2008：142.

④ 《罗马规约》第8条第2款b项规定严重违反比例原则的行为构成战争罪：故意发动攻击，明知这种攻击将附带造成平民伤亡或破坏民用物体或致使自然环境遭受广泛、长期和严重的破坏，其程度与预期得到的具体和直接的整体军事利益相比显然是过分的。

第五节 战俘待遇

一、战斗员的基本定义

(一) 基本概念

1. 战斗员的定义

(1) 由一个对部下行为负责的人指挥。

(2) 有可从一定距离加以识别的固定明显标志。

(3) 公开携带武器。

(4) 在作战中遵守战争法规和惯例。

2. 战俘的定义

一般认为，战俘就是在战场上被地方俘获的战斗员。[①] 1949 年《日内瓦第三公约》第 4 条规定，战俘指落入敌方权力下的各类人员，包括：武装部队、民兵及志愿部队成员；有组织的抵抗者；效忠于未经拘留国政府承认之武装部队成员；伴随武装部队而非武装部队成员如文职工作人员、战地记者、供货商人等；冲突各方商船船员；抵抗来侵军队的未占领地居民等。

在 1977 年《第一附加议定书》第 43 条明确战斗人员概念的基础上[②]，其第 44 条规定，"第 43 条规定的任何战斗人员，如果落于敌方权力下，均应成为战俘"。

(二) 疑难点解析

1. 国际人道法对战俘保护的理论基础

在古代和中世纪，战俘是可以被任意杀害或作为奴隶的，一些对于战俘保护的规则较为零散，主要受宗教因素的影响。[③] 国际法对战俘的保护受资产阶级启蒙思想家的影响。卢梭在《社会契约论》中指出："战争绝不是人与人之间的关系，而是国与国之间的关系……战争的目的是摧毁敌国，人们就有权杀死保卫者，只要他们手里有武器；可是，一旦他们放下武器，就不再是敌人或者敌人的工具，他们就又成为单纯的个人，而别人就不再对他们有生杀之权。"[④] 国际人道法对战俘保护的理论基础是：战争是国家政策的结果，个人由于国籍与国家相联系，参加战争是个人履行对国家义务的体现，但是战争与敌对双方战斗员之间的恩怨无关，一旦战斗员落入敌方掌控之中，就意味着其停止了武装冲突，也就意味着其不再对敌方实现军事利益产生阻碍，所以就应当受到保护。

2. 战斗员与战俘的区分

1907 年《陆战法规与惯例章程》规定了构成战斗员的四个条件。而根据 1949 年《日内瓦第三公约》，战俘指落入敌方权力下的各类人员。"各类人员"包含：武装部队、民兵及志愿部队成员；有组织的抵抗者；效忠于未经拘留国政府承认之武装部队成员；

---

① 朱文奇. 国际人道法. 北京：商务印书馆，2008：242.

② 1977 年《第一附加议定书》第 43 条第 2 款对"战斗人员"的界定是：冲突一方的武装部队人员（除《日内瓦第三公约》第 33 条所包括的医务人员和随军牧师外）是战斗员，换言之，这类人员有权直接参加敌对行动。

③ 杨泽伟. 国际法史论. 北京：高等教育出版社，2011：11，32.

④ 卢梭. 社会契约论. 何兆武，译. 北京：商务印书馆，2016：14 - 15.

伴随武装部队而非武装部队成员如文职人员、战地记者、供货商人等；冲突各方商船船员；抵抗来侵军队的未占领地居民等。由此可见，落入敌方权力下的战斗员构成了战俘概念的基本范围。不过，非战斗员落入敌方权力，只要在上述范围之内，包括文职人员、战地记者和供货商人等，也属于战俘。因此，落入敌方权力下的战斗员一定是战俘，而战俘不一定指落入敌方权力下的战斗员，还包括其他人员。

二、战俘的权利和义务

1. 战俘的权利

第一，战俘享有荣誉和人格受到尊重的权利。

第二，战俘在被关押期间，享有被俘时所具有的全部民事权利，并根据本国法律，继续享有公民权。

第三，战俘享有人道待遇的权利。除基于官阶、性别、健康状况、年龄或专业原因而给予的特殊待遇以外，所有战俘都应得到平等的对待。

第四，失去战斗能力的战俘，不得继续作为攻击目标。

第五，战俘享有卫生健康保证的权利，有权享有医疗照顾，并得到一定的物质待遇和条件。

第六，战斗终止时，除因刑事犯罪而被起诉或被判有罪时，享有立即遣返的权利。

2. 战俘的义务

战俘必须提供自己的姓名、官阶、出生年月以及部队番号、个人的兵籍号码。不得出于获取资料的目的，对战俘施加任何酷刑，或采取任何其他形式的胁迫。

三、反恐及战俘的最新发展

(一) 基本概念

1. 恐怖行为的概念

1937 年国际联盟《防止和惩治恐怖活动公约》对恐怖行为的定义是：为反对一个国家或者旨在给特定的人群、人民团体或者普通公众的精神造成恐怖状态而策划犯罪行为。[①]《国际恐怖主义综合公约草案》第 2 条从行为和目的两个方面对"恐怖行为"作出了较为详细的界定。行为方面包括故意造成：(1) 任何人死亡或者严重身体伤害；(2) 公共或者私人财产的破坏；(3) 对上述财产的破坏，造成或者可能造成较大的经济损失。目的是胁迫一定的居民或者强迫一个政府或者国际组织从事或者放弃任何行为。[②]

2. 不对称战争的概念和特征

不对称战争是指交战双方处于平等地位的战争，交战双方具有完全不同的目的并且采用不同的手段和方法来实施它们的战术和策略。不对称战争特征包括：

(1) 战斗方法与军队不同，因为恐怖行为主要是像劫持客机那样的行为，或是袭击民用物体和平民的背信弃义的行为。

---

① 汉斯·彼得·加塞尔. 恐怖主义，"恐怖行为"和国际人道法. 姚冰，译. https://www.icrc.org/zh/doc/assets/files/other/acts_of_terror,_terrorism_and_international_humanitarian_law.pdf.
② 朱文奇. 国际人道法. 北京：商务印书馆，2018：418-419.

（2）通常利用被禁止的武器实施，例如使用生物和化学武器来造成大量人员死亡。

（3）恐怖行为不局限于任何特定领土内，它在任何地方、任何时候都能实施。

（二）疑难点解析

首先，恐怖行为违反了国际人道法中保护平民的规定。《日内瓦第四公约》第33条和《第一附加议定书》第51条都有禁止对平民实施恐怖行为的规定。[①] 特别是《日内瓦第四公约》第33条规定的"禁止恫吓恐怖手段"行为是恐怖行动的一种。恐怖行为从来都是以平民作为对象的攻击行为，或是不分青红皂白的攻击行为，从而给平民造成伤害。必须强调的是，旨在平民居民间散布恐怖的威胁使用暴力也是被禁止的。在平民居民间散布恐怖的意图是界定恐怖行为的必要因素。国际人道法禁止恫吓恐怖手段，也禁止对平民实施攻击。[②] 这种禁止是绝对的，不能通过诉诸报复的权利进行规避。

其次，恐怖行为违反了对作战手段和作战方法的限制。一方面，《第一附加议定书》第35条禁止使用其性质会造成严重伤害和不必要痛苦的武器，而恐怖行为使用的武器往往是国际法禁止的，如毒气；另一方面，《第一附加议定书》第37条禁止背信弃义的行为。在战争或者武装冲突中如果战斗员假冒平民或者非战斗人员的身份进行武力攻击，就构成了背信弃义，而恐怖行为一般都是恐怖分子伪装成平民实施的。

本章实务案例研习

国际法院威胁使用或使用核武器的合法性咨询意见[③]：
国际人道法禁止使用核武器

（一）案例简介

联合国大会在1994年12月15日第49届会议上通过45/75K号决议，决定依据《联合国宪章》第96条第1项的规定请求国际法院对"国际法是否允许在任何情况下以核武器进行威胁或使用核武器"发表咨询意见。本案涉及国际人道法的方面，就是以核武器进行威胁或使用核武器是否违反国际人道法？换言之，国际人道法是否禁止以核武器进行威胁或使用核武器。

（二）各方立场：各国一致认为国际人道法适用于核武器

新西兰：一般来说，国际人道法适用于以核武器进行威胁或者使用核武器的情况，一如适用于以其他武器进行威胁或使用其他武器的情况。国际人道法的形成是为应付当代的情况，不只是适用于以前的武器。这种法律的基本原则保持不变：基于人道的理由，减轻并约束战争的残酷行为。

---

① 《日内瓦第四公约》第33条规定：被保护人无论男女不得因非本人所犯之行为而受惩罚。集体惩罚及一切恫吓恐怖手段，均所禁止。《第一附加议定书》第51条第2款规定：平民居民本身以及平民个人，不应成为攻击的对象。禁止以在平民居民中散布恐怖为主要目的的暴力行为或暴力威胁。

② 汉斯·彼得·加塞尔. 恐怖主义，"恐怖行为"和国际人道法. 姚冰，译. https://www.icrc.org/zh/doc/assets/files/other/acts_of_terror,_terrorism_and_international_humanitarian_law.pdf.

③ 联合国. 国际法院判决、咨询意见和命令摘要：1992—1996.

俄罗斯：武装冲突所适用的关于作战手段和方法的规则中制定的限制肯定也适用于核武器。

英国：就习惯战争法而言，英国一向同意核武器的使用应当受到战争法的限制。

美国：美国长久以来一直认为，如同武装冲突的法规适用于常规武器一样，这些法规同样适用于核武器。

（三）国际法院咨询意见

国际法院在论证使用核武器是否违反国际人道法时，主要从四个方面入手：

1. 使用核武器对环境的损害

国际法院在咨询意见中罗列了众多在战争或者武装冲突期间保护环境的条约，包括《日内瓦公约》和《第一附加议定书》等。法院承认，使用核武器会对人类生存的环境造成灾难，各国有义务确保在其管辖范围内或控制下的活动尊重其他国家或者国家管辖外的环境。不过，法院认为，这一问题不是保护环境的条约是否在武装冲突期间适用的问题，而是这些条约所产生的义务是否成为武装冲突期间各方完全克制的义务。国家在考虑所追求的军事目标与所使用的手段和方法是否相称和必要时，必须考虑到环境。因此，国际法院认为，保护环境的现有国际法虽然没有明确禁止使用核武器，但是在执行武装冲突中所适用的规则和原则必须适当地考虑环境因素。

2. 国际条约没有明确禁止使用或者威胁使用核武器

一方面，针对有国家提出核武器和毒气、生物武器、大规模毁灭性武器一样应当受到禁止的观点，法院在这些条约的文本中没有明确找到禁止使用核武器的规定；另一方面，针对一些与核武器相关的条约的规定如《核不扩散条约》以及有核国家的单方声明，法院认为，这些条约带来的结果并没有产生一项如禁止生物武器和化学武器那样全面禁止核武器的条约，而且有核国家对无核国家作出的不使用核武器的安全保证，不能被理解为禁止使用核武器。

3. 国际习惯没有明确禁止使用或者威胁使用核武器

针对有国家提出禁止使用核武器成为习惯法的观点，法院着重考察了与之相关的联合国大会决议，试图确定这些决议是否具有规范性质。法院发现，对于这些决议，有一些国家提出了反对或弃权，说明禁止核武器的规范还没有形成。而且，法院注意到这些决议的一些内容来源于1868年《圣彼得堡宣言》和1925年《日内瓦议定书》，这些内容涉及对武器的限制，但是没有明确提及限制核武器，因此法官认为，限制武器的习惯法并不包含限制核武器。

4. 使用核武器违反国际人道法

法院在判决中阐述了人道法的法律体系，包含日内瓦法体系和海牙法体系，并梳理了人道法限制某些武器使用的发展过程，核心内容是：作战的手段和方法不是无限制的，不能使用加重敌人痛苦和不必要伤亡的武器。随后，法院分析了人道法的核心原则：区分原则和禁止给敌人造成不必要痛苦原则。法院认为，武装冲突法中适用的规则和原则规定了武装冲突行为必须遵守若干严格的要求，因此，凡是无法区分平民目标和军事目标，或对战斗员造成不必要痛苦的作战方法和手段都应禁止，考虑到核武器的独有特点，使用核武器显然与这些要求不相容。同时，法院还引入了"马尔顿条款"。法院从人道法被各国广泛接受的角度出发，认为其中的大部分规则已经成为习惯法规则，反映了普遍承认的人道原则。至于有国家提及人道法原则产生在前、核武器产生在后，人道法原则不能适用于使用核武器的观点，法院认为人道法中的原则和规则适用于所有方式的战争和所有类型的武器，包括过去、现在和未来的战争和武器。

（四）案例评析

本案涉及国际法上的使用武力、自卫权、人权保护、人道法等多个领域。单从使用或者威胁使用核武器是否违反人道法来看，法院明确认为，这一武器的使用违反了国际人道法。不过，从自卫权角度，在涉及国家面临生死存亡的这一极端情况下，法院不能确定使用核武器究竟是合法还是非法。实际上，使用核武器是否符合国际法的问题，不仅是一个法律问题，正如法院在咨询意见中指出核武器的适用涉及威慑理论和有核国家的承诺那样，还是一个政治问题，法院对此较为谨慎。不过，随着国际法的发展，国际社会已经存在明确禁止使用核武器的条约。2017 年签订的《禁止核武器条约》沿用了本案中使用核武器违反人道法的观点[①]，要求缔约国承诺禁止使用核武器，从而逐步实现彻底消除核武器的目标。

本章同步练习

一、选择题

（一）单项选择题

甲、乙国发生战争，丙国发表声明表示恪守战时中立义务。对此，下列哪一做法不符合战争法？（　　）（司考）

A. 甲、乙战争开始后，除条约另有规定外，两国间商务条约停止效力

B. 甲、乙不得对其境内敌国人民的私产予以没收

C. 甲、乙交战期间，丙可与其任一方保持正常外交和商务关系

D. 甲、乙交战期间，丙同意甲通过自己的领土过境运输军用装备

（二）多项选择题

甲乙两国是陆上邻国，因划界纠纷爆发战争。根据相关国际法规则，下列哪些选项是正确的？（　　）（法考改编）

A. 甲乙两国互助条约立即废止

B. 甲乙两国边界条约自动废止

C. 甲国军舰在本国领海遇到乙国商船后，可对其拿捕没收

D. 甲国可以对其境内的乙国公民进行敌侨登记并进行强制集中居住

二、名词解释

1. 国际人道（主义）法/ International Humanitarian Law（考研）

---

① 《禁止核武器条约》在序言中明确规定：基于国际人道法的原则和规则，尤其是武装冲突法中作战手段和作战方法并非不受限制、区分原则、禁止滥杀滥伤攻击、攻击行动的比例规则和预防性规则、禁止使用造成过分伤害和不必要痛苦武器规则、保护自然环境的规则，认为任何使用核武器的行为与适用于武装冲突法中的国际法相违背，特别是违反国际人道法的原则和规则。

2. law of war（考研）

3. *Jus ad bellum*（考研）

4. *Jus in bello*（考研）

5. 马斯顿条款（考研）

三、论述题

战争法对作战手段和作战方法的限制。（考研）

参考答案

一、选择题

（一）单项选择题

D

解析：本题考查战争开始的法律效果以及中立国的中立义务。两国发生战争后，两国之间的条约终止，故 A 项正确。战争开始后，交战国对于其境内的敌国国家财产除属于使馆的财产档案等外可予以没收，但交战国无权没收其境内敌国人民的私产，故 B 项正确。丙国作为中立国，在甲乙两国交战期间保持与甲乙两国之间的外交和商务关系不违反其中立义务，故 C 项正确。丙国作为中立国，负有不采取任何卷入战争的行动或承担这方面的义务，D 选项中丙国允许甲国过境运输装备的行为违反了它所承担的中立义务，故 D 项错误。

（二）多项选择题

AD

解析：战争开始以后，交战国之间缔结的固定或永久状态的条约，如边界条约继续有效，除非另有约定，故 B 项错误。两国之间凡以维持共同政治行动或友好关系为前提的条约，如同盟条约、互助条约、和平友好条约立即废止，故 A 项正确。两国交战以后，交战国对其境内的敌国公民的私有财产，可予以限制，但不得没收，故 C 项错误。交战国可以对其境内的敌国公民实行各种限制，如进行敌侨登记、强制集中居住等，故 D 项正确。

二、名词解释

1. 国际人道法（International Humanitarian Law）指专门适用于战争或者武装冲突行为的法律规范或法律规则。国际人道法有两个目标：一是保护战争或者武装冲突受难者，包括武装部队的伤病员、战俘和平民；二是限制作战手段和作战方法。

答案解析：对于国际人道法概念的理解，一方面要明确它适用的领域，国际人道法适用于战争或者武装冲突，既包括国际性武装冲突，也包括非国际性武装冲突。另一方面，要明确国际人道法的目标：一是保护武装冲突的受难者，包括武装部队的伤病员、平民和战俘，这是日内瓦法体系的主要内容；二是限制作战手段和作战方法，这是海牙法体系的主要内容。

2. 战争法指以国际条约和惯例为形式，调整战争或武装冲突中交战国之间、交战国与中立国之间关系的和有关战时人道主义保护的原则、规则和制度的总称。战争法的编纂，一类是以历次海牙会议为主缔结的有关作战规则的条约，被称为海牙法体系，另一类是以历次日内瓦会议为主缔结的有关保护平民和战争受难者的条约，被称为日内瓦法体系。

答案解析：战争法、武装冲突法和国际人道法三个概念在很多情况下可以通用，不过三者的侧重点不一样，战争法是指在战争存续期间适用法律规则的总称。战争主要涉及主权国家之间经过正式宣战的行为。不过在国际实践中，一些战争的爆发往往不宣而战，而且在涉及内战或者非国家行为体的情况下，就出现了武装冲突的概念。国际人道法是国际法体系下的一个法律部门。一般来讲，国际人道法与人权保护存在一定的联系，是人权保护在武装冲突法中的延伸。

3. Jus ad bellum 指国家的诉诸战争权，是国家主权的内容之一。国家的诉诸战争权即某一场战争或者武装冲突应不应该被发动的问题，涉及正义战争和非正义战争理论。即便国际法的许多规则都指向在国家间关系中禁止使用武力或武力相威胁，但国际法并没有规定在任何情况下都禁止使用武力，无论是国际条约还是国际习惯中，都保留了禁止使用武力原则的例外。

答案解析：Jus ad bellum 指国家的诉诸战争权。对 Jus ad bellum 的理解，要结合国际法上的禁止使用武力和武力相威胁原则来认识。《巴黎非战公约》首次在国际社会宣布了战争的非法性，《联合国宪章》也将禁止使用武力或武力相威胁作为宪章的原则。在现代国际法上，战争和使用武力行为受到了广泛的限制。不过，不能因此认为主权国家没有诉诸战争的权利，因为这一权利属于国家主权的范畴，而且国际法也规定了使用武力原则的例外。主权国家在本国面临敌国入侵的情况下，拥有诉诸战争的权利。据此，国家的诉诸战争权一般和战争的合法性问题有着密切的联系。在现代国际法的语境下，诉诸战争权一般涉及符合国际法规定的战争行为，如《联合国宪章》第 51 条规定的自卫行动。

4. Jus in bello 是指从事战争或者武装冲突的方法和手段，即战时法规，它不涉及正义战争和非正义战争问题。只要战争或者武装冲突开始，关于战争和武装冲突如何进行，各方应该使用什么样的手段和方法，是战时法规所调整的内容。

答案解析：Jus in bello 指战时法规，即在战争开始后，交战各方在作战手段和作战方法上应当遵守的规则和受到的约束。如禁止使用给敌人造成过分伤亡和不必要痛苦的武器。战时法规不涉及对战争合法性的探讨，只要战争开始，交战各方都要遵守国际条约和国际习惯所规定的涉及作战手段和作战方法的规则。

5. 马尔顿条款，即 1977 年《第一附加议定书》第 1 条第 2 款的规定："在本议定书或其他国际协定未包括的情形下，平民和战斗员仍受来源于既定习惯、人道原则和公众良心要求的国际法原则的要求和支配"。

答案解析：这一条款由俄国学者马尔顿提出，源自 1899 年和 1907 年《陆战法规及惯例公约》的序言："在颁布更完整的战争法规之前，缔约各国认为有必要声明，凡属他们通过的规章中没有包含的情况，居民和交战者仍应受国际法原则的保护和管辖，因为这些原则是来源于文明国家间制定的惯例、人道主义法规和公众良知的要求"。这一条款出现的原因，一方面是随着科技的不断进步，新的作战手段和方法层出不穷，既有的人道法规则可能存在滞后性的问题，不可能对所有的问题作出明确的规定；另一方面，这一条款为人道法设置了最基本的保护范围，在任何情况下，交战各方都应当毫不迟疑地保护平民和战斗员。

三、论述题

首先，战争法对作战手段和作战方法限制的总体要求。这一总体要求来源于 1868 年《圣彼得堡宣言》，该宣言明确提出了战争唯一的合法目标是"战争期间尽力削减敌方的军事力量"，因此"超越这一目标而加重战斗员的痛苦或者造成不必要的死亡是无用的"。

其次，战争法对作战手段和作战方法的限制有三个原则：

第一，区分原则，指冲突各方必须区分战斗员与非战斗员、武装部队与平民以及军事目标与非军事目标。

第二，避免造成不必要痛苦原则，指在武装冲突法中禁止使用那些就其性质而言不会造成不必要痛苦和过分伤害的武器和军事技术。

第三，比例原则，指在对军事目标进行攻击时应最大限度地减少对平民和民用物体造成的损害，对平民和民用物体造成的损害不应超过在军事行动中所要达到的预期的、具体的、直接的军事利益。

最后，战争法对武器的限制，如 1899 年和 1907 年两次海牙和平会议上制定关于在战时禁止使用窒息性气体和毒气、易于膨胀的子弹、气球爆炸物、战时海上轰击等，都是出于对作战手段和作战方法的限制。而且，海牙法体系正在不断发展，扩大了对那些对战斗员造成不必要痛苦的武器的禁止和限制，包括：1972 年《禁止生物武器公约》、1980 年《常规武器公约》及其附件（包括禁止非检测性碎片，禁止地雷、诱杀装置和其他设备，禁止燃烧武器，禁止激光致盲武器，禁止战场遗留爆炸物）、1993 年《禁止化学武器公约》、1997 年《禁止地雷公约》、2008 年《集束弹药公约》、2017 年《禁止核武器条约》。

答案解析：国际人道法的内容之一就是对作战手段和作战方法的限制，这一内容主要规定在海牙法体系中。国际人道法对作战手段和作战方法的限制秉承《圣彼得堡宣言》中关于战争唯一的合法目标的规定，即"战争期间尽力削减敌方的军事力量""超越这一目标而加重战斗员的痛苦或者造成不必要的死亡是无用的"，再后来形成了限制作战手段和作战方法的一系列原则，主要包括：区分原则、避免不必要痛苦原则、比例原则。从 1868 年《圣彼得堡宣言》开始，到 1899 年和 1907 年两次海牙和会制定若干限制作战手段和作战方法的公约，到 1925 年《禁止窒息性、有毒性气体以及生物作战方法的日内瓦议定书》，再到二战后国际社会对生物武器、化学武器、一些常规武器和核武器的禁止，代表了对作战手段和作战方法限制的一系列成就。

图书在版编目（CIP）数据

国际法学核心知识点精解/杨泽伟主编 .--北京：
中国人民大学出版社，2022.10
法学核心课程系列辅助教材
ISBN 978-7-300-31025-1

Ⅰ.①国… Ⅱ.①杨… Ⅲ.①国际法-法的理论-高
等学校-教学参考资料 Ⅳ.①D990

中国版本图书馆 CIP 数据核字（2022）第 176636 号

法学核心课程系列辅助教材

国际法学核心知识点精解

主　编　杨泽伟

副主编　陈思静

Guojifaxue Hexin Zhishidian Jingjie

出版发行	中国人民大学出版社	
社　　址	北京中关村大街 31 号	**邮政编码**　100080
电　　话	010 - 62511242（总编室）	010 - 62511770（质管部）
	010 - 82501766（邮购部）	010 - 62514148（门市部）
	010 - 62515195（发行公司）	010 - 62515275（盗版举报）
网　　址	http://www.crup.com.cn	
经　　销	新华书店	
印　　刷	北京密兴印刷有限公司	
规　　格	185 mm×260 mm　16 开本	**版　　次**　2022 年 10 月第 1 版
印　　张	27.25 插页 1	**印　　次**　2022 年 10 月第 1 次印刷
字　　数	635 000	**定　　价**　68.00 元

《   》※任课教师调查问卷

为了能更好地为您提供优秀的教材及良好的服务，也为了进一步提高我社法学教材出版的质量，希望您能协助我们完成本次小问卷，完成后您可以在我社网站中选择与您教学相关的 1 本教材作为今后的备选教材，我们会及时为您邮寄送达！如果您不方便邮寄，也可以申请加入我社的**法学教师 QQ 群：436438859（申请时请注明法学教师）**，然后下载本问卷填写，并发往我们指定的邮箱（cruplaw@163.com）。

邮寄地址：北京市海淀区中关村大街 31 号中国人民大学出版社 806 室收

邮　　编：100080

再次感谢您在百忙中抽出时间为我们填写这份调查问卷，您的举手之劳，将使我们获益匪浅！

基本信息及联系方式：※

姓名：_____ 性别：_____ 课程：_____

任教学校：_____ 院系（所）：_____

邮寄地址：_____ 邮编：_____

电话（办公）：_____ 手机：_____ 电子邮件：_____

调查问卷：※

1. 您认为图书的哪类特性对您选用教材最有影响力？（　　）（可多选，按重要性排序）

　　A. 各级规划教材、获奖教材　　　　B. 知名作者教材

　　C. 完善的配套资源　　　　　　　　D. 自编教材

　　E. 行政命令

2. 在教材配套资源中，您最需要哪些？（　　）（可多选，按重要性排序）

　　A. 电子教案　　　　　　　　　　　B. 教学案例

　　C. 教学视频　　　　　　　　　　　D. 配套习题、模拟试卷

3. 您对于本书的评价如何？（　　）

　　A. 该书目前仍符合教学要求，表现不错将继续采用

　　B. 该书的配套资源需要改进，才会继续使用

　　C. 该书需要在内容或实例更新再版后才能满足我的教学，才会继续使用

　　D. 该书与同类教材差距很大，不准备继续采用了

4. 从您的教学出发，谈谈对本书的改进建议：_____

_____

_____

选题征集：如果您有好的选题或出版需求，欢迎您联系我们：

联系人：黄　强　宁丹丽　联系电话：010-62515955/5536

索取样书：书名：_____

书号：_____

备注：※ 为必填项。